Gustav Nachtigal

**Sahara und Sudan**

Ergebnisse sechsjähriger Reisen in Afrika

Gustav Nachtigal

**Sahara und Sudan**

*Ergebnisse sechsjähriger Reisen in Afrika*

ISBN/EAN: 9783743318878

Hergestellt in Europa, USA, Kanada, Australien, Japan

Cover: Foto ©Andreas Hilbeck / pixelio.de

Manufactured and distributed by brebook publishing software (www.brebook.com)

Gustav Nachtigal

**Sahara und Sudan**

# SAHĂRÂ UND SÛDÂN.

ERGEBNISSE SECHSJÄHRIGER REISEN IN AFRIKA

VON

Dr. GUSTAV NACHTIGAL.

DRITTER THEIL.

HERAUSGEGEBEN VON E. GRODDECK.

MIT EINEM PORTRÄT IN PHOTOGRAVURE, EINER KARTE, ZWEI SCHRIFT-TAFELN
UND GENERALREGISTER ZUM I.—III. THEIL.

LEIPZIG:
F. A. BROCKHAUS.
—
1889.

# VORWORT.

Als Dr. Gustav Nachtigal am 20. April 1885 der Welt und der Wissenschaft durch einen plötzlichen Tod entrissen wurde, gesellte sich zu der allgemeinen Trauer das lebhafte Bedauern, dass die Vollendung seines grossen Reisewerkes „Sahărâ und Sûdân", dessen erster Theil 1879, dessen zweiter 1881 erschienen war, in Frage gestellt schien. Der Wunsch, das Werk nach den Manuscripten des Verstorbenen zum Abschluss zu bringen, lag nahe; es handelte sich zunächst darum, festzustellen, ob das vorhandene Material eine Fortführung des Werkes ermöglichen werde und wie viel von demselben durch den Reisenden selbst bereits einer Sichtung oder Bearbeitung unterzogen war.

Dr. Nachtigal wurde durch die von verschiedenen Seiten an ihn herantretenden Verpflichtungen sowie durch seine spätere Thätigkeit als Generalconsul in Tûnis verhindert, die letzte Hand an die Vollendung seines Werkes zu legen, doch war seinerzeit der Bericht über die Reise von Bornû nach Wadâï und Dâr-Fôr und von da nach el-Obeïd von ihm einem Stenographen in die Feder dictirt worden. In gleicher Weise war der Aufenthalt in Wadâï und Dâr-Fôr geschildert, jedoch sämmtliche Dictate waren späterer Bearbeitung vorbehalten und aus diesem Grunde von dem Verfasser weder der Correctur noch auch einer Durchsicht unterworfen worden. Ausser den genannten Manuscripten lagen Tagebücher und Aufzeichnungen des Verstorbenen aus Bornû, Wadâï und Dâr-Fôr vor, die zum grössern Theile auf Erkundigungen beruhten und die Geschichte Wadâïs, die Volksstämme des Landes, Sitten und Gebräuche u. s. w. betrafen, endlich noch Entwürfe zu den von ihm gehaltenen Vorträgen, sowie Abschriften von Briefen aus Wadâï und Dâr-Fôr.

Wäre die Vollendung des Werkes nur durch Bearbeitung der hinterlassenen Tagebücher und Notizen zu ermöglichen gewesen, so hätte diese Aufgabe selbstverständlich nur einem Fachmanne übertragen werden können. Doch handelte es sich nach Ansicht competenter Männer hier darum, des Forschers Eigenstes zu geben und nicht das Werk eines andern, was es durch völlige Umarbeitung mehr oder weniger geworden sein würde, und ein Gelehrter oder Fachmann wäre vielleicht kaum geneigt gewesen, eine solche Aufgabe zu übernehmen. In dieser Erwägung riethen Freunde Dr. Nachtigal's der Herausgeberin, die Bearbeitung selbst in die Hand zu nehmen. Mit ihr, der afrikanische Verhältnisse nicht fremd waren, hatte der Verstorbene den Inhalt des dritten Theiles oft besprochen, und wol in der Voraussetzung, dass sie seine Absichten zur Ausführung bringen würde, ihr die Verfügung über seinen literarischen Nachlass letztwillig anvertraut. So glaubte sie, wenn auch nicht ohne Bedenken und im vollen Bewusstsein der ihr zufallenden Verantwortlichkeit, sich jener Aufgabe unterziehen zu sollen.

Dr. Nachtigal würde ohne Zweifel die Dictate einer strengen Durch- und Umarbeitung unterworfen haben, wie er sich denn in dieser Beziehung selbst niemals genug that und wie es bei Bearbeitung der beiden ersten Theile von ihm geschehen ist. Eine solche war hier ausgeschlossen; es konnte sich nur darum handeln, dieselben einer stilistischen Correctur zu unterziehen, bei der mancherlei Eigenthümlichkeiten seiner Schreibweise beibehalten sind, ferner die in eigenhändigen Aufzeichnungen vorhandenen, theils nach zuverlässigen Gewährsmännern, theils nach eigener Anschauung gemachten Notizen zu ordnen, dem wesentlichen Inhalte nach wiederzugeben und nach den Tagebüchern und den obenerwähnten Entwürfen zu vervollständigen, endlich das Ganze in eine den ersten beiden Theilen entsprechende Form zu bringen.

Die Arbeit ist in vieler Beziehung mühevoller gewesen, als

es bei oberflächlicher Beurtheilung erscheinen konnte; zweifellos werden ihr Mängel anhaften, die vielleicht nur dann mit Nachsicht beurtheilt werden dürften, wenn einerseits die Pietät, welche zu dem Unternehmen geführt hat, andererseits die auferlegte Beschränkung berücksichtigt wird.

Dr. Nachtigal's Reisebericht, wie er ihn selbst dem Stenographen dictirt hatte, schliesst mit seiner Ankunft in el-Obeïd ab. Es wird vielleicht als eine Lücke empfunden werden, dass derselbe nicht nach den vorhandenen Quellen bis zur Ankunft des Reisenden in Kairo fortgeführt ist. Doch für die Herausgeberin war maassgebend, dass Dr. Nachtigal seinen Bericht eben da abgeschlossen hatte, wo er Gegenstand von so grossen Huldigungen wurde, dass deren Erwähnung ihm als Selbstverherrlichung erscheinen mochte.

Wo sich, wie mehrfach der Fall, Widersprüche zwischen den ältern und den in späterer Zeit durch den Reisenden niedergelegten Angaben herausstellten, sind die letztern, weil unzweifelhaft bessern Erkundigungen entstammend, als maassgebend angenommen worden. In Bezug auf den geographischen Theil derselben hätte es, soweit es Wadâï betraf, zuweilen Dr. Nachtigal's eigener Aufklärungen zur vollkommenen Richtigstellung bedurft. Doch darf hierbei nicht ausser Betracht gelassen werden, dass der Reisende selbst von der Unzulänglichkeit seiner Kenntniss dieses Landes durchdrungen war und darauf verzichten zu sollen glaubte, eine Karte desselben zu entwerfen. Er begnügte sich, die Reiseroute von Kûka nach Abesche auf der dem zweiten Theile beigegebenen Karte und die von Abesche nach el-Fâscher auf einer im Manuscript vorhandenen Karte von Dâr-Fôr zu verzeichnen.

Leider wurde Dr. Nachtigal durch die Umstände verhindert, den von ihm erkundeten Fluss Kûta zu erreichen. Es war ihm nicht zweifelhaft, dass derselbe der weitere Lauf des von Dr. Schweinfurth entdeckten Uëlle (Welle) sei[*]), von dem jetzt feststeht, dass er einer der bedeutendsten Nebenflüsse des Kongo ist. Die Richtigkeit seiner Erkundigungen und Vermuthungen ist durch

---

*) Vgl. S. 103. 180. 181.

die Forschungen Junker's, Grenfell's und van Gèle's glänzend bestätigt worden. Dr. Nachtigal konnte aber nicht wissen, dass der Kúta seinen westlichen Verlauf zwischen dem 19. und 20. Längengrade aufgibt und sich nach Süden wendet; er vermuthete, dass er zum Benuë-Niger ginge, gab aber die Möglichkeit zu, dass derselbe der obere Lauf des Schâri sei. Diese Verhältnisse aufzuklären, hatte er einer zweiten Reise in die Sûdân-Länder vorbehalten, die er von Tûnis aus anzutreten beabsichtigte, an der ihn aber die Sendung an die Westküste Afrikas und sein vorzeitiger Tod hinderte. Dieser Plan war es auch, der ausser den oben angeführten Gründen Dr. Nachtigal die Herausgabe des dritten Theiles zu „Sahărâ und Sûdân" verzögern liess.

Wie Dr. Nachtigal selbst über den Werth seiner wissenschaftlichen Erforschung Dâr-Fôrs dachte, ergibt sich aus dem, was er in Petermann's „Mittheilungen", Bd. 21, 1875, sagt und das an dieser Stelle im wesentlichen wiedergegeben sein möge:

„Obgleich der Engländer Browne in den neunziger Jahren des vorigen Jahrhunderts unter der Regierung des Sultans ʿAbd er-Rahmân Dâr-Fôr besuchte, hatte er doch so wenig Gelegenheit, vom Lande etwas zu sehen — er hatte es von Norden her betreten und war auf Kôbê und el-Fâscher beschränkt geblieben — und das, was er über Land und Leute erfahren, war so wenig, dass die uns durch ihn gewordene Bereicherung unserer Kenntnisse über Dâr-Fôr als eine sehr mässige bezeichnet werden muss. Ein gebildeter Mohammedaner, der oft genannte Scheïch Mohammed et-Tûnisî, hatte ferner jahrelang in Dâr-Fôr gelebt und später nach bestem Wissen und Können seine Kenntniss des Landes der wissenschaftlichen Welt zu Gebote gestellt. Doch so regen Sinn dieser Mann für gesellschaftliche Zustände hatte, so verwirrt und irrthümlich waren seine topographischen Mittheilungen über die centralafrikanischen Länder. Besseres und reicheres Material verdanken wir dem sogenannten Sultan Teïma, der als Beamter von Dâr-Fôr in Kordofân lebte, bevor diese Provinz von Aegypten erobert wurde, und unsere bisherigen Karten beruhen fast ganz auf seinen Angaben. Welchen Fortschritt die geographische Kenntniss von Dâr-Fôr durch meine Reiseroute und meine sorgfältigen Erkundigungen gemacht haben wird, soll die beifolgende vorläufige Kartenskizze\*) andeuten. In den funfziger Jahren dieses Jahrhunderts war es dem französischen Arzte Dr. Cuny gelungen, das Land zu betreten. Nach seinem schnellen Tode hatte König Hasîn die Sachen des christlichen Arztes in Kisten verpacken, diese mit Stricken umwinden und mit Siegeln versehen lassen. Sie wurden einem Beamten zur Aufbewahrung übergeben, geriethen dann in Vergessenheit, und als man sie schliesslich nach Aegypten schicken wollte, fand man sie weder versiegelt noch verschlossen und den Inhalt zum Theil verschleudert. Genug, auch die Erfahrungen des Dr. Cuny über Dâr-Fôr sind uns verloren gegangen, und ich habe mich bei meiner Kartenskizze nur auf das gestützt, was ich selbst gesehen oder von kundigen Leuten an Ort und Stelle erfragt habe."

Wenn die von Dr. Nachtigal entworfene Karte von Dâr-Fôr nicht unverändert wiedergegeben wurde, so war dafür der Umstand bestimmend, dass namentlich für das Marra-Gebirge inzwischen Karten des ägyptischen Generalstabes erschienen sind, welche Nachtigal's hauptsächlich auf Erkundigungen beruhende Angaben über dieses Gebiet nicht unwesentlich berichtigen. Es ist daher nach reiflicher Erwägung eine neue Karte hergestellt worden, welche Nachtigal's grundlegende geographische Bestimmungen von Wadâï und Dâr-Fôr umfasst, zu welcher aber ausser der Kartenbeilage der „Zeitschrift für Erdkunde" (Berlin 1875) die genannten Aufnahmen des ägyptischen Generalstabes sowie die Karten von Afrika von Lannoy de Bissy und von Habenicht benutzt wurden. Dieselbe nimmt die Reiseroute Dr. Nachtigal's nahezu da auf, wo die Kartenbeilage zum zweiten Theile von „Sahârâ und Sûdân" abschliesst; sie beginnt mit dem Fitri, verläuft bis Abesche und von da nach el-Fâscher und el-Obeïd, und ist schliesslich zum bessern Verständniss des geographischen Zusammenhanges bis Chartûm ausgedehnt worden. Zugleich sind Nachtigal's werthvolle Angaben über das Flusssystem des obern Schâri mit zur Darstellung gekommen. Es gereicht der Herausgeberin zur besondern Befriedigung, das bereitwillige Entgegenkommen der Verlags-

---

\*) Als Beilage zu dem Aufsatz in Petermann's „Mittheilungen" gegeben.

handlung in Bezug auf die Herstellung dieser Karte dankbar hervorzuheben.

Die auf der Reise nach Wadâï und Dâr-Fôr sowie an Ort und Stelle gemachten meteorologischen Beobachtungen erklärte Dr. Nachtigal selbst für unzulänglich; seine Instrumente befanden sich am Schlusse sechsjähriger Reisen in einem Zustande, der zuverlässige Beobachtungen kaum mehr ermöglichte; aus diesem Grunde ist darauf verzichtet worden, wie den frühern Theilen, so auch dem dritten Theile Tabellen beizufügen, um so mehr, als es an den so unentbehrlichen Erläuterungen des Reisenden fehlte.*)

Es war Dr. Nachtigal's Absicht, seinem Reisewerke als Anhang eine Bearbeitung des Sprachenmaterials beizufügen, das er mit unermüdlichem Eifer während seiner Reisen gesammelt und zusammengestellt hatte, und er sprach wiederholt die Hoffnung aus, damit dem Ganzen einen werthvollen Abschluss zu geben. Die Herausgeberin hat vor drei Jahren Herrn Cand. phil. R. Prietze, welchem Dr. Nachtigal in der Vorrede zum zweiten Theile von „Sahârâ und Sûdân" seine dankbare Anerkennung ausspricht, die selbständige Bearbeitung und Herausgabe des vorhandenen sprachlichen Materials überlassen, und es ist zu erwarten, dass derselbe das Ergebniss seiner Studien demnächst veröffentlichen wird. Die betreffenden Manuscripte Dr. Nachtigal's sollen, sobald Herr Cand. Prietze die in seinen Händen befindlichen der Herausgeberin wieder zugestellt hat, der Königlichen Bibliothek hierselbst überwiesen und damit den Herren Fachgelehrten zugänglich gemacht werden.

Ein Generalregister für das ganze Werk ist nach der frühern Absicht des Verfassers dem dritten Theile beigefügt worden. Die Zusammenstellung desselben hat in dankenswerther Bereitwilligkeit die Verlagshandlung selbst übernommen. Herr Professor Dr. P. Ascherson hat sich um das Reisewerk ein hervorragendes Verdienst durch sein Anerbieten erworben, ein besonderes botanisches Register aufzustellen, das sich dem Hauptregister anschliesst.

---

*) Die Tabellen sind nach den Tagebüchern Dr. Nachtigal's ausgearbeitet und seinerzeit von ihm selbst mit Ortsangaben versehen worden; dieselben dürften vielleicht in einer fachwissenschaftlichen Zeitschrift Verwendung finden.

Das beigegebene Porträt Dr. Nachtigal's ist nach einer vor seiner Rückkehr nach Europa aufgenommenen Photographie hergestellt worden und zeigt den Reisenden in einer Tobe aus Nife; er hatte bekanntlich bald nach seiner Ankunft in Kúka die europäische Tracht ganz mit der landesüblichen vertauscht.

Wenn das Buch, das hiermit der Oeffentlichkeit übergeben wird, einige Anerkennung finden sollte, so verdankt die Herausgeberin dies zum nicht geringen Theile den Herren, welche in selbstloser und hingebender Weise ihr Beihülfe gewährt haben und denen an dieser Stelle ihren Dank auszusprechen sie sich gedrungen fühlt.

Die Thatsache, dass, wie schon erwähnt, die einem Stenographen dictirten Manuscripte von Dr. Nachtigal einer Correctur nicht unterzogen worden waren, erschwerte ganz besonders die Richtigstellung der Fremdwörter, die zum Theil vollkommen entstellt wiedergegeben waren. Herr Consul Dr. Wetzstein hat, soweit es sich um arabische Wörter handelte, diese mühevolle Arbeit in bereitwilligster Weise übernommen und gleichzeitig Anweisung zur Rechtschreibung gegeben, wobei Abweichungen von den durch Dr. Nachtigal in den ersten beiden Theilen befolgten Grundsätzen der Orthographie öfter unvermeidlich waren. Es ist jedoch, um den Zusammenhang des ganzen Werkes nicht zu lockern und die Aufstellung des Generalregisters zu erleichtern, bei oft vorkommenden Bezeichnungen die Schreibweise der beiden ersten Theile beibehalten und bei geographischen Angaben die von Nachtigal kartographisch festgelegte Rechtschreibung als maassgebend angenommen. Bezüglich der Orthographie der Negerwörter ist der Grundsatz festgehalten, dieselben nach Dr. Nachtigal's Originalmanuscripten zu geben.

Ferner hat Herr Consul Dr. Wetzstein die Güte gehabt, die beigegebenen arabischen Briefe zu übersetzen.

Ausser der Mitwirkung an der Aufstellung des Generalregisters dankt die Herausgeberin dem Herrn Professor Dr. P. Ascherson die Feststellung der im dritten Theile vorkommenden botanischen Namen.

Nicht minder fühlt sich die Herausgeberin dem Herrn Dr. med. von Sobbe zu Dank verpflichtet, welcher, der Sache lebhaftes Interesse entgegenbringend, die ganze Bearbeitung einer eingehenden Prüfung unterworfen hat und dessen Rath ihr von grossem Werthe gewesen ist.

Möge es schliesslich noch gestattet sein, dem Andenken des Mannes einige Worte zu widmen, der in voller Manneskraft und Thätigkeit, erfüllt von Hoffnungen und Plänen und beseelt von dem Wunsche, seinem Vaterlande und der Wissenschaft zu nützen, vorzeitig dahingerafft wurde, und dessen Tod mit Recht als ein schwerer Verlust für die Welt bezeichnet worden ist. Wenn man mit Erstaunen hinweist auf die beispiellosen Erfolge, die Dr. Nachtigal mit den ärmlichsten Geldmitteln und mangelhafter Ausrüstung erreicht hat, gegenüber nach jeder Seite hin günstiger gestellten Reisenden, welche nach ihm an der Erforschung Afrikas mitwirkten, so drängt sich die Frage auf, wie diese Thatsache zu erklären ist. Wol ist sein unbezähmbarer Wissensdrang und seine Begeisterung für die Sache, der er sich gewidmet hatte, als eine treibende und Erfolg erzwingende Kraft hervorzuheben, doch muss man zugeben, dass andere ihm hierin kaum nachgestanden haben. Seine Begeisterung aber war gepaart mit klarem Verstande, besonnener Ruhe und zäher Ausdauer; sein stets auf grosse Ziele gerichteter Wissensdrang verlor doch nie das Nächstliegende und scheinbar Kleine aus den Augen. Sein Widerwille gegen alles Halbe liess ihn auch bei Geringfügigem eine fast peinliche Genauigkeit der Beobachtung an den Tag legen, und seine Gewissenhaftigkeit machte es ihm zur Pflicht, nur Wohlverbürgtes zu überliefern. Es ist unbestreitbar, dass eine zähe Körperconstitution, welche Krankheitsanfälle verhältnissmässig schnell überwand und ihm erlaubte, überall nach Landessitte zu leben, ihm zu statten kam, ebenso, dass sein Talent, fremde Sprachen völlig zu beherrschen, ihm den Umgang mit den Eingeborenen erleichterte und deren Zutrauen gewann. Doch das, was Dr. Nachtigal einen fast wunderbaren Einfluss auf Heiden und fanatische Mohammedaner verschaffte, was ihm bei längerm Aufenthalte Ansehen und Liebe selbst anfänglicher Widersacher erwarb, war seine anspruchslose Persönlichkeit, die Lauterkeit und strenge Rechtlichkeit seines Charakters, seine Bereitwilligkeit, Vorzüge anderer anzuerkennen, seine Nachsicht und Geduld mit

Fehlern und Schwächen seiner Mitmenschen, die zarte Rücksichtnahme auf ihre religiöse Ueberzeugung, überhaupt die Fähigkeit, sich hineinzuversetzen in Denk- und Gefühlsweise anderer: war aber vor allem das Wohlwollen und die warme Menschenliebe, die sein ganzes Wesen durchdrang und die eben die Quelle jener oft gerühmten Liebenswürdigkeit war, welche im Verein mit andern Gaben einen Zauber ausübte, dem keiner sich zu entziehen vermochte und so auch nicht die Kinder des dunkeln Erdtheils. So entwaffnete er den Hass und den stets wachen Argwohn der Eingeborenen, welche die Forschungen anderer Reisenden erschwerten; er verliess als erster Christ lebend Wadâï, das Eduard Vogel und Moritz von Beurmann den Tod gebracht hatte, machte dessen hochmüthige Bewohner seinen Zwecken dienstbar und erwarb sich ihre dauernde Zuneigung und Anhänglichkeit.

Wie in Innerafrika, so hatte sich der Verstorbene auch in Tûnis durch seine aufopfernde Thätigkeit als Arzt in früherer Zeit und später als Generalconsul des Deutschen Reiches die dankbare Verehrung und das Vertrauen der die europäischen Eindringlinge hassenden Eingeborenen erworben, die sich gewöhnt hatten, in ihm einen stets hülfsbereiten Freund und Berather zu sehen und sich bei der Nachricht von seinem Tode den leidenschaftlichsten Ausbrüchen des Schmerzes hingaben. Auch sie haben ihm ein treues Andenken bewahrt.

BERLIN, im März 1889.

E. G.

# INHALTS-VERZEICHNISS.

## Siebentes Buch.
### REISE VON BORNÛ NACH WADÂÏ.

**Erstes Kapitel. Winter 1872/73 in Kûka.** . . . . . . Seite 3.

Bû-'Âïscha's Heimreise und Undankbarkeit. — Derzeitige Marktpreise. — Geldverlegenheit. — Trauriger Gesundheitszustand. — Wirthschaftliche Zustände des Landes. — Ahmed Ben-Brâhîm. — Scheïch 'Omar's Untauglichkeit zu Staatsgeschäften. — Feier des Ramadân und 'Id el-Fitr. — Raubzüge der Araber, Plünderung Bû-'Âïscha's. — Wasserstand des Tsâde. — Gründung einer neuen Hauptstadt. — Bedrohliche Nachrichten aus dem Innern. — Der Bote des Königs von Wadâï. — Reiseaussichten. — Beschaffung der Mittel zur Reise. — Güte des Scheïchs. — Geschenke für die Sultane von Wadâï und Dâr-Fòr. — 'Id el-Kebîr.

**Zweites Kapitel. Reise nach Wadâï.** . . . . . . . . Seite 24.

Abschied von Scheïch 'Omar und den Einwohnern von Kûka. — Ausflüsse des Tsâde. — Die Landschaft Mäkäri. — Zuflüsse des Schâri. — Bodenbeschaffenheit und Vegetation. — Die Aulâd Bochdêr. — Die Dĕqĕna. — Der Bahăr el-Ghazâl. — El-Qar'a. — Ngurra und seine Bewohner. — Schönheit der Frauen. — Tauschwerthe. — Schwierigkeit der Wasserbeschaffung. — Das Fitri-Gebiet. — König Dschurâb. — Seine Angaben über die Bulâla. — Der Fitri-See. — Der Sêta, Nebenfluss des Batha. — Die Steppengegend zwischen Fitri und Wadâï. — Otmân's beeilte Märsche. — Unsicherheit der Gegend. — Die Wildniss Amberkêi. — Otmân sendet einen Boten an König 'Alî. — Mein Ansehen als Scherîf. — Die Stimmung bei Annäherung an Abesche. — Das Gebirge der Kôndŏngo.

**Drittes Kapitel. Ankunft in Abesche. König 'Alî.** . . Seite 51.

Otmân's Weigerung, weiter zu reisen. — Die Besorgnisse meiner Reisegefährten; eigene Bedenken. — Botschaft König 'Alî's. — Aufbruch. — Charakter der Landschaft. — Ankunft in der Hauptstadt und erste Eindrücke. — Ansinnen des Königs und meine Weigerung. — Der königliche Palast. — Die Audienz. — König 'Alî. — Der Eindruck seiner Persönlichkeit. — Ceremoniell im Verkehr mit dem König. — Warnung, unbegleitet auszugehen. — Rauflust der Wadâwa und Hass gegen Fremde. — Strenge Gerechtigkeit des Königs. — Schutz des Handels und öffentliche Sicherheit. — Sein Verhalten gegen Brüder und Mutter. — König 'Alî's Grundsätze in Bezug auf Geschenke der Fremden. — Seine Weigerung, den Empfehlungsbrief Scheich 'Omar's anzunehmen. — Sein Verbot an die Untergebenen, Trinkgelder anzunehmen. — Verhalten der Königin-Mutter und ihres Bruders. — Nothwendigkeit für mich, zurückgezogen zu leben. — Beschaffung von Tauschmitteln. — Marktverhältnisse. — Hâdsch Sâlim und Scherif Mohammed aus Kairowân. — Hâdsch Ahmed Tangatanga und sein Verhältniss zu König 'Alî. — Hass der Eingeborenen gegen die Kaufleute. — Aerztliche Thätigkeit. — Besuche im Palast, Gesprächsgegenstände. — Das Rhinoceros in Wadâï. — Topographisches. — Ausflug nach Wâra. — Gebirgsketten und Wasserläufe. — Nimro, die Stadt der Dschellâba. — Der Kursî der Dschellâba. — Verfall der alten Residenz. — Zwei Wadâï-Schönen. — Genuss von Merissa und rohem Fleisch. — Die Lage von Abesche und äussere Erscheinung der Stadt. — Ungefähre Einwohnerzahl.

Viertes Kapitel. **Aufenthalt in Abesche.** . . . . . . Seite 83.

Die Ansiedelungen der Bagirmi in Wadâï. — Geschicklichkeit derselben. — Nachrichten von den Aulâd Solimân. — Aerztliche Thätigkeit. — Anwendung der flüssigen Butter als Heilmittel. — Der Marokkaner Azizî. — Geheimnissvolle Gerüchte. — Gefahr, politische Gerüchte zu verbreiten. — Nachricht vom Tode König Hasin's von Dâr-Fôr. — Drohende Thronfolgestreitigkeiten. — Absperrung der Grenzen. — Beschneidung der Königssöhne. — Festlichkeiten bei derselben. — Schmuck der Wadâï-Mädchen. — Tänze der jungen Leute. — Neigung der Frauen zu Liebesintriguen. — Ceremonien der Beschneidung. — Die den beschnittenen Knaben zustehenden Rechte. — Verhalten der Würdenträger gegen mich. — Charakter der Eingeborenen. — Die Mâba-Gruppe. — Gelegenheit, mit der königlichen Familie in Berührung zu kommen. — Annäherung einiger Prinzen. — Besuche der Prinzessinnen. — Leichtsinniger Lebenswandel derselben. — Mein Verhältniss zu den Einwohnern. — Der 'Aqîd der Zebêda. — Neues Uebelwollen gegen mich. — Leiden der Jahreszeit. — Anhänglichkeit eines Patienten. — Krankheit des Hâdsch Sâlim.

Fünftes Kapitel. **Reise nach Runga.** . . . . . . . . Seite 100.

Ausbleiben von Nachrichten aus Dâr-Fôr. — Reisepläne. — Erkundigungen über Sûla. Runga und Kûti. — Geographische Ermittelungen. — Identität des Bahär Kûta mit dem Kubanda und Uëlle. — König 'Alî's Vorschlag, nach Runga zu reisen. — Verantwortlichkeit der Begleiter für meine Sicherheit. — Beschaffung der Ausrüstung. — Hochzeit der Töchter König 'Alî's. — Die Ledersäcke der Wadâwa. — Pracht der Festkleidung und Schmuck der Frauen. — Reiterspiele und Aufzüge. — Aulâd Solimân als Kriegsgefangene des Königs. — Schlechter Zustand meiner Pferde. — Aufbruch am 17. August. — Gebirgsgegend und Vegetation. — Der Butcha oder „kleine Fluss". — Die Abgaben im Bezirk Kênga. — Die Gebirgskette der Kaschemere. — Die Mêsdschîds Wadâïs und die Muhâdschîrin. — Gastfreundlichkeit der Leute von Tschâfo. — Der Berg Kadoma. — Charakter der Gegend. — Der Gebirgsstock der Karanga. — Hadscher Jurngo und Funno. — Beginn der Mückenplage. — Die Wildniss Amm Dschurâr. — Ueberschreitung des Batha und zweier Arme desselben. — Nachtlager bei den Salâmât-Arabern.

Sechstes Kapitel. **Reise nach Runga (Fortsetzung).** . . Seite 124.

Hydrographische Verhältnisse. — Die Abgaben der Salâmât. — Schwieriger Uebergang über den Likôre. — Zuflüsse desselben. — Der Bezirk Kudûgus. — Löwenspuren. — Bergkette und Dorf Bîr Sessi. — Kadschakse. — Marsch auf Taffe. — Waldung bei Bûtta. — Terrainschwierigkeiten. — Baumvegetation. — Wiederholte Gewitterregen. — Berg und Dorf Olo. — Die Sunta und die Passage derselben. —

Weitermarsch an den Bahär Korte (Bahär Mangâri; Bahär es-Salâmât). — Die dortige Thierwelt. — Wiederholter Marsch durch Sümpfe. — Heftige Fieberanfälle. — Der Sumpf Ridschel. — Bote König 'Ali's. — Entschluss zur Rückreise. — Die Mückenplage. — Die Dschêggel im Bezirk Mangâri. — Rückweg durch die Sunta. — Einfluss der Stiche bösartiger Fliegen. — Rasttag in Olo. — Abweichung vom frühern Wege. — Schwierigkeit des neuen Weges. — Die Dörfer Surbo und Dschachdschacheja. — Vegetation und Bodencultur. — Der Giftbaum „Semm el-Fâr". — Ruhetag bei den Auläd Bakka. — Das Dorf Akrub. — Wasserreichthum im Bereich des Batha. — Schwerer Marsch durch Niederung, Felsschluchten und Waldungen. — Die Landschaft der Marfa. — Reichthum der Gegend an Bergketten. — Nachtlager im Kaschemere-Dorf 'Arâq Tinjare. — Bedenklicher Zustand der Lastthiere. — Die Hyänen am Butêha. — Wassermangel im Bezirk von Abesche. — Letztes Nachtlager im Dorfe Gulfo und Ankunft in Abesche.

SIEBENTES KAPITEL. **Zweiter Aufenthalt in Abesche.** . . . Seite 155.

Tod des Hâdsch Sâlim aus Kairowân. — Zahlreiche Opfer der Malaria in der Hauptstadt. — Die Gefährlichkeit acuter Krankheiten. — Behandlung des Kamkolak Fotr. — Verlust meiner Pferde. — Liebenswürdigkeit der Kaufleute vom Nil. — Die Medschâbra. — Aufschub des Abgangs der Karavane nach Dâr-Fôr. — Besuch des Faqih Adem aus Kûka. — Seine Nachrichten aus Bornû und Bagirmi. — Der Ramadân; Schwierigkeit, die Mahlzeiten zu beschaffen. — Der Mangel an einheitlicher Münze. — Marktwerthe. — Rosenkranzperlen. — Haushaltssorgen der Frau in Wadâi. — Die Abgaben. — Vegetabilische Nahrungsmittel. — Mangelhafte Gartencultur. — Mein leidender Zustand. — Ende des Ramadân. — Der festliche Aufzug. — Die Reiterei des Königs, das Fussvolk und die Bewaffnung. — Der Salâm. — Ankunft einer Karavane aus Tripolis. — Festliche Einholung derselben. — Geschenke der Kaufleute an den König. — König 'Ali's Selbstgefühl. — Unterredung mit König 'Ali über E. Vogel's Schicksal. — Bitte um Rückgabe der Papiere des Ermordeten. — Erfolg meiner Erkundigungen. — Unvorsichtiges Verhalten des Reisenden in Wadâi. — Argwohn der Eingeborenen. — Befehl Mohammed Scherif's, E. Vogel zu tödten. — König 'Ali's Urtheil über diesen und den Mord Beurmann's in Kânem. — Hâdsch Ahmed's Tadel meiner Kühnheit. — Auslieferung von Briefen und Geld durch Mohammed Zommit. — Unredlichkeit desselben. — Charakterunterschied zwischen den nordischen und den Kaufleuten vom Nil.

ACHTES KAPITEL. **Land und Leute.** . . . . . . . . Seite 175.

Unvollkommenheit der geographischen Ermittelungen. — Mohammed et-Tûnisi's Aufzeichnungen. — Lage, Grenzen und Ausdehnung des Landes. — Beträchtliche Vergrösserung des Reiches durch Sultan 'Ali. — Ungefähre Abschätzung der Einwohnerzahl. — Erhebung des Landes über den Meeresspiegel. — Bodenbeschaffenheit. — Hauptflüsse. — Bodenfrüchte und -cultur. — Baumvegetation. — Thierwelt. — Die Hausthiere. — Das Pferd Wadâis. — Uebersicht der Bevölkerungselemente. — Eintheilung in einheimische, eingewanderte, arabische und heidnische Stämme und Tubu-Abtheilungen. — Die Mâba-Gruppe. — Die Landschaft der Kodoi. — Berggruppen, Flüsse. — Abtheilung der Nemêna. — Sprache, Charakter, Verwaltung. — Die Auläd Dschema'. — Grösse und Beschaffenheit der Landschaft. — Die Marârit; Charaktereigenschaften derselben. — Reichthum der Landschaft an Flüssen, Bergen und Baumwuchs. — Die Mimi und ihr Bezirk. — Die Malânga, Madâba, Madâla und Kabga und ihre geschichtliche Bedeutung. — Die Ganyanga; Ursprung des Namens. — Die Landschaft der Sungôr. — Bezirk Kelingen. — Bezirk der Kadschânga; Beginn des Butêha. — Die Massâlît el-Hausch und Massâlît el-Batha. — Die Köndöngo. — Die Kaschemere. — Die Marfa. — Die 'Ali. — Die Môjô. — Die Fâla. — Der Bezirk Berêdsch mit den Birgid. — Die Mûbi Zarka. — Die Wildniss Kitâbel. — Die Mûbi Hadâba. — Die Masmädsche. — Die Kûka und ihre Abtheilungen. — Die Abû Simmîn und Bulâla am Fitri-See. — Die Middögo. — Die Dâdscho; ihre heidnischen Gebräuche. — Die Abû Rhusûn. — Die Dschéggel. — Die Kibêt. — Heidenlandschaften. — Die Murro. — Die Kadschakse. — Die Gulla. — Dâr-Runga und seine Bewohner. — Tâma; seine ursprüngliche und spätere Bevölkerung. — Charakter derselben. — Abhängigkeitsverhältniss zu Wadâi. — Die arabische Bevölkerung. — Zeit ihrer Einwanderung. — Eintheilung in Arab baqqâra und Arab abbâla. — Arab baqqâra: Salâmât. — Missirija — Aulâd Râschid. — Dscha-'âdîna. — Chozzâm. — Schurâfâ. — Heimât. — Dĕqĕna. — Schiggêrât. — Tor-dschem. — Kôlômât. — Beni Hasen. — Zabălat. — Mahâdi. — Zanâtit. — Me-dschânin. — Koróbât. — Isirre. — Arab abbâla: Mahâmid. — Hamida. — Beni Holba. — Zubădă. — Schŭqĕqât. — Die Bewohner des Dâr-Zijûd. — Die zum Theil ausserhalb des Dâr-Wadâi wohnenden: Debâba. — Qawâlïma. — 'Assâla. — Aulâd Haměd. — Chozzâm el-Bahărija. — Tundscher. — Qinır. — Zoghâwa. — Die Tubu (Tedâ) Wadâïs: Qor'ân. — Krĕda. — Kaschĕrda. — Hawalla. — Hammêdsch. — Aulâd Sâlim. — Aulâd Beqqâr. — Meidĕna. — Dogordâ. — Wandăla. — Kunŭsŏalla. — Sklaven des Sultans. — Zusammenstellung der Stämme nach Sprachverwandtschaft, nach der Natur ihrer Wohnsitze u. s. w. — Allgemeine Uebersicht. — Gruppirung nach der gebräuchlichen Hautfarbenscala. — Vertheilung der Stämme nach den Himmelsgegenden. — Die fremden Stämme.

NEUNTES KAPITEL. **Regierung, Volksleben, Handel.** . . . Seite 224.

Thronfolgeberechtigung und nothwendige Eigenschaften eines Sultans von Wadâi. — Die Thronbesteigung. — Ceremonien der Huldigung. — Entvölkerung des Harems. — Schicksal der Prinzen. — Das tägliche Leben des Sultans. — Eintheilung des Pa-lastes. — Der Harem. — Habâbât und Fellâgine. — Die Eunuchen. — Mômo und Meïram. — Beamte des Palastes. — Die Tuweïrât. — Der Marstall. — Die Dscherma oder Stallmeister. — Politische Eintheilung des Landes. — Die Kemâkil und ihre Machtvollkommenheit und Einnahmen. — Der Sultan el-Haddâdîn und seine Stellung bei Hofe. — Die 'Aqâde; ihre Bedeutung im Kriege. — Die Terâ-qïna. — Der Fattâschi, ein Biersucher. — Die Mulûk, Oberaufseher der sesshaften Stämme. — Einkünfte des Sultans. — Rechtspflege. — Kriegsmacht. — Die Schlachtordnung. — Gemeinwesen. — Wohnhäuser. — Hausgeräth. — Hütten der Greise, Männer, Jünglinge. — Beschäftigung der Männer und Frauen. — Dschemma', Sibjân, Ferâfir und Nurti. — Der Mandschak. — Studien der Knaben. — Schulen in Wadâi. — Oeffentliche Pflichten der Gemeinde. — Das Eherecht. — Die Haupt-feste. — Verkehr der Geschlechter. — Bewerbung und Heirath. — Förmlichkeiten. — Höflichkeitsbezeigungen. — Ehrerbietung vor Alter und Rang. — Verehrung des Sultans. — Geburt und Behandlung der Kinder. — Kleidung derselben. — Be-gräbniss und Erbrecht. — Waffen und Bepanzerung von Ross und Reiter in Wadâi. — Kleidung der Männer und Frauen. — Speisen und Getränke. — Trunksucht der Wadâwa. — Mangel an Kunstfertigkeit. — Der Handel Wadâïs. — Einfuhr und Tauschwerthe. — Einfuhrzoll. — Ausfuhr. — Der Sultan als Kaufmann. — Kara-vanenverkehr. — Der Grosshandel Wadâïs.

ZEHNTES KAPITEL. **Zur Geschichte Wadâïs.** . . . . . Seite 270.

Die Tundscher als ursprünglich herrschendes Volk. — Die Einwanderung Yame's des Abbasiden. — Ursprung der Namen „Wadâi" und „Burgû". — Sultan 'Abd el-Kerim. — Untergang der Tundscher-Herrschaft. — Gründung von Wâra. — Der Islâm wird Staatsreligion. — Sultan Charût. — Sultan Charif, sein Zug gegen Tâma und sein Tod. — Sultan Arûs. — Charif's Leiche wird nach Wadâi gebracht, der Tri-but an Dâr-Fôr verweigert. — Kriegszug gegen Ahmed Bokkor und 'Omar Lêle. — 'Omar Lêle's Niederlage und Gefangenschaft. — Sultan Charût ez-sarhîr. — Sultan Dschôda. — Krieg gegen Dâr-Fôr. — Sieg über Abu-'l-Qâsim. — Dschôda's lange, ruhmvolle Regierung. — Sultan Sâlih Derret. — 'Abd el-Kerim (Sabûn) bemächtigt sich der Regierung, Ermordung Sâlih Derret's. — Kriegszüge gegen Bagirmi und Tâma. — Sabûn's Tod. — Mohammed Busâta. — Sultan Jûsef, genannt Chórefsin.

— Neue Kriegszüge. — Jûsef's Ermordung. — Sultan Râqib. — Greuelherrschaft während seiner Minderjährigkeit. — Aufstand der Kodoî und Malănga. — Sultan ʿAbd el-Azîz. — Râqib's Tod. — Aufstände und Empörungen. — ʿAbd el-Azîz's Tod, Einfall der Fôrâwa. — Niederlage bei Ahbês und Amrâta. — Mohammed Scherîf als Kronprätendent und Sultan. — Kriegszüge gegen Tâma und Bornû. — Aufstand der Kodoî. — Empörung des Tintelak Mohammed. — Adem als Kronprätendent. — Mohammed Scherîf's Tod. — Sultan ʿAlî.

# ACHTES BUCH.
## VON WADÂÏ NACH DÂR-FÔR UND AEGYPTEN.

ERSTES KAPITEL. **Reise nach Dâr-Fôr.** . . . . . . . Seite 299.

Abschied von König ʿAlî. — Die ägyptischen Reitesel und ihre Leistungsfähigkeit. — Verzögerungen des Aufbruchs. — Abreise am 17. Januar 1874. — Die von Wadâï nach Dâr-Fôr führenden Wege. — Freigeborene und gestohlene Sklaven. — Die Bergkette von Kêlingen. — Die Wudjân Schuqq, Udeï und Mondschobok. — Die Dörfer Murra und Oilombo, Bagirmi-Colonien. — Die Flussthäler Oilombo und Jôje. — Wâdî Koddoni oder Wâdî Lobbŏdê der Wadâwa. — Schems ed-dîn und Hâdsch Ahmed Tangatanga. — Allmähliche Steigung des Weges. — Das Flussthal Rimêle, auch Kunno genannt. — Der Grenzort Bîr-Tuïl. — Berggruppen im Nordosten, der Berg Torâne und die Berge der Massâlît. — Wâdî Delâl. — Versammlung der Reisegesellschaft in Bîr-Tuïl. — Marktverhältnisse und Lebensweise der Bevölkerung daselbst. — Lagerleben einer Karavane. — Kaffee- und Theegenuss in Wadâï, die Gûro-Nuss. — Der Gesandte Sultan ʿAlî's an den Sultan von Dâr-Fôr. — Feier des Opferfestes. — Entgegennahme einer königlichen Botschaft. — Aufbruch am 3. Februar. — Bodenbeschaffenheit und Vegetation der Grenzbezirke. — Betreten der Tirdsche Wadâïs. — Wâdî Asunga, Aenderung der Vegetation. — Die Keimlinge der Delêbpalme als Nahrungsmittel. — Die Massâlît als gefürchtete Wegelagerer. — Das Thal des Wâdî Kulkul, Grenze von Dâr-Fôr. — Die Tirdsche Dâr-Fôrs. — Bîr-Deqiq und Dorf Gerolne. — Frauen vom Stamme der Girga. — Die Stämme der Girga und Latunno sind Qimr. — Dâr-Schâle. — Zusammenwohnen der verschiedensten Stämme im Westen Dâr-Fôrs. — Der Melik von Sertemmo. — Das Gebiet des Schertîja Hannêfi in Dâr-Fêa. — Der Bezirk Bûro und die dort wohnenden Tordschem-Araber. — Die Frauen der Tordschem, Fôrâwa und der nomadisirenden Araber. — Gerüchte über einen Sieg Zibêr's. — Wâdî Kâdscha, Wâdî Abû Sanat, Wâdî Omm Zêfa; Ursprung und Verlauf. — Vereinigung der Wudjân Bârê, Azûm, Sanat und Asunga als Wâdî Kya (Bahâr es-Salâmât). — Wâdî Tineât. — Wohnsitze der Qimr, der Marârît, Oro, Talba, Schâle u. s. w. — Hâdsch Ahmed und die Gastfreundschaft der Dschellâba. — Gefahr, als türkischer Spion behandelt zu werden. — Marktverhältnisse in Tineât. — Charakter der Gegend von Wâdî Bargû. — Der Scheîch der Nawâïbe. — Das Marra-Gebirge. — Das Flussthal Qabqabîja. — Salzgewinnung. — Kerâkîr. — Boggesa, der höchste Punkt der Kôra-Kette. — Seltenheit des Wildes. — Die Wasserscheide. — Sâniat el-Muhâdschîrîn. — Hâdscher Garda und Wâdî Garda. — Die Bergkette Malâ. — Thal Abû Dungo. — Wâdî el-Kûʿa. — Korbgeflechte der Fôrâwa. — Hâdscher Kôbê, Wâdî Kôbê und Stadt Kôbê. — Markt in Kôbê. — Schwierigkeit der Wasserversorgung. — Die Entstehung der Dschellâba-Stadt. — Das Innere derselben. — Abnahme der Bevölkerung und des Wohlstandes. — Kleidung der Dschellâba und Fôrâwa. — Abreise und Ueberschreitung des Wâdî Kôbê. — Berg Kussa, Wâdî Barbodscha. — Bezirk

Gerne. — Blick auf el-Fâscher. — Aeussere Erscheinung der Stadt. — Ankunft in el-Fâscher und gastliche Aufnahme. — Hâdsch Ahmed's Sorge um mein Geschick. — Wohlwollen des Sultans gegen mich. — Bewilligung der Begrüssungsaudienz.

ZWEITES KAPITEL. **Aufenthalt in el-Fâscher.** . . . . . Seite 339.

Rahat Tendelti. — Irrthümliche Benennung der Stadt als „Tendelti". — Bauart der Stadt. — Der alte Palast auf dem Nordufer und die Entstehung der Stadt. — Der zweite Palast auf dem Südufer. — Wâdi el-Fâscher und Wâdi Kû'a. — Bauart der Häuser. — Der Amin Bocheït. — Der Schwager des Königs, Chabîr Mohammed. — Die Audienz. — Das Ceremoniell. — Ueberreichung der Geschenke durch den Chabîr. — Freundlicher Empfang beim Fürsten. — Hâdsch Hamza übermittelt mir eine Geldsendung. — Mein Wunsch, Reisen im Lande zu machen. — Im Wartezimmer des Amîn; Neugierde der Leute. — Nothwendige Vorsicht bei Erkundigungen. — Zweite Audienz beim König. — Der Tombasi. — Mein Gesuch, einen Ausflug machen zu dürfen. — Des Königs Weigerung und seine Gründe. — Seine Bereitwilligkeit, mir Berichterstatter zuzuweisen. — Zufälliges Zusammentreffen mit einem solchen. — Werthvolle Aufschlüsse über die Flusssysteme des Marra-Gebirges. — Die Schwierigkeit, Berichterstatter zu finden. — Der Hass der Einwohner gegen mich. — Schwierige Stellung der Diener eines Christen. — Faqîh 'Abd el-Aziz. — Faqîh Mohammed. — Verehrung der Bibel von seiten gebildeter Mohammedaner. — Basi Tâhir, der Merîssa-Trinker.

DRITTES KAPITEL. **Geschichte von Dâr-Fôr.** . . . . . Seite 355.

Geschichtsquellen und ihre Glaubwürdigkeit. — Regentenreihe des Basi Tâhir und Mohammed el-Fadl's. — Das Buch Dâli. — Mündliche Berichte des Basi Tâhir. — Die Dâdscho-Regenten. — Die Tundscher-Dynastie. — Uebergang der Herrschaft auf die Kêra; Ahmed el-Maqûr, König Schau, König Delîl. — Delîl organisirt den Staat. — Unsicherheit über die Nachfolger Delîl's. — Streit zwischen Kûru und Tunsam. — Sulêmân Solon vertreibt Tunsam und führt den Islâm ein, Tunsam wird Stammvater der Massabât. — Sulêmân's Kriege. — Sein Sohn und Nachfolger Mûsâ. — Ahmed Bokkor's segensreiche vierzigjährige Regierung. — Angriff der Wadâwa. — Ahmed Bokkor's Tod. — Mohammed Daura's Schreckenszeit. — Sein Nachfolger 'Omar Lêle. — Kriegszug gegen Wadâï, 'Omar Lêle's Gefangennahme. — Abû 'l-Qâsim. — Fortsetzung des Krieges gegen Wadâï, Tod Abû 'l-Qâsim's. — Sultan Tirab. — Ernennung seines Sohnes zum Chalîfa. — Besiegung des Birgîd, Tundscher und Massabât. — Tirab's Bruder 'Abd er-Rahmân wird Sultan. — Kampf mit Isháqa, dessen Niederlage und Tod. — 'Abd er-Rahmân's im ganzen segensreiche Regierung. — Der Abû Scheïch Kurra wird Vormund des Königs Mohammed el-Fadl.

VIERTES KAPITEL. **Geschichte von Dâr-Fôr (Fortsetzung).** Seite 386.

Abû Scheïch Kurra's Regierung. — Der Abû Scheïch fällt im Kampfe gegen seinen Herrn. — Mohammed el-Fadl's Kriegszüge gegen die Araberstämme. — Sein Schreckensregiment im Innern. — Krieg gegen Wadâï. — Mohammed stirbt, Adam Tarbûsch investirt Mohammed el-Hasin. — Hasin, der Kaufmann. — Seine erfolglosen Kriege gegen die Rezêqât und Habanîja. — Scheïch el-Misri in Dâr-Fôr. — Hasin's Erblindung. — Beginn der Verwickelungen mit Aegypten, der Faqîh Mohammed el-Bulâlâwi und Zibêr. — Wachsende Macht Zibêr's im Süden Dâr-Fôrs. — König Hasin's Tod. — König Ibrâhim. — Zibêr wird Mudir der Provinz Bahâr el-Ghazâl und Statthalter der Provinz Scheqqa in Dâr-Fôr. — Selbstüberschätzung der Forâwa, Einfluss der Kriegspartei auf den König. — Niederlage des Heeres gegen Zibêr. — Ismâ'îl Pâschâ rückt in Dâr-Fôr ein. — König Brâhim fällt an der Spitze seines Heeres bei Menawâtschi. — Dâr-Fôr wird ägyptische Provinz.

FÜNFTES KAPITEL. **Organisation des Fôr-Staates.** . . . . Seite 418.

Eintheilung in Mudirâte, resp. Provinzen und Bezirke. — Scherâtî, Zambe, Dimilik, Fûqăhâ, Ukîl. — Die sogenannten Sultane der Araber. — Maqdûm, königlicher Commissar. — Hofstaat. — Die Königin-Mutter. — Der Kamene. — Der Abû Scheïch Dâli. — Die Ija Basi, die Ija Kûri und die Omm Soming Doqola. — Der Orondulung. — Der Fôranga Aba. — Die sieben Grossmütter, Abonga. — Abû Irlingo und Abû Iringa. — Abû Dugunga, Abû Kundschara, Abû Dschebâî und Abû 'l-Haddâd. — Die Bâsinga. — Die Beamten des „Orre Dë". — Abû Kötinga oder Uzîr und Abû Dâdinga. — Der Soming Koë und die Mulûk el-Fellâgine. — Fellâgine oder Korkoa und Korkoa sirhâr mit ihren Häuptern. — Die Beamten des Marstalls: Abû Dschindschinga, Abû Ari u. s. w. — Der Choschem el-Kelâm. — Die Aufseher der königlichen Familienreliquien. — Der Weg der Frauen mit seinen Beamten: Abû Dschode, Kittir Koa, Kämmel Koa, Gutto Koa. — Der Aqîd. — Der Melik Saringa. — Der Mirring Koa. — Die Beamten des „Tombasi". — Die Rolle der Beamten und Würdenträger bei der Paukenfeier. — Verlauf der Feier. — Das Konda-Essen. — Die grossen Revuen. — Kleidung und Kriegsschmuck. — Aufzug des Königs, Begrüssung, Vorbeimarsch und Ende der Parade.

SECHSTES KAPITEL. **Bewohner von Dâr-Fôr, Bodenerzeugnisse.** Seite 447.

Nigritier und Araber, Alteingesessene und Unterworfene, beziehungsweise später Eingewanderte. — Die Dâdscho. — Unterschied zwischen Dâdscho- und Fôr-Sprache. — Tradition über ihre Einwanderung. — Die Tundscher kennen nur die arabische Sprache. — Die Fôrâwa; ihre Unterabtheilungen: die Dugunga, Kundschara und Kêra. — Die Fôr-Tomurkija. - Aeussere Erscheinung der Fôrâwa; ihr Charakter; Mangel industrieller Anlagen u. s. w. — Die Zoghâwa; ihre Abtheilungen: Zoghâwa Kûbê, Zoghâwa Dôr, Zoghâwa Kalâbu, Zoghâwa Keitinga, Zoghâwa Anqa und Zoghâwa Amm Kimalte. — Die Nawâïbe. — Die Araber. — Die Fezâra-Araber. — Die Ziâdîja mit den Kurumsija und Qasârîna. — Die Mâlija mit den Aulâd ʿAbdûn und Maʿâqîla. — Die Habbâbin, Dschelledât, Madschânîn, Aulâd Igoï, Beni Omm Rân und Beni Dscherrar. — Die Aulâd Râschid. — Die Heimat, Taʿâïscha und Habanija. — Die Ereqât. — Die Missirije und Taʿâliba. — Die Bedrija. — Die Hamr. — Die Nawâïbe, Mahâmîd und Mahârija einzeln und als „Rezêqât" vereinigt. — Die Aulâd Jâsîn. — Kleinere Araberabtheilungen: Kinâna und Chozêma. — Koróbât. — Die Halbaraber Hautija. — Beni Hasen. — Tordschem. — Beni Holba. — Die den Arabern nächststehenden, unterworfenen Völkerschaften: die Dschellâba und ihre Stammabtheilungen. — Ihre Wohnsitze. — Ihr Handel. — Die nicht gleichberechtigten nigritischen Stämme: die Massabât. — Die eingewanderten Stämme: Leute aus Bornû, Wadâï, Bagirmi, Tâma u. s. w. — Die Qimr und ihre historische Bedeutung. — Die Midobi, Foroge und Fongoro. — Die Birgîd, Bertî, Mimi, Massâlît. — Die tributpflichtigen Stämme der Monsch, Kara, Binga, Schâla u. s. w. — Grösse Dâr-Fôrs. — Zahl der Gesammtbevölkerung. — Steuern. — Producte des Landes. — Die Nutzbäume. — Die wildwachsenden Bäume. — Die feigenartigen Bäume. — Der Süden und seine Bäume. — Die Cultur des Tabacks.

SIEBENTES KAPITEL. **Weiterer Aufenthalt in el-Fâscher.** . Seite 468.

Leben im Hause meines Gastfreundes. — Die Zustände im Süden des Reiches. — Aerztliche Thätigkeit. — Verkehrsmittel. — Das Dorf der Leute von Bornû. — Luxus der Kleidung. — Verschiedene Formen der Toben. — Haartracht. — Körperbau und Charaktereigenschaften der eigentlichen Fôrâwa. — Verfall Dâr-Fôrs und seine Ursachen. — Reinlichkeitsliebe der Fôrâwa. — Reste des Heidenthums. — Bemühungen, das Buch Dâli zu erlangen. — Der Abû Scheïch Dâli. — Feier bei Ernennung des Amîn Bocheït zum Uzîr. — Drohendes Verhalten der ägyptischen Regierung und König Ibrâhîm's Mangel an Energie. — Schlechtes Verhältniss zu Wadâï. — Vorbereitungen zur Abreise. — Der Transport der Straussfedern. — Abschiedsgeschenke des Königs. — Preisverhältnisse. — Zibêr's Einrücken in Dâr-Fôr. — Des Königs Versuch zur Lösung des Conflicts.

ACHTES KAPITEL. **Reise von el-Fâscher nach el-Obeïd.** . Seite 488.

Abschiedsaudienz bei König Brâhim. — Aufbruch der Karavane am 6. Juli. — Die Reisegesellschaft. — Vorgefühle wichtiger Ereignisse. — Bergketten, Bodenbeschaffenheit und Vegetation. — Wiederum Schwierigkeit der Wasserbeschaffung. — Insektenleben. — Täglicher Gewitterregen. — Das Reisegebet. — Araberniederlassungen. — Eigenthümliche Felsformationen. — Das Elfenbein- und Straussfedermonopol und das Verbot des Sklavenverkaufs in Aegypten. — Sichere Nachrichten aus Aegypten. — Omm Meschâna, Handelscentrum der Nilkaufleute. — Erneute Fieberanfälle. — Die Hamr. — Besuch im Hamr-Bezirk Zarnach. — Die Brunnen in den Affenbrotbäumen. — Felssculpturen in der Nähe von Omm Meschâna. — Die Kâdscha. — Trennung von Hâdsch Ahmed. — Die Atmôr-Wildniss. — Die ersten Dörfer in Kordofân. — Tod eines frühern Reisegefährten. — Der letzte Reisetag. — Aufenthalt im Landhause Mohammed en-Nûr's. — Botschaft des ägyptischen Pâschâ Ismâ'il Eijûb. — Entwöhnung vom Gebrauch europäischer Sprachen. — Die Ereignisse in Europa. — Empfang in el-Obeïd. — Rückkehr in die civilisirte Welt.

NAMEN- UND SACHREGISTER ZUM I.—III. THEIL. . . . . . Seite 513.
BOTANISCHES REGISTER ZUM I. — III. THEIL. Von Professor P. ASCHERSON. . . . . . . . . . . . . . . . . Seite 537.

PORTRÄT DR. G. NACHTIGAL'S. . . . . . . . . . . . . . . . Titelbild.
PASSIRSCHEIN der Regierung des Sultan Ibrâhim von Dâr-Fôr (Facsimile und Uebersetzung).
EMPFEHLUNGSSCHREIBEN des Scheîch 'Omar von Bornû an den Sultan Mohammed 'Alî von Wadâî (Facsimile und Uebersetzung).
KARTE zu Dr. G. Nachtigal's Reise durch Wadâî und Dâr-Fôr.

# BERICHTIGUNGEN.

Seite 44, Zeile 13 v. u. lies Haschâb anstatt Heschâra.
» 53, » 10 v. o. » Wässern » Entwässern.
» 56, » 12 v. o. » Toqqija » Toqâqi.
» 95, » 7 v. u. » Prinzen » Freien.
» 97, » 8 v. o. » Habâbât » Hubâbás.
» 185, » 4 v. o. » Zizyphus sp. » Zizyphus spina Christi.
» 185, » 4 v. o. » Haschâb » Habésch.
» 212, » 13 v. o. » Melissa » Melasse.
». 302, » 18 und 19 v. o. lies zwei nur anstatt nur zwei.
» 314, » 17 v. o. ist (*Cordia*) zu streichen.
» 327 ist die Anmerkung zu streichen und dafür einzusetzen: Nach den S. 53 gemachten Angaben über die Benutzung der Früchte ist in diesem Werke unter „Machêt" stets nur *Boscia senegalensis* Lam. zu verstehen. A.
» 492 ist die Anmerkung zu streichen.
» 498, Zeile 6 v. o. lies Burrêsa (vgl. II, 556) anstatt Qarrâsa.

# SIEBENTES BUCH.

# REISE VON BORNÛ NACH WADÂÏ.

# Erstes Kapitel.
## WINTER 1872/73 IN KÛKA.

Bû-'Âïscha's Heimreise und Undankbarkeit. — Derzeitige Marktpreise. — Geldverlegenheit. — Trauriger Gesundheitszustand. — Wirthschaftliche Zustände des Landes. — Ahmed Ben-Brâhim. — Scheïch 'Omar's Untauglichkeit zu Staatsgeschäften. — Feier des Ramadân und 'Id el-Fitr. — Raubzüge der Araber, Plünderung Bû-'Âïschas. — Wasserstand des Tsâde. — Gründung einer neuen Hauptstadt. — Bedrohliche Nachrichten aus dem Innern. — Der Bote des Königs von Wadâï. — Reiseaussichten. — Beschaffung der Mittel zur Reise. — Güte des Scheïchs. — Geschenke für die Sultane von Wadâï und Dâr-För. — 'Id el-Kebîr.

Mein Hausstand hatte sich während meiner Abwesenheit von Kûka wesentlich verringert, mein früherer Reisegefährte Bû-'Âïscha hatte die gastfreundliche Bornû-Stadt verlassen und mit den reichen Ergebnissen seines Aufenthalts die Heimreise angetreten. Mit ihm und unter seinem Schutze waren unserer Verabredung entsprechend Mohammed el-Qatrûnî, Hâdsch Huseïn und Hâdsch Brêk abgereist.

Scheïch 'Omar und die Grossen des Landes hatten keine freundliche Erinnerung an den Gesandten des Grossherrn von Stambul bewahrt und klagten bitter über die Undankbarkeit desselben. Nachdem dieser nämlich mit den in der That überreichen Geschenken des freigebigen Negerfürsten an gewöhnlichen Sklaven, Eunuchen, Taubstummen und Zwergen, baarem Gelde, Elefantenzähnen und Straussfedern, lebenden Straussen und anderen wilden

Thieren, ja sogar kleinen Heerden von Bornû-Schafen und Kûri-Rindern die Grenze des Landes überschritten hatte, war sein erstes Zeichen der Aufmerksamkeit für den königlichen Gastfreund gewesen, demselben einen Brief voll herber Wahrheiten über die Schwächen und Mängel seiner Regierung, die Machtlosigkeit seiner Herrschaft und die Unredlichkeit seiner höchsten Beamten zu senden; unter den letzteren hatte er diejenigen keineswegs geschont, denen er die meisten Freundschaftsbeweise und hauptsächlich die materiellen Erfolge seiner Reise verdankte. Dieses Gefühl der Bitterkeit demjenigen gegenüber, der als Mohammedaner und Abgesandter des Grossherrn mich stets in den Schatten gestellt hatte, kam mir bei dem feinfühlenden und gutherzigen Scheïch zugute, sodass ich mich mehr denn je seiner freundlichen Rücksichtnahme und väterlichen Fürsorge zu erfreuen hatte.

Meine Rückkehr fiel schon in die zweite Hälfte der Regenzeit, in welcher Zahl und Menge der Niederschläge erheblich abzunehmen pflegt. Doch das Jahr war ein aussergewöhnlich wasserreiches, und wir hatten noch im September sehr ansehnliche Regenfälle, welche das Innere meiner Wohnung nicht selten mit argen Ueberschwemmungen heimsuchten, da mein Hauswirth Ahmed Ben-Brâhîm nicht daran gedacht hatte, das platte Dach des Hauses durch eine frische Lage mist- und sandgemischter Thonerde widerstandsfähiger zu machen. Auch war die Regenzeit sehr frühzeitig eingetreten, sodass das gewöhnliche Getreide schon während derselben seine volle Reife erlangt hatte, Mitte September geschnitten werden musste und nicht gehörig austrocknen konnte. Die Marktpreise waren infolge dessen trotz der Fruchtbarkeit des Jahres recht hoch; ein Maria-Theresia-Thaler gab eine so kleine Ochsenladung Duchn, dass man eigentlich nur von einer halben sprechen konnte, und Weizen und Reis waren zweimal so theuer. Ein zur Wüstenreise geeignetes Kamel kostete 30—40 Maria-Theresia-Thaler, selbst die weniger guten wurden mit ungefähr 20 Thalern bezahlt, und Lastthiere schwankten je nach der Qualität im Preise von 7—9 Maria-Theresia-Thalern. Am meisten hatten sich noch die Pferdepreise auf ihrer früheren Höhe erhalten, denn man konnte recht stattliche Thiere für 20—30 Thaler und die zu Handelsreisen üblichen Klepper natürlich um sehr viel geringere Summen haben. Ausländische Fabrikate sowol, als harte Thaler waren auf dem Markte sehr selten geworden. Früher hatten die Kaufleute aus Tripolitanien ebenso viel baares Geld als Waaren nach Bornû gebracht; jetzt wendeten sich dieselben den blühenden Haussa-Staaten zu und machten höchstens einen Abstecher nach Bornû mit denjenigen Waaren, auf deren Absatz mit Sicherheit gerechnet werden konnte. Dazu gehörte vor allem der gewöhnliche Baumwollenstoff, Châm, der aber wieder für die nothwendigsten Lebensbedürfnisse, wie z. B. Getreide, nicht in Zahlung genommen wurde. Der Werth des Maria-Theresia-Thalers aber war bis auf 190 Rotl, d. h. circa 6000 Muscheln, gestiegen, während derselbe zur Zeit meiner Ankunft 120—130 und während Barth's Anwesenheit in Bornû nur etwa 100 Rotl betragen hatte.

Unter diesen Umständen hielt es schwer, mein von der Reise heimgebrachtes Besitzthum zu veräussern. Die beiden Stiere waren ohnehin schwer verkäuflich, da diese Thiere nach einer Reise in den wasserreichen Süden gewöhnlich zu Grunde gehen. Die meinigen kamen zwar sehr geschwächt, aber scheinbar gesund in Kûka an; jedoch schon nach wenigen Tagen fing ihr Haar an, sich zu sträuben — nach der dortigen Ansicht ein sicheres Zeichen, dass sie vom Stich bösartiger Fliegen gelitten hatten —, und ich musste schliesslich froh sein, beide für einen Thaler in Muschelgeld losschlagen zu können. Da für das unterwegs auf Credit gekaufte Pferd ebenfalls kein baares Geld zu erlangen war, so entschloss ich mich, dasselbe einem meiner früheren Reisegefährten, dem Hâdsch Bû-Hâdî aus Fezzân, einem sehr braven und zuverlässigen Manne, der eine Reise nach Kanô zu machen beabsichtigte, für 17 Maria-Theresia-Thaler zu überlassen und ihm den Betrag bis zu seiner Rückkehr zu creditiren. Meine beiden Centner Elfenbein hatten zwar einen Werth von 100 Maria-Theresia-Thalern, doch niemand verfügte über eine so grosse Summe baaren Geldes. Erst nach einigen Monaten gelang es mir, dieselben an den Maina Adam, den besonders aus Rohlfs' Reise bekannten Kawâr-Prinzen, zu verkaufen.

Aus Tripolis inzwischen eingetroffene Briefe waren zwar anfänglich wohlgeeignet, meinen Muth zu heben, denn sie benachrichtigten mich, dass eine für meine Verhältnisse nicht unbeträchtliche Reiseunterstützung zur Weiterbeförderung in die Hände des österreichischen Consuls gelangt war. Aber dieser, ungewiss über meinen derzeitigen Aufenthalt und durch den unsicheren Zustand der Bornû-Strasse zur Vorsicht gemahnt, hatte nicht gewagt, einem einzelnen Boten eine grössere Summe anzuvertrauen, und geglaubt, sich damit begnügen zu sollen, einen Geschäftsfreund in Murzuq, der ihm 300 Maria-Theresia-Thaler schuldete, mit der Uebersendung dieser Summe an mich zu beauftragen. Dieser aber, nicht minder vorsichtig und geschäftsklug, hatte es vorgezogen, sich nicht vom baaren Gelde zu trennen, und wiederum einen Geschäftsfreund in Kúka, mit welchem er in Rechnung stand, angewiesen, mir, im Falle ich noch in Bornû weilen sollte, die genannte Summe auszuzahlen und mich auch sonst nach Kräften zu unterstützen. Der letztere endlich, ein mir seit lange bekannter, recht braver Mann, war so jeglichen Geldes bar, dass er mir beim besten Willen nur Sklaven, die ich wiederum nicht verwerthen konnte, anzubieten hatte. So waren denn die 2000 Maria-Theresia-Thaler, welche die heimatliche Regierung angewiesen hatte, für mich vorläufig von geringem Werth.

Besonders schmerzlich war es mir, dass ich, als die trockene Jahreszeit meinen Zustand zu bessern begann, nicht einmal in der Lage war, mir die bescheidenen Genussmittel, welche das Land bot, zu verschaffen. Die Gûro-Nüsse, welche ich sehr liebte, kosteten 5—10 Maria-Theresia-Thaler pro Hundert; Kaffee war überhaupt nicht aufzutreiben, und ein kleiner Hut Zucker von etwa 1½ Pfd. Gewicht hatte den auch dort ungewöhnlichen Preis von etwa 2 Maria-Theresia-Thalern. Merkwürdigerweise waren, trotzdem Handel und Wandel darniederlagen, die Ansprüche der Handarbeiter nicht entsprechend heruntergegangen. Wie beispielsweise der Schneider 'Abdallâh Karussa für die Anfertigung von zwei Hemden, eines Beinkleids und einer Jacke, für deren Stoff (Mahmûdi) ich 4 Maria-Theresia-Thaler verausgabt hatte, 5 Thaler verlangte, so stand die Arbeit der Freien überhaupt in unverhältnissmässig hohem Preise.

Da der Rest meiner Habe, den ich meinem Freunde, dem Scherîf Ahmed el-Mĕdĕnî, in Verwahrung gegeben hatte, durch die Abreise meiner Diener nach Tripolis und die dazu nothwendigen Aufwendungen erheblich geschmälert war, so sah ich einstweilen keinerlei Möglichkeit, über Wadâï und Dâr-Fôr den Nil zu erreichen. Vorläufig durfte ich freilich auch nicht an die Ausführung eines solchen Unternehmens denken, theils weil ich erst die physischen Folgen der Bagirmi-Reise zu verwinden hatte, theils weil noch Monate vergehen mussten, ehe der Weg um den Tsâde leidlich passirbar werden konnte. Erst in der Ruhe wurde ich mir meines heruntergekommenen Zustandes recht bewusst. Die Schmerzen in den Gelenken, Muskeln und Knochen, die ich den Sümpfen Bagirmis verdankte, beraubten mich des Schlafes, und tiefgehende kleine Geschwüre üblen Aussehens, mit stark entzündeter Umgebung, bedeckten meinen Körper. Dazu kamen die unvermeidlichen Malaria-Erkrankungen der Regenzeit, die ich bei dem äusserst geringen Vorrath von Chinin, der mir noch blieb, nur sehr zaghaft behandeln konnte. So blieb ich von Schmerzen gepeinigt, kraftlos, tief verstimmt, voll Sehnsucht nach der Heimat, länger als einen Monat unfähig zu nutzbringender Beschäftigung und zur Betreibung meiner Weiterreise.

Ein Blick auf meine Fezzâner Reisegefährten war allerdings einigermaassen geeignet, mich zu trösten, denn die meisten derselben waren in sehr übler Lage. Der Bestsituirte in unserer damaligen Reisegesellschaft, Hâdsch ʿAbd er-Rahmân aus Audschîla, kämpfte, nachdem er seine Waaren gleich anfangs zu hohen Preisen, aber auf Credit, verkauft hatte, mit den drückendsten Nahrungssorgen; der erwähnte Hâdsch Bû-Hâdî suchte den Rest seiner kleinen Habe nutzbringend in Kanô zu verwerthen; der Hâdsch Zellâwî von Qatrûn war seit lange an ein Krankenlager gefesselt, von dem er sich nicht wieder erholen zu sollen schien, und andere waren bereits gestorben. Ein sehr bekannter Fezzâner, Hâdsch Mohammed, Sohn des Hâdsch el-ʿAmrî, eines der reichsten Kaufleute in Murzuq, war während meiner Abwesenheit aus Kanô zu dem fast aussichtslosen Beginnen eingetroffen, einige tausend Thaler von säumigen Schuldnern einzutreiben. Derselbe bestätigte mir die traurige Nachricht von dem Ableben meiner Murzuqer Freunde Ben-Alûa, Vater und Sohn, die beide nach der allgemeinen Ueberzeugung nicht ohne Mitwissen der tripoli-

tanischen Regierung eines unnatürlichen Todes gestorben sein
sollten.

Den traurigen wirthschaftlichen Verhältnissen der Hauptstadt
entsprach der Zustand des ganzen Landes. Unmittelbar nach
meiner Rückkehr aus Bagirmi hatte sich der Scherîf el-Mĕdĕnî
in den Westen des Reiches begeben, um säumige Schuldner zu
mahnen, und entwarf bei seiner Heimkehr ein trauriges Bild der
dortigen Verhältnisse. Ueberall sah man die Spuren der Willkür
der Prinzen und höchsten Beamten, welche periodisch, mit höchster
Vollmacht versehen, erpressend in den ihrer Oberaufsicht anvertrauten Bezirken herumzogen und die beklagenswerthe Schwäche
des Herrschers misbrauchten, der sich bei allem natürlichen
Wohlwollen und Sinn für Gerechtigkeit nicht zu energischem Einschreiten gegen seine Kinder und Günstlinge aufraffen konnte.
Die reichen Provinzen und blühenden Städte des Westens gehorchten mehr dem übermüthigen Tanémon von Zinder, als dem
Scheïch 'Omar. Jener hatte nicht allein Munio verwüstet und entvölkert, sondern erhob auch Abgaben aus den übrigen, seinem
Gebiete benachbarten Provinzen und schien sich der Verpflichtung regelmässiger Tributzahlung an seinen Lehnsherrn kaum
noch bewusst zu sein. Anstatt der 100 Kamelladungen, welche
einst die jährliche Abgabe aus Demâgherim gebildet hatten,
empfing der Scheïch jetzt höchstens ein Dutzend und schien noch
froh zu sein, dass der aufsässige Vasall ihn nicht durch die Unter-
lassung auch dieser Förmlichkeit zu gewaltsamem Einschreiten
zwang. Bald nach meiner Rückkehr traf die Nachricht ein, dass
'Abdu, der Herr von Gummel, wie der einstige Muniôma ein treuer
Vasall Bornûs, von dem dem Haussa-König unterthänigen Herrn
von Chadidscha getödtet worden war, und dies vermehrte noch
die Desorganisation der Grenzlandschaften. Der Scheïch empfing
von diesen Vorkommnissen und ihren Folgen durch seine feigen
Höflinge nur seltsam abgeschwächte und gefärbte Berichte, und
als der Scherîf el-Mĕdĕnî nach seiner Reise das optimistische Bild,
welches er in entschuldbarer Anpassung an die höchsten Wünsche
bei Gelegenheit seiner Begrüssungsaudienz unter dem Beifall der
Nôkena („ussê, ussê, Scherîf!" d. h. Dank, Dank, Scherîf!) entworfen
hatte, durch einige Schattenstriche zu trüben begann, um seinem

Gewissen einigermaassen zu genügen, wurde er eiligst von den Würdenträgern mit Berufung auf die vorgerückte Stunde unterbrochen, und die unvermeidliche „Fâtĭha"*) erstickte die unliebsamen Mittheilungen.

Ahmed Ben-Brâhîm war nach wie vor der einflussreichste Höfling; ja es war ihm seit dem Tode seines unversöhnlichen Feindes Lamîno allmählich gelungen, zum Kronprinzen Aba Bû Bekr in freundschaftliche Beziehungen zu treten, und er hatte sich sogar, um auch nach dieser Richtung seine Stellung zu sichern, mit seinem langjährigen Gegner, dem Staatssecretär Mo'allim Mohammed el-Komâmî, eng befreundet. Der Kronprinz aber bedurfte dieser beiden mächtigen und intriguanten Männer, weil bei dem etwa eintretenden Tode Scheïch 'Omar's leicht seine Thronfolge durch einen Sohn seines Onkels, jenes 'Abd-er-Rahmân, der selbst in den fünfziger Jahren für kurze Zeit die Regierung an sich gerissen hatte, in Frage gestellt werden konnte; denn dieser war thatkräftig und im Volke beliebt.

Scheïch 'Omar wusste und erfuhr, wie schon gesagt, von alledem sehr wenig; in steter Heiterkeit und unveränderlicher Liebenswürdigkeit hielt er täglich seine Rathsversammlungen, in denen nichts weniger als Staatsgeschäfte verhandelt zu werden pflegten. Stundenlang sass man da, hörte Stadtneuigkeiten, vage Gerüchte aus den Nachbarländern, Anekdoten aus der entfernteren Welt, Schmeicheleien schmarotzender Reisenden, welche nach wie vor zahllos die Stadt überschwemmten und Monate, ja Jahre lang der Gastfreundschaft des Scheïch zur Last lagen. Nachmittags hatten nur Vertraute, wie Ahmed Ben-Brâhîm und andere, Zutritt, und oft hatte ich zu beobachten Gelegenheit, mit welchen Scherzen man sich und den Scheïch zu amüsiren bestrebt war. Der harmlosen Freude an allem Neuen, welche derselbe an den Tag legte, diente mein früherer Gefährte und Koch Giuseppe Valpreda ausserordentlich durch seine mechanischen Fertigkeiten und sein Talent, stets neue kleine Ueberraschungen zu ersinnen. Nur wenn er, der in seiner Heimat ein ebenso geschickter Zuckerbäcker als Koch gewesen war, den Scheïch durch irgend ein kunstvoll zubereitetes

---

*) Die Fâtĭha ist das Eingangsgebet des Qorân.

Gericht erfreuen wollte, wurde der fromme Fürst bedenklich und zog vor, dasselbe seinen Dienern zu überlassen, da sein Glaube an den Religionswechsel meines einstigen Dieners nur gering war, der Genuss aber von durch einen Christen zubereiteten Speisen in seinen Augen Sünde gewesen wäre.

Anfang October hörten die Regen auf. Noch zogen zwar täglich ansehnliche Wolkenmassen südlich von uns von Ost nach West, doch nur wenige brachten einige Tropfen Regen, und der Ostpassat begann wieder vorzuwalten. Die Nächte wurden kühler, die Atmosphäre trocken, und damit nahmen sowol die Fieber im allgemeinen, als auch das meinige ab; die afficirten Gelenke wurden schmerzloser, und die bösartigen Geschwüre heilten allmählich. Bei fast allen Fieberkranken war in diesem Jahre die Malaria von sehr heftigen Gelenkschmerzen begleitet gewesen, und bei den meisten trat die grosse Erleichterung, wie bei mir, mit spontanen Diarrhöen ein.

Der folgende Monat war der Ramadân oder Festmonat, welcher grosse Ansprüche an den freigebigen Scheïch zu machen pflegte. Jeder Fremde, der nur einigermaassen bekannt war, empfing täglich die Abendmahlzeit direct aus dem königlichen Palaste. Abends, nachdem die Mahlzeit, welche mit Sonnenuntergang eingenommen wird, daselbst beendet war, konnte man lange Reihen von königlichen Sklaven im Hofe sich versammeln sehen, welche, jeder eine grosse Schüssel auf dem Kopfe, unter Anführung ihres berittenen Aufsehers, der genau die Liste der Fremden kannte und die Ansprüche eines jeden zu beurtheilen wusste, die Stadt durchzogen. Dabei ging es keineswegs sparsam zu; der gewöhnliche Araber erhielt eine wahre Riesenschüssel des oft genannten steifen Mehlbreis mit vegetabilischer Sauce und Fleisch in derselben; angesehenere, zu denen auch ich gerechnet wurde, ausser dieser noch eine zweite Schüssel mit Gebäck aus Weizen und Honig oder mit gebratenem Fleische. So erhielt ich wol einen ganzen Schafbraten oder ein Dutzend gebratene Hühner, ja sogar eines Tages 15 gebratene Hühner und 10 gebratene Tauben, von welchem Ueberflusse man alsdann an die herumwohnenden ärmeren Nachbarn mitzutheilen pflegte. Das Sonnenuntergangsmahl nahmen die fremden Araber, zu denen ich stillschweigend gerechnet wurde, bei Mohammed et-Titiwi ein, welchen man als ihren Consul bezeichnen konnte. Derselbe, obwol berüchtigt durch die schlaue und unverschämte Art, in der er sich auf Kosten der seiner Vermittelung bei dem Scheïch anheimgegebenen Fremden zu bereichern wusste, hielt sich gleichwol durch die Gastfreundlichkeit, mit welcher er jahraus jahrein offene Tafel hielt, bei den Arabern in hohem Ansehen; 20, 30 und mehr Personen kamen alltäglich zur Zeit des Mahles, und arm und reich wurden ohne Unterschied bewirthet. Nach Tische opferte er dann noch etwa ein Dutzend Gûro-Nüsse, bei deren Vertheilung er sehr gerecht zu Werke ging. Der Rest des Abends wurde mit dem Lesen religiöser Schriften ausgefüllt, wobei irgendein Zögling der Senûsija den Vorleser machte, oder freier Discussion gewidmet. Die grenzenlose Phantasie der Araber lässt sie mit Vorliebe die unglaublichsten Dinge erörtern, und je absurder eine Behauptung ist, desto grösseren Glauben findet sie bei ihnen. Bald ging ein ganzer Abend über die Streitfrage hin, wie viel Millionen grösserer und kleinerer Propheten Gott seit der Schöpfung der Welt zu den Menschen geschickt habe, und wer zu den grossen oder zu den kleinen zu rechnen sei; bald belehrte ein weitgereister Mann die Versammlung über die Christen und ihre Religion in einer Weise, welche ich, trotz meines Ansehens unter ihnen, nicht zu berichtigen vermochte; bald wurde die Wahrscheinlichkeit oder die Unwahrscheinlichkeit der ungeheuerlichsten Dinge von einem ihrer angesehensten Gelehrten durch unwiderlegliche Citate aus arabischen Schriftstellern bewiesen.

Gegen Ende des Ramadân erschienen wie gewöhnlich die Leute des Tanêmon von Zinder, um dessen Abgabe zu überbringen, welche sich auf ein halbes Dutzend leicht beladener Kamele beschränkte, die Frauen-Umschlagetücher, dunkelblaue Indigo-Toben des Sûdân und einige Nife-Toben trugen. In früheren Jahren musste derselbe zum grossen Opferfeste noch 1000 Maria-Theresia-Thaler und am Geburtstage des Propheten, dem Mûlûd, 100 Mitkâl Rosenessenz und 200 Mitkâl Zibeth liefern. Doch jetzt entzog der hochmüthige Vasallenfürst sich mit grosser Leichtigkeit seiner Verpflichtung, ja er trieb seine Frechheit so weit, dem gegen Bagirmi ziehenden Könige von Wadāï Geschenke zu senden und ihm den Vorschlag zu machen, Bornû zu erobern und ihn selbst zum Vasallenfürsten des ganzen Landes einzusetzen. Mit den Obigen erschienen auch die Leute von Chadîdscha, die Mörder des Tumbima oder Sultan von Gummel, um den Scheïch durch einige Geschenke zu versöhnen, was ihnen leider nur allzu leicht gelang.

Am 3. December wurde der 'Id el-Fitr, welcher den Ramadân abschliesst, gefeiert. Fieber und Gelenkschmerzen verhinderten mich, an dem festlichen Aufzuge theilzunehmen, der alter Sitte entsprechend bei diesem Feste stattfindet. Er büsste in diesem Jahre einigermaassen an Glanz ein durch die zufällige Abwesenheit einiger hochgestellten Beamten. Am folgenden Tage geschah ebenfalls nach alter Sitte die öffentliche Speisung und die Vertheilung der Sadāqa (Akt der Wohlthätigkeit) an die Gelehrten der Hauptstadt. Diese erhielten 500 Turkĕdis, 500 Maria-Theresia-Thaler, 60 Rinder, 36 Kopfladungen Toben und Baumwollenstreifen, 1 Sack Gûro-Nüsse u. dgl. Leider blieben aber dergleichen Gaben zum grösseren Theile in den Händen der höchsten Beamten. Der Gang pflegt ungefähr der folgende zu sein: alle Geschenke werden dem Schitima Mohammedu übergeben, der sie vom Scheïch selbst in Empfang nimmt. Nachdem derselbe für sich selbst ungefähr 100 Turkĕdis, 100 Thaler, 10 Rinder, 6 Kopfladungen der Stoffe und ein Drittel der Gûro-Nüsse zurückbehalten hat, schickt er den Rest an den Mo'allim Mohammed el-Komâmî, den ersten Gelehrten des Landes, welcher eine ähnliche Verminderung eintreten lässt; nachdem er von drei Ober-Mo'allims die Liste ihrer Unter-Fuqahâ empfangen hat, theilt er nach der Zahl derselben den Rest in drei Theile und überliefert diese an die Ober-Mo'allims, welche, selbstverständlich nicht minder habsüchtig als ihre hochgestellten Vorgänger, schliesslich eine bescheidene Anzahl von Muscheln in die Hände der kleinsten Gelehrten gelangen lassen. Am dritten Tage nach Ende des Ramadân wurde die allgemeine Gratulationscour abgehalten, bei welcher die Einwohner nach Stämmen und Verwaltungsbezirken durch ihre Oberhäupter vertreten sind, und bei der die Fremden, die Araber, die Tubu u. s. w., durch ihre, sozusagen, Consuln eingeführt wurden.

Bei der am vierten Festtage abgehaltenen Truppenbesichtigung auf der Ebene von Gauânga, zu der auch ich hinausritt, waren etwa 5000 Reiter versammelt. Der Scheïch selbst, bekleidet mit einem weissen Burnus und rothen Turban, wohnte derselben bei, umgeben von einer Art flintenbewaffneter Leibgarde zu Fuss.

Sobald der Ramadân und die folgenden Feste vorüber waren, begann wieder die allgemeine Bewegung unter den Reiselustigen; die von Kûka bereiteten ihre Abreise vor, andere kamen von ausserhalb und brachten aus allen Himmelsgegenden Nachrichten, welche während des Ramadân gänzlich ausgeblieben waren. Mich selbst interessirten diejenigen vorzugsweise, welche von Kawâr und von Kânem einliefen. Flüchtige Tubu von Kawâr erzählten von einem grossen Raubzuge der Araber der Grossen Syrte, welche über die Bornû-Strasse nach Kânem strebten und aus 300 allen möglichen Stämmen angehörenden Mitgliedern bestehen sollten. Sie waren zuerst über die Karavane meines Reisegefährten Bû-'Aïscha im Tümmo-Gebirge hergefallen und sollten dieselbe fast ganz ausgeplündert haben, nur die Geschenke des Scheïch 'Omar an den Generalgouverneur von Tripolis ihrem Ueberbringer überlassend; sodann hatten sie Kawâr überfallen und sollten jetzt auf dem Wege zu ihren Brüdern in Kânem sein. Den Scheïch und seine Würdenträger erfreuten die Nachrichten über Bû-'Aïscha höchlichst, denn bei allem natürlichen Wohlwollen konnte der Fürst die von jenem ihm zugefügten Beleidigungen nicht vergessen. In Kânem dauerten die Mishelligkeiten zwischen Halluf und seinen Qâdiwa und den Aulâd Solîmân noch immer fort. Diese sollten sich mit den zahlreichen Wadaï-Scharen vereinigt haben und bedrohten jenen, der von den Mghârba und den Dogordâ unterstützt zu werden schien; er hatte sich dann vor der Uebermacht nach Kukawa zurückgezogen und versuchte, sich in seiner Bedrängniss auf die Inseln des Tsâde zu flüchten, woran er jedoch von den Budduma verhindert wurde. Endlich kam die Nachricht, dass er sich mit dem Wadaï-Anführer verständigt und nach dessen Rückzug in das Gebiet des Bahâr el-Ghazâl sich wieder in Schitâti festgesetzt habe, während die Aulâd Solîmân bei Mâo lagerten; die allerletzten, etwas unsicheren

Nachrichten berichteten, dass er in seiner bekannten Tollkühnheit allein inmitten der Aulâd Solîmân erschienen sei und ihnen etwa Folgendes gesagt habe: „Seit mehr als 30 Jahren haben wir in ununterbrochenem Freundschaftsverhältniss zueinander gestanden; es ist wahr, ich habe euern Hazâz, den Sohn Bû-Alâq's, erschlagen, doch nicht hinterlistigerweise, sondern im offenen Kampfe. Hier bin ich! Wollt ihr Blutrache an mir nehmen, ich bin in euerer Gewalt; wollt ihr aber die Dîa — das Blutgeld — dafür annehmen, so bringe ich euch 300 Rinder." — Darauf sollten die Araber diesen Vorschlag angenommen haben und das alte Einvernehmen wiederhergestellt sein.

Während die letzten Regenfälle schon zu Anfang October stattgefunden hatten, nahm der Tsâde Anfang December immer noch an Wasserreichthum zu. Ngornu, die zweite Stadt Bornûs, und die kleineren Ortschaften, welche östlich von Kûka am Rande des Sees liegen, standen grösstentheils unter Wasser und mussten zum Theil von den Einwohnern verlassen werden. Nach der Ueberzeugung aller verschlang der Tsâde alljährlich mehr und mehr von seinen Ufern, und zu wiederholten malen, wenn der Nordostwind etwas heftiger wehte und das Wasser noch etwas mehr nach Westen hinübertrieb, waren der Scheïch und die ängstlichen Einwohner von Kûka alarmirt worden und hinausgeritten, um sich von dem Fortschreiten des Wassers zu überzeugen. Auch ich machte am 11. December einen Ausflug nach dem zwei Stunden entfernten Kaua, um den Wasserstand zu beobachten, bekam indess von dem offenen Wasser des Sees nicht mehr zu sehen, als auf meiner Kânem-Reise. Weder meine Begleiter, noch die Leute von Kaua hatten Neigung, den durch Wasserlachen und Sümpfe beschwerlichen weiten Weg zu einer höher gelegenen Stelle, von der aus man einen Ueberblick über den See gehabt haben würde, zu unternehmen; meine Begleiter von Kûka aber benutzten die Gelegenheit, um wie gewöhnlich eine reichliche Gastmahlzeit vom Ortsvorsteher von Kaua zu erpressen. Verschiedene Budduma kamen fast nackt, mit weissen Perlen um den Hals, in ihren leichten Booten aus Phôgu-Holz an das Ufer, um das Natron ihrer Inseln zu verkaufen, flohen jedoch eiligst, sobald wir uns zu Pferde näherten. Die unter dem öffentlichen Schattendache des Hauptplatzes von Kaua in unglaublicher Menge vorhandenen Sandflöhe veranlassten meine Rückkehr nach Kûka, sobald die übliche Mahlzeit eingenommen war.

Jedenfalls war die Wassermenge auch in der Provinz Kŏtŏko, die wir auf dem Wege nach Wadâï nothwendig passiren mussten, so gross, dass vorläufig an eine Abreise nicht gedacht werden konnte. Zwar war eine grosse Anzahl von Dschellâba, die nach Wadâï, Bagirmi, der Fitri-Gegend oder über Kûka nach dem südöstlichen Kânem reisen wollten, schon aufgebrochen, doch sie verliessen die Hauptstadt nur, um sich in einer kleineren Stadt am Westufer des Tsâde aufzuhalten, wo sie billigere Getreidepreise zu finden hofften. Ich hatte bis dahin zwar das Versprechen des Scheïch ʿOmar, meine demnächstige Abreise nach Wadâï fördern zu wollen, doch noch keine Aussicht, in sicherer Weise zum Sultan ʿAli zu gelangen. Mich mit einer gewöhnlichen Karavane reisen zu lassen, weigerte sich der Scheïch, weil er wol mit Recht fürchtete, ich würde unterwegs von etwaigen Kriegsführern der benachbarten Wadâï-Vasallen aufgegriffen und gleich Beurmann getödtet werden. Für den Fall, dass sich keine sicherere Gelegenheit darbieten würde, hatte er versprochen, mir einen seiner Beamten als Begleiter mitzugeben, der mit Hilfe des Sultan Dschurâb von Fitri mich sicher nach Abesche bringen sollte. Der endliche Termin konnte sich hinausschieben, doch war ich der Zuverlässigkeit des Scheïch vollkommen sicher; so benutzte ich denn die Zeit des Abwartens, um mit einem Sungôr-Jüngling, den der Zufall nach Bornû geführt hatte, ein Vocabularium seiner Sprache herzustellen, die mir um so interessanter war, als sie mit der Tâmas identisch ist.

Der Scheïch und seine Leute konnten die Gefahr, welche ihnen von Seiten des Tsâde drohte, nicht vergessen, und es war zu dieser Zeit, dass in ihnen der Gedanke entstand, in der Nähe von Kûka auf einem höher gelegenen Punkte für alle Fälle eine sichere Zufluchtsstätte zu gründen. Etwa $1^1/_2$ Stunde in Nordnordostrichtung von Kûka befindet sich ein Teich (Kulugu), Namens Bâ Dungu, am Fusse eines mässigen Sandhügels, der, theilweise mit *Acacia nilotica* bewachsen, sich ausserdem durch spärliche andere Mimosen und einige Tamarinden-Bäume aus der eintönigen, mit 'Oschar, der Riesen-Asclepiadee, bestandenen Umgebung Kúkas hervorhebt. Dort, erzählt man, habe der Vater Scheïch 'Omar's vor der Gründung Kúkas die neue Hauptstadt des Landes erbauen wollen, doch habe er wunderbarerweise später, als sein Vorhaben zur Ausführung kommen sollte, den Ort nicht wiedergefunden und die Gründung an ihrer jetzigen Stelle vorgenommen.

Im Hinblick auf die vom Tsâde drohende Gefahr beschloss jetzt Scheïch 'Omar, zu Ehren seines Vaters dort eine Ortschaft zu gründen. Indess gab es für seine Würdenträger noch einen andern Grund, ihm dieses Project annehmbar zu machen und seine Ausführung zu beschleunigen. Die Nachrichten aus dem Westen und Südwesten des Landes waren immer bedenklicher geworden. Die Fellâta von Messau, südlich von Katâgum und westlich von Gudschěba gelegen, wagten sogar, die letztere Stadt, wo der Kaschella 'Abdallâh el-Margemî befehligte, zu bedrohen. Diese Abtheilung der Fellâta soll es gewesen sein, welche, unter ihrem Häuptling Sâlih fast unabhängig von Sokoto, zur Zeit des Scheïch Mohammed el-Amin das Bornû-Reich bedrohte. Zu den früheren Niederlagen, die Aba Bû Bekr, Abû Brâhîm und andere Kriegsanführer, wie ich oben erzählt habe, in Kerrikerri und im Gebiet des Bahār el-Ghazâl erlitten hatten, kam schliesslich noch ein gelungener Handstreich der Heiden von Beddê, der das Maass voll machte und endlich ein energisches Einschreiten von Seiten der Bornû-Regierung zu erheischen schien. Eine grosse, von Kanô kommende Karavane von Arabern, Dschellâba und Manga war von einer Bande der Beddê, die viele hundert Mann stark und mit Bogen und Lanzen bewaffnet waren, überfallen, gänzlich ausgeplündert und viele ihrer Mitglieder getödtet worden. Auch mein Freund, der arme Hâdsch Bû-Hâdî, der mir vom Ertrage seiner Reise das Geld, welches ich schwer entbehren konnte, zurückbringen wollte, war unter den Todten. Das Verlangen nach einer kriegerischen Expedition zur Sicherung der Strassen im Westen des Landes war allgemein geworden. Schon im December hatte der Scheïch eine Versammlung aller Grosswürdenträger und Kriegsanführer, einen sogenannten Kindekei oder Kriegsrath berufen, in welcher er sich mit Kraft und Würde aussprach und verkündete, dass er in Person den Kriegszug leiten werde. Zwar sprachen sich die Grossen des Landes anfangs alle in diesem Sinne aus, doch war es nicht schwer, aus den Aeusserungen meines Hauswirths Ahmed Ben-Brâhîm, welche die Meinung seiner Collegen widerspiegelten, zu entnehmen, dass sie gegründete Hoffnung hegten, den Kriegszug zu hintertreiben. Zu diesem Zwecke machten sie dem Scheïch zunächst bemerkbar, dass er bei seinen vorgerückten Jahren die Pflicht habe, sich dem Lande solange als möglich zu erhalten, dass er also sich darauf beschränken müsse, mit dem Heere auszurücken, die weitere Leitung der Unternehmung aber seinem Sohne Aba Bû Bekr zu überlassen sei. Doch auch dies war den Höflingen noch zu viel, da ein derartiger Kriegszug ihnen immerhin schwere Opfer auferlegen musste, vielleicht sogar sie zu persönlicher Theilnahme zwang. So war man also allseitig beeifert, den Fürsten zur Ausführung seiner anderweitigen Pläne anzufeuern, und bald nahm die Gründung der neuen Ortschaft alles Sinnen Scheïch 'Omar's und seiner nächsten Umgebung allein in Anspruch. Ich selbst wurde ersucht, ihm den Ort Bâ Dungu aus sanitären Gründen zu empfehlen, was ich wegen seiner hohen Lage und seines gesunden Sandbodens mit gutem Gewissen zu thun vermochte. Fast jeden zweiten oder dritten Tag ritt der Scheïch mit seinen Würdenträgern nach Bâ Dungu, und alles, was nur irgend zur angesehenen Bevölkerung zählte, musste der Sitte entsprechend mit hinaus. Jeder richtete sich dort eine Zerîba ein, schlug ein Zelt auf oder erbaute eine Strohhütte, während für den Scheïch eine Strohhütte von riesigem Umfang als Empfangsraum hergestellt wurde. Das letztere übernahm Ahmed Ben-Brâhîm, der infolge dessen mehr in Bâ Dungu, als in Kûka zu weilen pflegte. Mehrmals am Tage zog die lange Reihe seiner Sklavinnen mit Schüsseln auf dem Kopfe dorthin, um ihrem Gebieter die Mittel zu seinem gewohnheitsmässigen Wohlleben zu überbringen. Auch einen Namen hatte man bereits für die zu bauende Stadt gefunden; dieselbe sollte „Chêrua", d. h. „die Reiche" oder „die Glückliche" heissen.

Erst von Mitte December an begann die grosse Wassermenge, welche die Südwestufer des Tsâde bedeckte, langsam abzunehmen, doch selbst die Dschellâba, welche bereits abgereist waren und sich in Ngâla aufhielten, wollten die Reise noch nicht antreten, da, solange grosse Wassermassen in der Provinz Kötöko und am Fitri vorhanden sind, die bösartigen Fliegen dort Last- und Reitthiere gefährden. Die grösste Kälte des Winters fiel in die erste Hälfte des Januar, in der wir an verschiedenen Tagen nicht mehr als 16° C. hatten. Der Ostpassat erleidet an solchen Tagen eine Ablenkung nach Norden; der Nordostwind weht dann von etwa 8 Uhr morgens bis Mittag stark oder sehr stark, schwächt sich allmählich ab und hört erst um Mitternacht auf. So wenig kühl uns diese Temperaturen erscheinen mögen, so empfindlich berühren sie doch unter jenen Breiten; die Eingeborenen, beständig wimmernd und klagend, rösteten sich fast am Feuer.

Am 10. Januar erschien zu meiner Freude ein Bote des Königs 'Alî von Wadâï, Briefe seines Herrn und des Abgesandten Scheïch 'Omar's, Hâdsch Abdalláh Ibn-Hâdsch Abbâs, überbringend, welcher letztere demnächst aus Wadâï zurückerwartet wurde; sein Hauptauftrag war jedoch, auf dem wohlversehenen Markte von Kûka verschiedene Producte des Westens zu kaufen, welche selten auf die Märkte Wadâïs kommen. Der Bote war ein Dschellâbi, mit Namen Otmân Uléd*) el-Fadl, und in Bornû, wie dem Scheïch 'Omar wohlbekannt. Die überbrachten Briefe waren günstigen Inhalts, und der Scheïch versprach mir sofort, mich mit diesem Manne, der sehr grosse Eile hatte und demnächst wieder nach Wadâï zurückkehren wollte, reisen zu lassen. Otmân brachte im ganzen befriedigende Nachrichten über die Zustände in Wadâï, war aber nur mit grosser Mühe und nach manchen Verlusten durch die Ueberschwemmungsgebiete am Fitri, am Bahär el-Ghazâl und in der Provinz Kötöko nach Kûka gelangt. Die Aussicht, mich als Reisegefährten zu haben, nahm Otmân, den ich eines Abends bei meinem Freunde, dem Scherîf el-Mědění, traf, besser auf, als ich erwartet hatte. Zwar war er nicht ganz ohne Sorge über die Verantwortlichkeit, welche er dem Scheïch 'Omar gegenüber übernahm, mich sicher bis in die Hauptstadt des Königs von Wadâï zu geleiten, und welche er andererseits diesem gegenüber hatte, indem er einen Christen in sein Land führte; doch

---

*) Uléd ist die afrikanische Aussprache des arabischen „Weled" (Sohn).

konnte er die Mission dem Scheïch 'Omar in keinem Falle abschlagen und war schliesslich auch der Ueberzeugung, dass, einmal in den Händen des Königs 'Alî, mir keine Gefahr mehr drohe. Allerdings hatte ich ihm auch auseinandergesetzt, dass ich mich nach der Rückkehr in mein Vaterland sehne und den langen, einförmigen und anstrengenden Weg, auf welchem ich nach Bornû gekommen, nicht zum zweiten male machen wolle, vielmehr hoffe, in weniger anstrengender Weise durch Wadâï und Dâr-Fôr in die Nil-Länder zu gelangen. Mein Versprechen, dass ich das Land nicht „aufschreiben" wolle, beruhigte ihn einigermaassen; er betonte jedoch die absolute Nothwendigkeit, unterwegs weder die Leute auszufragen, noch zu schreiben und in Abesche keinen Versuch zu machen, im Lande herumzureisen. Letzteres sei für Fremde eine Unmöglichkeit; er selbst wohne seit sieben Jahren in Wadâï, sei von dem Sultan wohlgelitten, dennoch kenne er nur die bekannte grosse Karavanenstrasse nach Bornû und nach Dâr-Fôr, und niemals würde er es wagen, im Innern von Wadâï allein zu reisen; sein Verwandter, ein Freund des Königs 'Alî, der Hâdsch Ahmed Tangatanga, welcher beabsichtige, eine Pilgerfahrt nach Mekka zu machen, werde mich gewiss sicher von Wadâï nach Aegypten führen. — So konnte ich denn endlich an die Vorbereitung zur Verwirklichung meines Planes gehen.

Das Wichtigste für meine Reise war, die Mittel zu derselben zu beschaffen. Belaid, der von Fezzân aus beauftragt war, mir 300 Thaler auszuzahlen, hatte zwar die besten Absichten und machte die grössten Anerbietungen, doch fehlte es ihm, wie schon erwähnt, gänzlich an baarem Gelde, und auf den Verkauf seiner Sklaven und Kamele konnte ich mich nicht einlassen. Seit meiner Rückkehr aus Bagirmi waren fast sechs Monate verflossen, und die geringen Mittel, welche ich in den Händen des Scherif Ahmed für den Fall der Noth zurückgelassen hatte, bis auf einen geringen Rest aufgezehrt; auch die Summe, welche ich durch den Verkauf meines Elfenbeins vom Maina Adam von Kawâr erzielt hatte, circa 130 Maria-Theresia-Thaler, war bereits bedenklich in Angriff genommen, und die Summe, welche der unglückliche Hâdsch Bû-Hâdî mir geschuldet und von Kanô zurückzubringen gedachte, durch den Tod desselben verloren gegangen. Zwar machte ich den Versuch, aus seiner Hinterlassenschaft die kleine Summe erstattet zu erhalten, erfreute mich auch der bindendsten Versprechungen, musste aber die Erfahrung machen, dass Hinterlassenschaften irgendwelcher Art und welchen Personen sie auch immer angehören in Kûka unter der Verwaltung, der ihre Regulirung von Regierungs wegen übertragen wird, in Nichts aufzugehen pflegen. Der Hâdsch Mohammed el-'Amrî von Murzuq, einer der vernünftigsten Mohammedaner, dem ich je im Leben begegnet bin, welcher als reicher und mit Europäern wohlvertrauter Mann mir wol eine grössere Summe hätte vorstrecken können, hatte selbst wenig oder nichts von seinen zahlreichen Guthaben eingetrieben; so blieb mir denn nur noch die Hülfe, auf die kein europäischer Reisender in Bornû jemals vergeblich gerechnet hatte, die Güte des Scheïch 'Omar. Ich sprach darüber mit meinem Wirth Ahmed, welcher kaltblütig die Sache in einer durchaus geschäftlichen Weise auffasste und sich für gewisse Procente anheischig machte, für meine vollständige Ausrüstung von seiten des Scheïch zu sorgen. Ich selbst ging Mitte Januar, sobald festgestellt war, dass ich mit Otmân nach Wadâï reisen sollte, zum Fürsten, um ihm meine Lage klar darzulegen, doch da der brave Herr gewohnt war, bei jedem Besuch ein wenn auch noch so kleines Geschenk zu empfangen, war ich in Verlegenheit, was ich ihm anbieten sollte. Mit Mühe gelang es mir, aus meinem Besitzthum einige Gegenstände zusammenzustellen: ein geodätisches Instrument mit einem Dreibein, einen Waschschwamm, ein Filtrirgefäss für Trinkwasser, einen kleinen Trinkbecher von Zinn, der aus drei zusammenschiebbaren Theilen bestand, ein Kistchen mit Korkstöpseln und einige Schachteln Revolverpatronen.

Der Scheïch, der schon bei meiner Reise nach Kânem und Borkû ungehalten darüber gewesen war, dass ich von Bû-'Aïscha und Mohammed et-Titiwî einige hundert Thaler zu 150 Procent aufgenommen hatte, war mit grosser Liebenswürdigkeit bereit, mir aus der Verlegenheit zu helfen und mich vor der Nothwendigkeit zu bewahren, von frommen Mohammedanern zu solchen und ähnlichen Procentsätzen zu leihen. Nach wenigen Tagen erschien der Mâla 'Abd el-Kerîm und brachte mehr als 100 Turkĕdi,

20 Toben Körörobschi (Indigotoben von Kanó), 10 andere verschiedenartige Gewänder von Nife und Bornû, eine Anzahl seidengestickte Frauenhemden, grosse Decken aus den Haussa-Staaten, Schüsseldeckel aus Korbgeflecht von Bornû in grosser Anzahl, sowie Löwen- und Leopardenfelle, mit der Bemerkung, dass, sobald der Tag der Abreise herangekommen sei, der Mundvorrath und die Kamele hinzugefügt werden würden. Ein Drittel etwa dieser Ausrüstung musste ich an meinen Wirth Ahmed und den Mâla abgeben.

Nun handelte es sich zunächst darum, die Geschenke für die Höfe von Wadâï und Dâr-Fôr zu beschaffen. Ich besass noch ein paar goldausgelegte Reiterpistolen, ein Fernrohr und einen Revolverkarabiner, welchen ich dem König von Wadâï zu opfern beschloss; doch da ich die grosse Liebhaberei König 'Ali's für Pferde kannte, suchte ich mir ein schönes Pferd zu verschaffen und zwar vermittelst des Revolverkarabiners. Dieser, der besondere Patronen erforderte, würde schon aus diesem Grunde dem praktischen Sinn des Königs von Wadâï nicht zugesagt haben; ausserdem aber hatte derselbe, wie mir berichtet wurde, eine entschiedene Vorliebe für die lange Steinschlossflinte der Araber. Dagegen würde der Karabiner, glaubte ich, als ein neues System, das in seiner grossen Waffensammlung noch nicht vertreten war, dem Schéïch 'Omar sehr gefallen. Der Schéïch, in seiner Liebhaberei weniger durch praktische Gesichtspunkte geleitet, hatte ein entschiedenes Verständniss für mechanische Vorgänge und schätzte die Gegenstände seiner Sammlungen weniger mit Rücksicht auf ihre Gebrauchsfähigkeit, als wegen ihrer Mannichfaltigkeit und der Neuheit ihrer Vorrichtungen. So überreichte ich ihm denn eines Tages den Karabiner mit dem Hinzufügen, dass mir derselbe durch die Güte, mit welcher er mich ausgerüstet und mir den Weg zum Nil durch seine Empfehlungen freigemacht habe, unnöthig geworden sei, und bat mir dafür offen ein schönes Pferd aus seinem Marstall aus. Auch diese Angelegenheit wurde geordnet. Ende Januar schickte der Schéïch noch zwei Töpfe Honig und sechs Büchsen mit Butter, sowie ein Zelt, und ich war bis auf die Beschaffung der Lastthiere mit meiner Ausrüstung fertig. Die Reise zog sich jedoch noch hinaus, bis der Februar zu Ende war; der Dschellâbi Otmân hatte nämlich die mitgebrachten Waaren sofort an den Scheïch verkauft, und es war jetzt nicht leicht, den Betrag von etwa 300 Thalern einzuziehen. Mittlerweile kaufte ich zum Geschenk für den Sultan von Dâr-Fôr noch ein Pferd von dem Hâdsch el-ʿAmrî, und zwar auf Credit, der einzigen Art, in welcher derselbe im Stande war, mir Vorschuss zu gewähren. Leider erkrankte mein eigenes Pferd im Anfang des Januar an der von den Kanúri „Toso" genannten Krankheit, welche die Araber als Pferdesyphilis bezeichnen, die jedoch mit dergleichen Affectionen wenig Aehnlichkeit zu haben scheint. Es bilden sich dabei in der Haut sehr plötzlich strangartig verlaufende, mehr oder weniger harte Knoten, vorzüglich an der Beugeseite der Hinterbeine, an der Brust und in der Weichengegend; die Beine schwellen an, und das Thier vermag sich kaum zu schleppen; doch wird die Krankheit als durchaus ungefährlich betrachtet. In der That genass mein Reitpferd sehr schnell unter der Behandlung mit einer Mischung von Mascha, den Früchten von Karâsu (*Jatropha Manihot*) und Duchn-Mehl.

Am 9. Februar fand das ʿId el-Kebîr, das Opferfest, statt, bei welchem der Rückgang Bornûs nach der Auffassung der Leute wieder klar zu Tage trat. Es ist eine alte Sitte, dass an diesem Tage, an welchem der gläubige Mohammedaner einen Hammel schlachtet, der Scheïch jedem Fremden in der Stadt, dessen Würde und Hausstand entsprechend, einen oder mehrere Hammel übersendet. Die Vertheilung war in diesem Jahre sehr mager; die meisten Araber gingen ganz leer aus, und die beiden Böcke, welche ich erhielt, erreichten an Güte bei weitem nicht die des vorhergehenden Jahres. Am zweiten Festtage, dem der Bewirthung der Würdenträger, Gelehrten und Fremden, machte sich derselbe Mangel bemerkbar; man setzte den Gästen keinerlei Weizengerichte vor, und die althergebrachte Vertheilung von Gûro-Nüssen fiel ganz fort. Allerdings war die Zufuhr derselben in letzter Zeit überhaupt eine schwache gewesen; die beständigen Plünderungen der von Kanô kommenden Karavanen durch die Beddê hatten einen solchen Mangel an diesem Lieblingsgenussmittel der Bornû-Leute erzeugt, dass die Preise zeitweise exorbitant waren. Als die letzte grosse Karavane aus Kanô überfallen und geplündert worden war, hörte man von den höchsten Würdenträgern des Staates beim Empfange der Nachricht weniger Bedauern aussprechen über die unglücklichen Opfer, welche ihr Leben eingebüsst hatten, als über die bedenkliche Aussicht auf erhöhte Preise der Gûro-Nüsse.

In der zweiten Hälfte des Februar war endlich auch der Abgesandte des Scheïch ʿOmar, der Hâdsch Abdallâh Ibn-Hâdsch Abbâs, aus Wadâï mit günstigen Nachrichten zurückgekehrt. Otmân Uled el-Fadl wurde schliesslich bezahlt, und der Tag der Abreise rückte heran. Die Schreiben des Scheïch ʿOmar an den König von Wadâï, an den König von Dâr-Fôr und an den deutschen Kaiser hatte ich bereits vor einiger Zeit empfangen, und am 1. März hatte ich die letzte Zusammenkunft mit dem edlen Bornû-Fürsten. Auch er hielt die Reise bis Abeche für den gefährlichsten Theil meines Unternehmens und warnte mich vor den ʿAqăde — Heerführern — des Sultan ʿAli, deren einer Beurmann hatte ermorden lassen. Der Weg von Kûka nach Abeche mag etwa 1000 km betragen und wird von den Karavanen gewöhnlich in 28—34 Tagen zurückgelegt.

## ZWEITES KAPITEL.

## REISE NACH WADAÏ.

Abschied von Scheïch 'Omar und den Einwohnern von Kûka. — Ausflüsse des Tsâde. — Die Landschaft Mäkäri. — Zuflüsse des Schâri. — Bodenbeschaffenheit und Vegetation. — Die Aulâd Bochdêr. — Die Déqĕna. — Der Bahăr el-Ghazâl. — El-Qar'a. — Ngurra und seine Bewohner. — Schönheit der Frauen. — Tauschwerthe. — Schwierigkeit der Wasserbeschaffung. — Das Fitri-Gebiet. — König Dschurâb. — Seine Angaben über die Bulâla. — Der Fitri-See. — Der Sêta, Nebenfluss des Batha. — Die Steppengegend zwischen Fitri und Wadâï. — Otmân's beeilte Märsche. — Unsicherheit der Gegend. — Die Wildniss Amberkéï. — Otmân sendet einen Boten an König 'Ali. — Mein Ansehen als Scherîf. — Die Stimmung bei Annäherung an Abesche. — Das Gebirge der Kóndŏngo.

Mein Reisegefährte Otmân war schon am Morgen abgereist und sollte mich in Mongŏno, etwas südsüdwestlich von Ngornu gelegen, erwarten. Nach einem herzlichen Abschiede von dem liebenswürdigen Herrscher, dessen Gastfreundschaft ich so lange genossen und von dessen Güte ich so zahlreiche Beweise erhalten hatte, konnte ich, umgeben von dem grössten Theile der Bewohner der Weststadt, gegen Mittag meine Kamele beladen und um 3 Uhr, begleitet von Ahmed, der mich nach Mongŏno führen sollte, und von dem Scherîf el-Mĕdĕnî, Kûka den Rücken kehren. Der ganze liebenswürdige und harmlose Charakter der Leute von Bornû kam bei diesem Abschiede zu Tage; Hunderte näherer und fernerer Nachbarn und Freunde, unter denen ich gewissermaassen jahrelang gewohnt hatte, hatten sich versammelt und wünschten mir mit einer Herzlichkeit glückliche Reise und fröhliche Heimkehr in mein Vaterland, welche mir bewies, wie fern ihnen in diesem Augenblicke religiöser Fanatismus lag. Nur Ahmed Ben-Brâhîm, der mir hätte am nächsten stehen sollen, verleugnete sich in seiner Herzlosigkeit auch hier nicht.

Nach einem scharfen Ritte in südlicher Richtung durch eine Landschaft mit dem kahlen Steppencharakter der Umgebung Kúkas langten wir um 9½ Uhr an unserm Tagesziel an, welches auch die Kamele nur kurze Zeit zuvor erreicht hatten. Vor Tagesanbruch setzten wir unsere Reise fort, und wenn auch die ersten Marschtage, ehe man den Charakter der einzelnen Kamele genau kennt und bevor man zu der zweckmässigsten Vertheilung des Gepäcks auf ihrem Rücken gekommen ist, immerhin grosse Zeitverluste mit sich bringen, so drängte dennoch Otmân, ein energischer Charakter, der sehr beeifert war, nach Abesche zurückzukehren, rastlos vorwärts. Unsere Karavane bestand ausser uns nur noch aus dem Mo'allim Abo, einem Schôa-Araber, der vom König 'Alî aus Wadâï verbannt war und seinen Aufenthalt in Kûka genommen hatte, einem Schingiti aus der Gegend westlich von Timbuktu, der nach Mekka pilgerte, aus einigen in Wadâï geborenen Leuten von Bornû und aus zahlreichen Haussa- und Fellâta-Pilgern. Der Mo'allim Abo hatte sich, während er in Bornû wohnte, mit einer Tundscher-Frau, Haijamât mit Namen, welche in Kûka meine regelmässige Milchlieferantin gewesen war, verheirathet, aber jetzt, da er hoffte, vom König 'Alî wieder in Gnaden aufgenommen zu werden, von ihr geschieden.

Wir erreichten nach etwa fünf Stunden die schon früher erwähnte Stadt Jĕdî, an welcher wir wegen des dort herrschenden Mangels an Trinkwasser vorüberzogen, um nach weitern zwei Stunden bei dem Schôa-Dorfe Mogŏlam in der Nähe eines Teiches unser Lager aufzuschlagen. Die Richtung war bis Jĕdî eine südsüdöstliche und von Jĕdî ab eine südöstliche. Noch hatten wir vorwaltend sandigen Boden, doch wurde die Ebene bewaldeter und besser bestanden an Kamelfutter, dessen meine Thiere dringend bedurften. Von Mogŏlam an hatten wir am folgenden Tage den „Firki" genannten tiefschwarzen Boden, in welchem auch die Dúmpalme öfter sich zeigte. Nach Ueberschreiten eines kleinen, nur aus Wassertümpeln bestehenden Armes des Missenéram erreichten wir diesen nach fünfstündigem Marsche; er war voll Wasser, etwa 25 Schritt breit und höchstens 1 m tief, während ich ihn im vorigen Jahre zu derselben Zeit ganz trocken sah. Nachdem wir bis dahin Südostrichtung eingehalten hatten, gingen wir jetzt in östlicher Richtung noch etwa eine Stunde, passirten das Dörfchen Legaröa, das bereits zu Ngâla gehört, und lagerten während der Mittagshitze nahe demselben. Die auf dem Wege nach Bagirmi berührten Städte Marté und Missĕne liessen wir rechts, während das auf dem Rückwege von Bagirmi berührte Debbûa links blieb. Der Ort, an dem wir Rast hielten, lag nahe bei Gudschâri und zwar südlich von ihm. Der Marsch in östlicher Richtung am Nachmittage war nur kurz, da wir den Komodŭgu Mbŭlu Kurra, der sehr voll Wasser, etwa 100 Schritt breit war und den Pferden bis zum Sattel reichte, zu passiren hatten. Der morastige Boden des Flussarmes machte ein Kamel Otmân's fast unbrauchbar für diesen Tag, sodass wir eine halbe Stunde Südsüdwest von Hobbio, dem mir von der Rückreise von Bagirmi bekannten Dorfe des Kaschella Koftera Dschema', unser Lager aufschlagen mussten. Nach einem Besuche bei diesem Würdenträger, der uns mit einer reichlichen Mahlzeit bewirthete, brachen wir am nächsten Morgen in Südostrichtung auf und erreichten nach einigen Stunden das früher ummauerte Dorf Dschimmak von etwa 100 Hütten, welches ich auf der Hinreise nach Bagirmi ebenfalls berührt hatte. Bald darauf passirten wir den Komodŭgu Mbŭlu, der jetzt 60 Schritt breit und etwa 1 m tief war. Der nur aus Wassertümpeln bestehende Flussarm, welcher „Mbŭlu Ganna", d. h. der kleine Mbŭlu, genannt wird, der Missenéram und der Mbŭlu Kurra oder grosse Mbŭlu sind alle nur Arme des Komodŭgu Mbŭlu, von welchem sie sich in der Gegend von Dikŏa abzweigen.

Noch am Vormittag zogen wir an Ngâla vorüber, wo wir unsere Diener das noch vorhandene Muschelgeld, dessen Marktwerth hier ungefähr sein Ende erreicht, gegen Getreide austauschen liessen. In östlicher Richtung erreichten wir um Mittag den verfallenen Mäkäri-Ort Gambăru am Komodŭgu Gambărûram. Der

Ort hatte nur noch kümmerliche Mauerreste und etwa 50 Hütten; diese befanden sich auf einer Bodenterrasse, die so vielen Ortschaften der wasserreichen Provinz Kŏtŏko eigenthümlich ist. Der Fluss macht hier starke Windungen, in deren einer Gambăru lag. Auf der andern Seite des Flusses, nördlich von unserm Wege, lag in geringer Entfernung der früher von mir berührte Ort Lekârîri. Der Fluss, welcher, wie schon früher erwähnt, aus dem Lande der Musgo kommen soll und sich wahrscheinlich vom Flusse Logon abzweigt, war etwa 100 Schritt breit und fast ohne Strömung, musste aber zum grossen Theile von Mensch und Thier durchschwommen werden; er hatte herrlich bewaldete Ufer und eine reizende, durch grosse Mengen von Enten, Reihern, Kranichen, Ibissen u. s. w. belebte Umgebung.

Wir reisten am 5. März in Ostsüdost- und Ostrichtung an den Dörfchen Nagaia und Gubbĕge und an dem Mäkări-Städtchen Ngâfê vorüber, überschritten in der Mitte des Vormittags den Woschem Kurra, der etwa 30 Schritt breit und 1 m tief war, bald darauf den schmalern, aber etwas tiefern Woschem Ganna und zogen durch dichte Waldungen in Ostnordostrichtung und Nordostrichtung an dem Dorfe Golô vorüber, bis wir nach einem acht- bis neunstündigen Marsche in der Wildniss lagerten. Die passirten Wasserläufe, an denen keinerlei Strömung bemerkbar war, wurden mir nur als Ausflüsse des Tsâde, sogenannte Ridschûl oder Vage, bezeichnet. In der Waldung herrschte die Kurna, der Talha, einige andere Mimosen, der Hedschlidsch und der Seräh vor, von denen die Akazien in duftigster Blüte prangten. Die Gegend war offenbar viel von den sogenannten Kĕrïbina ausgebeutet, denn überall bemerkte man ihre Gehege und Verhaue, in welche sie das Wild zu treiben pflegen.

Da einzelne Glieder unserer Karavane nach Maffatê Gewänder zum Färben hatten bringen lassen, so lagerten wir am folgenden Tage schon nach einstündigem Marsche in jener echten, alten Mäkări-Stadt, welche von Reisenden wol κατ᾽ ἐξοχήν Mäkări genannt wird. Am Orte floss jenseit des Komodŭgu Lâfïa ein bedeutender Arm des Flusses von Logon, der sich südlich von der Vereinigungsstelle desselben mit dem eigentlichen Schâri abzweigt; er war etwa 150—200 Schritt breit, hatte in seinem westlichen

Theile nur $1/2$—1 m Tiefe, erforderte aber in dem östlichen Drittel den Transport durch Boote. Dementsprechend war das westliche Ufer ganz flach, das östliche etwa 3 m hoch. Während der Gambârûram mit einer Art Floss aus Pfählen von Ambadsch-Holz passirt wurde, fanden wir hier wirkliche Fahrzeuge von der Art, welche in Logon, in Gulfeï und andern Orten üblich sind. Die Stadt ist verfallener, als die meisten Mäkäri-Städtchen zu sein pflegen, hat ein kleines Kastell und eine Einwohnerzahl von höchstens 4000 Seelen. In der Indigofärberei, welche die Einwohner hauptsächlich betreiben, sind sie den Leuten von Kûka sehr überlegen. Die Stadt gehorcht, wie auch andere Städte der Mäkäri-Gegenden, zwei Oberhäuptern, einem Mai oder Fürsten, welcher den Rest der Oberherrschaft einer frühern, unabhängigen Zeit darstellt, und einem Alifa, welcher gewissermaassen der Gouverneur von seiten Bornûs ist. In der Stadt war gerade Markt, auf dem wenig Durra und Duchn, aber viel Mais, Kurna-Früchte, etwas Baumwolle, einige Rinder und Schafe und viel trockene Fische verkauft wurden, und der von 500—1000 Menschen besucht war. Das übliche Tauschmittel bestand in Baumwollenstreifen, sowie in Kohol, Kimba-Pfeffer, Glasperlen u. dgl. Ich traf hier einen Gefährten meiner Bagirmi-Reise, der mir ein Brot Salz, das hier ebenfalls aus Baumasche in leidlicher Güte hergestellt wird, verehrte. Die Stadt ist nach der Regenzeit ganz von Wasser umgeben, und die Leute aus der Umgegend, hauptsächlich Schôa-Araber, kommen Monate hindurch in Flussfahrzeugen zur Stadt. Da die hier gefärbten Toben am nächsten Tage noch nicht ganz fertig waren, konnten wir erst nachmittags aufbrechen, marschirten in durchschnittlich Südostrichtung etwa vier Stunden und lagerten gegen Abend in der Nähe kleiner, zum Theil verfallener Schôa-Dörfchen.

Der 7. März förderte uns ungefähr um fünf Stunden in Südostrichtung an einer grossen, sorgfältig ummauerten Stadt Wulëgi vorüber, welche der Verwaltung Ahmed Ben-Brâhim's unterstand, und über ein 80 Schritt breites, ganz mit Schilfgras durchwachsenes Flussbett, dessen Tiefe sich nicht über $2/3$ m erstreckte, das des Abû Djüll; letzterer ist ebenfalls ein Arm des Schâri, soll sich aber allmählich verlieren, bevor er den Tsâde erreicht.

Die ganze Gegend ist reich an Wassertümpeln und hat meistens Sandboden, unter welchem fetter Humusboden liegt.

Auch am folgenden Tage, an welchem wir Gulfeï, am eigentlichen Schâri gelegen, nach drei- bis vierstündigem Marsche in Ostsüdostrichtung erreichten, hatten wir einen etwa 60 Schritt breiten und kaum 1 m tiefen, stark gewundenen Arm des Schâri zu überschreiten, der Abû Ngaräka genannt wurde; wie am vorhergehenden Tage wurden zahlreiche Dörfer, meist von Schóa bewohnt, passirt. Bei Gulfeï am Schâri endigte das erste Viertel unsers Weges, welches in das Gebiet von Bornû fällt, und wir mussten uns für das folgende Viertel, das vom Schâri bis zum Fitri-See reicht und sehr spärlich bewohnt ist, mit Getreide versehen, dessen ich für meine drei Pferde immerhin ziemlich viel bedurfte. Wir lagerten südlich von der Stadt hart am Schâri und machten an demselben Nachmittage dem Alifa unsere Aufwartung, da wir die Reise am nächsten Tage fortzusetzen beabsichtigten. Auch hier sind zwei Verwaltungsbeamte, ein Alifa und ein Mai; doch im Gegensatz zu Maffaté, wo der Mai die Macht in Händen hat, herrscht hier der Alifa absolut. Dieser, ein sehr verständiger und beliebter Herr, der sich durch seine Ergebenheit und Treue gegen den König von Bagirmi während der letzten Jahre auszeichnete, gehörte durch seinen Vater dem Araberstamm der Auläd Bochdêr, durch seine Mutter den Mäkäri an. Die Stadt war die besterhaltene Mäkäri-Stadt, welche ich bisher gesehen hatte; sie besass nicht nur wohlerhaltene Mauern, welche die von Kûka an Festigkeit weit übertrafen, auch die Häuser waren weniger ruinenhaft, als in den meisten Bornû-Ortschaften. Es waren „Bongo" genannte Wohnungen, die aus kreisförmigen Umschliessungsmauern und glockenförmigem Strohdach bestehen, oder grössere kastellartige Lehmbauten, welche mit ihren Eckthürmchen und gezackten Mauern einen gewissen Anspruch auf architektonische Schönheit machen konnten, oder endlich die hohen Giebelhäuser, in deren Innern man bis in den Giebel hinaufsieht, welche ich bereits in Logon gefunden hatte. Die Zahl der Einwohner mochte 8000 nicht übersteigen, obgleich allgemein behauptet wurde, dass Gulfeï bevölkerter sei als Ngâla. Wir fanden den Alifa im kleinen Empfangsraume seines Hauses, der ebenso wie der Bet- oder Empfangsplatz vor dem Hause mit grobem Stroh bestreut war, auf einer hohen, mit einem Teppich bedeckten Estrade sitzend, die in Bornú „Diggeli" genannt wird. Als wir ihm die Grüsse seines Herrn, des Scheïch, überbrachten, rückte er, der Sitte entsprechend, von seinem Teppich herunter, nahm das Baumwollmützchen von seinem Haupte und sprach, ehe er die Unterhaltung begann: „Gott verlängere die Tage unsers Herrn, des Scheïch." Der Rest des Tages wurde für den Ankauf des nöthigen Getreides verwendet, dessen Beschaffung bei der für unsere Pferde erforderlichen Menge nicht eben leicht war. Der Vormittag des 10. März verging mit dem Ueberschreiten des Flusses, das erst gegen Mittag beendet wurde, denn die Ufer waren 3—5 m hoch, und der Fluss hatte fast die Breite des Rheins bei Köln.

Wir marschirten an diesem Tage nur einige Stunden ungefähr in Ostrichtung bis zum Dorfe des Scheïch Sâlih der Aulâd Bochdêr. — In der Gegend südlich vom Tsâde, vom Schári bis zu den Felsendörfern der Kûka, fehlen die Dörfer der eigentlichen Eingeborenen ganz; sie ist in den Händen der Araber (Schôa), welche allerdings hier und da durch die Noth zu sesshaftem Leben gezwungen worden sind. — Der Weg zu den Aulâd Bochdêr, welche mit ihrem Scheïch Sâlih keinen besonders günstigen Ruf den vereinzelten Reisenden gegenüber geniessen, führt durch ziemlich dichten Wald, in welchem mir verschiedene Bäume und Gräser zu Gesicht kamen, die ich bis dahin nicht angetroffen hatte. Ausser den öfter erwähnten Akazien war hier die „Kûk" genannte Art mit ihren riesenhaften Schoten häufig vertreten, während neben der Kurna und dem Nabaq (*Ziziphus Spina Christi*) der von den dortigen Arabern „Dâl" oder Nabaq el-Fîl, d. h. Elefanten-Nabaq, genannte Baum mit seinen grossen bittern Früchten häufig auftrat, ebenso ein anderer Mimosenbaum, Abungati genannt, welcher in den unbewohnten Steppengegenden eine gewisse Wichtigkeit dadurch gewinnt, dass er das Vorhandensein von Wasser nahe unter dem Boden anzeigt. In der dortigen Araberwelt ist das Wort: „Schande über den, der in der Nähe eines Abungati vor Durst stirbt!" allgemein bekannt. In den Zweigen hingen hier zahlreiche Nester des kleinen Webervogels, welcher

„Diledile" genannt wird, und erweckten in mir die Erinnerung an den Hedschlidsch in meinem Hofe zu Kúka mit seiner lebhaften Bevölkerung. Der Boden war bedeckt mit einem feinfaserigen, „Adar" genannten Grase, welches besonders zum Flechten der Schüsseldeckel verwerthet wird, und dessen rother Samen auch im Nothfalle zur menschlichen Nahrung dient. Neben diesem fand sich ein gröberes Gras, „Tebi" genannt, das den Stoff zum Polstern der Kamelsättel liefert, sowie eine Windenart, „Arkala", deren Samen ebenfalls gegessen werden.

Eine halbe Stunde vom Schâri liessen wir ein 'Assâla-Dorf, Rauâdscha, nördlich am Wege. Der Boden war sandiger Natur und schien an vielen Stellen kaum abgetrocknet. Duchn für die Pferde war nicht zu bekommen, doch wurde Mais aus dem Dorfe der Aulâd Bochdér zum Verkauf gebracht, und sehr preiswürdige Hühner kaufte man das Stück für einen Bogen des groben Schreibpapiers, welches bei den herumziehenden Arabern eine beliebte Münze ist.

In durchschnittlich Ostsüdostrichtung brachte uns am folgenden Tage ein etwa neunstündiger Marsch, der allerdings durch einen Umweg verlängert wurde, zu den Dĕqĕna-Arabern, und zwar zum Dorfe des Scheïch Mûsâ. Der Boden war flach, grösstentheils vor kurzem noch vollständig mit Wasser bedeckt und meist mit mehr oder weniger dichtem Buschwald bestanden. Schon bei Beginn des Marsches hatten wir einen mit Schilfgras durchwachsenen Komodŭgu, der 80 Schritt breit und etwa 1 m tief war, zu passiren und gegen Mittag einen andern, ebenso breiten, jedoch flachen, mit sehr sumpfigem Grunde, welche beide Arme des Schâri zu sein schienen. Zwischen den Wasserläufen fanden sich viele Spuren von Giraffen und Elefanten. Die Dĕqĕna, welche früher ihre Weideplätze bis zum Bahär el-Ghazâl ausdehnten, scheinen sich allmählich mehr dem Schâri genähert zu haben und nach und nach aus Nomaden (Boadi) sesshafte Leute geworden zu sein, wozu auch bei ihnen die Lungenseuche Veranlassung war, die Jahre hindurch ihren Viehstand fast auf Nichts reducirte. Nach ihrer Behauptung stammen sie von 'Alî Kerrâr, einem Gefährten des Propheten, ab und sie sind alle von auffallend heller Hautfarbe. Schon in Bornû und in Bagirmi hatte ich von der Macht und dem Reichthum erzählen hören, welche früher die Dĕqĕna besassen; noch vor einigen Jahrzehnten konnten sie mehr als 1000 Reiter ins Feld stellen, während ihre jetzige Reitermacht kaum einige hundert betrug. Von dem nominellen Oberhaupte des Stammes, dem Scheïch el-Baheïri, welcher in einem andern nahen Dorfe residirte, wurde mir erzählt, dass er in jenen Tagen des Glanzes niemals zu Fuss gegangen sei, selbst nicht von einem Zelte zum andern; jetzt war der eigentliche Häuptling sein jüngerer Bruder, der Scheïch Mûsâ, welcher bei dem König von Wadâï in hohem Ansehen stand. Wahrscheinlich in Rücksicht darauf, dass dieser Herrscher die Oberherrlichkeit über das ganze Gebiet bis zum Schâri beanspruchte, machte der Scheïch meinem Gefährten Otmân trotz des Viehmangels eine Kuh zum Geschenk.

Auch am folgenden Tage blieben wir noch bei den Dĕqĕna, weil ein königlicher Bote, in Wadâï „Kursî" genannt, sich bei ihnen befand, der mit uns zu reisen die Absicht hatte. Vor uns lagen vier Tagemärsche in gänzlich unbewohnter Gegend. Da in dieser Gegend trotz des Reichthums an Wasser die Vertheilung desselben eine gewisse Vorsicht bei Eintheilung des Weges erheischt, so brachen wir tags darauf erst am Beginn des Nachmittags auf und marschirten mit zahlreichen Windungen in durchschnittlich Nordostrichtung bis nach Sonnenuntergang, wo wir am Ufer eines flussähnlichen Wassers, Maschtûr genannt, lagerten, das bereits ein Ausfluss des Tsâde sein sollte. Im Anfange des Marsches hatten wir ein Rinnsal passirt, dessen Wassergehalt schon unterbrochen war; dasselbe, „Sêrê" genannt, scheint in Nordrichtung den Tsâde zu erreichen, also ein Arm des Schâri zu sein. Der Maschtûr, obgleich nur wenige Schritte breit, mit sumpfigem Bette, war mit herrlichen Uferbäumen bestanden und hatte in seiner Umgebung eine Menge jenes hohen Grases, „Nal" genannt, dessen kräftige Halme in dieser Gegend zum Flechten der Einzäunungen oder Hüttenwandungen — von den Bornû-Leuten „Siggĕdi", von den Schôa „Scherkânîja" genannt — verwendet werden, während man den untern, stärkern Theil zu Schreibfedern benutzt.

Da der Wadâï-Beamte mit seinen von den Dĕqĕna eingezogenen Rindern zu spät zu uns stiess, brachen wir am folgenden

Tage, 14. März, erst nachmittags auf und marschirten ungefähr in Nordostrichtung in schnellem Tempo bis nach Mitternacht. Die grosse Anzahl von Haussa- und Fellâta-Pilgern in unserm Gefolge, welche keine Wasserschläuche und Lastthiere besassen, machten diesen Eilmarsch zu günstiger Tageszeit wünschenswerth, ja nothwendig. Der Weg führte meist durch lichte Waldung über Sandboden, in welchem Dûmgestrüpp, krüppelige Lubân und duftender Siwâk auftraten.

Weitere fünf Stunden in Nordostrichtung brachten uns sodann durch zunehmende Dûmpalmen-Waldung zu einem Ausfluss des Tsâde, dessen Nähe sich uns schon während des Marsches durch einen dichten Baumhorizont angekündigt hatte. Das Wasser, welches sichtlich, wenn auch schwach, von Nord nach Süd floss, war voll kleiner Fische.

Der letztgenannte Wadâï-Bote besass zwar kein Zelt, führte aber einen vollständigen Hausrath mit sich und schloss sich gänzlich durch ein grosses Stück gestreiften Baumwollenzeuges ab, welches er mit Hülfe eines Dutzend kreisförmig aufgestellter Stangen ausspannte. Otmân dagegen hatte ein „Angrêb" bei sich, jene niedrige Bank, deren Sitz aus einem Netze von Fellstreifen besteht und welche in Wadâï, Dâr-Fôr und den Nilländern allgemein gebräuchlich ist. Ich selbst machte von meinem etwas grossen und schwer aufzuschlagenden Zelte keinen Gebrauch, da nachts kein Regen zu befürchten war und am Tage der Baumschatten hinlänglichen Schutz gegen die Sonne bot.

Am 16. März erreichten wir endlich den von mir so lebhaft ersehnten Bahär el-Ghazâl, dessen Anblick mich jedoch leider sehr enttäuschte. Obgleich er ja in dieser Gegend, also nahe seinem Ausflusse aus dem Tsâde, seit der ersten Regenzeit voll Wasser war, so gab doch dies durchaus keinen sichern Aufschluss über die Richtung des räthselhaften Flussthales, das nur eine dicht mit Bäumen durchwachsene Mulde darstellte, deren Richtung das Auge nicht zu verfolgen vermochte, ja, bei der Ufer nirgends sichtbar wurden. Erst nach zwei Stunden östlicher Wegrichtung erreichten wir ihn und folgten ihm in der dichten Uferwaldung, welche voll von Büffel- und Giraffenspuren war, für einige Stunden in Ostsüdost- und Südostrichtung, da derselbe eine südliche Ablenkung erleidet, bevor er seine Nordostrichtung einschlägt.

Die Inselwelt von Karka lag von hier in Nordnordwestrichtung, die Station Tegága nahe dem Ursprung des Bahär el-Ghazâl aus dem Tsâde, im Nordwest, und wir näherten uns der Stelle, an welcher verschiedene unserer Mitreisenden, die nach Kânem zu gehen beabsichtigten, sich nach Norden wenden mussten. Wir lagerten während der Mittagshitze in der Nähe des Flussthales, an einer Stelle, welche noch zu der bekannten Station Omm Dochân gerechnet wird, und fanden Spuren eines Lagers der Krêda (Qor'ân oder Dâza des Bahär el-Ghazâl), welche in diese Gegenden kamen, seitdem die Dĕqĕna ihres Mangels an Vieh wegen sich mehr nach Westen zurückgezogen hatten. — Von hier setzt sich der Weg wieder in Nordostrichtung fort, da der Bahär el-Ghazâl jetzt seine definitive Richtung annimmt. Es herrscht in der Nähe dieses weiten Flussthales beständig Nordostwind, der nicht selten beträchtliche Stärke erreicht.

Weitere fünf Stunden in Ostnordostrichtung brachten uns bis zu der „el-Qar'a" genannten Gegend. Der Boden war sehr flach, die sonst überall vorhandene deckende Sandschicht fehlte, sodass ein dunkler, geborstener, tiefschwarzer Boden zu Tage lag. Die Gegend wurde kahler und nur vereinzelt erblickte man Dûmpalmen, Kurna, Hedschlidsch (*Balanites aegyptiaca*) und den fast blätterlosen Tundub (*Capparis Sodada*). Je kahler die Gegend wird, desto mehr heben sich der Bahär el-Ghazâl und seine Ausflüsse oder Hinterwässer durch ihren Baum- oder Schilfrohrwuchs hervor. Der Ausfluss, an welchem wir in el-Qar'a lagerten, hat eine deutliche Richtung von Südwest nach Nordost. Hier beginnt die Gegend aufzusteigen, da wir uns der Bodenerhebung näherten, welche die Wasserscheide zwischen dem Fitri und dem Schâri bildet.

Ein vierzehnstündiger Marsch in Ostsüdostrichtung, bei dem wir anfangs die bekannte Gegend Fatschâtscho passirten, brachte uns durch ein gewelltes Terrain, das mit seinem mässigen Baumwuchs und dem mit kahlem felsenharten Grunde abwechselnden Sandboden entschieden der Kânem-Gegend ähnlich sah, in die Nähe der ersten Felsengruppen, welche die Hüttendächer von

Ngurra bargen. Die Felsen bestanden aus grossen Granitblöcken von röthlicher Farbe, bildeten drei abgesonderte Gruppen, zu deren Füssen die Hütten lagen, und erhoben sich höchstens 30—35 m über den Boden. Der Ort war spärlicher bevölkert als ich erwartet hatte, doch sollte derselbe allerdings früher bedeutender gewesen sein und erst kürzlich durch zahlreiche Ueberfälle der Wadâï-Leute gelitten haben; die Zahl der Hütten erreichte kaum die Ziffer von 200. Die Einwohner von Ngurra sind Kûka und Bulâla, welche dieselbe Sprache haben und überhaupt vermischt leben, doch ist die arabische Sprache allgemein bekannt. Die Leute sind nur mittlerer Grösse, meist röthlich-schwarzer Hautfarbe und von hübscher Gesichtsbildung; besonders sind die Frauen zierlich gebaut und von angenehmen Zügen, was ihnen in ganz Wadâï den Ruf hoher Schönheit eingetragen hat. Ihre Haartracht ist sehr künstlich: eine breite, dicke Flechte verläuft vom Vorderkopfe bis zum Nacken und von ihm zu ihrem Anfange zurück, ist durch Bänder verbunden oder bildet eine Schlinge; seitlich auf die Schläfen, über die Ohren oder hinter denselben fällt eine unbestimmte Zahl von etwa 20—30 cm langen, dünnen Flechtchen herab, und zwischen diesen und der Mittelflechte liegen kleinere zierlich dem Kopfe angeschmiegt. Der rechte Nasenflügel ist durchbohrt und trägt entweder das unvermeidliche Stück Koralle oder statt dessen eine Platte von Silber oder Kupfer, einen Ring von Metall oder aufgereihten Glasperlen. Der Halsschmuck aus Bernsteinperlen, welche besonders bei den Arabern beliebt sind, besteht aus Perlen verschiedenartiger Grösse.

Unsere erschöpften Vorräthe zwangen uns hier zum Ankauf von Lebensmitteln, welcher dadurch immer beschwerlicher wurde, dass die Beschaffung grösserer Massen noch weniger leicht ist als in Bornû. Die Frauen verkaufen von dem gebrachten Getreide nur einige Hände voll, die sie auf ihren Korbdeckeln ausbieten, und lassen sich durch keine Anerbietungen von diesem Detailverkauf, bei welchem sie am meisten zu gewinnen glauben, abbringen. In Bornû, wo in den Dörfern der Provinz Kötöko die arabische Bevölkerung neben den Mäkäri zahlreich ist, waren Kimba-Pfeffer, Kaurimuscheln und Kohol (Antimon-Pulver, in der Kanûri-Sprache „Santĕrem" genannt) die beliebteste Münze. Die Araberfrauen lieben allerdings Perlen, doch sind sie sehr wählerisch, denn die Mode ist in dieser Beziehung unerbittlich. Im südöstlichsten Theile von Bornû hört die Nachfrage nach Muscheln auf, und kommt zum Kimba und Kohol das Papier, Kalkat genannt, als beliebte Tauschwaare. Letzteres steigt im Werth, nachdem der Schâri überschritten ist, und bei den Dĕqĕna gilt ein Bogen desselben bis zu zwei Hühnern. In Ngurra und den übrigen Felsendörfern wog ebenfalls die Nachfrage nach Kimba, Kohol und Papier vor.

Das Wasser in diesen Felsendörfern ist sehr spärlich, die Brunnen sind sehr tief; die Leute weigerten sich deshalb, unsere Thiere zu tränken, und gestatteten uns nur ungern, einige Wasserschläuche zu füllen. Wir reisten daher gegen Abend, nachdem wir am Morgen angekommen waren, noch einige Stunden weiter, um nach einer kurzen Nachtruhe unsern Weg noch in der Kühle, wo der Durst geringer ist, fortsetzen zu können. Unsere Richtung war anfangs eine östliche und in der Nacht eine ostnordöstliche. Südlich vom Wege erblickten wir in der Entfernung von ungefähr einer Tagereise verschiedene Felsengruppen, passirten mit Tagesanbruch das Felsendorf Abû Koâkîb, an dessen Brunnen wir unsere Schläuche füllten, im Beginn des Vormittags den Felsen Mûti mit einem unbedeutenden Dorfe, von welchem man in Südsüdwestrichtung die Felsengruppen von Moito erblickte, und lagerten bald darauf bei den Felsen von Ganzûs. Diese waren 8—9 Stunden von Ngurra entfernt, und die dazwischen liegende Wildniss hatte denselben kahlen, sandigen, dürren Charakter wie dort. Vor Tagesanbruch abmarschirt, brachte uns der Vormittag des 20. März in wenigen Stunden in östlicher Richtung über die Felsen Auni nach dem ansehnlichen Dorfe Hissĕna. Nördlich von unserm Wege stieg die Gegend im allgemeinen an, und wir erblickten die Felsen von Fâli, während nach Süden zu das Terrain sich sichtlich senkte. Ueberall fanden wir grosse Abneigung der Leute, unsere Thiere zu tränken, und doch mussten wir wegen der Natur der Pferde, deren wir eine grosse Zahl mitführten — sowol Otmân, als der Faqih Abo brachten solche zum Verkauf nach Wadâï —, entschieden darauf dringen. Die Tiefe der Brunnen, welche gegen 30 m betrug, machte diese Arbeit zu einer sehr mühsamen und zeitraubenden. Auch die letzte Strecke, welche uns noch von den ersten Fitri-Dörfern trennte und 10—11 Stunden angestrengten Marsches erforderte, war infolge der Spärlichkeit des Wassers und wegen Mangels an Futter eine sehr anstrengende.

Wir erreichten am 21. März, nachdem wir einen Theil der Nacht zum Marsch verwendet hatten, mit Beginn des Vormittags in Ostsüdostrichtung das erste Fitri-Dorf, Namens Mai Dâna, von nur etwa 100 Hütten, und bald darauf Karfa, welches ansehnlicher war und an einem Teiche lag, an dessen Ufer wir grosse Stechfliegen in ungeheurer Zahl fanden. Neben dem reichen Bestand an Dûmpalmen, welche das ganze Fitri-Gebiet kennzeichnen, wurde hier leider auch das grosse Unkraut der Gegend von Kûka, der 'Oschar (*Calotropis procera*), wieder sehr häufig. Die Nacht verbrachten wir nach einem mässigen Nachmittagsmarsche von einigen Stunden bei dem Dörfchen Kûdu, wo wir die Nachricht erhielten, dass der Fitri-König Dschurâb sich mit verschiedenen Kriegsführern Wadâïs in Melmê aufhalte. Doch als wir am folgenden Tage, an dem wir wieder Ostrichtung eingeschlagen hatten, an dem Dorfe Mondögé vorüber nach Melmê kamen, war derselbe bereits weitergezogen, sodass wir ihn erst am nächsten Tage erreichen konnten. Melmê ist eine der bedeutendsten Ortschaften des Fitri-Gebietes, ganz aus Rohrhütten gebaut, die weder sehr fest sind, noch sich durch Zierlichkeit auszeichnen, und hat eine Bewohnerschaft von einigen tausend Seelen, welche fast alle reine Bulâla sein sollen; doch fanden sich auch einige Dschellâba-Familien hier angesiedelt, welche mit der ihnen eigenthümlichen Unermüdlichkeit einen bescheidenen Handel zwischen Kânem, Bornû, Wadâï und Bagirmi betrieben. Abends erschien ein Sohn des Sultan Dschurâb, um uns im Auftrag seines Vaters zu begrüssen und uns zu sagen, dass derselbe tags darauf uns erwarte.

Nach einigen Stunden erreichten wir am nächsten Vormittag in Ostnordostrichtung Bukko, die augenblickliche Residenz des Königs. Wir zögerten nicht, dem Bornû befreundeten Fürsten unsere Aufwartung zu machen, und fanden ihn in einer gewöhnlichen Hütte, auf einem einfachen, ägyptischen Teppich sitzend, ein langes Vorderarmmesser in der Hand, mit einer langen Tobe von mässiger Reinlichkeit bekleidet und den Mund durch einen schmalen Litâm bedeckt. Er war ein magerer, doch offenbar kräftiger, gesunder Mann von dunkler, ins Röthliche spielender Hautfarbe, hatte einen weissen, mässig entwickelten Vollbart und mochte gegen 60 Jahre zählen; mit lauter Stimme, leutselig, verständig, gerade und offen sprechend, rechtfertigte er durch den guten Eindruck, welchen er machte, den ausgezeichneten Ruf, den er sowol in Bornû, als in Wadaï genoss. Er begrüsste selbst mich durch Händedruck, anfangs zwar ohne zu wissen, wer ich war, änderte jedoch sein Benehmen nicht, als er es erfahren hatte, las sodann den Empfehlungsbrief des Scheïch 'Omar laut vor und besprach die Angelegenheit des Faqîh Abo, der, wie gesagt, vor acht Jahren eine Art Majestätsverbrechen begangen zu haben schien, und versicherte ihn der Verzeihung von seiten des Königs 'Ali. Auch mir gab er die Versicherung, dass ich in Gesellschaft meines Reisegefährten Otmân vollkommen ungefährdet meinen Weg fortsetzen könne, und liess sich mit mir in ein Gespräch ein über den Ursprung der Bulâla, von welchen Barth meint, dass sie aus den Kanûri hervorgegangen seien. Abgesehen davon, dass mir dies stets unwahrscheinlich gewesen war, da dieselben, so lange in Kânem ansässig und Bornû so nahe, gewiss nicht ihre ursprüngliche Kanûri-Sprache gänzlich vergessen haben würden, bestritt auch der einsichtsvolle und im Sinne der dortigen Welt selbst gelehrte König Dschurâb diese Abstammung auf das entschiedenste.

Nach ihm sind die Bulâla arabischen Ursprungs und zwar die nächsten Verwandten der in Wadaï, im Bahâr el-Ghazâl und in Bornû verbreiteten Aulâd Hamêd, welche auch wol in einigen Gegenden Homeid genannt werden. Als dieselben in den Sûdân von Osten her einwanderten, blieb ein Bruchtheil in Kordofân, ein anderer in Wadaï, ein dritter siedelte sich im Bahâr el-Ghazâl an, ein vierter theils in Bagirmi, theils am Fitri, und aus diesem letztern ging der grosse Staat hervor, welcher einst das Gebiet Kûkas, des Fitri-Sees und Kânems umfasste. Wenn dieser Zweig der Aulâd Hamêd, welcher ganz sesshaft wurde und sich mit den Kûka vermischte, nun auch die Sprache derselben (Tar Lîsi) angenommen hat, so ist doch auch die arabische Sprache bei ihnen ausserordentlich verbreitet geblieben; jeder einigermaassen Gebildete, versicherte mir König Dschurâb, kenne sehr gut alle seine Vorväter und alle Verzweigungen der Aulâd Hamêd bis zu ihm selbst herab. Der Name Bulâla sei spätern Ursprungs, fasse alle Bewohner des Fitri zusammen und habe seinen Ursprung von demjenigen, welcher die Herrschaft zuerst centralisirte und Belâl oder Bulâl geheissen habe; von ihm wurde das Gebiet Ardh Belâl, d. h. das Gebiet Bulâl's, genannt, und daraus sei allgemein für die Leute der Collectivname, eigentlich ein Plural, Bulâla, entstanden. In der That ist Belâl ein sehr verbreiteter Name in der mohammedanischen Welt, und es fiel schon Barth auf, dass es keinen Singular für den Volksnamen Bulâla gebe. Die arabische Sprache hat späterhin wol sich selbst einen Singular Bulalâwi gebildet. Dieser sagenhafte Bulâl soll, als er die Gegend betrat, zuerst an der Stelle der jetzigen Hauptstadt des Fitri, Jaw oder Jâwa, gebetet haben, woselbst die Spuren der Hände, der Füsse, der Knie und der Stirn des Betenden noch jetzt im felsigen Boden gezeigt werden; dies gab zur Gründung Jâwas Veranlassung. Seitdem sind die Sultane des Fitri verpflichtet, jeden Freitag diese heilige Stelle zu besuchen. König Dschurâb behauptete, dass er wohl im Stande sei, hinlängliche Documente herbeizuschaffen, aus welchen sich der Ursprung der Bulâla beweisen lasse. Leider musste ich nach Wadâï vorwärtsstreben, und später führte mich mein Weg nicht wieder zum Fitri zurück.

Ausser den Bulâla und Kûka, die grösstentheils vermischt leben, finden sich noch die Reste der ursprünglichen Herren des Fitri und seiner Ufer, die Abû Simmîn, welche in verschiedenen Dörfern zerstreut, sowie auf einer grössern Insel des Sees wohnen; dieselben sollen sich ebenfalls der Tar Lîsi bedienen. Ausser diesen finden sich Bruchtheile von Kanûri, welche aus den Zeiten der Kânem-Herrschaft stammend, nach dem Fitri gewandert sind, und endlich Ngidschem.

Der Fitri-See hat einen etwa zwei Tagereisen erfordernden Umfang und eine ovale Gestalt, deren lange Axe zu Wasser ungefähr von Tagesanbruch bis zum hohen Mittag zurückgelegt werden kann. Das Wasser soll an vielen Stellen so tief sein, dass es mit Ruderstangen nicht zu ergründen ist. Der See schwillt alljährlich in der Regenzeit an, sobald der Batha*) sich in einen Strom verwandelt, was derselbe, wenn auch nur auf kurze Zeit, wol in keinem Jahre versäumt, und überschwemmt dann alles umliegende Land, den Verkehr bei dem vorwaltend lehmigen Boden ausserordentlich erschwerend. Zu dieser Zeit ziehen sich die Araber, welche zeitweise am Fitri weiden, vom See zurück in die sogenannten Gizal, d. h. in die Sandgegenden, und viele fremde Bewohner des Landes folgen ihrem Beispiel. Die grosse Stechfliege, welche ich bei Besprechung Bagirmis beschrieben habe, wird in dieser Periode besonders häufig; doch wird auch hier eine andere kleinere, von röthlicher oder bräunlich-grauer Farbe als viel gefährlicher angesehen, da sie den Thieren in die Nasenlöcher kriecht und sie sicher tödten soll, während die erwähnte grössere nur eine ausserordentlich lästige Plage bildet. Ob die kleinere und gefährlichere identisch ist mit der einige Breitengrade weiter südlich, im Süden von Bagirmi und von Wadâï vorkommenden, konnte ich nicht feststellen, da zur Zeit unserer Reise, Ende März, dieselbe sehr selten ist und mir nicht zu Gesicht kam; mit der Regenzeit tritt sie jedoch auf, und zu gleicher Zeit wird auch die grössere zahlreicher, lästiger und vielleicht auch gefährlicher. Aber auch zur Zeit unsers Aufenthalts mussten wir Tag und Nacht grosse Feuer mit feuchtem Brennmaterial unterhalten, in deren Rauch die Thiere Ruhe fanden; besonders schienen die Kamele zu leiden, und es war nicht leicht, dieselben abzuhalten, in das Feuer selbst zu dringen, wie es ihnen die Verzweiflung eingab, und sich erhebliche Brandwunden zuzuziehen. In der That ging meinem Reisegefährten Otmân ein Kamel auf diese Weise zu Grunde. Auffallend war es, dass die grosse Stechfliege durch die helle Farbe angezogen zu werden schien; der fleckenlos weisse Schimmel, welchen ich vom Scheïch 'Omar zum Gast-

---

*) Der Name Batha ist, ebenso wie der später vorkommende Butêha, arabischen Ursprungs und bezeichnet ein niedriges Sumpf- oder Flussterrain mit oder ohne Wasser; beide Wörter sind eigentlich weiblichen Geschlechts.

geschenk für den Sultan ʿAli erhalten hatte, war schon während des Marsches am Halse, Unterleib und in den Flächen der Schenkel ganz mit Blut bedeckt und litt bedeutend mehr als der Grauschimmel, den ich für Sultan Hasîn von Dâr-Fôr mit mir führte, während die röthliche Schecke, welche ich selbst ritt, fast ganz verschont blieb. Die auf die Weide getriebenen Kamele konnten in der That während des Tages keinen Augenblick fressen und kehrten verzweifelt zum Lagerplatz und zum Feuer zurück. Das nicht sehr zahlreiche Rindvieh der Fitri-Leute wird bei Nacht geweidet und, wenn es bei Tage hinaus muss, in strohgeflochtene Decken gehüllt, und ebenso geschieht es mit den Kamelen, die dort aber nur sehr selten und zeitweilig gehalten werden können; die Pferde werden ebenfalls fast gar nicht anders, als um ihnen Bewegung zu verschaffen, hinausgeführt. Die dem Fitri zunächst liegende Zone ist aus demselben Grunde fast ganz von Wild entblösst; Antilopen, Büffel, Giraffen ziehen sich von dem See in die Sandgegenden nach Norden zurück; nur der Löwe, welcher das Wasser und den Schatten nicht entbehren kann, bleibt und wird bei dem Mangel an Nahrung dort den Menschen sehr gefährlich; ja man sagt, am Fitri lebe er nur von Menschenfleisch. Vorsichtige Reisende lagern in der That in der Fitri-Gegend nur in Dörfern und zünden selbst dann noch grosse Feuer an. Der Wadâwi Faqîh Adam, der in Bornû mein Berichterstatter über sein Vaterland gewesen ist, erzählte mir — und er war ein glaubhafter Mann —, dass, als er und seine Begleiter das Fitri-Gebiet passirt hätten und so unverständig gewesen wären, fern von einem Dorfe zu lagern, ein Löwe ihm nachts die eigene Sklavin vom Feuer weggeholt habe; er und seine Nachbarn seien aufgesprungen und hätten den Löwen mit Schimpfworten und Stockschlägen verfolgt; darauf habe derselbe die Sklavin zwar fallen lassen, sei aber in sichtbarer Entfernung sitzen geblieben, scheinbar erstaunt, in seinem Rechte so beeinträchtigt zu werden.

Man sollte ein solches Land, trotz seiner Fruchtbarkeit, für fast unbewohnbar halten, gleichwol sind die Einwohner in dieser Hinsicht durchaus anderer Ansicht. Als ich mit einem Bulalâwi über die Beschwerlichkeit ihrer fast beständigen Landplagen sprach, antwortete derselbe mit tiefster Ueberzeugung: „Gibt es denn ein süsseres Land, als das Fitri-Land?" — Begreiflicherweise ist der Spätsommer und Herbst dort sehr ungesund, und sicherlich hat die herrschende Klasse der Bulâla, weil arabischen Ursprungs, sich nur durch Vermischung mit den Eingeborenen zu acclimatisiren vermocht.

Das ganze Gebiet des Fitri soll hundert und einige Ortschaften umfassen, von denen die am südlichen Umfange des Ovals liegenden dem Rande des Sees ziemlich nahe sind, während viele am Nordumfange sich weiter von demselben zurückziehen. An der südöstlichen Seite mündet der Batha und einige Stunden nördlich von ihm, nicht weit von dem Ufer des Sees, liegt die Hauptstadt Jaw oder Jâwa. Die bedeutendsten Ortschaften sind ausser Tekkète, am westlichen Umfange des Sees, Gorko, etwa drei Stunden Nord oder Nordnordwest von Jâwa, Melmê, welches wir passirt hatten, Gôlo und Gamsa. östlich vom See am Batha liegend. Im Innern des Sees findet sich die Insel Môdo mit zwei von Abû Simmîn bewohnten Dörfern und südlich von dieser eine andere von denselben bewohnte Insel Namens Dogo. Der See ist reich an Flusspferden und Krokodilen.

Auch am folgenden Tage waren wir genöthigt, in Bukko zu bleiben, da Otmân für das Kamel, welches seiner Brandwunden wegen geschlachtet worden war, als Bote Sultan 'Ali's von dem König Dschurâb einen Ersatz erwartete. Während des ganzen Tages war ich von Besuchern belagert, welche sich auch hier durchgängig höchst bescheiden, anspruchslos und höflich betrugen. Ein Bogen Papier stellte als Geschenk mehr als zufrieden, und der wissbegierige Sohn Dschurâb's, welcher uns entgegengekommen war, erwies sich ebenso dankbar für die Unterweisung, welche ich ihm zum Verständniss der Uhr, des Compass u. dgl. ertheilte, als für ein Stückchen Bleistift, das nur einen halben Zoll lang war. Am 25. März, nachdem Otmân für das verlorene Lastthier einen Ochsen und ein Pferd empfangen hatte, konnten wir unsern Weg fortsetzen.

Wir hatten Melmê in Ostnordostrichtung erreicht; dieselbe Richtung behielten wir bis Bukko bei, und von hier aus wendeten wir uns nach Südost und erreichten nach einigen Stunden, Duchn-

und Baumwollfelder passirend, das Dorf Gorko; das Dorf zählte ungefähr 200 Hütten. Wir beendigten unsern Tagemarsch schon sehr zeitig, weil König Dschurâb an demselben Orte sein Lager aufgeschlagen hatte. Dieser folgte nämlich in einiger Entfernung den Anführern der Wadâï-Truppen, von denen der ʿAqîd el-Bahâr, der ʿAqîd ed-Debâba, der ʿAqîd Gerrî und der ʿAqîd Dirseh anwesend waren und sich in den Ortschaften näher am See aufhielten. Der König blieb stets in ihrer Nähe, um bei dem bekannten gewaltthätigen Charakter der Leute von Wadâï immer im Stande zu sein, etwaige Streitigkeiten mit den Eingeborenen zu schlichten, was ihm bei dem grossen persönlichen Ansehen, das er in Wadâï und bei dem König ʿAli genoss, nicht schwer fiel.

Im Fitri-Gebiet sind als Tauschwaaren Papier, rother Sûdân-Pfeffer, Kimba, Salz, Kaurimuscheln und Perlen gesucht, auch kamen Zwiebeln und Knoblauch zur Geltung. So konnte ich durch Zwiebeln zuweilen erhalten, was durch keinen der übrigen Gegenstände zu kaufen war; auch gewöhnliche Nadeln, welche sonst in jenen Gegenden einen sehr zweifelhaften Werth haben, wurden hier als Tauschmittel verwendet, und ich habe durch sie mehrmals Holz, Hühner und sogar etwas Milch kaufen können. Die Kaurimuscheln haben in dieser Gegend und in Wadâï einen viel höhern Werth als in Bornû, weil sie nicht wie dort als Geld, sondern als Schmuckgegenstand gelten, doch muss man Sorge tragen, die grössten und solche, welche nicht durchbohrt sind, auszusuchen.

Am folgenden Tage reisten wir vor Tagesanbruch ab und hielten Ostsüdostrichtung, fast Ostrichtung ein, bis wir nach 16 Stunden das Dorf Sêta erreichten und jenseit desselben in einem Nebenflusse des Batha, welcher denselben Namen wie das Dorf führt, lagerten. Das Bett war wasserlos, ohne scharfe Grenzen, baumdurchwachsen und schattenreich. Zur Tränkung unserer Thiere mussten wir den Batha selbst aufsuchen, den wir in einer halben Stunde Südostrichtung erreichten. Er verlief hier in zwei Armen, von denen der erste von Nordost nach Südwest, der zweite von Südost nach Südwest seine Richtung nahm; dieser letztere war der bedeutendere, obwol schmäler. Das Flussbett war 10—50 Schritt breit, von 3—5 m hohen Ufern eingefasst und mit fusshohem, schönem, weissgelblichem Sande ausgefüllt. In demselben verläuft in einer Tiefe von $\frac{1}{2}$—1 m das ganze Jahr eine Wasserschicht; sobald Löcher in den Sand gebohrt werden, hat man sofort klares, süsses Wasser, in welchem sich viele kleine Fischchen befinden. Das Flussbett selbst entbehrt allen Baumwuchses und trägt den Charakter aller bedeutenden Flüsse mit starker Strömung. In der That vergeht keine Regenzeit, in welcher der Batha nicht voll Wasser wäre, und auch während der trockenen Zeit hat er hier und da ständige Wassertümpel. Sêta, das letzte Dorf des Fitri-Gebietes, ist bewohnt von Abû Simmîn, Kûka und Bulâla und zählt gegen 300 Hütten. Zwischen ihm und der Mündung des Batha liegen an demselben noch die erwähnten Orte Gôlo und Gamsa, von denen der letztere aus sieben Weilern besteht. Zwischen Sêta und Jâwa hat der Batha eine westliche oder südsüdwestliche Richtung.

Noch am Nachmittag brachen wir wieder auf und zogen für etwa fünf Stunden in Nordostrichtung über harten hellgrauen Boden mit spärlichem Baum- und Graswuchs. Es folgte nun die Steppengegend, welche sich zwischen dem Fitri-Gebiet und der Grenze des Kernlandes Wadâï ausdehnt und periodisch von Abtheilungen der arabischen Stämme Dschaʻâdîna, Aulâd Hamêd, Chozzâm, Zebĕda, Nawâlîna und Salâmât besucht wird. Sie hat ziemlich dürftigen Boden, ausser dem den besten Gummi in Kordofân liefernden Heschâra von Akazien den schwarzen Kittîr und den Kulkul mit weisslicher Rinde und kleinen, für Wunden heilsamen Blättern; daneben kam die Murr (*Treculia?*) — von den Bewohnern Bornûs „Kâgem" genannt — vor, deren Blätter gegen offene Geschwüre mit bösem Charakter und gegen die Rückenwunden der Lastthiere besonders gerühmt werden, ausserdem vereinzelte Seifenbäume und zum ersten male der Ebenholzbaum mit seiner weisslichen Rinde und schwarzem Holze.

Wir reisten in Nordostrichtung und behielten diese, nachdem wir einen Bogen des Batha umgangen hatten, für zwei Stunden bei, um nach weiterm einstündigen Marsche in Ostnordostrichtung an der „Charûb" genannten Stelle am Ufer des Batha zu lagern. Nachmittags überschritten wir den Batha in Ostrichtung und behielten dieselbe mehr oder weniger bei, bis wir nach 4¹/₂ Stunden unser Lager in der Wildniss aufschlugen. Solange wir uns in der Nähe des Flusses befanden, war die Bewaldung dichter, und zu den zahlreichen schon genannten Bäumen kamen die Dûmpalmen, welche die Nähe des Wassers lieben.

Am nächsten Tage stiessen wir schon auf verschiedene Dörfer, welche die sesshaften Elemente der genannten Araberstämme enthielten, und erreichten ungefähr in Ostrichtung, während der Batha in einem weiten Bogen in ansehnlicher Entfernung von uns verlief, nach 3¹/₂ Stunden das grosse Dorf Mandĕlê, welches die Residenz des ʿAqîd ed-Debâba ist und auf dem waldreichen Südufer des Flusses liegt. Das Dorf mochte 300 Hütten zählen und war bewohnt von Salâmât-Arabern und Kûka. Das Südufer des Flusses war bis gegen 5 m hoch, das Nordufer etwas niedriger, das Bett 50 m breit; seine Richtung verlief von Nordost nach Südwest, und die Brunnen oder Wasserlöcher im Sande des Bettes verhielten sich ganz wie am vorhergehenden Tage. Ungefähr auf der Höhe des nördlichen Bogens, den der Fluss zwischen Charûb und Mandĕlê macht, liegt das bekannte Dorf Sorra. Auch hier hatten Papier, die grössern Kaurimuscheln, Zwiebeln und Bernsteinperlen einen guten Kurs; für einen Bogen Papier z. B. gab man ein grosses Huhn oder eine Metze Getreide; 10—20 Bogen hatten schon beträchtlichen Werth, und für eine einzige Zwiebel konnte man mehr als eine halbe Metze Reis kaufen. Kohol und Kimba-Pfeffer wurden vielfach gefordert, waren aber fast billiger, als ich sie in Kûka gekauft hatte. Auch das Salz war hier ausserordentlich gesucht, da das rothe Salz, welches die Mahâmîd-Araber aus dem Gebiet der Bidêjât nach Wadâï bringen, selten bis hierher gelangt. Zum Ankauf grösserer Gegenstände eignen sich die schlechtesten Toben aus Bornû sehr gut und viel besser noch ein Paar der schön gegerbten Lederschuhe aus Kanô.

Die Gegend wurde ebensowol durch Löwen und Rhinocerosse, als durch Diebe unsicher gemacht; wir waren also gezwungen, dicht beieinander zu lagern und den Platz mit einem Dornenverhau zu umgeben. Unsere Nachtruhe wurde überdies noch durch eine häusliche Scene Otmân's mit seiner Lieblingssklavin Falmata gestört, welche er grausam züchtigte, und die sich schutzsuchend zu mir flüchtete, mich und mein Lager mit Blut überströmend, das aus einer Wunde am Kopfe rieselte. Es schien, dass Eifersucht einer Sklavin gegen die andere Veranlassung zu dem ärgerlichen Auftritt gegeben hatte.

Auch der Vormittag des folgenden Tages verstrich noch mit mühsamem Detailhandel, weil die Araberfrauen, welche Stricke, Kamelhalfter, Butter und süsse Milch brachten, nur in sehr kleinen Mengen ihre Waaren veräusserten. Wir brauchten aber nicht allein für unsere Person und unsere Thiere Lebensmittel, sondern mussten zugleich auch für die zahlreichen Haussa- und Fellâta-Pilger Sorge tragen, von welchen, alle fast ganz besitzlos, jeder sich in der Karavane einen Schutzpatron gesucht hatte. Nachmittags zogen wir endlich auf dem Nordufer des Batha weiter, von nördlicher Richtung auf Ostsüdostrichtung herumbiegend, jedoch den grössten Theil des Marsches, nahezu sechs Stunden, in Ostnordostrichtung zurücklegend. Verschiedene Dörfer und Dörfchen wurden passirt, von denen manche theils von Arabern, theils von Kúka bewohnt waren. Nach der Hälfte des Marsches erreichten wir den ansehnlichen Hauptort Amelâje, d. h. das Umm el-Melâhi (Omm Melâwi), welches aus 4—5 Dörfern besteht. Der natronhaltige Boden, der der Ortschaft ihren Namen gegeben hat, denn „Melâhi" kann man mit „salzig" übersetzen, war überall ziemlich kahl und dürr und hier und da mit Sand bedeckt. Die Einwohner gehören dem kleinen Stamme der Morkolung an, welcher nur eine Abtheilung der Malänga, eines der edelsten Stämme des Wadâï-Landes, zu sein scheint.

Je weiter wir vorrückten, desto grösser wurde die Eile Otmân's, desto eifriger sein Bestreben, mich nicht mit den Einwohnern des Landes zusammenkommen zu lassen. Wenn die Dörfer häufiger wurden, so war es sicher, dass wir die Nacht in der Wildniss zubrachten. So passirten wir am 30. März in Ostsüdostrichtung das Dorf Amgarwundi von etwa 200 Hütten, das von Arabern und Kúka bewohnt war und in dessen Nähe wir ansehnliche Rinderheerden, den Fellâta gehörend, fanden, und liessen das Dorf Oscherâja am Wege liegen. An Stelle der frühern Araberstämme, der Salâmât u. s. w., traten jetzt in den Dörfern die sesshaften Familien der rothen Misrîja (Missirîja), während von den eingeborenen Elementen die Kûka noch vorwalteten. Von dem Batha hatten wir uns mehr als einen halben Tagemarsch entfernt, und damit wurden die Brunnen tiefer und waren besonders zur Zeit der Mittagshitze, zu welcher die Leute ihr Vieh zu tränken pflegen, ausserordentlich umlagert. Bei dem Princip Otmân's, stets in der Wildniss die Nacht zuzubringen, genossen wir niemals vollständige Ruhe, denn das ganze Gebiet der Misrîja ist wegen seiner Unsicherheit und zahlreichen Diebe berüchtigt. Otmân, der Hauptwarner in dieser Beziehung, war, trotzdem wir Nachtwachen angeordnet hatten, das erste Opfer der diebischen Misrîja und verlor ansehnliche Partien von Turkědi- und Bornû-Toben; doch schon am folgenden Tage, dem 1. April, wurde auch mir mein stärkstes Kamel von der Weide gestohlen und trotz aller Nachforschungen nicht wieder aufgefunden.

Die zunehmende Tiefe der Brunnen, welche jetzt bereits 65 m betrug, machte die Arbeit des Tränkens unserer Thiere und die Füllung der Wasserschläuche zu einer sehr zeitraubenden; dazu kam, dass die Eingeborenen ebenfalls ihr Vieh zu der Tageszeit zu tränken pflegten, wo wir es zu thun genöthigt waren, weil wir uns abends stets auf dem Marsche befanden. Wir sahen uns also oft gezwungen, von den Leuten das Wasser zu kaufen, und es traf sich günstig für mich, dass ich hier einen kleinen Vorrath von Glasperlen, den ich schon von Tripolis mit mir führte und der sowol in Bornû, als in Kânem und Bagirmi verschmäht war, verwerthen konnte. Es waren die schwarzen, weissgeringten länglichen Porzellanperlen, welche als „Aulâd el-Qrêsch" in der dortigen Welt bekannt sind, und welche mir nicht allein Wasser, sondern auch Hühner und jenes gesäuerte Mehlgebäck verschafften, das in Gestalt von papierdünnen getrockneten Pfannkuchen unter dem Namen „Kisra" den nothwendigen Proviant eines jeden Reisenden von Wadâï bis zum Nil bildet.

Unsere Richtung war eine nordöstliche, und wir hatten am 1. April den Batha etwa $1^{1}/_{2}$ Tagemärsche südlich von uns mit dem bekannten Ort Birket Fâtĭma an seinem Südufer; wir lagerten in dem Dorfe Manděla, welches von Bulâla bewohnt war. Vor uns lag eine unbewohnte Wüstenstrecke, die sich durch Wasserarmuth und Mangel an Bäumen auszeichnet und unter dem Namen Amberkéi bekannt ist. Im Herbst und in der kalten Jahreszeit bevölkert sie sich periodisch mit Heerdenbesitzern und Leuten, welche wilden Reis und Krêb-Samen, ein beliebtes Nahrungsmittel, einsammeln. In dieser Jahreszeit ist sie voll Wasser, das sich in zahlreichen Bodenabflachungen, den sogenannten „Ruhût", findet.

Wir zogen durch dieselbe in Ostnordostrichtung, machten am 2. April noch einen Marsch von etwa acht Stunden und erreichten am 3. April früh in Nordostrichtung, nachdem wir den etwa 20 Schritt breiten Wâdî Rîma passirt hatten, von dem ich nicht feststellen konnte, ob er zum Batha geht oder sich im Westen verliert, mit dem Orte Scheqq el-Hedschlîdsch wieder bewohntere Gegenden. Auch hier wiederholte sich der Streit um das Wasser, und es war das schöne Aussehen meiner Pferde, welche den Einwohnern als Pferde des Königs ʿAli bezeichnet wurden, was uns zur Tränkung der Thiere verhalf. Für die Leute musste das Wasser gekauft werden, und betrug der Preis für etwa 10 l einen Bogen Papier, der etwa dem Werthe von 2 Metzen Getreide oder zwei Hühnern gleichkam. Das Dorf zählte etwa 150 Hütten und hatte eine gemischte Bevölkerung von Bulâla und Salâmât-Arabern. Die Ortschaften der eigentlichen Kûka und der Batha-Massalît halten sich viel näher dem Flusse, der auch hier etwa 1—2 Tagemärsche von uns entfernt war.

Wir hatten nur noch vier lange Tagemärsche bis Abesche, der Hauptstadt Wadâïs, und meine Reisegefährten Otmân und der Faqîh Abo wurden von Tag zu Tag nachdenklicher. Jener in der Ungewissheit, wie der König ʿAli meine Ankunft aufnehmen würde, dieser in der Besorgniss, dass die Verzeihung des Königs, die ihm aus zweiter und dritter Hand zugesichert worden war, keine volle Gewissheit sei. Otmân schickte von hier aus einen reitenden Boten nach der Hauptstadt, um dem König meine Ankunft anzuzeigen und ihm zu sagen, dass er nur auf Grund eines Befehls vom Scheïchʿ Omar gewagt habe, mich nach Wadâî zu führen. Wo es mir übrigens trotz Otmân's Anordnungen gelungen war, mit den Eingeborenen zu verkehren, bemerkte ich, dass ich als Pilger und Scherif hoch angesehen war. Niemand ahnte oder verstand meinen christlichen Charakter, obwol ich denselben nicht verhehlte, sondern im Gegentheil ihn zuweilen, um die Kenntniss der Leute zu prüfen, erwähnte. Man schien den Namen Nasârâ, „Christen", für den der Anhänger einer entfernt wohnenden, etwas sonderbaren mohammedanischen Sekte zu halten.

Von Scheqq el-Hedschlîdsch aus betraten wir das sogenannte Dâr-Zijûd, welcher Bezirk durch die Wüste Amberkêi von dem Bezirk der Kûka (Dâr-Kûka) getrennt ist, überschritten einen schmalen Wâdî, der natürlich zu dieser Jahreszeit trocken war, und den Wâdî Schochet, welcher von andern Schawat genannt wurde; er hat, ebenso wie das vor Scheqq el-Hedschlîdsch überschrittene Flüsschen Rîma, einen Verlauf von Nordnordost nach Südsüdwest, und beide gehen höchst wahrscheinlich zum Batha, wenn auch ihre Unbedeutendheit und der Umstand, dass sie nur zeitweise Wasser enthalten, die Reisenden selten darüber hat klar werden lassen. In der Nähe des Flusses war ein wahrer Wald von Tundub-Bäumen (*Capparis Sodada*), in dem auch Hedschlîdsch und Dûmpalmen nicht fehlten.

Wir waren in der Mitte des Nachmittags aufgebrochen und hatten eine mehr ostnordöstliche Richtung angenommen. Nach etwa drei Stunden passirten wir ein sehr grosses Dorf, Ngoss, mit ausnahmsweise gefälligen Leuten am Brunnen, welche fast mit Gewalt sich meiner Pferde zum Tränken bemächtigten, obgleich dieselben vor unserm Aufbruch Wasser bekommen hatten, zogen durch mehrere andere kleine Dörfer und lagerten nach fünfstündigem Marsche um 9 Uhr abends wie gewöhnlich in der Wildniss. Die Einwohner der Ortschaften sind Zijûdi, nicht ganz reine, sesshaft gewordene Araber; nur das grosse Dorf Ngoss war von sogenannten Hoschde bewohnt, d. h. Abkömmlinge von Königen Wadâïs im vierten Gliede, wo sie in die Reihe der gewöhnlichen Unterthanen zurücktreten und keinerlei Vorrechte mehr haben. Die Kinder nämlich der regierenden Fürsten führen den Titel Tintelak, die Enkel, d. h. das zweite Glied: Ulêd es-Sultân, die Urenkel, d. h. das dritte Glied: Kolotong Koli; ihnen folgen die das vierte Glied bildenden Hoschde.

Vom Dâr-Zijûd ab wurde die Gegend ziemlich dicht bevölkert, und zahlreiche grössere und kleinere Dörfer lagen am Wege.

In derselben Ostnordostrichtung legten wir am folgenden Morgen, vor Tagesanbruch aufgebrochen, sechs Stunden zurück und drei weitere am Nachmittage, die für mich durch einen Fieberanfall sehr beschwerlich wurden. Allmählich hob sich das Terrain, und am 5. April erblickten wir hier und da Felsenkegel und am ostnordöstlichen Horizont die Gebirgskette der Kôndŏngo. Etwa vier Stunden von unserm Lagerplatze, direct im Süden, lag die Felsengruppe von Neri, in deren Höhlen sich Gefängnisse für Staatsverbrecher befinden. Auch nachmittags wurde Ostnordostrichtung eingehalten und ein kleines Rinnsal durchschritten, das Wâdi Elme hiess und einen Verlauf von Nordnordost nach Südsüdwest hatte. Nachdem die ansehnliche Dorfgruppe von Maschek, aus drei grossen Weilern bestehend, passirt war, lagerten wir endlich; unsere Stimmung wurde natürlich um so aufgeregter, je mehr wir uns der Hauptstadt näherten.

Vor uns lag am nächsten Morgen das Gebirge von Kôndŏngo, dessen Hauptkette anscheinend von Nordost nach Südwest verlief. Nördlich von dieser und etwas entfernter von uns lag eine zweite zu demselben Gebirge gehörige Kette. Dieser Theil setzt sich ununterbrochen bis zu der frühern Hauptstadt Wâra und weiter in dem Gebirgsbezirke der Kodoï oder Abû Senûn fort. Wir nahmen unsere Richtung auf die nordöstliche Grenze der erstgenannten Hauptkette ungefähr in Ostrichtung und liessen nördlich von uns eine einzelne compacte Felsenmasse, Umm Scherarib. Bevor wir aber noch die genannte Gebirgskette erreicht hatten, beschloss Otmân, am frühen Morgen nach kaum zweistündigem Marsche an einem Brunnen zu lagern.

# Drittes Kapitel.

## ANKUNFT IN ABESCHE. KÖNIG ʿALÌ.

Otmân's Weigerung, weiter zu reisen. — Die Besorgnisse meiner Reisegefährten; eigene Bedenken. — Botschaft König ʿAli's. — Aufbruch. — Charakter der Landschaft. — Ankunft in der Hauptstadt und erste Eindrücke. — Ansinnen des Königs und meine Weigerung. — Der königliche Palast. — Die Audienz. — König ʿAlì. — Der Eindruck seiner Persönlichkeit. — Ceremoniell im Verkehr mit dem König. — Warnung, unbegleitet auszugehen. — Rauflust der Wadâwa und Hass gegen Fremde. — Strenge Gerechtigkeit des Königs. — Schutz des Handels und öffentliche Sicherheit. — Sein Verhalten gegen Brüder und Mutter. — König ʿAli's Grundsätze in Bezug auf Geschenke der Fremden. — Seine Weigerung, den Empfehlungsbrief Scheïch ʿOmar's anzunehmen. — Sein Verbot an die Untergebenen, Trinkgelder anzunehmen. — Verhalten der Königin-Mutter und ihres Bruders. — Nothwendigkeit für mich, zurückgezogen zu leben. — Beschaffung von Tauschmitteln. — Marktverhältnisse. — Hâdsch Sâlim und Scherif Mohammed aus Kairowân. — Hâdsch Ahmed Tangatanga und sein Verhältniss zu König ʿAli. — Hass der Eingeborenen gegen die Kaufleute. — Aerztliche Thätigkeit. — Besuche im Palast, Gesprächsgegenstände. — Das Rhinoceros in Wadâï. — Topographisches. — Ausflug nach Wâra. — Gebirgsketten und Wasserläufe. — Nimro, die Stadt der Dschellâba. — Der Kursî der Dschellâba. — Verfall der alten Residenz. — Zwei Wadâï-Schönen. — Genuss von Merissa und rohem Fleisch. — Die Lage von Abesche und äussere Erscheinung der Stadt. — Ungefähre Einwohnerzahl.

So eilig Otmân bisher gewesen war vorwärts zu kommen, so wenig hielt jetzt in nächster Nähe von Abesche sein Muth Stand. Es war der vierte Tag, seit sein Bote nach Abesche gegangen, um dem König unsere Ankunft anzuzeigen, und er verschwor sich hoch und theuer, nicht weiter gehen zu wollen, bevor er nicht eine Antwort von seinem Herrn erhalten hätte. Der Nachmittag kam heran, und immer noch war kein Bote vom König gekommen. Die gedrückte Stimmung war eine allgemeine; der Mo'allim Abo war besorgt um seine Person; Otmân fürchtete für sich und mich, und ich selbst konnte mich einer gewissen Unruhe nicht entschlagen. Zwar glaubte ich der rechtlichen Gesinnung des Königs 'Alî sicher zu sein, denn ich hatte zu viele charakteristische Züge seiner Handlungsweise in Erfahrung gebracht; aber wenn er seinen Glaubensgenossen gegenüber auch stets streng gerecht, wenn auch nicht gerade von grosser Güte gewesen war, so konnte er sich doch leicht durch religiösen Fanatismus zu Gewaltthätigkeiten gegen einen Christen hinreissen lassen; war er doch der treueste Anhänger jener fanatischen Sektirer, die ich als Senûsîja bei Gelegenheit meiner Borkû-Reise fürchten gelernt hatte, und welche die glühendsten Christenhasser unter den Mohammedanern sind, und hatte doch einer ihrer Missionare bei meiner letzten Wüstenreise seinen Gläubigen das Paradies für meine Ermordung verheissen. Alles dies ging mir durch den Sinn, als ich versuchte, den gewohnten Mittagsschlaf zu halten, doch brachte ich es nicht über einen Halbschlummer, der durch wilde Träume beunruhigt wurde.

Endlich, um 2 Uhr nachmittags, erschien ein Genosse Otmân's, d. h. ebenfalls ein Dschellâbî im Dienste König 'Alî's, der mit einer durchaus freundlichen Botschaft von seiten seines Herrn betraut war. Freilich zerstörte er den günstigen Eindruck, den er durch die Ueberbringung des königlichen Amân — das Versprechen sichern Geleits — bei mir gemacht hatte, wieder durch den Auftrag, meine Pferde und Feuerwaffen sofort nach der Hauptstadt zu bringen. Trotz meiner Versicherung, dass ich keine Pferde zum Verkauf mit mir führe, sondern nur ein solches dem König zum Geschenke machen wolle, beharrte er darauf, seinen Auftrag auszuführen, und nach längerem Parlamentiren trennte ich mich von meinen Pferden, die Waffen jedoch behielt ich zurück, die Sitte meiner Heimat vorschützend, der zufolge sich kein Mann von seinen Waffen trennt. Zu meiner eigenen Beförderung nach Abesche hatte mir der Bote ein Pferd des Landes mitgebracht. Nachdem er uns verlassen hatte, bepackten wir unsere Kamele und folgten ihm.

Bald nach 2 Uhr brachen wir auf, erreichten in ungefähr Ostrichtung gegen 5 Uhr das nordöstliche Ende der Hauptgebirgskette und zogen zwischen ihr und der zweiten, welche einen Verlauf von Südwest nach Nordost hat. Am Fusse dieser Kette lagen verschiedene Kóndöngo-Dörfer. Das Thal zwischen beiden Bergketten wurde bewaldeter, es zeigten sich Kulkul, Hedschlidsch, Mimosen und Machet, der hier zuerst in grosser Menge auftrat und dessen Früchte, nachdem sie durch Entwässern ihre Bitterkeit verloren haben, ein Hauptnahrungsmittel bilden. Erheblich aufsteigend kamen wir am Südostende der zweiten Kette vorüber, welche hier nach Osten umbog und eine Zeit lang parallel mit unserer Wegrichtung verlief, und passirten um 7 Uhr ein kleines, jetzt trockenes Rinnsal, das von Nord nach Süd ging.

Schon seit einigen Tagen hatten wir häufig Wolkenbildungen beobachtet, wie sie in dieser Jahreszeit, in welcher im fernern Süden schon die kleine Regenzeit eintritt, oft vorkommen, und am heutigen Abend sammelten sich ansehnliche Gewitterwolken im Osten. Diese entluden sich unter heftigem Winde ausgiebig über uns und verfehlten nicht, meinen schon ohnehin nicht ganz heitern Gemüthszustand aufs nachtheiligste zu beeinflussen. Die grausige Nacht in dieser felsigen und waldigen Gegend erschien mir wie ein böses Omen, und als wir gegen Mitternacht nach rastlosem Marsche über tief in den felsigen Boden gewühlte Rinnsale die Residenz des gefürchteten Herrschers erreichten und still zwischen den finstern, niedrigen Häusern, die von der düstern Masse der kastellartigen Königswohnung überragt wurden, dahinzogen, hatte ich das Gefühl, unrettbar meinem Untergange entgegenzugehen.

Wir stiegen im Hause meines Reisebegleiters ab. Da waren keine Vorbereitungen zu meinem Unterkommen getroffen, der König hatte keine Mahlzeit geschickt, mir keinen Gruss entbieten lassen, wie es wol vornehmen Fremden gegenüber Sitte war, und als ich ermüdet von dem zehnstündigen Marsche mich auf mein einfaches Lager warf, war mein Schlaf nicht der ruhigste, waren meine Träume nicht die lieblichsten. Schon am nächsten

Morgen, als ich noch sinnend auf meinem Lager lag, erschien ein Beamter des Königs und forderte mich ohne jede Begrüssung und in so brüsker Weise auf, ihm zu folgen, „der König rufe mich", dass meine Misstimmung nicht gerade vermindert wurde. Gleichzeitig hatte er den Auftrag, die am Tage zuvor zurückbehaltenen Waffen mitzubringen. Ich wurde zum Palast geführt, doch nicht um vom König empfangen zu werden. Auf die Spitze eines einige hundert Schritt entfernten Gebäudes hatte derselbe einen Thonkrug stellen lassen und liess mich auffordern, ihm die Tragfähigkeit meiner Gewehre durch Schüsse nach diesem Ziele zu beweisen, während er sich, von mir ungesehen, im zweiten Stockwerk seines Kastells befand. Meiner Fertigkeit nicht sicher und verletzt sowol durch das Ansinnen, als auch dadurch, dass ich nicht zuvor vom König empfangen worden, drehte ich dem Orte den Rücken und liess dem Fürsten sagen, ich sei gewohnt, wie es mein Rang und die Sitte erfordere, vom König alsbald empfangen zu werden, und überliesse es seinen eigenen Beamten, mit den Waffen Versuche anzustellen.

Meine Pferde fand ich übrigens ruhig im königlichen Palaste stehen, und man schickte auch bald zwei derselben zurück, dasjenige, welches ich als Geschenk für den König bezeichnet hatte, ohne weiteres zurückbehaltend. Meine Waffen wurden noch zu weiterer Prüfung dort behalten.

Zum ungemessenen Erstaunen meiner Hausgenossen und meiner eigenen Leute, die mich mit grösstem Bedenken am Morgen zum König hatten rufen sehen, empfing ich sehr bald zahlreiche Besuche von Nil-Kaufleuten und Mĕdschâbra und von zwei Kaufleuten aus Kairowân, der heiligen tunesischen Stadt, die ich wie meine Landsleute behandelte, und welche mich ihrerseits als Landsmann begrüssten. Der Hâdsch Sâlim, der bedeutendere von beiden, war des Lobes von Sultân ʿAlî voll und richtete meinen Muth, der durch die beschriebenen Vorgänge nicht gerade gehoben war, durch seine verständigen und überzeugenden Worte wieder einigermaassen auf.

Am Nachmittag wurde ich von neuem zum König gerufen, bei welcher Gelegenheit derselbe die Reiterpistolen und das Fernrohr, die ich Otmân als dem König bestimmte Geschenke bezeichnet hatte, sofort mit verlangte. Wir betraten die Königswohnung auf dem sogenannten „Wege der Frauen", während der gewöhnliche Eingang für Beamte und Bittsteller auf dem „Wege der Männer" stattfand; nur Besuchende und Vertraute benutzen den Weg der Frauen. Schon auf dem Platze vor der Königswohnung entfernten meine Begleiter ihr Gewand von der rechten Schulter, indem sie den Kopf durch die weiten Aermel steckten, jedoch ohne von mir zu verlangen, dass ich dieser allgemeinen Sitte folgen solle. Vor der äussern Thür befindet sich die Wohnung des Gross-Eunuchen, der den höchsten Rang im Lande, den eines Kamkolak, besitzt; bei ihm muss sich jeder Besucher, wenn er nicht etwa vom König direct gerufen ist, vor dem Eintritt in den Palast melden, widrigenfalls ihm die Thorwache den Zutritt versagt. Unmittelbar hinter der Eingangspforte führte links eine Thür in den Theil des Palastes, welcher den Frauen reservirt ist, während wir durch einen länglichen Hof oder vielmehr breiten Gang durch eine Thüröffnung einen andern Hof betraten, auf dessen linker Seite zwei ein Stockwerk hohe Gebäude aus rothem Backstein sich befanden, welche durch ein grosses festes Thor, den Haupteingang, verbunden waren. Von dem ersten derselben bemerkte man nur eine hohe, kahle, ununterbrochene Wand, während das zweite aus drei im Unterbau zusammenhängenden Häusern bestand. In den Stockwerken befanden sich Fensteröffnungen, die mit Holzgittern versehen waren, und alle drei das Gebäude bildenden Häuser waren nach Art der Bongos mit halbkugelförmigen Strohdächern bedeckt, welche auf der Mitte verschiedene Strausseier und -Federn trugen. Von den drei Häusern liegt das eine nach Osten, das andere nach Westen und das dritte nach Süden, während der Eingangshof gegen Norden liegt; das ganze Gebäude ragt, wie schon früher erwähnt, erheblich über die übrigen Häuser der Stadt empor, obwol es selbst nicht gerade von bedeutender Höhe ist. In dem Hofe befindet sich an der beschriebenen kahlen Hauswand eine etwa 4 Fuss lange Terrasse, zu welcher einige Erdstufen hinaufführen. Dieser erhöhte Platz heisst Dirdscha (Stufenbau) und dient bei verschiedenen hochfeierlichen Gelegenheiten dem König als Sitz. Mein Führer, derselbe, welcher mich am Morgen abgeholt hatte und sich trotz seiner dunkeln Hautfarbe als ein Dongolaner vom obern Nil herausstellte, war der Architekt dieses für dortige Verhältnisse bewunderungswürdigen Baues gewesen. Auf dem Hofe befanden sich ausserdem noch verschiedene Schattendächer, unter deren Schutz einige Eunuchen und Diener des Königs sassen. Am Ende des Hofes, hinter der eigentlichen Königswohnung, betraten wir einen kleinen Wartehof, in welchem sich eine grosse Hütte mit Erdunterbau und Strohdach und ein Schattendach befanden, welche beide zum Aufenthalt der persönlichen Diener des Königs, der sogenannten Tuweïrât oder „Vögel" und anderer Sklaven dienten. Von hier führte eine mit Stoffen aus zusammengenähten sehr groben Baumwollenstreifen (Toqâqi) verhängte Thür in den Empfangshof des Königs.

Ich hockte in dem Wartehofe, mich an eine Wand lehnend, nieder, bis meine Anwesenheit dem König gemeldet wurde. Obgleich ich diejenigen Beamten und Diener, welche in meiner Nähe sassen, begrüsst hatte, so erwiderte doch niemand meinen Gruss; alles rückte von der Wand, an welcher ich mich niedergelassen, scheu fort und sah mich mit argwöhnischen Blicken an. Wenn aber auch niemand mit mir sprach, so belästigte mich auch ebenso wenig jemand. Ich hatte nicht lange zu warten, bei weitem nicht so lange, wie es bei einer Audienz in Bornû oder Bagirmi gedauert hätte, sondern wurde alsbald von einem der Tuweïrât, welcher niederkniend und leise in die flachen Hände schlagend mich mit den Worten „der König, unser Herr, ruft dich" anredete, zum Eintreten aufgefordert. Meine Ueberschuhe hatte ich draussen am Eingange des ersten Hofes zurücklassen müssen, doch wegen meiner Strümpfe und meiner aus marokkanischem Leder gefertigten dünnen, sohlenlosen Schuhe hatte ich keinerlei Kämpfe zu bestehen, wie mir das wol in Bagirmi und in Logon passirt war. Ich kroch durch den Stoffvorhang und kam durch einen kurzen, breiten Gang auf eine zweite Thür, welche in derselben Weise verhängt war. Auch unter diesem Vorhange hindurchkriechend kam ich in einen ziemlich grossen quadratischen Hof, der im Osten an den oben beschriebenen eigentlichen Palast, im Süden an das Backsteingebäude mit offenen Thüren und Fensteröffnungen grenzte, während er im Norden zwischen der

Eingangsöffnung und einer grossen Rohrhütte, geschmückt mit
Strausseiern und -Federn, noch eine Eingangsthür zeigte. Genau
in der Mitte des Hofes befand sich ein weites Schattendach, unter
welchem grosse Krüge mit dem Wasservorrath aufgestellt waren.
Zwischen diesem Schattendach und den, den Hof zu beiden Seiten
begrenzenden Gebäuden sass auf einer mit Teppichen bedeckten
Matte der gefürchtete Herrscher von Wadâï in einem einfachen
Baumwollenhemde, ebensolchen Beinkleidern und mit einem kleinen
Tarbûsch auf dem Kopfe, ohne von Höflingen und Grosswürdenträgern umgeben zu sein, während ich die früher von mir be-
suchten Herrscher nie ohne einen grossen Theil ihrer Dienerschaft
gesehen hatte. Ein Bild höchster Einfachheit!

Am Eingange in den Hof, nahe der Thür, hockte ich nieder,
klopfte leise in die flachen Hände und wünschte dem König, der
Sitte gemäss, langes Leben, Sieg und Gesundheit. Sein Anblick
und noch mehr seine ersten Worte gaben mir meine ganze
Sicherheit wieder. Er dankte einfach für meine Glückwünsche,
forderte mich auf, mich dicht bei ihm niederzusetzen, fragte nach
dem Wege, nach den Strapazen desselben, ob es wahr sei, dass ich
bei seinem Feinde, dem König von Bagirmi, gewesen sei und das
Heidenland Somraï besucht habe, wo er selbst seiner Zeit gewesen
war, und unterliess nicht sofort hinzuzufügen, bei ihm und unter
seiner Herrschaft würde ich die vollständigste Sicherheit geniessen;
ja er fügte hinzu, ich könne, wenn ich es wünsche, sein ganzes
Land „beschreiben", er wisse wohl, dass Europäer zur Bereicherung ihrer Kenntnisse in die weitesten Gegenden reisen und diesen Gewohnheiten überall treu bleiben, und wenn er auch den
Zweck und Nutzen nicht begreife, würde er mir kein Hinderniss
in den Weg legen. Wünsche ich nach Norden oder Osten zu
reisen, oder im Innern seines Landes Ausflüge zu machen, so
würde er mich überall ohne Gefahr hinbringen lassen, wenn auch
das letztere nicht immer ganz leicht sei. Um nicht etwa seinen
Argwohn zu erregen, antwortete ich, ihm für seine Güte dan-
kend, dass ich seit lange unterwegs, durch Krankheit und Strapazen körperlich und geistig geschwächt sei, und da zudem meine
Mittel allmählich erschöpft wären, nur wünsche, über Dâr-Fôr nach
der Heimat zurückzukehren; auch wenn er wirklich nichts gegen

meinen Besuch und etwaige Reisen in seinem Lande einzuwenden habe, würde ich von seiner Erlaubniss wenig Gebrauch machen und von Benghâzî aus wieder nach Europa zurückkehren. Niemand sei bisher aus unserm Lande zu ihm gekommen, ich aber freue mich, dass mein Vertrauen zu seiner Grossherzigkeit mich nicht getäuscht habe; auf den Ruf hin, den er in Tripolitanien, in Fezzân und im ganzen Norden genösse, hätte ich mich standhaft geweigert, in Kûka die Stimme der Warner zu hören, welche mir ausnahmslos von einer Reise nach Wadâï abgerathen hätten. Er meinte, er habe schon lange davon gehört, dass wir Europäer, nur um fremde Völker zu sehen, uns den grössten Gefahren aussetzten, und wisse zu würdigen, dass ich, um mein Ziel zu erreichen, selbst einen Besuch bei Abû Sekkîn im Süden Bagirmis und in Somraï nicht gescheut habe, dessen wilde Bewohner sowol, als seine Lehmmoräste ihm wohlbekannt seien. Mein Besuch bei Abû Sekkîn von Bagirmi veranlasste ihn besonders zu verschiedenen Fragen; ohne Zweifel war er erfreut, durch mich authentische Nachrichten über dessen wirkliche Streitkräfte und Beziehungen zu den Heidenländern im Süden Bagirmis zu empfangen, denn auch nach Wadâï drangen die widersprechendsten Gerüchte über dieselben und über die beiden Könige des Nachbarlandes. Dann fragte er einfach und verständig, wenn auch durchaus kenntnisslos, nach der Türkei und den übrigen europäischen Ländern, nach meiner Heimat, sprach von meinem Berufe, von seiner Krankheit (Hämorrhoidalbeschwerden), von der Wirkung dieses oder jenes Medicaments, von den Organen des menschlichen Körpers u. dgl. Er erkundigte sich nach der Heeresmacht meines Landes, sprach über die Bewaffnung, welche in Europa üblich sei u. s. w. Alle seine Fragen, wenn ihrer auch mehr waren, als ein Mensch und ein Arzt füglich beantworten konnte, waren höchst verständig, und seine eigenen Antworten wurden mit grösster Besonnenheit, Ruhe und Höflichkeit gegeben. Ich hatte in jenen Ländern noch keine Person, noch weniger einen Sultan kennen gelernt, der mir einen so verständigen, einfachen, würdigen und selbstbewussten Eindruck gemacht hätte, als der gefürchtete König von Wadâï.

Auch die äussere Erscheinung des Fürsten war nichts weniger

als abstossend. Er war ein kräftiger, breitschulteriger Mann von etwa
35 Jahren, mit spärlichem Barte, einer ins Röthliche spielenden
dunkeln Hautfarbe, mässig entwickelter Nase, wenig hervortreten-
den Backenknochen und im ganzen eher hübschen als hässlichen
Gesichts mit etwas Neigung zur Fettbildung. Das Schönste an
ihm waren die grossen, klug und bestimmt blickenden Augen.

Seine Tuweïrât und alle, die in die Nähe des Königs kamen —
er hörte während meines langen Besuches Berichte an und gab
Befehle, fast immer in arabischer Sprache — rutschten, sobald
sie den Hof betraten, auf den Knien, die rechte Schulter entblösst, je nach ihrer Würde auf verschiedene Entfernungen an ihn
heran; sobald sie in die ihnen zukommende Nähe gekommen
waren, richteten sie den Oberkörper auf, beugten denselben nach
vorn, schlugen leise in die flachen Hände und murmelten den
ihnen zustehenden Gruss, alles ohne jemals die Augen zum König
zu erheben; auch im directen Gespräch mit ihm starrten ihre
Augen auf den Kies, mit dem der Hof bedeckt war. Uebrigens
waren die Worte des Herrschers zu ihnen stets höchst einfach
und natürlich, und ebenso einfach und bestimmt schien er ihre
Antworten zu verlangen.

Gegen Sonnenuntergang verabschiedete mich König 'Alî, mir
nochmals die vollständigste Sicherheit versprechend, doch mich
bedeutend, zunächst meine Wohnung nicht zu verlassen, um etwa
hier- und dorthin zu gehen, bis ich mit den Einwohnern und Zu-
ständen bekannter geworden sei, da er Ausschreitungen von seiten seiner etwas rohen Unterthanen befürchte. Wie mich einer
seiner Tuweïrât abgeholt hatte, so führte mich auch einer derselben zurück. Diese jungen Leute verlassen den ihrer Führung
Anvertrauten nicht eher, bis sie ihn wirklich in der Thür seiner
Wohnung haben verschwinden sehen, und diese Vorsicht ist geboten, denn besonders gegen Abend wimmelte die Stadt von
trunkenem niedern Volke, das selbst durch die grenzenlose Furcht,
welche alle Welt vor dem König hatte, nur in beschränktem
Maasse von seiner ursprünglichen Lieblingsbeschäftigung, blutigen
Raufereien, abgehalten werden konnte. Es verging noch jetzt
— wie die arabischen Fremden mir erzählten — keine Woche, in
der nicht mehrere Morde, Todtschläge oder erhebliche Verletzun-

gen vorkamen, zu denen die Zanksucht Trunkener oder der Jähzorn Eifersüchtiger Veranlassung gab. Das Messer oder eine etwa 1 m lange, am untern Ende mit Eisenringen versehene Holzkeule waren immer gleich zur Hand, und das Wort „Kâfir" (Ungläubiger), welches im Moment des Zornes stets auf ihren Lippen schwebt, war ausreichend, um jene in Thätigkeit zu setzen. Besonders aber waren die Fremden ihnen verhasst, und es genügte für einen Betrunkenen oft der einfache Anblick eines solchen, um ihn Streit mit demselben suchen und zu seinen Waffen greifen zu lassen.

König 'Alî hatte seit dem Antritt seiner Regierung, welcher im Jahre 1858 erfolgt war, unendlich viel gethan, die Roheit und den Fremdenhass, den sein Vater Mohammed Scherif am Hofe und bei seinen Unterthanen genährt hatte, zu tilgen. Durch äusserste Strenge war es ihm gelungen, den wilden Sinn der Eingeborenen in etwas zu bändigen; doch noch jetzt hielt sich der Fremdling, besonders der Araber, soviel als möglich zu Hause und verliess wenigstens gegen Sonnenuntergang hin seine Wohnung nur in den zwingendsten Fällen. Wenn ich bei spätern Gelegenheiten etwas lange beim König mich aufgehalten, und er selbst, ohne darauf zu achten, dass die Sonne untergegangen war, mich allein hatte nach Hause gehen lassen, so schickte er gewöhnlich, sobald ihm das Bedenkliche seiner Vergesslichkeit in das Gedächtniss gekommen war, noch einmal in meine Wohnung, um sich zu vergewissern, ob ich ungefährdet daselbst angekommen sei, und äusserte seine Verwunderung darüber, dass ich mich nicht gescheut hätte, allein und unbewaffnet das zu thun, was hier keiner der Nil-Kaufleute, welche doch seit Jahrzehnten im Lande verkehrten, gewagt haben würde. Doch der kleinste seiner Tuweïrât genügte ebenso gut, als die zahlreichste bewaffnete Begleitung, um dem Fremden vollständige Sicherheit zu gewähren, und es war diesem energischen Fürsten gelungen, in seinem Kernlande wenigstens eine solche Furcht bei den rohen Einwohnern zu erzeugen, dass man, von einem Tuweïrât begleitet, mit ziemlicher Sicherheit durch das ganze Land hätte reisen können.

Die mich besuchenden Araber und besonders die beiden Schurafâ aus Kairowân in Tunesien, meine unmittelbaren Wohnungsnachbarn, waren voll Lobes über den König ʿAlî, und zahlreiche Thatsachen wurden erzählt, welche ebensosehr seine Strenge, als seinen Sinn für Gerechtigkeit bewiesen. Sein lebhaftes Bestreben, Handel und Wandel im Lande zu heben und den Verkehr mit der Aussenwelt zu befördern, legte ihm natürlich die Verpflichtung auf, für die Sicherheit der Fremden zu sorgen, und es war sein eifrigstes Bemühen, diese herzustellen. Besonders war er besorgt für die Araber, welche unter der Regierung seines Vaters nicht nur schlecht behandelt, sondern sogar häufig, ja auf Befehl des letztern, selbst ermordet worden waren, sodass nach und nach alle Karavanenwege von Norden her verödeten.

Die ersten, die den kürzesten Weg zum Mittelmeer wieder aufnahmen, welcher Benghâzî mit Wadâï verbindet und erst vor einem halben Jahrhundert unter der Regierung ʿAbd el-Kerîm's, genannt Sabûn, eröffnet war, waren die Bewohner der Oase Dschâlo, zehn Tagereisen südlich von Benghâzî gelegen, die sogenannten Mĕdschâbra; nur diejenigen von ihnen, welche durch ihr Vorleben zu eng mit Bornû verbunden waren, hielten sich noch zu diesem Lande, während die übrigen ausschliesslich nach Wadâï gingen. Die Kaufleute vom Nil, welche bereits seit mehr als hundert Jahren ihre regelmässigen Reisen über Dâr-Fôr nach Wadâï machten, und von denen eine grosse Colonie in dem Handelscentrum Nimro sich angesiedelt hatte, hielten zwar anfangs unter der vorübergehenden Schreckensregierung Mohammed's mit der ihnen eigenen Zähigkeit und Unternehmungslust an den Reisen nach Wadâï fest, doch vor einigen Jahrzehnten hatte jener die nicht dort angesiedelten Dschellâba aus dem Lande vertrieben. Seit König ʿAlî's Regierung kamen sie aber in grösster Zahl ins Land und waren so beliebt und angesehen bei diesem, dass sie von den Eingeborenen mit Eifersucht und Hass betrachtet wurden.

Die grausame Strenge des Herrschers Ausschreitungen gegenüber kann allerdings ohne richtige Würdigung des Charakters der Eingeborenen kaum von einem Europäer begriffen werden. Noch kurz vor meiner Ankunft hatte sich ein Vorfall ereignet, welcher ʿAlî's Strenge und Energie vollkommen kennzeichnet. Der König erblickte eines Tages von der Höhe des obern Stockwerks seines Palastes, von dem aus er den Markt, der unter den westlichen Mauern der Königswohnung abgehalten wird, übersehen konnte, eine allgemeine Verwirrung und Unordnung und endlich Streit unter den Marktleuten; sein schleunigst abgeschickter Bote brachte ihm die Nachricht, dass ein Diebstahl verübt worden sei, und dass andere die Verwirrung wiederum zu Diebstählen benutzt hätten; sofort begab sich der König selbst zu Fuss ausserhalb des Palastes — ein bei einem König von Wadâï, der in den Augen der Unterthanen etwas Göttliches hat, ganz unerhörter Vorgang — liess sich vor der Thür, welche auf den Markt führt, eine Strohmatte ausbreiten, sammelte eine Anzahl seiner bewaffneten Korajat (Stallknechte) und liess die Beamten, welche für die Sicherheit der Hauptstadt verantwortlich waren, rufen. Es waren dies sein Bruder Jûsef, der 'Aqid der Dscha-'âdïna, sein mütterlicher Onkel der Dscherma Abû Dschebrîn und sein Freund und Rathgeber der Dschellâbî Hâdsch Ahmed Tangatanga, von denen jeder ein Viertel der Stadt unter seiner Oberaufsicht hatte. Als diese Edelleute und Grossbeamten vor ihm erschienen und das Volk um ihn versammelt war, erklärte er den Anwesenden, sie könnten schon aus dem Umstande, dass ein König von Wadâï zu Fuss, in Sandalen auf dem Marktplatz erscheine, auf den Ernst schliessen, mit dem er auf die Erhaltung der öffentlichen Sicherheit in der Hauptstadt dringen werde; seinen Verwandten und Beamten aber eröffnete er, dass, wenn sie nicht binnen kurzem die Ruhestörer und Verbrecher ermittelt und vor ihn gebracht haben würden, er an ihnen selbst eine blutige Sühne vollziehen werde. Dieselben machten sich alsbald an die Untersuchung und brachten 14 Personen herbei, worunter nicht wenige Frauen, welche des Diebstahls während der allgemeinen Verwirrung für überführt erklärt wurden. Der König liess sie zusammenstellen und von seinen meist mit Carabinern bewaffneten Korajat sofort niederschiessen. Eine genauere Untersuchung würde wahrscheinlich festgestellt haben, dass manche der Erschossenen unschuldig gewesen, und dass sie als schuldig befunden wurden, weil die Köpfe der Würdenträger selbst auf den Schultern bedenklich wackelten. Doch wenn ein Menschenleben in jenen Ländern überhaupt nicht sehr hohen Werth hat, so gilt es in Wadâï noch viel weniger, und dem König kam es vor allem darauf an, die Einwohner durch Furcht vor Strafe von ähnlichen Vergehen abzuhalten.

Auch in die Zeit meiner Ankunft fiel ein entsetzliches Ereigniss, bei welchem ein Dschellâbî der blutigen Strafe des unerbittlichen Herrschers zum Opfer fiel. Derselbe gehörte der Colonie von in Wadâï angesiedelten Kaufleuten an und hatte früher Handelsreisen nach Bagirmi unternommen. In Massenja hatte er mit der Tochter Abû Sekkîn's, welche als erste Prinzessin den Titel Schukotma führte, ein Liebesverhältniss unterhalten. Nach dem Kriege war diese vom König ʿAlî als Kriegsgefangene nach Wadâï geführt und an einen seiner Beamten verheirathet worden. Der Dschellâbî hatte trotzdem das frühere Verhältniss zu ihr erneut und war verschiedene mal vom König gewarnt worden; da dies nicht half, liess dieser dem Uebelthäter Nase und Ohren abschneiden und einen Fuss verstümmeln und schickte ihn so zu den Seinen. Als die gesammten Dschellâba dagegen zu murren wagten, versammelte sie der König, machte sie in kurzen Worten darauf aufmerksam, dass nach den Gesetzen des Islâm auf dem Verbrechen des Ehebruchs eigentlich die Todesstrafe stehe, und dass, wenn seine Art Gerechtigkeit zu üben ihnen misfiele, sie sofort sein Land verlassen möchten; er gab ihnen 14 Tage Zeit zur Ordnung ihrer Angelegenheiten.

Unter König ʿAlî's Regierung konnte es nicht vorkommen, dass ein fremder Kaufmann unbezahlt blieb, wie dies nur allzu oft in Bornû der Fall war. Wie viele meiner Reisebegleiter warteten noch jetzt, nach drei Jahren, mit Noth und Hunger kämpfend, vergeblich in Kûka bei den Grosswürdenträgern auf Bezahlung ihrer bei unserer Ankunft verkauften Waaren. Wenn in Wadâï der Abgang einer Karavane nach Norden bevorstand, und es denen, welche abreisen wollten, noch nicht gelungen war, ihr Guthaben einzutreiben, wandten sie sich an den König, und dieser nahm keinen Anstand, war z. B. der säumige Schuldner ein hochstehender Beamter aber Sklave, demselben einfach zu erklären: Wenn du nicht bis zu dem und dem Tage deinen Gläubiger befriedigt hast, so gehst du anstatt Bezahlung als sein Sklave mit ihm. — Um zu häufige Gewaltmaassregeln in dieser Richtung zu vermeiden, machte er später die ankommenden Kaufleute darauf aufmerksam, dass sie nur gegen baare Zahlung zu verkaufen hätten. Freilich hatte der König im Innern des Landes denselben Zustand der Sicherheit noch nicht herzustellen vermocht, doch strebte er mit allen Kräften danach und schonte selbst seine nächsten Verwandten, die ja in jenen Ländern gewöhnlich die Hauptübelthäter sind, durchaus nicht. Es war diesem Umstande wol zuzuschreiben, dass auch er nach alter Wadâï-Sitte beim Regierungsantritt diejenigen seiner Brüder und nächsten Verwandten, welche möglicherweise nach der Herrschaft streben konnten, hatte blenden lassen. Er hatte jedoch hierbei eine gewisse Gerechtigkeit geübt: diejenigen, deren wilden, herrschsüchtigen Sinn er kannte, hatte er des Augenlichts beraubt, doch einige seiner Brüder, obgleich von freien und edeln Müttern geboren und also eventuell thronberechtigt, im Vertrauen auf ihre bessere Natur verschont. Auch seiner eigenen Mutter war er noch kurz vor meiner Ankunft in der entschiedensten Weise entgegengetreten. Die Königin-Mutter oder Mômo erfreut sich in Wadâï einer hohen Macht, und gerade die in Rede stehende war sehr geneigt, sich Uebergriffe zu schulden kommen zu lassen. Da erschien der Sohn eines Tages mit den Zeichen seiner Würde, begleitet von seinen höchsten Beamten, in der Wohnung seiner Mutter, verwarnte sie auf das nachdrücklichste und antwortete, als sie drohte sich ins Ausland zurückzuziehen, wenn man ihr die gebührende Stellung im Lande nicht einräumen würde: er lege einem solchen Schritte kein Hinderniss in den Weg. Er wusste wohl, dass die glühende Patriotin ihr Vaterland nicht verlassen würde, und hatte fortan Ruhe.

Alle diese Erzählungen kürzlich vorgekommener Ereignisse gaben mir Anhalt zu einem Urtheil über den König, das ich in der Folge vollkommen bestätigt fand. Er war ein Mann von gesundem Menschenverstand, wenig Gemüth, rücksichtsloser Energie und strenger, selbst grausamer Gerechtigkeit. Sein Hauptstreben ging dahin, die Machtstellung Wadâïs nach aussen zu heben und im Innern das königliche Ansehen durch Gerechtigkeit bei den Guten und durch Furcht bei den Schlechten zu befestigen. Es lag ihm darum auch die Förderung des kriegerischen Sinnes, wie er ohnehin schon im Charakter der Einwohner Wadâïs liegt, sehr

am Herzen. Wenn er es zur Aufrechterhaltung von Handel und
Wandel für nothwendig erachtete, mit den grössern Nachbarländern
in Frieden und Freundschaft zu leben, so hielt er doch seine Kriegsanführer nach andern Richtungen hin fortwährend in Thätigkeit,
und wehe dem, dessen Energie und Tapferkeit bei irgendeiner
Gelegenheit zweifelhaft erschien. Noch kürzlich hatte er einige
derselben gegen die räuberischen Massalît, welche zwischen Wadâï
und Dâr-Fôr die Karavanenstrasse unsicher machten, ausgeschickt,
und als sie nicht nur unverrichteter Sache, sondern sogar mit
fast decimirter Mannschaft zurückkamen, liess er denjenigen, welche
nicht mit gehöriger Entschlossenheit vorgegangen waren, Nase
und Ohren abschneiden.

Wenn König 'Alî vor meiner Ankunft noch unentschlossen
gewesen war, ob seine religiöse Ueberzeugung ihm erlaube, mich
zu empfangen — über den mir zu gewährenden Amân war er
nicht im Zweifel —, so liess er mich, nachdem der Bann gebrochen
war, fast alle Nachmittage, sobald die eigentlichen Regierungsgeschäfte beendigt waren, zu sich rufen. Gleich anfangs hatte
ich zahlreiche Beweise, in welch einfacher und logischer Weise
er zu urtheilen gewohnt war. So schickte er mir bereits nach
einigen Tagen das ihm als Geschenk überreichte Fernrohr wieder zurück, und als ich ihm mein Bedauern darüber ausdrückte,
dass ihm dasselbe nicht gefalle und dass er mir die Schande an-
gethan habe, es zurückzusenden — denn in unserm Lande gelte
es für eine Schande, ein Geschenk wieder zurückzuerhalten —,
entwickelte er mir seine Grundsätze in dieser Hinsicht mit einer
überwältigenden Klarheit und Einfachheit. Er meinte nicht ohne
Berechtigung, dass es wol richtiger sei, wir folgten in seinem
Lande den dort gültigen Gewohnheiten und nicht den Sitten meiner Heimat, und setzte mir auseinander, dass die Geschenke, welche
er von den zureisenden Fremden empfange und beanspruche, eine
Art Steuer seien, für welche er als Gegenleistung die Gewähr
der Sicherheit ihres Eigenthums und ihrer Person übernehme; er
glaube deshalb das Recht zu haben, besonders da seine königliche Würde verlange, dass er dies scheinbare Geschenk erwidere,
ja überbiete, genau zu prüfen, ob ihm dasselbe gefalle und wie
viel es etwa werth sei; gefalle es ihm nicht, oder könne er keinen

Gebrauch davon machen, so gebe er es eben einfach zurück. Das Fernrohr sei ein Instrument, von welchem ihm zwar die Leute gesagt hätten, dass ich mit demselben bis in meine Heimat sehen könne, er habe sich aber vergebens einige Tage bemüht, irgendetwas Besonderes dadurch zu sehen; Gott habe ihm sehr gute Augen gegeben und er verzichte auf dieses Instrument um so lieber, als er wisse, dass wir grossen Werth auf dergleichen Erfindungen legten; mir diene es besser als ihm, so habe er es denn zurückgeschickt.

Auch den Empfehlungsbrief, welchen mir der Scheïch ʿOmar an seinen königlichen Nachbarn mitgegeben hatte, konnte ich ihn nicht bewegen anzunehmen. Als ich denselben überreichen wollte, erklärte er ihn für durchaus überflüssig, da er durch mich überbracht keinen andern Inhalt haben könne, als den der Empfehlung meiner Person; nun aber wisse er sehr genau, wie er sich Fremden gegenüber zu verhalten habe, und werde sich weder durch Freundschaft für den Scheïch ʿOmar bewegen lassen, mich besser zu behandeln, als seine eigenen Grundsätze ihm geböten, noch aber durch Furcht sich von einer schlechten Behandlung meiner Person abhalten lassen. In der That hat König ʿAlî das Empfehlungsschreiben niemals in Empfang genommen, und dasselbe ist noch in meinem Besitze.\*)

Die Königin-Mutter und deren Bruder, der Dscherma Abû Dschebrîn, konnten sich nicht entschliessen, mir näher zu treten. Ich schickte der ersteren das ihr zustehende Geschenk von einigen indigogefärbten Kanô-Toben und Turkĕdi durch meinen Reisegefährten Otmân, doch sie wehrte mit Entsetzen den Besuch des Christen ab und beschränkte sich darauf, mir täglich die zahlreichen Kranken ihres grossen Hausstandes anzuvertrauen. Der Dscherma Abû Dschebrîn liess mir zwar mehrmals durch Dritte den Wunsch aussprechen, mich kennen zu lernen und bei sich zu sehen, doch Vorsicht und Kenntniss der Thatsache, dass ausser dem König im Lande niemand eine wirkliche Machtstellung einnahm, liessen mich auf diese hochgestellte Persönlichkeit wenig

---

\*) Das betreffende Schriftstück ist sowol im Original als in deutscher Uebersetzung als Anhang diesem Bande beigefügt.  D. H.

Rücksicht nehmen. Die Gastfreundschaft des Königs genügte mir vollständig, obgleich sie sich durchaus nicht in so freigebiger Weise bethätigte, als die des liebenswürdigen Herrschers von Bornû. Während meines ganzen langen Aufenthalts in Wadâï empfing ich nicht ein einziges mal eine Mahlzeit aus der königlichen Küche, sondern der König beschränkte sich auf die Uebersendung von Schafen, von Butter, Honig und Teqâqî (Pl. n. Toqqîja) zur Beihülfe für die Marktausgaben. So schickte er gleich anfangs 10 Schafe und 50 Teqâqî, welche etwa 8 Maria-Theresia-Thaler an Werth hatten. Ich konnte bei dieser Gelegenheit wiederum das strenge Regiment constatiren, das der Fürst über seine Unterthanen führte: der die gastliche Gabe überbringende Eunuch weigerte sich standhaft, das ihm dargebotene Trinkgeld anzunehmen, nicht etwa weil es ihm zu gering erschien, sondern weil sein Gebieter es verboten hatte; dieser duldete es nicht, dass seine Güte gegen Fremde zu einer Einnahmequelle für seine Diener wurde. Welch ein Unterschied zwischen den Beamten König 'Alî's und denjenigen des Scheïch 'Omar und des Königs von Dâr-Fôr, welche stundenlang darüber discutiren konnten, ob die ihnen angebotenen Trinkgelder auch ihrer Würde und dem Werthe der von ihnen überbrachten Geschenke entsprächen!

Nach allem was man früher von den Einwohnern Wadâïs und den dortigen Regierungen gehört, nach der traurigen Katastrophe, welche den wackern Eduard Vogel der Welt und der Wissenschaft entrissen hatte, und nach dem, was ich als die Gründe seines Untergangs bezeichnen hörte, hielt ich mich begreiflicherweise sehr im Hintergrunde. Wochenlang zeigte ich mich nur insoweit in der Stadt, als ich in den Königspalast ging oder den Dongolaner Hâdsch Tangatanga, den Freund und Rathgeber des Königs, besuchte, der mir gegenüber wohnte und in dessen besondern Schutz ich mich begeben hatte. Da ich in der That, wie ich dem König erklärt, die Absicht hatte, sobald als möglich nach Dâr-Fôr weiter zu gehen, um meine Heimat wieder zu erreichen, suchte ich zunächst den Verkauf der Ausrüstung zu bewirken, mit der mich der freigebige Scheïch 'Omar versehen hatte. Doch ein grosser Theil der in Wadâï üblichen einheitlichen Münze, Stücke europäischen Baumwollengewebes, welche etwa 65 cm breit und 17 m lang als Maqta' Châm oder Tromba bekannt sind, gelangt aus Aegypten über die Nilländer und Dâr-Fôr dorthin; die Zufuhr war seit langer Zeit spärlich gewesen. So war der Markt durch den Mangel dieser Münze sehr gedrückt und der Verkauf meiner wenigen Manufacturgegenstände weder leicht noch lohnend. Zum Einkauf des täglichen Lebensunterhaltes eignete sich die Turkēdi (Frauen-Umschlagetuch) aus Kanô sehr gut, welche unter gewöhnlichen Verhältnissen in mittlerer Güte ungefähr $2/3$ Maria-Theresia-Thaler kostete; die Maqta' Tromba rechnete man jedoch zur Zeit in Wadāï zu $1 1/2$ Maria-Theresia-Thaler. Um die Mittel zur Weiterreise nach Dâr-Fôr zu gewinnen, suchte ich den Einzelverkauf, den man in jedem Lande genau kennen muss, um ihn mit Vortheil zu betreiben, zu umgehen und einen Theil der ganzen Ausrüstung im grossen an einen unternehmenden Mann zu verkaufen. Auch das war, wie gesagt, wegen Mangels an Châm auf dem Markte unglaublich schwer zu bewerkstelligen.

Bei allem was ich that, sowol in meinen Beziehungen zum König, als bei meinen persönlichen Angelegenheiten, wie z. B. den Einkäufen und Verkäufen, war mir der Scherîf Hâdsch Sâlim aus Kairowân, der, wie erwähnt, ebenfalls in Tûnis gelebt hatte und mich fast als Landsmann betrachtete, von grösstem Werthe. Er war in seinen Rathschlägen bei weitem uneigennütziger und redlicher, als mein übrigens gutgearteter Hauswirth Otmân Uléd el-Fadl. Hâdsch Sâlim war seit etwa zwei Jahren in Abesche und galt für einen klugen, unternehmenden und wohlhabenden Kaufmann. Obwol er Scherif und ein streng religiöser Mann war, schloss er doch ein enges Freundschaftsbündniss mit mir und hob dadurch, dass er tagtäglich mit mir verkehrte und es nicht verschmähte, aus einer Schüssel mit mir die Abendmahlzeit einzunehmen, mein Ansehen bei den engherzigen und fanatischen Eingeborenen beträchtlich. Sein Gefährte, der Scherîf Mohammed, ebenfalls aus Kairowân, obgleich weniger verständig und lebensklug als Hâdsch Sâlim, wurde mir deswegen besonders interessant, weil er vor seiner Reise nach Wadāï Dr. Schweinfurth in den Niamniam-Ländern kennen gelernt hatte. Es war derselbe Mann, von dem dieser verdienstvolle Reisende erzählt, dass er ihn wegen seiner hellen Hautfarbe und gebildeten Redeweise anfangs für einen verkappten europäischen Reisenden gehalten habe. In der That war auch ich erstaunt, nach wenigen Tagen von diesem Manne angegangen zu werden, ihm englischen Unterricht zu ertheilen, da er früher angefangen habe, diese Sprache zu erlernen. Er hatte eine zwar unvollkommene, aber im ganzen richtige Ansicht über die Geographie europäischer und anderer Länder, war im Stande, eine geographische Karte zu begreifen, und unterhielt sich mit Vorliebe über Astronomie und geographische Längen- und Breiten-Bestimmungen, über Gegenstände der kosmischen Physik u. dgl. Dagegen schien er es nicht ebenso gut zu verstehen, sein Gewerbe zu betreiben, denn während Hâdsch Sâlim in dem seinigen rasch vorwärtskam, war Hâdsch Mohammed, trotz der Rathschläge seines Gefährten, als ich Wadâï verliess, nahe am Bankrott. Leider wurde Hâdsch Sâlim noch vor Schluss des Jahres das Opfer einer chronischen Dysenterie, an der er schon vor meiner Ankunft litt.

Wie schon gesagt, verkehrte ich vorzugsweise mit dem Hâdsch Ahmed Tangatanga, sobald derselbe von einer Reise, auf welche ihn der König ausgesendet, zurückgekehrt war, weil er nicht nur eine Vertrauensstellung bei seinem Herrn einnahm, sondern auch mein Begleiter auf der Reise nach Dâr-Fôr und Aegypten sein sollte. Der Freund des Königs war ein kleiner, zart aussehender Mann mit vollem Bart, von etwa 48 Jahren, der keine andere officielle Stellung hatte, als die eines Oberhauptes der fremden Kaufleute, der aber selbst der grösste Kaufmann des Landes war. Seine Handelsreisen hatten ihn in den fünfziger Jahren wiederholt nach Wadâï gebracht, und noch zur Zeit des Königs Mohammed Scherîf hatte er die Bekanntschaft des damaligen Thronfolgers und jetzigen Königs gemacht. Damals hatte er diesem, welcher von seiten seines Vaters, wie die meisten Prinzen, nicht sehr reichlich mit Geldmitteln versehen wurde, viel Freundschaftsdienste erwiesen, ihm alles, was er brauchte, ohne Bezahlung überlassen und war später vom König Mohammed Scherîf mit allen andern fremden Kaufleuten des Landes verwiesen worden. Doch König ʽAlî hatte ihn nicht vergessen und rief ihn, sobald er die Herrschaft übernahm, nach Wadâï zurück. Der grösste

Theil des Handels mit dem Auslande lag in Hâdsch Ahmed's Hand, und ihm verdankte ich mancherlei Notizen über denselben. Als die Nachricht vom Tode seines Bruders, den er mit Elfenbein und Straussfedern nach Dâr-Fôr für die beabsichtigte Reise vorausgeschickt hatte, einlief, verliess Hâdsch Ahmed der Sitte gemäss seine Wohnung während sieben Tagen nicht und empfing während dieser Zeit zahlreiche Beileidsbesuche. Am achten Tage folgte dann die sogenannte Sadâqa, zu welcher grosse Mengen von Gerichten bereitet und an alle Welt verschickt werden, zu der auch der König 10 Stück Rindvieh beisteuerte.

So hoch bei der Vorliebe des Königs für Handel und Wandel die fremden Kaufleute bei demselben in Achtung standen, und so reichlichen Gewinn sie im Lande fanden, so wenig waren sie bei den Eingeborenen beliebt. In ihrer grenzenlosen Furcht vor König 'Alî ertrugen sie zwar die Fremdlinge, betrachteten dieselben jedoch als Eindringlinge und Schmarotzer, welche sich von ihrem Fette mästeten; besonders waren die Dschellâba, von denen viele aus Dongola stammen — die in Nimro angesiedelten sind meistens Dongolaner — von den Leuten gehasst und verachtet. Es gilt noch heute für eine fast ebenso schwere Beleidigung, „Dongolâwi" von jemand geschimpft zu werden, als Haddâd (Schmied) oder Kabartû (verachtete Musikantenkaste des Landes), Insulten, welche nur durch Blut abgewaschen werden können.

Nur der Furcht vor dem König verdankte auch ich meine unbelästigte Existenz in Abesche; doch trotz der Gunstbezeugungen, welche er mir erwies, konnten sich die echten Wadâï-Leute nur sehr allmählich entschliessen, nicht etwa mich aufzusuchen oder meinen Besuch zu wünschen, sondern auch nur in Krankheitsfällen meinen Rath anzunehmen, und ich bin der festen Ueberzeugung, dass, wenn nicht der König gewesen wäre, man meinen Aufenthalt im Lande nicht lange geduldet, ja, dass ich noch wahrscheinlicher dasselbe nicht lebendig verlassen haben würde.

Allmählich begannen die Leute wenigstens mich in Krankheitsfällen um Rath zu fragen, und es machte damit, wie ich schon gesagt habe, die Mômo den Anfang, obgleich sie es gewesen, die sich mir anfänglich am feindlichsten gegenübergestellt hatte. Täglich schickte sie mir Frauen ihres grossen Hausstandes, leider mit Krankheiten behaftet, welche ausserhalb der Einwirkung meiner ärztlichen Macht lagen, da sie durch Darreichung harmloser, innerer Medicin nicht geheilt werden konnten. Krankheiten der Gebärmutter, durch Pocken zerstörte Augäpfel, graue Staare und abgelaufene grüne Staare, Krankheiten der Bindehaut des Auges, Hornhautentzündungen und Geschwüre, chronische Rheumatismen, Syphilis, chronische Verdauungsstörungen und Lungenkatarrh bildeten das Hauptcontingent der mir zur Behandlung gekommenen Krankheiten. Wenn die Dschellâba, Tripolitaner und andere allerdings folgsame und dankbare Kranke waren, so mögen doch die meisten der eigentlichen Wadâï-Leute, auch wenn sie mich consultirten, nur selten von den ihnen verabreichten Heilmitteln Gebrauch gemacht haben. Nur der König, welcher, wie erwähnt, an Hämorrhoidalbeschwerden litt, zeigte, selbst ein durchaus ehrlicher Mann, vollen Glauben an meine guten Absichten und nahm zum grössten Entsetzen seiner Umgebung meine Heilmittel mit grosser Regelmässigkeit, bei deren Verabreichung ich natürlich, wie stets in jenen Ländern, zunächst selbst vor den Augen der Anwesenden eine Dosis einzunehmen hatte.

Bei den häufigen Besuchen im königlichen Palast, wohin ich später fast jeden dritten Tag berufen wurde oder unaufgefordert ging, lernte ich allmählich die hervorragendsten Leute des Landes kennen, musste aber immer wieder die Erfahrung machen, dass dem König gegenüber selbst der höchste Beamte nicht mehr Einfluss ausübte, als der letzte seiner Diener. Er war freilich etwas enttäuscht darüber, dass ich nicht Waffenschmied oder in der Feuerwerkerkunst erfahren sei, denn er habe gehört, wir verständen alle Handwerke und Künste, söhnte sich aber doch mit meinem ärztlichen Stande mehr und mehr aus. Häufige Unterhaltungen hatte ich mit ihm über christliche Religion und christliche Länder, aber auch über solche Gegenstände, deren Kenntniss für mich als Forscher von grossem Werthe sein musste. So bildete das Rhinoceros Wadâïs, von dem ja lange Zeit durch die Erzählungen fremder Kaufleute die Ansicht verbreitet war, dass es nur ein Horn habe, einen Gegenstand der Discussion. Die Meinungen über dieses Thier waren im Lande, so häufig es auch vorkam, ausserordentlich getheilt; der eine schilderte seine Haut wie die der Giraffe, ein anderer wie die des Elefanten, noch andere wie die des Büffels, während der König eine Analogie in Farbe und Behaarung mit dem Wildschwein annahm. Manche behaupteten, es habe nur ein Horn, andere gaben zwei Hörner zu, ja noch andere sprachen von dreien. Der Streit wurde eines Tages entschieden bei der zufälligen Anwesenheit eines bekannten Rhinocerosjägers in Abesche. Als diesem unsere Zweifel mitgetheilt wurden, setzte er sich hin, nahm ein Stück Thon und formte ein gewöhnliches zweihörniges Rhinoceros daraus, das von allen als durchaus der Wirklichkeit entsprechend anerkannt wurde. Da der König zu wiederholten malen in mich gedrungen, ihm doch zu sagen, worin er mir dienen könne, bat ich ihn endlich um ein junges Rhinoceros, doch hielt er dies insoweit für etwas Unmögliches, als er behauptete, das Thier sei so wild, dass es nicht der Mühe werth sei, einen Fangversuch zu machen. In der That ist das Rhinoceros das gefürchtetste Thier in Wadâï; es wird als so bösartig geschildert, dass es bei zufälliger Begegnung mit dem Menschen, auch ohne angegriffen oder von ihm belästigt zu sein, in wilder Wuth sich auf ihn stürze. Man jagt es im Süden des Landes wie die Elefanten; ein Reiter auf einem guten Pferde lenkt die Aufmerksamkeit des Thieres auf sich, während ein anderer eine sehr breite, scharfe und lange Lanze ihm zwischen Hüftgelenk und Schwanz in den Leib zu stossen sucht. Es ist eine gefährliche Jagd, welche grosse Kraft und Geschicklichkeit erfordert. Im Innern des Landes, an den Ufern des Batha, wo das Rhinoceros ebenfalls sehr häufig ist, pflegt man dasselbe auf seinem Wechsel von der Höhe eines Baumes aus zu tödten, indem man eine Lanze von oben her dem Thiere neben der Wirbelsäule in den Leib stösst.

Da ich bald abzureisen beabsichtigte, so suchte ich über die Topographie des Landes Auskunft zu erhalten, verglich die zahlreichen Nachrichten, welche ich in Bornû eingezogen hatte, und verschaffte mir Leute, welche über den unbekannten Süden, das Flussgebiet des Bahär es-Salâmât, über Dâr-Runga, Kûti und die in den Heidenländern südlich von Wadâï nach Westen strömenden Flüsse, in denen nach meiner Ueberzeugung der Ursprung des Schâri liegen musste, Aufklärung geben konnten. Gleichzeitig suchte ich für die bevorstehende Weiterreise meinen Bestand an Lastthieren zu erneuen, denn die von Bornû mitgebrachten Kamele stellten sich als unbrauchbar heraus. Freilich ahnte ich damals noch nicht, dass mich mein Geschick noch fast für Jahresfrist in Wadâï zurückhalten würde.

Mitte Mai machte ich mit dem Kursî, dem Aufseher der in Wadâï ansässigen Dschellâba, einen Ausflug nach Wâra, der frühern Hauptstadt des Landes, und nach Nimro, der Stadt der Kaufleute, einige Stunden westlich von jenem Orte gelegen. Sobald ich nämlich dem König den Wunsch geäussert hatte, die Stadt seiner Vorfahren zu besuchen, musste bei der bekannten Energie des Königs der Plan auch sofort ausgeführt werden. Die Excursion war auf den 16. Mai verabredet. Mit Tagesanbruch erschien ein Bote des Kursî, um mich abzuholen, und etwas nach Sonnenaufgang konnten wir vom Hause des letztern, das am äussersten Westende der Stadt lag, aufbrechen. Ich gewann bei dieser Gelegenheit zum ersten mal einen gewissen Ueberblick über die Stadt und ihre Umgebung. Abesche liegt im südlichen Theile eines weiten Flachthales, doch selbst auf einem Hügel, der sich über das Thalniveau erhebt. Das Thal erstreckt sich nach Osten bis an die Abdachungen der Berge von Kêlingen, nach Westen bis an die der Kôndöngo-Kette, ist nach Süden von einer in nächster Nähe der Stadt ziemlich isolirt liegenden Berggruppe begrenzt und nach Norden durch einen niedrigen Kamm, der sich von der Kôndöngo-Kette bis nach Schugur erstreckt, abgeschlossen. Es ist im ganzen von Ost nach West einen Tagemarsch lang und von Nord nach Süd etwa zwei Stunden breit.

Wir schlugen Nordnordwestrichtung ein, behielten sie auch mit einigen nördlichen und östlichen Abweichungen während des ganzen Tages bei und reisten mit ausserordentlicher Geschwindigkeit. So unansehnlich das Pferd war, welches der Kursî ritt, so übertraf es doch mein viel stattlicheres Bornû-Pferd bei weitem an Schnelligkeit. In der That hält man in fast keinem jener Länder so ausserordentlich viel auf einen schnellen Passgang des Pferdes wie in Wadâï. Das Land scheint kein Land für Pferde zu sein; die eingeführten sterben häufig, die Rasse aber, welche man durch beständige Einfuhr erzeugt hat, ist zwar sehr unansehnlich, aber von einer ausserordentlichen Widerstandsfähigkeit. Das Wadâï-Pferd ist äusserst gedrungen, von starkem Knochenbau, kurzhaarig, mit mächtiger Brust und breitem Halse, sehr zu Fleisch- und Fettbildung geneigt, dabei schnellschreitend, feurig und unermüdlich. Ich konnte in der That mit meinem langbeinigen, vielbewunderten Bornû-Pferde nur mit grösster Mühe dem Kursî folgen, musste, um nur in seiner Nähe zu bleiben, immer wieder von Zeit zu Zeit in Trab oder Galop fallen und hatte so einen ausserordentlich ermüdenden Tagemarsch. Bald erreichten wir den das Thal nach Norden begrenzenden Kamm, an dessen Nord- und Südabhängen die beiden Dörfer Ogodenge liegen, welche zusammen etwa 300 Hütten zählten und deren Einwohner ursprünglich aus Kêlingen stammen, nachdem wir zuvor das Rinnsal, welches das Thal von Abesche abschliesst, überschritten hatten. Zwischen den beiden Dörfchen steigt man in ein anderes weites, flaches, mit Siwâk und Machet bestandenes Thal hinab, in dessen nördlichem Theile wieder ein Rinnsal passirt werden musste, bevor wir das Dorf Mandafana, von höchstens 100 Hütten, erreichten. Das Flüsschen verlief parallel der Gebirgskette der Kôndŏngo, der wir uns mehr und mehr näherten, wie auch die Einwohner des Dorfes ursprünglich diesem Stamme angehörten.

Ein weiteres flaches Thal führte uns nach dem Dorfe Abunduro, welches mehrere hundert Hütten zählte und an einem Wâdî, und zwar dem bedeutendsten der drei passirten, lag. Wenn derselbe auch nur ein schmales Bett hatte, so zeigten doch die scharfen, tiefen Furchen in dem harten Boden, mit welcher Gewalt hier das Wasser während der Regenzeit von Nordosten nach Südwesten abfliesst. Alle diese Flüsschen ergiessen sich vereint in den Butêha oder kleinen Fluss. Die Gegend schien, wie der ganze Norden von Wadâï, sehr wasserarm zu sein, denn das Dorf hatte nur einen 110 bis 150 m tiefen Brunnen, der äusserst wenig ergiebig war. Jenseit des Dorfes, bevor wir die Hälfte des Weges zurückgelegt hatten, machten wir einen kurzen Halt, um das vom Kursî mitgenommene Frühstück zu verzehren, das in einem gerösteten Huhn bestand, und zu welchem ein Wasserschlauch herbeigebracht wurde, dessen Inhalt aber sich zu meinem grössten

Erstaunen als Merîssa herausstellte. Nachdem der Kursî den Inhalt der Qirba (Wasserschlauch) fast ganz allein zu sich genommen hatte, setzten wir unsern Weg fort und passirten einen glockenförmigen Berg, der isolirt aus dem allmählich ansteigenden Terrain sich erhebt, die Hälfte des Weges nach Nimro bezeichnet und deshalb Dschebel en-Nusf, d. h. der Berg der Mitte, heisst.

Das nordöstliche Ende der Kôndŏngo-Kette befand sich an diesem Punkte einige Stunden westlich von uns, sodass der Dschebel en-Nusf gewissermaassen das Bindeglied zwischen ihr und den südwestlichen Ausläufern der Gebirgsmasse der Kodoî-Landschaft ist. Der Boden wurde allmählich steiniger und die Höhenzüge hatten Südwestrichtung. Ein weiteres Thal folgte, das im Osten durch einen niedrigen, von Ost nach West verlaufenden Kamm begrenzt wird, an dessen Fusse das kleine Dorf Brorit lag, und den wir, zumal grosse Blöcke von Granit und grobem Sandstein den Weg erschwerten, mit erheblicher Mühe gegen Mittag überstiegen. Die Pferde Bornûs sind so wenig an Gestein gewöhnt, dass diese unbedeutenden Erhebungen meinem Pferde fast unüberwindliche Schwierigkeiten bereiteten, während das Thier des Kursî mit der grössten Leichtigkeit und Schnelligkeit darüber hinwegkletterte. In dem jenseit des Kammes belegenen weiten Thale, dessen Grund wie stets mit ansehnlichem Baumwuchs bestanden war, und das nach Norden durch den ziemlich hohen isolirten Kegel von Tolfu begrenzt wird, lagen die drei Dörfer Burteï. Die Brunnen, aus denen diese ihre Wasservorräthe schöpfen, befanden sich im abhängigsten Theile des Thales und waren weniger tief, als die von Abunduro und auch wasserreicher. Wir rasteten hier, um die Thiere zu tränken und unsere zu Fuss folgenden Diener zu erwarten, die bei der Schnelligkeit unserer Pferde natürlich zurückgeblieben waren. Von hier aus erblickte man viele vereinzelte Gebirgsgruppen: im Nordwesten die von Schibi, im Westen die von Dobu, im Nordnordosten die Berge von Wâra und im Nordosten die von Andobu. Erst gegen 4 Uhr nachmittags kamen unsere Leute, welche Durst und Ermüdung in Brorit zurückgehalten hatte.

Wir brachen nun so schnell als möglich auf, besonders da

ein mächtiges Gewitter sich im Osten aufthürmte. Dasselbe zog sich zwar anfangs nach Südosten herum, es erhob sich auch ein ziemlich heftiger Nordwestwind, aber dieser schlug, wie dies stets zu geschehen pflegt, plötzlich in die entgegengesetzte Richtung um, und das Unwetter entlud sich theilweise über uns, zum grössern Theile aber über die Gegend von Schibi. Um diese Zeit passirten wir das Dorf Mardhaba und erreichten nach einer Stunde Nimro, unser Tagesziel, von wo uns einige Leute des Kursî zu Pferde entgegengekommen waren.

Nimro setzt sich zusammen aus einem Hauptdorfe von 200 bis 300 Wohnstätten, welche in meist zierlichen, ziemlich geräumigen Thonhäusern bestehen, und elf kleinern Ortschaften, die sich unregelmässig um den Hauptort gruppiren und theilweise wirkliche Dörfer sind, theilweise nur als Weiler bezeichnet werden können. Die Einwohner sind vorwaltend Dschellâba, Leute von Dongola, Chartûm, Sennâr und von Kordofân. Dieselben stehen unter Scheïchs, deren das Hauptdorf vier bis sechs und jede der kleinen Ortschaften einen hat. Die obere Verwaltung liegt in den Händen des Kursî, ein Amt, das früher stets ein Sklave des Königs inne hatte und welchem ein Amîn unterstellt ist. Mein Gastfreund aber, der jetzige Kursî, stammte aus guter Dschellâbî-Familie und hatte von seinem Vater seiner Zeit, 26 Jahre alt, ein für damalige Verhältnisse ansehnliches Vermögen geerbt. Er trug, wie er mir selbst erzählte, die Erbschaft zum König und bat denselben, ihn zum Kursî der Dschellâba zu machen. Dieser, der den jungen Mann kannte und seines energischen Charakters wegen schätzte, willfahrte dem Wunsche trotz des lebhaften Widerspruchs der Dschellâba. Jahrelang dauerte es, bevor es dem jungen Kursî gelang, sich in seiner Stellung festzusetzen, doch seine kräftige, zähe Natur liess ihn die Schwierigkeiten überwinden. Die Stellung des Kursî ist dadurch eine sehr einträgliche, dass er Abgaben von den Dschellâba empfängt, die, fast beständig unterwegs, bei der Rückkehr von Dâr-Fôr für jedes beladene Kamel zwei Maqta ʿTromba und bei der Ankunft von Westen einen Turkĕdi an den Kursî abgeben müssen. Ausserdem urtheilt der Kursî über Diebstähle, Ehebrüche, Polizeivergehen und blutige Raufereien ab, und die Strafen bestehen fast immer in Vermögensstrafen, die ihm zufallen; sind die Criminalfälle ernsterer Art, so gibt er die Hälfte an den König ab. Es gehörte die ganze kräftige Natur meines Gastfreundes dazu, das Leben auszuhalten, welches er führte, und wenn man ihn ansah, konnte man sich der Ansicht nicht verschliessen, dass das dortige Bier, die Merîssa, weniger verheerend auf den Menschen wirkt, als unsere alkoholhaltigen Getränke, denn er trank in der That Merîssa von Tagesanbruch bis zum ʿAschâ (etwa 8 Uhr abends) und genoss fast gar keine Mehlspeisen, sondern nur etwas geröstetes Fleisch. Uebrigens huldigte er diesem Laster durchaus nicht im geheimen, wie es wol die Mohammedaner zu thun pflegen, sondern mitten im Hofe, umgeben von seinen Freunden und Untergebenen, besorgte dabei seine Verwaltungsangelegenheiten, entschied streitige Fälle und sprach Recht über Vergehen.

Am ersten Tage überliess ich den Kursî seinen dringendsten Geschäften, sah mir die ganze Nimro-Gruppe an und besuchte auf Wunsch des Königs ʿAlî einen kranken Dschellâbî, den Faqîh Ahmed, der mit hochgradiger Wassersucht behaftet war.

Am folgenden Tage machten wir einen Ausflug nach Wâra, brachen um 5 Uhr morgens auf und erreichten nach einem scharfen anderthalbstündigen Ritt in Ostrichtung den Eingang in das Felsthal der frühern Hauptstadt. Der Vater des jetzigen Herrschers, Mohammed Scherîf, verlegte die Residenz von hier nach Abesche. Es scheint, dass er hauptsächlich deshalb die durch die Natur so wohlbefestigte bisherige Hauptstadt verliess, weil er die Nähe der Abû Sunûn oder Kodoî, des mächtigsten der edeln ursprünglichen Wadâï-Stämme, welche seiner Familie nicht hold waren, fürchtete; öffentlich wurde als Grund angegeben, dass böse Geister die alte Königsburg unbewohnbar machten.

Wie alles in jener Welt schnell verfällt, so war von der ganzen alten Hauptstadt Wadâïs in den zwanzig Jahren, welche seit Verlegung der Residenz verflossen waren, nur ein ärmliches Dörfchen von etwa 100 Hütten übriggeblieben. Die Stadt lag in einem engen, im Osten, Süden und Westen durch Berge begrenzten Thale; die Berge im Osten und Süden bilden eine Kette, deren südlichster Theil — die höchste Erhebung — etwa die Höhe des Drachenfels am Rhein hat; im Westen ist das enge Thal begrenzt durch den Berg Thorêga, welcher früher einen heiligen Charakter hatte. Auf ihm wurden die königlichen Insignien aufbewahrt, und dorthin musste der König sich nach dem Antritt der Regierung für eine Woche zurückziehen. Zwischen dem Berge und der das Thal im Osten und Süden begrenzenden Kette befindet sich ein schmaler Zugang, durch den ein Theil der Gebirgswässer nach Südwesten abgeführt wird. Nach Norden und Nordwesten war das Thal offen, und in ihm lag das Dörfchen Gandigin, der Rest des einstigen Wâra. Neben ihm befand sich der Begräbnissplatz der Könige von Wadâï, der Tûmang. Man hatte von hier aus den besten Blick über die Gegend nach Osten, erblickte in der Entfernung von einigen Stunden den spitzen Kegel, zu dessen Füssen die ursprünglichen Dörfer der Malănga lagen; im Nordosten sah man die Berge der Madäla und der Madâba, welche nicht viel weiter als jene entfernt sind; etwa $1^{1}/_{2}$ Tagemärsche weiter nahm die Berglandschaft der Abû Sunûn oder Kodoi den östlichen und nordöstlichen Horizont ein. Von der einstigen Königsburg waren nur kümmerliche Reste erhalten; sie bildete ein grosses Oval oder längliches Rechteck ohne scharfe Ecken und hatte eine ansehnliche Grösse gehabt. Das Innere war gänzlich zerfallen; nur die Umschliessungsmauern, zu welchen ziemlich viel gebrannte Steine verwendet waren, hatten der Zeit etwas mehr Widerstand geleistet. Eine Ausnahme vom allgemeinen Verfall machte die ganz aus rothen Backsteinen erbaute grosse Moschee ʽAbd el-Kerîm's, des Gründers der Dynastie, welche sich durch ein etwa 10 m hohes, regelmässig-polygones, scharfkantiges Minaret auszeichnete und in der That für die dortige Welt eine ansehnliche Leistung der Baukunst war.

Während ich diesen Schauplatz mancher blutigen That, sei es von seiten der Unterthanen, sei es von seiten der Herrscher, in Augenschein nahm, hatte sich mein Begleiter und Gastfreund mit seinen Dienern und seiner unzertrennlichen Qirba Merîssa vor die Moschee gesetzt, und wir konnten nach einigen Stunden, als ich mit meinem Rundritt und er mit seinem Vorrath an Merîssa zu Ende war, wieder nach Nimro zurückkehren. Dort wurde das Gelage fortgesetzt, um Mittag eine kleine Pause zum Schlummer gemacht, doch am Nachmittag mit erneuten Kräften begonnen und erst mit einbrechender Nacht geendet. Man trinkt aus einer kleinen Kürbisschale, die etwa 8 bis 10 Unzen enthält und beständig die Runde macht; es wird für unschicklich gehalten, dieselbe nicht auf einen Zug zu leeren.

Die Leute waren im allgemeinen sehr liebenswürdig gegen mich, und nur ein fanatischer Mo'allim (Gelehrter) wurde mit seinen Angriffen auf den Christen etwas lästig, doch trotz seiner respecterheischenden Stellung veranlasste ihn die Versammlung, sich zu entfernen, und entschuldigte den Vorfall bei mir durch das ungestüme Temperament des Mannes. Ich setzte ihnen bei dieser Gelegenheit auseinander, dass mir vernünftige Gespräche über Religion ausserordentlich erwünscht seien, dass ich aber nicht in die Negerländer gekommen sei, um mich bekehren zu lassen, nachdem ich jahrelang unter gelehrten Mohammedanern in Tûnis gelebt hätte.

Zwischendurch hatte ich Gelegenheit, verschiedene Kranke zu sehen, lepröse Geschwüre, zerstörte Augäpfel, grosse Hornhautnarben nach Pocken und Nabelbrüche, welche bei dem kurzen Abschneiden des Nabelstranges in jenen Gegenden ausserordentlich häufig vorkommen.

Am darauffolgenden Tage hatte ich die Absicht, nach Abesche zurückzukehren, doch der Kursî, welcher einerseits aus Furcht vor dem König nicht wagte, mich allein die Rückreise machen zu lassen, und andererseits zu derselben noch nicht bereit war, nahm, um mich zurückzuhalten, zu einer List seine Zuflucht. Er verschwand um Mittag in einem der kleinern Nimro-Dörfer, in welchem er eine zweite Frau hatte, und kam erst so spät zurück, dass die Abreise für diesen Tag unmöglich war. Die Zeit seiner Abwesenheit wurde mir vertrieben durch den Besuch zweier prächtig geschmückter junger Mädchen, welche eine Sklavin aus dem Hause des Kursî mir zuführte. Beide waren von schmutzigröthlicher Hautfarbe und erfreuten sich ausser der Jugend keiner besondern Reize. Ihr Haar war sehr sorgfältig geordnet, ähnlich wie bei den Frauen von Ngurra, in unzählige kleine, federkieldicke Flechtchen, die den ganzen Kopf umgaben; damit diese nicht in das Gesicht fielen, wie bei den verheiratheten Frauen, rahmten dasselbe zwei dicke Flechten aus Schafhaaren\*) bis zu den Ohren ein, welche die beweglichen kleinen Flechten eindämmten und nach vorn zu fallen verhinderten; in der Mittellinie des Kopfes verlief dann die in Wadâï allgemein übliche Mittelflechte, bei den Jungfrauen eine, bei den Frauen zwei, von der Stirn bis auf den Hinterkopf, welche ebenfalls aus Schafhaaren angefertigt wird. Vom vordern Ende dieser dicken Mittelflechte hing ein Goldstück auf die Stirn herab, während die beiden seitlichen Flechten ansehnliche Korallen zierten. Das eigene Haar war nicht nur sorgfältig und reichlich eingebuttert, sondern noch mit einem Pulver bestreut, welches aus der rothen Erde von Dimi (Ort in der Wüste, nördlich von der Landschaft der Bidêjât), gepulvertem Tabak und einigen wohlriechenden Pflanzenpulvern besteht. Im rechten Nasenflügel steckte ein ungeheuerer Korallencylinder, der ihre ohnehin kümmerliche Nase gänzlich verzerrt und verkrüppelt erscheinen liess. Die Lippen und die ganze Umgebung des Mundes bis auf das Zahnfleisch erschienen in schöner blaugrauer Färbung, wie es die Sitte in Wadâï, von der noch später die Rede sein wird, erheischt. Verschiedene Silberringe von monströsem Umfange zierten alle Finger der Hand; Korallenschnüre, dicke Cylinder der Edelkoralle, seidengeflochtene Schnüre mit den kleinen Ledertäschchen, welche Talisman und Qorân-Sprüche enthalten, schmückten den Hals der Schönen, die im vollen Bewusstsein ihrer Reize vertrauensvoll auf die Männerjagd ausgingen. Als ich sie hinlänglich bewundert hatte, fragten sie schliesslich direct, ob ich sie nicht heirathen wolle, und als ich mich damit entschuldigte, dass es nach der Sitte unsers Landes nur möglich sei, eine Frau zu nehmen, hatte dies doch nur der einen gegenüber Geltung, und ich musste der andern versprechen, mit dem Kursî nach seiner Rückkehr zu sprechen und die Sache in Richtigkeit zu bringen.

Der Kursî kam spät am Nachmittage zurück, und der Rest des Tages verstrich mit einem öffentlichen Trinkgelage, bei dem stärker und länger gezecht wurde als je, und welches für mich

---

\*) Wie an anderer Stelle noch zu erwähnen sein wird, haben die Schafe Wadâïs keine Wolle, sondern Haare, die bei einigen Arten besonders lang sind.

durch zahlreichen Besuch von Kranken zeitweise unterbrochen wurde. Der gereichte Stoff war aber bei dieser Sitzung nicht allein die Merîssa, sondern auch ein aus Datteln bereitetes Getränk, das von röthlicher Farbe und stärker als das Duchn-Bier ist, aber keine Aehnlichkeit mit Laqbî (Palmenwein) hat. Wirklich betrunken sah ich übrigens an all diesen Tagen niemand, trotz der grossen Quantitäten und der Stärke des Getränkes; in Abesche dagegen waren wol in den Strassen und Häusern die Sklaven und das niedere Volk zuweilen in bedenklichem Zustande. Bei diesen Zechgelagen wurde gewöhnlich von Zeit zu Zeit etwas rohes Rindfleisch, besonders Gedärme und Leber, in kleinen Stücken mit Salz und Pfeffer genossen, um die Trinklust zu erhöhen. In ganz Wadâï ist der Genuss rohen Fleisches in dieser Art beliebt, besonders zeichnen sich aber die Dschellâba in der Vorliebe für den Genuss der Kamelleber in diesem Zustande aus. Ich muss gestehen, dass von allen Dingen, welche ich während der Jahre meines Aufenthalts in den Sûdân-Ländern genossen habe, mir nur die rohe Kamelleber und die Gûronuss in angenehmer Erinnerung geblieben sind. Selbst als ich Kairo mit seinen europäischen Hôtels und vortrefflichen Tables-d'hôte erreicht hatte, konnte die rohe Kamelleber, welche ich mir von Zeit zu Zeit verschaffte, bei mir vollständig den Vergleich mit den leckersten der dargebotenen Speisen aushalten.

Als am 20. Mai, an dem wir nach Abesche zurückkehren wollten, mittags die Nachricht einlief, dass König 'Alî die Hauptstadt verlassen habe und erst in einigen Tagen zurückkehre, war der Kursî natürlich nicht mehr zu bewegen, mich nach Abesche zu begleiten. Ich verliess daher am folgenden Morgen mit Tagesanbruch Nimro allein und gelangte nach einer kurzen Mittagsruhe in Abunduro nachmittags nach Abesche.

Von Norden kommend, präsentirte sich mir der Ort nicht übel; in dem weiten, nach Süden sich abflachenden Thale, zwischen den Bergen der Kôndôngo und Kêlingen auf sanfter Anhöhe gelegen, bot er durch die Unregelmässigkeit seiner Anlagen ein freundliches Bild. Offenbar war die ganze Stadt aus einzelnen Zerîben hervorgegangen, zunächst die Wohnung des Königs, um welche sich dann regellos in weiten Kreisen die Ansiedelungen seiner Familienglieder und Würdenträger gruppirt hatten. Noch jetzt lagen die Höfe der letztern fast alle ausserhalb der Stadt, da sich später die Unterthanen und das gemeine Volk in nächster Nähe ihres Herrschers angebaut hatten. Nur der ausgedehnte Palast der Königin-Mutter war in der Nähe des letztern; um beide herum wohnten ihre Sklaven, Schutzbefohlenen, fremde Kaufleute vom Nil und aus Kordofân, hier und da ein Tintelak, d. h. ein Königssohn. So gab es eigentlich in dem ganzen Ort nur eine Strasse, welche, obgleich sie in den sonderbarsten Windungen verlief, doch mehr oder weniger eine Richtung von Ost nach West hatte. Alle übrigen Verkehrsadern waren nur krumme, enge Gänge, unterbrochen von Hofräumen; hier Thonhäuser, dort Strohhütten, vollkommen regellos angelegt, sodass es äusserst schwer wurde, sich zurechtzufinden. Im westlichen Theile der Stadt hoben sich aus der Umgebung die thurmähnlichen, strohgedeckten Backsteinhütten der Königswohnung hervor. Noch im Innern der Umschliessungsmauern des Palastes schloss sich nach Nordosten und Osten der weite Marstall mit seinen Beamten- und Stallknechtwohnungen an. Auf der Nordseite lag vor der Umschliessungsmauer der Königsplatz, der zugleich Marktplatz war, nach Südwesten erstreckte sich der abgeschlossene Bezirk der Kabartû (die schon erwähnte verachtete Musikanten- und Henkerkaste), nach Süden von der Königswohnung die fast ebenso ausgedehnte Wohnung der Mômo; die freien Unterthanen und die Fremden nahmen den Osten der Stadt ein. Im ganzen mochte dieselbe 10—15000 Einwohner zählen.

# VIERTES KAPITEL.
## AUFENTHALT IN ABESCHE.

Die Ansiedelungen der Bagirmi in Wadāï. — Geschicklichkeit derselben. — Nachrichten von den Aulâd Solimân. — Aerztliche Thätigkeit. — Anwendung der flüssigen Butter als Heilmittel. — Der Marokkaner Azîzi. — Geheimnissvolle Gerüchte. — Gefahr, politische Gerüchte zu verbreiten. — Nachricht vom Tode König Hasin's von Dâr-Fôr. — Drohende Thronfolgestreitigkeiten. — Absperrung der Grenzen. — Beschneidung der Königssöhne. — Festlichkeiten bei derselben. — Schmuck der Wadâï-Mädchen. — Tänze der jungen Leute. — Neigung der Frauen zu Liebesintriguen. — Ceremonien der Beschneidung. — Die den beschnittenen Knaben zustehenden Rechte. — Verhalten der Würdenträger gegen mich. — Charakter der Eingeborenen. — Die Mâba-Gruppe. — Gelegenheit, mit der königlichen Familie in Berührung zu kommen. — Annäherung einiger Prinzen. — Besuche der Prinzessinnen. — Leichtsinniger Lebenswandel derselben. — Mein Verhältniss zu den Einwohnern. — Der ʿAqîd der Zebĕda. — Neues Uebelwollen gegen mich. — Leiden der Jahreszeit. — Anhänglichkeit eines Patienten. — Krankheit des Hâdsch Sâlim.

Bei meiner Rückkunft von Wâra war in der That König ʿAlî noch nicht von seinem Ausfluge zurückgekehrt, den er zur Besichtigung einer Bagirmi-Ansiedelung unternommen hatte. Es waren deren mehrere im Lande vorhanden, und der König verfolgte ihre Entwickelung mit dem grössten Interesse. Wenn auch die allgemein dort verbreitete Annahme, dass er aus dem Bagirmi-Reiche 30000 Menschen, Freie und Sklaven, mit nach Wadâï geführt habe, in der dort üblichen Weise übertrieben sein mochte, so erreichte die Abschätzung derselben auf 12- 15000 die Wahrheit doch vielleicht nicht ganz. Die meisten derselben waren Sklaven und eine grosse Anzahl von diesen theils an seine Beamten vertheilt, theils verkauft und bereits ins Ausland gebracht worden. Trotz König ʻAlî's religiöser Gesinnung schien die Grenze von Horr (der Freie) und ʻAbd (der Sklave) nicht gehörig innegehalten zu sein, wenn ich den Berichten des einsichtsvollen Hâdsch Sâlim Glauben schenken durfte. Zuweilen mochte es auch wol schwer sein, die freie Abkunft festzustellen, und noch während meiner Anwesenheit kamen fast jedesmal, wenn ich zur Audienz beim König war, streitige Fälle über einzelne Sklaven aus Bagirmi zu seiner Entscheidung. Er rief dann einen höhern Beamten aus Bagirmi, den er in seinen Dienst genommen hatte; dieser musste den Stammbaum der betreffenden Person feststellen und in Gegenwart derselben dem König vortragen. Die freien jungen Frauen wurden an Beamte verheirathet, die ältern zum Dienst bei den Mitgliedern des königlichen Hauses verwendet. Einen Theil der Männer siedelte der König in der Hauptstadt an und die andern als Ackerbauer an verschiedenen Punkten des Landes. Da die Eingeborenen Bagirmis die von Wadâï, welche die rohesten aller Sûdân-Bewohner sind, bei weitem an Geschicklichkeit in allen Handwerken übertrafen, so kamen diese fast gänzlich in ihre Hände. Sie leisteten vortreffliche Dienste bei dem Bau der Thonhäuser, den ausser ihnen nur die weniger zahlreichen Kötöko oder Mäkäri verstanden, und wussten auch Stroh- und Rohrhütten viel fester und geschmackvoller herzustellen — was sie selbst von den Bewohnern der zu Bagirmi gehörigen Heidenländer gelernt hatten — als die Leute von Wadâï. Alle Sättel für den König und seine Grosswürdenträger wurden von Bagirmi-Handwerkern verfertigt; die in Wadâï gebräuchlichen sind klein und schmal, vorn hoch, nach dem Halse zu gebogen, mit einem von der Hand umspannbaren Knopf und haben eine ungefähr zwei Hände breite, hohe, nach hinten geneigte Rücklehne. Ebenso war die Verfertigung der Schnüre aus Leder und Seide, der Täschchen für den Talisman, der Messerscheiden und anderer Lederarbeiten in den Händen der Leute von Bagirmi. Die Baumwollenstreifen, aus welchen die Gewänder bestanden, waren vordem in Wadâï von solcher

Feinheit, wie jene sie zu machen verstanden, unbekannt gewesen, und endlich konnte ein anständiges Gewand nur von einem Bagirmi-Schneider verfertigt werden. So genossen diese Handwerker eines grossen Ansehens und waren wohlgelitten bei dem König. Auch die im Lande als Ackerbauer angesiedelten übertrafen weit die Leute von Wadâî. Im ganzen war wol der Erfolg, den König 'Alî für die Civilisirung seines Landes durch die zwangsweise Uebersiedelung der Bagirmi-Leute gewonnen hatte, höher anzuschlagen, als die für dortige Verhältnisse reichen Schätze, welche er in Massenja erbeutet haben sollte.

Sobald der König von seinem Ausfluge zurückgekehrt war, machte ich ihm meine Aufwartung, um ihm über meine Excursion nach Nimro und Wâra Bericht zu erstatten und meine demnächstige Abreise nach Dâr-Fôr mit ihm zu vereinbaren. Er war, wie stets, ausserordentlich freundlich, erkundigte sich nach allem, unterhielt sich wie früher mit Vorliebe von Pulver, Kanonen und Gewehrfabrikation, Dampfschiffen u. dgl., bat mich, da ich nun mit der Stadt einigermaassen vertraut sei, so oft zu ihm zu kommen, als es mir beliebe, und liess mich nach Sonnenuntergang in meine Wohnung zurückgeleiten — diesmal durch einen Mann Namens el-Heimer, den ich in dem Berichte meiner Reise mit den Aulâd Solîmân bereits erwähnt habe. Er war dem König im Anfang seiner Regierung als Kriegsgefangener zugefallen und diente ihm als Vermittler den räuberischen Arabern gegenüber. Kürzlich aus Kânem zurückgekommen, brachte er ein junges Mitglied der Horde mit, das dem Stamme der Urfilla in Tripolis angehörte und mir von meinem Aufenthalte bei derselben wohlbekannt war. Der junge Mann brachte mir die Nachricht, dass der grosse Raubzug von Arabern aus Tripolitanien, der nach meinen letzten, früher erwähnten Nachrichten Kawâr plünderte, Kânem erreicht habe. Der mit dem Dâza-Häuptling Halluf, welcher meinen Freund Hazâz im Kampfe erschlagen, beschworene Friede war bei diesem Machtzuwachs von den treulosen Arabern sofort gebrochen worden, und diese schienen sich jetzt ganz auf eigene Kräfte stützen, zwar mit Bornû und Wadâî Frieden halten, aber die Tuârik, Bidêjât, Dâza und die nördlichen Araber Wadâîs vertilgen zu wollen. Der Urfilla brachte mir viele Grüsse von meinen zahlreichen Bekannten unter den Arabern und ihren Frauen, deren besonderer Gunst ich mich erfreute und die im Stamme eine grosse Rolle spielen.

Mittlerweile ging ich langsam aus meiner vorsichtigen Zurückhaltung heraus und beschäftigte mich viel mit der Ausübung der Medicin und Chirurgie, soweit mein bescheidener Heilmittelvorrath mir dies erlaubte. Besonders waren es die Dschellâba, denen ich durch ihre höhere Bildung und Weltkenntniss und durch meine Freundschaft mit Hâdsch Ahmed Tangatanga näher stand, welche sehr häufig ihre Zuflucht zu mir nahmen. So war es auch ein Vetter des Hâdsch Ahmed, der junge Geren, welcher meine ärztliche Sorge vielfach in Anspruch nahm; derselbe war mit einer schweren Lungenentzündung von Dâr-Fôr abgereist, fast einen ganzen Monat mit dieser Krankheit transportirt worden und hatte infolge dessen einen Lungenabscess bekommen, welcher die Brustwand durchbrach und einen ausgedehnten Luftaustritt unter die Haut erzeugte. Trotzdem genas der junge Mann, und ich konnte die Widerstandsfähigkeit dieser zähen Naturen nicht genug bewundern. In den schlimmsten Tagen, als ich tagtäglich für sein Leben fürchtete, wurde der Kranke von seinen Freunden und Anverwandten immer noch gezwungen, eine Quantität Nahrung zu sich zu nehmen, welche die in meiner Gewohnheit liegende übertraf.

Ich muss hier des ausgiebigen Gebrauchs Erwähnung thun, den alle Sûdân-Völker, hauptsächlich aber die östlichen, von der flüssigen Butter machen. Jeder Kranke, gleichviel ob er mit einer innern oder äussern Krankheit behaftet ist, wird abends von oben bis unten mit Butter eingeschmiert und trinkt mindestens morgens $1/4$ bis $1/2$ Quart Butter. Ueber den günstigen Erfolg sind alle einig, und das Mittel geniesst besonders bei rheumatischen Knochen- und Gliederschmerzen höchsten Ruf.

Wie stets, so war die Behandlung der chirurgischen Krankheiten die dankbarste. Ein Dschellâbî aus Chartûm kam in den letzten Tagen des Mai vom Fitri mit einer Pistolenschusswunde, bei der die Kugel irgendwo zwischen den Knochen der Fusssohle sitzen geblieben war. Die Verletzung war bereits 40 Tage alt, der Fuss unförmlich geschwollen, der Kranke im Zustande hochgradigen allgemeinen Leidens und der Sitz der Kugel durch die Aufschwellung aller Weichtheile anfangs nicht festzustellen. Nachdem ich eine Zeit lang gewartet hatte, dass die Geschwulst sich etwas legen und dadurch die Sondirung erleichtern würde, musste ich endlich, um meine Reputation als Arzt nicht sinken zu lassen, die entscheidende Operation vornehmen; eine solche ist in jenen Ländern stets dadurch erschwert, dass es nicht möglich ist, Verwandte und Freunde fernzuhalten, vielmehr versammelt sich immer ein grosses Auditorium, in dem sich jeder berechtigt glaubt, seine Ansicht über den Fall geltend zu machen. Es gelang mir glücklicherweise schnell, die Kugel zu finden, herauszunehmen und meinen Ruf als Arzt glänzend zu bewähren.

Mit der kleinen Karavane dieses Verwundeten war einer meiner alten Bekannten, ein Marokkaner Namens Azîzî, gekommen, der lange bei mir in Bornû gehaust und mich nicht nach Wadâï begleitet hatte, weil ihm eingeredet war, der König von Wadâï werde mich umbringen lassen und wahrscheinlich auch meine Diener nicht verschonen. Nie habe ich einen so feigen — ganz gegen die Natur der Marokkaner, und er war aus der Stadt Marokko selbst —, faulen und unentschlossenen Menschen gesehen. Hammu, ebenfalls unglaublich faul, war doch wenigstens zweifellos muthig und treu und verachtete seinen feigen Landsmann im höchsten Grade. Gleichwol nahm ich denselben wieder gastlich bei mir auf.

Als ich Ende Mai durch Ankauf von neuen Kamelen und theilweisen Austausch der ältern, unbrauchbaren zur Weiterreise nach Dâr-Fôr einigermaassen gerüstet war, ging ich eines Tages zu Hâdsch Ahmed, um den Termin der Reise mit ihm festzusetzen, da ich wusste, dass er ebenso dringend als ich wünschte, nach Aegypten zu kommen. Er bat mich jedoch geheimnissvoll, mit dem Sultan vorläufig nicht davon zu sprechen, denn es seien Gerüchte im Umlauf, deren Wahrheit oder Unwahrheit erst festgestellt werden müsste, deretwegen aber vorläufig der Weg nach Osten gesperrt sei. Eine bereits abgereiste Pilgerkaravane unter Anführung des Schingiti Scheïch Masur sei vorläufig an der Landesgrenze auf Befehl des Sultan festgehalten worden. Gerüchte und politische Nachrichten in der Hauptstadt Wadâïs zu verbreiten, war eine äusserst gefährliche Sache, und Hádsch Ahmed konnte sich zunächst nicht genauer äussern. In der That wagte in Abesche niemand, das leiseste Gerücht über Krieg und Frieden, über die Verhältnisse der Nachbarländer und über die Ereignisse im eigenen Lande, wenn ihm der Zufall davon Kenntniss gegeben hatte, einem andern mitzutheilen. Kam es zu den Ohren des Königs — und alles kam zu den Ohren des Königs —, so forschte er dem Gerüchte nach, und wehe dann demjenigen, der nicht genaue Auskunft geben konnte, durch wen er dasselbe erfahren und an wen er es weiter getragen hatte.

Mein Rathgeber, der Kairowâner, hielt eine andere Erklärung dieses Aufschubs der Abreise für wahrscheinlich. Er theilte mir mit, dass die Lieblingsfrau des Königs, eine Dâza-Frau mit Namen Kili, in einigen Tagen zwei Söhne beschneiden lassen werde, bei welcher Gelegenheit von allen Seiten Geschenke einliefen; sie beabsichtige, nach Ablauf der Feierlichkeiten diese und andere bereits aufgespeicherte Güter gegen Sklaven umzutauschen und dieselben mit unserer Karavane nach Dâr-Fôr zu senden, und wolle sich dort nicht den Markt verderben lassen. Doch schon am nächsten Tage, wo er im Innern des Königspalastes gewesen war, konnte er mir den wahren Grund der Sperrung des östlichen Weges mittheilen. Die Nachricht vom Tode des Königs Hasîn von Dâr-Fôr war vor einigen Tagen in unsicherer Weise eingelaufen, und es waren eiligst Späher von Wadâï in das Nachbarland geschickt worden, um die Wahrheit zu erfahren; denn der Tod des greisen und blinden Königs würde höchst wahrscheinlich zu Thronstreitigkeiten geführt und das gute Verhältniss zu Wadâï getrübt haben. König Hasîn hatte zwar den jüngsten von seinen drei Söhnen — Ibrâhîm — zum Nachfolger bestimmt; doch von Hasîn's zahlreichen Brüdern waren einige so mächtig und angesehen, dass sie ebenfalls mit Erfolg nach der Herrschaft streben konnten. Verdächtig war besonders der älteste derselben, Hasîb-'allâh, fast gleichen Alters mit Hasîn, welcher eine grosse Partei unter den eigentlichen Fôr für sich hatte, die unter der Regierung König Hasîn's, der die ganze Verwaltung in die Hände von Sklaven gelegt hatte, stets zurückgesetzt waren. Als der König seinen Plan, Ibrâhîm zum Nachfolger zu bestimmen, vorläufig seinen nächsten Verwandten mitgetheilt, stiess er zwar bei den beiden ältesten Söhnen auf keine Schwierigkeiten, denn sie liebten ihren jüngern Bruder wegen seines versöhnlichen Charakters, doch Hasîb-'allâh und dessen ebenso mächtige Brüder Seïf ed-Dîn und Bosch hatten Widerspruch erhoben und das Project für unausführbar erklärt. Es war demnach sehr wahrscheinlich, dass es zwischen den Sklaven und Soldaten unter dem Prätendenten Ibrâhîm und den freien Fôr unter Hasîb-'allâh zum Kampfe kommen würde. Ging aber Hasîb-'allâh siegreich aus dem Kampfe hervor, so war das gute Einvernehmen mit Wadâï gefährdet, das durch die vernünftige Haltung König 'Alî's trotz der hundertjährigen Feindschaft beider Länder ein sehr inniges geworden war.

Jetzt hiess es zunächst, die Richtigkeit oder Unrichtigkeit des Gerüchtes vom Ableben König Hasîn's festzustellen; das war nicht leicht, denn in jenen Ländern werden nach dem Ableben des Herrschers sofort alle nach aussen führenden Wege gesperrt, bis die Thronfolge geordnet ist. Zwischen Wadâï und Dâr-Fôr hält dies nicht schwer, da eigentlich nur ein Weg, der gerade nach Osten führt, die Verbindung aufrecht erhält, und die im weiten Bogen nördlich über Tâma und südlich über Sûla führenden Umwege fast nur für Leute dieser Landschaften passirbar sind.

Am 6. Juni fand die obenerwähnte Beschneidung der Königssöhne im Hause ihrer Grossmutter, der Mômo, statt. Alle Besitzer von Flinten: Araber, Dschellâba und Eingeborene, hatten sich in den Palast derselben begeben, um dort ihr Pulver zu Ehren der Ceremonie zu verschwenden. Ich konnte derselben leider nicht beiwohnen, da ja die hohe Dame sich von Anfang an nicht hatte entschliessen können, einen Christen zu empfangen. Es that mir dies um so mehr leid, als die Eingeborenen im Hause der Königin-Mutter mit den Gesellschafterinnen und Dienerinnen tanzten, wovon ich gern Augenzeuge gewesen wäre.

Während dieser Zeit musste ich mich in den Königspalast begeben, um einen Mann aus Bagirmi zu untersuchen, der durch einen Flintenschuss verwundet war. Wie immer, war die Verwundung Folge eines Racheacts und hatte nach dem übermässigen Genusse alkoholischen Getränkes stattgefunden; der Verwundete hatte der Frau eines andern nachgestellt. Der Schuss, aus nächster Nähe abgefeuert, hatte die Kleider des Verwundeten in grosser Ausdehnung verbrannt und zum Theil in den Schusskanal auf der Innenfläche des Oberschenkels hineingetrieben. Doch die Kugel war nicht zu finden, das Ende des Kanals nicht zu erreichen, und wahrscheinlich war sie mit dem Kleiderreste herausgerissen worden. Die schnelle Genesung des Kranken bestätigte die Richtigkeit dieser Annahme.

Am folgenden Tage, wo die Tänze zu Ehren der Feier auf dem öffentlichen Platze bei dem grossen Brunnen, der im äussersten Osten der Stadt lag, fortgesetzt wurden, hatte ich Gelegenheit, interessante Beobachtungen in Bezug auf dieselben zu machen. Es fand ein grosser Aufwand von Pracht statt; denn wie die Zurückhaltung der Frauen im allgemeinen in Wadâï keine strenge ist, so betheiligten sich bei diesen öffentlichen Tänzen auch gern die vornehmen Wadâï-Mädchen. Während in den westlichen Ländern Goldschmuck fast gar nicht vorkommt, ist derselbe hier wieder ausserordentlich beliebt, und die meisten der Mädchen besassen zweifingerbreite enge Halsbänder von Gold, an welchen vorn kleine Zierathen herabhingen. Dieser Goldschmuck wird meist in Aegypten und Sennâr gearbeitet, einzelnes sogar in feiner und geschmackvoller Weise, anderes jedoch im Lande selbst von weniger gefälligem Muster und gröberer Arbeit, aber auch dann nur von fremden Künstlern. Ausser diesen goldenen Halsbändern ist der grosse Cylinder von Edelkoralle in der Nase unerlässlich; dazu werden Korallenschnüre um den Hals und Korallengehänge an der Mittelflechte (Gussa) getragen, und zu beiden Seiten der letztern liegen auch wol silberne Halbmonde von verschiedener Grösse mit Korallenzierathen. Auf den Seitenflechten werden silberne Platten in Form kleiner Büchelchen befestigt, die mit silbernen Ketten verziert sind; endlich fehlen silberne Arm- und Fussbänder nicht, wenn dieselben auch nicht so unumgänglich nothwendig sind, als in Bornû.

Der Tanz selbst war äusserst anständig und so graziös zurückhaltend und feierlich langsam, wie etwa ein Menuet oder eine Polonaise. Man tanzt paarweise; Jünglinge und Jungfrauen legen ihre besten Kleider an, und zwar tragen die letztern bei solchen

Gelegenheiten über ihren gewöhnlichen Hüften- und Schultertüchern Männergewänder. Der Tänzer ging mit seiner Partnerin im Kreise herum, wobei er ihr die linke Hand reichte und beide die weiten Aermel der Toben mässig ausbreiteten und anmuthig hin- und herschwenkten; zeitweise verliess der Tänzer seinen Platz, umkreiste seine Gefährtin und machte, an seinem Platze wieder angekommen, unsere Quadrillentour „balancez", einmal von seiner Tänzerin ab-, einmal ihr zugewandt, worauf die Promenade wieder fortgesetzt wurde. Währenddem ging ein Trommelschläger im Tanzkreise nahe den Tanzenden herum und hieb kräftig auf das ausgespannte Fell, während andere in der Mitte des Tanzplatzes hockten. Alle Tänzer waren barhäuptig und trugen ihre langen Messer in der Hand. Die Tänzerinnen waren jedenfalls originelle Erscheinungen durch die Raffinirtheit ihres Kopfputzes und ihre Antlitzverschönerungen: das Roth der Korallen, das von diesem so verschiedene Roth des Moghr (rothe Thonerde mit Butter und wohlriechenden Substanzen) in all seinen Nuancen, die graupunktirten Lippen, das Uebermaass von Gold- und Silberschmuck und zu dem allen die Männerkleidung lassen sie dort ebenso schön und begehrenswerth erscheinen, als sie bei uns abschreckend und hässlich gefunden werden würden. Eine andere Gruppe hatte sich ebenfalls auf diesem Platze aufgestellt, aus Kötöko-Frauen bestehend, die ihren heimatlichen Tanz, den ich bei Gelegenheit meiner Bagirmi-Reise beschrieben habe, ausführten.

Wenn man im allgemeinen den Wadâï-Mädchen und -Frauen nachsagen muss, dass sie sich keineswegs durch gefällige, regelmässige Züge auszeichnen, so muss man doch ihren herrlichen, hohen, schlanken und dabei kräftigen Wuchs anerkennen. Sie stehen im Rufe, gern Liebesintriguen anzuzetteln. Jedes Mädchen hat seinen Liebhaber, nicht selten kokettirt die Schöne aber mit verschiedenen, und dann folgen häufig bei dem jähzornigen, wilden Temperament der Männer Mord und Todtschlag. Auch nach diesem harmlosen Tanze kam ein junger Mann, den ich seinerzeit für meine Reise nach Bagirmi engagirt und jetzt unter den Tanzenden erblickt hatte, am Nachmittag zu mir mit einer Hiebwunde am Oberarm, die ich durch Nadeln schliessen musste, und mit zerrissenem Gewande, das er sich überdies zum Feste geliehen hatte.

Auch am folgenden Tage wurde die Feier, welche der Beschneidung der Prinzen folgte, fortgesetzt. Man nimmt die Operation vor, wenn die Knaben 8—12 Jahre alt sind. Gewöhnlich wird in einer Ortschaft eine grössere Festlichkeit dadurch veranlasst, dass man eine Anzahl Knaben zusammen operirt. Der zuerst beschnittene Knabe wird als Haupt der übrigen betrachtet und führt den Titel Tandschak (Häuptling), bis die Heilung vollendet ist; der zuletzt operirte heisst Arak und erhält bei dem gemeinschaftlichen Festmahle nur die Reste. Die Ceremonie wird über einem grossen Mörser vollzogen, in welchen die Abfälle und das Blut hineinkommen. Hat der Knabe bei derselben sich gut betragen — es gilt für eine grosse Schande, Zeichen des Schmerzes zu äussern —, so schenkt ihm wol sein Vater oder ein erwachsener Bruder ein Rind oder Schaf, oder ein Onkel verspricht ihm seine Tochter zur Frau. Die Wunde wird mit Akazienstacheln genäht, die man nach drei Tagen entfernt. Vom Augenblick der Beschneidung an trägt der Knabe Sandalen, welche er bisher nicht kannte. Schon wochenlang vor der Ceremonie fertigt sich der Knabe mit grosser Geschicklichkeit eine Peitsche an, die er aus den Fasern des Kulkul oder des 'Oschar flicht und welche eine originelle Bestimmung hat. Die Mädchen der Familie des beschnittenen Knaben, namentlich Schwestern und Cousinen, geben demselben einen grossen Theil ihrer Schmucksachen, welche sie demnächst durch einige Metzen Getreide wieder einlösen müssen. Auch von fremden Mädchen, die ihm in den Wurf kommen, hat der Knabe während der Heilungsperiode das Recht, dasselbe zu verlangen; begegnet ihm also z. B. ein Mädchen mit Halsband, Falngak (Stirnschmuck), Armbändern u. dgl., so nimmt er ihr diese Gegenstände ab. Wehrt sich die Inhaberin, so schwingt der kranke Tyrann seine Peitsche gegen die Widerspenstige und prügelt sie so gut er kann, aus der Entfernung, da er ja durch seine Wunde am Laufen behindert ist. Die Sitte erlaubt ihm ferner, mit seinem Wurfholz alle Hühner, welche ihm in den Weg kommen, zu erlegen, den Nomaden, welche Milch zu Markt bringen, dieselbe fortzunehmen, und durchreisenden Kaufleuten ihre Waaren so lange mit Beschlag zu belegen, bis sie dieselben durch ein Geschenk ausgelöst haben. Besonders die Prinzen machten von diesem Rechte in ausgiebigster Weise Gebrauch, sodass nach ihrer Beschneidung der Marktverkehr an verschiedenen Tagen gänzlich aufhörte. Auch meine Leute kamen, als sie eines Tages Lebensmittel kaufen sollten, mit leeren Händen zurück, da die Prinzen sie ihres Ausgabegeldes beraubt hatten. Erschienen diese auf dem Markte, so packte jedermann schleunigst seine Habseligkeiten zusammen, und nur die ersten, welche von den Tyrannen erreicht wurden, fielen ihnen zum Opfer.

Die Abfälle bei der Operation werden in einen mit Asche gefüllten Thonkrug gethan und nach sieben Tagen von den betreffenden Knaben ausserhalb des Ortes auf einen grossen Ameisenbau gebracht. Der Arak (Letztbeschnittene) ergreift den Aschenkrug, zertrümmert ihn, und alles schlägt mit Peitsche und Stock unter lauten Verwünschungen auf den Krug los. Sind die Knaben ganz geheilt, so führt man sie wol auf Pferden, Eseln oder Ochsen durch den Ort, und ein allgemeines Ess- und Zechgelage beschliesst die festliche Zeit.

In Wadâï werden die jungen Mädchen einer ähnlichen Operation unterworfen, während diese Sitte in Bornû nicht existirt; doch beschränkt man sich in Wadâï auf die einfache Beschneidung und hat die grausame Procedur nicht angenommen, die in den Nilländern, Dongola, Berber, Sennâr, Chartûm und zum Theil in Dâr-Fôr üblich ist.

Noch immer fehlten sichere Nachrichten über die Ereignisse im Nachbarlande, von denen meine nächste Zukunft abhing. Die Leute, welche an die Grenze geschickt waren, um Erkundigungen einzuziehen, kamen mit mehr oder minder wahrscheinlichen Gerüchten zurück. Die einen behaupteten, Prinz Hasîb-'allâh habe sich der Regierung bemächtigt und sei unbestrittener Herr; andere behaupteten dasselbe von dem jungen Prinzen Ibrâhîm; noch andere kamen mit der Nachricht, dass der erstgenannte sich in dem alten Königspalast festgesetzt habe, während der Sohn des verstorbenen Königs von dem durch seinen Vater erbauten neuen Palast aus seine Rechte geltend mache. So war also vorläufig an eine Abreise nicht zu denken, und ich begann von neuem den Plan zu überlegen, nach Süden vorzudringen. Ausserdem studirte ich mit einem jungen Sûla-Prinzen die Sprache der Dâdscho, welche dieses Land bewohnen, und suchte durch denselben Nachrichten über die Heidenländer Wadâïs einzuziehen. Den Rest meiner Zeit nahmen die Kranken in Anspruch.

Mit den Grossbeamten und den eigentlichen freien Wadâwa, den Mâba, konnte ich mich auch jetzt noch nicht befreunden. Dieselben ertrugen meine Anwesenheit in Wadâï nur aus Furcht vor ihrem König, der mich so freundlich aufgenommen hatte. Die Mâba-Leute sind in der That die hochmüthigsten, fanatischsten, engherzigsten Menschen, denen ich auf meinen Reisen begegnet bin. Es ist nicht allein religiöser Fanatismus, sondern namentlich auch die tiefe Ueberzeugung von den Vorzügen ihres Landes, ihres Königs und ihrer selbst, welche ihr Betragen gegen die Fremden veranlasst. Sie hielten sich auch im ganzen fern von mir. Wie die Königin-Mutter das Ansinnen, mich zu empfangen, mit fanatischer Entrüstung zurückgewiesen, so bewies sich auch ihr Bruder, der Dscherma Abû Dschebrîn, mir gegenüber sehr zurückhaltend. Zwar betrug er sich nicht unfreundlich und war sogar höflich gegen mich, wenn wir uns im Palast des Königs begegneten, doch liess er sich durch keine Neugierde verleiten, mich zu besuchen.

Nur eine Gelegenheit brachte mich mit weitern Kreisen der königlichen Familie in nähere Berührung. Die Prinzessin Sara, eine Schwester König 'Alî's, welche ich oft bei ihrem Bruder gesehen hatte, besass aus erster Ehe, in der sie mit dem Aqîd el-Mahâmîd gelebt hatte, einen Sohn, der eines Tages mit dem Pferde stürzte und einen Hufschlag an den Kopf bekam. Ich ward eiligst in ihre Zerîba gerufen und fand den jungen Mustafâ — das war sein Name — besinnungslos, umgeben von der ganzen Familie und einer zahlreichen Versammlung hochstehender Leute. Er war etwa 14 Jahre alt und versprach ebenso kräftig zu werden, wie seine Mutter, die mir stets durch ihre massige Erscheinung aufgefallen war. Der Hufschlag hatte das Hinterhaupt getroffen, eine bedeutende Geschwulst erzeugt, und aus dem Ohre der betreffenden Seite hatte eine beträchtliche Blutung stattgefunden; dazu war Erbrechen eingetreten, und die Befürchtung lag nahe, dass ein Bruch des Schädeldaches vorhanden sei. Ich fand jedoch den Knochen unverletzt, und der beschleunigte Puls sowie der Zustand der Pupille liessen mich hoffen, dass es sich nur um eine leichte Gehirnerschütterung handle. Dazu nahmen die bedrohlichen Erscheinungen, während ich längere Zeit hindurch bei dem Kranken blieb, in gewissem Grade ab, sodass ich aus diesen Gründen eine günstige Prognose stellte. Es war keine leichte Sache, am Hofe von Wadâï aus einer derartigen Lage siegreich hervorzugehen; einerseits musste ich die Gelegenheit benutzen, um mein Ansehen zu heben, und deshalb einen, wenn auch nur scheinbaren, energischen Eingriff machen; andererseits konnte mir ein solcher, wenn meine Vorhersage sich nicht bestätigte, ausserordentlich schaden. Ich zog ein Messer heraus, machte im Vertrauen auf die angeführten Gründe einen tiefen Schnitt durch die ganze Beule bis auf den Schädel, und konnte nun, als ich diesen intact fand, meine Vorhersage den Anwesenden gegenüber mit einer gewissen Sicherheit bekräftigen. In der That genas der junge Mensch nach einigen Tagen, und mein Ansehen hatte nicht unwesentlich gewonnen.

Einige der Brüder des Königs näherten sich mir infolge dieses Ereignisses, doch freilich nicht in uneigennützigen Absichten. Da war zunächst der Lieblingsbruder des Königs, Jûsef, ebenfalls ein Sohn der Mômo, den König 'Alî im Vertrauen auf seine brüderliche Treue nicht, wie sonst üblich, hatte blenden lassen. Derselbe hatte entdeckt, dass ich im Besitz einiger Gûronüsse war, welcher Artikel nur den vornehmsten Leuten in Wadâï bekannt ist und selten dorthin kommt. König 'Alî war der einzige, der diese Frucht von Zeit zu Zeit für seinen persönlichen Gebrauch aus Bornû holen liess, behielt sie jedoch für sich selbst. Soviel ich entbehren konnte, gab ich von meinem bescheidenen Vorrathe dem Prinzen, welcher mich seitdem mit mehr Freundlichkeit oder vielmehr mit weniger Verachtung behandelte. Die Freundschaft anderer Freien war noch viel weniger wünschenswerth. Der Abû Kojûma, ebenfalls ein rechter Bruder König 'Alî's, war von demselben geblendet worden. Als der König die Herrschaft übernommen, fand man nämlich Abû Kojûma weinend, schloss daraus, dass er seinen Bruder beneide, und unterzog ihn deswegen der grausamen Operation. Es scheint, dass man diese nicht gründlich genug vollzog und dass der Prinz noch einen hinreichenden Schimmer des Augenlichtes hatte, denn er verliess eines Tages, nachdem er Waffen und Mannschaften in der Umgegend der Hauptstadt gesammelt, unter verdächtigen Umständen den Hof. Man war sofort auf seine Entfernung aufmerksam geworden, hatte sich seiner wieder bemächtigt und eine vollständig genügende Nachoperation gemacht. Er, wie die meisten der geblendeten Brüder, beschäftigte sich hauptsächlich mit der Vertilgung grösstmöglicher Quantitäten Merîssa.

Noch schlimmer als dieser Prinz war der Tintelak 'Abd el-Kerîm, dessen Mutter eine Kôndöngo-Frau war, und den man wegen seines ränkevollen Charakters beim Regierungsantritt des Königs ohne Verzug geblendet hatte. Derselbe kam verschiedene male und erpresste kleine Geschenke von mir, bis er eines Tages von Otmân, meinem Hauswirth, bei mir entdeckt wurde, wie gewöhnlich stark betrunken. So gross war die Furcht vor dem König, dass Otmân ihm dies Ereigniss nicht verschweigen zu dürfen glaubte, sondern sofort im Palast meldete, dass Prinz 'Abd el-Kerîm zu wiederholten malen von mir Geschenke erbeten habe. Die Folge davon war, dass der unglückliche Trunkenbold in Ketten gelegt wurde und sechs Wochen im Gefängniss verbringen musste. Diese strenge Bestrafung scheuchte andere Prinzen, welche wol von Zeit zu Zeit gekommen waren und Kleinigkeiten von mir empfangen hatten, vollständig ab.

Nur die Prinzessinnen beehrten mich häufig mit ihren Besuchen. Besonders mein ziemlich grosser Vorrath an Kampher, welcher in mohammedanischen Ländern als ein Mittel gegen Zauberei und böse Geister berühmt ist, lockte viele zu mir. Dieselben waren gewöhnlich sehr liebenswürdig und zutraulich, und viele von ihnen nach dortigen Begriffen recht hübsch. Doch auch diese Besuche erlitten eine bedeutende Beeinträchtigung durch eine der Frauen des Königs, welche bei Gelegenheit eines zeitweiligen Aufenthalts bei der Königin-Mutter, meiner Nachbarin, einen Vorwand gefunden hatte, mich ebenfalls zu besuchen. Die rothhäutige, hübsche junge Frau wurde von meinem Hauswirthe erspäht, als sie meine Wohnung verliess, und wenn derselbe es auch nicht dem König anzeigte, so ging er wenigstens zur Königin-Mutter und forderte sie zu grösserer Achtsamkeit auf die Schwiegertöchter, welche etwa bei ihr zum Besuche seien, auf. Mir, obgleich ich von dem Charakter der jungen Frau keine Ahnung gehabt und derselben einfach die gewünschten Medicamente und Kampher überreicht hatte, machte er die grössten Vorwürfe, weil ich mich und ihn in eine so unmittelbare Gefahr gebracht hätte, hinzufügend, dass ich ja die jungen Prinzessinnen so oft und so lange empfangen könne, wie ich wollte, aber eine strenge Zurückhaltung wirklichen Hubâbâs gegenüber beobachten müsse.

Wie in Bornû, vertreten die Prinzessinnen auch in Wadâï das leichtsinnige Element unter der weiblichen Jugend und fangen mit wohlhabenden arabischen oder nubischen Kaufleuten gern Liebeshändel an. Durch die grosse Freiheit, deren sich die Frauen und Mädchen erfreuen, sind derartige Verhältnisse in Abesche weniger gefährlich, als es bei der Strenge des Königs 'Alî zu vermuthen war. Wie die Eingeborenen trotz ihres religiösen Fanatismus mit der grössten Zähigkeit an dem Gebrauch des alkoholischen Getränkes festgehalten haben, so haben sie sich auch trotz des Qorâns der leichtfertigen Grundsätze nicht entschlagen können, die in alten Zeiten ihr gesellschaftliches Leben kennzeichneten. Für tadelnswerth halten sie nur die Liebesverhältnisse mit verheiratheten Frauen oder unbescholtenen Jungfrauen.

Ganz allmählich gelang es mir, durch opferwillige Ausübung der ärztlichen Kunst, welche ich gleichmässig Hohen und Niedrigen zutheil werden liess und für welche ich niemals den geringsten Lohn annahm, in ein erträgliches Verhältniss zu den Bewohnern der Hauptstadt zu gelangen. Es kam wenigstens dahin, dass die Leute, wenn sie mich auch immer mehr oder minder als einen Aussätzigen betrachteten, doch ein Bedauern empfanden, dass ich mit ihnen nicht dieselbe Religion habe und ihnen nicht gleichartig sei. Anfangs, wenn ich im Vorhofe des Königspalastes auf eine Audienz wartete, rückten sicherlich alle scheu von dem Platze weg, an dem ich mich niederliess, unter Zeichen stillen Abscheus und der mohammedanischen Glaubensformel: „Es ist kein Gott ausser 'Allâh, und Mohammed ist sein Prophet". Dies gab mehr als einmal zu sehr komischen Scenen Veranlassung, und häufig musste ich später dem König 'Alî drastisch darstellen, wie der 'Aqîd der Zebĕda, als er mir zum ersten mal im Vorhofe der königlichen Wohnung begegnete, sich mir gegenüber benahm, wie er mich mit der Beschwörungsformel immer und immer umkreiste, scheu und entsetzt ansah, und wie er doch die Neugier nicht überwinden konnte, erst aus der Ferne mit mir ein Gespräch anknüpfte, dann wieder näher kam und vor Entsetzen vor den weissen, der Luft nicht ausgesetzten Körpertheilen wieder zurückwich und endlich doch nach einigen Stunden dazu gekommen war, zu sagen: „Mein Gott, wir haben von unsern Eltern immer gehört, dass ein Christ das scheusslichste Geschöpf auf der Welt sei, das man sich nur vorstellen könne, und haben infolge dessen geglaubt, dass dies auch äusserlich der Fall sei, und jetzt müssen wir sehen, dass du ja ein Mensch bist, wie wir alle, und dass deine Haut, obgleich sie allerdings widerwärtig hell ist, doch immerhin einen edlern Ursprung verräth, als die unserige." In der ersten Zeit suchte er sich durch das Eingangsgebet des Qorân vor meiner besudelnden Nähe zu bewahren; dann machte er nur von der gewöhnlichen Glaubensformel des Islâm als Beschwörung Gebrauch, und endlich sass er neben mir, reichte mir die Hand und unterhielt sich ungezwungen mit mir.

Indess machte sich doch später das Uebelwollen der Bevölkerung noch einmal geltend, als im Anfange der Regenzeit das erwünschte und kostbare Nass ebenso selten als spärlich vom Himmel fiel. Gelehrte Männer hatten die Ansicht ausgesprochen, dass die Anwesenheit eines Christen im Lande den Bewohnern diese Gottesstrafe zugezogen habe. Eine zahlreiche Deputation von angesehenen Leuten ging infolge dessen zum König, um ihn zu bitten, durch meine Vernichtung oder wenigstens Entfernung Abhülfe zu schaffen. König ʿAlî wies jedoch das Ansinnen lachend zurück, und glücklicherweise fiel dann auch später so reichlicher Regen, dass in dieser Richtung meine Unschuld klar wurde.

Mit dem Regen kam freilich auch das Fieber, das in Abesche selbst und in der nächsten Umgebung einen guten Boden findet; doch verlangte es unter den Fremden bei weitem nicht so viele Opfer, als ich es in Kûka zu sehen gewohnt war. Es waren hauptsächlich die Araber, welche davon ergriffen wurden, viel weniger die Kaufleute vom Nil, doch schienen die bösartigen Anfälle seltener zu sein und nur solche mit regelmässig intermittirendem Typus vorzuwalten. Dagegen war der Guineawurm (*Filaria medinensis*) hier von einer erschreckenden Heftigkeit. Auch in Wadâï ist kein Mittel von anerkannter Wirkung dagegen gefunden; man begnügt sich im wesentlichen auch hier, sobald der Kopf des Thieres herausgetreten ist, denselben zu befestigen und sich langsam entwickeln zu lassen. Ich sah Individuen, die bis zu 12 Exemplaren zu gleicher Zeit auf dem Körper trugen.

Neben diesen Krankheiten hatte ich noch einen Pensionär König 'Ali's in Behandlung, dessen Finger von leprösen Geschwüren, welche die Gelenke ergriffen hatten, zerstört zu werden drohten. Der Mann war mir besonders dadurch interessant, dass er ein vor nicht langer Zeit nach Wadâï gekommener Sklave aus den Heidenländern im Süden war und dem Stamme der Fanga angehörte, der südlich vom See Iro wohnt, in welchem der Bahăr es-Salâmât grösstentheils endigt. Er schloss sich so eng an mich und meine Leute an, dass selbst nachdem ich ihm einen Finger gänzlich entfernt hatte, er nicht vollständig geheilt zu sein behauptete, und dies auch dem König 'Alî gegenüber mit der Versicherung that, dass er noch immer Schmerzen an der Operationsstelle habe. König 'Alî, den Beweggrund durchschauend, wollte mir den armen Menschen zum Geschenke machen, doch musste ich ihn zurückweisen, trotzdem es mir leid that, ihn in grösster Verzweiflung im Königspalast zurückbleiben zu sehen, da ich bei meiner bevorstehenden Abreise durchaus nicht gewusst hätte, was ich mit ihm beginnen sollte.

Leider wirkte die eingetretene Regenzeit sehr nachtheilig auf meinen Freund, den Tunesen Hâdsch Sâlim, der, wie erwähnt, seit langer Zeit an chronischer Dysenterie litt und für dessen Leben sich jetzt ernstliche Befürchtungen geltend machten.

# Fünftes Kapitel.
## REISE NACH RUNGA.

---

Ausbleiben von Nachrichten aus Dâr-Fôr. — Reisepläne. — Erkundigungen über Sûla, Runga und Kûti. — Geographische Ermittelungen. — Identität des Bahär Kûti mit dem Kubanda und Uëlle. — König 'Ali's Vorschlag, nach Runga zu reisen. — Verantwortlichkeit der Begleiter für meine Sicherheit. — Beschaffung der Ausrüstung. — Hochzeit der Töchter König 'Ali's. — Die Ledersäcke der Wadâwa. — Pracht der Festkleidung und Schmuck der Frauen. — Reiterspiele und Aufzüge. — Aulâd Solimân als Kriegsgefangene des Königs. — Schlechter Zustand meiner Pferde. — Aufbruch am 17. August. — Gebirgsgegend und Vegetation. — Der Bulêha oder „kleine Fluss". — Die Abgaben im Bezirk Kênga. — Die Gebirgskette der Kaschemere. — Die Mêsdschîds Wadâïs und die Muhâdschîrîn. — Gastfreundlichkeit der Leute von Tschâfo. — Der Berg Kadoma. — Charakter der Gegend. — Der Gebirgsstock der Karanga. — Hadscher Jurngo und Funno. — Beginn der Mückenplage. — Die Wildniss Amm Dschurâr. — Ueberschreitung des Batha und zweier Arme desselben. — Nachtlager bei den Salâmât-Arabern.

Als die häufig nach der Grenze gesandten Boten immer noch nicht mit sichern Nachrichten über die Vorgänge in Dâr-Fôr zurückkehrten, war keine Hoffnung mehr für mich vorhanden, in den nächsten Monaten die Reise weiter fortsetzen zu können, denn während der Regenzeit und vielleicht noch einen Monat nachher würde ohnehin schon keine Karavane die Reise unternommen haben, obschon nur ein Fluss auf dem Wege durch seinen Wasserreichthum grosse Schwierigkeit darbietet: der Wâdî Kâdscha, der

Hauptquellfluss des Bahār es-Salâmât. Hâdsch Ahmed Tangatanga und ein anderer Dschellâbî, der Chabîr (eigentlich Führer, d. h. ein solcher, der schon einmal eine Karavane von Dâr-Fôr nach Ober-Aegypten geführt hat) 'Abd el-Medschîd, hatten einen Boten nach Kôbê in Dâr-Fôr geschickt, um sichere Nachrichten zu bekommen. Derselbe stammte aus Bornû und hatte sich verbindlich gemacht, in 15 Tagen wieder in der Hauptstadt Wadâïs einzutreffen; man rechnete sieben Tage auf den Hinweg, gab ihm einen Tag, um die mitgegebenen Briefe zu bestellen und Antwort entgegenzunehmen, und sieben Tage für die Rückreise. Der Kundschafter musste, um kein Aufsehen zu erregen, den Weg ohne Reitthier zurücklegen, und es ist in der That erstaunlich, was diese Leute in solcher Beziehung leisten können. Abesche ist von Kôbê nahezu 70 deutsche Meilen entfernt; man hat also in 15 Tagen 140 deutsche Meilen zu Fuss zurückzulegen. Wenn der Bote den Termin später um zwei Tage überschritt, so hatte dies seinen Grund in der Abwesenheit des Adressaten, der von Kôbê nach el-Fâscher gereist war.

In der Ueberzeugung, dass in der nächsten Zeit nichts aus meiner Weiterreise werden würde, hatte ich, wie oben erwähnt, den Plan ins Auge gefasst, eine kleine Reise in den Süden Wadâïs zu unternehmen. Der König war sehr dafür gewesen, aber Hâdsch Ahmed Tangatanga versuchte in jeder Weise, mich von der Idee abzubringen, vorzüglich in Rücksicht auf die Regenzeit, aber auch wegen des Charakters der Leute von Runga, wo ausserdem zur Zeit noch politische Unruhen das Land unsicher machten. Ich selbst aber war auf diese Gegend besonders neugierig geworden infolge zahlreicher Erkundigungen, welche ich von verschiedenen Seiten eingezogen hatte. Zunächst hatte der junge Dâdscho-Prinz, mit Hülfe dessen ich die Dâdscho-Sprache studirte, mir manches von Sûla und den südlich von Runga gelegenen Ortschaften der Kûti erzählt. Er war der Sohn des letztverstorbenen Herrschers von Sûla und hatte aus Furcht vor seinem Onkel, dem neuen Sultan, sein Vaterland verlassen und sich in den Schutz des Königs 'Alî begeben, um mit Hülfe desselben vielleicht selbst die Herrschaft zu erlangen, in jedem Falle aber in der Nähe des Wadâï-Fürsten Sicherheit zu finden.

Sûla ist ein für jene Gegenden altes mohammedanisches Reich. Mein Berichterstatter konnte mir eine Regentenreihe von 21 seiner Vorfahren in einer Liste vorlegen, welche freilich sehr unvollkommen in arabischer Schrift geschrieben und vielfach mit phantastischen Bemerkungen über den Ursprung der Dâdscho vermischt war, sodass sie wol wenig Vertrauen verdiente. Sûla liegt südöstlich von Wadâï, zwischen Wadâï und Dâr-Fôr, und ist genöthigt, nach beiden Seiten hin Tribut zu zahlen. Da die Dâdscho aus Dâr-Fôr in ihre jetzige Landschaft Sûla eingewandert waren — wie später genauer zu berichten ist, hatten sie in den ältesten Zeiten dort die Herrschaft in Händen —, so banden sie historische Erinnerungen, Sitte und Gewohnheit mehr an Dâr-Fôr; doch die kraftvolle Regierung König 'Alî's hatte sie gezwungen, auch nach der andern Seite hin sich einigermaassen zu sichern. Uebrigens führte der junge Prinz ein sehr kümmerliches Leben und war recht dankbar für die Teqâqi, mit welchen ich ihm seinen Unterricht bezahlte.

Sodann hatte ich einen jungen Runga-Prinzen kennen gelernt, welcher nach dem Tode seines Vaters in Gemeinschaft mit seinen Brüdern einen Onkel umgebracht hatte, weil sich dieser der Herrschaft hatte bemächtigen wollen, und dafür eine Zeit lang als Gefangener in Wadâï lebte. König 'Alî hatte einen ihrer entfernteren Verwandten, der sich früher in Abesche aufgehalten, zum Herrscher von Runga ernannt, die jungen Prinzen Frieden schwören lassen und in Freiheit gesetzt. Der junge Mann kannte Runga, Kûti und die Gegend im Süden seines Vaterlandes sehr gut und hatte mir manches Wissenswerthe darüber mitgetheilt. Danach war Runga ein ausserordentlich langgestrecktes Land und reichte nach Süden etwa bis zum 8° nördl. Br. Es eignete sich unstreitig besser zu einem Besuche meinerseits als Sûla, da es vollständig unter der Herrschaft des Wadâï-Königs stand. Der junge Rungâwi war ein bemerkenswerthes Glied seines Stammes, ein hochgewachsener, tiefschwarzer Mensch, unverwüstlicher Merîssa-Trinker und nach seinen Erzählungen und ganzem Wesen ein Mann, der nur in Kriegszügen und der gefährlichen Jagd auf Elefanten und Rhinocerosse, die dort zu Pferde ausgeführt wird, seine Befriedigung fand.

Endlich war ich noch eines Bornâwi habhaft geworden, der ursprünglich in Dâr-Fôr zu Menawâtschi gewohnt und sich im Anfange der Regierung König ʿAlî's hatte verleiten lassen, vom Süden Dâr-Fôrs aus nach dem durch Elfenbeinreichthum ausgezeichneten Kûti, einer Runga-Provinz, zu reisen, um dort Geschäfte zu machen. Da König ʿAlî den Handel in Kûti als sein Monopol ansah, so hatte er die dorthin gegangenen Kaufleute, nachdem sie ihre Waaren in Elefantenzähne umgesetzt, an Ort und Stelle einfach ausplündern lassen. Einige von ihnen waren dort geblieben, einige verarmt nach Dâr-Fôr zurückgekehrt und noch andere nach Abesche gekommen, um beim König das Ihrige zurückzuerbitten. Mein Bekannter, ʿAlî Fentamî, hatte lange Zeit in Kûti und Runga und am längsten am Iro-See gewohnt, und mit der seinem Stamme eigenen Rastlosigkeit zahlreiche Reisen hierhin und dorthin gemacht.

Wie der einigermaassen gebildete Dâdscho mir sehr ausgiebige Auskunft über die Sprache seines Stammes geben konnte, so hatte ich von dem Runga-Prinzen eine immerhin dankenswerthe Kenntniss der Runga-Sprache erworben und konnte nun auch von ʿAlî Fentamî zum Theil die Sprache der Banda-Stämme im Süden Rungas und Kûtis erlernen. Besonders interessant waren die Nachrichten über die Flüsse jener Gegenden. Wie die meisten der Flüsse, welche aus den felsigen Landschaften der Banda kommen, gehören sie offenbar dem System des Schâri an, während ein bedeutender Fluss weiter im Süden, den ʿAlî Fentamî selbst gesehen hatte, nach Auffassung meiner Berichterstatter nicht mehr zum Schâri gehört; derselbe schien im Süden von Abesche etwa auf dem fünften Parallelkreis nach Westen zu strömen, war als Bahâr Kûta bekannt und scheint mir unzweifelhaft derselbe zu sein, welchen Heinrich Barth als „Kubanda" erkundete und den Georg Schweinfurth südöstlich von da als „Uëlle" sah. ʿAlî Fentamî, der aus der Provinz Kŏtŏko den Schâri nach dem Zusammenfluss seiner beiden Arme wohl kannte, behauptete, der Bahâr Kûta sei grösser als jener, voller Inseln, reich an Krokodilen und Flusspferden und werde von den Eingeborenen mit ansehnlichen Booten befahren; auch sei allgemein bekannt, dass derselbe weiter nach Westen fliesse als der Schâri.

Alle diese Nachrichten veranlassten mich, den Vorschlag König ʿAlī's anzunehmen und die Zeit bis zu meiner Abreise nach Dâr-Fôr zu einer Reise nach Runga zu benutzen. Ich verband damit zugleich den Plan, durch einen kleinen Handel in Kûti meine Vermögensverhältnisse etwas zu verbessern. Der lange Aufenthalt in Wadâï hatte die Hülfsquellen, welche ich dem Verkaufe der von Scheich ʿOmar mir geschenkten Manufacturgegenstände verdankte, allmählich versiechen lassen; Dâr-Fôr lag noch vor mir, und ich hatte kaum Aussicht, Geld aus dem Norden zu erhalten. Das Elfenbein ist aber in Kûti so wohlfeil, dass man mit den dort gangbaren Tauschwaaren dasselbe für weniger als den zehnten Theil des Werthes kaufen kann. Diejenigen, denen König ʿAlī die Erlaubniss ertheilte, in Kûti Handel zu treiben, würden also einen ganz enormen Gewinn gehabt haben, wenn nicht die Schwierigkeit des Transportes bestände. Man kann zwar in der trockenen Jahreszeit von Abesche aus sogar mit Kamelen dorthin gelangen, doch gehen dieselben schnell zu Grunde und erfordern immerhin, so wohlfeil sie auch in Wadâï sind, zu grosse Mittel. Ochsen und gewöhnliche Esel, welche beide zwei bis drei, höchstens vier Thaler im Werthe nicht übersteigen, bewähren sich zwar besser, sterben aber ebenfalls regelmässig, bevor man nach Umtausch der Waaren gegen Elfenbein wieder zur Rückkehr bereit ist; man ist also gezwungen auf den Verlust der Thiere zu rechnen, nach Umsatz seiner Waaren jemand nach Norden zu schicken, um die erforderliche Anzahl von Eseln oder Ochsen herbeizuschaffen und dann sofort den Rückweg anzutreten. Die Ursache des schnellen Untergangs dieser Lastthiere ist die bei Besprechung des Fitri-Sees erwähnte bösartige Fliege, Umm Budschêna genannt.

Ich sah mich indess genöthigt, dieses Project des Handeltreibens in Kûti aufzugeben, besonders auf den verständigen Einwand des Königs ʿAlī hin, dass es mich zu lange daselbst fesseln und meine Weiterreise nach Dâr-Fôr aufhalten würde. Den Einspruch des Hâdsch Ahmed und ʿAlī Fentamî's gegen die Reise wegen der ausgedehnten Sümpfe und Thonniederungen in der Gegend des Bahâr es-Salâmât schlug mein königlicher Berather stets mit dem Bemerken nieder, dass wenn ich in der Regenzeit am mittlern Schâri und in Somraï herumgereist sei, ich mich auch vor jenen nicht zu fürchten habe. So beschloss ich also trotz meines Verlangens, so schnell als möglich die Rückreise anzutreten, noch einmal nach Süden aufzubrechen.

Es war am 31. Juli, als mir König ʿAlî mittheilte, dass er demnächst den neuernannten König Alo von Runga dorthin senden werde. Nachdem ich meine Bereitwilligkeit, mit demselben zu reisen, kundgegeben hatte, schickte er sofort zum ʿAqîd es-Salâmât, welcher die Oberaufsicht über die südlichsten Provinzen führt, und beauftragte denselben, den künftigen Herrn von Runga und einen seiner zuverlässigsten Leute zur Stelle zu schaffen. Als beide erschienen waren, sagte er dem Runga-Fürsten etwa Folgendes: „Du siehst hier in diesem fremden Mann meinen Gast, der das Verlangen hat, ohne Streben nach Geld und Gut fremde Länder kennen zu lernen. Du wirst nächstens in das dir anvertraute Land deiner Heimat abreisen, diesen Mann mit dir führen und stehst mit deinem Kopfe für seine Sicherheit ein. Du wirst ihn in deinem Vaterlande in dein eigenes Haus aufnehmen, ihn daselbst verpflegen und ihn überall hinführen, wohin er zu gehen wünscht, wenn es, ohne seine Sicherheit zu gefährden, geschehen kann. Bist du verhindert selbst zu gehen, so geht einer deiner Brüder oder nächsten Verwandten mit ihm unter deiner Verantwortung. In Gegenden, mit deren Einwohnern ihr in Fehde lebt, wirst du ihn nicht gehen lassen, denn Leute wie er sind sehr unverständig und lassen sich durch ihr Verlangen, fremde Menschen und Länder zu sehen, verleiten, nicht an ihre eigene Sicherheit zu denken. Er spricht viel vom Bahăr el-Abiäd, an welchem die menschenfressenden Bandâ wohnen, und du wirst ihn zunächst dahin geleiten, wenn Handelsverbindungen mit der Gegend bestehen. Da seine Lastthiere höchst wahrscheinlich dort zu Grunde gehen, so wirst du ihn, wenn seine Abreise herannaht, mit neuen Thieren versehen, woher du dieselben auch immer nehmen mögest."

Den Untergebenen des ʿAqîd es-Salâmât verpflichtete er alsdann in ähnlicher Weise, ihm einschärfend, dass er mich auf Schritt und Tritt zu begleiten habe, und dass, wenn mir etwas Böses geschähe, er ihn zu finden wissen werde, ob er zurückkehre oder aus Furcht vor Strafe in jenen Gegenden bleibe. Endlich gab er den Auftrag, mir einige Ochsen zuzuführen, und die Sache war geordnet.

Ich ging nun so schnell wie möglich an die Vervollständigung meiner Reiseausrüstung. Durch Vermittelung des Hâdsch Ahmed hatte ich bereits einen Lastochsen gekauft, der durch seine Kraft und Sicherheit den aussergewöhnlichen Preis von 3 Maqta' Tromba, d. h. 4½ Thaler, vollständig rechtfertigte. Dazu kam noch ein von einem Dschellâbî für 10 Thaler erhandelter Reitesel und die zwei von seiten des Königs gelieferten Ochsen. Ausserdem versah ich mich für 8 Thaler mit Taback aus Dâr-Fôr, welcher in den Heidenländern ausserordentlich beliebt ist und in Ziegenfelle, die wie ein Wasserschlauch aussehen, verpackt wird; ferner für 15 Thaler mit jenen kleinen rothen und weissen Glasperlen, welche dort Sînî genannt werden, und für 5 Thaler mit Kaurimuscheln; ich kaufte für 6 Thaler 4 Dutzend bunte Kattuntaschentücher, für 6 Thaler jene lose gewebten, dunkelblau gefärbten, viereckigen baumwollenen Tücher aus Aegypten, welche Mekkija heissen, und nahm endlich 9 Maqta' Tromba, also 14 Thaler in natura mit. Zum Antritt der Reise waren nur noch die Investurgeschenke des Runga-Fürsten, welche gewohnheitsgemäss aus einem Pferde, einem Ehrenkleide und einer Surrîja oder Bettsklavin bestehen, abzuwarten. Wie gewöhnlich liess die Auslieferung derselben auf sich warten und erst in der Mitte des August kam es zur wirklichen Abreise.

Zuvor wurde die Hauptstadt noch der Schauplatz einer grossartigen, das allgemeine Interesse in Anspruch nehmenden Hochzeit. Eine Tochter König 'Alî's wurde an den 'Aqîd der Mahâmîd verheirathet. Der 'Aqîd der Mahâmîd, der 'Aqîd der Chozzâm und der 'Aqîd ed-Dschebâba waren sämmtlich Söhne des bekannten frühern Oberhaupts der Mahâmîd 'Aqîd Dscherma, welcher sich grosse Verdienste um die Thronbesteigung König 'Alî's erworben hatte. Bei uns muss der Name des 'Aqîd Dscherma ein trauriges Andenken erwecken, denn er war es, bei welchem Eduard Vogel zur Zeit des Königs Mohammed Scherif einquartiert war, und der zuerst über das verdächtige Treiben unsers unglücklichen Landsmannes seinem Herrn die folgenschwersten Berichte machte, und durch seine Leute wurde Vogel in der Nähe von Abesche mit Zustimmung oder auf Befehl des Königs erschlagen. König ʿAli hatte grosse Vorliebe für die Familie seines treuen Dieners und bestimmte nach dessen Tode den ältesten seiner Söhne, den jetzigen ʿAqîd der Chozzâm, zum Nachfolger des Vaters. Dieser hatte sich noch bei Lebzeiten seines Vaters verleiten lassen, mit einer Sklavin aus dem königlichen Hause ein Liebesverhältniss zu unterhalten, dessen Folgen dem König nicht verborgen bleiben konnten. Als derselbe den Thatbestand festgestellt hatte, rief er den Vater des Verbrechers, trug ihm die Angelegenheit vor und fragte ihn, was seiner Ansicht nach mit dem Schuldigen zu thun sei. So weit ging in Wadâi die Furcht vor dem König und so tief war die Ueberzeugung von der unerbittlichen Strenge desselben, dass der Vater ohne Zögern erwiderte: „Dieses Verbrechen, Herr, kann nur durch den Tod gesühnt werden." Doch der König liess diesmal — es kam nur selten vor — Gnade für Recht ergehen und begnügte sich damit, den Schuldigen seiner Würden zu entsetzen. Erst später, nach langen Jahren, kam er wieder einigermaassen zu Gnaden und wurde zum ʿAqîd der Chozzâm ernannt.

Am Tage der eigentlichen Hochzeitsfeierlichkeit wurde die Ausstattung der Braut in die Zeriba des Oberhauptes der Mahâmîd übergeführt; die Braut war schon während der vorhergehenden Nacht dorthin gebracht worden. Alles was die officielle und nichtofficielle Welt an Pferden und Feuerwaffen hatte, war an diesem Tage in Thätigkeit. Die ganze Umgebung der Zeriba des jungen Paares war voll von Frauen und Mädchen, welche durch ihre Tänze und Aufzüge den Tag zu verherrlichen strebten, alle natürlich in den schönsten Gewändern. Eigentlich wurde eine Doppelhochzeit gefeiert, denn eine andere Tochter des Königs wurde an demselben Tage mit dem ʿAqîd Gerrî verheirathet. Vier jener grossen flaschenförmig geflochtenen Körbe, Hanga genannt, die in den östlichen Sûdân-Ländern zur Aufbewahrung von Butter und Honig gebräuchlich sind und nicht selten einen Umfang von $1^{1}/_{3}$—$1^{2}/_{3}$ m und eine Höhe von 1 m haben, wurden am Morgen dieses Tages, bis zum Rande gefüllt mit Korallen und Goldschmucksachen — Geschenken der Würdenträger und angesehensten Einwohner — vom Hâdsch Ahmed herbeigebracht und gleichmässig unter die beiden Bräute vertheilt. Auch 1100 Kamelladungen Duchn wurden als Hausproviant für beide herbeigebracht, ohne zahlreiche einzelne Gaben der Höflinge mitzurechnen. Die Kodoï hatten allein 250 Ladungen geschickt, der Dscherma Abú Dschebrîn 300, der 'Aqîd Magene 200 u. s. w. Als ich vor der Zeriba des 'Aqîd der Mahâmîd ankam, war ein Theil der mit der Mitgift beladenen Kamele bereits im Innern verschwunden, aber noch hatte ich Gelegenheit, eine grosse Anzahl zu bewundern. Sie waren beladen mit Kleidungsstücken, Schmuckgegenständen, überhaupt mit dem ganzen Vermögen in Silber, Gold und Stoffen, welches der königliche Vater der Braut mitgab.

Die Ledersäcke, welche die Kamelladungen in Wadâï aufnehmen, unterscheiden sich durch Form und Material von denen Bornûs. Während sie in Bornû und Kânem aus Kamelhaut gemacht und einfach aus viereckigen Stücken zusammengenäht sind mit ebenso weiter Oeffnung als der Boden Umfang hat, verfertigt man dieselben in Wadâï aus Rindsleder in Flaschenform mit ziemlich enger Halsöffnung. An der Stelle der grössten Weite des Sackes sind zu beiden Seiten flügelartige Anhängsel aus demselben Leder zum Zierath angebracht. Diese Säcke, „Gerfa" genannt, waren bei diesem Festzuge sämmtlich mit verschiedenen Teppichen, ebenfalls Theile der Mitgift, bedeckt. Auf den Ladungen thronten Sklavinnen, die der jungen Gebieterin aus ihrem väterlichen Hause folgten. Diejenigen Kamele, welche die edelsten Bürden dieser Art trugen, waren mit Straussfedern auf dem Kopfe und mit silbernen Fussspangen geschmückt. Vor der äussern Thür der Behausung des vornehmen Bräutigams wurden einige Dutzend Ochsen oder Kühe, gegen 100 Schafe und eine Anzahl Kamelstuten geschlachtet und das Fleisch unter das Volk vertheilt. Die Freunde, Beamten, Untergebenen und Dienstleute des jungen 'Aqîd, die Sklaven des Königs und alle Edelleute des Hofes hielten, prächtig beritten und festtäglich gekleidet, auf dem weiten Platze vor der Zeriba; seidene Kaftane und Beinkleider, meist roth und gelb gestreift, sah man häufig, auch seidene Kopfshawls, rothe ebensolche Gürtelbinden, und sonderbare seidene, baretähnliche Kopfbedeckungen waren der sonst selten getragene Schmuck, den sie zu Ehren dieses Tages angelegt hatten, denn im allgemeinen liebte König 'Alî geputzte Männer durchaus nicht. Manche der Reiter waren mit Lanzen, andere mit Säbeln, noch andere mit Flinten bewaffnet; in der Anordnung und Ausführung ihrer Reiterspiele, die ja durch arabische Sitte in jene Gegenden verpflanzt sind, zeigte sich natürlich eine grosse Verwandtschaft mit denen der Nachbarländer und des Nordens.

Vorzüglich interessirte mich die wogende Menge weiblicher Zuschauerinnen, die zum Theil Betheiligte, zum Theil Neugierige waren. Alle waren ebenfalls in den besten Kleidern. Auch heute trugen die jungen Mädchen und Frauen wieder vorwaltend Männergewänder über ihrer Kleidung.

Einen sonderbaren Aufzug führte die Schwester und Abgesandte der Mômo an, welche die Geschenke derselben für ihre Enkelin überbrachte. Sie selbst war ganz in einen seidenen, roth und weiss gestreiften Ueberwurf gehüllt, der selbst ihr Gesicht verbarg. Ein Sklave führte das Pferd, auf welchem sie sass, während zwei andere zu ihren Seiten mit einer steingefüllten Kürbisflasche einen entsetzlichen Lärm machten und verschiedene Kabartû auf 2 m langen Holztrompeten und mässig langen Antilopenhörnern das Ihrige zur Erhöhung der Feierlichkeit beitrugen. Den Schluss bildeten etwa 30 Sklavinnen, welche nicht allein sauber, sondern sogar reich gekleidet und geschmückt waren und sämmtlich grosse Körbe mit Deckeln auf den Köpfen trugen, deren Inhalt sich natürlich den Augen des Beschauers entzog. Die Körbe selbst waren mit Muscheln oder Perlen in den verschiedensten und geschmackvollsten Mustern verziert, und das Ganze gewährte einen ebenso mannichfaltigen als anmuthigen und interessanten Anblick.

Der König selbst erschien nicht, sondern verfolgte die Entwickelung der Feierlichkeit von der Höhe seiner die Stadt überragenden Wohnung aus.

Diese Festlichkeit war nicht die einzige Abwechselung in der Zeit vor meiner Abreise nach Süden. In den ersten Tagen des August kam die Nachricht, dass die Nôreâ oder Nawârma und die Leute von Wun in Borkû, welche den König 'Alî als ihren Herrn anerkennen, von den Arabern Kânems überfallen worden seien, dieselben jedoch besiegt und 25 von ihnen zu Gefangenen gemacht hätten, und dass der Nakazza-Häuptling Derbai mit den gefangenen Räubern nach Abesche unterwegs sei. In der That kamen noch in der ersten Woche des August 13 Aulâd Solîmân als Kriegsgefangene im traurigsten Zustande an. Die Uebrigen waren von den Nôreâ zurückgehalten worden, um sie ihrem Stamme behufs Auswechselung von Kriegsgefangenen und Anbahnung eines bessern Verhältnisses zurückzuschicken. Letzteres war besonders wünschenswerth, da die Nôreâ, einen grossen Theil des Jahres im Bahăr el-Ghazâl wohnend, den Ueberfällen der Araber sehr ausgesetzt und, fern vom Schutze Wadâïs, darauf angewiesen sind, ihre Angelegenheiten mit den gefährlichen Nachbarn selbst zu ordnen.

König ʿAlî hatte sich, wie ich schon früher erwähnte, unendlich viel Mühe gegeben, diese unruhigen, räuberischen Nomaden Kânems sich zu verpflichten und Frieden zwischen ihnen und den auf der nördlichen Grenze seines Landes wohnenden Stämmen herzustellen; er hatte sie mit Freundschaftsbeweisen überhäuft, obwol sie im Anfange seiner Regierung einen seiner Stiefbrüder gegen ihn mit Waffengewalt zu unterstützen suchten; er hatte ihnen wiederholt Abgesandte und Geschenke geschickt, die ältesten Familienhäupter des Stammes zu sich eingeladen und gastfreundlich aufgenommen, ja er hatte sogar einst, als eine grosse Anzahl Araber und Dâza auf einem Zuge gegen die von ihm abhängigen Bidêjât zu Gefangenen gemacht wurde, die Dâza sämmtlich tödten lassen, obgleich dieselben doch nur Werkzeuge der Araber waren, und diese selbst in ihre Heimat entlassen. Er hatte dies alles, wie gesagt, gethan, um Frieden in Kânem und an den Nordgrenzen seines Reiches zu haben. Doch die treulosen Räuber antworteten auf alle Beweise des Wohlwollens nur mit schwärzestem Undank.

Ich war zufällig im Königspalaste, als die Gefangenen vor den König gebracht wurden, und war Ohrenzeuge des verständigen und strengen Urtheils des Königs ʿAlî. Er sagte etwa Folgendes: „Ich habe auf alle mögliche Weise versucht, euch im guten zum Frieden zu bringen, doch euer wilder Sinn, scheint es, lässt sich durch nichts zügeln. Wenn ihr denn nicht ohne Krieg leben könnt, so werde ich euch Gelegenheit geben, euern Hang zu befriedigen. Ich werde jedem von euch eine Flinte und das nöthige Blei und Pulver geben, und ihr werdet mit dem demnächst abreisenden König von Runga an die Südgrenzen meines Landes gehen; dort werdet ihr Gelegenheit genug finden, euern kriegerischen Sinn gegen die räuberischen Heiden und Menschenfresser zu bethätigen."

Und so geschah es! Ich hatte also die Aussicht, wieder mit diesen Räubern, mit denen ich so manchen Monat herumgezogen war und an deren Gesellschaft ich nicht mit grossem Wohlgefallen zurückdachte, einige Zeit zuzubringen. In dankbarer Erinnerung der Thatsache, dass sie wenigstens mich stets mit Treu und Glauben behandelt hatten, solange ich unter ihnen weilte, suchte ich ihnen jetzt, wo sie in Noth waren, durch Uebersendung einiger Stücke Châm zu der nothdürftigsten Kleidung zu verhelfen — in der That waren sie vor dem König fast nackt erschienen — und schickte ihnen einige Hammel, denn auch in Bezug auf die Nahrung schienen sie übel daran zu sein. Sie waren sehr dankbar und meines Lobes voll.

Da wir uns mitten in der Regenzeit befanden, so sah ich von der Mitnahme eines Reitpferdes gänzlich ab, zumal auch Runga sich ungefähr zu verhalten scheint, wie die Gegend des Fitri-Sees, d. h. von jenen bösartigen Fliegen und Mücken heimgesucht ist, welche Tag und Nacht die Thiere so entsetzlich quälen. Die beiden Pferde, welche ich noch besass, waren ausserdem in einem betrübenden Zustande. Dasjenige, welches ich ursprünglich zum Geschenk für den König von Dâr-Fôr bestimmt hatte, wurde magerer und magerer, nachdem es anfangs an geschwollenen Füssen erkrankt war; seine Fresslust verlor sich, und die in Bornû gebräuchliche Cur, es mit Kleie und Natron in Gestalt von Nudeln — wie etwa die Gänse in einigen Gegenden Deutschlands — zu ernähren, war ohne allen Erfolg geblieben. Es war dies ein schönes grosses Pferd von der Rasse, wie sie an der Nordküste Afrikas gewöhnlich sind; doch auch das der Bornû-Rasse angehörende Thier, mein eigentliches Reitpferd, befand sich nicht viel besser. Ich konnte unmöglich wagen, diese Thiere während meiner Abwesenheit in meinem Hause zu lassen, denn ich hätte niemand dort ihre Verpflegung mit einiger Sicherheit anvertrauen können. Ich begab mich also zum König, dessen Pferde mit grosser Sorgfalt besorgt wurden, und bat ihn, auch die meinigen in seinen Marstall aufnehmen zu lassen und so möglicherweise ihre Erhaltung zu bewirken. Er gewährte diese Bitte mit grosser Liebenswürdigkeit.

An demselben Tage, als ich ihm die Pferde übergab, lief aus Dâr-Fôr die bestimmte Nachricht ein, dass der dritte Sohn König Hasîn's, der erwähnte Ibrâhîm, die Regierung wirklich übernommen habe. Doch ich konnte mich nicht entschliessen, die einmal beschlossene Reise aufzugeben, zumal mir der König mittheilte, dass ein Abgesandter des neuen Nachbarkönigs erst vor kurzem von Dâr-Fôr abgereist sei, dass dieser jedenfalls einige Zeit in Abesche verweilen und also immerhin eine geraume Zeit darüber vergehen werde, ehe eine Karavane nach Osten aufbreche.

Mitte des Monats reiste der Fürst von Runga, Alo, ab, während ich noch auf den mir vom König bestimmten Kursî, welches Wort hier etwa wie Kingîam in Bornû „königlicher Bote" bedeutet, wartete. Dieser Mann hatte sich aus der Stadt entfernt, angeblich um seine Reisevorbereitungen zu treffen und von seiner Familie Abschied zu nehmen; jetzt aber sandte er aus der Ferne die Nachricht, dass er am Guineawurm leide und deshalb nicht mitreisen könne. Wahrscheinlich erlaubte ihm sein fanatisches Gewissen nicht, einen Christen zu begleiten. Infolge dessen erschien ein Beamter des 'Aqîd es-Salâmât und brachte mir einen andern Kursî, Tom mit Namen, welcher dem Mâba-Stamme der Malănga angehörte, also ein echter Wadâwi war und aus Demba in der Umgebung Wâras stammte. Es war ein verhältnissmässig tiefschwarzer Mann, der nicht einmal sein Haar nach der neuern Sitte des Islâm rasirt trug; er war schweigsam und zurückhaltend, machte aber keinen schlechten Eindruck.

Am 17. August konnten wir endlich aufbrechen, doch nicht ohne grosse Hindernisse; zweimal mussten wir das nach aussen gebrachte Gepäck wegen starker Regengüsse wieder in die Zerîba zurücktragen. Doch wollte ich die Abreise nicht aufschieben, da der Sultan von Runga schon einige Tagemärsche vor uns voraus hatte. Sodann war das Beladen der Ochsen wegen des unentbehrlichen Angrêb sehr schwierig und zeitraubend. Der Angrêb ist die Lagerstätte, ohne welche ein Dschellâbî und ein civilisirter Mann des östlichen Sûdân niemals reist. In der That ist gerade während der Regenzeit ein solcher Apparat unumgänglich nothwendig. Den meinigen hatte mir mein Hauswirth und früherer Reisegefährte Otmân selbst gemacht. Er bestand aus vier etwa $^1\!/_3$ m hohen Holzfüssen, welche durch ebenso viel Bambusstäbe verbunden waren; dieser Rahmen war durch Flechtwerk von Stricken aus Dûmpalmen-Fasern ausgefüllt. Die Fellstreifen, welche man sonst statt dieses Geflechtes verwendet, wurden von Otmân in Rücksicht auf die Regenzeit entfernt und durch die Dûmpalmen-Stricke, welche durch die Nässe immer fester werden, ersetzt. Als endlich die Ochsen beladen waren, ging ich, während meine Reisegesellschaft zur Stadt hinauszog, zum Hâdsch Ahmed Tangatanga, um von ihm und auch von einigen Kaufleuten aus Benghâzî und Tripolis Abschied zu nehmen. Meine beiden Reisegefährten von Bornû her, Otmân und der Faqîh Abo, begleiteten mich eine Strecke bis zur Zeriba des ʿAqîd der Salâmât, wo Tom die letzten Instructionen empfing. Ich verabschiedete mich dort von dem ʿAqîd, der merkwürdigerweise trotz des hervorragend kriegerischen Charakters seines Amtes, alter Wadâï-Sitte entsprechend, Eunuch war.

Wir durchzogen in fast direct südlicher Richtung das flache Thal, in welchem Abesche liegt und das hier fast gar nicht bewaldet ist. Der sandgemischte Thonboden der nächsten Umgebung der Hauptstadt war hier und da durch niedrige Granitfelsen unterbrochen und von einigen kleinen Rinnsalen durchschnitten, welche nach westlichem Verlaufe sich mit ebensolchen aus der nördlichen Umgebung Abesches vereinigen und wie die bedeutendern von den südlichen Abhängen der Kôndöngo-Kette entspringenden dem Butêha zufliessen. Sanft im Thal aufsteigend, liessen wir nach zwei Stunden den vereinzelten Kegel von Abû Gûddâm westlich von uns und hatten nach einer weitern Stunde in Südrichtung einen guten Ueberblick über das weite, gehügelte Thal des Butêha und die jenseit desselben liegende Gebirgskette der Kaschemere, welche den südsüdwestlichen Horizont einnahm. Südsüdöstlich erblickten wir in weiter Ferne die Vorläufer der Kâdschanga-Berge.

Obgleich noch keine Dörfer sichtbar waren, so zeigten sich doch hier und da einige Getreidefelder, und das frische Grün, der reiche Blätterschmuck der Bäume, das Gezwitscher der Vögel muthete mich nach dem langen einförmigen Anblick der grauen Lehmwände Abesches sehr freundlich an. Ist dies doch die Jahreszeit, wo jene Gegenden in freilich kümmerlicher Weise an einen nordischen Frühling erinnern.

Mit grossem Zeitverlust, der durch die mangelhafte Beladung der Lastthiere verursacht wurde, hielten wir eine Südsüdwestrichtung ein, passirten den 30—40 Schritt breiten Wâdi Schuqq, welcher von den Bergen von Kêlingen kommt, im Bezirk von Kaure in den Butêha mündet und im tiefen groben Kies zwei schmale Wasserläufe enthielt, und lagerten nach sechsstündigem Marsch in dem grossen Dorfe Engringa, das etwa 250 Hütten zählte und von Malânga bewohnt war. Die Aufnahme in demselben schien von schlechter Vorbedeutung für unsere Weiterreise zu sein. Von dem Aufseher des Ortes und seinen Sklaven war niemand zu sehen, von den sichtbaren Leuten niemand geneigt, uns zum Bürgermeister (Mandschak) zu führen, und der allgemeine Betplatz des Dorfes (Mêsdschïd), der als Dschâmi' (Moschee) dient und, wie in diesen Gegenden überhaupt, ausser dem Platze zum Beten noch ein Schattendach und eine Hütte umfasst, in welcher der Elementarunterricht ertheilt wird und Fremde Unterkommen finden, war voller Leute. Da es spät nachmittags und der Himmel heiter war, lagerten wir auf einem freien, etwas erhöhten Platze unter einem schattigen Gemeindebaum, welcher den Jünglingen zum Versammlungsplatz zu dienen schien. Dies war jedoch ein sehr lästiger Umstand, da die jungen Leute, welche nicht die Zurückhaltung der gebildeten Leute jener Gegend beobachteten, sich erst am späten Abend aus unserer nächsten Nähe entfernten und uns so an unserm Imbiss verhinderten, den wir aus Rücksicht auf die Landessitte doch mit ihnen hätten theilen müssen.

Glücklicherweise verstrich die Nacht ohne Regen, und wir brachen mit Sonnenaufgang, der einen heitern Tag verhiess, wieder auf, um in südlicher Richtung auf das östliche Ende einer von West nach Ost streichenden Hügelkette zuzumarschiren, welche wir nach einstündigem Marsche erreichten und an der wir ein zweites Dorf Engringa fanden. Bei weiterm Vorrücken passirten wir das Dorf Atûrda von nur etwa 80 Hütten, erblickten weiter im Osten und Südosten die Berge der Kâdschanga und am südwestlichen Horizont die Kette der Kaschemere, während zwischen beiden die Berge der Marpa oder Marfa in weiter Ferne den südlichen Theil des Gesichtsfeldes einnahmen. Durch lichten Mimosenwald, über Sandboden, aus dem hier und da ein grober, bröckeliger Granit hervortrat, erreichten wir nach drei Stunden in Südsüdwestrichtung den Butêha oder „kleinen Fluss" (Diminutiv von Batha, welches Fluss bedeutet). Niemand hätte übrigens hier an die Ueberschreitung eines Flusses denken können, denn es war an dieser Stelle nur eine einfache Bodenabflachung, ein Sandstreifen in der Ebene vorhanden, ohne alle Ufer, doch von ansehnlicher Breite. Nach Osten und weiter nach Westen soll er übrigens ein tiefes, in den Boden geschnittenes Bett haben. An der Stelle unsers Uebergangs musste in den Zeiten, wo der Fluss Wasser führt — und das kommt im Jahre öfter vor — jedesmal eine Ueberschwemmung entstehen. Von hier nach Südwest gehend, mündet er bei Malamm, d. h. „Vereinigungsort", in den Batha.

Jenseit des Butêha erreichten wir in halbstündigem Marsche einen Bezirk des Hâdsch Ahmed Tangatanga, Namens Kênga, wo ich meinen Leuten zu Liebe und in Rücksicht auf die Ungastlichkeit der Kaschemere trotz der frühen Morgenstunde zu lagern beschloss. Das Getreide hatte hier schon über Manneshöhe erreicht und bildete bereits seine Aehrenkolben. Der Bezirk war im allgemeinen sehr gut bebaut, und nach dem, was ich in der Zeriba des Hâdsch Ahmed, wo ich von seinen Sklaven gastlich aufgenommen wurde, hörte, mussten die Leute recht arbeitsam sein, wenn sie die nicht allzu geringen Steuern aufbringen wollten. Sie hatten pro Kopf 2 Mudd (Metzen) Duchn im Monat Fitr an Hâdsch Ahmed zu liefern; 2 Mudd waren pro Hausstand an den König zu geben, 2 Mudd, ebenfalls pro Hausstand, an den später noch zu erwähnenden Fattâschî, welcher Merîssa und Merîssa-Trinker im Lande aufspürt, sodann eine Abgabe von 4 Mudd, Burmîja genannt, an den König, ferner die sogenannte Difa an Hâdsch Ahmed und den Provinzialbeamten, in Teqâqî bestehend, die sogenannte Kodmûla, welche in schmälern Baumwollenstreifen entrichtet wird, und endlich war zur Zeit der Ernte der Zehnte von Baumwolle, Zwiebeln, Fenchel u. s. w., zu erstatten, deren Cultur man im Thale des Butêha besonders emsig betreibt. Alle diese Abgaben zieht das Oberhaupt, Hâdsch Ahmed, ein und gibt davon an den König und die übrigen Beamten ihren Antheil ab.

Es erwies sich als sehr zweckmässig, dass wir in der vortrefflichen, dichten Hütte des Hâdsch Ahmed ein Unterkommen gesucht hatten, denn nachdem morgens ein schwüler Südwestwind geweht hatte, thürmten sich im Laufe des Nachmittags im Osten mächtige Wolken auf, und am Abend ergoss sich ein ansehnlicher Regen.

In der Nähe dieses Bezirks befand sich eine Abtheilung der Mahâmîd auf der Weide, bei welchen ich meine für die Reise nach Dâr-Fôr bestimmten Kamele in Pflege gegeben hatte.

Während wir am Tage darauf gleichfalls in Südsüdwestrichtung dem südöstlichen Ende der Kaschemere-Kette entgegenzogen, hatten wir ein Akûrras genanntes schmales Rinnsal, das mit schönem gelben Sande gefüllt war und zum Butêha geht, und kurz darauf ein etwa 30 Schritt breites, tief in den Boden geschnittenes, Namens Batrâne, welches ebenfalls wasserlos war, zu passiren, und erreichten nach 2½ Stunden das ansehnliche Dorf Tara am östlichen Abhange eines gleichnamigen Berges, der sich nach Norden von der eigentlichen Bergkette ablöst. Die Berge der Kâdschanga in Ostsüdostrichtung und vor uns direct im Süden die Kette der Marfa, welche anscheinend von Ost nach West verlief, traten hier immer deutlicher hervor. Von Tara, das immerhin einige hundert Hütten zählen mochte, gelangten wir in Südwestrichtung nach dreiviertel Stunden zum kleinern Dorf Scherâmbala, in welchem der Fürst von Runga zwei Tage vorher genächtigt hatte, und erreichten nach einer weitern Stunde das südöstliche Ende der Kaschemere-Kette mit dem Dorf Urôndo am Fusse derselben. Die Gebirgskette verläuft in ihrem Haupttheile von Südost nach Nordwest, entsendet aber von ihrem Endpunkte eine Nebenkette nach Westen, deren östlicher Theil Kôndŏngo und deren westlicher Kuldi genannt wird. Unser Weg führte in Südsüdwestrichtung durch eine lichte Ebene, welche hauptsächlich mit der Habila bewachsen war; nachdem wir im Beginn des Nachmittags vergeblich in einem der beiden Dörfer Muril zu lagern versucht, fanden wir endlich im Mêsdschïd des Dorfes Tschâfo ein Unterkommen. Kurz zuvor hatten wir ein Flüsschen, Namens Bittek, überschritten, dessen Bett sich durch eine tiefe Sandschicht und dessen Ufer durch üppige Vegetation, besonders durch riesige Sahabas sich auszeichnen. Das Flüsschen geht nach Westen und soll den Butêha oder den Batha erreichen.

In den Mêsdschïds, diesen billigen Hôtels Wadâïs, findet sich, wie ich schon erwähnt habe, fast stets eine Hütte mit den hölzernen Schreibtafeln (Lôăh) der fahrenden Schüler (Muhâdschïrîn) und einem Feuerplatz in der Mitte, ein Schattendach und ein reinlicher Sandplatz, auf welchem die Leute ihre Gebete verrichten; letzteres sah ich jedoch sehr selten. Das Absteigen in den Mêsdschïds hat ausserdem noch den Vortheil, dass man freie Feuerung findet, denn da die Muhâdschïrîn bei Tage durch anderweitige Arbeiten ihren Unterhalt erwerben müssen, so können sie nur in den Abendstunden, von Sonnenuntergang bis zur 'Aschâ, ein Zeitraum von $1\frac{1}{2}$ Stunden, und von Tagesanbruch bis zum Sonnenaufgang ihren Studien obliegen und sie thun dies beim Scheine des Feuers, zu dessen Unterhaltung jeder eine bestimmte Menge Holz beizutragen hat. Jahrelang ziehen diese jungen Leute, zum Theil Knaben bis zu 10 Jahren abwärts, im Lande herum, ihre Nahrung und bisweilen auch etwas mehr durch die Hülfe gewinnend, welche sie bei den Feldarbeiten leisten, und geniessen nebenher den bescheidenen Unterricht der Dorfschullehrer. Die Kleidung besteht, wie ich bereits bei der Schilderung dieser in Bornû zahlreich vertretenen Klasse erwähnt habe (s. I, 625), in einem einfachen Ziegen- oder Schaffell, ihr ganzer Besitz in einer hölzernen Schreibtafel, einem kleinen Kürbisgefäss, das als Tintenfass dient, einer Rohrfeder und in einer Kürbisschale, aus welcher sie trinken und in der sie milde Gaben sammeln. Wenn sie den Höhepunkt ihrer Bildung erreicht zu haben glauben, d. h. wenn sie das Lesen des Qorân einmal beendet haben, kehren sie in ihre Heimat zurück, um im günstigsten Falle dort ebenfalls als Schulmeister und als öffentliche Schreiber ihr Unterkommen zu finden.

Die Leute, welche hier in Tschâfo sehr zahlreich zum Besuche zu uns kamen, waren wider Erwarten freundlich, höflich und wenig zudringlich. Zur Abendmahlzeit erschienen sie sogar mit drei Schüsseln, und es war bemerkenswerth, wie diese Gastfreundschaft so bescheiden vor sich ging, wie die Geber leise und schweigend, ohne auch nur einen guten Abend zu wünschen, herbeikamen und ihre Schüsseln niedersetzten, nicht den Wunsch zu erkennen gaben, Bekanntschaft mit den Gästen zu machen, und ohne auch nur ein „bârak 'Allâh" („Gott segne dich") als Dank abzuwarten sich entfernten.

Der Wind kam an diesem Tage aus Südwest, während die Wolken um Mittag sich im Osten aufzuthürmen begannen und von etwas Regen begleitet waren. Wir zogen in Südwestrichtung an zwei Dörfern, Kornâja und Wôbodscha, vorüber durch gehügelte Gegend auf den Berg Kolôtu zu, welcher die Grenze zwischen der Landschaft der Kaschemere und der der Karanga bildet und dessen Bewohner dementsprechend gemischt sind. Nördlich an dem letztern zogen wir durch die Bergmasse der Karanga, jetzt wieder Südwestrichtung einhaltend. Nach dreistündigem Marsche erblickten wir nördlich von uns den Berg Kadoma, welcher einst unter der Tundscher-Herrschaft das Centrum Wadâïs bildete. Hier hatte der letzte Tundscher-König Dâ'ûd gehaust, bevor der Gründer der jetzigen Dynastie, 'Abd el-Kerîm, seinem Reiche ein Ende gemacht. Die ganze Gegend war gewellt und hügelig. Verschiedene Flüsschen wurden überschritten, welche in West- oder Nordwestrichtung verliefen. Die Waldung war licht und spärlich, und allmählich löste sich die Bergmasse der Karanga in eine kleine Kette von Vorbergen auf, welche von Ost nach West strich und durch ihre grüne Färbung angenehm mit den rothen, nackten Felsen der eigentlichen Karanga-Berge contrastirte. An ihrem Fusse passirten wir die Dörfer Kischilu und Murdiggen, wendeten uns mehr nach Südsüdwest und lagerten nach siebenstündigem Marsche in dem Karanga-Dorfe 'Agora am Fusse des südlichen Theiles des Gebirges, nachdem wir einige Minuten zuvor das grössere Dorf Mustachêde passirt hatten. Der Gebirgsstock der Karanga bildet eine mehr oder weniger runde oder viereckige Felsmasse von unter sich zusammenhängenden Bergkegeln, welche unbewaldet ist und eine rothe Färbung hat. Die uns zugekehrte Seite erstreckte sich eine gute halbe Stunde von

Nord nach Süd, und die von Ost nach West gerichtete soll eine gleiche Ausdehnung haben. Keiner der Kegel dieses Bergzuges übersteigt an Höhe den Drachenfels am Rhein, und die ganze Masse diente früher den Karanga in den Zeiten ihrer Unabhängigkeit oder halben Abhängigkeit als Zufluchtsstätte. Zahlreiche Dörfer liegen an den verschiedenen Abhängen des Gebirges.

Von seiten der Bewohner des Dorfes wurde uns keinerlei Gastfreundschaft zutheil, wir fanden vielmehr in dem Mêsdschîd, in welchem wir abstiegen, nur am Abend und Morgen geistige Speise durch das Qorân-Lesen der plärrenden Muhâdschîrîn.

Von dem schönen, regelmässig geformten Eckkegel des Gebirgsstockes zogen wir an den Ausläufern der Vorhügelkette vorüber in Südrichtung auf eine andere Hügelreihe zu, welche noch dem Gebiete der Karanga angehört. Dieselbe scheint eine Verbindung mit den Bergen der Marfa zu bilden, verläuft von Ost nach West und wird Hadscher (Berg) Jurngo genannt. Wir erreichten nach einigen Stunden ihr westliches Ende, erblickten vor uns eine halbe Stunde weiter eine zweite, etwas höhere, welche wie die erste aus röthlichem Granit bestand, passirten am Abhange derselben das Dorf Mangorno und zogen am Fusse sich daran schliessender niedrigerer Berge, welche alle zu dem Hadscher Jurngo gerechnet werden, auf den vereinzelten Berg Funno zu, der die letzten Wohnstätten der Karanga barg. Nach vier Stunden hatten wir alle Hügel, die zum Hadscher Jurngo gehören, hinter uns und erreichten nach weitern 1½ Stunden den Berg Funno; in dem Dorfe gleichen Namens lagerten wir trotz der frühen Stunde, da sich bis Amm Degemat, dem Orte, wo wir den Batha zu passiren beabsichtigten, keine weitern Wohnstätten finden sollten. Wir begegneten auf unserm Wege einer grossen Karavane von Arabern, die, von ihren mit Bernsteinperlen am Halse und Silberringen oder Halbringen im Nasenflügel geschmückten Frauen begleitet, vortrefflich gehaltene grosse Rinderheerden wie gewöhnlich zur Regenzeit auf nördliche Weideplätze trieben. Sie gehörten dem Stamme der Nawaïba an und gehorchten in Abesche dem Tintelak Jûsef. Das Dorf Funno zählte nicht mehr als 30 Hütten. Wir richteten uns in zwei verfallenen und einer unvollendeten neuen Hütte, die keine Besitzer zu haben schienen, ein.

Hier begann die Mückenplage, welche sich in immer zunehmendem Grade bis Runga und weiter erstrecken sollte. Nach Ausbesserung meines Angrêb, der durch die Ungeschicklichkeit meiner Leute wiederholt beschädigt wurde, erstieg ich zwar den felsigen Hügel von Funno, doch ohne einen Ausblick zu gewinnen, da derselbe nicht hoch genug und zudem die Atmosphäre nicht klar war. Der Hügel erreicht kaum die Höhe von Rolandseck und war mit riesigen rothen Granitblöcken besäet; er bildete den Tummelplatz zahlloser kleiner Klippschliefer (Klippdachse), von den Arabern „Koko" oder „Keka" genannt, von Kaninchengrösse, dunkelgrau, scheinbar durchaus schwanzlos, da das Rudiment dieses Organs unter der Haut verborgen ist. Hier hatten wir wieder die Spur Alo's, des Sultans von Runga, verloren.

Von Funno nach Westen bis zum Batha und nordwestlich bis zur Vereinigungsstelle des Batha mit dem Butêha, ebenso nach Südwesten erstreckt sich eine licht bewaldete unbewohnte Ebene (Chalâ), welche Amm Dschurâr genannt wird. Wir marschirten in Südsüdwestrichtung durch dieselbe und überschritten nach vier Stunden den Wâdi Tschorôro, welcher 20 Schritt breit mit 1 1/4 m hohen Ufern von Ost nach West fliesst und sich bei Amm Dschurâr in den Batha ergiesst. Er hatte einen etwa sechs Schritte breiten Wasserlauf, während das bald darauf passirte Flüsschen Wâdi Nebagaia mit breiterm Bett, doch flachern Ufern kein Wasser enthielt; beide sollen sich vor der Mündung in den Batha vereinigen. Die Bewaldung der Ufer dieser Flüsschen wurde ansehnlicher und zeigte besonders herrliche Exemplare von Dschochan, Sahabas und Kurna-Bäumen. Noch ein dritter unbedeutender Nebenfluss des Batha trennte uns von einer weiten, nur hier und da mit Gesträuch bewachsenen, grasreichen Ebene und diese vom Batha, den wir nach achtstündigem Tagemarsche, zuletzt in Südwestrichtung, am Dorfe Amm Degemat erreichten, das dem ʿAqîd der Salâmât gehorchte. Jenseit des Batha markirten sich am westlichen Horizont zwei Berge oder Berggruppen der Fâla oder Aulâd Bakka.

Obgleich mir die Zerîba des ʿAqîd der Salâmât angeboten

wurde, zog ich das gewöhnliche Mèsdschîd vor, da ich in demselben sowol bessere Gelegenheit hatte, mit den Einwohnern zu verkehren, als auch ausser der Hütte der Muhâdschîrin noch einige herrliche Bäume und ein Schattendach vorfand. Der Batha, den wir hier zu überschreiten hatten, war leider voll Wasser; er hatte zwar noch nicht die höchste Höhe seiner Ufer, welche er nicht selten überschreitet, erreicht, besass aber bereits einen Wasserspiegel von etwas über hundert Schritt Breite und starke Strömung. In Amm Degemat wohnten zahlreiche Bornû-Leute, welche ihre Vorliebe für Musik und Tanz bis tief in die Nacht hinein bethätigten. Im übrigen walteten sesshafte Araber, welche dem Stamme der Salâmât angehörten, vor. — Der Rest des Tages verstrich in Verhandlungen mit den Schwimmern, die uns und unser Gepäck über den Batha schaffen sollten; denn dort gab es weder Nachen, noch Fähren aus Ambadsch-Holz oder Kürbisapparate zum Uebersetzen. Alles Gepäck musste von den Schwimmern in Thonkrügen, welche zur Aufbewahrung des Wassers in den Häusern dienen, über den Fluss gestossen werden. Endlich wurde ein Vertrag mit sechs Leuten abgeschlossen, die für ihre Mühe 4 Teqâqi oder den Werth derselben, 20 Pfund Salz und 6 Bogen Papier, erhalten sollten. Leider stellte sich am folgenden Morgen die dreifache Anzahl ein, welche zwar scheinbar nur des Vergnügens wegen von der Partie sein wollten, sich jedoch, wie mir später klar wurde, in der Hoffnung, kleine Diebstähle begehen zu können, bei derselben betheiligten. Die Sachen wurden mühsam auf die weitmündigen Thonkrüge vertheilt; Hammu, mein Marokkaner, schwamm sodann hinüber, um dieselben zu empfangen, während ich ihre Vertheilung und den Abgang der Schwimmer überwachte. Die primitive Art der Ueberführung war höchst unangenehm, weil alle grössern Stücke auseinandergenommen werden mussten, da sie entweder zu schwer oder zu umfangreich waren. Der Leute aber waren so viele, dass man sie nicht alle wiedererkennen konnte, und ich hatte als Garantie nur meine Eigenschaft als Abgesandter des Königs. Dazu rieselte ein sanfter Regen auf das umherliegende Gepäck nieder, was besonders für das Salz nachtheilig war. Eine grosse Menge desselben wurde zu rother Erde, und als wir endlich auf dem jenseitigen Ufer angekommen waren,

fehlte nicht allein eine erhebliche Quantität dieses weiter im
Süden so nothwendigen Tauschartikels, sondern auch verschiedene
gefärbte Ziegenfelle und andere Kleinigkeiten konnten selbst nach
langem unangenehmen Streite mit den Leuten nicht wiedergefunden werden.

Nachdem alles so gut als unter unablässigem Regen möglich
wieder verpackt war, konnten wir gegen Mittag vom jenseitigen
Ufer aufbrechen, begleitet von einigen Schwimmern (Auwâma), da
unserer noch zwei der zahlreichen Flussarme des Batha warteten,
zu deren Bewältigung jene contractlich verpflichtet waren. Nach
einem halben Stündchen stiessen wir auf den ersten Arm mit
glücklicherweise nur etwa 1 m tiefem Wasser, und wenige Minuten
darauf folgte der zweite, welcher überhaupt kein Wasser führte.
Die Ufer beider zeigten Thonbodenstreifen, während ihr Bett
sandig war. Die beiden Arme trennen sich eine halbe Stunde
östlich von Degemat bei Dscheïma vom Hauptarme und vereinigen
sich wieder mit ihm eine halbe Stunde nördlich vom Dorfe Amm
Demm, auf das wir unsern Marsch richteten. Wir erreichten dasselbe bald, fanden aber leider das Mêsdschïd von so vielen Muhâdschïrîn besetzt, dass wir die angenehme Aussicht hatten, die
Nacht im Freien zu campiren. Einstweilen war das Wetter gut,
und ich erholte mich auf meinem Angrêb im Schatten eines Seifen-
baumes von der anstrengenden Passage des Batha. Der Lehrer
des Ortes erschien mit seinen Schülern, um mich und meine Effecten
in Augenschein zu nehmen, einige Leute des Dorfes folgten, und
nie sah ich eine solche Bewunderung für Uhr, Compass u. s. w.,
als bei diesen trotz einiger Zudringlichkeit, wie es schien, gut-
artigen, liebenswürdigen Menschen. Sie waren im allgemeinen
rothhäutig, während die Salâmât sonst für vorwiegend dunkelfarbig gelten. Die Einwohner gehörten sämmtlich der Salâmât-
Abtheilung der Aulâd Dau an und hatten sich erst seit vier Jahren
in die engen Grenzen eines Wadâï-Dorfes gezwängt, anscheinend
auf Veranlassung der Regierung, welche ihren Scheïch Dschedêj
gezwungen hatte, seinen heimischen Sitz am Bahâr es-Salâmât
aufzugeben und sich in Wadâï niederzulassen; man wollte durch
ihn, der der angesehenste Häuptling der Salâmât überhaupt war,
die Möglichkeit gewinnen, einen Druck auf die fernwohnenden

Stammesgenossen ausüben zu können. Der Scheïch befand sich augenblicklich in seiner frühern Heimat und wurde auch nicht vor dem Winter zurückerwartet, während die meisten übrigen Männer des Dorfes mit ihren Rinderheerden, wie stets zur Regenzeit, nach Norden gezogen waren. Das Dorf zählte etwa 100 Hütten.

Als ich mich gegen Abend hinlänglich mit meinen Besuchern befreundet hatte, wurde von einigen derselben der Vorschlag gemacht, mich in der Wohnung des abwesenden Scheïch einzuquartieren. Seine verheirathete Tochter und Nachbarin Fâtïma wurde herbeigeholt, und nachdem sie sich vollständig einverstanden erklärt hatte, wurde der Vorschlag sofort zur Ausführung gebracht. Es war dies um so wünschenswerther, als vor uns ein Flüsschen lag, Likôre genannt, das aus Südosten kommt und in das Tindurne-Gebiet der Fâla fliesst, und von welchem allgemein behauptet wurde, dass sein augenblicklicher Wasserreichthum uns leicht für einige Tage hier zurückhalten könne. Mein Kursî Tom und der Marokkaner Hammu mussten am nächsten Morgen sich durch den Augenschein von der Richtigkeit des Berichts überzeugen und kehrten mit so ungünstigen Nachrichten zurück, dass ich mich mit dem Gedanken an zwei oder drei Tage Aufenthalt vertraut machte. Die Zeit wurde uns übrigens angenehm verkürzt durch den Besuch der Frauen und Mädchen des Dorfes, welche bei der Abwesenheit der Männer grössere Freiheit genossen, wenig zu thun hatten und äusserst zutraulich waren. Die meisten waren rothhäutig. Fâtïma, die Tochter des abwesenden Scheïch, ebenfalls Strohwitwe, war eine echt semitische Schönheit und verrieth in Nichts den Jahrhunderte langen Aufenthalt ihrer Stammesgenossen im Lande der Neger. Unsere Umquartierung erwies sich um so zweckmässiger, als bereits am andern Morgen ein heftiges Gewitter mit rasender Geschwindigkeit heraufkam, das uns im Freien in einen jämmerlichen Zustand versetzt haben würde.

# Sechstes Kapitel.
## Reise nach Runga (Fortsetzung).

Hydrographische Verhältnisse. — Die Abgaben der Salâmât. — Schwieriger Uebergang über den Likóre. — Zuflüsse desselben. — Der Bezirk Kudûgus. — Löwenspuren. — Bergkette und Dorf Bîr Sessi. — Kadschakse. — Marsch auf Taffe. — Waldung bei Bûtta. — Terrainschwierigkeiten. — Baumvegetation. — Wiederholte Gewitterregen. — Berg und Dorf Olo. — Die Sunta und die Passage derselben. — Weitermarsch an den Bahär Korte (Bahär Mangâri; Bahär es-Salâmât). — Die dortige Thierwelt. — Wiederholter Marsch durch Sümpfe. — Heftige Fieberanfälle. — Der Sumpf Ridschel. — Bote König ʿAli's. — Entschluss zur Rückreise. — Die Mückenplage. — Die Dschêggel im Bezirk Mangâri. — Rückweg durch die Sunta. — Einfluss der Stiche bösartiger Fliegen. — Rasttag in Olo. — Abweichung vom frühern Wege. — Schwierigkeit des neuen Weges. — Die Dörfer Surbo und Dschachdschacheija. — Vegetation und Bodencultur. — Der Giftbaum „Semm el-Fâr". — Ruhetag bei den Aulâd Bakka. — Das Dorf Akrub. — Wasserreichthum im Bereich des Batha. — Schwerer Marsch durch Niederung, Felsschluchten und Waldungen. — Die Landschaft der Marfa. — Reichthum der Gegend an Bergketten. — Nachtlager im Kaschemere-Dorf ʿArâq Tingare. — Bedenklicher Zustand der Lastthiere. — Die Hyänen am Butêha. — Wassermangel im Bezirk von Abesche. — Letztes Nachtlager im Dorfe Gulfo und Ankunft in Abesche.

Hier in Amm Demm hatte ich Gelegenheit, einigermaassen die hydrographischen Verhältnisse des Südwestens von Wadâï mir klar zu machen, eine annähernd richtige Anschauung vom See Iro zu gewinnen, welcher die Gewässer des Flusses der Salâmât aufnimmt und dieselben als Fluss Iro weiter nach Westen sendet, sowie das Verhältniss desselben zu dem Flusse der Râschid, dem

Wâdî Andôma festzustellen und die ersten einigermaassen sichern Nachrichten einzuziehen über die südlich vom Iro-See von Osten dem Schâri zuströmenden Flüsse, den Aukadebbe, den Bahär el-Abiäd, den Bahär el-Azräk und den Bahär el-Ardhe, auf welche ich an anderer Stelle zurückkommen werde.

Die Salâmât machen von ihren eigentlichen Wohnsitzen aus häufige Beutezüge nach Süden, um Sklaven zu gewinnen, deren sie eine beträchtliche Anzahl dem König von Wadâi liefern müssen. Der ganze Stamm setzte sich aus 18 Unterabtheilungen zusammen, unter denen nur drei eine gewisse Bedeutung hatten und welche alle zusammen nur eine Reitermacht von 6—800 Mann zu stellen vermochten. Unter den Abtheilungen befand sich auffälligerweise eine „Bulâla" genannte, welche jedoch wahrscheinlich nach einem ihrer Häuptlinge, der diesem Stamme angehörte, den Namen führte. Ausser den Sklaven — und zwar jährlich nie unter 100 — hatten die Salâmât an die Regierung in Abesche abzugeben: 5—600 Ochsen — vor der oft erwähnten Rinderpest 1000 —, ferner 1000 Teqâqi und ausserdem so viel an Honig, Elfenbein, Rhinoceroshörnern, Krokodilhäuten u. dgl., als ihr Statthalter und Vertreter in Abesche, der ʿAqîd es-Salâmât alljährlich zu erpressen vermochte. Da diese Abgaben trotz gewohnheitsmässig feststehender Normen mehr oder weniger von dem Gutdünken des ʿAqîd abhängen, so hatten die Salâmât seit mehrern Jahren ihre Sitze im Süden während der Regenzeit nicht mehr mit den nördlichen Weideplätzen vertauscht, nur um den Abgaben zu entgehen, welche sie dann üblicherweise noch ausserdem nach der Hauptstadt bringen mussten.

In der Besorgniss, dass die Wässer des Likôre nicht schnell genug zurückgehen und mich zu längerm Aufenthalt nöthigen möchten, hatte ich mit einigen jungen Leuten des Dorfes die Möglichkeit besprochen, auch bei dem bestehenden hohen Wasserstande einen Flussübergang zu wagen. Die Salâmât, an den Ufern des gleichnamigen Flusses wohnend, der zur Regenzeit oft sehr reissend und breit wird, kennen natürlich für einen Flussübergang andere Mittel als die primitiven, deren wir uns tagsvorher bedient hatten. Da aber der Ambadsch fehlt, der in Bornû zur Construction der Fähren dient, so bauen sie dieselben hier aus dem starken Rohre des Duchn und der Durra. Die Fähren sind sehr umfangreich, in kurzer Zeit herzustellen und leicht, können aber ebenfalls nur durch Schwimmer übergeführt werden.

Am folgenden Morgen, 26. August, wurde der Aufbruch leider durch ein unwillkommenes Ereigniss hinausgeschoben. Ich hatte in der Nacht in der grossen Hütte des Scheïch allein geschlafen, während meine Leute sich wegen der ungeheuern Anzahl lästiger Mücken im Freien lagerten, um bei einem grossen Feuer dieser Plage gegenüber den Vortheil des Rauches zu haben. Nachdem ich mich in der Hütte, welche Dimensionen hatte wie die früher geschilderten Araberhütten in Bornû, obwol sie nicht zur Aufnahme des Viehs bestimmt war, stundenlang mit den Mücken — „Ba'ûda" — abgequält und endlich den Schlaf gänzlicher Ermattung gefunden hatte, waren Diebe durch die Rohrwandung eingedrungen und hatten mir einen Sack, der einen Bernus, eine Perlhuhntobe, einen tunesischen Tarbûsch, ein Hemd und ein Beinkleid enthielt, ferner einen Sack mit dem so wichtigen Taback und ein grosses Gefäss mit Butter entwendet. Ich erinnerte mich auch dunkel, während der Nacht ein Geräusch gehört zu haben, hatte dasselbe aber für ein von meinen ausserhalb der Hütte befindlichen Leuten herrührendes gehalten und war in meiner grossen Müdigkeit nicht zum Bewusstsein gekommen. Wir fanden die Fussspuren von drei Leuten und stellten während des Vormittags Nachforschungen nach den Dieben an, die aber natürlich erfolglos blieben. Nachdem wir dem nächstwohnenden Verwaltungsbeamten die Sache angezeigt und den Einwohnern mit dem König 'Alî gedroht hatten, rüsteten wir uns zur Abreise. Ich versprach der schönen Fâtïma, auf der Rückreise von Runga meinen Weg wieder über Amm Demm zu nehmen und ihrem freundlichen Anerbieten gemäss zu grösserer Sicherheit vor Dieben und Insekten in ihrem Mückengemach zu übernachten. Dort baut man nämlich inmitten der grossen Hütte eine ebenso geformte kleinere, welche auf einem etwa 1 m hohen Gestell ruht, bis zur Spitze der Haupthütte reicht und neben sich einen Gang für den Tagesverkehr und zur Unterbringung der Hausgeräthschaften frei lässt.

Um 2 Uhr nachmittags brachen wir endlich auf, und es war besser so, denn der Regen, welcher täglich fiel, machte ein Fallen des Likôre nicht wahrscheinlich. Wir legten jedoch nur einen Weg von einigen Stunden in Südostrichtung zurück bis zum Dorf Chenama mit etwa 30 Hütten, ebenfalls von Salâmât-Arabern bewohnt, um bei etwaigen Schwierigkeiten für die bevorstehende Flusspassage den ganzen Tag vor uns zu haben. Auch hier stiegen wir zunächst im Mêsdschîd ab, wurden jedoch später von einem freundlichen Mann, dessen eigene Hütte weder dicht noch mit einem Schattendach versehen war, in der Hütte einer einzelnen Frau einquartiert, welche ihrerseits für diese Nacht ein anderes Unterkommen suchen musste. Diese Gastfreundlichkeit kam uns sehr zu statten, denn bald nach unserer Ankunft begann ein heftiger Regen und dauerte bis spät in die Nacht hinein. Leider war die Hütte so klein, dass nur ich mit dem Gepäck, der Kursî Tom und der kleine Diener Billama darin Platz hatten, die übrigen blieben im Mêsdschîd. — Wenn unser Logis nicht sehr glänzend ausgefallen war, so wurden wir um so reichlicher von einem Beamten des ʿAqîd der Salâmât, dem Kursî Isâ, bewirthet; süsse Milch wurde uns in Menge gebracht, ausserdem verschiedene Schüsseln des üblichen Getreidepudding, und am Abend wurde noch das Versprechen gegeben, uns den Uebergang über den Likôre ermöglichen zu wollen.

Nach einem Marsche von etwa einer halben Stunde standen wir am nächsten Morgen vor dem Likôre; zuvor hatten wir in nächster Nähe Chenamas noch ein anderes, von Arabern bewohntes Dorf, Namens Ademti, welches der Mômo gehörte, am Wege gesehen. Der Fluss hatte seine Ufer weit überschritten, sein Bett war nur an der bedeutendern Strömung und an der Baumlosigkeit zu erkennen. Bis zum Uferrande war die Passage wegen der Ungleichheit des Bodens schwierig, namentlich für die Ochsen; im Bett selbst überstieg das Wasser Manneshöhe und bot also auch für meine Mannschaft, von welcher nur Hammu schwimmen konnte, Schwierigkeiten dar. Allein konnten wir den Uebergang unmöglich bewirken; ich ritt also mit dem Kursî Tom zum Dorfe Chenama zurück und requirirte von dem gefälligen Beamten des ʿAqîd der Salâmât sieben Mann, die uns sogar ohne vorherige Vereinbarung des Preises hinüberbrachten. Als ich nach bewerkstelligtem Uebergang jedem zwei Bogen Papier und eine Hand voll Taback gab, waren sie ausserordentlich zufrieden und dankbar.

Ein Marsch von 3½ Stunden, der bei mannichfachen Windungen eine südöstliche Durchschnittsrichtung hatte, führte uns an den Araberdörfchen Fadsch el-Chalâ und Amm Tschinqir vorüber durch Saatfelder, über offene Wiesenflächen und durch flache Gegenden mit lichter Waldung nach Amm Dêban, dem Hauptorte des Kûdugus-Bezirks. Ziemlich schlecht empfangen, da der Bürgermeister, der einzige, der die Verpflichtung hatte, einen Abgesandten des Königs zu beherbergen, abwesend war, fand glücklicherweise Kursî Tom im Hause eines seiner Freunde ein Unterkommen für uns unter dem Dache einer schadhaften Hütte. Im Bezirk Kûdugus, welcher ein Dutzend Ortschaften enthält, deren grösste, Amm Dêban, etwa 400 Wohnstätten haben mag, fliesst der Likôre, der sich aus drei Flüsschen zusammensetzt: dem Chebene, Kumboje und Amm Tamârib, die sich in der Gegend von Bîr-Sessi, einen Tagemarsch ostsüdöstlich von Kûdugus, vereinigen. Von Amm Dêban, das eine erhöhte Lage hat, erblickte man am östlichen Horizont verschiedene Berggruppen, ostnordöstlich die Berge von Ligia, im Osten, etwa 1½ Tagereise weit, den niedrigen Bergrücken Amm Roâba, ferner einen höhern Berg, Dschedschi, in Südostrichtung und gleicher Entfernung und einen ebenso bedeutenden, Namens Behass, in Ostsüdostrichtung.

Bei dem täglichen Regen war es für uns sehr günstig, dass die Gegend aus sandigem, gleichmässig ebenem Boden bestand. Wir legten an diesem Tage, 28. August, sieben Stunden zurück, fast stets in Südost- und nur für die letzte Stunde in östlicher Richtung, und zogen durch eine lichte Waldung, in welcher Mimosen, Kurna, Nabaq und der Seifenbaum vorwalteten, aber auch der Hommêd, sowie die knorrige *Gardenia*, von den Arabern Wadâïs „Abû Neqûja" genannt, vorkamen. Die Gegend ist reich an Löwen, welche bewohnte Gegenden sonst gern verschonen, und sowol der König der Wildniss, als auch die Hyäne bricht nicht selten nachts in die Dörfer ein, um Vieh zu rauben. Eine frische Löwenspur beunruhigte uns am Morgen, und als später verschiedene male in der Nähe unsers Weges die Stimme eines Löwen ertönte, war sogar mein sonst sehr ruhiger Esel offenbar tief erregt. Am Vormittag überfiel uns ein starker Regen, der uns einige Stunden hindurch in eine höchst unerquickliche Lage versetzte und unsere Kleider so gänzlich durchweichte, dass wir in sehr ungemüthlicher Stimmung, zitternd vor Kälte, in dem Dorfe Bûram, welches von Chozzâm-Arabern bewohnt war, ankamen. Zum Glück fanden wir ein vortreffliches Unterkommen; wir hatten eine gute Hütte für uns, man brachte Speisen und Holz, und wir konnten uns und die Sachen am Feuer mit einer gewissen Behäbigkeit trocknen. Leider war die Hütte zum Trocknen des Gepäcks nicht geräumig genug, sodass wir den ganzen folgenden Tag noch damit zubringen mussten. Dieser Aufschub war insofern nicht ungünstig, als wir gleichzeitig die Musse benutzten, um die Rücken unserer Lastochsen vollkommener als bisher gegen Druck zu schützen, zu welchem Zwecke wir unter Anleitung der Araber bessere Strohpolster kauften oder selbst verfertigten. Bereits war mein Reitesel durch eine Wunde am Rücken gänzlich unbrauchbar geworden, und ein solches Ereigniss würde bei einem unserer Lastochsen bedeutend hinderlicher gewesen sein.

Die Leute bewirtheten uns in gastlichster Weise, und alles, was wir brauchten, war leicht um kleine Stückchen Salz, das hier schon selten und theuer wird, zu beschaffen. Nur Milch, Hühner und Schafe hatten einen höhern Preis als in Abesche, wie es übrigens im Innern des Landes häufig der Fall ist. Da die Hühner hier meistens den Frauen gehören, so hätte ich dieselben noch leichter bekommen können, wenn ich Riechhölzer (Sandelholz u. dgl.) oder gar die bei ihnen beliebten Schmucksachen besessen hätte, doch meine Vorräthe waren auf die halbheidnischen Leute von Runga berechnet, und meine Glasperlen alle im Geschmack der Heiden von Kûti.

Die Einwohner waren ebenfalls meist rothhäutig und erst seit dem Jahre 1870, wo die Rinderseuche unter ihrem Viehstand gewüthet hatte, sesshaft geworden. Es war mir sehr auffallend, dass die Frauen dieser Araber ebenfalls der Sitte Wadâïs folgen mussten und nicht anders als auf den Knien vor einer Gesellschaft von Männern, und zwar in gehöriger Entfernung, vorüberrutschen durften. Kein Schmutz oder Regen dispensirte sie von dieser Pflicht. Ich sah hübsche junge Mädchen mit seidenen Hüfttüchern Pfützen auf den Knien passiren, und selbst wenn die Männer in solchen Fällen sie wol aufforderten, in aufrechter Stellung vorüberzugehen, so wagte doch das schöne Geschlecht selten, von der Erlaubniss Gebrauch zu machen.

Leidlich getrocknet brachen wir am nächsten Morgen (30. August) auf und wendeten uns in Ostsüdostrichtung einer vor uns liegenden Bergkette zu, welche von Ostnordost nach Westsüdwest verlief und den Namen Dschebel Bir-Sessi führte. Wir zogen durch zwei Dörfer Namens Mokörok, am Fusse der Kette, wanden uns zwischen ihren Hügeln durch, schlugen eine südliche Richtung ein und folgten in derselben einer andern von Dschebel Bir-Sessi ausgehenden Hügelkette, welche zu unserer Linken blieb. Nachdem wir ein schwachströmendes Flüsschen überschritten hatten, lagerten wir nach etwa fünf Stunden im Dorfe Bir-Sessi. Der Weg stieg von Anfang an merklich auf, denn wir hatten die hügelige Landschaft des Stammes der Kadschakse betreten. Wie gewöhnlich nahmen wir Quartier im Mésdschîd, das sich durch einen schönen, grossen und dicht gedeckten „Gedebâba" oder „Rekûba" (Schattendach) auszeichnete, während die Hütte viel zu wünschen übrig liess und überdies auch ganz von den Schlafstellen der Muhâdschîrîn eingenommen wurde, die nach Art der Schiffskabinen etagenmässig angebracht waren. Nachmittags, als die Leute und mit ihnen der Bürgermeister von den Feldarbeiten zurückkehrten, wurde ich mit dem Gepäck in einer Hütte des letztern untergebracht, gerade noch zeitig genug vor Ausbruch des zweiten Gewitters an diesem Tage. Das Dorf war nur unbedeutend und zählte etwa 50 Hütten. Hier sah ich zum ersten mal seit unserer Abreise von Abesche einen wirklichen Webstuhl in Thätigkeit. Der Weber sitzt auf dem Rande einer Grube, in welcher sich unterhalb des darüber errichteten leichten Holzgestells der Tretapparat befindet. Die Längsfäden sind in einiger Entfernung von der Grube am Erdboden befestigt, während die Einschlagsfäden vom Weber gelenkt werden.

Mein eigentlicher Reisegefährte, König Alo, hatte hier übernachtet, sodass wir endlich seinen Weg, der ursprünglich mehr östlich verlaufen war, erreicht hatten, doch hatte er einen Vorsprung von zwei Tagemärschen vor uns.

Von Bîr-Sessi wollten wir eigentlich einen mehr oder weniger directen Weg nach Olo einschlagen, wurden aber von den Einwohnern belehrt, dass der Fürst wegen der gefährlichen Umm Bodschêna-Fliege den östlichen Weg über Taffe gewählt habe. Wir wählten daher am 31. August ebenfalls eine südöstliche Richtung, gelangten nach einer Stunde zum Dörfchen Merefeïne von nur 40 bis 50 Hütten und begnügten uns an diesem Tage, aus Furcht vor dem nachmittäglichen Regen, das Dorf Bûtta zu erreichen, welches 1 1/2 Stunden südsüdöstlich von dem vorigen liegt. Taffe war zu weit entfernt, und während der Regenzeit in der Wildniss zu campiren, musste natürlich wenn irgend möglich vermieden werden. Der Weg führte meist durch herrliche Waldung, deren Bäume mit jedem Marschtage nach Süden ansehnlicher wurden und deren Behang von rankenden Schmarotzerpflanzen und Cacteen immer üppiger wurde. Bûtta oder Bûta liegt am westlichen Abhange eines etwa 100 m hohen Hügels, welcher, auf seinen Abhängen bewaldet, auf der Spitze von etwa 10 m hohen, thurmähnlich emporragenden Felsen gekrönt ist. Von der Höhe des Berges erblickte man am Horizont von Osten bis Südosten die Berge der Sûla, welche einen Tagemarsch von hier entfernt sein sollten.

Das Dörfchen enthielt höchstens 30 Hausstände, doch wurden wir sehr gastfreundlich aufgenommen; ein liebenswürdiger Greis empfing uns auf dem Mêsdschïd-Platze, dessen Schattendach allerdings äusserst mangelhaft über einer Bodensenkung angebracht war, welche bei einem Regen nothwendig das Wasser sammeln musste, während die Hütte selbst in ihrem Unterbau der Umkleidung entbehrte. Doch sobald der Mandschak vom Feld zurückgekehrt war, nahm er uns zuvorkommend in seiner Wohnung auf. Die zahlreichen Besucher zeigten sich als liebenswürdige, bescheidene, gastfreundliche und ehrliche Leute, waren aber allerdings von äusserster Einfachheit und geringer Civilisation. Hauptverwunderung erregte z. B. in diesem doch noch zum eigentlichen Wadāï gehörigen Orte meine Lampe, welche in einer einfachen Schale von Eisenblech bestand, in welcher ein kleiner Einschnitt den kunstlosen Baumwollendocht oder ein Stückchen Kattun aufnahm und die mit Butter gespeist wurde. Sie schien als eine glänzende Probe unerhörter nordischer Civilisation angestaunt zu werden. Wenn ich so freundlich aufgenommen wurde, mochte ich dies allerdings wol zum Theil der öffentlichen Stellung, welche ich in den Augen der Leute bekleidete, verdanken; da zur Regenzeit eine Reise über den Bahâr es-Salâmât zu Handelszwecken als unsinnig nicht in Frage kam, so waren die Einwohner überzeugt, dass ich in irgendeinem Auftrage des Königs 'Ali nach Runga reise; ein Glaube, den zu zerstören ich kein Interesse hatte.

Von meinem Wirth, Brâhîm Merdo, kaufte ich einen kleinen fetten Hammel für 5 m Châm, also theuerer als in Abesche, doch ist, wie schon bemerkt, im Innern, wo kein Wettbewerb stattfindet, alles theuerer als in der Hauptstadt. Bei diesem Handel, wie im ganzen Laufe des Tages, constatirte ich ein ausgezeichnetes Familienverhältniss. Mann und Frau beriethen sich nicht allein über den Verkauf miteinander, sondern bei allem, was der Mann bei mir bewunderte, musste Kadischa gerufen werden und das Vergnügen mit ihm theilen. Ebenso schien es bei den andern Einwohnern zu sein; auch hatte niemand mehr als eine Frau. Mein christlicher Charakter wurde durchaus nicht verheimlicht, erregte jedoch ebenso wenig Verwunderung als Abscheu, weil man zu wenig in der mohammedanischen Cultur vorgeschritten war, um zu wissen, welches Verbrechen es sei, dieser Religion anzugehören.

Kaum war ich am Abend in das gastfreundliche Haus übergesiedelt und der Hammel geschlachtet, als ein mächtiges Gewitter hereinbrach, dessen Regen sogar das Innere der Hütte vollständig überschwemmte. Sachen und Leute litten beträchtlich, nur ich selbst, auf meinem Angrêb an einer dichten Stelle untergebracht, wurde verschont. Mein Gastfreund brachte abends ein Schüsselchen mit Brei aus den Früchten des Machet, welcher nur im Nothfalle das Getreide zu ersetzen pflegt; die Leute schienen demnach dessen nicht viel zu besitzen.

Bis in den Vormittag des folgenden Tages hinein verlängerte sich der Regen; so entschlossen wir uns denn, da wir in einem Tage Taffe zu erreichen wünschten, auch den 1. September in

Bûtta zu verweilen. Ich benutzte die Zeit, um ein kleines Vocabularium der Kadschakse- oder Marfa-Sprache herzustellen, wobei ich bei meinem Wirthe und seinen Nachbarn die grösste Bereitwilligkeit fand. Zwei Bogen Papier als Geschenk für meinen Wirth und je einer für jeden Nachbar erzeugten wahre Ergüsse von Dankbarkeit und trugen mir eine segnende „Fâtîha" ein.

Der Boden der ganzen Gegend hat unter seiner oberflächlichen Sandlage eine Schicht schöner rother Thonerde, aus welcher die Kinder mit grossem Geschick ihr Spielzeug formten. Wie die Araberkinder in Kânem und Borkû sich Kamele aus Thon bildeten, und wie in Bornû gleicherweise das Pferd hergestellt wurde, so sah man hier, entsprechend der Umgebung, jedes Kind mit sehr treu und geschickt nachgemachten Rhinocerossen und Elefanten spielen.

Der Fürst von Runga sollte bereits vor vier Tagen von Taffe aufgebrochen sein, aber man war der Ansicht, dass er in Mangâri am Bahăr es-Salâmât einige Zeit liegen bleiben und abwarten werde, bis die Abnahme des Regens die Reise durch das sumpfige Terrain, welches zwischen dort und Runga liegt, ermögliche. Von jetzt ab, wo wir uns der Niederung näherten, welche der Fluss der Salâmât durchfliesst, wurde unsere Reise bedeutend schwieriger, Thonboden trat oft zu Tage und brachte dann grosse Anstrengungen und Zeitverlust mit sich. Glücklicherweise war die Gegend immer noch reich an Hügeln und steinigen und sandigen Stellen. Wir marschirten in Süd- und Südsüdwestrichtung durch eine romantische Wildniss, zwischen Hügelreihen und über Bodenwellen, über kleine Rinnsale mit steinigem Bett und trafen nach 5½ Marschstunden auf eine Theilung des Weges, von welchem eine Abzweigung in Südsüdwestrichtung nach Olo und die andere in Südostrichtung nach Taffe führte. In dem dichten Wald, in welchem der Ebenholzbaum, der Nabaq el-Fîl und ein stacheliger Baum mit trockenen, bittern Beeren, sowie der von den Bornû-Leuten „Dadem" und in Wadâï „Amudeke" genannte Baum mit erfrischenden säuerlichen, unsern Eierpflaumen ähnlichen, schön gelben Früchten häufig waren, bemerkte ich hier zum ersten mal den Bambus, dort „Gamsa" genannt, und den astlosen und langblätterigen Baum Rutrut, dessen Bast im Nothfall als Papier benutzt wird.

Leider thürmten sich nachmittags im Osten so unheilschwangere Wolken auf, dass wir es vorzogen, unser Lager aufzuschlagen und uns so gut als möglich bei zeiten zu schützen. Wir stellten aus Akazienzweigen eine widerstandsfähige Zeriba her, brachten das Gepäck auf eine erhöhte Unterlage von Holz, schleppten eine hinlängliche Menge Brennholz herbei und sahen resignirt unserm Schicksal entgegen, das uns auch um Mitternacht in Gestalt eines mächtigen regenreichen Gewitters ereilte. Mit Ausnahme meiner Person, die bei dieser Gelegenheit für die Mitnahme eines Angrèb wieder nicht dankbar genug sein konnte, lag am Morgen alles im Wasser. Ein von Regen vollgesogenes Zelt ist, wenn man zum Transport allein auf Ochsen und Esel angewiesen, ein so schwerfälliger Gegenstand, dass ich auf seine Mitnahme verzichtet hatte.

So sahen wir uns denn auch am nächsten Morgen (3. September) wieder um die Hälfte des vor uns liegenden Tages betrogen, denn sobald die Sonne etwas hervorbrach, mussten wir unsere Sachen auf den Zweigen der Zerîba ausbreiten, bis um Mittag eine nothdürftige Trocknung erzielt war. Nach $2^{1}/_{2}$ Stunden in Südsüdostrichtung kamen wir am Fusse des Berges an, auf dessen Südabhang Taffe liegt, nachdem wir einen breiten, mit hohem Schilf durchwachsenen Wâdî passirt hatten, in welchem in der trockenen Jahreszeit sich die Brunnen befinden. Der Hügel von Taffe war so mit Steinen bedeckt und bisweilen so steil aufsteigend, dass wir grosse Mühe hatten, unsere Ochsen hinüberzubringen. Von der Höhe des Berges erblickten wir rückwärts die Hügelkette, welche den Weg von Bûtta durchschneidet, im fernern Südwest die Berggruppe von Kibêt und im Westen die einzelnen Berge der Kadschakse, Kerrere und Dschûmmo. Taffe ist eines der grössten Kadschakse-Dörfer, zählt 150—200 Hütten und ist sehr weitläufig gebaut; durch die zahlreichen Gärten und Felder inmitten des Ortes, deren Einfriedigung die Strassen bilden, waren die letztern so eng, dass sie beladenen Thieren den Durchgang nur mit grösster Schwierigkeit gestatteten. Der Melik befand sich in Abesche und sein Stellvertreter, der Chalifa, auf dem Felde, sodass wir wieder im Mêsdschîd absteigen und die Rückkehr des Beamten erwarten mussten. Als er kam, stellte er uns jedoch keine Hütte zur Verfügung, und es blieb uns nichts übrig, als unter dem Schattendach und in der Hütte des Mêsdschîd zu campiren. Die Kabine des letztern wurde für diese Nacht von den Muhâdschîrîn befreit und nur der alte Faqîh blieb mein Schlafgenosse.

Die Leute waren zwar ebenfalls recht freundlich, wurden jedoch durch ihre grosse Zahl lästig. Ich hütete mich, ihrer Neugier aussergewöhnliche Gegenstände zu bieten, doch meine primitive Lampe genügte wieder, Dutzende von Leuten zu mir zu führen und mit hoher Bewunderung für die Intelligenz und Kunstfertigkeit der Christen zu erfüllen.

Als wir am folgenden Tage (4. September) unsern Weg in Südwestrichtung auf Olo zu fortsetzten, erblickten wir im Süden und Südosten eine weite Ebene, aus der sich im Südosten ein einzelner Berg nahe dem Flusse der Salâmât und im Osten der Berg Abû Rhusûn in der Entfernung eines Tagemarsches hervorhoben. Nach drei Stunden stiessen wir auf die Mitte der Bergkette von Olo, welche eine Richtung von Nordnordost nach Südsüdwest hat und zogen an ihrem südöstlichen Fusse noch fast eine Stunde hin, ehe wir das Hauptdorf gleichen Namens erreichten. Die Ortschaft war kleiner als Taffe, zählte 100 Hütten, hatte jedoch ein recht wohlhabendes Aussehen; ich selbst erhielt hier eine grosse leere Hütte. Diesmal war es vorzüglich mein Teppich, so defect derselbe auch bereits sein mochte, welcher mein Ansehen sehr hob, da der Fürst von Runga, der vor kurzem ebenfalls dort gesehen worden war, einen solchen als königliche Ausstattung von seinem Lehnsherrn mitgebracht hatte.

Hier mussten wir einen Tag liegen bleiben, denn mein marokkanischer Diener hatte eine so heftige Augenentzündung, dass ich auf seine und der Einwohner Bitten unsern Aufbruch verschob. Es entwickelte sich vor meiner Wohnung alsbald ein lebhafter Markt in Mehl, Hühnern und den hier wieder zu Ehren kommenden Eiern, die sämmtlich für das kostbare Salz verkauft wurden. Auch brachte man sehr schmackhaftes und zartes Fleisch von Büffeln und Giraffen zum Verkauf. Die Einwohner erlegen deren sehr viele, und zwar die erstern stets zu Pferde, wie denn die ganze Gegend reich an diesen Thieren ist.

Ich hatte den Bitten Hammu's um so eher nachgegeben, als vor uns eine berüchtigte Niederung lag, deren Passage während der Regenzeit ausserordentlich gefürchtet wird; wir unternahmen dieselbe am folgenden Tage (6. September). In starken Windungen, die sich zwischen Südost- und Südwestrichtung hielten, aber durchschnittlich Südsüdostrichtung einhaltend, quälten wir uns durch dichte Waldung, welche durch das Vorwalten der von den Kanûri „Dôso" und von den dortigen Arabern „Abunduro" genannten Akazien mit ihren starken Dornen überaus mühsam wurde und die Aufmerksamkeit sehr in Anspruch nahm. Der Boden war lehmig, hier und da mit Wasser bedeckt, das oft verrätherische Gruben verbarg. Nach einigen Stunden erreichten wir einen lichtern Theil des Waldes mit rothem, felsigen Boden, der unter dem Namen Serîr el-Dschellâbî, „der Thron des Dschellâbî", bekannt ist. Ein nach Süden reisender Dschellâbî, der den erwähnten vor uns liegenden Sumpf nicht zu überschreiten vermochte, soll sich hier auf einem schönen Tamarindenbaum eine Hütte erbaut und eine ganze Regenzeit zugebracht haben, daher der Name.

Um Mittag betraten wir den gefürchteten Morast, welcher „Sunta" genannt wird. Er stellt eine Art Sumpf des Flusses der Salâmât dar, der hier Bahăr Korte heisst und in der trockenen Jahreszeit leicht zu passiren ist. Jetzt war alles Wasserfläche oder grundloser Brei. Von bestimmten Wegen fand sich keine Spur, und wir mussten völlig auf die Kenntniss meines Kursî Tom vertrauen. Bis über die Knie beständig durch den Brei stampfend — denn der Stier, auf dem ich ritt, seit mein Esel tragunfähig geworden, hatte mit sich genug zu thun — strebten wir vorwärts, und als wir nach einigen Stunden hofften, nahezu das Ende der Sunta erreicht zu haben, stellte sich heraus, dass wir den Weg verloren hatten. Unzählige male schon waren die Thiere gestürzt und ihr Gepäck in das Wasser oder den Morast geschleudert worden. Jetzt sassen wir, die Thiere bis an den Bauch, wir selbst bis zur Hälfte des Oberschenkels im Sumpfe fest. Der Kursî verliess uns, um die Wegrichtung zu ermitteln. Um das Unangenehme unserer Lage noch zu erhöhen, zogen dichte Gewitterwolken herauf. So standen wir, auf Tom wartend, mehrere Stunden, nicht vorwärts und nicht rückwärts könnend, unter bald losbrechendem strömenden Regen, eine höchst unerquickliche Situation! Endlich schwächte sich der Regen insoweit ab, dass er uns erlaubte, unsere nächste Umgebung zu sehen. Tom kam zurück mit der Behauptung, den Weg gefunden zu haben, und wir versuchten, denselben querfeldein zu erreichen, da eine Rückkehr bis zu dem Punkte, wo wir ihn verloren hatten, wieder mehrere Stunden unter den gleichen Anstrengungen in Anspruch genommen haben würde. Doch kein halbes Dutzend Schritte war gemacht, so guckten die Thiere nur noch mit dem Kopfe aus der Wasserfläche heraus und von unsern Sachen war keine Spur über der Oberfläche derselben sichtbar! Zwei, drei vergebliche Versuche wurden gemacht, das Gepäck herauszufischen und die Thiere wieder anzutreiben. Endlich mussten wir uns entschliessen, die Thiere allein herauszubringen und das Gepäck auf unsern Köpfen und Schultern langsam auf den verhältnissmässig trockenen Weg vor uns zu schaffen. Es war ein schrecklicher Kampf mit dem unergründlichen Brei, den tiefen Gruben in demselben und dem noch immer niederrieselnden Regen! — Stunden vergingen wiederum, ehe wir alles, Thiere und Effecten, über diese kaum eine halbe Wegstunde betragende Strecke geschleppt hatten, und noch hatten wir das Ende der Sunta nicht erreicht; wir waren jedoch auf dem rechten Wege, und wenn wir auch durch den Regen verhindert waren, denselben weiter zu verfolgen, so hatten wir doch immerhin einen Baum gefunden, dessen nächste Umgebung hoch genug über dem Wasser zu liegen schien, um ein sicheres Nachtquartier zu versprechen. Durchgeweicht bis auf die Haut, von Schmutz bedeckt, die Sachen in demselben Zustande, die Thiere zitternd vor Furcht und Ermattung und der Regen unaufhörlich herunterrieselnd — es war eine schreckliche Nacht, an die ich mein ganzes Leben zurückdenken werde! — Von irgendwelcher Mahlzeit konnte nicht die Rede sein; das Holz wollte nicht brennen, und um die Qualen noch zu vervollständigen, überfielen uns Schwärme von Moskitos, die mit der diesen Thieren eigenen Energie uns auch nicht eine Minute Schlaf vergönnten. Am Morgen lagen unsere Beine im Wasser, unsere Oberkörper waren nahe dem Baume verhältnissmässig trocken geblieben, — mein Angréb war während der Sumpfpassage vorläufig völlig unbrauchbar geworden. Wohin man auch blickte, sah man nur Nässe, Schmutz, Kälte, Hunger und Verzweiflung. Ein furchtbarer Fieberanfall war für mich die nächste Folge. Endlich liess der Regen nach, und die Sonne brach mit ihren hoffnungerweckenden Strahlen durch. Wir machten Gerüste, um unsere Sachen zu nothdürftiger Trocknung auszubreiten, und versuchten am Nachmittag den Aufbruch, damit wir wenigstens die folgende Nacht ausserhalb der Sunta zubringen konnten.

Schon nach einer halben Stunde traten wir aus dem Walddickicht des Sumpfes hervor und erblickten den ersehnten Fluss, der hier, wie erwähnt, Bahăr Korte, etwas weiter nach Südwest Bahăr Mangâri und erst später Bahăr es-Salâmât genannt wird. Derselbe war jetzt etwa 300 Schritt breit mit ansehnlicher Strömung, ohne jedoch seinen höchsten Stand schon erreicht zu haben. Das Südostufer war flacher und seine höchste Stelle von dem Wasserspiegel fast erreicht, doch das höhere Nordwestufer überragte denselben noch um 2—3 m. Wir marschirten mehr oder weniger auf dem Ufer des Flusses mit vielfachen Windungen, aber doch im allgemeinen in Südwestrichtung 1½ Stunde, worauf wir in unmittelbarer Nähe des Flusses unser Nachtlager aufschlugen. Die Ufer desselben waren ungefähr in Breite eines Kilometer mit hohem Schilf besetzt, und erst jenseit dieses Uferrandes folgte dichter Wald. Im Schilf hausen das Flusspferd, das Rhinoceros, der Büffel und hier und da die Hyäne, im Walde Giraffen, Antilopen, Löwen und Elefanten. Wir lagerten an einer Stelle, wo der Schilfrand des Flusses fehlte und auch der Wald nicht dicht an denselben herantrat. Glücklicherweise war der Abend und die folgende Nacht regenlos. Leider verliess mich von jetzt ab das Fieber nicht mehr, und es war nur die Hoffnung, Mangâri demnächst zu erreichen, die mich aufrecht erhielt.

Am folgenden Tage (8. September) arbeiteten wir uns in Südsüdwestrichtung durch die zahlreichen Sümpfe, welche den Fluss begleiten, und durch das hohe Schilf, das jede Uebersicht über die Gegend unmöglich machte und oft keine Spur des Weges finden liess. Leicht verirrt man sich bei Versuchen, den Weg durch das Schilfdickicht zu finden, auf die Pfade der Flusspferde, dieselben für Wegspuren von Menschen haltend, und ist dann sicher, nach halbstündiger oder längerer Anstrengung plötzlich vor dem Lieblingsaufenthalt dieser Thiere, einer von Wasser bedeckten Sumpffläche, zu stehen. Nach vierstündiger mühevoller Wanderung versperrte uns ein bedeutendes Hinterwasser des Flusses den Weg, während er selbst uns unsichtbar blieb. Meine grenzenlose Schwäche und mein hochgradiges Fieber liessen mich auf Lagerung dringen, da ich von einem Wege keine Spur entdecken konnte und wir ohnehin an diesem Tage es aufgeben mussten, das ersehnte Mangâri-Dorf zu erreichen. Besinnungslos sank ich von meinem Ochsen und blieb in diesem Zustande bis zum späten Abend. Es war ein glücklicher Umstand, dass die folgende Nacht gewitterlos blieb und wir nur den gewöhnlichen Kampf mit den Mücken zu bestehen hatten.

Nachdem wir am folgenden Tage den Sumpf „Ridschel" mit seiner Hippopotamus-Bevölkerung in Südwestrichtung umgangen und den richtigen Weg aufgefunden hatten, legten wir die Entfernung nach dem ersten Mangâri-Dorfe, Dumbuâne, das in gerader Richtung nur einige Stunden entfernt gewesen sein konnte, in einem beschwerlichen Marsche von 6½ Stunden zurück. Als wir uns menschlichen Wohnungen näherten, verbesserte sich auch der Weg in etwas; das hohe Schilf machte niedrigerm Grase von ungefähr Manneshöhe Platz; Bäume traten zahlreich auf; endlich folgten auch hoffnungerweckende reichliche Durra- und Maisanpflanzungen, und mit dem beglückenden Gefühle in einen Hafen eingelaufen zu sein, lagerten wir unter einer prächtigen Sykomore, welche die Mitte des Dorfplatzes beschattete und die Stelle des gewöhnlichen öffentlichen Rekûba (Schattendach) vertrat.

Die ihrer Gewohnheit entsprechend versammelten Einwohner waren so neugierig und ich in meinem Fieberzustande so wenig fähig, ihrer Zudringlichkeit standzuhalten, dass ich Tom veranlasste, irgendein Privatunterkommen zu suchen, nöthigenfalls eine Hütte zu miethen. Er fand einen gutherzigen Mann, der als Edelmann bezeichnet wurde, weil er einst eine Melik-Stelle in Terkâma, dem nördlichen Bezirk von Runga, bekleidet hatte, und der mich in seine Wohnung aufzunehmen bereit war. Die beiden Hütten, über welche er verfügte, waren jedoch so überfüllt — in der einen befand sich alles Hausgeräth, mein Gepäck und die

Küche, und in der andern wohnte die Familie —, dass ich vorläufig ein kleines reinliches Plätzchen, welches er als Betplatz hinter dem Hause eingefriedigt hatte, zu meinem Aufenthalte auserkor.

Hier verbrachte ich die Zeit der höchsten Fieberhitze wenigstens unbelästigt von den Leuten, dagegen empfing ich den Besuch eines Boten des Königs ʿAlî, der, allerdings allein und ohne Gepäck, den ganzen Weg von Abesche in weniger als fünf Tagen zu Fuss zurückgelegt hatte. Er brachte mir die Nachricht, dass der Abgesandte des Königs von Dâr-Fôr in Abesche angekommen sei und demnächst wieder abreisen werde. Dieser Umstand, mein Fieber, bei dem ich ohne Chininbesitz keine Heilung erwarten konnte, und die Erzählungen meines Gastfreundes, des „Edelmanns", von den Schwierigkeiten, welche die vor uns liegende zwei- bis dreitägige Sumpfstrecke von Gerâri augenblicklich darbot, liessen mich den Entschluss fassen, nach Abesche zurückzukehren. Die Sunta mit ihren Schrecken war in noch zu lebhaftem Andenken bei mir, um mich nicht mit Entsetzen vor den Schrecknissen zu erfüllen, welche ein drei Tage dauernder Marsch in dem vor uns liegenden lehmigen Sumpfe uns bringen musste. Dort hatte vor wenigen Tagen König Alo seinen Salzvorrath zurückgelassen und seine Esel und Ochsen eingebüsst. Wir waren nun bereits mehrere Wochen auf der Reise, mein Salzvorrath schon auf die Hälfte reducirt, meine Thiere krank und erschöpft, meine Kleidungsstücke gestohlen, zerrissen und verdorben, meine Widerstandsfähigkeit gebrochen; es erwachte mein Heimweh bei der Möglichkeit der Reise nach Osten mit neuer Stärke, und bei Fortsetzung der Reise nach Runga war keine Aussicht vorhanden, vor dem Ramadân, also erst im zweiten oder dritten Monat, nach Abesche zurückkehren zu können, was wiederum eine Verzögerung meiner Abreise nach Dâr-Fôr um 2—3 Monate mit sich bringen musste. Der gefasste Entschluss brachte ein gewisses Gefühl der Sicherheit und Ruhe über mich, das meinem fieberhaft überreizten Gehirn ausserordentlich wohlthat.

Der Tag war klar geblieben, und so versuchte ich auch die Nacht in freier Luft zu verbringen. Von Wolkenbildung zeigte sich weder am Abend noch in dieser Nacht eine Spur, doch wurde sie durch den Kampf gegen die Schwärme von Mücken zu einer nicht minder schrecklichen. Ich siedelte deshalb am folgenden Tage in die Hütte meines Gastfreundes über, in der ich jedoch wegen Enge des Raumes absolut auf den Platz beschränkt blieb, der mir für die Nacht angewiesen werden musste. Der Hauptinhalt der Hütte bestand wie immer in zwei grossen Thonkrügen in Form ausgebauchter Flaschen mit enger Oeffnung und verschliessbarem Deckel aus gleichem Material wie die Getreidebehälter. Dieselben ruhten auf Steinuntersätzen, um sie vor Ameisen und Ratten zu schützen, hatten etwa Manneshöhe, 3—4 m Umfang und erforderten eben wegen dieser riesigen Dimensionen eine besondere Bauart der Hütte, welche hier nicht mehr Kegel- oder Zuckerhutform wie im Norden, sondern fast Glockenform hatte. Neben den Krügen befand sich noch ein einfaches Holzgestell mit darübergelegter Matte als Schlafstelle für das Ehepaar und mein Angrêb. Ausser dem Hausherrn und seiner ausnehmend hässlichen Ehehälfte bewohnten noch zwei Söhne, welche unter dem Bettgestell der Eltern schliefen, und eine Ziege die Hütte. Für die Umschliessungswandung wird hier seltener jenes grobe Strohgeflecht, die Scherkânîja, sondern meist das Rohr der Durra verwendet.

Gegen Sonnenuntergang wurde die Hütte durch Ausräucherung von den Mücken gesäubert und dann möglichst dicht verschlossen. So befand ich mich denn am Morgen wohler, wenn auch nicht fieberfrei, und wurde, da ich im Stande war zu sprechen, sehr in Anspruch genommen von den Einwohnern, welche hauptsächlich kamen, um meinen Teppich von Haussa-Fabrikat zu bewundern.

Der Bezirk von Mangâri besteht aus sieben Dörfern, welche auf beiden Seiten des Flusses liegen, der hier ebenfalls Bahär Mangâri heisst. Das grösste ist Usulin, welches südlich von unserm Dorfe auf der andern Seite des Flusses lag, der Sitz des Melik war und etwa 150 Hütten zählte, während das unserige höchstens deren 100 hatte; dann folgten Dschidschere, Kaidoko, Madâk, sämmtlich auf dem andern Ufer, am Fusse eines ausgedehnten flachen Bergrückens, der sich am Flusse hinzieht. Auf unserer Seite lagen ausser unserm Dorfe noch Erdêbe und Matâbono, alle nahe beieinander. Die Einwohner heissen nicht etwa Mangâri, sondern Dschêggel und erkennen in Abesche — oder in Wâra, wie man hier noch sagte — den Dscherma Abû Dschebrîn als ihr Oberhaupt an. Ihre Abgaben bestehen in 10 Sklaven, 300 Teqâqi und 150 Krügen Honig. Die Dschêggel sind, wie die Kadschakse, im allgemeinen hässliche Neger; besonders gilt dies von den Frauen. Dieselben unterscheiden sich von den Frauen der Kadschakse durch ihre höhere häusliche Stellung. Ein äusseres Zeichen findet man für dieselbe darin, dass hier nicht die Sitte gilt, auf den Knien vor den Männern vorüberzurutschen, welche in dem übrigen Wadâï so zwingend ist. Auch hier tragen die Frauen Korallen-, Knochen- oder Holzcylinder im durchbohrten Nasenflügel und als Halsschmuck Perlenschnüre, und zwar aus grossen runden, blauen Perlen, „Zeïlân" genannt, oder aus spindelförmigen, schwarz- und weissgeringten, welche „Aulád el-Qrêsch" heissen; das Haar ordnen sie wie die übrigen Wadâï-Frauen, jedoch ohne die zahllosen kleinen Flechtchen, welche über das Gesicht herabfallen.

Die Leute waren ausserordentlich arm, und ich hatte mit meinem Gastfreunde und einem andern offenen Kopfe, Namens Dia, lange Unterhaltungen über die Ursache dieser Armuth. Allen erschien es als unbestreitbar, dass es ganz unmöglich sei, die Producte ihres Ackerbaues, der Weberei und des Fischfangs auf dem Hauptmarktplatze des Landes, Abesche, zu verwerthen. Abgesehen davon, dass, wie Dia richtig bemerkte, ihnen eine Kamelladung Fische kaum ein Toqâqi einbringen würde, fürchteten sie vor allem die Aussaugung durch irgendwelche Gewalthaber, Sklaven des Sultans oder andere Beamten, noch bevor sie Abesche erreichen könnten; und doch vermöchte schon ein geringer Verdienst diese Leute zu befriedigen. Davon gab Dia mir den Beweis, da er den Plan erwog, ob er nicht die günstige Gelegenheit meiner Rückkehr benutzend, mit mir nach Abesche gehen sollte, um von seinem Freunde und Beschützer, dem 'Aqîd el-Dirsch, vielleicht — ein neues Hemd zu erzielen! Man denke, 10—12 Tagemärsche während der Regenzeit durch diese Sumpfgegend um eines einzigen Hemdes willen!

Mein wohlwollender, gastfreundlicher Edelmann war trotz seiner Melik-Würde in Runga von unbeschreiblicher Armuth, aber nichtsdestoweniger von grossem Selbstbewusstsein, wie er denn auch, obgleich ein betagter Greis, die Absicht hatte, zu seiner alten hässlichen Hausfrau noch eine zweite junge, keineswegs reiche Frau zu fügen — wie er mir mit Stolz mittheilte, um das Ansehen zu beweisen, in dem er bei den Einwohnern stehe. Er war gleichwol sehr dankbar, als ich ihm einige Bogen Papier, ein ansehnliches Stück Salz und etwa 20 Nadeln, und seiner Frau etwas Sandelholz schenkte, nur bedauerte er bei diesen reichen Gaben meinen Entschluss, von hier umzukehren, da er gehofft hatte, ich werde in Mangâri eine Abnahme des Wassers im Sumpf Gerâri abwarten und dann nach Runga weiterreisen, wohin er selbst in eigenen Angelegenheiten zu gehen die Absicht hatte. Auch Fürst Alo von Runga hatte bei ihm sieben Tage auf eine Verbesserung der Terrainverhältnisse zwischen Mangâri und Terkâma gewartet, aber endlich die Passage gewagt, als seine Anhänger aus Runga wegen der politischen Verhältnisse seine Anwesenheit verlangten; die schwächsten seiner Lastthiere waren in Mangâri zurückgelassen worden, doch das kostbarste und schwerwiegendste Gepäck, das Salz, hatte er bei der Ueberschreitung des ausgedehnten Sumpfes im Stich lassen müssen. In der trockenen Jahreszeit ist Terkâma übrigens nur zwei Tagemärsche von Mangâri in Südostrichtung entfernt.

Die Leute in Mangâri bauen von Getreide hauptsächlich Mais unter dem Namen Amabat. Während im übrigen Lande die Kolben desselben einfach in Wasser abgekocht oder im Feuer geröstet werden, machen die Anwohner des Flusses der Salâmât Mehl aus denselben und bereiten daraus den oft erwähnten steifen Brei, ihre gewöhnliche Nahrung. Zur bevorstehenden Rückreise kaufte ich Mehl und getrocknete Fische zu den üblichen Saucen.

Ich bestrebte mich, einen Führer zu finden, der uns einen den Sunta-Sumpf umgehenden Weg nach Norden, von dessen Vorhandensein ich gehört hatte, zeigen könnte, denn ich mochte mir bei meinem fortdauernden Fieber die Kraft nicht zutrauen, die Sunta, wenigstens nicht unter denselben Verhältnissen wie das erste mal, zu überwinden. Leider stellte sich heraus, dass ein solcher Weg gar nicht existire, und wir mussten wohl oder übel am 12. September unsern Rückweg wieder in derselben Richtung antreten, in der wir hergekommen.

Unsere Lastthiere wurden täglich schwächer, denn nach dem Urtheile kundiger Leute machte sich jetzt schon der verhängnissvolle Einfluss der bösartigen Fliege bei ihnen geltend. Nach sechs Stunden, als es gelungen war, das auf dem Hinwege erwähnte flusspferdreiche Hinterwasser des Flusses zu umgehen, lagerten wir hauptsächlich der Thiere wegen. Seit unserer Passage des Sumpfes war kein Tropfen Regen gefallen, doch heute umzog sich der Himmel, der während der ersten Tageshälfte ebenfalls vollkommen klar gewesen war, gegen Abend in Ost und Südost mit Gewitterwolken. Um 8 Uhr überfiel uns ein mächtiger Regen; ein zweites Gewitter folgte und für den Rest der Nacht ein sanfter Regen, sodass uns der andere Morgen wieder in der allerkläglichsten Lage fand. Das Bedecken der Sachen und Personen mit Matten, Ochsendecken u. s. w. hatte nichts gefruchtet, und wir erwachten alle — wenn wir überhaupt geschlafen hatten, was schwerlich der Fall gewesen war, da unter den deckenden Matten die Mücken ebenfalls Schutz gesucht und die günstige Gelegenheit benutzt hatten, uns auszusaugen — in durchaus amphibienhaftem Zustande. Am nächsten Tage folgte die übliche Trocknung der Kleidung und des Gepäcks, worauf wir um Mittag wieder aufbrachen und abends auf unserm frühern Lagerplatze in nächster Nähe des Flusses campirten.

Am folgenden Tage (14. September) hatten wir die gefürchtete Sunta vor uns, die wir diesmal, da wir den Weg nicht verloren, in zwei Stunden und in verhältnissmässig günstiger Weise überschritten. Thiere und Gepäck stürzten oder versanken in dem aufgeweichten Boden nicht häufiger als vielleicht zwanzigmal, was aber immerhin genügte, um die matten Geschöpfe derart zu entkräften, dass wir froh waren, abends die kleine felsenharte Ebene zu erreichen, welche als Scrir el-Dschellâbî von mir erwähnt worden ist. Da auch dieses Nachtquartier durch grosse Horden von Ameisen, welche uns überfielen, und durch die gewöhnlichen Mückenschwärme äusserst ungemüthlich wurde, schätzten wir uns glücklich, am nächsten Tage gegen Mittag Olo mit seinen freundlichen Einwohnern und dem guten Quartier wieder zu erreichen.

Die wenigen Tage unserer Abwesenheit hatten einen enormen Fortschritt der Felder und des Getreides zu Stande gebracht. Was wir damals noch ohne Aehrenkolben sahen, war jetzt der Reife nahe. Da Kursî Tom hier krank wurde, wahrscheinlich weil ihm das Büffel- und Giraffenfleisch von unserm letzten Aufenthalt her in angenehmer Erinnerung stand, mussten wir einen Ruhetag machen, und in der That brachten die Einwohner wieder die genannten Leckerbissen zum Verkauf. Hier entledigte ich mich noch des vorhandenen schweren Salzes, indem ich es für einen kleinen Elefantenzahn verkaufte, und beschloss, einen andern weiter westlich liegenden, breitern und als besser geschilderten Weg einzuschlagen.

Wir durchschritten demzufolge am 17. September die Hügelkette von Olo in Westrichtung und schlugen dann eine nordwestliche Richtung ein, welche uns gegen Mittag an Granitfelsen vorüber vor dem Dörfchen Guffo durch einen beschwerlichen Sumpf führte. Das Dorf, welches wir um 1 Uhr erreichten, steht noch unter dem Melik von Olo. Trotz der eingezogenen Nachrichten stellte sich der Weg als ausserordentlich beschwerlich heraus, besonders nachdem wir am Beginn des Nachmittags einen Wâdî mit ungewöhnlich hohem Ufer, wenn auch schmalem Bette und geringem Wasserstande überschritten hatten. Eine sumpfige, mit hohem Schilf bewachsene Gegend folgte, und erst nachdem wir uns dem Dorfe Surbo (Zurbo) genähert hatten, in welchem wir gegen Sonnenuntergang lagerten, wurde der Boden fester und trockener. Da der öffentliche Platz nur die Trümmer einer Hütte und ein sehr defectes Schattendach bot, so suchte Tom für uns ein Unterkommen in der Hütte eines angesehenen Mannes, der, eine seltene Erscheinung in jenen Ländern, zwar eine Frau gehabt, aber Witwer geworden, nicht wieder geheirathet hatte. Kaum war unser Gepäck in Sicherheit, als ein heftiges Gewitter über das Dorf hereinbrach, dessen Regen bis weit in die Nacht hinein andauerte.

Ausser meinem Gastfreunde hausten noch zwei unverheirathete Söhne und ein Hund in der Hütte, welche wenigstens den Vorzug hatte, dicht zu sein, und merkwürdigerweise, obgleich die Thür nur unvollkommen schloss, von Mücken frei war. Der Hausherr war eigentlich ein Schriftgelehrter, beschäftigte sich aber mit der Bearbeitung von Baumwolle, wie denn überhaupt die Männer in Wadâï auf dem öffentlichen Platze sowol, als in ihren Wohnungen fast stets Baumwolle spindeln, Teqâqi weben oder die rohe Baumwolle bis zum Spindeln vorbereiten. Hierzu bearbeiten sie dieselbe zunächst auf zwei Holzwalzen, die in einem Rahmen befestigt sind, sodass die Samenkörner der Baumwolle zurückbleiben. Nachher wird sie mittels eines Bogens, den eine Hand hält, durch die andere auf der mässig angezogenen und zurückschnellenden Sehne zerzupft.

Das Dorf Surbo, welches gegen 100 Hütten zählte, lag am westlichen Abhange eines niedrigen Granithügels und gehörte, wie die vorher erwähnten, zu der Landschaft der Kadschakse. Nahe in Nordostrichtung lag der früher erwähnte Felsen Kerrere und ebenso nahe in Westnordwest der von Dschûmmo. Leider zwang uns der traurige Zustand unserer Lastthiere, die am Tage vorher bereits nicht mehr fressen wollten, einen Ruhetag in Surbo zu machen.

Der folgende Tag (19. September) brachte uns nach achtstündigem Marsche in durchschnittlich Nordnordostrichtung zu dem Dorfe Dschachdschacheija. Die Gegend war häufig von Steinbrüchen und zahlreichen kleinen Rinnsalen durchsetzt, von denen der anfangs passirte Wâdî Farch ein gegen 20 Schritt breites Bett und hohe Ufer zeigte. Am Vormittag marschirten wir durch lichte Waldung, um Mittag aber durch dichtes Gehölz, das durch seinen Sumpfboden den Weg theilweise sehr erschwerte. Diese waldige Niederung, in deren Lichtung reiche Ernten von Sorghum gewonnen werden und welche deswegen von den Eingeborenen „Berébere Umm Hataba" genannt wird, enthielt ausser dem Abunduro und dem Nabaq el-Fîl mit seinen krallenförmigen Dornen noch einen ansehnlichen Baum, Durrot genannt, mit lederartigen Blättern, dessen Holz zum Räuchern benutzt wird, und an ihrem nördlichen Rande ausserordentlich viele Rutrut, deren Bast, wie schon gesagt, als Schreibpapier dient. Nachdem wir den Wald verlassen hatten, verlief der Weg zwischen zwei Hügelketten, wurde trockener, hatte aber in den zahlreichen Schluchten und Vertiefungen viele scheinbar trockene, röthliche Stellen, in welche die Ochsen einigemale bis an die Schultern versanken, sodass sie buchstäblich herausgetragen werden mussten. Auch Dschachdschacheija war ein Kadschakse-Dorf, enthielt aber unter den Bewohnern viele Berauna und mochte etwa 60 Hütten zählen.

Am folgenden Marschtage, an welchem wir anfänglich ebenfalls eine nordnordöstliche Richtung einhielten, endigte die linksseitige Hügelkette bald, während die höhere rechtsseitige zurückwich und uns eine östliche Richtung einschlagen liess. Wir überschritten nach einigen Stunden den Wâdî Dilêbe, der nach Westen zum Flusse Tindurne im Fâla-Gebiet geht. Die Hügelkette, welche mit einem weiten östlichen Bogen ihre ursprünglich südöstliche Richtung aufgibt und nach Nordosten fortsetzt, wurde bei unserer ebenfalls mehr östlichen Richtung nach etwa vier Stunden erreicht, als wir durch das an ihrem Fusse liegende Dorf Kokoro zogen. Dasselbe war von Bornû-Leuten bewohnt und machte einen sehr angenehmen Eindruck, besonders durch die sorgfältige Bauart der Hütten und Schattendächer auf seinem öffentlichen Platze, sowie durch die Freundlichkeit der Einwohner; wir konnten gleichwol von ihrer Einladung, in ihrem Dorfe zu nächtigen, keinen Gebrauch machen, sondern zogen in Nordost- und Nordnordostrichtung weiter und durchschnitten bald darauf den Weg, der uns auf der Hinreise von Buram nach Bîr-Sessi geführt hatte. Der gewöhnliche Weg führte durch die von uns früher ebenfalls berührten Mokorok-Dörfchen, doch liessen wir dieselben jetzt rechts von uns und gingen unter Führung eines Wegkundigen in gerader Richtung durch die Wildniss, eine grasbewachsene felsharte Ebene, und erreichten so nach sechsstündigem Tagemarsche das Dorf Bîr-Sessi mit den gleichnamigen Felsen, welche übrigens im engsten Zusammenhange mit der während des ganzen Tages östlich von unserm Wege verlaufenden Hügelkette stand. Dieser Marschtag war durch die gänzliche Abwesenheit von sumpfigem und lehmigem Terrain ausgezeichnet; Sand- und Felsboden und jene „Naka" genannte felsenharte Wüstenbodenart, diesmal von röthlicher Farbe, wechselten ab und waren mit lichter Waldung bestanden, in der besonders häufig ein sonst selten gesehener Giftbaum mit einem schnell sich nach oben verjüngenden kurzen, weichholzigen Stamme vorkam, der in arabischer Bezeichnung dort „Semm El-Fâr" (Mäusegift) genannt wird und dessen durch seinen Geruch betäubendes Holz die Kinder zum Fange der Vögel benutzen. Wir waren in der That des guten Weges sehr bedürftig, um so mehr als unsere Thiere trotzdem kraftlos blieben und die gerechtesten Zweifel erweckten, ob sie im Stande sein würden, Abesche zu erreichen.

Das Dorf war ziemlich gross, d. h. weitläufig gebaut, und zählte über 100 Hütten; die Bewohner waren Aulâd Bakka (Fâla). Auf dem enorm grossen öffentlichen Platze standen nicht weniger als vier Hütten für Fremde und fahrende Schüler, von denen die drei bewohnbaren indessen von Muhâdschïrîn besetzt waren, während die vierte sich in sehr schlechtem Zustande befand. Tom machte aber eine grosse Hütte mit Hofraum und kleiner Hütte im Innern ausfindig, deren Besitzer verzogen war. Da Tom hier sehr bekannt war, so hatte es keine Schwierigkeit, von dieser Hütte für die Nacht Besitz zu ergreifen; auch hatten wir uns ausserdem noch einer reichlichen Bewirthung von seiten freundlicher Nachbarn zu erfreuen. Hier wurde uns zum ersten male zu dem gesandten gewöhnlichen Mehlbrei eine Sauce von Raupen vorgesetzt, welche zwar an und für sich keinen schlechten Geschmack hatte, aber es trotzdem als einen glücklichen Umstand erscheinen liess, dass dieselbe nur selten zur Verwendung kam.

Die gänzliche Erschöpfung unserer Ochsen zwang uns wiederum einen Ruhetag auf, da wir am folgenden Tage den Batha zu passiren beabsichtigten und einen langen Marschtag vor uns hatten. Gleichwol erreichten wir auch am nächsten Tage den Batha nicht, wol aber das Dorf Akrub, seinem südlichen Ufer nahe gelegen. Wir zogen von Bîr-Sessi aus ungefähr in Nordrichtung und hatten in der Ebene, welche sich gegen den Batha hin senkt, von Südost nach Nordwest verlaufende Rinnsale zu passiren, von denen eins, Kumboje, sich als Quellflüsschen des Likôre herausstellte. Ich freute mich der herrlichen Getreidefelder und der sorgfältigen Cultur von Erdmandeln und Sesam, wie sie hier zu Tage trat. Gegen den Batha hin wurde das Gras etwas üppiger, der Boden reicher, die Bäume häufiger, die Rinnsale zahlreicher; doch blieb der Wald immer kümmerlich und licht und merkwürdigerweise war in ihm die von den Kanûri „Karamga" genannte Talha-Akazie vorherrschend. Die Durchschnittsrichtung unsers Marsches war eine nordnordöstliche gewesen. Bei den Getreidefeldern des Dorfes Akrub wurde die Gegend sehr wasserreich, hier und da sickerte aus dem Sandboden Wasser hervor, vereinigte sich in kleinen Bodenabflachungen zu Tümpeln und rieselte hier- und dorthin in einer Weise, die von den dortigen Arabern „Saraf" genannt wird.

Die ausgedehnten Saatfelder von Akrub liessen auf ein grosses Dorf und damit auf ein gutes Nachtquartier hoffen, sodass ich nach siebenstündigem Marsche sehr enttäuscht war von dem ärmlichen Aussehen des kleinen Weilers, in dem wir unser Absteigequartier nahmen. Bald stellte sich jedoch heraus, dass wir das grosse Dorf Akrub westlich von uns hatten liegen lassen, da es uns durch die Bodenerhebung und die üppigen Saatfelder verborgen geblieben war; die übrigen zahlreichen Dörfer desselben Namens waren sämmtlich sehr unbedeutend. Doch die Mittagshitze war gross, die Lastthiere waren sehr müde, und so liessen wir uns trotz der geringen Aussichten auf irgendwelche Bequemlichkeit zur Lagerung bestimmen.

Das Dörfchen wurde von Arabern, und zwar Nawâïbe, bewohnt. Da die Männer mit den Rinderheerden sämmtlich nach Norden gezogen waren, fanden wir nur Frauen vor, welche im Grunde ihres Herzens sich nicht sehr über die „Dîfân" (Gäste) freuen mochten; gleichwol bewillkommneten sie uns herzlich, ja erwähnten bei unserer Ankunft nicht einmal die Existenz eines grössern Dorfes, nur um nicht die Pflichten der Gastfreundschaft zu verletzen, die sonst von den dortigen eingeborenen Arabern so wenig heilig gehalten wird. Ihre geringe Freude über unsere Ankunft war um so erklärlicher, als sie unbeschreiblich arm zu sein schienen. Einige der Hütten verdienten kaum diese Bezeichnung; sie bestanden einfach in einem Gestelle aus Längs- und Querstangen und einer darüber gespannten Matte aus Dûm-Gestrüpp; diese waren dann so klein, dass sie eben für eine Person Raum boten — ich sah dieselben nur von alleinstehenden ältern Frauen benutzt —, und es war bewunderungswürdig, mit welcher Berechnung die gesammte irdische Habe der Bewohnerin darin oben, unten, hinten und vorn vertheilt war. Den Thieren wurde ein kleiner, durch Palissaden eingehegter Raum, wie die

Araber ihn für ihre Rinderheerden herstellen, angewiesen; zu kaufen gab es in dem Dörfchen gar nichts; auch nicht ein einziges Huhn war aufzutreiben. Doch hatte sich des Marokkaners Sklave Buba, eine Errungenschaft aus Bagirmi, sehr verdient gemacht und zwei feiste Margoban (arab.: Dâbb, bunte Eidechsen) gefangen, deren Fleisch, abgesehen von dem etwas strengen Geschmack, ganz angenehm war. Von den echten Mâba werden dieselben nicht gegessen, denn ihr Genuss gilt, wie überall in der mohammedanischen Welt, zwar nicht, wie z. B. der des Wildschweins, als „harâm", d. h. gesetzlich verboten, aber doch als „makrûh", d. h. anstössig; doch die übrigen Stämme verschmähen sie nicht. Glücklicherweise blieben wir nachts von dem sich aufthürmenden Gewitter verschont, denn weder wir selbst noch unsere Sachen würden hier Schutz gefunden haben.

Wir erreichten nach einer Stunde Marsch am nächsten Morgen (23. September) den Batha, der hier von Ostnordost nach Westsüdwest verläuft, sich aus zwei Armen, deren einer aus Nordosten, der andere aus Osten kommt, zusammensetzt und kaum mehr als 100 Schritt breit war. Die Ufer bestanden wie gewöhnlich aus Thonboden und brachten nicht unbedeutende Terrainschwierigkeiten mit sich, während das sandige Bett leicht passirbar war. Wir zogen durch die Saatfelder des von Bandala bewohnten Dörfchens Bischene von etwa 60 Hütten und verloren in der dasselbe umgebenden wegelosen Wildniss den Weg. Nach vergeblichem Suchen und Hin- und Herziehen kamen wir nach fast vier Stunden wieder bei unserm Ausgangspunkt an, was wir hauptsächlich den leichtfertigen und böswilligen Wegangaben der Eingeborenen zu danken hatten. Wir folgten schliesslich allein dem Kursî Tom, der uns ungefähr in Nordrichtung über verschiedene kleine Rinnsale, deren Ufer mit herrlichen Bäumen bestanden waren, führte, bis wir endlich der übermüdeten Ochsen wegen die grösste Tageshitze in dem prächtigen Schatten der Bäume zu verbringen beschlossen. Auch nachmittags, wo unser nordnordöstlicher Weg fast alle halbe Stunden durch nach Westen zum Batha ziehende Rinnsale durchschnitten wurde, kamen wir nur um einige Stunden vorwärts, da sich gegen Abend drohende Gewitterwolken zusammenzogen. Wir hatten die Absicht, das Dorf Amm

Gudscha zu erreichen, kannten jedoch seine Entfernung nicht genau und wurden erst, als das Gewitter bereits nahe gekommen war, von uns begegnenden Araberfrauen aus Akrub, welche aus dem Gebiete der Marfa kamen, bedeutet, dass dasselbe noch fern sei.

Da wir Spuren von Ackerbau sahen, suchten wir in nächster Nähe und fanden in der That westlich vom Wege einen kleinen Weiler von 10 Hütten, von denen eine unbewohnt schien; als wir jedoch von derselben Besitz ergreifen wollten, zeigte es sich, dass jene sechs Araberfrauen aus Akrub uns zuvorgekommen waren; dieselben zogen sich jedoch aus Anstandsgefühl zurück und vertheilten sich in die Hütten der Nachbarn. Der Regen hatte uns schon kurz vor dem Eingang in das Dorf ereilt und dauerte den grössten Theil der Nacht fort; auch am Morgen war der Himmel noch bewölkt und fiel noch von Zeit zu Zeit ein schwacher Regen, sodass wir erst um Mittag unsern Weg fortsetzten.

Auch an diesem Tage hatten wir grosse Mühe, den Weg nach Amm Gudscha zu finden, da die ganze Gegend von kleinen Pfaden in allen Richtungen und von zahlreichen gewundenen Rinnsalen durchzogen war. Im Laufe des Nachmittags bekamen wir dann einen Ueberblick über die Gegend. Im Südosten lagen die Berge von Kokoro, an denen wir tags zuvor vorübergezogen waren, im Nordwesten eine Gruppe unregelmässiger Felskegel in der Entfernung von mehrern Stunden, zwischen denen das Môjo-Dorf Marafeïne lag, und vor uns in weiter Ferne breitete sich die Kette der Marfa aus. Nach wenigen Marschstunden erreichten wir das Dorf Amm Gudscha, das ebenfalls von Môjo bewohnt war. Wir stiegen, wie gewöhnlich im Nothfall, im Mêsdschîd ab und mussten daselbst auch bleiben, da der Melik nicht aufzufinden und ohne seine Hülfe keine Hütte zu erlangen war, was um so wünschenswerther gewesen wäre, als sich ein Gewitter zusammenzog und die Hütte der Muhâdschîrîn von den jungen Leuten des Dorfes fast vollständig besetzt war, die durchaus keine Miene machten, uns dieselbe für die Nacht abzutreten. — Die Môjo, ein kleiner, den Marfa und Kadschakse verwandter Stamm, zeigten hier dieselbe liebenswürdige Bescheidenheit und Zurückhaltung, welche jene auszeichnete.

Am folgenden Tage hatten wir den schweren Marsch durch eine Niederung zu machen, welche zwischen dem flachen, langgestreckten Bergrücken Lagia und der Felsgruppe von Marafeïne lag und deren abhängige Stellen sumpfig oder mit Wasser bedeckt waren. Nach drei Stunden hatten wir ihre seichten Rinnsale, welche alle nach Westen strömen, überwunden, erreichten höher gelegenes Terrain und passirten das Môjo-Dorf Baqbaq, liessen im Westen etwa drei Stunden weit die Hügelkette von Schombole und hatten vor uns auf allen Seiten unbedeutende Gruppen von Bergen. Baqbaq lag am westlichen Abhange eines Felsens, zählte nur etwa 60 Hütten, hatte jedoch ausgedehnte Getreidefelder. Das ganze Terrain wurde von Stunde zu Stunde hügeliger und anstrengender, sodass wir nach etwa fünf Stunden unsern Ochsen zu Liebe einige Stunden im Schatten riesiger Granitblöcke und dazwischen gewachsener Bäume lagerten.

Auch später noch war die Gegend durch Felsschluchten und dichte Waldungen sehr romantisch, doch leider für die abgematteten Thiere allzu beschwerlich. Unsere Wegrichtung war Nordnordwest. Die vorher auf beiden Seiten sich hinziehenden Hügelketten hatten sich hier vereinigt und mussten überschritten werden, und jenseit derselben brachte uns ein halbstündiger Marsch zu dem Dörfchen Kurnâja. Von der Höhe des Bergpasses hatten wir einen Ueberblick über die niedrige Ebene, welche uns von den Bergen der Marfa trennte. In Kurnâja, dessen öffentlicher Platz sich durch zwei riesige Kurnas auszeichnete, welche dem Dorfe wol den Namen gaben, fanden wir eine leere Mésdschïd-Hütte und ziemlich freundliche Einwohner — mit Môjo gemischte Marfa —, welche uns bald Maiskolben und frische Aehren von Duchn brachten, während wir für Nadeln und Salz ein Huhn und etwas Mehl kaufen konnten.

Nach Ueberschreitung der Ebene vor uns und einer niedrigen Hügelreihe jenseit derselben betraten wir am folgenden Tage das Gebiet der Marfa, welches von Ost nach West langgestreckt ist und sich durch seine zahlreichen Berge auszeichnet. Zwei Berge namentlich heben sich aus der ganzen Kette hervor, der eine, Ambelâja, kuppelförmig gewölbt, gerade im Norden vor uns mit dem Dorfe gleichen Namens, der andere, ein hoher Kegel von sehr regelmässiger

Form, welcher südwestlich von dem vorigen liegt und das Dorf Hogene verbarg.

Wir zogen östlich vom Ambeläja vorüber; doch erreichten wir diesen Berg erst am Nachmittag, denn als wir gegen Mittag die Saatfelder des Dorfes Nyêre passirt hatten, lagerten wir für die Stunden der grössten Hitze in einem breiten, kiesgefüllten Wâdî, der trotz seiner scheinbaren Grösse nur dem nächsten Berge angehörte. Leider wurden uns die Ruhestunden durch ein Gewitter verkümmert, das uns allerdings nur mässig durchnässte. Jenseit Ambeläja zeigte sich wieder eine Kette vor uns, welche von Ost nach West verläuft und auf deren westliches Ende hin wir marschirten. So folgten Thäler und Hügelketten einander, bis wir gegen Abend am nordwestlichen Horizont die Kette der Kaschemere erblickten. Wir hatten die eigentliche Bergkette der Marfa gegen Sonnenuntergang hinter uns gelassen und stiegen in dem ansehnlichen Dorfe el-Qlêb ab, dessen Einwohner jedoch noch Marfa waren.

Während des andern Tages (27. September) hielten wir Nordnordwestrichtung ein, passirten nach zweistündigem Marsche das Dorf Schâla mit Marfa- und Bagirmi-Einwohnern, darauf das Dorf Biddene und im Laufe des Vormittags das Dorf Lên. Jenseit des letztern, welches wie die übrigen weniger als 100 Hütten zählte, mussten wir wieder unserer Thiere wegen eine mehrstündige Pause machen. Die Gegend wurde während des Nachmittagsmarsches offener und ebener. Wir näherten uns der Kaschemere-Kette und schlugen unser Nachtquartier nach Sonnenuntergang in dem Dorfe 'Arâq Tinjare auf, welches schon von Kaschemere bewohnt war.

Tags darauf erreichten wir über die Kaschemere-Dörfer Mungulti, Gurbâdscho, Beggar ed-Dakker und Qarn el-Kebsch nach vier Stunden den Butêha, auf dessen nördlichem Ufer wir unter einer prächtigen Tamarinde lagerten. Wir waren in den letzten Tagen schon ausserordentlich langsam vorwärts gekommen, da die Lastthiere bedenkliche Symptome von Schwäche zeigten. Vom Dorfe Beggar ed-Dakker an mussten wir ihnen die Ladung abnehmen und mit Hülfe von Leuten bis zum Butêha bringen lassen. Der Butêha durchfloss hier eine dicht bewaldete Ebene, welche sich kaum über das Bett des Flusses erhob, sodass die geringste Erhebung des Wasserspiegels weithin eine Ueberflutung zu Stande bringen muss. Dadurch wird der breite Uferrand ungemein culturfähig und fruchtbar. Es wird viel Baumwolle, Knoblauch, Fenchel, Zwiebeln u. dgl. gebaut, und die Einwohner der hier gelegenen Ortschaften versehen den Markt von Abesche ausschliesslich mit diesen Producten. Das Bett des Flusses war übrigens drei- oder viermal so breit als das des Batha an unserer Ueberschreitungsstelle und mit reinem Sande gefüllt.

Da keine Aussicht war, den einen unserer Ochsen zum Weitergehen zu bewegen, so blieb uns nichts übrig, als den Nachmittag und die Nacht unter unserm Tamarindenbaum zuzubringen und das Thier zu schlachten. Die Gegend war jedoch so reich an Hyänen, dass wir nachts ein Feuer unterhalten mussten, um unsere kraftlosen Esel vor ihren Angriffen zu schützen. Obwol in dieser dichten Uferwaldung des Butêha das Rhinoceros sehr häufig ist und gerade zu dieser Zeit oft die Felder zerstörte, bekamen wir doch keins zu Gesicht. Das Fleisch des geschlachteten Ochsen trockneten wir tags darauf und versuchten, die Leber in rohem Zustande, wie die Kamelleber, zu geniessen, doch ist diese hierzu viel geeigneter. Das Fleisch wurde an die Frauen der benachbarten Dörfer verkauft, welche es zu Saucen gebrauchen und uns Zuckerrohr, Mehl und frische Duchn-Aehren dafür gaben.

Am 30. September erreichten wir nach wenigen Stunden das grosse Dorf Erkeb von mehr als 100 Wohnstätten und berührten unsern Hinweg in dem Dorfe Engringa. Damit betraten wir wieder die Region von Abesche, welche sich, wie überhaupt der ganze Norden Wadâïs, durch Wasserarmuth auszeichnet. Die Regenzeit war gerade zu Ende, und schon war überall wieder Wassermangel eingetreten. Der Zudrang zu einem Teiche in der Nähe des Dorfes war so gross, dass es erst nach zwei Stunden gelang, einen Wasserschlauch zur Hälfte zu füllen.

Wir marschirten bis zum Dorfe Gulfo, wo wir übernachteten, um am andern Tage (1. October) nach wenigen Stunden Abesche zu erreichen und abends unsern Einzug zu halten. Die Pause am Butêha hatte die übrigen Thiere wieder insoweit gekräftigt, dass sie uns gerade noch bis Abesche brachten.

# Siebentes Kapitel.

## Zweiter Aufenthalt in Abesche.

Tod des Hâdsch Sâlim aus Kairowân. — Zahlreiche Opfer der Malaria in der Hauptstadt. — Die Gefährlichkeit acuter Krankheiten. — Behandlung des Kamkolak Fotr. — Verlust meiner Pferde. — Liebenswürdigkeit der Kaufleute vom Nil. — Die Medschâbra. — Aufschub des Abgangs der Karavane nach Dâr-Fôr. — Besuch des Faqih Adem aus Kûka. — Seine Nachrichten aus Bornû und Bagirmi. — Der Ramadân; Schwierigkeit, die Mahlzeiten zu beschaffen. — Der Mangel an einheitlicher Münze. — Marktwerthe. — Rosenkranzperlen. — Haushaltssorgen der Frau in Wadâï. — Die Abgaben. — Vegetabilische Nahrungsmittel. — Mangelhafte Gartencultur. — Mein leidender Zustand. — Ende des Ramadân. — Der festliche Aufzug. — Die Reiterei des Königs, das Fussvolk und die Bewaffnung. — Der Salâm. — Ankunft einer Karavane aus Tripolis. — Festliche Einholung derselben. — Geschenke der Kaufleute an den König. — König 'Ali's Selbstgefühl. — Unterredung mit König 'Ali über E. Vogel's Schicksal. — Bitte um Rückgabe der Papiere des Ermordeten. — Erfolg meiner Erkundigungen. — Unvorsichtiges Verhalten des Reisenden in Wadâï. — Argwohn der Eingeborenen. — Befehl Mohammed Scherif's, E. Vogel zu tödten. — König 'Ali's Urtheil über diesen und den Mord Beurmann's in Kânem. — Hâdsch Ahmed's Tadel meiner Kühnheit. — Auslieferung von Briefen und Geld durch Mohammed Zommit. — Unredlichkeit desselben. — Charakterunterschied zwischen den nordischen und den Kaufleuten vom Nil.

In dem Hause meines Gastfreundes 'Otmân war während meiner Abwesenheit leider mein, wie erwähnt schon lange kranker tunesischer Freund, Hâdsch Sâlim von Kairowân, gestorben. Da der aus Dâr-Fôr anwesende Gesandte des Königs Ibrâhîm viel Leute mitgebracht hatte und das Haus von Fremden gefüllt war, so musste ich von der Wohnung des Verstorbenen Besitz ergreifen. Auch ein angesehener Kaufmann aus Benghâzî, Barâni mit Namen, der, obwol der Sekte der Senûsîja anhängend, doch stets sehr freundlich gegen mich gewesen, war den Fiebern der Regenzeit zum Opfer gefallen.

Das Malariafieber forderte überhaupt noch täglich zahlreiche Opfer in Abesche. Unmittelbar nach der Ankunft wurde auch ich von neuem ergriffen, aber auch die meisten Medschâbra und viele der Dschellâba, die schon lange Jahre in jenen Ländern gelebt hatten, litten daran, ebenso der bedeutendste der nordischen Kaufleute, El-Fâdil aus Benghâzî, der durch seine Freundschaft mit dem jungen Senûsî in besonderm Ansehen bei dem König stand. Sein Reichthum ermöglichte es ihm, junge Löwen und zahme Antilopen auf dem schwierigen Wüstenwege nach Benghâzî zu führen — wilde Thiere waren derzeit in Tripolis und Konstantinopel besonders gesucht —, während ich mich begnügen musste, aus der von mir so geliebten Thierwelt zwei Exemplare zu besitzen: einen kleinen *Cercopithecus griseo-viridis*, den liebenswürdigsten Affen, den ich je gesehen habe, und einen Keka (*Hyrax*, arab.: Teïs el-Hadscher), den ich, um mich von seiner Schwanzlosigkeit zu überzeugen, auf dem Markte gekauft hatte.

Ausser den Fiebern waren in dieser Jahreszeit auch andere acute Krankheiten häufig und gefährlich. Ein Neffe des Hâdsch Ahmed, ein junger Mensch von 18 Jahren, erkrankte an einer Entzündung der Rückenmarkhaut und starb schnell. Ueberraschend viele Erwachsene litten ausser zahlreichen Kindern an einer fieberhaften Hautkrankheit (Masern?), welche von den Kanûri „Tinnenin" und von den Mâba „Kadschajanga" genannt wird, und im November hörte ich von vielen Leuten, die nach wenigen Tagen an acuten Rachen- und Kehlkopfbeschwerden starben (vielleicht Diphteritis), ohne dass es mir bei der Zurückhaltung dieser Leute möglich gewesen wäre, diese Fälle zu beobachten. Bei den Dschellâba sah ich endlich verschiedene Fälle von Leberentzündungen, welche sämmtlich einen tödlichen Ausgang nahmen. Es scheint, dass in jenen Klimaten die Widerstandsfähigkeit des Organismus acuten Krankheiten gegenüber eine viel geringere ist, als in nördlichen Breitegraden, wo doch deren Symptome meistens mit viel grösserer Heftigkeit auftreten. Nur eigentliche Araber zeigen im allgemeinen zähe Lebenskraft bei Ueberwindung von Krankheiten.

Nachdem ich mich einigermaassen häuslich eingerichtet und die nothwendigsten Gegenstände auf dem Markte gekauft hatte, besuchte ich Hâdsch Ahmed Tangatanga und begab mich zum König, der mich wie stets freundlich empfing. Während wir im Innern des Palastes sassen, hatte sein Gross-Eunuch, der Kamkolak Fotr, welcher, wie ich früher erwähnt habe, am Eingange des „Weges der Frauen" auf dem Platze vor dem Palast wohnte, mit einem untergeordneten Eunuchen, dem ʿAqîd Duggu Debânga und mit seinen und dessen Leuten ein Merîssa-Gelage gehalten. Beide Eunuchen waren in Streit gerathen, ihre Anhänger und Untergebenen hatten sich hineingemischt, und so war es zu einem allgemeinen Kampfe gekommen, in welchem nicht nur acht Personen mehr oder weniger schwer verwundet wurden, sondern auch der Kamkolak Fotr, auf den König ʿAlî sehr viel hielt, einen Lanzenstich durch das rechte Schulterblatt in die Lunge erhielt. Trotz der günstigen Vorhersagungen der Leute, besonders des Dscherma Abû Dschebrîn, konnte ich den Fall nur für einen verzweifelten ansehen.

So gern ich mich von der hoffnungslosen Behandlung des Verwundeten zurückgehalten hätte, so musste ich doch im Auftrage des Königs alle Tage nach ihm sehen und über seinen Zustand berichten, während Abû Dschebrîn die Behandlung desselben übernahm. In der dunkeln Idee von in der Brust zurückgehaltenem Blut und Eiter, sann er auf Mittel, diese nach aussen abzuleiten und fand auch dafür in der flüssigen Butter das wirksamste Heilmittel. Ich war einigemal gegenwärtig, als dieselbe dem Körper des Unglücklichen beigebracht wurde. Der Dscherma bediente sich bei dieser Operation eines äusserst kleinen Flaschenkürbis mit langgezogener Spitze und dementsprechend kleiner Mundöffnung und einer grössern in seinem obern Theil zur Aufnahme der Butter. Das Instrument mochte etwa eine Unze fassen. Die Butter wurde erwärmt und in die Wundöffnung, welche hinlänglich weit war, ohne dass ein Tropfen verloren ging, langsam hineingegossen, wobei unter lautem Stöhnen des Kranken Luft aus dem Innern entwich. Siebzehnmal wurde in der ersten Sitzung, bei der ich gegenwärtig war, das kleine Gefäss in die Brust des Kranken entleert und alle zwei Tage diese Operation wiederholt.

Ein anderer meiner Kranken, Hâdsch el-Chidr aus Qatrûn, litt nach meiner Rückkehr an Gelenkrheumatismus, der in diesem Jahre ebenfalls sehr häufig auftrat und sogar viele Kinder hinraffte, ohne mit heftigem Fieber zu verlaufen und viele Gelenke zu ergreifen; zwei bis drei waren die gewöhnliche Zahl, und die Medication, welche in ausgiebigen Räucherungen mit Talha- und Hedschlidsch-Holz oder in Voll- und Halbbädern von Natron bestand, war meist ganz wirkungslos. Ich fand meinen Patienten mehrere Wochen hindurch Tag für Tag mit den kranken Gliedern — und zwar den grössten Theil des Tages — in grossen Gefässen mit flüssiger Butter steckend.

Von den Pferden, welche ich dem königlichen Marstall zur Pflege übergeben hatte, war das für den König von Dâr-Fôr bestimmte verendet und das andere in einem wenig erfreulichen Zustande. Ich nahm das letztere sofort in meine Wohnung, wo es jedoch nach einigen Tagen ebenfalls starb, wie die Leute behaupteten noch infolge der Stiche bösartiger Fliegen, durch welche die Thiere am Fitri-See vergiftet worden waren. Auch das schöne Pferd, welches mir Scheïch ʿOmar für König ʿAlî mitgegeben hatte, war diesen verderblichen Einflüssen während meiner Abwesenheit erlegen. Dass nicht nur die Fliegen, sondern auch der Klimawechsel für die Pferde aus Bornû besonders gefährlich ist, bewies der Umstand, dass ein Pferd, welches ʿOtmân auf Speculation mitgebracht hatte, ein weniger schönes als kräftiges Thier, ebenfalls kurz darauf erkrankte und ziemlich schnell verendete.

Während der ersten Tage nach meiner Rückkehr dauerten die Besuche meiner Bekannten, die hauptsächlich Dschellâba waren, fort. Ich kann nicht genug aus dieser und späterer Zeit die Liebenswürdigkeit und Gefälligkeit der Kaufleute vom Nil rühmen, ohne Unterschied, ob sie aus Dongola, aus Berber, Kordofân, Sennâr oder aus Kassala waren. Ich betone dies um so mehr, als der Unterschied zwischen ihnen und den Kaufleuten der Nordküste Afrikas in dieser Beziehung, da wo beide in Menge waren, besonders grell hervortrat. Mir hätten die Bewohner von Tripolis und Benghâzî und selbst von Dschâlo, meinem langjährigen

Aufenthalte an der Nordküste entsprechend, näher stehen sollen, als jene Innerafrikaner, und doch war der Verkehr mit denselben, die allerdings zum grössten Theil aus der Oase Dschâlo stammten, den sogenannten Medschâbra, ein weniger herzlicher, als der mit den „Ajâl el-Bahâr". Seit der alte Barâni gestorben, war der einzige, mit dem ich verkehrte, der Ftitî, Bruder des Nkesri, eines Bekannten aus Kûka. Derselbe erwies sich stets, soviel er auch von der berechnenden und eigennützigen Natur seiner Landsleute besass, als ein gebildeter, offener und gefälliger Mann. Auch mein verstorbener Freund Hâdsch Sâlim konnte nicht genug Böses von den Medschâbra erzählen, mit denen er aus Norden gekommen war, sowol aus der Zeit seines Aufenthalts zu Dschâlo, wo sie ihn auf das unverschämteste übervortheilt hatten, als auch weil sie ihn, als er erkrankte, ohne Erbarmen in der Wüste zurücklassen wollten. Hâdsch Sâlim war ein rauher, harter und rücksichtsloser Mann und schadete seitdem, obwol die Medschâbra als halbe Landsleute ihm hätten nahe stehen sollen, denselben, wo und wie er nur konnte. Wie er von unerbittlicher Strenge, ja Grausamkeit seinen Untergebenen gegenüber war, so energisch, offen und entschieden war er im Umgang mit andern; dass er aber nicht nur im Handel scharfsichtig, redlich und grossherzig war, bewies sein Umgang mit mir, dem Christen, dem er, ein Scherif der heiligen Stadt Kairowân, welche bis zum Jahre 1881 für Christen unbetretbar war, die uneigennützigste Freundschaft entgegentrug und mit den verständigsten Rathschlägen zur Seite stand. Den Ajâl el-Bahâr liess er vollständig Gerechtigkeit widerfahren und verkehrte fast ausschliesslich mit ihnen.

Der Abgesandte des Königs von Dâr-Fôr, der Dschellâbî Schems ed-Dîn, ein fast 2 m hoher, stiernackiger, noch junger Mann aus Kôbê in Dâr-Fôr, mit dem ich mich ebenfalls in Verbindung setzte, trat mir mit der Gewandtheit und Liebenswürdigkeit seiner Stammesgenossen entgegen. Er war fast seit Monatsfrist hier, und von dem Tage der Abreise war noch nicht die Rede, wol aber war er der Ueberzeugung, dass dieselbe erst nach dem Ramadân stattfinden werde. Der Gesandte König Ibrâhîm's wurde zwar noch durch die Besorgung seiner eigenen Handelsgeschäfte zurückgehalten, König ʿAlî hatte aber auch politische Gründe, die Abreise nicht zu beeilen. Mittlerweile fing man an, von der Abreise der nordischen Karavane zu sprechen, welche ganz in den Händen des Königs lag, da derselbe mit ihr seine eigene Karavane nach Kairo zu schicken beabsichtigte, wie er es etwa in jedem dritten Jahre zu thun pflegte. Schon begann man die Kamele, welche die Unterthanen, besonders die Mahâmîd-Araber zu stellen haben, auszuheben und diese, die Sklaven, die Elefantenzähne und die Straussfedern des Königs an vier Beamte, welche dieselben nach Kairo begleiten sollten, zu vertheilen.

Am 20. October erhielt ich zu meiner Freude den unerwarteten Besuch des Faqîh Adem aus Kûka, welcher mir dort so lange als Berichterstatter über Wadâï gedient hatte und jetzt in sein Vaterland zurückgekehrt war. Er hatte sich unter den Schutz des Dscherma Abû Dschebrîn gestellt und für seine Theilnahme an den Unternehmungen des Prätendenten Tintelak Adam, Sohnes des Königs 'Abd el-'Azîs, vom König Verzeihung erhalten. Jetzt wartete er wie mein Reisegefährte, der Faqîh Abo, auf grosse Wohlthaten des verzeihenden Königs, doch täuschten sich wol beide in dieser Beziehung gewaltig.

Faqîh Adem brachte mancherlei interessante Nachrichten aus Bornû. Der Kronprinz Aba Bû Bekr befand sich immer noch auf seinem Kriegszuge in Fika, Kerrikerri und Beddê, ohne dass er besondere Erfolge erzielt hätte. Der angesehenste Häuptling der Beddê, gegen die der Zug hauptsächlich gerichtet war, Adschin, der Sohn Babutschi's in Fitîti, hatte durch reiche Geschenke und durch feierliche Versicherungen freien Abzug erlangt; das war bisjetzt alles, was erreicht worden. In Chêrua, der neugegründeten Residenz, waren mittlerweile neben den Strohhütten auch zahlreiche Thonhäuser entstanden, sodass sich die Entwickelung einer wirklichen Stadt erwarten liess. Der Sohn des mächtigen Lamino hatte mehr und mehr die Gunst seines Herrn und damit Städte, Landschaften und Stämme verloren. — Auch über Bagirmi und den unglücklichen, das Land verheerenden Bürgerkrieg wusste der Faqîh zu berichten, wobei seine Nachrichten stets den Anschein hatten, durch den Wunsch, dem König von Wadâï Willkommenes zu sagen, beeinflusst zu sein. Nach ihm gewann der von König 'Alî eingesetzte Regent 'Abd er-Rahmân überall an

Terrain. Er hatte seine frühere Residenz Bidderi verlassen und war in die nahe eigentliche Hauptstadt Massenja übergesiedelt, sollte jedoch, wie dies im Nordosten Bagirmis häufig der Fall, an Getreidemangel leiden. Doch sollte sein Fatscha, der frühere Häuptling der Badanga, welcher gegen das Versprechen, Kriegsanführer in Bagirmi zu bleiben, seine Landschaft einem Bruder überlassen hatte, einen namhaften Erfolg über meinen königlichen Freund Abû Sekkîn errungen und 136 Pferde von demselben erbeutet haben; letzterer hatte sich wieder in Bugöman festgesetzt. Gleichwol musste der neue König von Bagirmi noch mittellos genug sein, denn kurz nach dem Faqîh Adem kam einer der Araber, mit denen ich bei meiner Rückkehr aus Bagirmi in Logon zusammengetroffen war, nach Abesche, um bei dem König 'Alî gegen seinen Vasallen 'Abd er-Rahmân Klage zu führen, der ihm zwar alle seine Waaren abgenommen, sie aber nicht bezahlt habe.

Mit dem Ramadân, der am 25. October seinen Anfang nahm, wurde die Schwierigkeit, meinen Leuten die tägliche Nahrung zu verschaffen, immer grösser. Ich hatte schon häufig Sklavinnen der Nachbarn und einzelne Frauen meiner Stadtgegend gemiethet, um die üblichen Gerichte zweimal im Tag zu liefern. Wenn das Abkommen auch einige Wochen hindurch regelmässig eingehalten wurde, so verleitete doch die reiche Getreidelieferung, welche ich zu diesem Behufe machen musste, die Frauen zu grosser Unredlichkeit; sie nahmen das Getreide und das zur Sauce bestimmte Fleisch, aber der Tage, an denen trotzdem keine Mahlzeit erschien, wurden immer mehr. Früher war es die Landarbeit, welche als Entschuldigung herhalten musste, jetzt, wo der Ramadân begann, war überhaupt keine Ordnung mehr zu halten. Endlich half mir der wohlwollende Hâdsch Ahmed Tangatanga aus der Verlegenheit und überwies mir eine Sklavin, welche für meinen Haushalt zu sorgen hatte. Ich selbst erhielt von meinem Hauswirth täglich zwei dünne, gesäuerte Mehlkuchen (Kîsra), und mein Marokkaner bereitete dazu von Fleisch oder Hühnern eine Sauce. Zum Frühstück kaufte ich täglich für einen halben Toqqîja (Ferda), also ungefähr den zwanzigsten Theil eines Maria-Theresia-Thalers, Milch, die jetzt, wo die Araber des Südens ihre Viehheerden in der Nähe der Stadt hatten, leicht zu haben war.

Meine aus dem Süden zurückgebrachten Ochsen musste ich bald nach der Rückkehr als gänzlich unbrauchbar schlachten lassen und hatte so wenigstens eine Zeit lang getrocknetes Fleisch. Der tägliche Ankauf der häuslichen Bedürfnisse war nach wie vor für mich sehr beschwerlich, und es war stets der Mangel an einheitlicher Münze, der für denjenigen, der nicht selbst Kaufmann ist und als solcher alle jene Waaren besitzt, die von den Verkäufern verlangt werden, die Markteinkäufe ebenso zeitraubend als schwierig machte. Man konnte verhältnissmässig noch so viel für einen Gegenstand in Teqâqî bieten, man erlangte denselben nicht, wenn die Eigenthümerin oder der Eigenthümer gerade Kawadem (Bernsteinperlen) oder Korallen verlangte; so erfüllten also selbst die Maqta' Tromba und der Toqqîja, die doch eigentlich feste Werthmesser bilden sollten, diesen Zweck nur sehr unvollkommen. Zwar kostete die Maqta' Tromba nur 9 Teqâqî und der Maria-Theresia-Thaler, wenn er auf dem Markte ausgeboten wurde, kaum mehr als 6 Teqâqî, diese mussten aber wieder gegen die gangbaren Waaren umgetauscht werden, um die täglichen Lebensbedürfnisse zu kaufen. Für werthvollere Gegenstände, wie Butter, Honig und Weizen, wurden Edelkorallen, Bernstein und bessere Glasperlen verlangt, für geringere Chaddûr, Aulâd el-Qrêsch und Sînî. Besonders die Bernsteinperlen und die Chaddûr genannten Thonperlen waren die verbreitetsten Marktmünzen. Von den erstern wurden drei Nummern unterschieden, die in Rosenkränzen, welche je nach der Grösse 30—40 Perlen enthalten, im Handel cursiren. Nummer 1 mit grossen, wenig durchsichtigen Perlen kostet ein Rosenkranz etwa 25 Maqta', Nummer 2 die Hälfte und Nummer 3 ein Viertel dieses Preises. Auch die ärmste Frau wird stets eher nach einer Vermehrung ihres Perlenschmuckes trachten, als nach einem neuen Umschlagetuch, obgleich dies ihre ganze Kleidung bildet.

Niemals wehren die Männer dem Hange der Frau, sich zu schmücken, oder suchen deren Ausgaben im eigenen oder häuslichen Interesse einzuschränken. Aber der Hausherr liefert auch nur geringe Mittel zur Führung des Haushalts und nimmt andererseits vom Erlös der Milch, Hühner und andern der Sorge der Frau überlassenen Dingen keinerlei Antheil in Anspruch. Ist der Vorrath an Lebensmitteln aufgezehrt, so wird die Frau sich mit dieser Mittheilung nicht etwa an den Mann wenden und von ihm neue Lieferungen zu erlangen suchen, sondern sie geht zu ihren Verwandten, und ist der Versuch fruchtlos, so sucht sie durch den Verkauf ihrer Schmuckgegenstände Lebensmittel herbeizuschaffen; Ausgabegeld empfängt sie niemals. Zur Herbstzeit pflegen sich die Leute eines Dorfes zusammenzuthun, einige Kühe gemeinschaftlich zu schlachten und das Fleisch derselben unter sich zu vertheilen; doch den grössern Theil des Jahres hindurch muss die Frau für die Zuthaten zu den Saucen sorgen; Raupen, Heuschrecken, Zwiebeln, saures Getreidewasser, besten Falles Hühner liefern alsdann das Material für die unentbehrliche Zugabe zum täglichen Mehlbrei.

Auch bei der Berechnung der Abgaben an den König und an die Verwaltungsbeamten wird nie der Mann in Betracht gezogen, vielmehr werden die Hütten der Frauen gezählt und von ihnen der Salâm, die Difa, die Kodmûla u. s. w. erhoben. Genug, auch diese Verhältnisse trugen dazu bei, die Waaren zu vertheuern und den Marktverkehr zu erschweren. Alles, mit Ausnahme des Duchn, war bedeutend theuerer als in Bornû, Butter und Honig nur im Herbst, wo die rinderbesitzenden Araber im Norden sich aufhielten, etwas häufiger und billiger. In dieser Jahreszeit brachte man vielfach auch jene von den Kanûri „Ngurli" genannten kleinen wilden Gurken zu Markte, von denen wir in den Heidenländern Bagirmis und in Logon viele gefunden hatten und die einen erfrischenden, doch faden Geschmack haben. Man muss beim Genusse derselben vorsichtig sein, da sich häufig solche darunter finden, welche an Bitterkeit der Coloquinte kaum nachstehen. Auch mässig grosse Wassermelonen von sehr untergeordneter Qualität wurden feilgeboten; die übrigen Varietäten dieser Früchte waren äusserst spärlich vorhanden und sehr schlecht. Der König hatte allerdings den Versuch gemacht, ein Gärtchen anzulegen und die Cultur verschiedener Fruchtbäume u. s. w. zu heben, doch der zwar brave, aber trunksüchtige Murâbid aus Rhodwa in Fezzân, welcher als Gärtner fungirte, verstand nicht mehr von seiner Kunst als die Wadâï-Leute selbst, und so befand sich nicht ein einziger Fruchtbaum in diesem Garten, der nur einige Tomaten, Pfefferbüschel u. dgl. hervorbrachte.

Mitte November erlag endlich der Eunuch Kamkolak Fotr seiner Brustwunde, nachdem er fast vier Wochen lang mit dem Tode gekämpft hatte. An seiner Statt wurde ein kaum gereifter Jüngling aus dem Stamme der Dâza — ein bei Eunuchen seltener Fall — Namens Scheref ed-Din ernannt, der während meiner Abwesenheit von Abesche aus Kordofân, wohin er vom König gesandt worden, zurückgekehrt war.

Leider verliess mich das Fieber während des Ramadân nur selten, und selbst wenn keine regelmässigen Anfälle zu Tage traten, schwollen Milz und Leber an, waren die Nächte fieberhaft und nahmen meine Kräfte immer mehr ab. Ich ging deshalb nur selten zum König, obgleich derselbe mich aufgefordert hatte, während des Fastenmonats meine Besuche bei ihm nicht zu unterlassen, da er zu dieser Zeit mehr freie Zeit als sonst habe. In der That erheischte die Sitte von ihm, den grössten Theil des Tages auf der hohen Lehmestrade im äussern Hofe, über welcher man ein Schattendach errichtet hatte, zu verbringen.

Am 25. November wurde der 'Id el-Fîtr gefeiert. Doch war ich in der Nacht von einem heftigen Fieberanfalle, der mich für die Hälfte des Tages fast besinnungslos machte, ergriffen worden, sodass ich dem Auszuge des Königs und seiner Leute nach der alten, ausserhalb der Stadt gelegenen Moschee zur Verrichtung des Festtaggebetes nicht folgen konnte. Ich versah meine Leute, soweit meine Mittel es gestatteten, mit neuer Kleidung, gab meinem Mohammed eine weisse Bornû-Tobe und Billama seiner zweifelhaften Sauberkeit wegen eine schwarzgefärbte, dem Marokkaner Hammu einen Wollenshawl (Haba oder Barka), wie ihn die Araber dort tragen, seinem Sklaven eine neue Hose und beschenkte den Kursî Tom mit einer schönen Körörobschi (Tobe aus Kanô). Nach den Berichten Hammu's und Mohammed's, welche dem Auszuge des Königs zugesehen hatten, mochte die ihn begleitende Reiterei etwa die Hälfte der bei gleichen Gelegenheiten in Kûka versammelten betragen, also nahezu 1000 Mann. Dieselbe besteht natürlich nur aus Tanga, d. h. aus den stets unter den Waffen befindlichen Mannschaften der betreffenden Anführer ('Aqăde), während aus den ihnen untergebenen Ortschaften niemand theilnimmt. Nach der Beschreibung meiner Leute mochten die ʿAqăde der Salâmât, der Mahâmîd und der Râschid jeder etwa 100 Reiter angeführt haben, die Mômo, der Tintelak Jûsef jeder etwa 60, der Gross-Eunuch 50, die Meïram Sara einige 30 und die übrigen Anführer zwischen 20 und 50. Die Hälfte, sowol der Reiter als der Thiere, war in Wattenpanzern erschienen, und sämmtliche Reiter mit dem Schwerte bewaffnet. Das versammelte Fussvolk wurde mir als sehr zahlreich geschildert, doch von den sozusagen regelmässigen Mannschaften des Königs erreichten wol die flintenbewaffneten Sklaven kaum die Zahl von 100 und die Reiter seines Hauses ebenfalls nicht mehr. Letztere waren entweder Tuweirât (Pagen) oder Korajat (Stallknechte). Auch jeder ʿAqîd hatte ein bis mehrere Dutzend flintentragender Tanga bei sich, wie denn der König ʿAlî und seine Beamten sich die Vermehrung der Feuerwaffen sehr angelegen sein liessen. Seine nächste Umgebung wurde angehalten, täglich Schiessübungen zu halten, und die bessern Schützen wurden dann mit Doppelflinten bewaffnet. Doch selbst der mächtigste ʿAqîd der genannten grossen Nomadenstämme verfügte über nicht mehr als etwa 50 Flintenträger, und die des Königs im ganzen Reiche erreichten vorläufig kaum die Zahl von 1000.

Eine kleine Kanone wurde auf dem Rücken eines Kamels beim Festzuge mitgeführt; freilich gab es keine Laffette; als man sie abschiessen wollte, wurde sie daher auf die Erde gelegt und ihr Vordertheil durch untergelegte Steine erhöht. Die Pferde gehörten durchgängig der von mir bereits geschilderten Rasse an, welche der von Dâr-Fôr ähnlich ist.

Ein in allen Farben prangender Sonnenschirm von riesigen Dimensionen war von mehreren Sklaven über dem Kopfe des Königs gehalten worden; drei eigene — die für die Wadâï-Könige übliche Zahl — und vier erbeutete Straussfederstandarten wurden vor ihm hergetragen, doch ohne dass die Träger sich in denjenigen Schwenkungen und Tanzbewegungen ausgezeichnet hätten, wie ich sie bei Abû Sekkîn zu bewundern Gelegenheit hatte.

An diesen Festtagen pflegten hier den Fürsten und Königen von ihren Unterthanen Geschenke gemacht zu werden; ja es war seit einigen Jahren durch den Hâdsch Ahmed Tangatanga ein regelmässiges Festgeschenk, Salâm, von seiten der fremden Kaufleute eingeführt worden, das schon als eine Art Sitte betrachtet wurde, wie denn die Steuern im allgemeinen auch wol „'Ada" (Sitte, Plural: „'Awâ'id") heissen. In diesem Jahre wurden 120 Maqta' von den 'Ajâl el-Bahär zusammengebracht, was ungefähr eine Maqta' per Kopf betrug. Die Kötöki und Kanûri brachten jedoch nur den zehnten Theil davon auf, was natürlich höhern Orts den betreffenden Eindruck zu machen nicht verfehlte.

Mit dem Schlusse des Fastenmonats lief die Nachricht ein, dass tripolitanische Kaufleute auf dem Wege nach Wadâï Borkû erreicht hätten. Im Jahre vor meiner Ankunft in Abesche waren zwei unternehmende Tripolitaner zum ersten male nach langen Jahren wieder in Wadâï erschienen und hatten so ausgezeichnete Geschäfte gemacht, dass sich jetzt eine ansehnliche Karavane zu demselben Zwecke vereinigt hatte. Der Murâbid von Qatrûn, welcher im Anfange meines Aufenthalts nach Abesche gekommen war, um die Vermittelung des Königs für die Karavanenreise von Tripolis über Tibesti, Fezzân und Borkû nach Wadâï zu gewinnen, hatte allerdings keinen befriedigenden Bescheid vom König erhalten; derselbe hatte der Wahrheit entsprechend geantwortet, dass ihm die fremden Kaufleute sehr angenehm sein würden, dass er ihnen jedoch nur so weit den Weg sichern könne, als seine eigene Macht reiche: bis Wun in Borkû auf der Fezzân-Strasse und bis Wanjanga auf der Benghâzî-Strasse. Trotzdem lief, wie gesagt, anfangs December die Nachricht ein, eine Karavane von Tripolis, 260 Kamele stark, sei im Anzuge, und wenige Tage darauf erschienen als Vorläufer dieselben Kaufleute, welche im Jahre zuvor in Abesche gewesen waren. 190 Kamele lagerten in Arâda bei den Mahâmîd und 60 waren in Wun, zu schwach zur Weiterreise, zurückgeblieben. König 'Alî sandte sofort einen Boten zum Häuptling Derbeï in Wun mit dem Befehle, die 60 reiseunfähigen Thiere durch frische zu ersetzen und ihre Ladung nach Arâda zu bringen. Am 9. December erhielt ich den Besuch dieser Herren, welche mich allerdings nur in unvollkommener Weise mit Nachrichten über Europa zu versehen vermochten, mich aber auf die Ankunft eines gewissen Zommit vertrösteten, welcher Briefe und Geld für mich vom österreichischen Consul Rossi in Tripolis bringe.

In Tripolis waren seit meiner Abreise auf ʿAlî Rizâ Pâschâ nach alter türkischer Gewohnheit schon wieder verschiedene andere Gouverneure gefolgt, ebenso war es in Fezzân gewesen, und wenn die Berichterstatter den Segen Gottes der beiden letzten sehr fruchtbaren Jahre rühmen konnten, so war von ihren Regierungen nach wie vor nichts Gutes zu sagen.

Die Karavanenmitglieder waren sämmtlich Tripolitaner, während ich gehofft hatte, einige meiner Fezzâner Freunde bei dieser Gelegenheit wiederzusehen. Obgleich sie, den Aufenthalt in Fezzân eingerechnet, nahezu fünf Monate unterwegs und die Kamele nur mit $3\frac{1}{2}$—4 Centnern beladen gewesen waren, war doch, wie erwähnt, etwa der vierte Theil derselben dienstunfähig geworden, während die Kamele des Nordens sonst, was Tragfähigkeit anbetrifft, einen ausgezeichneten Ruf geniessen. Gleichwol müssen diejenigen der Kebâbîsch am Nil kraftvoller und widerstandsfähiger sein, denn die Dschellâba von Dongola beladen ihre Thiere auf dem Wege nach Dâr-Fôr nicht selten mit 8 Centnern.

Einige Tage darauf wurden die Tripolitaner festlich eingeholt. Der König hatte alle Beamten und Grosswürdenträger zu Pferde in Waffen- und Kleiderschmuck auf den Fascher oder Schlossplatz berufen, besichtigt und dann mit auserwählten Pferden für die angesehensten Männer der Karavane vorausgeschickt. Ein Fieberanfall verhinderte mich wieder, an der festlichen Einholung theilzunehmen. Doch nachmittags, als der Anfall vorüber war, ritt ich auf einem Esel in die Zerîba des ʿAqid der Mahâmîd, um die Herren zu begrüssen, und fand dort das Oberhaupt der Karavane, Mohammed Bei, ein Enkel Jûsef Pâschâ's, der zwar als Kaufmann kam, aber auch Geschenke von seiten des jetzigen Generalgouverneurs brachte, ferner seinen Bruder, den Sohn des Kaufmanns Zommit und andere Glieder der Gesellschaft. Sie prangten alle in Sammt und Seide, Tuch und Haïks von Dscherîd, sodass ich, der ich lange nicht eine solche Pracht gesehen hatte, mich meiner bescheidenen Kleidung eines Dschellâbî etwas schämte. Es waren fast alle hübsche, verständige Leute, doch kalt und wenig entgegenkommend. Ich erfuhr eine bittere Täuschung von seiten Zommit's, der rücksichtslos genug gewesen war, die an mich gerichteten Briefe in irgendeinen Waarenballen zu thun, den er selbst nicht mehr herausfand, sodass ich, der ich seit zwei Jahren nichts aus der Heimat gehört, die Aussicht hatte, so lange auf Empfang derselben warten zu müssen, bis er in seiner definitiven Wohnung sein sämmtliches Gepäck geöffnet haben würde.

Die schönen Pferde, welche der König zur Einholung geschickt hatte, wurden ihren augenblicklichen Inhabern als Besitzthum überwiesen und die einzelnen Kaufleute mit Wohnungen versehen, was in Abesche bei dem beschränkten Raume und der geringen Anzahl von Häusern nicht so leicht war als in Kûka. Erst dann wurden die Begrüssungsgeschenke für den Wadâï-Herrscher von ihnen zusammengebracht. Ich war gerade vor Tagesanbruch zum König gerufen worden, der wegen eines leichten Darmkatarrhs ein Doversches Pulver genommen hatte, von dem er schon früher eine grössere Dosis durch mich erhalten, als der 'Aqîd der Mahâmîd den „Salâm" der Tripolitaner überbrachte. Die Geschenke waren in der That sehr reich und repräsentirten in Wadâï immerhin einen Werth von mehrern tausend Thalern; da war ein Sattel mit silbergesticktem Sammtüberzug und silbernen Steigbügeln, ein Theeservice aus Silber, Stoffe und Kleidungsstücke aller Art, goldene Uhren u. dgl. m. Als ich mich nachmittags bei dem König befand, um mich nach seinem Befinden und der Wirkung des genommenen Medicaments zu erkundigen, erschien Mohammed Bei, um die Geschenke des Muschîr von Tripolis zu überreichen, welche in einem Säbel und einem kostbaren Bernûs bestanden. Bei dieser Gelegenheit kam der stolze Charakter des Königs und seine einfache Art zu urtheilen wieder voll zur Geltung. Der Säbel war getragen worden, wie man deutlich an dem Sammt seiner Scheide und dem Metall des Griffes sehen konnte, und dies wurde für Sultan 'Alî der Grund, die Geschenke des Muschîr zurückzuweisen. Er setzte dem Ueberbringer, der in höchste Verwirrung über das Misfallen des Königs gerathen war, kaltblütig auseinander, dass er als König nicht gewohnt sei, Sachen zu benutzen, welche andere vor ihm bereits getragen hätten; er möge die Geschenke wieder zurücknehmen und seinem Herrn den Grund der Zurückweisung angeben. Er selbst, setzte der König in freundlichen Worten hinzu, trage ja keine Schuld hieran und werde ihm, dem König, gerade so lieb und werth sein, als ob er ihm die kostbarsten Gaben überbracht hätte.

Der Generalgouverneur von Tripolis hatte zur Empfehlung meiner Person an den König einen Brief geschrieben, den ich an den letztern übergeben sollte. Auch dieses Schreiben hatte gleiches Schicksal wie jenes Empfehlungsschreiben des Scheïch 'Omar: er wies es einfach zurück und fand es sehr merkwürdig, dass ein Pâschâ von Tripolis den König von Wadâï lehren wolle, wie er sich gegen Fremde zu verhalten habe.

Ich benutzte die Gelegenheit der aus der Heimat empfangenen Briefe — sie stammten eigentlich nur aus Tripolis, denn aus dem Vaterlande erhielt ich keine directen Nachrichten —, um bei dem König auf eine Angelegenheit zu kommen, welche eigentlich ein Hauptgrund meiner Wadâï-Reise war: das Schicksal Eduard Vogel's und die Nachforschung nach seinen Papieren. Mehrfach hatte ich bereits bei Leuten, welche um jene Zeit in Abesche gelebt hatten, Erkundigungen nach dem traurigen Ereignisse eingezogen, und wenn ich demnach auch keine genauern Angaben über die Greuelthat vom König erwarten durfte — er war zu der Zeit nicht in Abesche gewesen —, so konnte ich doch das Land nicht verlassen, ohne mit ihm darüber gesprochen und ihn um Rückgabe der etwa noch vorhandenen Papiere des Reisenden gebeten zu haben. Von der Ausführung des Vorsatzes war ich jedoch bisjetzt durch die dringendsten Abmahnungen meines wahren Freundes, des Hâdsch Ahmed, abgehalten worden. Er beschwor mich, diesen Gegenstand, der dem König um so peinlicher sei, da er selbst so rechtlich denke und keine Schuld daran trage, niemals zu berühren, wenn mir mein Leben lieb sei. So hatte ich mich denn zu verschiedenen malen durch meinen Freund von der Erfüllung dieser Pflicht abhalten lassen, ihm aber zuletzt erklärt, dass wenn ich von neuem den Entschluss fasste, dieselbe endlich zu erfüllen, ich ihn nicht davon in Kenntniss setzen würde. Jetzt nahm ich die Gelegenheit wahr, die Angelegenheit mit dem König zu besprechen. Die Wahrheit umgehend, um seine Empfindlichkeit zu schonen, sagte ich ihm, dass ich Briefe aus der Heimat erhalten habe, in denen man über meine Schilderung seines Charakters, seiner Klugheit und seiner Gerechtigkeit sich hoch erfreut zeige, und unter andern auch ein Schreiben von dem hochbejahrten Vater eines meiner Landsleute, der in diesem Lande verstorben sei. Wie wir Europäer im allgemeinen auf die eigenhändigen Schriftstücke unserer lieben Verstorbenen grossen Werth legten, so habe mich auch dieser alte Mann auf Grund des Berichtes über den Edelsinn des Königs 'Ali ersucht, denselben zu bitten, ihn doch im hohen Alter durch die Rückgabe etwaiger Papiere seines Sohnes, die sich noch in Abesche finden würden, zu erfreuen.

König 'Ali war über meine Eröffnung im höchsten Grade überrascht und verlegen und versuchte anfänglich, vollständige Unkenntniss über die Angelegenheit zu heucheln.

„Wie", sagte er, „einer deiner Brüder ist hier in meinem Lande gestorben?"

„O König", antwortete ich ihm, „es ist eine lange Reihe von Jahren seitdem verflossen, das Ereigniss fand zu einer Zeit statt, als du selbst, ein kaum erwachsener Jüngling, fern von der Residenz im Innern des Landes wohntest, und wenn wir in unserm Lande genau wissen, in welch entsetzlicher Weise unser Bruder hier sein Leben verlor, so weiss doch auch die ganze europäische Welt, dass du, Herr, keinerlei Schuld daran trägst. Das Gefühl und das Verlangen der Rache ist unserm Charakter und unserer Religion fremd, und dass ich jetzt die traurige Angelegenheit vor dir zur Sprache bringe, geschieht nur auf Grund meiner Kenntniss deines edeln Sinnes und meines Wunsches, dir in der ganzen Welt den Ruf des grossherzigsten und gerechtesten Fürsten im Sûdân zu bereiten. Niemand spricht von der Habe des ermordeten Reisenden; wir legen keinen Werth auf den Verlust derselben, sondern wünschen nur, etwa gefundenen schriftlichen Nachlass zu besitzen zur Befriedigung des betagten Vaters und zur Erhöhung deines Ruhmes."

Nachdem der König sich nach dem Namen des Verstorbenen erkundigt hatte, schien er sich bei Nennung desselben („'Abd el-Wâhid") des Falles zu erinnern und sagte:

„Sieh, o Chawâdscha (es ist dies der Titel, der in Syrien, Aegypten, Dâr-Fôr und Wadâï von den gebildeten arabischen Leuten den Christen gegeben wird), der Tod deines Landsmanns hat sich sehr lange vor meiner Regierung zugetragen, und ich habe nur unvollkommene Kenntniss von den Ereignissen; ich werde aber deinem Wunsche gemäss Nachforschungen anstellen lassen und etwa gefundene Schriftstücke dir überantworten."

Ich versicherte ihm wiederholt, dass niemand in Europa gewillt sei, ihn für das Verbrechen seines Vaters verantwortlich zu machen, und dass wir nur im Vertrauen auf seinen Gerechtigkeitssinn eine derartige Bitte ausgesprochen hätten. Gleichwol gewann ich schon damals die Ueberzeugung, dass meine Bemühungen erfolglos sein würden. Der König, voller Scham über die Unthat seines Vaters und den Schatten, der in dieser Beziehung auf der Regierung von Wadâï ruhte, hatte offenbar das Bedürfniss, die fast verschollene That im Dunkel der Vergessenheit zu begraben und in keiner Weise wieder aufzurühren. Obgleich derselbe dann später vor meiner Abreise die Versicherung gab, dass sich von den Schriftstücken Eduard Vogel's nichts gefunden habe, so wäre es gleichwol möglich, dass eines Tages Reste davon zu Tage kämen, denn es ist die Zerstörung von Schriftstücken in der mohammedanischen Welt eine grosse Seltenheit. Da die arabische Sprache heutzutage, mit Ausnahme ihrer Anwendung für kaufmännische Geschäfte, nur Gegenstände behandelt, welche auf die Religion Bezug haben, so wird alles Geschriebene mit der grössten Ehrfurcht behandelt und fast niemals absichtlich vernichtet.

Nach meinen Erkundigungen über das Schicksal unsers unglücklichen Landsmannes war dieser im Anfange des Jahres 1856 von Kûka über Fitri nach Abeche gereist, wo er Ende desselben Jahres eintraf. Er wurde vom König Scherif nicht unfreundlich aufgenommen, benahm sich indessen so unklug, trug dem Argwohn und der Beschränktheit der Eingeborenen so wenig Rechnung, dass diesem Umstande sein Untergang zuzuschreiben ist. Mit der ihm eigenen Rastlosigkeit war der Reisende den ganzen Tag ausserhalb seiner Behausung, beschäftigt, die Umgegend zu Pferde und zu Fuss zu durchstreifen, zu schreiben und zu zeichnen, und forderte auf diese Weise den Argwohn der rohen Leute, die ein solches Beginnen zu verstehen nicht im Stande waren, auf das bedenklichste heraus. Er war bei dem Vater des jetzigen

ʿAqîd der Mahâmîd, dem ʿAqîd Dscherma, welcher dieselbe Würde inne hatte wie sein Sohn und beim König in hohem Ansehen stand, einquartiert worden, und dieser war es, welcher nach einer Reihe von Tagen seinen Herrn auf das Ungewöhnliche und Verdächtige des Betragens seines Gastes aufmerksam machte. Nun hatte der König Mohammed Scherîf, ein blutdürstiger Tyrann und besonders den Arabern feindlich gesinnt, ausser den zahlreichen Fezzânern und Tripolitanern, deren Blut er schon früher vergossen hatte, vor nicht langer Zeit einen Scherîf aus Benghâzî umbringen lassen, gegen welchen der Verdacht rege geworden war, dass er ein Spion der Türken sei. Die allen Fremden so feindlichen Leute aus Wadâï benutzten diesen Umstand, um das Mistrauen des argwöhnischen Königs auf den blondhaarigen und blauäugigen Dr. Vogel zu richten, der augenscheinlich nur geschickt sei, um genaue Erkundigungen über jene Mordthat einzuziehen und die Spionage des Ermordeten fortzusetzen. — Ein Mann wie Mohammed Scherîf bedurfte keiner Beweise derartiger Behauptungen, der geringste Verdacht hatte ihm stets für ein Todesurtheil genügt, und was ist schliesslich ein Menschenleben in einem Lande wie Wadâï! — Er antwortete dem ʿAqîd Dscherma einfach: „Wenn dem so ist, so ist es jedenfalls sicherer, du lässt ihn tödten". — Eduard Vogel ging eines Tages begleitet von Leuten des ʿAqîd Dscherma in die Umgegend der Stadt, und bei einigen in nächster Nähe gelegenen Granitfelsen, die man mir gezeigt hat, wurde er mit den eisenbeschlagenen Knitteln oder Keulen, wie sie die Wadâï-Leute tragen und wie sie bei den Hinrichtungen durch die schon früher erwähnte Henker- und Musikantenkaste der Kabartû üblich sind, erschlagen. Er war nur 13 Tage in Abesche gewesen.

Wenn ich das Vertrauen einzelner Leute so weit gewonnen hatte, dass sie mit mir über dieses Ereigniss sprachen — denn solche Dinge wurden als Staatsgeheimniss betrachtet und die Furcht vor dem König verschloss den Wissenden den Mund —, so suchten sie mich wol zu beruhigen, da sie glaubten, dass meine Erkundigungen der Furcht für mein eigenes Leben entsprängen, und sagten: „O Chawâdscha, du musst dir keine Gedanken darüber machen; jener Mann war ganz anders wie du. Er war wirklich kein guter Mensch, denn er liebte die Leute nicht, liess sich nicht gern von ihnen besuchen und konnte mit ihnen nicht sprechen, da er der arabischen Sprache wenig mächtig war; er nährte sich fast ausschliesslich von Hühnereiern, wie doch kein anständiger Mensch zu thun pflegt, und schrieb nicht wie andere Leute mit Tinte, sondern mit einem kleinen Stabe."

Das alles sind scheinbar unbedeutende Dinge, die gleichwol von den verhängnissvollsten Folgen waren. Die Nachrichten, welche Werner Munzinger im Jahre 1862 aus Kordofân nach Europa schickte und welche derselbe von dem Scherîf Mohammed el-Schingîtî erhalten, sind bis auf das Datum, in welchem sich der Berichterstatter wol geirrt hat, richtig. Dieser Schingîtî war mit Dr. Vogel in derselben Karavane von Kûka nach Abesche gereist, und das Entsetzen, welches er über die That Mohammed Scherîf's empfand, wahrscheinlich auch die Furcht für sein eigenes Leben, trugen dazu bei, seine Abreise aus Wadâï zu beschleunigen; er war zuvor an der Nordküste gewesen und konnte somit ebenfalls als Spion betrachtet werden, der über die Umstände der Hinrichtung des Scherif aus Benghâzî Bericht erstatten sollte.

Da ich die Verlegenheit König 'Ali's bei Besprechung der an Eduard Vogel verübten Greuelthat bemerkt hatte und es allgemein bekannt war, dass der ehrenhafte König seine Misbilligung über die Ermordung Beurmann's, welchen seine Beamten in Kânem umgebracht hatten, offen ausgesprochen — er hatte sich geweigert, die Nachlassenschaft desselben in Empfang zu nehmen —, ausserdem die Ermordung unsers letztgenannten Landsmannes nicht in Wadâï selbst geschehen war, so nahm ich Anstand, auch diesen Fall mit dem König zu besprechen, denn wahrscheinlich würde er eine Angelegenheit, wo seine Verantwortlichkeit in ganz anderer Weise in Frage kam, nicht so harmlos aufgenommen haben.

So hoch Hâdsch Ahmed seinen königlichen Freund und Herrn stellte, so war er doch über die unverantwortliche Kühnheit, mit der ich trotz seiner Warnungen den König um Auskunft gebeten hatte, ganz starr vor Entsetzen und rief aus: „Ihr Europäer seid doch unvernünftige Menschen. Nicht zufrieden damit, in einem Lande wie Wadâï vom König auf jede Weise freundlich und gastlich aufgenommen zu sein, suchst du dich noch mit aller Gewalt um deinen Kopf zu bringen!"

Der von mir schon früher hervorgehobene Unterschied zwischen dem Charakter der nordischen arabischen Kaufleute und derjenigen vom Nil, machte sich mir bei Gelegenheit der Auslieferung der Briefe und des Geldes von seiten Mohammed Zommit's wieder unangenehm geltend. Nicht genug, dass derselbe mir die Briefe tagelang vorenthielt, bis er seine sämmtlichen Waaren ausgepackt hatte, fand auch die Auszahlung der 350 Thaler, welche er im Auftrage des Consul Rossi für mich überbrachte, nur nach zahllosen Weitläufigkeiten und kleinen Chikanen statt. Während er in Tripolis vollwichtige Maria-Theresia-Thaler empfangen hatte, suchte er mich zu überreden, anstatt dessen Stücke Châm zu den Marktpreisen anzunehmen, und als ich wenigstens auf Auszahlung der Hälfte der Summe in baarem Gelde bestand, mischte er spanische Thaler und andere, welche nicht den vollen Werth der Maria-Theresia-Thaler hatten, dazwischen, mit der Behauptung, dieselben in Tripolis für mich empfangen zu haben, während ich genau wusste, dass er erst an Ort und Stelle durch den Verkauf seiner Waaren sich das Geld verschafft hatte. Bei der Auszahlung machte er grosse Schwierigkeiten über die zu wählenden Zeugen, welche meine Quittung mit unterschreiben mussten, und erlaubte sich noch verschiedene Redensarten über den Dienst, den er mir in so uneigennütziger Weise leiste. Wie so ganz anders benahm sich später der Dongolâwi Hâdsch Hamza, welcher mir 500 Maria-Theresia-Thaler aus Aegypten überbrachte und ohne Zeugen und ohne Quittung am ersten Tage meiner Ankunft in Dâr-For die Summe aushändigte.

# Achtes Kapitel.
## LAND UND LEUTE.

Unvollkommenheit der geographischen Ermittelungen. — Mohammed et-Tûnisi's Aufzeichnungen. — Lage, Grenzen und Ausdehnung des Landes. — Beträchtliche Vergrösserung des Reiches durch Sultan ʿAli. — Ungefähre Abschätzung der Einwohnerzahl. — Erhebung des Landes über den Meeresspiegel. — Bodenbeschaffenheit. — Hauptflüsse. — Bodenfrüchte und -cultur. — Baumvegetation. — Thierwelt. — Die Hausthiere. — Das Pferd Wadâïs. — Uebersicht der Bevölkerungselemente. — Eintheilung in einheimische, eingewanderte, arabische und heidnische Stämme und Tedâ-Abtheilungen. — Die Mâba-Gruppe. — Die Landschaft der Kodoï. — Berggruppen, Flüsse. — Abtheilung der Neměna. — Sprache, Charakter, Verwaltung. — Die Aulâd Dschemaʿ. — Grösse und Beschaffenheit der Landschaft. — Die Marârît; Charaktereigenschaften derselben. — Reichthum der Landschaft an Flüssen, Bergen und Baumwuchs. — Die Mimi und ihr Bezirk. — Die Malânga, Madâba, Madâla und Kabga und ihre geschichtliche Bedeutung. — Die Ganyanga; Ursprung des Namens. — Die Landschaft der Sungòr. — Bezirk Kèlingen. — Bezirk der Kadschänga; Beginn des Butéha. — Die Massâlit el-Hausch und Massâlit el-Batha. — Die Kòndòngo. — Die Kaschemere. — Die Marfa. — Die ʿAli. — Die Mòjò. — Die Fâla. — Der Bezirk Berédsch mit den Birgìd. — Die Mûbi Zarka. — Die Wildniss Kitâbel. — Die Mûbi Hadâba. — Die Masmâdsche. — Die Kûka und ihre Abtheilungen. — Die Abû Simmîn und Bulâla am Fitri-See. — Die Middògo. — Die Dâdscho; ihre heidnischen Gebräuche. — Die Abû Rhusûn. — Die Dschéggel. — Die Kibêt. — Heidenlandschaften. — Die Murro. — Die Kadschakse. — Die Gulla. — Dâr-Runga und seine Bewohner. — Tâma; seine ursprüngliche und spätere Bevölkerung. — Charakter derselben. — Abhängigkeitsverhältniss zu Wadâï. — Die arabische Bevölkerung. — Zeit ihrer Einwanderung. — Eintheilung in Arab baqqâra und Arab abbâla. — Arab baqqâra: Salâmât. — Missîrija. — Aulâd Râschid. — Dschaʿâdîna. — Chozzâm. — Schurâfâ. — Heimât. — Dĕqĕna. — Schiggèrât. — Tordschem. — Kòlòmât. — Benî Hasen. — Zabâlat. — Mahâdi. — Zanâtît. — Me-dschânin. — Koróbât. — Isirre. — Arab abbâla: Mahâmîd. — Hamida. — Beni Holba. — Zubădâ. — Schŭqĕqât. — Die Bewohner des Dâr-Zijûd. — Die zum Theil ausserhalb des Dâr-Wadâï wohnenden: Debâba. — Qawâlîma. — 'Assâla. — Aulâd Haméd. — Chozzâm el-Bahărija. — Tundscher. — Qimr. — Zoghâwa. — Die Tubu (Tedâ) Wadâïs: Qor'ân. — Kréda. — Kaschĕrda. — Hawalla. — Hammêdsch. — Aulâd Sâlim. — Aulâd Beqqâr. — Meidêna. — Dogordâ. — Wandâla. — Kumösöalla. — Sklaven des Sultans. — Zusammenstellung der Stämme nach Sprachverwandtschaft, nach der Natur ihrer Wohnsitze u. s. w. — Allgemeine Uebersicht. — Gruppirung nach der gebräuchlichen Hautfarbenscala. — Vertheilung der Stämme nach den Himmelsgegenden. — Die fremden Stämme.

Wenn es mir auch nicht vergönnt war, mehr als eine vorläufige Erforschung Wadâïs mit den angrenzenden Heidenlandschaften im Süden und eine ebenso vorläufige Feststellung seiner Ausdehnung und seiner Grenzen zu ermöglichen, wenn ich mich damit begnügen musste, eine allgemeine Uebersicht über die Völkerstämme des Landes und eine zusammenfassende Darstellung seiner geschichtlichen Vergangenheit zu geben, so werden doch die gewonnenen Resultate immerhin zur Grundlage dienen können für eine weitere Erforschung des in seinem grössern Theile fast noch jungfräulichen Landes. Wadâï war vor mir nur von dem unglücklichen E. Vogel besucht worden, der dort seinen Tod fand. Moritz von Beurmann, der die Erbschaft seines unternehmenden Vorgängers anzutreten im Begriff stand, fiel an der Grenze des Landes dem Fremdenhass eines fanatischen Wadâï-Beamten zum Opfer, und was wir durch den Scheïch Mohammed et-Tûnisî über das Land erfahren hatten, war mindestens als sehr unzureichend zu bezeichnen. Seine topographischen Aufzeichnungen sind nicht nur verwirrt, sondern sogar so falsch, dass sein sogenanntes „Tableau" von Wadâï, das mit Vernachlässigung aller andern Erkundigungen nur auf seinen eigenen Annahmen und Angaben beruht, ein durchaus verzerrtes Bild des ganzen Landes gibt.

Das ursprüngliche Wadâï hatte seine gewissermaassen natürlichen Grenzen nach Norden in der Wüste, nach Westen im Fitri-See, nach Süden im Bahăr es-Salâmât, nach Osten in Dâr-Fôr und den nach Süden strömenden Zuflüssen des Bahăr es-Salâmât. Dieses eigentliche Wadâï beginnt etwa auf 18° 30′ östl. L. von Greenwich, hat auf der 13. Parallele eine ungefähre Ausdehnung von vier Graden und auf dem Meridian von Abesche, zwischen dem 20.° und 21.° östl. L. von Greenwich eine Ausdehnung von etwa 3½ Graden. Das ganze Territorium ist nicht gut abgerundet, doch darf eine Totaloberfläche von etwa 3000 deutschen Quadratmeilen angenommen werden. Unter König 'Alî's Regierung wurde ein Theil der Wüstenstämme der Dâza, Wanya und Bidêjât, der Fitri-See, ferner ein Theil Kânems und des Bahär el-Ghazâl, sowie Bagirmi seinem Einflusse unterworfen und endlich über den Bahär es-Salâmât nach Süden hinaus die ausgedehnte Herrschaft Runga, zugleich die Grenze des Islâm, mit Kûti und bis zu den niamniamartigen Stämmen des Dâr-Banda Wadâï einverleibt. Rechnet man diese abhängigen Länder hinzu — und dazu ist man berechtigt, da die Einigung viel enger ist, als sonst bei Vasallenstaaten —, so wird die Ausdehnung des Reiches fast um das Doppelte vergrössert, sodass man einen Flächenraum von über 5000 deutschen Quadratmeilen und damit eine entsprechend höhere Bevölkerungsziffer annehmen kann, als sich nach meiner Schätzung für das eigentliche Wadâï ergeben würde. Lassen wir aber die im Laufe der letzten Zeit an den Kern des Landes ankrystallisirten Landschaften und Stämme beiseite, so würde, wie gesagt, ein Flächenraum von gegen 3000 deutschen Quadratmeilen verbleiben.

Man hat im allgemeinen für die Länder des östlichen Sûdân 1000 Einwohner auf die Quadratmeile als Bevölkerungsmittel angenommen. Wenn diese Zahl für Dâr-Fôr ungefähr zutreffend ist, für Bornû dagegen entschieden unter der wirklichen bleibt, so wird dieselbe in Wadâï nicht erreicht. Ich habe meiner Abschätzung der Einwohnerzahl diejenigen Aufschlüsse und Mittheilungen zu Grunde gelegt, welche mir von landeskundigen und vertrauenswürdigen Leuten zutheil wurden, und in monatelanger, mühevoller Arbeit gelang es mir, die einzelnen Dörfer der verschiedenen Stämme nach Namen und ungefährer Grösse zu erfragen und zusammenzustellen, und hierbei dem Umstand Rechnung tragend, dass wahrscheinlich ein Drittel oder ein Viertel der Ortschaften von meinen Berichterstattern übergangen worden, nahm ich die Dörfer durchschnittlich zu 150 Hausständen und jeden Hausstand zu sieben Seelen an und kam so auf eine Einwohnerzahl von etwa 2½ Millionen. Es bleibt jedoch hierbei noch zu berücksichtigen, dass ein grosser Theil des Landes Wildniss, mithin unbevölkert ist.

Das ganze Land steigt allmählich von Westen nach Osten an und hat in seinem westlichen Theile eine Erhebung von 250—330 m über dem Meeresspiegel, erreicht jedoch im östlichen Theile eine Höhe von 500—650 m. Der Norden des Landes hat vorwaltend felsigen und dürren Boden bei theilweisem Wassermangel; der Osten hingegen und das Centrum, welche bergig sind, haben trotzdem auch leichten, sandigen Boden und Reichthum an Wasser, und der Süden ist durch thonreichen und fetten Boden ausgezeichnet. Die auf den Bergen des östlichen und nordöstlichen Wadâï entspringenden Flüsse Batha und Butêha stellen gewissermaassen die Wasseradern des Landes dar; sie sind zwar während des grössten Theils des Jahres trocken, bilden aber auch dann nicht nur hier und da offene Wasserbetten, sondern haben in ihren Kiesbetten in der Tiefe von $1-1^{1}/_{2}$ m sogar reichliches und gutes Wasser; in der Regenzeit werden sie zu reissenden Strömen. Der Bahăr es-Salâmât, im Süden des Landes, bildet den Hauptabfluss des Marra-Gebirges in Dâr-Fôr, von welchem er die Gewässer der West- und Nordabhänge sammelt; er hat zwar keinen perennirenden Wasserstrom, sein Gebiet ist indess nicht nur räumlich bedeutender als das des Batha, sondern auch wasserreicher.

Als Wâdî Asunga bildet er die Grenze zwischen Wadâï und Dâr-Fôr bis zum Dâr-Sûla hinab, nimmt in seinem Laufe verschiedene kleinere Wâdîs auf und führt nacheinander verschiedene Namen: Wâdî Asunga, Wâdî Kâdscha, Wâdî Kya, hierauf seinen Wâdî-Charakter verlierend, heisst er: Bahăr Korte, Bahăr Mangâri, Omm et-Timân, Bahăr es-Salâmât, auch wol Bahăr et-Tîne. Im Süden von Kibêt vertauscht er seine westliche Richtung mit einer südwestlichen und endigt zum Theil drei Tagereisen westlich vom Dâr-Runga im See Iro, zum kleinern Theile scheint er als Bahăr Iro den Nebenarm des Schâri, Ba Batschĭkam, zu erreichen. Der obengenannte See Iro ist nicht unbeträchtlich grösser als der Fitri-See, enthält Inseln, auf welche sich in Zeiten der Gefahr die Salâmât zurückziehen, und zeichnet sich durch Reichthum an Flusspferden und Krokodilen aus. Von Norden her mündet in den See der Bahăr Andôma — Andôma, eine Abtheilung der Aulâd Râschid —, der seinerseits aus dem See Bugdy entspringt. Letzterer, etwa halb so gross als der Iro, nimmt zahlreiche Wâdîs aus Norden auf und scheint, obwol geringern Umfangs als der Fitri-See, doch eine grössere Wassermenge als dieser zu haben. Im Süden des Bahăr es-Salâmât, der Grenze des eigentlichen Dâr-Wadâï, liegt Runga oder Dâr-Runga, das seit der Regierung des Königs ʿAlî als Theil des Reichs angesehen werden muss, obwol es unter einem besondern Sultan steht.

Von Mangâri, dem Endpunkte meiner Reise zum Bahăr es-Salâmât, erreicht man Terkâma, den nördlichsten Bezirk von Runga, in zwei guten Tagemärschen; bis Ardh el-Chalifa beträgt die Entfernung etwa zwei, bis Kûka $1^{1}/_{2}$ Tage und am siebenten Tage erreicht man den Fluss Aukadebbe. Der Aukadebbe, der aus dem Gebiete der Fongoro in Dâr-Fôr kommen soll, führt anfangs den Namen Auk und nimmt, wahrscheinlich bevor er Runga erreicht, einige Zuflüsse aus Kordol auf, einer bergigen Landschaft südlich von Simjar, mit heidnischen Bewohnern. Südlich von ihm durchschneiden der Merâbe, der Bungul, der Ngardscham, der Tête — von Nord nach Süd gerechnet — das Land und vereinigen sich nahe der Westgrenze mit dem Aukadebbe, der sich in der Landschaft der Bûa in den Schâri ergiessen soll. Südlich vom Aukadebbe reist man mehrere Tage in unbewohnter Gegend, überschreitet die obengenannten Zuflüsse desselben, die ihren Ursprung im Osten und Südosten auf dem Gebiete der Gûlla und der nördlichsten Banda zu haben scheinen, wendet sich am zehnten Tage nach Südwesten und erreicht am elften Dilfo, das erste Kûti-Dorf. Die Lage des Aukadebbe in dieser Reiseangabe stimmt vollkommen überein mit dem Bericht meines Dieners, der von Sunsch, einem Orte am Bahăr es-Salâmât, welcher ungefähr zwei Tagemärsche vom See Iro nach Nordosten liegt, nach Süden zur Sklavenjagd gezogen war. Er erreichte den Aukadebbe in fünf Tagen. Nach seinem Berichte wohnen südlich vom Iro die Fanga und westlich und südwestlich die Kulfê; die Entfernung von Kûti bis zu den Kulfê soll in Nordwestrichtung etwa zehn Tagemärsche betragen. Oestlich vom Wege meines Berichterstatters, an Runga grenzend, befand sich eine unbewohnte Gegend.

Ungefähr drei Tagemärsche südlich von Kûti erreicht man den Bahăr el-Abiăd (den weissen Fluss), der nach meinem Gewährsmann im Sommer, d. h. vor seinem Anwachsen, 2—300 Schritt breit und 1—1½ m tief ist. Er erreichte den Bahăr el-Abiăd in drei Tagen von dem Punkte, wo er den Aukadebbe überschritt, und zwar nahe an seiner Vereinigung mit dem Bahăr el-Azrăq; letzterer war nur etwa halb so breit, konnte aber seiner Tiefe wegen nicht durchwatet werden. Der Bahăr el-Abiăd hat seinen Ursprung weiter im Osten, denn mein Gewährsmann aus Kûti, ein Bornâwi, der seit Jahren daselbst wohnte, wusste nichts Genaues über seinen Ursprung. Der Bahăr el-Abiăd sowol wie der Bahăr el-Azrăq führen während des ganzen Jahres Wasser; über den Aukadebbe waren in dieser Beziehung die Ansichten getheilt. Der Bahăr el-Azrăq soll vom Kaga (Berg) Lêle entspringen, 5½ Tagemärsche von Kûti, zwei Tagemärsche südlich vom Bahăr el-Abiăd. Vier weitere Tagemärsche endlich bringen den Reisenden zum Kaga Banga im Gebiete der Banda Marba, auf welchem der Bahăr el-Ardhe entspringen soll. Auch diese Angabe stimmt überein mit dem Berichte meines Dieners, der auf der Rückreise vom Bahăr el-Ardhe bis zum Bahăr el-Abiăd an der Stelle, wo derselbe den Bahăr el-Azrăq bereits aufgenommen hat, 4½ Tage gebrauchte.

Der Bahăr el-Ardhe wurde von meinem Bornû-Gewährsmann als ein Fluss von nahezu der Breite des Schâri bei Kussĕri, also nach seiner Vereinigung mit dem Flusse von Logon, geschildert, während mein Diener mir im Wâdi Tîneât in Dâr-Fôr, dessen Bett 300 Schritt breit war, den Bahăr el-Ardhe als viel breiter bezeichnete als den letztern. Der Bahăr el-Ardhe hatte nach seiner Angabe — es war vor der Regenzeit — eine rasche Strömung und gleich dem Schâri zahlreiche Inseln, obwol seine Wassertiefe nur 1—1½ m betrug; er trug viele Nachen der anwohnenden Heidenstämme.

Mein Gewährsmann aus Kûti war dann noch 5—6 Tage weiter gezogen bis zu einem mächtigen, von seinen Gefährten Bahăr Kûta genannten Strome, der viel grösser als der Schâri, reich an Krokodilen und Flusspferden und voll von bewohnten Inseln war. Während die vorher erwähnten Flüsse mehr oder weniger einen nordwestlichen Verlauf hatten, floss dieser nach Westen, und diejenigen, welche ihn gesehen hatten, behaupteten, dass er nichts mit dem Schâri zu thun habe, sondern in das Land der Fellâta flösse. Ich lasse dahingestellt, ob der meiner bereits früher (S. 103) angeführten Ansicht nach mit dem „Kubanda" Barth's und dem „Uëlle" Schweinfurth's unzweifelhaft übereinstimmende Fluss wirklich der obere Lauf des Schâri ist. Es wäre ja auch möglich, dass der Fluss von Logon trotz meiner Erkundigungen ein besonderer Strom ist, wofür die Ungleichzeitigkeit oder Ungleichartigkeit seiner Schwellung und der des Schâri sprechen könnte.

Am Endpunkte meiner Bagirmi-Reise wurde mir der Bahär el-Ardhe stets als Nebenfluss des Schâri bezeichnet, ohne dass jemand die Stelle genau angeben konnte, an welcher er sich in diesen ergösse, wie denn überhaupt die Nachrichten über Vereinigungen und über Trennungen von Flüssen stets sehr unklar und unsicher sind. So ist sogar noch der Abfluss des Iro in das System des Schâri unsicher, und die Punkte, wo sich der Aukadebbe und Bahär el-Abiăd in denselben ergiessen, sind wenig genau bestimmt.

Die Lage von Runga und Kûti wird weiter ungefähr bestimmt durch die Angabe eines Rungâwi für den Weg bis zum Wâdî Salah, den derselbe von Kêdetei in Runga aus in neun Tagen erreichte; ferner durch den Bericht meines Gewährsmannes aus Kûti, der von Birkâwîja in Dâr-Fôr den Bezirk Ardh el-Chalîfa in 14 Tagen erreichte, und durch die von demselben Manne gemachte vierzehntägige Reise nach Osten durch verschiedene Banda-Landschaften, in deren Verlauf er auf dem Gebiete der Banda Mîri das Dorf Sâlah Tête erreichte, das fünf Tagemärsche südlich von der Hofrat en-Nuhâs liegen soll.

Runga kann in vier Bezirke eingetheilt werden, von denen jeder etwa 15 Dörfer zählt. Der nördlichste Bezirk ist Terkâma, südlich von diesem liegt Ardh el-Chalîfa und wiederum südlich von letzterm der Bezirk Kûka, der nach Süden von dem Aukadebbe begrenzt wird, welcher zugleich die Südgrenze des eigentlichen Dâr-Runga ist. Der vierte Bezirk Aguâre liegt westlich vom vorigen. Dies eigentliche Runga wird von kleinen Flussthälern durchschnitten und hat harten Humusboden; doch soll der nördliche Bezirk Sandboden haben. Das zu Runga gerechnete Kûti oder Dâr-Kûti, südwestlich von Kúka, misst in seiner grössten Ausdehnung von Ost nach West ungefähr zwei Tagemärsche und zählt 14 Dörfer. Die Bewohner, Verwandte der Runga, sind Heiden, während die Runga Mohammedaner sind. Die letztern, verwandt mit den Mangâri und Kibêt, sind grosse, starke Leute von dunkler Hautfarbe, hartnäckigen, kriegerischen Sinnes und rüstige Elefanten- und Rhinocerosjäger. Das Land ist vom Bahăr es-Salâmât durch eine Wildniss getrennt, die zur Regenzeit und unmittelbar nach derselben durch weite Moräste, die sich in dem fetten Thonboden bilden, fast unpassirbar wird.

Alljährlich zieht der ʿAqîd der Salâmât, unter dessen Oberaufsicht das Land steht, nach Runga, um seinen weiten Bezirk zu controliren und um durch Beutezüge nach Süden, Südwesten und Südosten den kriegerischen Sinn der Wadâï-Leute zu heben und den Bedarf des Sultans an Sklaven und Elfenbein zu decken.

Runga ist, wie bereits erwähnt, wegen seiner Mücken und bösen Fliegen gefürchtet und deswegen arm an Rindvieh, Pferden und Eseln; Ziegen scheinen jenen Einflüssen besser zu widerstehen. Hühner sind zahlreich. Von Getreide wird Duchn, Durra und Mais gebaut. In Kûti haben sich schon kleine Handelsleute aus verschiedenen Ländern, hauptsächlich aus Bornû, angesiedelt und machen Reisen nach Westen bis zu den Sâra, welche östlich am Schâri wohnen, nach Südwesten, wo sie den Bahăr el-Ardhe erreichen, und nach Süden durch die zahlreichen Abtheilungen der noch zu erwähnenden Banda bis zum Kûta. Nur nach Osten, wo die Gúlla wohnen, die im Rufe von treulosen und verrätherischen Leuten stehen, geht niemand.

Die Gegend westlich von Runga und Kûti ist voller Regenwasserteiche (Rahat, Pl. Ruhût); nach Osten und Süden steigt das Land an und wird gebirgig. Südlich von diesen Landschaften finden sich als Hausthiere nur Hühner, Ziegen und Hunde; Pferde, Rinder und Esel fehlen. Von wilden Thieren sind Löwe, Leopard, Hyäne, Wildschwein, Elefant, Rhinoceros, Büffel, Antilopen, Erdschwein, Ameisenbär, Stachelschwein vorhanden; dagegen soll die Giraffe kaum vorkommen. Von Kûti ab nach Süden finden sich an Baumarten der Baumwollbaum (*Eriodendron anfractuosum*), der

Butterbaum (*Butyrospermum Parkii*), die Oelpalme (*Elaeis*), die Deléb-palme (*Borassus flabelliformis*), zahlreiche feigenartige Bäume, die *Parkia biglobosa*, die Banane (*Musa*), ferner der Kimba-Pfeffer (*Xylopia aethiopica*), verschiedene essbare Wurzelknollen und Taback.

Die Stämme, welche südlich von Kûti am Bahär el-Abiäd, Bahär el-Azräq, Bahär el-Ardhe und auf dem Nordufer des Bahär Kûta wohnen, werden von den Leuten von Runga und Kûti und den dort angesiedelten Fremden unter dem Namen „Banda" zusammengefasst und auch wol, da die meisten dem Kannibalismus ergeben sind, „Niamniam" genannt. Mein Berichterstatter aus Bornû behauptete sogar, dass sie durch Spracheinheit verbunden seien, und gab mir Proben von dieser „Banda-Sprache", welche er geläufig sprach. Im ganzen Dâr-Banda scheint Felsboden und sandgemischter Humusboden vorzuwalten, obgleich die Angaben meiner Gewährsleute, dass hauptsächlich Durra, aber wenig Duchn gebaut werde, es wahrscheinlich machen, dass auch thoniger Boden nicht fehlt. Einige Gegenden sind sehr gebirgig, andere zeigen nur vereinzelte Felspartien, noch andere sind ganz eben.

Die Banda kleiden sich mit dem Baste der Dschummêza (*Ficus Sycomorus*), die Frauen mit Habila-Laub. Männer und Frauen feilen die Zähne spitz, durchbohren die Ohrläppchen, die Nasenflügel und die Lippen und verzieren sie mit Zinncylindern. Sie sind dem Genusse der Merîssa und Dumma — einem gegorenen Getränk aus Mais und Honig — sehr ergeben und rauchen Taback mit Vorliebe. Wie erwähnt, sind sie Kannibalen und machen aus den Zähnen ihrer Opfer Halsketten für sich, ihre Frauen und Kinder. Vielweiberei existirt, ihre Grenzen sind nur Vermögensfrage; man kauft die Frauen für Perlen, Eisen u. s. w. Die Waffen bestehen in Bogen und Pfeilen, Lanzen und kurzen Wurfeisen. Jeder Hausstand hat eine kleine Hütte für die Hauptgottheit Wamba, die weiblichen Geschlechts ist, und für deren Mann Botokollo, denen sie opfern, an deren heiligen Stätten sie Eidschwüre leisten und ihre neugeborenen Kinder oder neuerworbenen Sklaven einsegnen.

Der Norden des eigentlichen Wadâï, zu dem wir jetzt zurückkehren, ist nicht übermässig fruchtbar; sein, wie schon erwähnt, vorwaltend felsiger und dürrer Boden gestattet bei theilweisem Wassermangel nur spärliche Duchn- und Baumwollcultur. Der

Osten hingegen, sowie das Centrum eignen sich besonders zum Anbau des Duchn, während der thonreiche, fette Boden des Südens reiche Ernten an Durra und Massarî (Mais) hervorbringt. Ganz besonders fruchtbar aber erweisen sich der Nordosten, Osten und das Centrum durch die Bewässerung, welche die Zuflüsse des Batha und Butêha bewirken. Die Cultur des Duchn, des Hauptnahrungsmittels, ist über das ganze Land verbreitet; im Fitri-Lande wird derselbe sogar in der Nähe des Fitri-Sees zweimal im Jahre, nämlich mit Beginn der Herbstregen und im Winter oder im Frühjahr, gesäet. Ausser den genannten Bodenfrüchten werden vorzugsweise Erdnüsse (*Arachis* und *Voandzeia*), Lûbïa (*Dolichos Lubia*), Simsim (Sesam), Taback, Indigo, und überall wo sich Thon- und Humusboden findet, wie im Dâr-Sûla, am Fitri und anderwärts, reichlich Baumwolle angebaut; die grössere Menge der letztern kommt aber von der Umgegend des Batha. Auch Weizen wird geerntet, obwol nicht in sehr ausgiebiger Weise, sowie Reis (Firgami, Schinkâfe), dieser vorwaltend im Dâr-Zijûd. Der Kürbis (*Lagenaria*), den man in verschiedenster Weise zu Instrumenten, Geräthen u. s. w. verarbeitet, ist auch hier heimisch, ebenso eine als Volksnahrung sehr beliebte wilde Gurke, „Ngurli" genannt, und Wassermelonen sehr untergeordneter Qualität, sowie verschiedene, im ganzen Sûdân verbreitete Gartengewächse und -Kräuter, aus welchen die zum „'Aïsch" unentbehrlichen Saucen bereitet werden. Die ebenfalls wildwachsenden Krêbarten (*Eragrostis*), Abû Sabe, Adar, Askemmta, Bertêmmele, bilden gleichfalls ein beliebtes Nahrungsmittel, wenngleich die Negerhirse (*Penicillaria*) stets die Hauptnahrung liefert. Dâr-Saʿîd mit seinem Sand- und Humusboden und seinem Flussreichthum erfreut sich der meisten Bodenproducte, sowol an Baumwolle, als an Getreide und andern Früchten.

Der Baumwuchs ist zum Theil, wie z. B. in Tâma — dessen nördlicher, westlicher und südlicher Theil sogar dicht bewaldet ist — recht bedeutend, in manchen Gegenden indessen, wie in der Landschaft der Mîmî, fehlt er fast gänzlich. Von den Akazienarten ist der Qarad (*Acacia nilotica*), dessen Früchte und Holz benutzt werden, häufig vertreten. Auch Sajâl, Talha und Harrâza (*Acacia albida*) sind nicht selten, ferner Nabaq el-Fîl (*Zizyphus sp.*) und der so vielfach nutzbare Hedschlîdsch (*Balanites aegyptiaca*, Seifenbaum), Kittir

(*Acacia mellifera*), Abundûro, Siwâk (*Salvadora persica*), Schau — auch Arâk genannt —, Gamsa (Bambus), Rutrut, ʿOschar (*Calotropis procera*), Lubân (*Boswellia?*), Tundub (*Capparis Sodada*), Kurna (*Zizyphus spina Christi*), Habêsch und die Tamarinde (Erdêbe); letztere ist besonders in dem so reich gesegneten Dâr-Saʿîd häufig und ihre Frucht bildet einen hervorragenden Handelsartikel der von der Natur begünstigten Landschaft. Hier findet sich auch der durch seine Höhe auffallende Ambassoa, welcher in seinen Blättern einen vielbenutzten schwarzen Farbstoff enthält. Die Delêbpalme (*Borassus flabelliformis*) ist ebenfalls im Dâr-Saʿîd, namentlich am Wâdî Hamrâ, vertreten, findet sich jedoch ebenso am Fitri, obwol sie im ganzen zu den seltener vorkommenden Baumarten gehört. Dagegen fand ich im Fitri-Gebiete Waldungen der Dûmpalme (*Hyphaene thebaïca*), wie ich sie kaum je zuvor gesehen habe.

Wenn Wadâï an Vegetation und Fruchtbarkeit seinen Nachbarreichen Dâr-Fôr und besonders Bornû nachsteht, so ist es doch auf der andern Seite auch weniger ausgebeutet als diese; in höherm Grade gilt dies von den südlich von ihm gelegenen Heidenländern. So finden wir noch den Strauss in dem wüsten, steppenartigen Norden reichlich vertreten, während die Ebenen südlich vom Bahär es-Salâmât, die Länder Runga und Kûti, eine ausserordentliche Menge Elefanten beherbergen; das Gleiche gilt von der Wildniss „Kitâbel". Die Gebiete im Süden Wadâïs bis zum 5. Breitengrade sind noch vollkommen unerschlossen; es existiren dorthin nur ganz unzureichende Verbindungen, welche nicht nur zeitraubend, sondern auch, wie früher erwähnt, in jeder Beziehung gefährlich sind.

Von wilden Thieren ist der Löwe zu nennen, der zwar im Norden gar nicht, dagegen vom Dâr-Saʿîd nach Süden hin und vorzüglich in den baumreichen Flussthälern des Butêha und Batha und am Fitri-See vorkommt, wo er dem Menschen oft gefährlich wird. Man vereinigt sich, um ihn anzugreifen, doch nicht im offenen Kampfe, sondern stört ihn im Lager auf, und während einer der Jäger seine Wuth auf sich lenkt, dabei sich geschickt mit dem Schilde deckend, überfallen ihn die andern und erlegen ihn mit Lanzen. Auch das Wildschwein kommt am Batha und Butêha, sowie am Wâdî Hamrâ vor und gilt für gefährlich. Der Leopard findet sich in der Landschaft der Kodoï und der

Marárit, im Dâr-Sa'îd und im Süden in allen wald- und felsenreichen Gegenden. Man unterscheidet ausser dem gewöhnlichen mittelgrossen Leoparden, „Nimr", dessen Fell am geschätztesten ist, noch zwei grosse, katzenartige Raubthiere: ein ungeflecktes, „Ammer", und ein kleineres, „Fahad", mit schwarzen Flecken auf gelbem Grunde. Von wilden Katzen gibt es zwei Arten; eine, „Asigonyahâram", ist schwärzlich, von Hundegrösse, doch stark gebaut und sehr blutdürstig. Sie scheint besonders am Bahär Mangâri häufig vertreten zu sein. Die andere — „Bise" (arab., „die Katze") oder „Ngam el-chalâ" („der Ngam der Wildniss") genannt — ist dunkelfarbig und gilt für so wild und blutdürstig, dass selbst Elefant und Löwe sie vermeiden. Auch die Hyäne findet sich in Wadâï in drei Arten: gelbschwarz, „Karrâja", grauschwarz, mit weissem Schwanze, „Dungalâja", und gefleckt und gestreift, „Irîtek". Das Krokodil, „Timsah", ist sowol im Batha, als auch in allen grössern Seen Wadâïs vorhanden. Im Centrum des Landes, namentlich in der Nähe des Batha und des Butêha, kommt das zweihörnige Rhinoceros häufig vor; in dem wenig bevölkerten Süden finden sich auch die meisten Giraffen und Büffel. Ueberall trifft man viel Gazellen und Antilopen in zahlreichen Varietäten. Mir kamen von den erstern vier Arten zur Kenntniss, während die der Antilopen noch zahlreicher zu sein scheinen. Die Antilopen sind grösser als die Gazellen, und bei beiden hat das Weibchen keine Hörner. Schlangen, Skorpione, Eidechsen sind in vielen Arten vorhanden; Schildkröten finden sich sowol im Wasser als auf dem Lande, und merkwürdigerweise ist die Landschildkröte die grössere von beiden; ihr Fleisch ist sehr beliebt. Von Affen existiren mehrere Arten, von denen eine kleine graue Art mit schwarzem Gesicht, „Mongo" genannt, eine zweite, grosse, schwarze, auch in Tibesti heimische, in Mâba-Sprache als „Gurr" bezeichnete, sowie eine dritte, „Abalâja", ebenfalls klein, gelblich und geschwänzt, mir bekannt geworden sind. Papagaien gibt es in Wadâï nicht, dagegen aber Störche und Reiher, und es ist bekannt, dass dieselben am Ende der Regenzeit das Land verlassen. Auch hier sind die Ameisen zahlreich vertreten. Man unterscheidet nach Farbe und Grösse sechs verschiedene Arten, welche sich theils im Getreide, theils auf Bäumen, in den Häusern u. s. w. finden und deren Biss häufig sehr schmerzhaft ist.

Von Hausthieren gedeihen vortrefflich Rind, Schaf und Kamel, sodass dieselben wol um ein Viertel billiger sind als in dem fruchtbaren Bornû. Das Rindvieh gehört zu der Varietät der gebuckelten Rinder der Schôa Bornûs; andere kommen nur vereinzelt vor. Ihre Farbe ist meist die braune. Uebrigens werden sie zum Reiten von den Wadâwa gar nicht und als Lastthiere selten gebraucht, da zu diesem Zwecke hinreichend Kamele und Esel vorhanden sind. Die letztern sind sehr verbreitet, besonders im Norden; es ist eine schöne, grosse, starke Rasse von vorwaltend grauer Farbe, wiewol auch schwarze und weisse vorkommen; alle haben schwarze Rücken- und Schulterstreifen. Die Kamele Wadâïs kommen nur aus dem Dâr-Turtalu und aus den zwischen Wâra und dem Fitri gelegenen westlichen Gebieten. Es sind grosse, schöne, kräftige Thiere, ähnlich denen der Tubu, doch im Knochenbau stärker als diese; sie sind glatthaarig, von gelblicher Farbe. Ihre Milch und ihr Fleisch ist sehr beliebt; das letztere bildet sogar die Hauptfleischnahrung der Vornehmen, doch schlachtet man zu diesem Zwecke nur junge, fette Thiere. Die Tragfähigkeit der Kamele auf Reisen beträgt etwa 4 Ctr. Ausserdem züchtet man in Wadâï eine Art Rennkamel (Mehări), welches jedoch nicht so ausgezeichnet ist als die Rennkamele von Suâkin oder die der Tuârik. Die Schafe Wadâïs entbehren der Wolle, ja die Schafe des Südens haben sogar ganz kurzes glattes Haar. Die letztern sind zudem klein und von schlechter Rasse, während sich diese nach Norden hin allmählich verbessert, sodass die Schafe des Dâr-Zijûd eine Zwischenstufe bilden zu denen des Nordens, die hoch, langbeinig, langschwänzig und langhaarig sind; sie sind meist dunkelfarbig. Die Milch der Schafe wird mit Vorliebe getrunken, das Fleisch dem Rindfleisch vorgezogen und das Fell zur Kleidung benutzt. Ziegen sind wol ebenso häufig als Schafe, besonders ist das bei den Sungôr und im Dar-Sa'îd der Fall, wo oft 500—1000 Stück im Besitz eines Mannes sich befinden. Ihre Farbe ist gewöhnlich weiss oder weissbunt. Auch die Milch der Ziegen ebenso wie ihr Fleisch wird gern genossen. Aus den Fellen fertigt man die vorzüglichsten Wasserschläuche und vortreffliches Leder zu verschiedenen Zwecken. Das Pferd

Wadaïs ist spärlich vertreten, klein, unschön und theuer; im Laufe der Zeit hat sich, wie schon früher erwähnt, durch Einführung besserer Thiere eine Rasse herausgebildet, von welcher behauptet wird, dass sie arabischen Ursprungs sei, und die sich durch Ausdauer und Temperament auszeichnet und im Felsklettern Ungewöhnliches leistet. Rappen und Schimmel sind ausserordentlich selten, dagegen Isabellen und helle Füchse häufig. Im Besitze der meisten Pferde sind die Sungôr und unter den Nomaden Wadâïs die Qor'ân und Aulâd Hamêd. König 'Alî war ein grosser Pferdeliebhaber und -Kenner, schätzte jedoch die Brauchbarkeit höher als die Schönheit.

Die Bevölkerung Wadâïs, mit der wir uns zunächst zu beschäftigen haben, ist aus mannichfaltigen Elementen bunt zusammengesetzt. Den Kern bilden die einheimischen freien Stämme, welche im Dâr-Mâba concentrirt sind. Zu ihnen kommen die eingewanderten afrikanischen Stämme, dann die zahlreichen arabischen Elemente — Kamelhirten im Norden, Rinderhirten im Süden — und endlich die Heidenstämme im Süden und die Tedâ-Abtheilungen im Norden.

Die eingeborenen schwarzen Stämme sind fast alle durch eine gemeinsame Sprache, die Bôra Mâbang, vereinigt und unterscheiden sich auch in ihrer physischen und moralischen Natur nicht wesentlich voneinander. „Mâba", der Name ihres Landes, des Kerns des Wadâï-Reiches, soll arabischen Ursprungs sein, zusammengesetzt aus „Ma" (Wasser) und „Ba" (Vater), und die bergige, wasserreiche Natur des Dâr-Mâba bezeichnen, also gleichsam ausdrückend: „das Wasser ist unser Vater".

Betrachten wir, vom Dâr-Mâba beginnend, die Volkselemente Wadâïs, so erreichen wir, von Wâra, der alten Hauptstadt des Landes, nach Nordnordost gehend, zunächst in dreiviertel Tagemarsch die Landschaft der

Kodoî, „das Bergvolk" (von Kodok, „Berg"), von den Arabern wegen ihrer angeblich vom Wasser herrührenden rothen Zähne Abû Sunûn, „die Zahnleute", genannt. Diese Landschaft hat eine Länge von $1\frac{1}{2}$ Tagemarsch bei einer gleichen Breitenausdehnung und besteht aus mehr oder weniger untereinander zusammenhängenden Berggruppen, welche sich nach den vier Himmelsrichtungen vertheilen und deren höchste Erhebung der Berg Kordschâgo ist. Zu den Füssen dieser Berggruppen liegen die 98 grössern und kleinern Ortschaften der Kodoî. Die Landschaft ist nicht eben reich bewaldet, und die Flüsse: Wâdî Agelba, Wâdî Kokermellen, Wâdî Menderfoki und Wâdî Njellingak, welcher letztere im längern Laufe zum Batha geht, sind unbedeutend. Die Kodoî zerfallen in nachstehende fünf Abtheilungen: Matuk-Sing (Sing, „Thür") im Westen, Galak-Sing im Süden, Margak-Sing im Norden, Udschäk-Sing im Osten des Bezirks und Nemĕna (Schmiede), von welchen die der Udschäk die zahlreichste, die der Matuk die angesehenste ist. Die Abtheilung der Nemĕna lebt meist zerstreut unter andern Stämmen; wie im ganzen Sûdân und in der Sahărâ sind sie auch in Wadâï verachtet, obgleich sie schon lange ihr Handwerk aufgegeben haben.

Die Kodoî sprechen die Mâba-Sprache; sie sind ein kräftiges, äusserst langlebiges Bergvolk und berühmt wegen ihrer Tapferkeit. Zwar eigensinnig, rechthaberisch und hartnäckig, pflegen sie doch nicht gerade streitsüchtig zu sein und sind wol als die besten unter den Wadâï-Leuten anzusehen; sie sind ferner religiös, und ihre Gastfreundlichkeit und Fürsorge für arme Stammgenossen ist bekannt. Lüge, Wortbruch und Diebstahl sind ihnen fremd.

Die Kodoî stehen unter einem Melik, welchen der ihren Unabhängigkeitssinn fürchtende Sultan selbst einsetzt, und zwar stets aus der Familie Gâbed, deren Stammvater einst König der Kodoî gewesen sein soll. Ausser den allgemeinen Steuern lastet auf den Kodoî noch eine besondere Abgabe an den Sultan, nämlich die Lieferung hölzerner Stützen für die Einfriedigung des königlichen Zeltes; indessen empfangen sie hierfür Gegengaben vom Sultan, bestehend in Rindern, Kleidungsstücken u. s. w. Die Häupter und die Verwaltungsbeamten dieses Stammes, wie auch der nächstfolgenden werden bei Besprechung der Beamten des königlichen Hofes zu erwähnen sein.

Von den Kodoî nur getrennt durch den isolirten Berg Môgun mit dem gleichnamigen Flüsschen finden wir nördlich die

Aulâd Dschemaʿ, welche ehedem einen integrirenden Theil der Kodoî bildeten, doch da man die Macht dieser Stämme stets zu fürchten hatte, solange sie im engen Verbande blieben, bereits zur Zeit des Charût es-sarhîr von jenen getrennt und nach dem derzeitigen Kamkolak „Aulâd Dschema'" genannt wurden. Sie leiten ihren Ursprung von dem Sohne der Dschedêï Kolijon, der Stammmutter aller Kodoî, ab, während die eigentlichen Kodoî von der Tochter der Genannten abstammen sollen, und zerfallen in neun Unterabtheilungen, welche sich mit ihren Ortschaften um mehr oder weniger isolirte Berge gruppiren, denn auch das Gebiet der Aulâd Dschema' ist eine Gebirgslandschaft. Die Ausdehnung desselben von Osten nach Westen beträgt einen Tagemarsch, die von Norden nach Süden einen halben Tagemarsch. Die Berge sind überall massig und reich bewaldet und geben zwei Wâdîs ihren Ursprung, doch ist im ganzen das Wasser sehr knapp.

Zwischen der Landschaft der Kodoî und Tâma leben die Marârît oder Abû Schârib, auch blos Abiî genannt. Ihr erster Name wird von dem Stammvater „Marra" abgeleitet; die Bedeutung des dritten Namens (Abiî) ist unsicher, und was den zweiten, „Abû Schârib" („Schnurrbartleute"), betrifft, so deutet er, wie das vorerwähnte Abû Sünûn, eine Eigenthümlichkeit dieses Stammes an, über welche ich im Unklaren geblieben bin, da ich diese Zierde des Mannes bei ihnen nicht anders als bei den übrigen Kernstämmen Wadâïs gefunden habe. Uebrigens unterscheiden sich die Marârît physisch in nichts von den Kodoî und Aulâd Dschema'; ihre Tapferkeit kommt der der Genannten gleich, doch stehen sie im Rufe grösserer Gewandtheit. Ihre Charaktereigenschaften jedoch scheinen nicht gerade die besten zu sein; man kennt sie als hartherzige, treulose und lügnerische Leute; auch sind sie weniger religiös als z. B. die Kodoî. Jede Verwandtschaft der Marârît mit den Leuten von Tâma, von denen sie sich auch durch ihre Sprache unterscheiden, wurde von meinem Berichterstatter in Abrede gestellt. Ihr Bezirk hat von Norden nach Süden eine Ausdehnung von zwei Tagereisen und misst von Westen nach Osten einen Tagemarsch. Wir begegnen in dieser Landschaft dem Wâdî Lobbŏdê, welcher zwischen Tâma und Dâr-Fôr entspringt und sich später mit dem Wâdî Delâl vereinigt, ferner dem Wâdî Mezâne, welcher aus Tâma kommt und sich in den Kârangak ergiesst, endlich dem Wâdî Marba, der im Gebiete der Marârît selbst entspringt, ausserordentlich reich an Dattelpalmen und Quellen ist, als „Gindakeîing" das Gebiet der Kodoî berührt, dann „Aktumon" genannt wird und zum Wâdî Malănga geht. Der Bezirk zerfällt in 21 Gruppen, die zum grössern Theile politisch mit den Aulâd Dschemaʿ, zum kleinern mit dem Dâr-Saʿîd und dem Bezirk Bitakginnek vereinigt sind. Alle Ortschaften lehnen sich auch hier an Berge, die jedoch weniger hoch als die der vorgenannten Landschaften sind, dagegen einen reichern Baumbestand haben; besonders reich ist der Bezirk an Dattelpflanzungen. Unter den Quellen, an denen die Landschaft ebenfalls reich ist, findet sich — zu Derna — eine Therme.

Die Marârît bilden gewissermaassen die Schildwachen gegen Tâma, von wo man jederzeit eines Ueberfalls gewärtig sein muss; regelmässig aufgestellte und abgelöste Beobachter geben von den Bergen aus Alarmzeichen, sobald sie Verdächtiges an der Grenze wahrnehmen.

Nördlich von den Marârît und den Aulâd Dschemaʿ finden wir die

Mîmî (Mutŭtû in der Mâba-Sprache), einen sehr zahlreichen Stamm, von dem ein grösserer Theil seinen Bezirk verlassen, sich über den Süden Wadâïs zerstreut und unter den fremden Elementen seine Nationalität verloren hat. Die Sprache der Mîmî ist eine besondere, welche sich sowol von der der Abiî als von der Bôra Mâbang unterscheidet; sie sind als tapfer bekannt, gelten aber auch weder für gutmüthig, noch für besonders religiös. Der sehr ausgedehnte Bezirk misst von Osten nach Westen drei und von Norden nach Süden zwei starke Tagemärsche; er zerfällt in 30 Unterabtheilungen, welche theils mit den Mahâmîd, theils mit Rězêqât, Nawâïba, Maharîje und Malănga zusammen verwaltet werden. Ein durch den Besitz des „königlichen Teppichs" ausgezeichneter Melik horr\*) geht aus ihrer Mitte hervor und ist besonderer Häuptling, während sie im übrigen gleich den Aulâd Dschemaʿ verwaltet werden.

Die Malănga sind südlich von der Landschaft der Mîmî in

---

\*) „Horr", „der Freie", im Gegensatz zu „ʿAbd", „der Sklave".

sechs oder sieben Ortschaften um einen isolirten Berg gruppirt in unmittelbarer Nähe von Wâra und bilden der Zahl nach nur einen unbedeutenden Stamm, der aber für die Geschichte Wadâïs, zu dessen ältesten Kernstämmen er gehört, sehr wichtig ist. Aus dieser geschichtlichen Bedeutung stammen auch die Vorrechte, deren sich ihr Oberhaupt, der Tudschŭngo (arabisch: Dschindî, „der Krieger"), trotz des Mangels an wirklicher Macht erfreut. Derselbe hat z. B. das Recht, bei Hofe auf einem Teppich zu sitzen, ein Vorzug, den er nur mit ein oder zwei andern Vasallenfürsten theilt; auch behält er in Gegenwart des Sultans seinen Bernûs über dem Kopfe und braucht seine Tobe nicht von der Schulter zu ziehen. Uebrigens ist der Stamm der Malănga in seiner Mehrzahl über den ganzen Süden Wadâïs zerstreut.

Nordöstlich von ihrem Wohngebiete in unmittelbarer Nachbarschaft finden wir

die Madăba am Fusse eines niedrigen Bergzuges. Es gilt von diesem Stamme und dem folgenden der Madăla noch mehr als von den vorhergehenden, was ich von dem Misverhältniss ihrer historischen Wichtigkeit zu ihrer Anzahl und wirklichen Bedeutung gesagt habe. Auch die

Madăla sind am Fusse eines niedrigen Berges in geringer Zahl angesiedelt, und der Ursprung der

Kabga ist ebenfalls hier in der Nähe der Mimî zu suchen, jedoch lebt der grössere Theil im Bezirk Kêlingen. In ihrer Landschaft sicherte ihnen ein Berg, „Dschebel Kabga", auf dessen Gipfel sich sogar Wasser finden soll, durch seine Unzugänglichkeit eine für die Sultane von Wadâï höchst unbequeme Unabhängigkeit, bis es endlich einem derselben gelang, sie zu unterwerfen, von ihrem Berge zu vertreiben und zu zerstreuen. Der Bezirk der

Ganyanga, der von Nordosten nach Südwesten etwa 1 1/2 Tagemarsch lang ist, bei einer Breite von 1 Tagemarsch, umfasst zwar 40—50 Ortschaften, ist jedoch nur zum kleinern Theile von den Ganyanga bevölkert; mit ihnen zusammen leben Kodoî, Malănga und andere. Ihr Name (Ganyanga heisst „nackt") deutet auf den heidnischen Ursprung, wie denn auch die Tradition erzählt, dass einige nackte Heiden hier eingewandert seien und, da man sie selbst

„Ganyanga", „Nackte" nannte, der Landschaft diesen Namen gegeben hätten. Das Gebiet der

Sungôr finden wir südlich von Tâma und westlich von Dâr-Fôr. Es berührt die Bezirke der Marârît und der Massâlit und stösst im Westen an die zahlreichen Ortschaften mit gemischter Bevölkerung, die am Wâdî Lobbödê, am Mondschobok und am Delâl liegen. Der Bezirk hat ungefähr die Gestalt eines Dreiecks mit abgerundeten Winkeln, dessen lange Seite von Westnordwest nach Ostsüdost geht und etwa zwei Tagemärsche lang ist; von der Mitte derselben bis zum südlichen Winkel beträgt die Entfernung $1^3/_4$ Tagemarsch. Der nordwestliche Winkel verliert sich ganz im Gebiet der Marârît. Die Berührung mit Dâr-Fôr ist keine ausgedehnte, auch ist das Gebiet durch den Wâdî Asunga (Kya) von Dâr-Fôr getrennt, während dicht am Grenzfluss ein wüster Landstrich liegt. Die Landschaft ist reich an Bergen, die jedoch meist isolirt stehen und nur selten Baumwuchs zeigen; sie hat den Vorzug, zwei nicht unbedeutende Flüsse zu besitzen: den Wâdî Lobbödê, welcher zwischen Tâma und Dâr-Fôr, und den Wâdî Delâl, welcher im Grenzgebirge Tirdsche (Bezirk der Massâlit) entspringt. Das ganze Gebiet ist in drei Bezirke getheilt und zählt viele Ortschaften. Da die Sungôr eine ausgedehnte Pferdezucht betreiben, so bestehen ihre Abgaben hauptsächlich in Pferden, welche alle drei Jahre in bestimmter Zahl geliefert werden, wobei noch zu jedem Pferde eine Ladung Duchn hinzugefügt werden muss. Man behauptet von den Sungôr, dass sie jähzornig, rachsüchtig und verrätherisch seien; in der Beobachtung religiöser Formen scheinen sie jedoch die meisten andern Wadâï-Stämme zu übertreffen. Die Sprache der Sungôr hat nichts gemein mit der Bôra Mâbang und ebenso wenig mit der der Marârît und der Mîmî, ist jedoch identisch mit der von Tâma, von Dschebel Mûl in Dâr-Fôr und der Sprache der Qimr, deren wir noch zu gedenken haben. — Wenn ich hier den Bezirk

Kêlingen im Süden von Wâra anführe, so geschieht es, um ausdrücklich der Annahme zu widersprechen, als sei wirklich ein Stamm dieses Namens vorhanden, infolge deren man sich im Laufe der Zeit gewöhnt hat, von „den Kêlingen" zu sprechen. Es ist dies vielmehr der Name einer Landschaft, welcher auf die

Bewohner derselben übergegangen ist; diese bestehen von altersher aus Kodoî, Marârît, Kabga und Arabern, doch wiegt das Mâba-Element der Kodoî vor, und wenn sich dasselbe auch mit der Zeit — denn die Abzweigung fand vor Jahrhunderten statt — mit den von ihm aufgesogenen Elementen fast zu einem selbständigen Stamme vereinigt hat, so verleugnet es seinen Ursprung doch keineswegs. Finden wir erwähnt, dass ein Sultan von Wadâï eine Frau aus den Kêlingen habe, so kann dieselbe nur von Kodoî-Ursprung sein, da aus den Kabga, Marârît u. s. w. legitime Frauen der Herrscher Wadâïs nicht hervorgehen. Es mag hier erwähnt werden, dass die herrschenden Stämme von Dâr-Mâba, welche die Tradition als freie Ureinwohner bezeichnet und die später zuerst den Islâm annahmen, die Kodoî, Aulâd Dschema', Matlämba, Malänga, Madäba, Madäla und Kôndöngo sind. Diese haben, wie schon gesagt, die Mâba-Sprache gemeinsam, während die eingewanderten Stämme, wie die Marârît, Mimî, Kabga — zu welcher Zeit dieselben sich ansiedelten, ist unbekannt — durchaus selbständige Sprachen haben. Kleine Abtheilungen eingewanderter heidnischer Stämme, wie die Ganyanga, Banadûla u. a., sprechen zwar auch nur die Mâba-Sprache, haben diese aber erst später angenommen.

Das Gebiet der Kêlingen ist ausserordentlich felsig und steinig, doch die vielen kleinen Flussbetten ermöglichen trotzdem die Cultur des unentbehrlichen Duchn. Waldung gibt es in dem Gebiete nicht und nur ein Wâdî, der Kârangak, geht durch dasselbe. An den Einwohnern rühmt man besonders ihre friedliebende Natur, die sie mit den Leuten des Dâr-Saʿîd gemein haben.

Südlich von der Landschaft Kêlingen liegt das Gebiet der Kadschänga, von den Arabern „Abû Derreg" genannt, welche zu den echten Mâba-Leuten gerechnet werden, obwol sie neben der Mâba-Sprache noch ein besonderes Idiom haben. Thatsache ist, dass der Sohn einer Kadschänga-Frau des Sultans thronberechtigt ist. Der Stamm ist nicht sehr zahlreich und bewohnt nur den kleinern, gebirgigen Theil der Landschaft, während der übrige, grössere Theil von Mischvölkern besetzt ist. Die Kadschänga stehen im Rufe der Tapferkeit, aber sie gelten auch für nichts weniger als gutmüthig. Ihr Gebiet misst von Norden nach Süden etwa 1½ und von Osten nach Westen 1 Tagemarsch. Der östliche, grössere Theil der Landschaft ist von grossen Flussthälern durchzogen; hier findet der Zusammenfluss des Mondschobok mit den bereits im Dâr-Saʿîd vereinigten Lobbödé und Delâl statt, wodurch der Butêha entsteht.

Die Massâlît zerfallen in zwei Abtheilungen, von denen die „Massâlît el-Hausch" genannte östlich an der Grenze von Dâr-Fôr ihren Sitz hat, während die andere, als „Massâlît el-Batha" bezeichnete, im Westen ausgedehnte Landschaften am Batha bewohnt. Jene wohnen südlich von den Sungôr, nördlich vom Anfang des Batha und westlich von der unbewohnten Strecke, welche Dâr-Fôr von Wadâï trennt. Ihr Gebiet geht von Nordosten nach Südwesten — die Grenze hat hier einen südöstlichen Verlauf — und misst in dieser Richtung reichlich 2½ Tagemärsche, von Osten nach Westen jedoch nur einen mässigen Tagemarsch. Die Landschaft ist reich an zerstreuten niedrigen Felsen, ohne nennenswerthe Gebirgszüge und hat an Flüssen den Wâdî Hamrâ, welcher sich in den Worenga, Nebenfluss des Batha, ergiesst, den Wâdî Kadschäle, Nebenfluss des Delâl, und den Wâdî Adrange, Nebenfluss des Wâdî Hamrâ.

Trotzdem besonders die östlichen Massâlît ganz allgemein, auch in Wadâï, im Verdacht der Menschenfresserei stehen — wie sie denn auch für rachsüchtig, verrätherisch, treulos und jähzornig gelten —, gibt es unter ihnen ungewöhnlich viele Fûqăhâ, und der Islâm zählt in diesem Stamm viele und fanatische Anhänger. Sie sind nicht ganz schwarz, sondern nach der in Wadâï üblichen Bezeichnung „zurq" (eigentlich „grau", Plural von azräq, s. S. 222); ihre Sprache ist eine der Mâba-Sprache verwandte. An Zahl mögen die Massâlît etwa den Mimî und den Sungôr gleichkommen, jedenfalls aber übertreffen sie die Kodoî.

Die Kôndöngo (von den Arabern „Aulâd Mêse" genannt), deren Gebiet von Osten nach Westen etwa 1½ Tagemarsch und von Norden nach Süden ¾ Tagemarsch misst, gehören zu den echten Wadâwa, doch nicht zur reinen Mâba-Gruppe, wiewol sie physisch und moralisch derselben nahe stehen und an Tapferkeit den Kodoî gleichkommen sollen. Sie sprechen ausser der Mâba-Sprache noch ein Idiom, das indessen nur eine Dialektabweichung der erstern ist. Ihr Bezirk ist nicht sehr gebirgig und hat guten Boden, auf welchem viel Duchn, Lûbïa und Baumwolle, aber auch Dschildschîlân (*Pisum sativum*) cultivirt wird. Es finden sich einzelne isolirte Felsen im Gebiete, ausserdem wird dasselbe von Nordosten nach Südwesten von einem Höhenzuge durchschnitten, welcher von dem der Kodoî, südlich von Tittir, nach Südwesten geht und bis an die westliche Grenze des Kôndŏngo-Bezirks stösst. Nur unbedeutende Wasserläufe verdanken dem Gebirge ihren Ursprung und ausser diesen finden wir hier den Wâdî Njellingak, welcher zu Mezâna, zwischen Dâr-Tâma und dem Gebiete der Marârît, entspringt und durch den Bezirk der Ganyanga nach Südwesten geht.

Die Kaschemere, deren Gebiet südlich vom Butêha liegt und bis zum Einfluss desselben in den Batha reicht, sind eingeborene Neger und zeigen physisch, moralisch und intellectuell keine Verschiedenheit von den eigentlichen Mâba-Leuten, werden jedoch nicht zu den ursprünglichen „Herren" von Wadâï gerechnet. Man sagt ihnen gern nach, dass sie lügnerisch seien, rühmt jedoch ihre Frömmigkeit und Friedensliebe. Ihre Sprache ist ein Dialekt des Mâba, der sich aber von seinem Stamme mehr entfernt als der der Massâlît, Marfa, Kôndŏngo und Kadschănga.

Die Marfa werden als identisch mit den Kadschakse oder doch als gleichen Ursprungs angesehen; ihre Sprache ist, wie bereits erwähnt, nur eine Dialektverschiedenheit vom Mâba. Ihr Bezirk liegt im Südosten von den Kaschemere, im Westen von den Kadschănga und misst von Osten nach Westen 1, von Norden nach Süden $1/4$ Tagemarsch. An Zahl dürften die Marfa den Kaschemere ungefähr gleichkommen.

Westlich von den vorigen bewohnen die Karănga eine gebirgige Landschaft; es ist dies ein kriegerischer, wegen seiner Wildheit gefürchteter Stamm, weshalb demselben, gleich den Kodoî, vom Sultan ein Melik 'Abd als Oberhaupt gegeben ist. Auch sie sprechen einen besondern Dialekt, der jedoch ebenfalls ein Zweig der Bôra Mâbang zu sein scheint.

Die 'Alî wohnen westlich von den Massâlît, stehen aber den eigentlichen Mâba-Leuten in Sitten, Gebräuchen und Denkweise näher als diesen. Ihre Sprache zeigt eine gewisse Verwandtschaft mit der Bôra Mâbang, welche sie übrigens ebenfalls beherrschen.

An Zahl mögen sie den Ganyanga nahe kommen. Der Bezirk ist ziemlich abgerundet und misst von Norden nach Süden etwa 1, von Osten nach Westen 1¼ Tagemarsch, wobei aber in Anschlag zu bringen, dass das Terrain voller Berge und Flüsse ist. Von letztern sind die bedeutendsten: Wâdî Adrange (Erdenge), ein Nebenfluss des Wâdî Hamrâ, und Wâdî Altin (Alting), von mächtiger Breite, welcher zum Batha verläuft.

Dem Anschein nach verwandt mit den Marfa, jedoch schwärzer als die Mâba-Leute und die ihnen verwandten Völkerschaften, ist der Stamm Môjo (Môyo), dessen Gebiet von Norden nach Süden höchstens ¼ Tagemarsch und ebenso viel von Osten nach Westen misst; die meisten Ortschaften desselben, etwa 10 an Zahl, gruppiren sich am Fusse eines nicht unbedeutenden Berges. Es ist bemerkenswerth, dass dieser Stamm ausser der Bôra Mâbang ein besonderes Idiom spricht, welches mit keinem der übrigen Wadâïs Aehnlichkeit hat.

Auch die Fâla (im Arabischen „Bakka") sind den Mâba-Völkern durchaus ähnlich, wie denn auch ihre Sitten und Gebräuche die gleichen sind. Ihr Bezirk ist von Osten nach Westen 1½ Tagemarsch, von Norden nach Süden ¾ Tagemarsch lang. Die Zahl der Fâla kommt ungefähr der der Marfa gleich.

In der Landschaft Berêdsch, die nur etwa fünf Ortschaften zählt, sind die Bîrgîd ansässig, ein Stamm, der aus Sklaven des Sultans besteht und sich unvermischt erhalten hat. Die Bîrgîd sind grauschwarz, dunkler als die Mâba, haben eigentliche Negerphysiognomie — wie sie auch die moralischen Eigenschaften und Sitten der Centralafrikaner zeigen — und eine durchaus selbständige Sprache.

Westlich von dem Bezirk Berêdsch wohnen die Mûbi Zarka, getrennt von denselben durch die Wildniss „Kitâbel"*), welche sich als „Amberkéi" vom Dâr-Zijûd bis zum Batha erstreckt, sich als „Kitâbel" zwischen dem Gebiete der Mûbi Zarka und dem der

---

*) Dieselbe ist nicht etwa eine Wüste, obwol sich die Leute für sie des Namens „Sahârâ" bedienen, wie für alle ähnlichen Gegenden, sondern reich an Bäumen, die jedoch einzeln stehen und durch den üppigen Graswuchs, der sich unter ihnen entfaltet, den Arabern im Herbst vortreffliche Weidegründe bieten.

Mûbi Hadăba fortsetzt und bis in die Heidenländer hinzieht. Die Landschaft hat etwa einen Tagemarsch im Umfang und ist reich an Bergen und Flüssen. Die Mûbi waren noch Heiden, als die Mába-Elemente den Islâm bereits angenommen hatten, und wurden von diesen später durch Waffengewalt bekehrt. Dadurch erklärt es sich auch, dass noch jetzt der Sultan von Wadâï ein Anrecht auf ihre Kinder, besonders die weiblichen, besitzt, wie denn ein straffälliges Individuum sich dort nicht selten durch die Opferung seiner Kinder loskauft. Noch jetzt ist in dem Stamme der Islâm nicht recht heimisch geworden, obwol sich viele Pilger unter ihnen befinden. Letzteres ist wol dem Glauben zuzuschreiben, dass eine Fahrt nach Mekka vor den Bedrückungen der Regierung schütze. Die Mûbi sprechen eine besondere Sprache; ihre Färbung ist schwarz, die Gesichtsbildung ziemlich regelmässig, ihr Charakter nicht sehr vertrauenerweckend.

Von ihnen durch die erwähnte Wildniss „Kitâbel" getrennt finden wir die Mûbi Hadăba, welche zwar weniger schwarz sind als ihre Stammgenossen, sich aber sonst in keiner Weise von denselben unterscheiden und auch die Sprache mit ihnen gemein haben. Ihr Bezirk hat von Norden nach Süden eine Ausdehnung von 1¼ Tagemarsch und ist von Osten nach Westen einen Tagemarsch breit, grenzt nördlich dicht an den Batha und zeigt ausser einigen kleinen Erhebungen weder Berge noch Flussläufe.

Ihre Nachbarn im Westen sind, ebenfalls durch die Wildniss „Kitâbel" getrennt, die Masmädsche. Auch diese sollen gleich den beiden vorgenannten Stämmen der Mûbi im Anfang der Herrschaft der Abassiden durch Waffengewalt bekehrt worden sein, ohne jedoch bis heute Verständniss für den Islâm gewonnen zu haben; daher sehen wir sie mit allen Attributen der heidnischen Zeit umgeben und heilige Steine, Bäume u. s. w. anbeten. Die Hautfärbung der Masmädsche ist dunkler als die der Mûbi Hadăba, auch haben sie ein besonderes, der Kûka-Sprache verwandtes Idiom. Ihr Bezirk hat von Osten nach Westen mehr als einen Tagemarsch Ausdehnung, geht aber ohne bestimmte Grenze in das Gebiet der Kûka über; die Ausdehnung von Norden nach Süden beträgt gleichfalls einen Tagemarsch.

Die Massâlît el-Batha, welche nördlich von den Masmädsche,

östlich von den Kûka, südsüdwestlich vom Dâr-Zijûd und westlich von den Karänga wohnen, haben einen grossen Bezirk inne, der wol vier Tagemärsche von Osten nach Westen und 1¼ Tagemarsch von Norden nach Süden misst. Wie ihr Name schon besagt, liegt er unmittelbar am Batha. Die Massâlît el-Batha sind an Zahl den früher genannten Massâlît el-Hausch überlegen und weniger in Barbarei versunken als diese, obgleich man behauptet, dass auch ihnen die Menschenfresserei nicht fremd sei. Im übrigen unterscheiden sie sich von ihren östlichen Brüdern nur dadurch, dass infolge des Verkehrs mit Arabern die Mehrzahl von ihnen der arabischen Sprache mächtig ist.

Die Kûka, welche Dâr-Kûka bewohnen, theilen sich in „Kûka hirâr", die echten, reinen, und in „Kûka Amdêna", welche als unreinen Ursprungs angesehen und daher mehr oder weniger verachtet werden. Diese Scheidung beider Abtheilungen ist so scharf, dass z. B. keine Heirathsgemeinschaft zwischen ihnen besteht. Uebrigens sind die Kûka ein sehr wohlgebildeter Menschenschlag, von regelmässigen Zügen, hochgewachsen und ungefähr von der Hautfärbung der Mâba-Leute. Sie haben mit den Bulâla und Middŏgo die Sprache gemeinsam, die der Bagirmi-Sprache verwandt ist. Dâr-Kûka grenzt im Nordnordwesten an das Gebiet der Tubu Qor'ân (Kasĕrda und Krêda), im Nordnordosten ebenso unmittelbar an das der Durrĭng (Dschumbo), im Osten an Dâr-Zijûd, doch von diesem getrennt durch die obengenannte Wildniss Amberkêï, im Westsüdwesten an das Gebiet der Dâdscho, im Westen an das der Difadîn (Araber und Kûka) und im Westnordwesten an das der Araber (Dscha'âdĭna). Das Gebiet von Dâr-Kûka wird durchschnitten von dem Batha, und zwar so, dass der bei weitem grössere Theil nördlich, der kleinere südlich von ihm liegt. In ihn ergiessen sich hier die Wudjân Schôhêt, Amatêrek, Masmädsche und Debker.*)

Die Abû Simmîn und die schon früher erwähnten Bulâla bewohnen die Landschaft Fitri mit dem See gleichen Namens. Ursprünglich Herren des Landes, an Zahl noch jetzt überwiegend,

---

*) Die Längen- und Breitenausdehnung von Dâr-Kûka findet sich im Manuscript nicht angegeben. D. H.

bilden die erstgenannten doch den untergeordneten Theil der Bevölkerung, während die Bulâla das herrschende Element sind. Die Abû Simmîn sind schwarz, von hoher Gestalt, aber mit wenig regelmässigen, unedeln Zügen. Sie sind den Kûka Amdêna verwandt und haben deren Sprache. Man behandelt sie fast als Sklaven, und wird von ihnen jährlich eine Anzahl dem Sultan von Wadâï als Theil seines Tributs gegeben.

Die Bulâla sind kupfer- oder bronzefarbig, oft hellfarbiger als die Tubu und wie diese von zartem Gliederbau. Sie sind von Kânem hier eingewandert, sprechen jedoch jetzt nur die Sprache der Kûka. Obwol das Land von Wadâï abhängig ist — wie das schon aus dem zu entrichtenden Tribut ersichtlich —, steht es doch unter einem eigenen Sultan, welcher aus den Bulâla hervorgeht und sogar — mit Rücksicht auf die Glanzzeit der Bulâla — persönlich für edler angesehen wird als der Sultan von Wadâï selbst. Demgemäss hat er den Vortritt vor diesem, wird von ihm zuerst begrüsst, reitet in dessen Wohnung hinein und erwartet bei etwaiger Begegnung, dass der Sultan von Wadâï zuerst vom Pferde steige. Das Fitri-Gebiet mag ungefähr zwei Tagemärsche von Osten nach Westen und ebenso viel von Norden nach Süden messen. Der Theil desselben, welcher nördlich am See liegt, ist umfangreicher und bewohnter als der südliche. Der See hat süsses Wasser und einige Inseln, von welchen eine als Zufluchtsort bei Kriegsgefahr dient und keinem Fremden zugänglich ist. Der Fitri-See ist übrigens nur eine Lagune des Batha — wie der Tsâde Lagune des Schâri ist —, welcher nach seiner Vereinigung mit dem Butêha seinen Lauf nach Westen nimmt und im Fitri-See endet.

Die Middögo, zunächst den obigen im Südsüdosten vom Fitri wohnend, behaupten, vor alters sich von den Kodoî abgezweigt zu haben, ohne dass dafür irgendwelche Anhaltspunkte bekannt wären. Ihre Sprache ist nur ein Dialekt der Kûka-Sprache.

Die Dâdscho, deren Landschaft zwischen dem Gebiet der Mûbi Zarka, dem Bezirk Abû Telfân, dem Dâr-Kûka und der Landschaft der Mûbi Hadâba, resp. der Wildniss Kitâbel liegt und etwa drei Tagemärsche von Nordnordosten nach Südsüdwesten und $1\frac{1}{4}$ Tagemarsch von Ostsüdosten nach Westnordwesten misst, sind zwar Muselmanen, haben jedoch ihren heidnischen Gebräuchen noch weniger entsagt als ihre Nachbarn, die Mûbi. Wie diese haben sie noch eine besondere Hütte für ihre Gottheit, welche reichlich mit Merîssa versehen wird — die jedenfalls dem beaufsichtigenden Geistlichen zugute kommt —, einen heiligen Baum, der mit Merîssa begossen wird, sowie einen heiligen Stein. Todesfälle werden selten natürlichen Ursachen oder dem Walten eines höchsten Wesens zugeschrieben, sondern meist der Zaubermacht von Personen, die mit dem „bösen Auge" behaftet sind. Gelingt es, solche Zauberer mit Hülfe der Gottheit und Zuhülfenahme einiger geheimer Künste zu entdecken, so werden sie umgebracht, ihr Hab und Gut eingezogen und ihre Angehörigen als Sklaven nach Wadâï abgeliefert. Die Hautfarbe der Dâdscho ist rein schwarz; Bau und Gliedmaassen sind kräftig, doch plump, die Gesichtszüge hässlich. Ihre Sprache ist identisch mit derjenigen der Einwohner von Sûla. Der Sultan entnimmt aus ihrem Stamme viele seiner Sklaven, besonders der weiblichen Arbeitssklaven.*)

Die Abû Rhusûn, in der Landschaft gleichen Namens, welche von Osten nach Westen etwa 1 1/2, von Norden nach Süden einen Tagemarsch misst, sind grau, mit regelmässigen Zügen, haben mit den nachstehenden Bewohnern der Landschaften Dschêggel und Kibêt eine gemeinsame Sprache und stehen unter einem eigenen Sultan, welcher Tribut an Wadâï zahlt. Die Landschaft wird im Osten begrenzt von Sûla, im Süden vom Bahâr Mangâri, im Westen von der Landschaft Dschêggel.

Die Dschêggel, so genannt nach ihrer Landschaft, welche

---

*) Auch die Bewohner des Dâr-Sûla sind Dâdscho und stehen unter einem eigenen Sultan.

Westlich und westsüdwestlich von der Landschaft der Dâdscho sind die Heidenstämme der Macheït, Badanga und Kêna (Kênga) zu erwähnen, welche nahe Bagirmi liegen und nach der Karte in Petermann's „Mittheilungen" 1875, Taf. 15, schon zu Bagirmi gehörig sind; doch finden von Wadâï aus Ghazien daselbst statt, ebenso bei den Heidenstämmen Korbe und Gejaï.

Noch haben wir hier das Gebiet von Abû Telfân zu erwähnen, im Norden vom Gebiete der Dâdscho, welches unter mehrern unabhängigen Sultanen steht, jedoch Wadâï tributpflichtig ist. An dasselbe grenzt Dschebel Olo mit dem Heidenstamme gleichen Namens und in der Nähe von Olo eine zweite, schwer zugängliche Landschaft unabhängiger Heiden, Dschebel Kuffe.

von Osten nach Westen zwei Tagemärsche, von Norden nach Süden etwa 1½ Tagemarsch lang ist, unterscheiden sich nur dem Namen nach von den vorigen, mit denen sie, wie gesagt, eine gemeinsame Sprache haben. Auch sie haben einen eigenen Sultan, neben welchem jedoch ein Kursî von Wadâï factisch regiert. Der Bezirk grenzt im Norden an den der Kadschakse, im Osten an Rhusûn, im Süden bildet die Grenze der Bahăr Mangâri (Omm et-Tîmân), im Westen Kibêt. Zwischen Norden und Osten liegt eine dichtbewachsene Wildniss, die durch arabische Wegelagerer unsicher gemacht wird. Die Berge der Landschaft sind unbedeutend, doch gibt es zahlreiche kleine Wasserläufe, die dem Bahăr Mangâri zufliessen.

Die Kibêt, von demselben Volksstamme wie die vorgenannten, zeichnen sich durch ihre mildern Sitten und durch Gottesfurcht aus, wie denn auch aus ihnen vielfach Fûqărâ hervorgehen; dagegen stehen sie hinter ihren Stammesbrüdern, den Abû Rhusûn und Dschêggel, an Tapferkeit zurück, obwol sie keineswegs feig zu nennen sind. Sie sprechen das Arabische mit Vorliebe. Die Kibêt, Dschêggel, Abû Rhusûn sind hellfarbiger als die übrigen Neger, was die Annahme rechtfertigt, dass sie Mischvölker aus Neger- und Araberblut sind, und zwar wahrscheinlich: Rhusûn und Dschêggel = Neger + Aulâd Hamêd (Heimât?), Kibêt = Neger + Aulâd Râschid.

Die Landschaft Kibêt hat von Osten nach Westen eine Ausdehnung von zwei Tagemärschen und von Norden nach Süden eine gleiche; begrenzt wird sie im Osten von der Landschaft Dschêggel, im Süden vom Bahăr Mangâri; südwestlich wohnen die Salâmât, im Westen, Nordwesten und Norden die Aulâd Râschid, im Nordosten die Kadschakse.

Die Murro wohnen im Norden von den Abû Rhusûn in einer mässig gehügelten und sehr waldreichen Landschaft mit nur etwa fünf oder sechs Ortschaften, deren Grösse, wie die des Bezirks der Kadschakse, mir nicht zur Kenntniss gekommen ist. Die Murro sind gross und wohlgebaut, von regelmässigen Zügen und sprechen die Sprache der vorgenannten; sie haben den Islâm angenommen.

Die Kadschakse, am Dschebel Abăsâ wohnend, sind mit den Marfa in ihrer äussern Erscheinung verwandt, obwol diese sich sicherlich im Laufe der Zeit sehr veredelt haben; sie sind von ziemlich schwarzer Farbe, knochigem Bau und regelmässigen Zügen; ihre Sprache ist identisch mit der der Marfa. Sie sind ausserordentlich ehrlich und gutartig, was ihnen bei den eigentlichen Mâba-Leuten, die selbst roh und gewaltthätig sind, den Ruf der Feigheit eingetragen hat. Die Kadschakse haben als Regierungsbeamte mehrere Mulûk; unter diesen stehen der Mandschak (Bürgermeister) und der Chalîfa als Stellvertreter ihres Repräsentanten bei Hofe an der Spitze. Die Grenzen des Bezirks sind im Norden Berêdsch, im Osten Murro, im Süden Dschêggel, im Westen die Wildniss Kitâbel; den Kern ihres Gebiets bildet der hohe, massige und weithin sichtbare Dschebel Abăsâ, um welchen die Ortschaften gruppirt sind.

Die Gûlla im Bezirke gleichen Namens bilden einen zahlreichen Stamm mit besonderer Sprache, welche jedoch vielfach vom Arabischen verdrängt ist. Ihr Gebiet liegt nördlich vom See Iro. Westlich von ihnen sind die Birrimbirri zu suchen, nicht wie man fälschlich angenommen hat, an der Grenze von Dâr-Fôr, sondern nach Bagirmi zu wohnend, und südlich und südöstlich von den Gûlla wohnen die Fana oder Fanga. Westlich vom See Iro endlich liegt die bedeutende, völlig selbständige und stark bevölkerte Heidenlandschaft „Selten".*)

Die Tâma (Tamazan) sind Brüder der Sungôr, der Qimr, der Bewohner des Dschebel Mûl in Dâr-Fôr, und haben Dâdscho-Elemente in sich. Auch physisch und moralisch sind sie den Sungôr sehr ähnlich, wie denn auch ihre Sprache mit der der Obengenannten identisch ist. Die ursprünglich in Tâma herrschende Bevölkerung waren die Qimr; sie waren es noch zur Zeit der Einführung des Islâm und selbst später gingen die Sultane aus ihnen hervor; erst nach dem Tode des Sultan Hamîd kam eine aus Sûla eingewanderte Familie zur Herrschaft, welche aus

---

*) Dâr-Runga, der südlichste Vasallenstaat Wadâīs, wird ausser von den Eingeborenen von Arabern (Heimât) und Berauna (Bornû-Leute) bewohnt, welche eine besondere Nation darstellen und deren Sprache nichts gemein hat mit der der Dâdscho (in Dâr-Sûla) und der der Abû Rhusûn. Der Sultan von Runga steht unter dem 'Aqîd der Salâmât.

den Dâdscho hervorgegangen war. Daraus erklären sich die Anklänge, welche wir in Tâma an diese Völkerschaft finden und die sich besonders in den Frauen Tâmas erhalten haben. Die Tâma-Leute sind übrigens durchaus nicht so kriegerisch, als ihre hartnäckige Vertheidigung des Landes hat glauben machen, und der Umstand, dass sie sorgfältig das Innere ihres Landes vor fremden Augen hüten, hat auf sie mit Unrecht den Schein eines Mangels an Gastlichkeit geworfen. Ihr Verkehr untereinander ist musterhaft in Beziehung auf Redlichkeit und Verträglichkeit, denn blutige Streitigkeiten und Todtschlag sind bei ihnen unerhört; ebenso verabscheuen sie die Lüge. Auch zeichnen sie sich durch Arbeitsamkeit aus. Obwol Muselmanen, sind sie doch noch nicht lange genug dem Islâm gewonnen, um dessen Vorschriften allzu peinlich Folge zu leisten, und die Schehâda, d. h. die Glaubensformel der Mohammedaner\*), ist bei ihnen wenig angesehen.

Tâma grenzt im Westen an die Marârît, nordwestlich an die Mîmî, in Nordnordwest an die Berge der Kabga und Kûbû, im Nordosten an die Zoghâwa-Kûbê, im Osten an die Qimr, südlich an die Dschebel von Dâr-Fôr und an die Sungôr und Marârît. Das Gebiet erstreckt sich hauptsächlich von Norden nach Süden; der südlichste Theil ist, entsprechend dem Gebiete der Marârît, nach Südosten lang ausgezogen. Die Hauptberge, wie auch die Ursprünge der Flüsse fallen in den südöstlichen Theil des Landes. Dschebel Nyere (Nijêrê?) schliesst die Hauptstadt gleichen Namens an der Nord-, West- und Südseite ein und dehnt sich dann noch ziemlich einen Tagemarsch lang in West-, Nordost- und Südostrichtung aus. Wir finden in Tâma den Ursprung des Mondschobok, der hier als Wâdî Kunungo entspringt, sich als Wâdî Amberwati nach Westen wendet und als Mondschobok Dâr-Sa'îd durchströmt.

Dâr-Tâma ist jetzt in der That abhängig von Wadâï, gleichwol hat Mohammed Scherîf dem Lande einen wirklichen Sultan gelassen, welcher ganz selbständig regiert und nur regelmässig seinen Tribut an Wadâï bezahlt, wobei vorsichtig jede Gelegen-

---

\*) Diese Formel lautet: „lâ ilâha ill' Allâh wa-Muhammedun resûl Allâh", d. h. „es gibt keine Gottheit ausser Allâh, und Mohammed ist der Apostel Allâh's".

heit vermieden wird, dem Nachbar Einblick in das sorgfältig verschlossene Land zu gewähren. Die Kriegszüge der verschiedenen Sultane Wadâïs gegen Tâma sind so oft von Miserfolg begleitet gewesen — Mohammed Scherîf wusste ein Lied davon zu singen —, dass auch der jetzige Herrscher Wadâïs sich mit dem Erreichten zufrieden zu geben scheint. Trotz aller Versicherungen der Unterwürfigkeit hatte selbst der von Mohammed Scherîf eingesetzte Sultan Ibrâhîm eine gewisse Selbständigkeit seines Landes zu bewahren gewusst. Wie wir aus der Geschichte Wadâïs ersehen, gewährte er dem aufrührerischen Tintelak Mohammed, Sohn Mohammed Scherîf's, Schutz, und später auch dem Kronprätendenten Adem, Sohn des Sultan 'Abd el-'Azîz, Gastfreundschaft und verweigerte dem Sultan von Wadâï die Auslieferung dieser seiner Feinde.

Wir gehen nun zu der arabischen Bevölkerung Wadâïs — Arâmka — über.

Wann die Araber, welche in Wadâï sehr zahlreich sind, daselbst einwanderten, ist nicht festgestellt, jedoch kann wol kaum bezweifelt werden, dass sie ihre jetzigen Wohnsitze bereits seit Jahrhunderten innehaben. Als 'Abd el-Kerîm, aus dem Stamme der Dscha'lija von Schendi, wie wir in der Geschichte Wadâïs sehen, die Herrschaft der Tundscher stürzte und das Reich in ein islamitisches verwandelte, fand er seine Hauptstütze bei den Arabern. Die Mahâmîd, die Maharîje, die Ereqât, die Nawâïba, die Benî Hôlba, die Abû Schedr*) traten auf seine Seite, ausser diesen allerdings auch die eingeborenen Stämme der Abû Sûnûn, Aulâd Dschema', Marârît, Mîmî, Malănga, Madăba, Madăla, Debba (Dabba?) und Abissa (?), während einige wenige arabische Stämme zum König Dâ'ûd hielten und sich mit den Kaschemere, Karănga und Fâla gegen 'Abd el-Kerîm verbanden; es waren dies die Missirîja, die Zebĕdâ, die Râschid, die Hamîda und die Chozzâm. Die erstgenannte Gruppe hat sich bis heute noch gewisser Vorrechte zu erfreuen, welche aus jener Zeit stammen sollen.

Man theilt die Araber Wadaïs in Arab baqqâra und Arab abbâla, je nachdem ihr Hauptbesitz und die entsprechenden Ab-

---

*) Die Abû Schedr sind allmählich zerstreut und zerfallen.

gaben in Rindvieh (baqar) oder in Kamelen (ibl) bestehen. Die Araber werden im allgemeinen in Wadâï gut behandelt, leben vorzugsweise von Viehzucht, wobei sie ihrem Hange zum Umherschweifen folgen können, und wenn sie Ackerbau treiben, so geschieht es fast nur mit Hülfe von Sklaven. Wenn sie von jener angeborenen Wanderlust ergriffen selbst jahrelang umherschweifen, lässt der Sultan ihnen volle Freiheit. In Bornû würde man einfach die Güter solcher Leute einziehen und ihren Aufenthalt im Ausland überdies mit Argwohn ansehen.

Im allgemeinen haben die Araber Wadâïs, wie die Schôa in Bornû, ihr Blut rein erhalten, doch gibt es einige Stämme, welche so vereinzelt unter Heidenstämmen hausen, dass sie schliesslich sich mit denselben vermischt haben; noch andere sind durch Heirathsgemeinschaft mit ihren Sklaven — durch Verheirathung ihrer Töchter an diese — eine Verbindung mit fremden Elementen eingegangen. Bei Aufzählung der Stämme werden die Verhältnisse noch im einzelnen erwähnt werden.

### Arab el baqqàra (rinderzüchtende Araber).

1. Salâmât. Dieselben sind meist grauschwarz, viele auch infolge von Vermischung mit Sklaven dunkelbronzefarben. Auch mit den Gûlla vermischen sich die Salâmât nicht selten. Sie bilden einen sehr zahlreichen Stamm, dessen einzelne Abtheilungen unter 99 Scheïchs stehen sollen und etwa insgesammt 4000 Reiter ins Feld stellen können.

Von den zahlreichen Unterabtheilungen der Salâmât sind die bekanntesten: Nidschemîja, Elâsĕle, Oisija (?), 'Omar, Dachâchîra (Dekâkire?), Aulâd Mûsâ, Aulâd Hamdûn. Ihre Hauptsitze sind am Bahär et-Tîne (Bahär es-Salâmât) und am See Iro, und macht im Herbst die Regenzeit den Aufenthalt auf dem ohnehin wasserreichen Thonboden unmöglich, so gehen sie nach Norden, wo sie auch sonst vereinzelt in Amm Degemat, Kudŭgus und Wâdî Tuïl (Tawîl?) sich finden. Verwaltungsbeamte des Königs von Wadâï bei dem Stamme sind zwei Aqâde, ein Kursî, ein Amín, ein Kursî Taba' (d. h. Unter-Kursî); befinden sich die höhern derselben in Wâra, was häufig vorkommt, so besorgt der Ober-Scheïch der Salâmât, welcher den Titel Tobâbu führt, alle Angelegenheiten.

2. Missirîja (Mesîrîja), welche ihre Wohnsitze südlich vom Dschebel Charês haben, zerfallen in
a) Missîrîja humr (die rothen Missîrîja). Doch sind diese deshalb nicht rothhäutig, ihre Farbe wechselt zwischen roth und grau, wie die der
b) Missîrîja zurq (die grauen Missîrîja). Beide Abtheilungen kommen zusammen an Zahl den Salâmât ziemlich gleich, doch sind die Missîrîja zurq weniger zahlreich als die Missîrîja humr; sie stehen in gleicher Weise wie die Salâmât unter den Beamten des Sultans. Die Missîrîja sind als gewaltthätige, räuberische Leute verrufen.

3. Aulâd Râschid. Sie waren ursprünglich zahlreicher als die Missîrîja, sind indessen durch die Abtrennung der Zebĕdâ, Hamîda und Heimât sehr geschwächt, immerhin stellen sie wol mehr als 2000 Reiter ins Feld. Abtheilungen von ihnen sind: a) Râschid azîd, b) Râschid el-Bahărîja (Andôma), c) Râschid el-Batha, d) Râschid el-Hadschâr, doch leben die letztern bereits ausserhalb des Dâr-Wadâï. Ihre Wohnsitze befinden sich: a) südlich von der Wildniss Kitâbel, b) am Bahăr Bugdy und Bahăr Andôma, c) südlich von Dâr-Kûka und unter den Mûbi, d) in Burma Tekîl (südwestlich von Abû Telfân). Die Aulâd Râschid sind meist roth und ziemlich rein erhalten. Grossentheils unter oder mit Heiden lebend, sind sie kaum besser als diese, wenn auch durchaus nicht verrufen. Ihre Verwaltungsbeamten entsprechen denen der vorgenannten.

4. Dschaʿâdĭna. Mässig rothgrauer Farbe, sind sie ebenfalls ziemlich rein erhaltene Araber und sehr religiöse Leute. Fast so zahlreich als die Râschid, stellen sie etwa 1000 Reiter ins Feld. Ihre Wohnsitze befinden sich in Fitri, Âla und Charrûb.

5. Chozzâm (Chuzâm). Sind in Farbe und Blut den Dschaʿâdĭna ähnlich, leben jedoch politisch verbunden mit den Zoghâwa (Amm-Kimmelte). Auch die Wohnsitze haben die Chozzâm ungefähr gemeinsam mit den vorhergehenden, wie sie ihnen an Zahl gleichkommen.

6. Schurăfâ (Benî Hasen). Ein wenig zahlreicher Stamm, der viel mit fremden Elementen gemischt und in der Hautfarbe den Salâmât ähnlich ist, unter denen er auch zu Amm Dschellât,

Kudŭgus und Dûma wohnt; auch ist der ʿAqîd der Salâmât ihr oberster Anführer.

7. Heimât (Heijĭmât oder Hêjĭmat). Sind reine Araber, rothhäutig und durchaus wohlgebildet, zahlreicher als die Schurăfâ. Obwol fromme Muselmanen, sind die Heimât streit- und kriegslustige Leute und alte Feinde der Salâmât. Mit den Aulâd Hamêd*) sind sie ursprünglich verwandt und stehen trotz der weiten Entfernung mit ihnen in Verbindung. Ihre Wohnsitze sind zu Mangâri (Bahăr Mangâri) in Dörfern, im Herbste im Norden zu Kudŭgus und im Thal des Batha. Unterabtheilungen von ihnen sind: Nedmîje, Dscharrâre, Tâïsa in Dâr-Sûla und Dâr-ʿÂmir.

8. Dĕqĕna. Sind ein zahlreicher, doch nicht von fremden Elementen freier Stamm, und zwar sind diese in den Salâmât Bornûs und den Qorʿân — Aulâd Ahmed, Aulâd Sâlim, Aulâd ʿAlwân — zu suchen; ihre Farbe ist hellbronze. Sie sind gute Muselmanen, haben aber einen unangenehm auffallenden Hochmuth. Ihre Wohnsitze befinden sich zwischen dem Fitri und dem Tsâde, doch halten sie sich im Sommer mehr in Bagirmi nahe dem Schâri Bornûs auf; man rechnet sie zu 1000 Reitern.

9. Schiggêrât (Schŭdschêrât?). Dieselben sind rothhäutig und scheinen verwandt mit den Mahâmîd, doch sind sie von diesen wesentlich verschieden durch ihre Baqqâra-Eigenschaft. Sie haben ihre Wohnsitze zwischen Nimro und ʿId el-Dschemel und scheinen an Zahl zwischen Heimât und Schurăfâ zu stehen.

10. Tordschem. Ebenfalls rothhäutig, sind sehr schwach an Zahl. Ihre Wohnsitze sind am östlichen Batha (Massâlît bis Abûgantura), im Herbste suchen sie die nördlichen Qîsân auf.

11. Kôlômât. Sind nahe Verwandte der Dschaʿâdîna, an Zahl bedeutender als die Tordschem. Ihr Wohnsitz ist am Batha, westlich von Dâr-Zijûd; im Herbst unternehmen sie Ghâzien im Norden.

12. Benî Hasen (Benî Hasăn), sind Verwandte der Hamîda, rothhäutig und ebenfalls an Zahl gering. Sie wohnen am Wâdi el-Hamrâ und begeben sich im Herbst wie ihre Brüder auf günstige Weide.

---

*) Aulâd Hamêd oder Hamîd sind nicht zu verwechseln mit der gleichnamigen Unterabtheilung der Dschaʿâdîna.

13. **Zabălat**, dunkelbronzefarbig, stehen an Zahl den Benî Hasen ungefähr gleich und sind den Mahâdî verwandt. Sie wohnen am Wâdî Delâl, im Herbst sich nach Kunŭngo wendend.

14. **Mahâdî**, von derselben Farbe wie die vorigen, denen sie auch an Zahl gleichkommen mögen, haben ihre Ortschaften im Süden von den Sungôr, wo sie Ackerbau treiben und auch im Herbst bleiben.

15. **Zanâtît**, sind ebenfalls von dunkler Bronzefarbe und verwandt mit den Medschânîn; sie wohnen zu ʻId el-Qrâʻa.

16. **Medschânîn**, sind schwach an Zahl und verwandt mit den Mahâmîd. Sie treiben Ackerbau zu Hadscher Tokulla, Medschânîn und Darâba, wo sie auch während des ganzen Jahres bleiben.

17. **Korôbât**, welche gleichfalls dunkelbronzefarbig und schwach an Zahl sind, haben ihre festen Wohnsitze zwischen den Marârît, Sungôr und dem Dâr-Saʻîd.

18. **Isirre**, sind wenig zahlreich und haben feste Wohnsitze zu Schoqqân und Nella, wo sie Ackerbau treiben.

## Arab abbâla (kamelzüchtende Araber).

1. **Mahâmîd**, bilden einen sehr zahlreichen Stamm, dessen Abtheilungen den Brüdern Mahmûd, Mahar und Nâïb und deren nahem Verwandten, dem Rakal (auch Ereqa genannt) — von welchen bei Besprechung der Araberstämme in Dâr-Fôr noch die Rede sein wird — entsprossen sein sollen und wenigstens 4000 Reiter ins Feld stellen. Sie sind rothhäutig und von Charakter gut, als gottesfürchtig, wohlthätig und gastfreundlich bekannt; ihre Sprache ist ein reines Arabisch. Ihre Wohnsitze finden wir nordöstlich von Dâr-Mîmî von Arâda bis Hawar und am Wâdî Garda (Qarda?). Sie zerfallen in viele Unterabtheilungen, von denen mir die folgenden bekannt geworden sind: Aulâd Dschellu, Aulâd Scheïch, Aulâd Jâsîn, Aulâd Zêd, Nedschaʻ, Sêif ed-dîn (od. Seïfân), Nawâibe, Ereqât, Maharîje (Mehrîja?), Aulâd Dschenâb, Hamdîja, Et-teijifât.

2. **Hamîda**, Verwandte der Aulâd Râschid, waren früher so zahlreich, dass sie mit den Mahâmid in beständiger Fehde leben konnten, sind jedoch jetzt sehr geschwächt und leben mit den einstigen Gegnern so völlig im Frieden, dass sie sogar im Herbst

deren Weideplätze aufsuchen. Sie sind sehr hellfarbig, mittelgross, wohlgebaut und kräftig und sprechen ein verhältnissmässig gutes Arabisch. Ihre Wohnsitze sind am Wâdî el-Hamrâ, in Abker, Schoqqân und bei den Zebêdâ. Abtheilungen der Hamîda sind: Dilla und Hamîda Zebêdâ.

3. Benî Holba. Auch sie gelten als Verwandte der Râschid, doch kann dies nur in sehr weitläufigem Grade der Fall sein. Sie sind hellbronzefarbig und wenig zahlreich, übrigens gute Muselmanen.

4. Zebĕdâ. Dieselben bilden einen fast ebenso zahlreichen Stamm als die Chozzâm und stellen etwa 800 Reiter. Uebrigens sind sie den Aulâd Râschid sehr ähnlich, fast hellkupferroth und wohlgebildet, aber wenig civilisirt und als Räuber verrufen.

5. Schŭqêqât, sind politisch verbunden mit den Mahâmîd, doch ohne nähere Verwandtschaft mit diesen und gering an Zahl. Sie haben ihre Wohnsitze in Kôndŏngo und am westlichen Butêha, im Herbst bei den Mahâmîd oder in Bitakginnek.

Als eine fast ganz arabische Provinz kann Dâr-Zijûd gelten. Dieselbe wird bewohnt von Tordschem, Missîrija, sowol Humr als Zurq, Aulâd Hamêd, Chozzâm; aber selbst die übrigen Elemente der Bevölkerung haben sowol arabische Sprache als Sitten angenommen, so die Mâba-Leute aus königlichem Blute, die wenigen Kûka, die Tundscher und Qimr, ferner: die Berauna (Leute aus Bornû), Dschellâba, Massâlît, Kaschemere, Tâma, Dschebel und endlich die Doruq, welche centralafrikanischen Ursprungs sind; sie wohnen nur in Bîr-Jôjô, sind grauhäutig, und ihr Dialekt scheint mit dem der Qimr verwandt gewesen zu sein, doch sprechen sie jetzt nur noch arabisch.

Es bleiben uns noch verschiedene Stämme zu erwähnen, welche ausserhalb des Dâr-Wadâï wohnen, nämlich:

1. Debâba, eigentlich Salâmât und in Bagirmi als Rinderzüchter (Baqqâra) angesessen, dunkelbronzefarben, mit den Abtheilungen: Aulâd Mûsâ, Aulâd Karâi, Aulâd Dschôwî, 'Asĕla, Adschina, Nedmija, Duchâchĭra (Dekâkire?), 'Omrî.

2. Qawâlĭma, rothhäutig, Verwandte der Chozzâm, mit denen sie, wie mit den Dscha'adîna politisch verbunden sind. Sie waren früher in Wadâï sehr zahlreich, sind jedoch jetzt grossentheils

nach Bornû übergesiedelt. Ihre Wohnsitze sind am westlichen Batha und am Schâri-Ufer, sowie in Kânem, im Herbst am Batha.

3. 'Assâla, ebenfalls rothhäutig, sollen aus Fezzân stammen und sind ein kriegerischer Stamm, der widerwillig der Oberhoheit Wadâïs sich unterworfen hat, das Land soviel als möglich meidet und sich scheinbar an Zahl vermindert. Da sie ihre eigentlichen Wohnsitze am Ufer des Tsâde, zum Theil unter den Kûri haben, so wird es ihnen dadurch erleichtert, sich der Oberherrschaft Wadâïs zu entziehen. Obgleich sie früher wol nur dem Namen nach Muselmanen gewesen sind, hat doch der Einfluss Wadâïs sich geltend gemacht, und es gibt jetzt unter ihnen sogar zahlreiche Fuqârâ (Derwische).

4. Aulâd Hamêd (Hamîd), hellkupferroth, sind Verwandte der mit den Dscha'âdîna verbundenen lebenden Nâwăla (Nawâlina?), Aulâd Malik und Numûra, und der Heimât (Heijĭmât). Dieselben haben ihre Wohnsitze am Bahăr el-Ghazâl. Von ihren Abtheilungen sind zu nennen: Omm Kulêba, Aulâd Râdî, Aulâd Merä'î, Aulâd Ahmed, Aulâd Qedâfât.

5. Chozzâm (Chuzâm) el-Bahârija, Brüder der Chozzâm Bornûs, waren früher ziemlich zahlreich, sind jedoch durch die Ghazien der Wadâwa sehr geschwächt. Sie wohnen auf dem Territorium Bagirmis, an den Ufern des Schâri in einigen Ortschaften.

Die Tundscher, welche, wie schon früher erwähnt, zu den arabischen Elementen Wadâïs gezählt werden und unter 'Abd el-Kerîm der Herrschaft in Wadâï beraubt wurden, sind, wie schon gesagt, Mohammedaner, mit Ausnahme derer, welche zu Abû Telfân wohnen. Ihre Farbe ist roth, fast helles Kupferroth, und ihre Sprache die arabische. Ihre Zahl ist noch jetzt keine geringe; sie sollen etwa 4800 Krieger stellen. Ihre Wohnsitze finden wir im Dâr-Zijûd, zu Meqren, zu Kadăma in Kaschemere, zu Abû Telfân, in Runga und in Kânem (Mondo). Wir haben bei Besprechung der Geschichte des Staates Dâr-Fôr und seiner Bevölkerung Gelegenheit, auf die Tundscher zurückzukommen.

Die Qimr (Gimr), wie wir bereits erwähnt haben, die ursprüngliche Bevölkerung Tâmas, sind Brüder der Sungôr und werden in Wadâï „Ermbeli" (in der Mâba-Sprache) genannt; der Ursprung dieses Namens ist mit dem arabischen „Qimr" gleichbedeutend, und sowol „Ermbil" als „Qimr" bezeichnet eine wilde Taube. Die Qimr sind von dunkler Hautfarbe, zuweilen jedoch auch hellkupferroth. Sie wohnen zerstreut und erscheinen dadurch noch schwächer an Zahl, als sie sind. Am zahlreichsten finden wir sie in Gerrî; ihre weitern Wohnsitze sind zu Ras Sâlîme, Bîr-Jôjô, Firscha und in Tâma.

Die Zoghâwa, dunkler gefärbt als die Tubu, ja selbst als die Mâba-Gruppe, haben mit den Darmût eine gemeinsame Sprache, welche von dem Tedäga durchaus abweicht, wie denn auch andere Eigenthümlichkeiten der Annahme, dass die Zoghâwa den Tubu-Stämmen zuzurechnen seien, widersprechen; es ist bemerkenswerth, dass sie z. B. ganz entgegen den Tubu-Sitten Merîssa (Melasse) und Eselsmilch trinken, dass sie ferner Gazellen in Schlingen zu fangen pflegen, was bei den Tubu höchstens die „Schmiede" thun. Dagegen sind sie in physischer Hinsicht — mit Ausnahme der Hautfarbe — den Tubu ähnlich und haben Sitten und Gewohnheiten überwiegend mit denselben gemein; auch ist die Haartracht der Frauen der der Qorʿân-Frauen ganz gleich. In Wadâï sind sie verachtet, und man stellt sie den „Schmieden" gleich; gleichwol hatte Mohammed Scherîf zwei Frauen dieses Stammes. Im Islâm sind die Zoghâwa noch ziemlich unbewandert. Hauptsächlich bewohnen dieselben Dâr-Fôr; in Wadâï leben sie unter den Mimî, ferner im Westen des Bezirks Dschumbo unter den dortigen arabischen Stämmen, denen sie sich vollkommen einverleibt haben, endlich in Amkiân, Gâga, Irênib, ʾId el-Qrâʿa in Dâr-Saʿîd. Noch ist zu erwähnen, dass man die in Wadâï wohnenden Zoghâwa meist Aulâd Amm-Kimmelte nennt. Abtheilungen sind: Zoghâwa Kûbê, Zoghâwa Dôr, Zoghâwa Anka, Zoghâwa Menderfôki, Zoghâwa Durne. Man schätzt ihre Zahl auf 4000 Männer.

### Die Tubu (Tedâ) Wadâïs, „Qorʿân" genannt.

1. Krêda. Die Tubu Wadâïs, welche man daselbst mit Vorliebe mit den Leuten von Habesch (Abessinien) zusammenstellt, mit denen sie in der That viel Aehnlichkeit haben, sind zierlich, wohlgestaltet und dank ihrem vorwiegenden Milchgenuss kräftig und von regelmässigen Zügen; ihre Farbe variirt von

Dunkelbronze und schmutziger Kupferfarbe bis zu hellern Nuancen. Die Frauen sind denjenigen der nördlichen Tubu vollkommen gleich, doch scheinen sie in Beziehung auf den Charakter insofern abzuweichen, als sie nicht so zank- und streitsüchtig sind, wie z. B. ihre Schwestern von Tibesti. Man behauptet, sie seien diejenigen aller Tubu oder Tedâ, welche zuerst den Islâm angenommen haben. Während die Tubu früher feste Wohnsitze im Bahăr el-Ghazâl innehatten und eigentlich noch unter der Regierung von Bornû standen, haben sie, seitdem Arûs und Charût es-Sarhîr von Wadâï sie mit Ghazien überziehen liess, ihre festen Wohnsitze aufgegeben und sind Nomaden geworden. Ihre temporären Wohnsitze befinden sich im Bahăr el-Ghazâl und einige wenige zu Ambar und Rimêla.

Unterabtheilungen sind: Krêda oder Karda, Kôjô, Ngalamîja, Irîja, Kôděra.

Die Karda sind Verwandte der Kânembu-Karda. Die Kôjô, die zahlreichste Abtheilung des Stammes, sind zugleich die hellfarbigste und sollen mit den Fellâta durch Heirath verwandt sein, wie die Karda Heirathsgemeinschaft mit den Aulâd Hamêd haben. Die Genannten mögen mehr als 3000 Reiter ins Feld stellen.

2. Kaschĕrda, sind Verwandte der vorigen und von gleicher physischer Beschaffenheit; auch sind sie mit den Kôjô vermischt. Früher sehr zahlreich, sind sie durch die Wadâï-Herrschaft sehr geschwächt, aber auch bessere Muselmanen geworden. Immerhin mögen sie noch 1000 Reiter stellen. Unterabtheilungen derselben sind die Schindakora, Sakerdâ und Nôreâ (Nawârma).

3. Hawalla (Famalla der Araber), im Wâdî Tschiri, sind dunkelbronzefarben, im übrigen von den Tubu nicht verschieden, mit gleichen Sitten und Gebräuchen. Sie sind gute Muselmanen und in Wadâï wohlgelitten. Mit den rothhäutigen Mischbewohnern Kânems, den Hammêdsch[*]), welche in Ortschaften wohnen und sehr zahlreich sind, leben sie gemischt.

---

[*]) Die Hammêdsch sind Reste der ursprünglichen Bewohner Kânems und mit den Bulâla nahe verwandt; „Amkimê" d. h. „die rothen Leute" genannt, und noch jetzt meist rothhäutig. Einige ihrer Stämme sind: Fedha (oder Fedda), Ngïdschïm, Bârê, Dâna, welche noch Lanze und Wurfspeer führen.

4. Aulâd Sâlim, numerisch sehr schwach, leben zwischen Mâo und Mondo in den dattelreichen Flussthälern und sind gleichfalls mit den Hammêdsch vermischt.

5. Aulâd Beqqâr, von welchen in jeder Beziehung das Gleiche gilt, wie von den vorigen, nur dass sie sich in Mondo auch mit den Tundscher vermischt haben.

6. Meidêna, sind verwandt mit den Hawalla, verhalten sich wie diese und haben mit ihnen gemeinschaftliche Wohnsitze.

7. Dogordâ, ein sehr zahlreicher Stamm (sie sollen etwa 1000 Reiter stellen) von heller Hautfarbe, sind mit den Hawalla verwandt. Sie haben ihren Wohnsitz im Nordosten von den Qâdawa, sind aber mit Wadâï nur sehr locker und politisch mit den Haddâd\*) und Hammêdsch verbunden.

8. Qâdawa, die ihre Sitze im Wâdî Schitâti haben, kommen an Zahl den Dogordâ nahe und gelten als die reichsten unter den Qorʿân. Unter ihnen leben die Hasâŭna (Qawâlĭma), welche ebenfalls 1000 Krieger stellen.

9. Wandăla, welche kaum als zu Wadâï gehörend gerechnet werden können, sich jedoch aus Furcht vor den Räubereien der Aulâd Solimân (Sulêmân) unter den Qâdawa aufhalten.

10. Kumŏsŏalla, von welchen ich Näheres nicht erfahren konnte, scheinen mit den Aulâd Sâlim vermischt zu sein.

Es ist hier der Ort, unter der Bevölkerung auch der in verschiedenen Bezirken wohnenden Sklaven des Sultans zu erwähnen, nämlich:

1. Bandăla (nicht Stammname), im Süden von Dâr-Zijûd wohnend; Muselmanen.

2. ʿÂbidîja (nicht Stammname), im Dar-Zijûd und im Dâr-Saʿîd; Muselmanen.

3. Tòrom, zu Olôki Neri und Tondo (im Bezirk Kêlingen); Muselmanen.

---

\*) Die Haddâd (Dânoâ) wohnen in Dâna, Bâri, Mondo und Ngûri und sollen von „Schmieden" abstammen, sind aber jetzt mit Arabern und Hammêdsch gemischt. Nur die Qorʿân gehen keine Verbindungen mit ihnen ein. Ihre Waffen sind Pfeil und Bogen. Nähere Angaben über die Tubu Wadâïs s. Bd. II, 5. Buch, 3. Kap.

4. Dengéah und } bewohnen fünf Dörfer zu Kerû und Net-
5. Bolgu,      }  tîmba und sind Heiden.
6. Mînyi, zu Schoqqân; Muselmanen.
7. Kâsa, zu Kerû; Heiden.
8. Ngâma, zu Tîmân; Heiden.
9. Banâle, zu Tiggrê (bei den Sungôr), gegen 200 Männer; sind Heiden.
10. Bîrgîd, im District Berêdsch.

Wenn wir die gesammten Völkerstämme Wadâïs nach ihrer Sprachverwandtschaft zusammenstellen, so gruppiren sich dieselben wie folgt:
1. Die Mâba-Gruppe umfasst:
   a) Kodoî oder Abû Sŭnûn.
   b) Aulâd Dschema', mit c) Galum und d) Dekker.
   e) Malănga, mit f) Madăba, g) Madăla, h) Debba (Matlămba*).
   i) Abissa.
2. Die mit den Mâba näher oder entfernter verwandten Dialekte, welche ich nach dem Grade ihrer Verwandtschaft mit der Bôra Mâbang geordnet habe:
   a) Massâlît.
   b) Marfa.
   c) Kaschemere.
   d) Kôndŏngo.
   e) Karănga (resp. Kurŭnga).
   f) Fâla oder Bakka.
   g) Kadschănga.
   h) 'Alî.
3. Kadschakse, Dialektverwandte der Marfa.
4. Marârît und die mehr oder weniger mit ihnen Sprachverwandten:
   a) Schâle.
   b) Oro.
   c) Kurbô.
   d) Kûbû,

---

*) Die Matlămba sind ein zerstreuter Stamm von Mâba-Leuten, der als solcher nicht mehr in Betracht kommt. Seine Mitglieder weichen in nichts von den Malănga, Madăba und Madăla ab.

welche in Wadâï (nicht in Dâr-Fôr) politisch Unterabtheilungen der Marârît bilden, während die Sprachverwandschaft keine sehr nahe ist; nur bei den Kûbû, welche zu den Marârît im engern Sinne gehören, zeigt die Sprache eine nur geringe Dialektverschiedenheit.

5. Kabga.
6. Mîmî.
7. Zoghâwa mit
   a) Darmût, welche den gleichen Dialekt haben, und den
   b) Durrĭng, welche sprachverwandt sind.
8. Tedâ (Qorʿân).
9. Kûka mit den
   a) Abû Simmîn.
   b) Bulâla.
   c) Middŏgo (Modŏgo).
   d) Masmädsche.

Die gemeinsame Sprache der Kûka, Abû Simmîn, Bulâla und Middŏgo, welche mit der der Bagirmi verwandt ist, hat mit dem Dialekte der Masmädsche, jedoch nur entferntere, Sprachverwandtschaft.

10. Dâdscho (Sprache von Sûla).
11. Mûbi, welche Sprachverwandte sind der:
12. Bîrgîd zu Berêdsch.
13. Dschêggel mit den Verwandten:
    a) Kibêt.
    b) Abû Rhusûn.
    c) Mangâri.
14. Runga.
15. Murro.
16. Môjo.
17. Kurdschinna, verwandt mit den Kaschemere.
18. Sungôr, mit den Leuten von Tâma, den Qimr und den Dschebel (Bororît).
19. Araber.

Nicht allein durch gemeinsame Sprache kennzeichnet sich die Mâba-Gruppe; physische und moralische Aehnlichkeit, gemeinschaftlicher Ursprung und langes politisches Zusammenleben vereinigt die Kodoî und Aulâd Dschemaʿ miteinander, und mit ihnen verbunden sind Malănga, Madăba, Madăla, Debba, Abissa und die von den Aulâd Dschemaʿ abgezweigten Galum und Dekker, welche sich jenen eng anschliessen. Wo immer die Kodoî in der an Bruderkämpfen und Aufständen so reichen Geschichte Wadâïs handelnd auftreten, finden wir die Aulâd Dschemaʿ an ihrer Seite; ein Thronprätendent, von einem der beiden Stämme anerkannt, war stets auch der Unterstützung des andern sicher. Ihnen schliessen sich, wie schon gesagt, die übrigen genannten um so enger an, als man sie in physischer Beziehung nicht zu unterscheiden vermag; nur in der Sprache haben sie eine, wenn auch nur unbedeutende Abweichung in der Aussprache. Dagegen unterscheidet sie nicht unwesentlich von jenen ihre Habsucht und Anmaassung, welche die Aulâd Dschemaʿ und Kodoî nicht verunziert. Wenn diese durch die gleiche physische Beschaffenheit ihrer Wohnsitze und die dadurch bedingte gleiche Lebensweise sich körperlich nahe stehen, so sind sie nicht weniger verwandt in moralischer Beziehung; sie sind zweifelsohne die ehrlichsten, nüchternsten, tapfersten aller Stämme Wadâïs. Wie sie mit der Zähigkeit aller Bergbewohner festhalten an ihren Gewohnheiten und Gerechtsamen, so sehen wir sie voll Treue und Anhänglichkeit zu ihren rechtmässigen Fürsten stehen, mit Hartnäckigkeit ihre Rechte vertheidigen und den ihnen aufgezwungenen Herrscher wieder und immer wieder bekämpfen.

Die Nähe ihrer Wohnsitze — diese liegen, wie wir gesehen haben, der Hauptstadt Wâra am nächsten — sicherten ihnen den höchsten Einfluss auf die Regierung, d. h. auf den Sultan und seine nächste Umgebung, um so mehr, als die Verbindung der übrigen Stämme mit dem Centrum in gleichem Verhältniss zu der Entfernung von demselben lockerer wird. So war denn die ganze Gruppe, sobald sich alle ihre Elemente vereinigten, von bestimmendem Einfluss auf die Geschicke des Landes, und ist es noch heute.

Wie die zahlreichen kleinen Ortschaften, welche die Hauptstadt umgeben, von ihnen besetzt sind, so ist auch die grosse Landschaft Kêlingen fast nur von ihnen bevölkert, und die übrigen Volkselemente sind hier in ihnen derart aufgegangen, dass man politisch Kêlingen als reines Kodoî-Gebiet ansehen kann.

Aehnlich verhalten sich die Ganyanga im Bezirk gleichen Namens und die Leute von Dschumbo. Die Ganyanga sind zwar durchaus fremden Ursprungs, nämlich eingewanderte Heiden, haben sich aber inmitten der Mâba auf das engste mit denselben verbunden. Auch die erwähnten Leute von Dschumbo müssen politisch ganz als Mâba-Leute angesehen werden. — Der Stamm der Kôndöngo verhält sich in physischer Beziehung ganz wie die Mâba. Auch ist der von ihnen ausser der Mâba-Sprache gesprochene Dialekt mit dieser nahe verwandt; an sie schliessen sich durch gemeinsamen Dialekt die Leute von Gerrî, von Mâschek, von Abû Sebaha, Burtaï, Dobû, Bîr-Todu, Bezirke oder Ortschaften im Westen und Südwesten von Wâra.

Die Kadschänga leben mit reinen Mâba-Elementen, und zwar in der Ueberzahl, zusammen, sodass auch sie sich eng an die Mâba-Leute anschliessen, zumal ihr Idiom nur eine Dialektverschiedenheit der Mâba-Sprache ist, und ebenso verhalten sich die Leute von Manga, Namôn (Ngâmôn) und andere.

Wenn nun auch die Kaschemere und die Marfa eine Nuance tiefer gefärbt sein sollen als die Mâba, so sind sie denselben doch physisch sonst vollkommen ähnlich, während sie sich in Sitten und Gewohnheiten mehr von ihnen entfernen. Es wird als besonders beweiskräftig hierfür hervorgehoben, dass diese Stämme gewisse, bei andern verbotene, oder doch ungewöhnliche animalische Kost lieben, z. B. Frösche. Uebrigens ist das Idiom derselben nur eine Dialektverschiedenheit der Bôra Mâbang. Noch näher als die vorigen, stehen den Mâba-Leuten die Karänga und übertreffen dieselben sogar an edlem Blute; ihnen schliessen sich die Fâla eng an; ihr Dialekt ist ebenfalls ein Zweig des Mâba. Die Kabga scheinen ursprünglich wenig Verwandtschaft mit der Mâba-Gruppe gehabt zu haben, wie auch ihre Sprache eine andere ist, jedoch sind dieselben so frühzeitig über die Mâba-Landschaften zerstreut worden — wir finden sie in Kêlingen, in Murra, Fillett, Bûsa und vielen einzelnen Dörfern —, dass sie jetzt immerhin als jener sehr nahestehend bezeichnet werden müssen. Dagegen haben die Massâlît, trotz der geringen Dialektverschiedenheit ihres Idioms von der Mâba-Sprache, in Sitten und Gebräuchen sich weit von den Mâba-Leuten entfernt, während die ʽAlî, welche durch gleiche Sitten, Gebräuche und Lebensweise diesen sich anschliessen, im Dialekt viel weiter vom Mâba abweichen. Die Marârît, östlich von den Aulâd Dschemaʿ und Kodoî und westlich von den Tâma wohnend, stehen den letztern ferner; sie haben eine eigene Sprache. Auffallend ist es, dass einige ihrer Unterabtheilungen: die Schâle, Oro, Kurbô, so sehr vom eigentlichen Marârît-Idiom sowol, als auch unter sich abweichende Dialekte haben, dass sie sich untereinander nur schwer verständlich machen können. Auch finden wir dieselben Unterabtheilungen in Dâr-Fôr als selbstständige, von den Marârît ganz abgesonderte Stämme wieder. Die Kûbû, welche einen der Sprache der Marârît nahestehenden Dialekt sprechen, müssen als Verwandte der letztern angesehen werden und gingen wahrscheinlich sogar aus ihnen hervor. Die dem Centrum des Reiches mit der Mâba-Gruppe so nahe wohnenden Mîmî stehen dieser doch durchaus fern. Wie sie um eine Nuance dunkler gefärbt sind als die Mâba-Stämme, so unterscheiden sie sich auch in moralischer Beziehung von den Kodoî und Aulâd Dschemaʿ; die Geradheit, Einfachheit, Ehrlichkeit und die Gastlichkeit derselben ist ihnen fremd. Dagegen haben sie mehr Aehnlichkeit mit den Zoghâwa, mit denen sie auch in Heirathsgemeinschaft stehen, während von seiten der Mâba-Leute dieser Stamm im allgemeinen verachtet wird.

Eine besondere Gruppe wird ferner von den Sungôr, Tâma, Qimr und Dschebel gebildet (die Dschebel stammen vom Dschebel Mûl in Dâr-Fôr und finden sich nur in Bororît), welche dieselbe, durchaus von der Bôra Mâbang unabhängige Sprache haben und, obwol physisch den Mâba-Leuten nicht sehr fernstehend, doch namentlich im Charakter von ihnen sehr abweichen. Eine nicht minder bestimmt zusammengehörige Gruppe bilden die Kûka, Abû Simmîn, Bulâla, Middögo und Masmädsche, deren vier erste Glieder gemeinsam die Sprache der Kûka haben, während die Masmädsche einen derselben verwandten Dialekt sprechen. Die innige Zusammengehörigkeit wenigstens der vier erstgenannten ergibt sich aus der ähnlichen Beschaffenheit ihrer Wohnsitze und der dadurch bedingten gleichen Lebensweise, aus denselben Sitten und ihrer gemeinsamen Geschichte. Noch ferner als sie stehen der Mâba-Gruppe die Kadschakse, Mûbi, Birgîd und Dâdscho. Obwol diese Gruppe unter sich nicht sprachverwandt ist, und obwol die Kadschakse einen dem Marfa-Idiom verwandten Dialekt sprechen, ist ihre Verwandtschaft sowol in Bezug auf die Hautfarbe — dieselbe ist schwarz bis grau — als in Gleichheit der Sitten, Nahrungsmittel und der Fabrikation der Teqâqi unleugbar.

Die Leute von Râs el-Fîl, Abû Gantûra, Kadschakse, Amboscher, Kudŭgus, Dschêdschi, Amm Hadschêrat, Biwêre, Cherwâdschid, Amm Lubân u. s. w., südlich vom Batha wohnend, bilden gewissermaassen eine weitere Gruppe, welche durch physische Aehnlichkeit und ähnliche Lebensweise — nâs el-chalâ\*) — verbunden sind.

Noch weiter südlich finden wir die Kibêt, Dschêggel, Abû Rhusûn, Mangâri und Murro. Zwar sind von diesen nur die vier erstgenannten durch gemeinsame Sprache verbunden, während die Murro ein davon durchaus abweichendes besonderes Idiom haben, aber trotzdem ist ihnen allen durch den gemeinsamen Charakter ihrer Landschaften, mit Einschluss derjenigen der Murro, und durch die gleichen physischen Eigenthümlichkeiten ein verwandtes Gepräge gegeben worden.

Der sprachlichen Verwandtschaft der Zoghâwa mit den Darmût, welcher sich der Dialekt der Durrīng anschliesst, ist bereits gedacht, doch bleibt zu erwähnen, dass sie miteinander das Schicksal theilen, zu den mehr oder weniger verachteten Stämmen zu gehören, von welchen der der Zoghâwa allerdings mächtig genug ist.

Westlich von Wâra bis zum Fitri herrscht wie arabische Sprache so auch arabisches Wesen; so in Dâr-Zijûd und in den Landschaften Ambar, Mada, Ferrêwa, Rehût, Maza und Hillĕlât. Nur Dâr-Kûka bildet hiervon eine Ausnahme.

Dass die Islamisirung des Landes die Gruppirung der Stämme beeinflusst hat, je nachdem sich dieselben sofort oder später für den Islâm erklärten und je nachdem sie auf friedlichem Wege oder mit Gewalt zu ihm bekehrt wurden, liegt auf der Hand. Diejenigen alteingesessenen Stämme, welche, wie wir in der Geschichte

---

\*) Nâs el-chalâ bedeutet „Menschen der Einöde", was wol hier so viel als Nomaden oder Wanderstämme besagen mag.

Wadaïs sehen, 'Abd el-Kerîm bei der Gründung des neuen islamitischen Reiches halfen und also die ersten freiwilligen Bekenner sind, bilden die uns bekannte Mâba-Gruppe nebst deren nächsten Nachbarn: Kodoî, Aulâd Dschema', Malänga, Madäba, Madäla, Matlämba nebst den Marârît und Mîmî, zu welchen später durch freiwillige Bekehrung auch die Kôndŏngo kamen. Dagegen wurden die Kaschemere, Karänga, Kabga, Fâla, Masmädsche, Mûbi, Kadschänga (zum Theil), Sungôr und 'Ali mit Gewalt islamisirt, und es klebt diesen Stämmen daher stets ein gewisser Makel an. Aus dem gleichen Grunde dürfen wir wol auch die Beschränkung herleiten, welche den Sultanen von Wadâï verbietet, aus andern Stämmen als den erstgenannten — der Mâba-Gruppe, nebst Marârît, Mîmî und Kôndŏngo — Frauen zu nehmen. Dieselben beschränken sich sogar in dieser Beziehung auf die reine Mâba-Gruppe mit ihren über Kêlingen und Kadschänga zerstreuten Gliedern. Es ist in der That kein Beispiel bekannt geworden, dass der Sultan eine legitime Frau aus den Marârît oder Mîmî genommen habe, die nicht nur als nicht ganz echte Wadâwa gelten, sondern sogar für weniger achtbar angesehen werden. Wenn allerdings einige Frauen von Sultanen aus Kadschänga hervorgegangen sind, so muss berücksichtigt werden, dass die Hälfte der Landschaft von Mâba-Leuten bewohnt ist — Kodoî, Aulâd Dschema' u. s. w. — und dass man diese nach ihrem Wohnsitze ebenfalls Kadschänga genannt hat.

Die Massâlit und Qimr sind aus Dâr-Fôr eingewanderte oder vielmehr eingeführte Stämme, von welchen die erstern unter den Sultanen Charût, Arûs und Dschoda zum grössten Theile wiederholt in blutiger Weise gezwungen werden mussten, ihre unfreiwilligen Wohnsitze zu behalten. Qimr sollen schon früher im Lande vorhanden gewesen sein. Tâma wurden aus ihrem Ursprungslande eingeführt, und die Ganyanga sind, wie schon erwähnt, aus unbekannter Gegend eingewanderte Heiden.

Alle diese Stämme, und zwar die eigentlichen Mâba-Leute nicht am wenigsten, führten durch unaufhörliche Auflehnungen gegen die Herrscher von Wadâï eine endlose Kette von Bürgerkriegen herbei; nur die Marfa machen hiervon eine Ausnahme, was hier rühmend erwähnt werden soll.

Wenn vorher eine Zusammenstellung nach Sprachverwandtschaft gegeben worden ist, so wird schliesslich eine Gruppirung nach der Hautfarbe derselben gegenüberzustellen sein.

Wir bemerken von der Nordküste Afrikas bis nach Centralafrika hinein eine ganz allmähliche Abstufung der Hautfarbe vom Weiss bis zum Schwarz. In Wadâï unterscheidet man wie im grössten Theile der östlichen Sahârâ und im ganzen Sûdân*) sieben Farbenstufen, die ich nachstehend aufführe und die ich auch bei der vorhergehenden Besprechung der Völkerstämme Wadâïs zu Grunde gelegt habe.

1. abjăd, weiss, Farbe der meisten Europäer, vieler Berber, einiger Araber.
2. ahmăr, roth, fast helles Kupferroth.
3. asmăr, helle Bronzefarbe (eigentlich dunkelbrünett).
4. asfăr, schmutzige Kupferfarbe (eigentlich gelb).
5. achdăr, dunkle Bronzefarbe (eigentlich grün).
6. azrăq, Uebergangsstufe zum Schwarz (eigentlich grau).
7. aswăd, schwarz, und aswăd el-fahêm, kohlschwarz.

1. abjăd, Plural: bîd, kommt in Wadâï nicht vor.
2. ahmăr, Plural: humr, findet sich bei einzelnen Individuen einiger Araberstämme.
3. asmăr, Plural: sumr, sind die meisten eingeborenen unvermischten Araber.
4. asfăr, Plural: sufr, sind viele der eingeborenen Araber, sehr viele Qorʿân, selbst manche Mâba-Leute und viele Karănga.
5. achdăr, Plural: chodr, sind die meisten Wadâwa, viele Qorʿân, viele Karănga, Mîmî und Zoghâwa und die meisten Marârît.
6. azrăq, Plural: zurq, sind die Kadschănga (Ertana), die Kaschemere, Masmădsche, Kûka, Darmût, viele Dâdscho, Wadâwa (incl. Mâba), Mîmî, Marârît und die meisten Zoghâwa.
7. aswăd, Plural: sûd**), sind die Mûbi, die meisten Dâdscho, Durrĭng, Haddâd und viele Heiden im Süden Wadâïs.

---
*) Vgl. Bd. I, 428.
**) aswăd, schwarz, hat zwei Plurale, sûd und sûdân, „die Schwarzen"; dâr es-sûdân heisst also nicht „das Land Sûdân", sondern „das Land der Schwarzen". W.

Von den Arabern abgesehen ist die Gruppirung der Völkerschaften Wadâï's nach den Himmelsgegenden die folgende: Den **Norden** und **Nordosten** — auch Dâr-Mâba genannt — bewohnt die Gruppe der eigentlichen Wadâwa: die Abû Sŭnûn, Aulâd Dschema', Malănga, Madâba, Madăla. Das **Centrum** bewohnen die jenen verwandten Marârît, Mîmî, Kôndŏngo, Kadschänga, Karănga, Marfa, Fâla, Kadschakse, Massâlît. Ein Theil des **Nordens** und der **Nordwesten** wird bewohnt von Qor'ân (Dâza) und Zoghâwa. Der **Westen** von den Kûka, Bulâla und Masmădsche. Der **Südwesten** von den Mûbi, Dâdscho und Abû Telfân. Der **Süden** von den Mangâri, Kibêt, Birgîd und Runga. Der **Südosten** wiederum von Dâdscho. Im **Osten** wohnen die Sungôr und im **Nordosten** die Tâma.

Wir haben schliesslich noch der eingewanderten afrikanischen Stämme (Aghrâb, „Fremde") zu erwähnen, welche sich in Wadâï folgendermaassen vertheilen: 1. Die Bagirmi wohnen in etwa zehn Ortschaften: Leïn, Abû Guddam, Bedina, Karangăla, Fâna, Gôgo (Quartier zu Wâra) u. a. 2. Die Kanûri in etwa 15 Ortschaften in Dâr-Zijûd und bei den Fâla als „Fuqărâ" (Murâbidîja) und als reisende Kaufleute und Nomaden z. B. in Runga. 3. Fellâta finden sich in 40 Ortschaften: zu Ala, Barkalla und anderen als Rinderzüchter. 4. Kŏtŏko wohnen nur in Abesche. 5. Dschellâba bewohnen etwa 20 Ortschaften: Nimro, Kurnâja (im Dâr-Zijûd), Delebâja (am Butcha), Gungâla (in Abker), Sumukder (in Dâr Sa'îd) u. s. w.

# Neuntes Kapitel.

## Regierung, Volksleben, Handel.

Thronfolgeberechtigung und nothwendige Eigenschaften eines Sultans von Wadâï. — Die Thronbesteigung. — Ceremonien der Huldigung. — Entvölkerung des Harems. — Schicksal der Prinzen. — Das tägliche Leben des Sultans. — Eintheilung des Palastes. — Der Harem. — Habâbât und Fellâgine. — Die Eunuchen. — Mômo und Meïram. — Beamte des Palastes. — Die Tuweïrât. — Der Marstall. — Die Dscherma oder Stallmeister. — Politische Eintheilung des Landes. — Die Kemâkil und ihre Machtvollkommenheit und Einnahmen. — Der Sultan el-Haddâdîn und seine Stellung bei Hofe. — Die ʿAqâde; ihre Bedeutung im Kriege. — Die Terâqīna. — Der Fattâschî, ein Biersucher. — Die Mulûk, Oberaufseher der sesshaften Stämme. — Einkünfte des Sultans. — Rechtspflege. — Kriegsmacht. — Die Schlachtordnung. — Gemeinwesen. — Wohnhäuser. — Hausgeräth. — Hütten der Greise, Männer, Jünglinge. — Beschäftigung der Männer und Frauen. — Dschemmaʿ, Sibjân, Ferâfīr und Nurti. — Der Mandschak. — Studien der Knaben. — Schulen in Wadâï. — Oeffentliche Pflichten der Gemeinde. — Das Eherecht. — Die Hauptfeste. — Verkehr der Geschlechter. — Bewerbung und Heirath. — Förmlichkeiten. — Höflichkeitsbezeigungen. — Ehrerbietung vor Alter und Rang. — Verehrung des Sultans. — Geburt und Behandlung der Kinder. — Kleidung derselben. — Begräbniss und Erbrecht. — Waffen und Bepanzerung von Ross und Reiter in Wadâï. — Kleidung der Männer und Frauen. — Speisen und Getränke. — Trunksucht der Wadâwa. — Mangel an Kunstfertigkeit. — Der Handel Wadâïs. — Einfuhr und Tauschwerthe. — Einfuhrzoll. — Ausfuhr. — Der Sultan als Kaufmann. — Karavanenverkehr. — Der Grosshandel Wadâïs.

Thronerbe ist immer der älteste Sohn aus vollberechtigter Ehe oder der nächste männliche Verwandte des verstorbenen Sultans.

## NOTHWENDIGE EIGENSCHAFTEN EINES SULTANS.

Es ist bereits an anderer Stelle erwähnt worden, dass der Sultan von Wadâï keine „Anermële" zur Mutter haben darf, d. h. keine Mutter aus einem Stamme, welcher von dem herrschenden Volke der Mâba mit Waffengewalt unterjocht worden ist (Anermële bedeutet den Unterjochten). Vollberechtigte Wadâwa sind aber nur die Abû Sünûn (Kodoî), die Aulâd Dschema', Malänga, Madâba, Madäla und die Kôndŏngo. Ferner muss der Sultan im Vollbesitze seiner Sinnesorgane sein und darf keinerlei körperliches, in die Augen fallendes Gebrechen haben. Es ist nicht unumgänglich nothwendig, dass er schriftkundig sei, obgleich solche Gelehrsamkeit unstreitig sein Ansehen erhöht; niemals aber darf ein Sultan seine Anordnungen widerrufen, selbst dann nicht, wenn er einen begangenen Irrthum einsieht. Rein äusserliche Religiosität ohne entsprechenden Lebenswandel würde den Herrscher schwer in der Achtung des Volkes schädigen, obwol die Beobachtung jener, vornehmlich die Verrichtung der fünf täglichen Gebete und das dreissigtägige Fasten im Monat Ramadân, unerlässlich ist. Der Sultan ist stets weiss gekleidet und trägt, wenn er ausgeht — dort ist das Gehen für vornehme Leute keine Schande — den Säbel oder einen Karabiner in der Hand. Niemand weiss, in welchem Bett er schläft, es sind stets mehrere in verschiedenen Gemächern für ihn bereit. Er schläft allein, muss seine Mahlzeiten allein einnehmen und sich auf Gerichte von Reis und Weizen beschränken, mit Vermeidung der sonst üblichen Speise aus Negerhirse; ob es ihm gestattet oder verboten, Milch zu trinken — letzteres ist von anderer Seite behauptet worden —, habe ich nicht in Erfahrung bringen können, glaube jedoch, dass diese Annahme auf Irrthum beruht; dagegen muss er der Merîssa (Durra- oder Duchn-Bier) entsagen. Der Sultan erscheint öffentlich nur am Freitag, wo er die Moschee besucht und Gericht hält, sonst setzt er sich den profanen Blicken der Unterthanen nicht aus. Selbst das Wasser, welches ihm zum Getränk bestimmt ist, wird in Krügen herbeigebracht, die ganz in Stoffe genäht sind, damit kein unberechtigter Blick sie treffe, wie denn auch der betreffende Brunnen mit Zeug zugehängt ist. Die Frauen und Mädchen, welche die Krüge tragen, werden von drei Eunuchen begleitet, und wehe denen, welche dem Zuge begegnen und nicht sofort niederhocken und mit abgewendetem Gesicht verharren, bis er vorüber ist; sie würden erbarmungslos durchgepeitscht werden! Am Eingang des Palastes nehmen die Trägerinnen die Krüge, welche sie bis dahin auf dem Kopfe getragen, auf die Schulter und die begleitenden Männer entblössen in der früher beschriebenen Weise die rechte Schulter und den rechten Arm, denn nur so darf ein Mann die königlichen Gemächer betreten.

Am Tage der Thronbesteigung versammeln sich die Grossen des Landes in der königlichen Wohnung; hier wird im offenen Hofraum eine hohe Estrade (Dirdscha) aus Lehm errichtet und über dieselbe ein Teppich gebreitet. Auf ihm nimmt der Thronerbe Platz; der vornehmste Geistliche des Landes bedeckt das Haupt des Königs mit einem Turban, und man legt die königlichen Insignien und Waffen vor ihm nieder, deren Besitz für die Ausübung der königlichen Gewalt unerlässlich ist. Jene bestehen in den Straussfederwedeln (Rîscha), die wie Standarten dem König vorangetragen werden, den grossen Pauken (Nuhâs), dem königlichen Straussfederfächer (Neffâda), dem Sonnenschirm (Dallâla), aus rother, gelber und grüner Seide gefertigt — niemand ausser dem König darf einen Sonnenschirm tragen — und in dem Familien-Qorân. Auch die wenigen Familien- und Regierungspapiere werden dem neuen König überliefert. Während hier die Ulĕmâ (Geistliche) und die übrigen Grosswürdenträger ihm huldigen und Gottes Segen auf ihn herabrufen, durchzieht sein „Sprecher", der den Titel „Choschem el-Kelâm" („Sprachenmund") führt, die Stadt und verkündet den Einwohnern in bilderreicher Sprache, dass der neue, rechtmässige Sultan die Regierung angetreten habe.

Nach dieser Ceremonie hütet der Herrscher eine Woche lang das Haus, mit Ausnahme des Freitags, und regelt die hohen Hof- und Regierungschargen, indem er nach Gutdünken Beamte ab- und einsetzt, wobei ihn der Kamkolak Tangakalak toluk und der Kamkolak luluk, nominell die höchsten Beamten des Landes, berathen.*) Auch erlässt er je nach Umständen eine Amnestie für

---

*) Kamkolak heisst eigentlich „alter Mann" oder „grosser Mann"; Tangakalak ist zusammengesetzt aus: „tanga", („Haus") und „Kalak" („Knabe"); „toluk" und

die Gefangenen. Am Freitag besucht er die Moschee, hält öffentlich Gericht, entscheidet streitige Sachen sofort oder übergibt sie den Kemâkil\*); Veraltetes wird niedergeschlagen, „unter dem Teppich begraben". Solange sich die Residenz in Wâra befand, musste der neue Sultan sieben weitere Tage auf dem Berge Thorêga, wo die grossen königlichen Pauken aufbewahrt werden, zubringen und nach Ablauf dieser Zeit auf dem Familienbegräbnissplatze (Tûmang) zu Ehren seiner Vorfahren 100 Stück Rindvieh, 100 Kamele und 100 Schafe schlachten lassen. Das Fleisch wurde unter der Bevölkerung der nächsten Umgebung vertheilt, welche gewissermaassen als „Wachtmannschaft" der Residenz des Sultans galt. — Es folgt alsdann die Huldigung seitens der verschiedenen Stämme und Bezirke durch Abgesandte, welche von ihrem Melik geführt werden und ihren „Salâm" (das Begrüssungsgeschenk), 4 Maass Negerhirse per Mann, mit sich bringen. Der Sultan empfängt sie und spricht mit ihnen durch seine zwei Dolmetscher (Choschem el-Kelâm), welche alter Sitte gemäss den arabischen Stämmen der Erêqât und der Maharîje angehören und Fuqăhâ (Gelehrte) sein müssen. Hierbei haben diese Beamte Gelegenheit, ihre Sprachgewandtheit, ihr dichterisches Talent und ihren Witz zu entfalten, indem sie die schwachen Seiten der Stämme oder ihrer Häuptlinge, und zwar meist in Versen geiseln, wobei die der Ganyanga, der Kabga und der Kûbû vorzugsweise mitgenommen zu werden scheinen. Die Deputationen werden hierauf von seiten des Sprechers der besten Absichten des neuen Herrschers versichert und reichlich mit Fleisch und Mehlspeisen bewirthet, einzelne auch nach altem Gewohnheitsrecht mit Geschenken an Kleidung und Lebensmitteln bedacht, wie z. B. die Kodoî.

Hierauf wird der väterliche Harem, der immerhin 5—600 Frauen (Habâbât und Dienerinnen) enthält, gewissermaassen entvölkert. Die Habâbât, d. h. die wirklichen Frauen, welche Kin-

---

„luluk" endlich heisst „links"- oder „ost"- und „rechts"- oder „westseitig". Diese Bezeichnungen bedeuten nichts anderes als: der rechts-, resp. linksseitige grosse Hausbeamte und kehren überall wieder. Die Völker Wadâïs scheiden sich in „tolu" und „lulu", nicht etwa nach ihren Wohnsitzen, sondern nach dem Platze, den ihnen alter Gebrauch in der Schlachtreihe anweist.
\*) Kemâkil ist eine arabisirende Pluralbildung des Singulars Kamkolak.

der von dem verstorbenen Sultan hatten, verbleiben, die übrigen werden in Abtheilungen von 20—30 in die Moschee gebracht, wo die Fuqăhâ das Recht haben, sich Frauen aus ihnen zu wählen; diejenigen, welche keine Bewerber fanden, kehren in das älterliche Haus zurück. Das Gleiche geschieht mit den Dienerinnen des Harems. War der verstorbene Sultan der Vater des neuen, so wird gewöhnlich das ganze weibliche Personal aus dem Harem entfernt; war er der Bruder, so wählt der Nachfolger zuweilen eine oder die andere der Frauen für sich aus. Die Töchter seines Vorgängers nimmt er, wenn sie noch Kinder sind, in seine Familie auf, oder verheirathet die Erwachsenen. Die Söhne dagegen werden, falls sie von edlen Wadâï-Frauen abstammen und dadurch eventuell thronberechtigt sind, nach der barbarischen Sitte des Landes, die übrigens erst aus dem Anfang dieses Jahrhunderts stammt, meist geblendet oder getödtet, und zwar wird die Operation des Blendens von dem Oberhaupt der „Schmiede" (Sultân el-haddâdîn) vollzogen, der mit einem Glüheisen über die Augen hinwegfährt.

Mittlerweile sind auch die Abgesandten der tributären Länder Bagirmi, Tâma, Sûla und Runga eingetroffen, überbringen die üblichen Geschenke und Glückwünsche ihrer Herrscher und werden freigebig beschenkt. Zuletzt erscheinen die Gesandten der Nachbarreiche Bornû und Dâr-Fôr mit den üblichen Gaben: zwei bis drei prächtige Toben, ein Pferd, ein Schwert, ein Rosenkranz und Heerden von Schlachtvieh zum Erinnerungsopfer für den Vorgänger. Der Sultan erwidert dies entsprechend, auch sendet er gelegentlich als eine Art Huldigung eine Anzahl Eunuchen nach Konstantinopel und fromme Gaben an Geld nach den heiligen Städten Mekka und Medina.

Das tägliche Leben des Sultans beginnt mit dem Frühgebet, zu dem sich der Imâm einfindet, worauf sich der Herrscher in seine Privatgemächer zurückzieht, welche die südliche Hälfte des nach Westen gelegenen Theils des Palastes einnehmen und zwar zahlreich sind, in Bezug auf Ausstattung aber sich wenig voneinander unterscheiden. Hier sind nur seine persönlichen Diener um ihn beschäftigt, die wir später in Bezug auf Rang und Thätigkeit zu erwähnen haben: der Amîn-Horr, der ʿAqîd-Gerrî und der Amîn-'Abd (auch Uled Melik genannt). Doch sind diese, obwol stets seines Winkes gewärtig, nicht unmittelbar in seiner Nähe. Mit Tagesanbruch erscheint der 'Aqîd Duggu Debânga, ein Eunuch, von dem noch die Rede sein wird. Die Zugänge zu den Zimmern des Sultans sind mit seidenen oder wollenen Stoffen verhängt; vor ihnen halten sich die Pagen (Tuweïrât) auf, die zu Aufträgen des Sultans verwendet werden. Die beiden Kemâkil Tangakalek, die beiden Millek Tangakalek und nach und nach alle hoffähigen Personen finden sich zum Morgengrusse ein. Dieser wird entweder durch einen der Pagen dem Sultan übermittelt und von ihm in gleicher Weise erwidert, oder er gestattet den Hofbeamten, ihren Gruss persönlich anzubringen, zu welchem Zwecke sie sich in die sogenannte Maqâma zu begeben haben. Es ist dies ein Hofraum, auf welchen verschiedene Zimmer des Sultans münden. Von einem derselben aus empfängt dieser die Beamten oder lässt bei günstiger Witterung seinen Teppich in die Maqâma hinaustragen. Ertheilt der Sultan eine Audienz, so knien die betreffenden Personen, wie schon früher erwähnt, bereits ausserhalb des Audienzraumes nieder und kriechen auf Händen und Füssen unter dem Vorhange hindurch in die Maqâma oder an den Ort, wo der Sultan sich aufhält. In ansehnlicher Entfernung, je nach dem Range näher oder weiter, bleiben sie auf den Knien liegen, das Antlitz zur Erde geneigt, um nicht ihre Augen zu der Majestät des königlichen Antlitzes erheben zu müssen, und schlagen leise die flachen Hände zusammen, dem königlichen Herrn langes Leben, Glück und Frieden wünschend. Unter den frühern Herrschern musste der in Audienz Empfangene noch den Körper nach den Seiten — erst rechts, dann links — neigen, bis die Schläfe den Boden berührte; König 'Alî hat aber zum grossen Verdrusse seiner Unterthanen die Sitte abgeschafft, wie seinem einfachen Sinne übertriebenes Ceremoniell überhaupt nicht zusagte.

Nach dem Frühgebet wird der Kaffee, dann das warme Frühmahl — 'Aïsch mit Sauce und Fleisch — durch dazu bestimmte Beamte gebracht, welche stets sofort das Gemach zu verlassen haben, entsprechend dem Gebote: „Der Sultan muss allein essen". Was von der Mahlzeit übrigbleibt, wird nicht etwa von den Dienern verzehrt, sondern vergraben. Im Laufe des Vormittags wird nach Abhaltung des Tribunals, das später noch zu erwähnen sein wird, nochmals Kaffee servirt nebst Gebäck und nordischen Süssigkeiten. Dem Mittagsschlafe folgt ein stärkendes Mahl, das mit Kaffee beschlossen wird; dann erscheint wieder der Imâm zum Gebet. Es folgen nun Berichte der verschiedenen Beamten, Befehle werden ertheilt u. s. w. Auch trifft der Sultan Bestimmungen über an etwaige Gäste oder Grosse des Landes zu sendende Mahlzeiten und stellt selbst die Zahl der Schüsseln fest, die nicht selten 1—2000 beträgt, welche durch Sklaven überbracht werden. Nach Sonnenuntergang und dem Gebet findet ein Abendessen statt, diesmal ohne Kaffee, den der Sultan später einnimmt. Bei Eintritt der Dämmerung werden in allen Wohnräumen mit Butter gespeiste Lampen angezündet, und mit Einbruch der Nacht pflegte Sultan ʿAlî im Palaste eine Art Forschungsreise anzutreten, bei welcher er alle Räume einer strengen Controle unterwarf, vom Harem und dem Marstall bis zur Schatzkammer u. s. w.

Der Palast ist ein Gebäude von gewaltigen Dimensionen, dessen Haupteingang auf der Westseite liegt, und wird in eine westliche und eine östliche Hälfte durch eine Mauer geschieden, die nur eine Verbindungsthür hat. Die östliche Hälfte ist fast ganz den Frauen reservirt, während der westliche Theil die Gemächer des Sultans, den Marstall und die Wohnungen der hofdienstthuenden Freien und Sklaven enthält. Ich habe bei Gelegenheit meines Berichtes über die erste Audienz bei König ʿAlî Gelegenheit genommen, den königlichen Palast zu schildern, und unterlasse es, hier noch in Einzelbeschreibungen einzugehen.

Auch der Harem besteht aus einer Abtheilung „toluk" und einer Abtheilung „luluk", welche jede einer Ober-Hăbâba unterstellt ist, die somit das ganze Frauenpersonal, aus Habâbât und Fellâgine bestehend, unter Aufsicht haben. Die Zahl der Habâbât, Frauen des Sultans, ist unbeschränkt; das Gebot der vier rechtmässigen Frauen gilt in den Sûdân-Staaten nicht für die königlichen Bekenner des Islâm. Es befinden sich zunächst in jeder Abtheilung 50 Hütten für je eine Hăbâba, doch da im ganzen noch mehrere hundert Hütten existiren, so ergibt sich auch die

Möglichkeit, die nicht seltene Zahl von 300 und mehr Habâbât unterzubringen. Jede Ober-Hăbâba empfängt wöchentlich den Getreidevorrath für sich selbst und die ihr unterstellten Habâbât, sowie für etwaige Gäste u. s. w. und ebenso monatlich alle übrigen Lebensmittel. Sie vertheilt auch Kleidung und Schmucksachen unter die Frauen. Was die Fellâgine (Dienerinnen) betrifft, so muss erwähnt werden, dass diese niemals aus den echten Wadâï-Stämmen, sondern nur aus den Kûka, Masmädsche und andern eingewanderten oder unterworfenen Stämmen entnommen werden.

Eng mit dem Harem verwachsen sind selbstverständlich die Eunuchen (Schiûch, „Meister" genannt), deren ungefähr 40—50 existiren und die meist aus Bagirmi eingeführt werden, aber auch aus Wadâï selbst stammen, doch sind sie in letzterm Falle nur infolge von Verurtheilung zu Eunuchen gemacht worden. Von diesen sind einige ganz auf den Dienst, resp. die Ueberwachung der Frauen beschränkt. Andere aber sind hohe Regierungs-beamte und Heerführer, und nicht selten haben sich diese durch kriegerischen Sinn ausgezeichnet. Beispielsweise ist der ʿAqîd der Salâmât, welcher einen der bedeutendsten und kriegerisch wichtigsten Posten bekleidet, stets Eunuch, wie ja auch in Bornû einige hohe Posten, die durchaus nichts mit der ursprünglichen Bestimmung der Verschnittenen zu thun haben, durch Eunuchen besetzt werden. Der Höchststehende am Hofe Wadâïs ist der ʿAqîd Duggu Debânga, welcher die Vorräthe des innern Palastes verwaltet und die Beziehungen des Sultans mit den Frauen-gemächern vermittelt, aber ausserdem die Verwaltung der Araber-stämme und -Dorfschaften unter sich hat und daher ein sehr ein-flussreicher und wohlhabender Mann ist. Auf ihn folgt der Millek artan—„ornang Schiûch", d. h. „Vorsteher der Eunuchen"—, welcher hauptsächlich Aufträge des Sultans, die Frauen betreffend, aus-zurichten hat. An diese schliessen sich noch fünf oder sechs andere mit minder wichtigen Obliegenheiten.

Bevor wir zu den eigentlichen Beamten des Hofes, gewisser-maassen persönlichen Dienern des Sultans, und zu den Verwal-tungsbeamten übergehen, haben wir derjenigen Personen Erwäh-nung zu thun, welche dem Hofe nahestehend zugleich eine amt-liche Stellung einnehmen. Hervorragend unter diesen ist, wie ich schon an anderer Stelle erwähnt habe, die „Mômo" oder Königin-Mutter, welche einen oft weitgehenden Einfluss auf die Regierung und Politik ausübt.

Ferner bekleidet die oberste Prinzessin, gewöhnlich eine Schwester des regierenden Sultans, die officielle Würde eines Hauptes aller Prinzessinnen und führt als solche den Titel „Meïram". Auch sie kann zuweilen einen nicht unbedeutenden Einfluss ausüben. Dagegen nehmen die Frauen des Sultans nach aussen keine officielle Stellung ein, wie denn auch ihr persönlicher Einfluss ein sehr untergeordneter ist.

Von den Prinzen des königlichen Hauses, Brüdern, Oheimen u. s. w., haben diejenigen, welche nicht dem gewöhnlichen Geschicke aller Prinzen, geblendet zu werden, anheimgefallen sind, Stellungen als Oberhäupter von Stämmen und Ortschaften u. s. w. inne, ohne jedoch zu den höchsten Würden im Lande zu gelangen. Uebrigens schulden diese königlichen Familienglieder dem Sultan dieselbe Unterwürfigkeit wie alle übrigen Unterthanen.

Des Sultans Beamte im Innern des Hauses sind: 1) zwei Umenâ (vom Singular: Amîn), von welchen der erste Freigeborener, der andere Sklave ist; 2) der 'Aqîd Gerrî (der Aufseher der „Vögel" [Tuweïrât], d. h. der königlichen Pagen). Der erste Amîn hat einen Theil des königlichen Schatzes — und zwar in seinem eigenen Hause — in Gewahrsam und ist ausserdem Vorsteher der Dschellâba (Kaufleute). Der zweite Amîn hat den Haupttheil des Schatzes im Palaste selbst in seiner Obhut. Er ist der eigentliche Kammerdiener des Sultans und trägt ihm die Speisen auf. Der 'Aqîd Gerrî endlich hat die Bücher und Schriftstücke des Königs in seinem Gewahrsam und ist Obersendbote, verwendet jedoch als Aufseher der Tuweïrât gewöhnlich diese, woher wahrscheinlich auch die Benennung „Vögel" stammt. Unter diesen etwa 500 „Vögeln" bilden die „A'jâl el-Qedâba" („die zu wichtigen Sendungen Verwendeten") gewissermaassen eine Abtheilung. Es sind dies Sklaven, Knaben von 12—16 Jahren, etwa 20 an Zahl, aus denen häufig 'Aqâde (Plural von 'Aqîd) und hochgestellte Beamte hervorgehen und die vom Sultan besonders zu wichtigen Aufträgen verwendet werden. Lässt der Sultan direct durch einen der A'jâl el-Qedâba jemand zu sich berufen, so erkennt der Betreffende die Bedeutung des Befehls an der Haltung des Boten: hockt dieser in einiger Entfernung nieder, unterwürfig und freundlich grüssend, so erwartet der Gerufene eine Gunst; nähert sich ihm aber der Knabe auffällig, berührt ihn wol gar und citirt ihn in die königliche Burg, so hat der Mann allen Grund, für seinen Kopf besorgt zu sein.

Der Marstall des Sultans steht unter der Oberleitung von vier Oberstallmeistern, welche — gleichfalls eingetheilt in „toluk" und „luluk" — den Titel „Dscherma" führen und zu gleicher Zeit hohe Verwaltungsbeamte sind. Der Höchststehende ist der Dscherma toluk, der Freigeborener oder Sklave sein kann und dem der Westen (Kânem u. s. w.) unterstellt ist, während der ihm im Range folgende Dscherma luluk, stets ein Freigeborener und gewöhnlich Onkel des Sultans — mütterlicherseits —, Fitri, Bagirmi u. s. w. verwaltet. Der gerade anwesende Dscherma hält dem Sultan beim Aufsitzen Pferd, Zügel und Bügel. Mehr als 100 „Korajat" (d. h. Stallknechte) bilden zugleich eine Art Leibgarde des Herrschers.

Damit haben wir den eigentlichen Hofstaat, welcher den persönlichen Dienst des Sultans und des Palastes versieht, erwähnt und wenden uns zu den Beamten, welchen die Verwaltung des Landes obliegt. Es sind dies die Kemâkil und die 'Aqâde.

Die politische Eintheilung des Landes ist folgende: Dâr-Turtalu: Nordprovinz, Dâr-Turlulu oder Dâr-Sa'îd: Südprovinz, Dâr-Toluk: Ostprovinz, welche nur die Grenzstämme der Sungôr und Massâlît el-Hausch umfasst, Dâr-Luluk: Westprovinz, Dâr-Kodro: die Bergdistricte der Abû Telfân u. a. umfassend, Dâr-el-Bahär, d. h. die Landschaften, welche nahe dem Bahär es-Salâmât liegen, Dâr-Dschungertan, umfasst die südlichen Heidenländer.

Die Stellung der Kemâkil entspricht, wie wir aus Nachstehendem ersehen, nicht völlig der Eintheilung nach Provinzen. Es gibt vier Kemâkil ersten Grades:

1) Kamkolak Turtalu, auch Kamkolak Aulâd Dschema' genannt, ist oberster Verwaltungsbeamter der Nordprovinz, dem auch der Nordosten des Landes unterstellt ist.

2) Kamkolak Turlulu, oberster Regierungsbeamter des Dâr-

Saʿîd, der Südprovinz; derselbe hat den ʿAqîd es-Salâmât auf seinen Ghazien zu begleiten.

3) Kamkolak Bitakginnek, der das Centrum des Reiches und die Umgegend von Wâra verwaltet.

4) Kamkolak Zijûd, dessen Territorium den ganzen Westen umfasst und der den ʿAqîd er-Râschid auf seinen Ghazien begleitet.

Diese Kemâkil, wol auch „Angrêb dscha", d. h. „die Füsse der Bank oder Bettstelle" genannt, haben die gewöhnliche Gerechtigkeitspflege in ihren Händen und dürfen sogar über Leben und Tod entscheiden. Ihrer Macht entziehen sich indessen die Nomaden, die Schmiede, welche allein der Autorität des sogenannten „Sultans der Schmiede" unterstehen, und die aus königlichem Blute stammenden Personen, welche dem Ressort des Sultans anheimfallen. Alter Sitte gemäss verbleibt die Würde eines Kamkolak in bestimmten Familien. Diese Beamten reisen in ihren Bezirken umher, inspiciren, sprechen Recht und ziehen ihre Einkünfte ein. Von jeder Ortschaft bekommen sie je eine Ladung Getreide, ein Gewand, ein Stück Rindvieh und einen Hammel, was als „ʿAda maʿlûma", „die herkömmliche Abgabe", bezeichnet wird, ferner von jedem Orte, wo sie zeitweise ihr Lager aufschlagen, die sogenannte „Dîfa", „das Gastgeschenk", welches je nach der Grösse des Dorfes in einem Rind und so und so viel Teqâqî besteht. Neben sich haben die Kemâkil vier „kleine Kemâkil" mit den gleichen Rechten und der Hälfte der Einnahmen, aber noch ausserdem einen vollständigen Hofstaat von Unterbeamten, die merkwürdigerweise gleiche Titel mit den Beamten des Sultans führen.

An sich von geringer Bedeutung und dennoch in vieler Beziehung den Vorrang einnehmend, ja dem Scheine nach als wirklicher Sultan behandelt, ist der Sultân el-Haddâdîn („König der Schmiede") ein mit den Emblemen des Sultans ausgestatteter Schattenkönig ohne wirkliche Macht. Seine Frauen heissen, gleich denen des Herrschers, „Habâbât", seine Töchter „Meïram" (Prinzessin); er hat das Vorrecht, vor dem Sultan unbedeckten Hauptes, mit dem Bernûs bekleidet, zu erscheinen und auf einem Teppich zu sitzen. Seiner unbeschränkten Verwaltung sind die Schmiede unterstellt, über welche ihm allein die Rechtsprechung zusteht. Er muss im Qorân belesen sein, ist Leibarzt des ganzen königlichen Hauses und darf als solcher den Harem betreten; sein trauriges Amt ist es auch, wie bereits erwähnt, bei dem Regierungsantritt die Brüder, resp. die Neffen und Vettern des Sultans zu blenden. Es gehört ferner zu seinen Obliegenheiten, wöchentlich den Kopf des Sultans zu rasiren, auch hat er den Leichnam des verstorbenen Sultans zum Begräbniss vorzubereiten. Von seinen Quasi-Unterthanen hat der Sultan der Schmiede die Spaten, Beile, Messer, Lanzen und Ketten einzuziehen, welche dem König als Steuer entrichtet werden — die Zahl beläuft sich auf einige tausend Stück von jeder Gattung —, und seinerseits empfängt er den vierten Theil der Gegenstände, die er abliefert. Die verachtete sociale Stellung, welche die Schmiede sowol in Wadâï und Dâr-Fôr, wie in Bornû und vornehmlich bei allen Tubu-Stämmen einnehmen, ist schon an anderer Stelle von mir besprochen worden. Auch in Wadâï dürfen die Schmiede nur untereinander heirathen. Niemand würde mit einem Schmied zusammen essen, und ein „Schmied" geschimpft zu werden, gilt als tödliche Beleidigung.

Einzelne Stämme stehen noch unter besondern Häuptlingen, welche indessen keine andere als historische Bedeutung haben. Das Oberhaupt der Malănga z. B., welches den Titel „Tûdschungo" (vom arabischen „Dschindi") führt, erfreut sich gewisser Vorrechte, ebenso die Häuptlinge der Madăla, Mîmî und Karănga.

Wir kommen nun zu den wichtigsten Beamten des Landes, den 'Aqăde, d. h. „den Heerführern", welche Freigeborene, Sklaven oder auch Eunuchen sind. Als Oberhaupt der Stämme und Ortschaften haben sie die Verwaltung und die Rechtspflege unter sich, dürfen jedoch über Leben und Tod nicht aburtheilen. Da ihre Ortschaften über die Provinzen zerstreut sind, so theilt sich ihre Machtvollkommenheit mit derjenigen der Kemâkil gewöhnlich in der Weise, dass der Grund und Boden ihnen und die Flüsse und Brunnen den Kemâkil zustehen; indessen gibt es auch Ortschaften, in welchen sie allein gebieten. Regieren sie mit den Kemâkil zusammen, so theilen sie mit ihnen die Einkünfte aus auferlegten Geldstrafen. Im übrigen sind ihre Einnahmen denen der Kemâkil gleich und bestehen in der 'Ada ma'lûma, („herkömmliche Auflage") und der Dîfa, welche letztere jedoch weniger beträchtlich ist, da die 'Aqăde nicht gleich jenen in ihrem überdies weniger grossen Gebiete herumreisen. Ihre Haupteinkünfte gehen aus den nomadisirenden Stämmen hervor und sind dadurch immerhin ansehnlich. Die grosse Bedeutung der 'Aqăde liegt in ihrer Eigenschaft als Anführer im Kriege; sie sind es ferner, welche die Ghazien befehligen und die Mannschaften auszuheben haben. Im ganzen dürften einige vierzig 'Aqăde existiren, von denen die hervorragendsten sind: 'Aqîd es-Sbâh, 'Aqîd el-Bahăr, 'Aqîd el-Mahâmîd, 'Aqîd es-Salâmât, 'Aqîd er-Râschid und 'Aqîd ed-Dscha'âdĭna. Diese überragen an Macht entschieden die Kemâkil.

Ungefähr in gleichem Range mit den 'Aqăde stehen als Hofbeamte die bereits obenerwähnten Oberstallmeister (Dscherma), welche gleichzeitig als 'Aqăde fungiren, wie sie denn auch mit der gleichen Stellung die gleichen Einnahmen haben. Zu meiner Zeit war beispielsweise der Dscherma Turlulu oder Luluk, Abû Dschebrîn, der mächtigste Mann im Lande.

Auf die Dscherma folgen im Range die Terâqĭna (vom Singular Turqĕnak), stets Freigeborene, deren es 16 gibt; vier von ihnen sind Aufseher der Personen aus königlichem Blute, über die sie eine strenge Autorität ausüben, um so strenger, als diese Verwandten sehr geneigt sind, gegen den regierenden Sultan Verschwörungen anzuzetteln. Sie sind gewissermaassen Polizeiagenten des Sultans und fungiren als Henker für hochstehende Persönlichkeiten. Vier weitere sind Anführer der Leibgarde des Königs — der 'Osbân, „Trabanten" —, die, mehrere Tausend an Zahl, eiserne Schilde trägt und im Kriege nicht etwa in den Kampf eingreift, sondern nur die Person des Fürsten schützt; und endlich sind die acht letzten den Kemâkil für die Verwaltung der Districte, resp. Landschaften zugetheilt.

Eine eigenthümliche Persönlichkeit, deren Amt oft mit reichen Einkünften verbunden sein soll, ist der „Fattâschî" („der Sucher"), ein Vigilant, dessen Befugniss jedoch nur dahin geht, die Merîssa, das verbotene Getränk, auszukundschaften. Der Fattâschî hat seine Agenten im ganzen Lande und reist selbst in möglichster Heimlichkeit umher. Es ist ihm erlaubt, strenge

Strafen zu verhängen, sobald er ein Haus findet, in welchem Merîssa bereitet wird, z. B. die Bewohner zu peitschen, die zur Bereitung des Bieres dienenden Gefässe entzweischlagen zu lassen, der Hausfrau den Kopf zu rasiren u. dgl. Da jedoch schliesslich alles mit Geld ausgeglichen werden kann, so pflegt der Fattâschî milde zu sein und seine Nachsicht erkaufen zu lassen.

Ihm folgen im Range die Mulûk (vom Singular Melik), Häupter der sesshaften Stämme, welche unter den Kemâkil stehen, deren Befehle ausführen, für die öffentliche Sicherheit verantwortlich sind und in Abwesenheit ihrer Vorgesetzten die Oberaufsicht haben. Es gibt deren eine grosse Zahl, doch selbständig und hervorragend ist nur der „Sin-Melik" (Generalsteuereinnehmer für Getreide). Er empfängt zur Aufbewahrung in der Hauptstadt die vorerwähnte, durch das ganze Land gehende Steuer des Königs („Salâm"), welche 2 Mudd*) (Duchn) pro Haus beträgt und, wie bereits erwähnt, von jeder Frau erhoben wird, und zieht ferner aus dem ganzen Lande ein: die „Fitra", die am Schlusse des Fastenmonats erhoben wird, und zwar 1 Mudd pro Kopf, und die „Zakâh", welche man als „'Oschr", d. h. als „Zehnten", in fruchtbaren Gegenden voll, in weniger begünstigten Landestheilen jedoch nur zur Hälfte erhebt.

Wir sind hiermit zu den Einkünften des Sultans gekommen. Ausser den obengenannten besteht der „Diwân", welcher vorzugsweise in Pferden, Kamelen, Schafen, aber auch in Getreide erhoben wird und auf den Kadschänga, Sungôr, Alî u. a. ruht; er ist eine Art Strafsteuer für Aufstände und Empörungen der betreffenden Landschaften; ferner die „Zamûla", eine Abgabe in Gestalt von Kamelen bei stattfindenden Ghazien. Der Sultan bezieht ausserdem regelmässig: Reis, 8 Mudd pro Haus, von den Tundscher im Dâr-Zijûd; Baumwolle, welche theils roh geliefert, theils in gesponnenen Fäden oder in Geweben (10 Teqâqî per Mann) entrichtet wird; diese Steuer lastet auf jedem Manne, sei er verheirathet oder nicht; Fische, aus den Ortschaften des Batha. Der Fischfang findet einige Zeit nach den Regenfällen statt, so-

---

*) Mudd ist das Getreidemaass in Wadâï; es hat einen obern Umfang von etwa vier Spannen und ungefähr 15 cm Höhe.

bald sich die Wässer des Batha in die im ganzen Verlaufe des Flussbettes vorhandenen kleinen Seen zurückgezogen haben, und wird von einem eigenen Beamten und seinen Stellvertretern überwacht. Von je zehn Fischen empfängt der Sultan acht und überlässt zwei dem Fänger. Honig haben die Bandăla, ein über den Süden des Landes zerstreuter Sklavenstamm, und zwar 4 Mudd per Mann, zu entrichten. Elfenbein kommt vorzugsweise von den Arabern des Südens, den Salâmât und Râschid, und wird jedes dritte Jahr geliefert. Der Ertrag mag ungefähr 1—200 Ctr. betragen, wovon die Hälfte dem Sultan zukommt. Sklaven werden in jedem dritten Jahre wol 4000 eingeliefert, ebenfalls die Hälfte dem Sultan, der ausserdem noch den Ertrag der Ghazien seiner Beamten hat. Diese Steuer ruht natürlich auf den Heidenstämmen, welche den Süden und Südwesten bewohnen. Kamele werden von den kamelzüchtenden Nomaden ebenfalls alle drei Jahre eingeliefert, und zwar etwa 5000 Stück. Ebenso wird Rindvieh von den rinderzüchtenden Arabern alle drei Jahre in der doppelten Zahl der Kamele, also etwa 10000 Stück, erhoben. Von Pferden gehören dem Sultan alle Hengste, mit Ausnahme der zur Zucht nothwendigen; auch diese Steuer wird alle drei Jahre abgeliefert. Ausser den genannten Abgaben kommen noch aus dem Dâr-Zijûd Matten und Felle, Lubân und Lanzenschäfte von den Massâlît, Zeltstangen von den Abû Sŭnûn, Strausseier von den Zoghâwa, Perlhuhneier von allen östlichen Stämmen, Butter von den Rinderhirten (bis zu 1000 Krügen per Stamm), Salz von den Mahâmîd (eine Schüssel per Mann), endlich Wasser- und Honigkrüge, sowie Wasserschläuche von den Darmût, einer verachteten Abtheilung der Zoghâwa.

Wir kehren nach dieser Abschweifung zu der Verwaltung des Landes zurück. Es bleibt noch die Rechtspflege zu erwähnen, die, wie wir bei Besprechung der Kemâkil gesehen haben, hauptsächlich in den Händen dieser ruht, zum Theil jedoch dem Sultan selbst zusteht. Es ist ihm vorbehalten, über die Glieder seiner Familie abzuurtheilen; ferner spricht er Recht über die Familie der Kemâkil und über Mörder. Die letztern werden, wenn überführt, von dem Sultan entweder der Familie des Ermordeten überliefert, oder sie werden von den Ulĕmâ gerichtet; im erstern

Falle pflegt dem Schuldigen „um des Sultans willen" verziehen zu werden, im letztern fällt gewöhnlich der Mörder der Blutrache zum Opfer, es sei denn, dass er gegen Zahlung des Blutpreises, „Dia" genannt, der in 100 Kamelen oder Rindern besteht, Leben und Freiheit erkauft. Hat jedoch der Getödtete vor seinem Ende seinem Mörder verziehen, so fallen Dia und Blutrache fort. Der Sultan pflegte in früherer Zeit in Person, und zwar am Freitag auf dem Platze vor dem Schlosse Recht zu sprechen; ausserdem sass daselbst täglich ein Gericht, aus sechs Personen (zwei Kemâkil, zwei Millek, zwei Fuqăhâ) bestehend, welches auch zu meiner Zeit in Thätigkeit war, den Sultan von allem zu unterrichten hatte, was vorkam, und ihm schwierige Fälle zur Aburtheilung unterbreitete.

Wie erwähnt, urtheilen in den Provinzen die Kemâkil über alles ab — mit den angeführten Ausnahmen — und für ihre Urtheile gibt es keine Appellation. Diebstähle mit und ohne Einbruch werden mit Geld, im Wiederholungsfalle aber mit dem Tode bestraft. Strassenraub mit bewaffneter Hand zieht den Tod nach sich, ebenso Hochverrath. Ehebruch, Verleumdung u. s. w. werden mit Geldstrafen belegt. Ueber die Art der Urtheilsvollstreckung ist zu erwähnen, dass die durch den Kamkolak zum Tode Verurtheilten von den Kabartû (Musikanten des Königs, eine verachtete Kaste) mit eisenbeschlagenen Knitteln erschlagen werden. Die Todesurtheile des Sultans werden entweder vollzogen durch den Turqěnak und seine Leute, durch die Kabartû oder durch Sklaven des Sultans. Dabei gebührt der Tod durch den Knittel der Kabartû allen Verbrechen, welche öffentlich begangen wurden, für welche gewissermaassen die öffentliche Meinung Sühne verlangt. Landesverräther unterliegen verschiedenen Todesarten. Der Tod durch den Strang gebührt den Dieben im Rückfalle und wird durch Sklaven vollzogen. Der Tod durch Erschiessung ist hochstehenden Männern vorbehalten, welche ein öffentliches Verbrechen begingen; das Urtheil wird in Gegenwart des Sultans durch seine Sklaven vollzogen. Politische Verbrecher werden durch Erdrosselung, und zwar durch die Turqěnak, hingerichtet, und Empörer, Königsmörder u. s. w. durch Aufpfählung oder durch Messer- und Schwertgruben u. dgl. m. mit Hülfe der

Sklaven des Sultans zu Tode gebracht. König 'Alî urtheilte — wie wir schon gesehen haben — äusserst streng und war unerbittlich, unterwarf sich aber in allen geistlichen Dingen der Entscheidung der Ulĕmâ.

Es ist hier der Ort, von der Kriegsmacht Wadâïs zu sprechen. Bei Gelegenheit eines Krieges stellen die verschiedenen Stämme Contingente, die sehr verschieden sind, je nach dem Lande, gegen welches Krieg geführt wird. Die grösste Macht wurde stets entfaltet, wenn es sich um Dâr-Fôr handelte, da der bewohnte Theil des Landes der Grenze so nahe liegt, während in einem Kriege nach Westen die nach Dâr-Fôr zu liegenden Grenzen des Landes nicht entblösst werden durften. Von den weit entfernt wohnenden Stämmen der Mahâmîd, Aulâd Râschid, Salâmât u. a. nehmen nur wenige an Kriegen theil, es sei denn, dass die Araber sich reiche Beute versprechen.

König 'Alî besass etwa 4000 Flinten mit Steinschloss, die ihm die Araber aus dem Norden, aus Tripolis, brachten, denn die Zündhütchengewehre, welche die Kaufleute vom Nil einführten, waren von sehr schlechter Qualität. Indessen gab es für diese 4000 Flinten wol kaum 1000 Mann, die mit Feuerwaffen umzugehen wussten. Die vorhandenen etwa 12 Kanonen — man hatte mir von 40 berichtet — waren von kleinem Kaliber, im Lande selbst von ägyptischen oder türkischen Soldaten und Mechanikern aus Bronze gegossen, aber ohne Lafetten und ohne Bedienungsmannschaften, demnach vollkommen werthlos.[*]

Der Hauptwerth wird in Wadâï, wie in allen Sûdân-Staaten auf die Reiterei gelegt. Ich habe bereits erwähnt, dass Wadâï kein Land der Pferdezucht, die Rasse aber, welche sich im Laufe der Zeit herausgebildet hat, wenn auch nicht schön, doch äusserst brauchbar ist, weil ausdauernd, genügsam und muthig. Die Zahl, die ins Feld gestellt werden kann, mag etwa 5—6000

---

[*] Die hier gegebenen Ziffern entsprechen Dr. Nachtigal's Angaben in seinen Vorträgen, weichen aber wesentlich von denen ab, welche sich in seinen im Lande selbst gemachten Notizen finden; es ist anzunehmen, dass man dem Reisenden in Wadâï aus politischen Gründen die Streitmacht des Landes bedeutender darstellte, als sie war, und dass er später Gelegenheit hatte, sich von der Unrichtigkeit der gemachten Angaben zu überzeugen. D. H.

betragen; über ein Drittel derselben ist mit Wattenpanzern versehen, und ihre Reiter haben vielfach Stahlpanzer. Unter gewöhnlichen Verhältnissen mag das Fussvolk Wadâïs in einem Kriege mit ebenbürtigen Nachbarn wol 56—60,000 Mann betragen, da jeder, der die Waffen zu führen weiss, also etwa die ganze männliche Bevölkerung vom 18.—60. Jahre, in den Krieg ziehen kann, denn Soldaten in unserm Sinne gibt es nicht.

Die Schlachtordnung für den Krieg ist ein für allemal festgestellt. Das Heer theilt sich in drei Abtheilungen: das Centrum, in dessen Rücken sich der Sultan befindet, und die beiden Flügel. Im Centrum steht vorn der 'Aqîd der Vorhut, ihm zunächst die flintenbewaffneten Sklaven des Königs, die Ulĕmâ, die Kemâkil Tangakalek; dann folgen die A'jâl ed-delâla, „die Truppe der Wegmacher", welche mit einem gegabelten Stocke die Zweige aus dem Wege des Sultans halten und mit einem Beile Wege in das Dickicht hauen, doch auch Schwert und Dolch führen; ihnen folgen die Korajat (Stallknechte), zuweilen mit Panzerhemden, stets aber mit Lanzen, nicht selten auch mit Karabinern bewaffnet; hierauf die Aulâd ed-derâqa, „die Truppe der Schildträger", welche mit ihren eisernen Schilden den Sultan decken; die Tuweïrât (Pagen des Königs), mit Lanzen bewaffnet und von ihrem Oberhaupt, dem 'Aqîd Gerrî, befehligt. Darauf folgen die andern Hausbeamten des Sultans mit ihren Untergebenen: der König der Schmiede mit seinen Leuten, die Eunuchen, die Leute der Königin-Mutter (Mômo), der obersten Prinzessin (Meïram) und endlich der 'Aqîd der Nachhut. Auf den beiden Flügeln vertheilen sich die übrigen Kemâkil und 'Aqâde, zur Hälfte Toluk und zur Hälfte Luluk. Jeder dieser Beamten hat ihm gehörende Reiterei und seine eigenen Soldaten ausser den ihm gehorchenden Contingenten der betreffenden Stämme und Bezirke.

Der König ist oberster Anführer im Kriege, obgleich er selbst nie persönlich in den Kampf eingreift. Vom Centrum betheiligen sich zunächst nur die flintenbewaffneten Sklaven des Königs, im Augenblicke dringender Gefahr selbstverständlich jedermann. Wird die Heeresmacht geschlagen, so setzt die nächste Umgebung des Königs den Kampf bis aufs äusserste fort; er selbst aber steigt vom Pferde, lässt sich den königlichen Teppich ausbreiten, schweigend und würdevoll sein Schicksal erwartend. Flucht ist für die Könige jener Länder unauslöschliche Schande, ja undenkbar, und wenn wir in der Geschichte einem entarteten Fürsten begegnen, der Rettung in der Flucht suchte, so sehen wir ihn der allgemeinen Verachtung anheimfallen und für ewig gebrandmarkt.

Nicht minder sorgfältig organisirt als das Staatswesen Wadâïs ist das Gemeinde- und Familienleben. Betrachten wir zunächst zu deren Verständniss die Wohnstätten. Die Dörfer bestehen selbstverständlich aus Strohhütten; Erdhäuser kommen nur in der Hauptstadt und etwa in Nimro vor, der Stadt der Kaufleute (Dschellâba). Aber auch hier beschränken sich selbst die vornehmsten Leute auf zwei oder drei Wohnräume. Man versteht Ziegel zu formen und zu brennen, doch nur der Palast des Sultans und die Moschee sind aus solchen erbaut. Hauptwerth legt man auf sorgfältige Bedachung. Das Dach selbst wird ausser von Seitenwänden noch durch eine oder mehrere mächtige viereckige Erdsäulen getragen und ist mit einer Art Holzgeländer umgeben. Die Thonhäuser haben ferner nicht selten ein zweites Stockwerk, zu dem man auf Erdtreppen emporsteigt, und in ihm sind holzvergitterte Fenster angebracht. Die grossen Quer- und kleinern Längsbalken bestehen aus dem Holz der Delêbpalme, die übrigen aus Gânaholz; über ihnen liegt ein grobes Geflecht aus Ngille (Dûmpalmengestrüpp), darüber Matten und eine dünne Erdlage. Obwol Kalk vorhanden ist, pflegt man Thonhäuser nicht zu weissen, mit Ausnahme der Moschee und des königlichen Palastes. Häufig lassen die Reichen die Hälfte ihrer Wohnstätten unausgebaut, sie mit Strohhütten ergänzend; so enthält auch die grosse Moschee eine Anzahl Hütten zur Unterbringung von Reisenden und Fuqărâ („Derwischen").

Die Strohhütten haben annähernd eine Zuckerhutform, ja sie stellen zuweilen wirkliche Kegel mit langausgezogener Spitze dar und unterscheiden sich dadurch von den mehr ausgebauchten in Bornû. Sie sind nicht allzusolid und noch weniger kunstreich gemacht und stehen denen der Heiden in dieser Hinsicht weit nach. Für die Strohhütten wird zuvörderst ein leichtes Holzgerüst hergerichtet, aus Stangen bestehend, welche im Kreise aufgestellt, an den Spitzen zusammengebunden und in ihrem Umfang durch kreisförmig laufende Querhölzer verbunden werden. Darüber wird Sukko (Mahreb) in dicker Lage befestigt und mit sauber geflochtenen Siggĕdi (Matten) umgeben. Die so hergestellte Hütte wird alsdann auf einen Kreis eingerammter Pfähle von 1—1½ m Höhe gesetzt und das Ganze mit Schäften von Sukko umkleidet, während man die langausgezogene Spitze wol mit einer Anzahl von Strausseiern schmückt, oder dieselbe am Endpunkte sich blütenförmig öffnen lässt, um einen noch reichern Schmuck von Strausseiern anzubringen. Die Dâdscho und Mûbi weichen insofern von der beschriebenen Herstellung ab, als sie das Holzgerüst mit dünnen Lagen Sukko-Matten bekleiden, um eine hinlängliche Stärke der Bedeckung zu erzielen. Die Sûla, obgleich Dâdscho, haben das Verfahren der Wadâwa angenommen. In Tâma dagegen verwendet man bei sonst gleicher Bauart eine Grasart Namens „Ausch", die auch als Futter für Pferde dient, und bekleidet damit die Aussenseite der Hütte, auch wird die Innenfläche mit Siggĕdi tapeziert, während sie in Wadâï nackt bleibt; ebenso wird das Holzgerüst, statt wie in Wadâï mit Qsab-(Duchn-)Stroh, mit Siggĕdi bedeckt.

Im Innern der Hütte findet sich als Lagerstätte eine einfache, mit einer Matte aus Dûmpalmengestrüpp bedeckte Bank, ferner mehrere grosse Thongefässe (Dabonga) zur Aufbewahrung des Getreides, welche von so riesenhaften Dimensionen sind, dass man sie z. B. bei den Dâdscho und Mûbi nicht in die Hütten hineinbringen kann, sondern genöthigt ist, die Hütte über sie zu bauen.[*]) Thonkrüge zur Wasseraufbewahrung, andere, in welchen gekocht wird, ferner Ess- und Trinkschüsseln aus Kürbisschalen, die jedoch nicht wie in Bornû bemalt und verziert sind, schwarz gefärbte Holzschalen, oft mit Füssen versehen, vervollständigen den Hausrath. Zuweilen findet man noch grosse geflochtene Körbe in Krugform (Hanga), die innen verpicht zur Aufnahme von Butter und Honig dienen, Körbe in Kistenform (Tolkoya) oder Säcke aus Schafleder (Kufoya) zur Bewahrung der bescheidenen Garderobe, und endlich zur längern Aufbewahrung von allerlei Lebens-

---

[*]) Ueber die Dabonga, welche der arabischen Kawâra entspricht, vgl. die „Verhandlungen der Berliner Anthropologischen Gesellschaft" vom Jahre 1882, S. 469.  W.

mitteln besonders dichte Korbgeflechte (Konio). Grössere Behausungen enthalten im Innern eines Hofraumes mehrere Strohhütten und sind umfriedigt; auch errichten vornehme Leute stets besondere Hütten zur Aufnahme von Gästen (Dêballa), während Unbemittelte sich zusammenthun, um gemeinschaftlich eine solche herzustellen.

Sind die Dörfer einigermaassen bedeutend, so finden wir darin drei öffentliche Hütten, von denen eine für die „Alten" (Solo), eine gleiche für die Männer vom 25. bis etwa 50. Jahre (Turrik) und eine endlich für Jünglinge bestimmt ist. Sind die Dörfer klein und ärmlich, so haben sie mindestens eine als Moschee zu betrachtende Hütte, in welcher Schule abgehalten wird, die im Lande umherziehenden angehenden Gelehrten (gewissermaassen Bettelstudenten) wohnen und Reisende Herberge finden; der Lehrer oder Geistliche spricht in ihr die täglichen Gebete. Neben dieser Hütte ist dann ein Schattendach errichtet, unter dem die Männer den Tag verbringen, Baumwolle spindelnd, webend und nähend, was neben den Landarbeiten ihre Hauptbeschäftigung bildet. Eine eigene Wohnung hat der Mann nur für die Nacht; es würde für eine Schande gelten, seine Nahrung allein einzunehmen, ja die jungen unverheiratheten Leute lieben es nicht einmal, zu Hause zu schlafen. Bei den Mahlzeiten bedienen die jüngern Klassen die ältern. Die Privathäuser gehören den Frauen. So ist es denn auch nicht die Frau, welche im Falle einer Ehescheidung die gemeinsame Wohnung verlässt, sondern der Mann, der sein Eigenthum an sich nimmt und ein anderes Unterkommen sucht, was zu finden ihm nicht schwer wird, da er ja stets mehrere Frauen hat, die getrennt voneinander wohnen. Daraus erklärt sich diese Sitte wol überhaupt, denn die geschiedene Frau würde, wenn nicht ihre Aeltern in der Nähe wohnen, kein Obdach haben. Der Frau gebührt es, das Haus zu hüten; sie verlässt es in der That nur, um Holz und Wasser zu holen, wenn nicht gerade die Zeit der Feldarbeiten und der Ernte ist. Sie fertigt Matten und Strohgeflechte zu Hütten, zerreibt das Getreide zwischen Steinen zu Mehl und kocht die Mahlzeiten. Zum Tragen von Wasser, Holz u. dgl. dient ihr der „Dogodik" (Tragholz), von den Arabern „Am Damne" genannt, das auf einer Schulter ruht; von den Endpunkten führen

Stricke auf ein starkes Tau, welches zu einem Ringe zusammengenäht ist. (Diese Stricke bestehen bei den Wadâwa aus Fellstreifen, bei den Sungôr, Tâma und Marârît aus Lûbïa- oder Kulkul-Fasern.) In dem Ringe werden die Gefässe und wol auch die in eine Kürbisschale gebetteten Säuglinge getragen. Man trägt jedoch gewöhnlich die kleinen Kinder auf dem Rücken, sie mit einem Fell anbindend; Holz, Stroh u. s. w. wird dagegen irgendwo am Körper befestigt, aber nur ungern auf dem Kopfe getragen.

Wir haben bei Besprechung der Wohnungen gesehen, dass die Alten sich zusammenhalten, ebenso die jungen Männer und Jünglinge. Die Gesellschaft der Alten heisst „Dschemma'"*). Sie lebt in der ihnen gehörenden grossen Strohhütte (Solo) mit weitem Hofe, die von einer „Zerîba" umgeben ist und mehrere Schattendächer zu enthalten pflegt. Hier sitzen sie, wie schon gesagt, vom Morgen bis zum Abend mit der Baumwollenspindel und ergehen sich in Gesprächen über Religion, innere und äussere Politik oder gemeinschaftliche Interessen, beten gemeinsam unter Leitung ihres „Imâm" und nehmen auch ihre Mahlzeiten gemeinschaftlich.

Aus dem Dschemma' geht der Mandschak (Bürgermeister) hervor, welcher von dem Kamkolak eingesetzt wird und gemeinschaftlich mit einem Beamten desselben oder des 'Aqîd — von den Wadâwa „Zirbe-Melik", arabisch: „Sîdi ez-Zerîba" (der Herr der Zerîba), genannt — seines Amtes waltet und von jenem gewissermaassen controlirt wird. Indessen erstreckt sich beider Wirkungskreis fast nur auf die Vertheilung der zu bearbeitenden Aecker. Der Grund und Boden im ganzen Dâr-Wadâï gehört nämlich dem Sultan, und die Aecker werden für Rechnung desselben verpachtet; nur in den echten Mâba-Landschaften ist der Einzelne Grundbesitzer. Der Mandschak arbeitet mit den übrigen Alten zusammen und genügt gleich ihnen den öffentlichen Pflichten. Im Sommer regelt er mit dem Zirbe-Melik die Ackerverpachtung, wobei es natürlich nicht an Intriguen und Bestechungsversuchen fehlt. Doch wehe, wenn er eines Amtsmisbrauches überführt wird, der Beraubte rächt sich dann blutig an ihm. Uebrigens gilt es keines-

---

*) Dschemma' ist wol das arabische Dschema', „Versammlung, Vereinigung". W.

wegs für eine Ehre, sich zu diesem Posten herzugeben, d. h. „sich von anderer Leute Geld zu mästen". Sein College, der Sklave, von dem man den Regierungsdienst natürlich findet, ist angesehener als der Mandschak, der im Solde stehende freie Bürger. In Abwesenheit des Kamkolak oder des ʿAqîd kann der Mandschak kleinere Vergehen aburtheilen und mit Geldstrafen belegen, doch hat er, wie gesagt, so wenig Autorität, dass die angeklagten Personen sich nur selten mit seinem Urtheil begnügen und meist an die höhere Instanz appelliren.

Die Obliegenheiten des Dschemmaʿ bestehen in der Ueberwachung der öffentlichen Moral, in der Leitung der öffentlichen Arbeiten und in Berathung der Angelegenheiten der Gemeinde. Alle Vergehen, welche nicht der Rechtsprechung des Kamkolak unterliegen, sind seinem Urtheile unterworfen; so werden notorisch Arbeitsscheue, Verleumder u. s. w. von ihm abgeurtheilt. Bei Vergehen im Rückfall wird eine ernstliche Verwarnung ertheilt und bei öffentlichem Aergerniss der oder die Betreffende des Dorfes verwiesen, während die gewöhnlichen Strafen in einer Busse von einigen Maass Getreide bestehen. Eine Appellation hiergegen gibt es nicht.

Mit dem Dschemmaʿ vereinigt sich die Gesellschaft der jungen Leute „Sibjân" (vom Singular: sabî) zu den öffentlichen Arbeiten, zur Stellung des Kriegscontingents, wie auch zur Besprechung der Kriegsangelegenheiten und solcher, welche die Beziehung zur Regierung betreffen u. s. w. Es steht dem Dschemmaʿ über die Sibjân ebenfalls eine Art Controle zu und zwar derart, dass zwar nicht gegen den Einzelnen, wol aber gegen die ganze Gesellschaft ein Tadel ausgesprochen werden kann. Ebenso stehen die ältern Frauen unter seiner Autorität.

Die Sibjân (Mába: Kurtu) rechnet man vom 25. Jahre ab; vom 18. Jahre bis zur vollen Männlichkeit heisst der Jüngling „Farfarok". Diese Jünglinge (Ferâfir, Plural von Farfarok) leben anfangs noch mit den Knaben in der Schule, werden aber zu den Arbeiten der Sibjân herangezogen. Diese haben, wie schon erwähnt, ebenfalls eine gemeinschaftliche Hütte (Turrik), in der sie wie die Alten beisammensitzen und arbeiten, falls nicht öffentliche oder private Angelegenheiten sie in Anspruch nehmen. Sie haben einen Aufseher (Millek, Mâba: Ornang), welcher Ordnung und Recht unter ihnen aufrechterhält. Ein Mitglied, das sich gegen die Gesetze vergeht, sich von der Erfüllung öffentlicher Pflichten ausschliesst u. s. w., wird ausgestossen. Sie beten übrigens nicht zusammen, wie denn strenge Erfüllung religiöser Pflichten erst vom reifern Alter verlangt wird.

Unter der Autorität der Sibjân stehen ferner die Mädchen und jungen Frauen (bis zu 30 Jahren), welche zwar auch aus ihrer Mitte eine Aufseherin (Tandschak) haben, die jedoch unter dem Millek der Sibjân steht. Letzterer hat einen Vertreter bei der weiblichen Jugend, den „Arak", der alle Beziehungen derselben zu den Sibjân vermittelt und auch bei dem gemeinschaftlichen Leben während der öffentlichen Arbeiten ihr Sittenwächter ist.

Eine erwünschte Gelegenheit zu allerlei Uebermuth und Unfug bietet den Sibjân der Umgegend von Wâra ihre Pflicht, die Mauern des königlichen Palastes u. s. w. auszubessern. Die Versammlung zahlreicher junger Männer wird dann oft geradezu eine öffentliche Gefahr, und ein Vetter des Sultan ʽAlî büsste, als er bei dieser Gelegenheit einen Zwist zu schlichten versuchte, dabei sein Leben ein.

Die dritte Altersklasse der Einwohnerschaft ist die der „Nurti" (Sing.: Nermak), welche bis zum 18. Jahre, vom Knaben „Sedâsî" (der sechs Spannen hohe Knabe) bis zum Farfarok reicht. Die Nurti (oder Ngurti) leben gemeinschaftlich in der Schule (Mekteb) und sehen das älterliche Haus nur zur Zeit der Mahlzeiten. Die Ferâfir leben noch mit ihnen, um ihre Studien fortzusetzen, wenn sie nicht durch die Arbeiten der Sibjân und Kurtu anderweitig beschäftigt sind. Auch die Nurti haben ihre Organisation und ihre bestimmten Pflichten; ihr Oberhaupt heisst ebenfalls „Millek", wie sie denn auch verbunden sind mit der entsprechenden Altersklasse der Mädchen, von der Sedâsîja bis zur Jungfrau, die ihrerseits einen „Tandschak" und einen „Arak" haben, welche dem Millek der Nurti gehorchen. Ihre Pflichten gehören vornehmlich der Schule, in der sie alle häuslichen Arbeiten für den Lehrer zu verrichten haben; auch werden von ihnen Feldarbeiten für diesen besorgt. Jeder der Knaben, mit Ausnahme desjenigen, welcher die Ehre hat, das Feuer zu unterhalten, liefert täglich ein Bündel

Holz für dieses. Die Studien der Knaben beschränken sich selbstverständlich auf den Qorân: jede Etappe des Fortschritts im Lesen desselben wird festlich begangen. Hat der Jüngling aber den ganzen Qorân auswendig gelernt und sich vor einem Faqîh darüber ausgewiesen, so herrscht grosse Freude im älterlichen Hause. Der Vater schlachtet ein Rind und richtet ein grosses Festmahl an; der Jüngling wird auf ein Pferd gesetzt und im Triumphe umhergeführt, die Leute beglückwünschen ihn, die Mädchen des Dorfes (Sedâsîja) werden ihm vorgeführt und es steht ihm das Recht zu, sich eines von ihnen zur künftigen Gattin zu wählen; er steigt vom Pferde und legt seine Hand auf die Schulter der Auserwählten, welche ebenso wie ihr Vater stolz ist auf die Ehre, die der Gefeierte ihr erweist.

Die religiöse Bildung ist in Wadâï sehr viel verbreiteter und vorgeschrittener als z. B. in Bornû und fast allen andern centralafrikanischen Nachbarreichen. Es befinden sich, wie aus Vorstehendem hervorgeht, Elementarschulen in jeder Ortschaft, und es besteht ein „Schulzwang" nicht minder als in unserm Lande; höhere Schulen existiren wol an 30 und vertheilen sich auf die verschiedenen Landschaften und Bezirke; auch sind mir durch meine Berichterstatter Schriftwerke namentlich aufgeführt worden, welche, aus Aegypten eingeführt, Gegenstand der Studien bilden, sich zwar mehr oder weniger in die mohammedanische Glaubenslehre vertiefen, aber auch von der arabischen Sprache, Orthographie, Etymologie der Wörter und Formen, Dialektverschiedenheiten u. s. w. handeln.

Was nun die erwähnten öffentlichen Pflichten der Gemeinde anbetrifft, so sind dieselben ziemlich zahlreich. Den ersten Platz unter ihnen nimmt die Instandhaltung der öffentlichen Gebäude ein, und zwar gehören dazu die Hütten des Dschemma', welche gemeinschaftlich von diesem selbst, den Sibjân und den vorgerückten Altersklassen der Frauen sowol erbaut als ausgebessert werden. Bei Instandhaltung des „Turrik" bethätigen sich nur die Sibjân und die jüngern Frauen und Mädchen. Die Schule wird von dem Dschemma', den Sibjân und den jungen Mädchen in Stand gehalten. Das Gleiche gilt für die Wohnung ihres Millek und eine etwa vorhandene Behausung des Kamkolak oder des 'Aqîd, nur dass bei letzterer alt und jung sich zu betheiligen haben. Ferner ist die Errichtung von Getreideschobern (Kula) gemeinschaftliche Angelegenheit, welche durch den Sin-Melik angeordnet wird.

Die Bestellung der Felder des Sultans ist Sache der Landschaften, in welchen dieselben sich befinden; jeder Bezirk hat solche Aecker, die von dem Dschemma' und den Sibján bestellt werden, und auf jedem Felde des Sultans befindet sich alsdann ein Beamter (Kuschingak), welcher die Arbeiten beaufsichtigt und das geschnittene Getreide seinerzeit einheimst, wobei die Arbeitenden von ihm mit 'Aïsch und Merissa bewirthet werden; zu diesem Zwecke hat die weibliche Jugend des Ortes hierzu eine entsprechende Anzahl Schüsseln und Krüge zu liefern.

In der Nähe von Flüssen liegende und von diesen bewässerte Landstrecken werden für den Sultan reservirt und durch die Einwohner bewirthschaftet; eine Arbeit, welche „Mik" genannt wird. Eine andere, „Sellek" genannt, betrifft die Baumwollencultur und kommt dem Kamkolak zu Gute, der dem Herkommen gemäss das Recht hat, wohlbestandene Baumwollenfelder für sich zu beanspruchen. Es erklärt sich dieses Gewohnheitsrecht dadurch, dass der Kamkolak für die Wattenpanzer seiner Reiter und Pferde Baumwolle in grösserer Menge bedarf.

Die Wege für den Sultan passirbar zu machen, wenn er bei einem Kriegszuge oder zu anderm Zwecke in ihre Gegend kommt, ist ebenfalls unter dem Namen „Lingak feda" Pflicht der alten und jungen Männer. Endlich ist die gemeinschaftliche Kriegspflicht zu erwähnen, welcher Dschemma' und Sibján gleichmässig unterliegen. Die Zahl der Männer des Ortes wird zu diesem Zwecke ermittelt und die Hälfte derselben für den Kriegszug bestimmt, der Mandschak hat hier zu entscheiden, wer ausrückt und wer daheimbleibt.

Zur Zeit der Feldarbeiten stehen alle übrigen Arbeiten zurück, und die Frau bearbeitet in Gemeinschaft mit dem Manne oder abwechselnd ihre beiderseitigen Ackerfelder, die völlig geschieden sind, denn es herrscht in Wadâï strenge Gütertrennung. Nach Beendigung der Ernte gibt der Mann der Gattin eine bestimmte

Menge Getreide, etwa 12 Scheffel, hat er deren mehrere, jeder Frau ungefähr 6 Scheffel; erntet er weniger, so verkauft er, was er hat, um obiger Verpflichtung nachzukommen, dafür aber wird, sobald der Getreidevorrath des Mannes erschöpft ist, der der Frau rechtlich in Anspruch genommen. Ausser dem Getreide hat der Ehemann seiner Frau alljährlich einen Anzug zu schaffen, nämlich ein grosses Hüftenumschlagetuch, ein Schulter- und Kopftuch und ein Schaf- oder Ziegenfell, welches zeitweise getragen wird. So unterwürfig auch die Frau im allgemeinen dem Manne ist, so lässt sie sich doch von ihren Rechten nichts nehmen, klagt sie unbedenklich ein und geht eventuell zu ihren Aeltern zurück. Die Frauen vertragen sich übrigens meist schlecht miteinander, dagegen gilt es für eine Schande, wenn Männer sich zanken, und kommt dies auch meist nur nach dem übermässigen Genusse von Merîssa vor.

Wie die Arbeiten gemeinsam sind, so werden auch die Feste von allen Altersklassen gemeinsam gefeiert und zwar grösstentheils in eben der Weise, dass die Geschlechter der Altersklassen sich dabei vereinigen, sei es zum Tanze, sei es zum Schmause, wobei dann freilich insofern es den letztern betrifft, die Betheiligung des weiblichen Theiles sich auf das Bereiten desselben beschränkt.

Die Hauptfeste sind auch in Wadâï 'Id el-Fîtr (das Fest des Fastenbrechens) am Schlusse des Monats Ramadân, und 'Id el-Kebîr (das grosse Fest oder das Opferfest, am zehnten Tage des Monats Dul-Hidscha, an welchem die Opferkamele der Mekkapilger auf dem Berge Arafat geschlachtet werden). Beide Feste werden in der gleichen Weise gefeiert; dazu kommt noch das Neujahr. Die Nacht vor den beiden erstern wird von den Nurti und Ferâfir mit Lesen des Qorân zugebracht. Dschemma' und Sibjân (Kurtu) haben an diesem Tage ein Festmahl, zu welchem die Frauen der entsprechenden Altersklassen die Speise ('Aïsch, Kisra) u. s. w. liefern, wobei auch die jüngern Klassen vom Ueberflusse der ältern ihren Antheil zu empfangen pflegen. Doch auch die Knaben und Jünglinge haben ihren Festschmaus, aber erst am zweiten Festtage, und werden von den jüngern Mädchen bedient. Keine Frau, ob auch Witwe oder unverheirathet, kann sich der obigen Pflicht entziehen, ohne sich der Ausstossung aus der Gemeinde auszusetzen. Es ist ferner Sitte, dass die Kinder, und zwar Knaben und Mädchen gesondert, an diesem Tage von Haus zu Haus gehen, um zu betteln; auch hier schliesst niemand sich vom Geben aus, und der Ertrag an Esswaare und anderm kommt den Kleinen zugute.

Selbstverständlich werden zu diesen Festen die besten Kleider angelegt. Am Nachmittag bis zum Sonnenuntergang tanzen die Nurti und die kleinen Mädchen ausserhalb des Dorfes. Hier stellen sich die letztern im Halbkreise auf und stimmen einen Gesang an, der ihre Väter, den Sultan, das Land und die Nurti verherrlicht, und den sie mit taktmässigem Händeklatschen begleiten. Währenddessen tanzen die Nurti vor ihnen, sich vorwärts und rückwärts bewegend und dabei begeistert Messer und Lanzen schwingend; sobald sie in dieser Weise sich den Mädchen nähern, senken sich diese auf die Knie herab, wahrscheinlich eine symbolische Andeutung ihrer Schwäche. So geht es drei Tage lang. Auch die Sibjân tanzen mit ihrer entsprechenden Altersklasse, mit ihr einen doppelten Kreis bildend, dessen innern Ring die Frauen und Mädchen bilden und dessen Mittelpunkt zwei Trommler einnehmen. Die Männer tanzen paarweise um die Frauen herum, unter Begleitung der Trommel, die zu gleicher Zeit auf beiden Seiten bearbeitet wird.

Dem Neujahrsfeste (Kanûri: „Sorumbulu", wörtlich: „der volle Bauch") geht tagszuvor die Auslöschung aller Feuer im Dorfe voraus, selbst die Asche wird aus den Häusern entfernt. Mit Beginn des neuen Jahres wird in der Hütte des Dschemma' ein neues Feuer angezündet, von dem dann jedermann ein brennendes Scheit Holz in die seinige trägt. Das Geschäft des Feueranmachens liegt den Frauen ob. Hierzu dient ihnen ein grösseres glattes Stück Holz, an der Seite mit einer Rinne versehen, an der ein leicht entzündlicher Stoff befestigt ist. Um diesen in Brand zu setzen, drehen und reiben die geübten Hände der Frauen sehr schnell — etwa wie einen Quirl — ein dünnes, cylindrisches Stäbchen in ihren flachen Händen und in der Rinne, bis dasselbe sich entzündet und gleichzeitig den erwähnten Stoff entflammt. Dem Neujahr voran geht ein Fasttag und eine allgemeine Waschung, am Neujahrstage selbst wird jedoch um so tüchtiger den Schüsseln aller Art zugesprochen. Gegen Abend treffen sich die Nurti, glühende Knittel in Händen, mit den Nurti eines Nachbardorfes und kämpfen mit diesen feurigen Waffen, wobei weder Haut noch Kleidung geschont wird.

Der Verkehr der beiden Geschlechter ist, wie schon aus dem Vorstehenden hervorgeht, ein ziemlich harmloser und ungezwungener. Allabendlich kommen Mädchen und Jünglinge auf öffentlichem Platze zu Spiel und Tanz zusammen. Bewerbungen um ein Mädchen werden mit Bewilligung der Mutter in Form nächtlicher Besuche angebracht. Der Jüngling klopft an die Thür der mütterlichen Wohnung, die Mutter erscheint, überzeugt sich, wer der Klopfende ist, ruft die Tochter herbei und zieht sich zurück. Wünschen die Aeltern die Heirath nicht, so lässt sich das Mädchen nicht selten entführen, doch muss in diesem Falle das Paar suchen, den alten Begräbnissplatz der Könige von Wadâï zu erreichen. Der daselbst die Aufsicht führende Beamte hat alter Sitte gemäss das Recht, die Liebenden zu verbinden und schickt sie dann mit dem Zeugniss in ihr Dorf zurück, dass sie seine Vermittelung angerufen; indessen klebt der in dieser Weise geschlossenen Ehe stets ein gewisser Makel an, der sich sogar auf die derselben entsprossenen Kinder überträgt.

Freit ein junger Mann um ein Mädchen aus einem andern Dorfe, so sucht die männliche Jugend desselben dies mit Gewalt zu verhindern. Wird sie überlistet, so versöhnt der glückliche Bräutigam seine Gegner durch das Geschenk eines gelben Stieres, oder wenn ein solcher nicht aufzutreiben ist, eines rothen mit weissen Füssen.

Die Unkosten der Verlobung und Hochzeit trägt hauptsächlich der Bräutigam. Er stellt die zu beiden Festlichkeiten zu schlachtenden Rinder, schenkt der Braut eine seinen Vermögensverhältnissen entsprechende Zahl von Kühen, seinem künftigen Schwiegervater ein Ehrenkleid, seiner Schwiegermutter eine Milchkuh mit ihrem Kalbe und den nächsten Verwandten der Braut, insofern sie älter sind als diese, kleinere Gaben. Seine Blutsverwandten stiften den Schmuck der Braut. Am Tage der Hochzeit gibt er noch ein weiteres Geschenk, „das Recht des Brautbettes", in Gestalt von Sklaven, Pferden, Kühen, je nach Vermögen, hat jedoch das Recht, dasselbe zurückzuziehen, falls die Braut seinen Erwartungen nicht entspricht.

Im Mittelstande bleibt das junge Ehepaar eine Zeit lang im Hause der Aeltern wohnen, doch ist der Verkehr mit diesen ein sehr beschränkter. Der Mann z. B. isst nicht in Gegenwart seiner Schwiegermutter und beobachtet vor dem Schwiegervater die gleiche Zurückhaltung für einige Jahre. Auch die Frau darf niemals weder in Gegenwart der Schwiegerältern noch der Schwäger und Schwägerinnen essen, wenn dieselben älter sind als sie selbst. Mit dem Ehemann zusammen oder in seiner Gegenwart isst die Frau nicht nur niemals, sondern wenn sie isst, so geschieht dies in solcher Entfernung, dass er sie weder essen sehen noch hören kann. Auch Kinder dürfen nicht mit dem Vater aus einer Schüssel essen, um die Ehrerbietung nicht zu verletzen.

Auch die gegenseitigen Höflichkeitsbezeigungen sind durch die strengste Etikette geregelt. Begegnet man jemand, den man kennt, so reicht man ihm die Hand und fragt, wie es ihm geht, wie er die Nacht oder die Tageshitze verbracht hat. Begegnet man einem Unbekannten, so erhebt man einfach die Hand senkrecht, wünscht ihm Frieden und geht seines Weges. Stösst man auf eine Gesellschaft von Leuten, die zusammensitzen, so hockt man einen Augenblick bei ihnen nieder, fragt wie es geht, wünscht allseitigen Frieden und geht weiter. Bei Begegnung eines Mannes und einer Frau bleibt die letztere schon auf eine Entfernung von etwa zwanzig Schritt stehen, wendet das Gesicht ab und wartet, vornübergebeugt oder auch auf den Knien, bis der Betreffende ebenso weit vor ihr vorüber ist. Vor einem sitzenden Manne darf die Frau, wie schon erwähnt, nicht vorbeigehen; sie rutscht auf den Knien vorüber. Ein gleicher Gebrauch gilt für jüngere Leute in Bezug auf ältere Personen; man entfernt sich aus ihrer Gesellschaft auf den Knien; erst wenn man aus ihrem Kreise hinaus ist, steht man auf. Kinder begrüssen ihre Aeltern nicht, es sei denn, dass diese von einer Reise zurückkehren. In diesem Falle stellt sich der Sohn vornübergebeugt vor den Vater, die Tochter kniet vor ihm nieder, während er seine rechte Hand auf ihre linke Schulter legt, ohne ein Wort des Grusses dabei zu äussern.

Es ist hier der Ort, darauf hinzuweisen, wie die Ehrerbietung vor dem Alter, dem Range, der Obrigkeit, der Frau vor dem Manne, der Kinder vor den Aeltern seinen schärfsten Ausdruck in der hohen Verehrung findet, mit welcher man den Sultan betrachtet. Er ist für den Wadâwi fast kein Mensch mehr, sondern ein Halbgott. Wenn es in dieser Beziehung widersprechend erscheinen sollte, dass die Geschichte Wadâïs so reich ist an Aufständen gegen die Regierung, so muss man dabei in Betracht ziehen, dass die sich auflehnenden Stämme nur weil sie eben einen andern, ihrer Ansicht nach rechtmässigen Sultan auf den Thron bringen wollten, die Feindseligkeiten begannen.

Wie auch Mohammed et-Tûnïsî berichtet, durfte in früherer Zeit kein Unterthan den Namen des Herrschers führen; bei der Thronbesteigung eines Sultans wechselte jeder Unterthan seinen Namen, falls derselbe mit dem des Thronfolgers übereinstimmte, und dieser Gebrauch war noch bindend zur Zeit Chorêfîn's, der dieses Verbot sogar auf die Namen verschiedener seiner Verwandten ausdehnte. Seitdem ist es in Vergessenheit gerathen, so zwar, dass zu meiner Zeit der Name „'Alî", sowie der seines Vorgängers „Scherîf" ganz allgemein war.

Die Wadâwa erkennen nur den Sultan von Konstantinopel als über dem ihrigen stehend an, wie in früherer Zeit den Sultan der erloschenen Dynastie Bornûs; diese Ansicht von der Oberherrlichkeit der Regierung Bornûs wurde noch zur Zeit Mohammed Scherîf's auf den Scheïch 'Omar übertragen, obwol dieser oder vielmehr sein Vater Usurpator war. Aus diesem Grunde riethen auch dem Sultan Scherîf seine sämmtlichen Rathgeber von dem Kriegszuge gegen Bornû ab, der in der That wenig erfolgreich und rühmlich für ihn endete.

Wir kehren zur Familie zurück. Bei der Geburt eines Kindes ist es gebräuchlich, ein Freudengeschrei auszustossen, und zwar geschieht dies bei der Geburt eines Knaben dreimal, bei der eines Mädchens jedoch nur zweimal. Die Muttermilch wird den Kindern durchschnittlich zwei Jahre hindurch gegeben, und so erscheint es nicht unmöglich, dass ein mir befreundeter Faqîh, der sich allerdings eines ausgezeichneten Gedächtnisses erfreute, sich dieser seiner Nahrungseinnahme, wie er behauptete, noch deutlich erinnern konnte. Neugeborenen Kindern rasirt man vom siebenten Tage ab periodisch den Kopf. Nach Ablauf zweier Jahre lässt man den Mädchen das Haar wachsen, während man den Knaben einen Scheitelschopf stehen lässt. Die kleinen Kinder werden gewöhnlich in einem Felle auf dem Rücken — nicht wie in Bornû auf der Hüfte — getragen, und schon nach zwei Monaten lässt man die Kinder weiblichen Geschlechts zu sitzen beginnen, um, wie man sagt, „einem zu langgestreckten Wuchse vorzubeugen", während man dies bei Knaben erst nach Verlauf von vier Monaten thut. Um dem Kopfe Haltung zu geben, legt man den Kindern ein breites Lederhalsband, „Gurnek" genannt, um. Gewöhnlich beginnen die Kleinen mit acht Monaten schon ihre ersten Gehversuche.

Es ist bereits an anderer Stelle erwähnt, dass die Beschneidung der Knaben im Alter von acht bis zwölf Jahren vorgenommen wird; über die hierbei stattfindenden Festlichkeiten ist ebenfalls bei früherer Gelegenheit ausführlich berichtet worden. Auch an den Mädchen wird eine ähnliche Operation bei fast allen Stämmen vorgenommen. Beginnt der Knabe die Schule zu besuchen, so ist er gewissermaassen der Erziehung des Vaters entzogen und steht unter der Autorität des Schullehrers (Faqîh), sich dem älterlichen Hause entfremdend. Bis zu dieser Zeit gehen die Kinder beiderlei Geschlechts unbekleidet; dann erhalten die Knaben ein hemdartiges Gewand und erst sehr viel später eine weite Hose. Schliesslich bedient sich der Knabe auch der Sandalen, oder der aus dem Westen (Bagirmi oder Bornû) eingeführten gelben oder rothen Ziegenlederschuhe und hat damit die vollständige Männerkleidung angelegt, von der weiterhin die Rede sein wird. Ganz kleine Mädchen gehen, wie gesagt, nackt oder tragen einen mit Lederfransen besetzten Gürtel (Roro oder Rachât), der wol auch mit Kaurimuscheln verziert ist. Beim weitern Heranwachsen wird ihnen der „Kamfus" (die Schambinde) angelegt, welcher in einem ellenlangen, handbreiten Stück Baumwollenzeug besteht, das zwischen den Beinen durchgeführt, in einem schmalen Bande um die Weichen befestigt wird und als lange Schleppe herabhängt. Auch Schmuck an Ohrringen und Armbändern fehlt bei kleinen Mädchen nicht; doch erst wenn sie 5 Spannen hoch sind, durchbohrt man ihnen den rechten Nasenflügel, um den beliebten Korallencylinder darin zu befestigen, und legt ihnen den Frauengürtel, die Hauptzierde der Wadâï-Frauen, an; auch das Haar wird nunmehr wie das der Frauen geordnet.

Ich habe bereits zu erwähnen gehabt, dass in Krankheitsfällen bei den Wadâwa Verwandte und Freunde sich einfinden, um rathend oder thätig einzugreifen. Ist jemand dem Tode nahe, so eilt jeder herbei, der nur die entferntesten Beziehungen zu dem Sterbenden hat, und wie überall in diesen Ländern, wird kaum gewartet, bis die Leiche erkaltet ist, um die nöthigen Anstalten zur Bestattung zu treffen. Man begräbt beliebig früh, und die Art und Weise dieses Actes unterscheidet sich wenig von der anderer islamitischer Länder. Eine Grube, deren Tiefe etwa bis zur Hüfthöhe für die männliche Leiche, bis zur Achselhöhe für die weibliche reicht, nimmt den Todten auf, wird möglichst sorgfältig verschlossen und von aussen durch Dornen, Steine u. s. w. gegen wilde Thiere geschützt. Am Tage der Bestattung findet eine allgemeine Bewirthung statt, und die Fuqähâ erscheinen, um sieben Tage hindurch den Qorân zu lesen, wofür sie mit Speise und Merîssa versehen werden.

In Bezug auf das Erbrecht gilt im allgemeinen das Gesetz, dass die männlichen Erben, selbst entferntern Grades, vor den weiblichen bevorzugt sind. Dass die Töchter nur die Hälfte des Antheils eines Sohnes empfangen, während alle Söhne zu gleichen Theilen erben, ist bekanntlich eine Vorschrift des Qorân, also göttliches Gebot und wie in allen Ländern des Islâm, so auch hier zu Recht bestehend. Sind nur Töchter oder Schwestern und keine männlichen Blutsverwandten vorhanden, so erben die erstern nicht etwa mehr, sondern der übrige Theil der Hinterlassenschaft gehört dem Sultan. Letztwillige Verfügungen zu treffen oder jemand zu enterben, hat kein Sterbender das Recht.

Es gibt in Dâr-Wadâï keine Männer mehr, welche sich in Felle kleiden\*); man trägt dort Tobe, Hose und Sandalen. Von den erstern unterscheidet man vier verschiedene Arten, je nachdem

---

\*) Obwol der Kleidung u. s. w. der Wadâwa bereits im Reisebericht Erwähnung geschehen, schien es doch angezeigt, hier nochmals darauf zurückzukommen. D. H.

sie aus gröberm oder feinerm Stoff (Toqqîja) gearbeitet sind. Alle im Lande selbst gearbeiteten Toben sind weiss; als Grund dafür wird angegeben, dass die dunkeln Farben nicht beliebt seien, doch muss berücksichtigt werden, dass die Kunst des Färbens in Wadâï auf einer sehr niedrigen Stufe steht. Die Toben sind zwar weniger weit, als die in Bornû gebräuchlichen, doch entstehen durch das Zusammenheften des länglich-viereckigen Sackes an den Seiten immer noch sehr weite Aermel; der Halsausschnitt ist rund und ohne Verzierung. Von den Bemittelten werden Toben aus Kötöko (Dâr-Mäkäri) getragen, während die Vornehmern sie aus europäischen Stoffen, welche über Tripolis oder Aegypten kommen, anfertigen lassen. Man trägt höchstens zwei Toben übereinander, versteigt sich aber niemals, wie in Bornû, auf vier oder sogar fünf; doch fügen die Vornehmen wol einen Kaftan aus Seide, Tuch oder Kattun hinzu, welcher dann über der Tobe getragen wird. Auch sieht man bei ihnen den nordischen Bernûs — meist weiss, selten schwarz —, obwol derselbe nicht so verbreitet ist, wie in Bornû; ein rother Bernûs wird mit Vorliebe am Tage einer Schlacht getragen. Die Hose aus Toqqîja ist mässig weit und reicht bis zu den Knöcheln. Die Fussbekleidung besteht, wie schon gesagt, aus Sandalen, von denen die zierlich gearbeiteten den Namen „Na'l Bagirmi" führen. Während der Regenzeit trägt man, wie in Bornû, Holzsandalen. Auch Schuhe aus gefärbtem Ziegenleder sind beliebt, doch meist beim Reiten, zu welchem Zwecke sie mit einer besondern Abtheilung für die grosse Zehe versehen sind, um die Steigbügel zu fassen. Der Kopf bleibt unbedeckt und wird womöglich jede Woche einmal rasirt. Eine Ausnahme davon macht die studirende Jugend. Die Gelehrten, die Pilger und Greise pflegen ein kleines weisses, baumwollenes Mützchen zu tragen, während die rothe tunesische Mütze (Tarbûsch) nur bei Fremden und Hofbeamten Sitte ist, wo sie mit dem rothen oder weissen Turban umwunden getragen, aber in der Gegenwart des Sultans abgelegt wird. Schnupftücher sind in Wadâï unbekannt. Der im allgemeinen spärliche Bart wird mit Ausnahme des Schnurrbartes, der rasirt zu werden pflegt, so voll getragen, als ihn die Natur verlieh. Als Zierath tragen die Männer häufig silberne Fingerringe und Oberarmbänder aus Elfenbein, Horn, Thon oder

Stein. Die Hauptzierde des Mannes ist jedoch die sogenannte „Dûm-Frucht" (Muqla), d. h. eine durch fortdauernde Anwendung von trockenen Schröpfköpfen entstandene Hauterhöhung zwischen Ohr und Nacken, nach Ansicht der Wadâwa das Zeichen kriegerischen Sinnes und der Furchtlosigkeit.

Von seinen Waffen trennt sich der Wadâwi nur sehr selten; sie bilden einen wesentlichen Bestandtheil seiner äussern Erscheinung. Dieselben bestehen hauptsächlich in einer grossen Lanze, in vier bis fünf Wurfspeeren, zwei Armdolchen, einem kleinern, der über dem Ellenbogen getragen wird, und einem andern am Handgelenk, etwa von der Grösse unserer Hirschfänger; hierzu kommt bei den Grossen des Landes noch ein Schwert, oder eine kurze, am Ende mit Eisen beschwerte Keule, die am Sattel hängt. Ausser den erwähnten Armdolchen, „Galmănak" und „Gûlak" oder auch „Dschenak" genannt, gibt es noch ein langes Handmesser (Bûlingak) und noch etwa zehn verschiedene Lanzen mit längerm oder kürzerm Eisen und Stielen, welche sämmtlich besondere Benennungen haben. Die Schilde der Wadâwa sind etwa von der Höhe eines hockenden Menschen und von nebenstehender Form ⌂; ein Holzrahmen wird mit Leder aus Rindshaut, Büffelhaut oder Giraffenfell, oder, wenn aus den Heidenländern, mit Elefanten- oder Rhinoceroshaut überspannt und verziert. Der Panzer (Libs), d. h. Maschenpanzer, wird unter der Tobe getragen. Die schweren Reiter tragen ein dickwattirtes gestepptes Gewand, dessen Ueberzug aus Toqqîja oder Tuch besteht; die Mützen, welche zum Kopfschutz dienen, sind von Eisendraht mit wattirter Unterlage, die über den Nacken herabfällt. Von diesem „Helme" gehen Eisenstäbe ab zum Schutze des Gesichts. Der Wattenpanzer des Pferdes reicht bis auf die Fussgelenke und hüllt dasselbe so ein, dass nur Augen und Ohren hervorschauen. Die an Brust und Gesicht befindlichen Messingplatten scheinen mehr Zierde als Schutz zu sein. Dagegen sind auf dem Rücken des Thieres in dem Wattenpanzer hinter dem Sattel eine grosse Zahl spitzer Eisenstacheln angebracht, welche den Zweck haben, den Feind zu verhindern, dort hinaufzuspringen.

Zu dem Anzuge der Frauen Wadâïs gehören ausser dem oben erwähnten Frauengürtel, welcher mit Korallen, Glas- oder

Thonperlen geschmückt (häufig aus 40—50 Perlschnüren bestehend) als dicker Wulst um die Hüften getragen wird, der grosse Hüftenshawl und der Schulter- und Kopfshawl. Der Hüftenshawl (arab.: Firde, in Wadâï-Sprache auch Firde Gindrimenek genannt) ist der kleinere von beiden, umhüllt Hüften und Beine und reicht bis auf den Boden herab. Auch hier hat der Luxus die ursprüngliche Länge desselben von etwa 3 Drâʿ mit der Zeit auf 12 Drâʿ gebracht, und diese lang auf dem Boden schleppenden Shawls heissen „Firde Endurki" und werden begreiflicherweise nur von Vornehmen getragen und dementsprechend von feinem Toqqîja-Stoff, Kattun, Halbseide oder Seide gefertigt, während die gewöhnliche Firde aus grobem Toqqîja gemacht wird. Im Dâr-Zijûd und Dâr-Saʿîd sieht man nicht selten die Mâba-Frauen von kleinen Sklaven gefolgt, welche ihnen die luxuriöse Schleppe der „Firde Endurki" tragen. Eine andere Art Firde (Firde Kurmondschang) besteht in einem Stück Zeug, das die linke Schulter bedeckt, den rechten Arm aber frei lässt; von der linken Schulter bis etwa zum Handgelenk ist dasselbe zusammengenäht und auf der Schulter mit Seidenstickerei verziert; von der rechten Achsel bis zu seinem Ende am Knie ist das Gewand geschlossen; es wird meist aus feinem Toqqîja in abwechselnd weisser und blauer Farbe, doch nicht allgemein getragen. Unter der Firde werden von vornehmen Frauen häufig Hosen aus Seide oder Turkĕdi getragen. Auch das Kopf- und Schultertuch (Nrĕke Muschon) ist wie die Firde durch den gesteigerten Luxus von seiner ursprünglichen Länge und Breite von 8, resp. 4 Drâʿ zu einer Länge von 16 Drâʿ angewachsen und bildet eine enorme Schleppe. Man macht auch diese langen Shawls selbstverständlich nur aus besserm Toqqîja oder aus europäischen Baumwollen- und Seidenstoffen. Der Shawl hüllt die ganze Person ein, und die Sitte erfordert, dass besonders Kopf und Gesicht damit verhüllt werden. Frauen, welche die Pilgerfahrt nach Mekka gemacht haben, tragen eine Art kleinen Kopfshawl, ähnlich dem der Scherifs und Ulĕmâs, welcher zuweilen durch turbanartige Windungen befestigt wird.

Der Schmuck der Frauen besteht in Halsschnüren, Armbändern, Fussringen und Haarverzierungen. Halsschnüre (Kurmonak) werden aus Somidsch oder Kidschel (Achat?) in länglich-ovalen Stücken, aus Korallenstücken oder aus Gold und Silber und aus durchbohrten länglichen Perlen verschiedener Grösse getragen. Korallen (Murdschân) werden in verschiedenen Grössen eingeführt, von denen man vier Klassen unterscheidet und pfundweise verkauft. Die Zusammenstellung derselben mit „Zeitûn" (arab.: Oliven; auch „Kawâdîm" und „Mansûs" genannt) ist sehr beliebt; es sind dies grosse, durchsichtige und gelblich oder grünlich gefärbte Kugeln verschiedener Grösse. Auch werden lange Hals- und Schulterketten aus „'Aqîq", dem rothen, zu Perlen verarbeiteten Achat, getragen, die kostbar genug sind, um mit einem Sklaven (Sedâsî) bezahlt zu werden. Armbänder trägt man am Vorderarm über dem Handgelenk und zwar bis zu fünf oder sechs; sie sind entweder aus Silber, Kupfer oder Messing, oder auch aus Büffelhorn und Nguru-Haut. Bei den Araberfrauen sind Armbänder aus Elfenbein beliebt. Die Fussbänder sind entweder umfangreiche hohle Silberringe mit Steinchen oder Metallstückchen, oder weniger dicke, aber massive und daher kostbarere Ringe von Silber. Nur ärmere Frauen tragen Messingringe.

Das in seiner Anordnung öfter geschilderte Haar wird in unzähligen dünnen Flechten rings um den Kopf herum geordnet, die bei verheiratheten Frauen gleich einem Schleier über das Gesicht fallen, während zwei dickere Flechten vom Vorderkopf über den Scheitel nach hinten gehen. Am Hinterkopfe werden die Flechten mit einem halbmondförmigen Silberschmuck verziert, der massiv ist und dessen Hörner, im Gegensatz zu der Tracht in Bornû, nach unten gekehrt sind. Diese Hörner sind durch eine Korallenschnur verbunden, und von ihnen laufen Schnüre von Korallen zu den dicken Flechten am Vorderkopfe, von wo wiederum andere über die Ohren nach hinten geführt werden. Die Mittellinie des Kopfes wird mit kleinern Silberhalbmonden geschmückt, welche ihre concave Seite nach hinten richten und durch kleine Korallenschnüre mit dem grossen Halbmonde verbunden sind. Endlich gehen Korallenschnüre über die Stirn von Schläfe zu Schläfe und hängen an den Ohren herab; andere fallen seitlich zu je zwei von der Mitte des Kopfes herab und sind an ihren Enden mit hohlen Gold- und Silberkugeln verziert. Trotzdem so fast der ganze Kopf bedeckt ist, findet sich doch noch ein Platz über den Ohren, der mit silbernen Halbmonden mit nach unten gerichteten Hörnern geschmückt wird. Auch im Ohrläppchen wird ein grosser Ring aus aufgereihten Korallenstückchen getragen, der jedoch durch eine besondere Vorrichtung vom Ohre absteht. Der Schmuck des rechten durchbohrten Nasenflügels endlich mit dem beliebten Korallencylinder vervollständigt diesen Theil der Toilette einer Wadâï-Frau; bei den Araberinnen besteht er aus Silber in gleicher Form oder aus einem silbernen Halbring.

Lippen und Zahnfleisch werden besonderer Behandlung unterworfen. Man sticht die erstern mit Akazienstacheln blutig, reibt Eisenfeilspäne in die frischen Wunden und erzeugt so eine schwarzgraue Färbung. Das Zahnfleisch wird in gleicher Weise behandelt, doch mit Rindsgalle eingerieben, welche eine bläuliche Farbe bewirkt. Ueberhaupt verwenden die Frauen grosse Aufmerksamkeit auf die Pflege des Mundes. Man sieht sie selten ohne ihre Zahnbürste im Mundwinkel herumwandeln; es ist dies ein Cylinder aus dem Holze des Siwâk (*Salvadora persica*), welcher an einem Ende ausgefasert ist; sobald sie niedersitzen, bedienen sie sich desselben eifrig. Das genannte Holz hat neben seiner mechanischen Wirkung noch die Eigenschaft, den Athem wohlriechend zu machen.

Die Tracht der Frauen in Tâma besteht noch lediglich aus Fellen, welche enthaart und mit schwarzem Thon gefärbt sind. Sie tragen im rechten Nasenflügel einen Kupfer- oder Messingring, wie ihn auch die Frauen der Qimr und Sungôr tragen, und Arm- und Fussringe von gleichem Metall. Ihre Haartracht ist ähnlich der oben beschriebenen, doch schmücken sie das Haar statt mit Korallen mit weissen Perlen in der Art, dass der Kopf ganz weiss aussieht; auch tragen sie als Ohrschmuck ein Gehänge von grossen weissen Perlen. Zahnfleisch und Lippen werden von ihnen nicht gefärbt.

• Die Hauptnahrung der Wadâwa liefert die Penicillaria (Duchn, Qsab) und ihre Varietäten; von den übrigen Getreidearten werden Durra (Ngâberi), Reis, Weizen, Bohnen (Lûbïa), Simsim (Sesam) und besonders die wildwachsenden Kreb- (Eragrostis-) Arten: Abû Sabe, Adar, Askemta und Bertêmele gegessen. Doch wird auch viel Fleisch, und zwar von den Vornehmern das Fleisch des Schafbocks und des Kamels, und als besonderer Leckerbissen die rohe Kamelleber genossen; von der Masse des Volks dagegen das schlechtere und weniger beliebte Rindfleisch. Als Fleischesser sind besonders die Dschellâba und die Leute von Gerrî bekannt. Die am Batha wohnenden Kûka, Massâlit und andere lieben Fische, ebenso die südlichen Bewohner des Bahär es-Salâmât. Dagegen sind die Eingeborenen südlich vom Batha Freunde des „Angâderi", d. h. der nicht gerade verbotenen, aber doch ungewöhnlichen oder in Wadâï ungebräuchlichen Speisen, wie des Löwen- und Antilopenfleisches, verschiedener Insekten u. s. w.; noch eine Stufe tiefer in den Augen der Wadâwa stehen die Kaschemere, Karänga, Marfa, Kadschänga (Ertana), welche Frösche mit Vorliebe essen und auch Eidechsen nicht verschmähen. Sehen wir von den allgemein je nach der Bodenbeschaffenheit vorkommenden und bevorzugten Duchn-, Durra- und den wildwachsenden Getreidearten ab, so bilden die Bohnen eine Lieblingsspeise der Kóndöngo, Kaschemere, und der Bewohner des Dâr-Sa'îd. Die Kadschänga dagegen lieben ausser Lúbïa besonders den Sesam, und Balanites-Blätter sind eine Lieblingsspeise der Sungôr, Marârît und Massâlit. Die eigentlichen Mâba-Leute aber ziehen die verschiedenen Mehlspeisen ('Aïsch) allem vor. Diese sind im allgemeinen besser zubereitet als in Bornû, zunächst weil das Mehl durch Zerreiben auf Steinen feiner wird als durch Stampfen im Mörser, wie es in Bornû geschieht; dann scheint man aber auch in Wadâï den Brei sorgfältiger zu kneten. Man unterscheidet verschiedene Arten, je nachdem der Mehlbrei steifer, längere oder kürzere Zeit gekocht und gut geknetet oder weniger steif ist (Kudugudugaïa, Leddek, 'Asîda). Der Duchn wird nach Belieben ersetzt durch Mehl der obenangeführten Getreidearten. Im Dâr-Mâba und bei den Kaschemere wird das Duchn- oder Durra-Mehl dick angerührt und bis zum gänzlichen Wasserverlust gekocht, dann getrocknet und mit Milch genossen. Ausser mit letzterer wird der 'Aïsch wie in Bornû und andern Ländern mit Saucen gegessen, die man aus getrocknetem oder gestossenem Fleisch (auch aus frischem) oder Fisch mit Gewürzen, sowie auch aus Früchten herstellt, und denen durch Zuthat verschiedener Baum- und Strauchblätter u. s. w. (Chudra), eine angenehme Abwechselung gegeben wird. Die beliebtesten Saucen (Idâm) sind wol im allgemeinen die vegetabilischen, und von diesen sind die aus Gurken und aus den Blättern der Tamarinde bereiteten sehr wohlschmeckend. Jede Sauce hat, je nach dem verwendeten Hauptbestandtheil und der verschiedenen Bereitungsweise, einen besondern Namen, sodass ich deren etwa achtundzwanzig notirt habe. Auch hierin weichen, wie bei dem ʿAïsch, die einzelnen Stämme in der Zubereitung voneinander ab. Von grossem Werthe auf Reisen und auch häufig von ausgezeichnetem Wohlgeschmack sind die öfter erwähnten Kuchen aus Mehl, Reis, Duchn u. dgl., die mit Honig oder Milch und Gewürz gemengt und gebacken oder gedörrt werden (Kisra). Getränke werden aus Getreide (Duchn, Durra u. s. w.), sowie aus Honig, Datteln u. dgl. durch Zusatz von Wasser bereitet, bis zum Eintritt der Gärung stehen gelassen und unter den Namen „Merissa Chabscha", „Merissa Ambilbil", „Merissa Korde", „Merîssa Chall", „Merîssa Geringa" getrunken. Von nicht berauschenden erlaubten Getränken sind mir drei Arten zur Kenntniss gekommen, welche, aus Wasser und Getreide oder Mehl (auch aus ʿAïsch) hergestellt, sich von den vorgenannten nur durch den kürzern Gärungsprocess unterscheiden und dadurch einen süsssäuerlichen Geschmack erhalten.

Dass die Wadâwa den berauschenden Getränken sehr zugethan sind, ungeachtet der Strenge, mit welcher gegen den verbotenen Genuss derselben vorgegangen wird, habe ich bereits bei anderer Gelegenheit erwähnt; meine in dieser Beziehung in Abesche gemachten Erfahrungen fielen sehr zu Ungunsten der Eingeborenen aus. Sind die echten Wadâï-Leute ohnehin wenig gutmüthig und streitsüchtigen, gewaltthätigen Charakters, so tritt in trunkenem Zustande ihre ganze Wildheit zutage, und kaum eine Woche verging während meines Aufenthalts in der Hauptstadt, ohne dass infolge von Trunkenheit Streitigkeiten entstanden, bei denen Personen schwer, ja tödlich verwundet wurden.

Man sollte meinen, dass in einem Lande, in welchem sich ein so complicirtes Gemeinwesen, ein so sorgfältig geordneter socialer Verkehr hat herausbilden können, auch die Künste des Friedens, Handwerk, Handel und Verkehr sich hätten entwickeln müssen; doch ist das keineswegs der Fall. Die Wadâwa stehen auf einer sehr niedrigen Stufe der Cultur. Während in den Haussa-Staaten und in Bornû vortreffliche Baumwollenstoffe verfertigt und ebenso geschmackvoll als reich verziert werden; während das von den Haussa-Leuten gegerbte Ziegenleder von ihnen mannichfaltig gefärbt und zu den zierlichsten Arbeiten verwendet wird; während sich Dâr-Fôr durch seine Stroharbeiten und Korbflechtereien auszeichnet; während die Märkte Kûkas reich versehen sind mit Natur- und Kunstproducten aller Art, so zeigt dagegen Wadâï in keiner Beziehung eine Befähigung, sich über das allerursprünglichste Maass von Kunstfertigkeit zu erheben, und nimmt seine Zuflucht zur Geschicklichkeit und zum guten Geschmack anderer Stämme, sobald es gilt, Besseres zu beschaffen. Will jemand z. B. eine einigermaassen zierlich gearbeitete Strohhütte oder ein Erdhaus gebaut haben, so wendet er sich an einen Mann aus Bagirmi oder Bornû; will er sich gut kleiden, so kauft er Bornû- oder Haussa-Fabrikate. Sollen europäische Stoffe verarbeitet werden, so muss er sich wiederum an Leute aus Bagirmi oder Bornû wenden. Was in Wadâï und von Wadâwa gearbeitet wird, ist plump und unzweckmässig. Die Schuhe und Sandalen sind roh, die Pferdesättel unbequem; Korb- und Strohflechtereien unschön und wenig haltbar, das „Toqqija" genannte Baumwollengewebe ist unglaublich grob und schlecht u. s. w. Es war klare Einsicht dieses Mangels an Geschick und Betriebsamkeit seines Volkes, die König 'Ali, wie ich erzählt habe, bewog, nach dem siegreichen Kriege mit Bagirmi 12—15 000 Kriegsgefangene in seinem Lande anzusiedeln, wo sie sich vortheilhaft vor ihrer Umgebung auszeichnen.

Die Vortheile des Handels waren die einzigen Wohlthaten der Civilisation, welche der König seinem Volke einigermaassen hat begreiflich machen können; freilich befindet derselbe sich hauptsächlich in den Händen der Fremden, doch übertrifft Wadâï im allgemeinen in dieser Hinsicht die Nachbarländer; wenigstens war dies zu meiner Zeit der Fall.

Die Einfuhr nach Wadâï vollzieht sich auf drei Wegen: von Dschâlo, von Dâr-Fôr und von Bornû. Die von Dschâlo und Dâr-Fôr kommenden Karavanen haben einen Ausgangspunkt: Aegypten. Auf dem Wege von Dschâlo bringen dessen Bewohner, die Medschâbra, die Waaren, auf dem von Dâr-Fôr die Kaufleute vom

Nil, die oftgenannten Dschellâba. Von den Medschâbra kommen im Jahre etwa 100, und das Durchschnittskapital, welches sie repräsentiren, dürfte auf ungefähr 250 Maria-Theresia-Thaler per Kopf angenommen werden. Es gibt allerdings einige, welche für 1000 oder 2000 Thaler Waaren bringen, dagegen viele, die mit weniger als 100 Thaler Werth ihrer Waaren veranschlagt werden müssen. Jene bedeutendern Kaufleute sind meist Fremde, wie z. B. der von mir im Reisebericht erwähnte Hâdsch Sâlim aus Kairowân. Während meines Aufenthalts in Wadâï kam zum ersten mal eine Karavane in Abesche an, die als Ausgangspunkt nicht Kairo, sondern Tripolis hatte und einen grössern Kapitalwerth repräsentirte. Von Kairo bestand die Haupteinfuhr in jenen kleinen Stücken ordinären Baumwollengewebes (Maqtaʿ Châm), welche etwa 14 m lang und 1—1½ m breit sind und die Stelle des Geldes oder sozusagen die des Thalers vertreten. Der letztere, der Maria-Theresia-Thaler, hatte in Wadâï jedoch geringern Werth als in Kairo, denn während man dort zwei der genannten Kattunstücke für 1 Maria-Theresia-Thaler kaufte, kosteten diese in Wadâï 3 Thaler. Neben den obenerwähnten, den Thaler vertretenden Stücken europäischen Baumwollenzeuges gelten als kleinere Münzen die mehrfach genannten Streifen einheimischen groben Baumwollengewebes (Toqqîja), deren 10—16 den Werth eines Stücks Kattun haben. Dadurch erhält man jedoch begreiflicherweise noch keine Scheidemünze, welchem Uebelstande durch Bogen Papier oder Glasperlen abgeholfen wird. Auch hierin zeigen sich die bedeutenden Unterschiede in dem Civilisationsgrade der beiden Länder Wadâï und Bornû. Die in letzterm staatlich eingeführte einheitliche Münze, der Maria-Theresia-Thaler, mit ihrer Scheidemünze, der Kaurimuschel, hat den grossen Vortheil sehr kleiner Werthe, welche zum Ankauf billigerer Gegenstände und kleiner Quantitäten so unerlässlich sind und nicht unbeträchtlich auf die Preisverhältnisse einwirken.

Ausser dem genannten Baumwollenzeuge werden von Kairo eingeführt: grosse rothe Thonperlen, welche man unter dem Namen „Chaddûr" (der Versteckte) zu jenem Frauenschmuck verwendet, der unter der Kleidung um die Hüften getragen wird; ferner grosse Bernsteinperlen, sowie unbedeutende Quantitäten Seide,

Sammet, Tuch und Shirting. Ueber Dâr-Fôr wurden nahezu die gleichen Gegenstände eingeführt, während die Kaufleute aus Tripolis Luxusgegenstände brachten, die jedoch nur einen geringen Absatz fanden.

' Der Einfuhrzoll der Karavanen von Dschâlo her betrug für die Kamelladung 2 Maqta' Châm (auch Maqta' Tromba), der, welcher von den Karavanen aus Dâr-Fôr erhoben wurde, 7 Maqta', von denen 5 dem König und 2 der Königin-Mutter zukamen. Der Unterschied in dieser Besteuerung ist zurückzuführen auf den bei weitem beschwerlichern Wüstenweg, den die Leute von Dschâlo zurückzulegen haben, und auf den Umstand, dass die Dschellâba, welche von Dâr-Fôr kommen, nicht selten für die Tage des Grenzübergangs 3 Kamelladungen auf ein Thier packen, um dadurch die Abgaben zu vermindern. Zu diesen Steuern kommen dann noch die Abgaben an die Oberhäupter der fremden Kaufleute und an den Beamten, welcher die Karavane bis zur Hauptstadt begleitet, und endlich an die Gouverneure der betreffenden Grenzprovinzen. Auf einer Eselladung lastet eine Abgabe von 2 Maqta' Tromba. Von Bornû her findet nur eine unbedeutende Einfuhr von Manufacturwaaren der Haussa-Staaten, den indigogefärbten Kanô-Toben, den Turkĕdi, den in Kanô gegerbten und gefärbten Ziegenfellen und den aus diesen gefertigten Schuhen statt.

Die Ausfuhr aus Wadâï besteht in Sklaven, Straussfedern und Elfenbein. Sklaven bildeten immer noch den beträchtlichsten Theil der Ausfuhr, namentlich wurden bei dem kriegerischen Sinn König 'Ali's, welchen er auch bei seinen Beamten und Unterthanen zu erhalten bemüht war, Sklaven in Menge gewonnen, und selbst die Medschâbra, welche aus Tripolitanien kommen und dorthin und nach Aegypten gehen, führten deren etwa 15 000 nach Norden, nahmen aber weniger Straussfedern und bei der Schwierigkeit des Transportes noch weniger Elfenbein mit sich. Die Tripolitaner selbst kauften keine Sklaven und empfingen auch vereinzelte Sklaven und Sklavinnen zu ihrem persönlichen Bedarfe nur höchst ungern zum Geschenk. Straussfedern und Elfenbeinartikel gingen über Dâr-Fôr aus dem Lande, doch erlaubte der bequemere Weg nach Osten auch Gegenstände mindern Werthes, wie Tamarinden, Weihrauch (Lubân) u. dgl. auszuführen. Von Straussfedern und Elfenbein mochten jährlich 100 Centner nach Norden und Osten über die Grenze gehen, ungerechnet den Theil, welchen der König selbst, der grösste Kaufmann des Landes, exportirte. Straussfedern gibt es in Wadaï in der That bedeutend mehr als in den Nachbarländern, wenn auch ihre Qualität nicht gerade eine ausgezeichnete ist. Vor etwa 20 Jahren kaufte man eine ganze Strausshaut für einen Thaler, ja selbst für weniger, und eine Haut enthält durchschnittlich drei Pfund schwarzer und ein Pfund weisser Federn. Nachfrage und Ausfuhr haben mit der Zeit den Werth verfünfzigfacht. Der Scherif Sâlim aus Kairowân kaufte hauptsächlich Elefantenzähne, da er die Absicht hatte, auf dem bequemern Wege über Dâr-Fôr zurückzukehren und bei der Länge seines Aufenthalts für die Straussfedern die Zerstörung durch Motten fürchtete und Sklaven ihm Unruhe und bei seinem jähzornigen Temperamente zu viel Aerger verursachten. Er war seit zwei Jahren in Wadaï und konnte bei einem Anlagekapital von etwas mehr als 1000 Maria-Theresia-Thalern etwa 25 Centner auftreiben, hatte aber noch 50 Centner zu fordern. Die fremden Kaufleute nämlich, welche Elfenbein einzuhandeln wünschen, verkaufen ihre Waaren an einigermaassen sichere Eingeborene auf Credit, und diese ziehen dann an den Bahär es-Salâmât, nach Runga und Kûti, den reichen Quellen für Elefantenzähne. Den Centner Elfenbein konnte man zu meiner Zeit in Kûti für Glasperlen oder Baumwollenstoffe im Werthe von 10 Maria-Theresia-Thaler kaufen, während er in Aegypten 150 Thaler kostete.

Wegen des beschwerlichen Wüstenwegs nach Benghâzî, der zwar nur 50 Tagemärsche beträgt, aber ausserordentlich wasserarm ist, fand der Karavanenverkehr nach Norden nur ein- oder zweimal im Jahre statt, während der Handel zwischen Dâr-Fôr und Aegypten ununterbrochen fortging. Der König von Wadaï selbst verachtete es nicht, wie der König von Bornû, sich durch Handel zu bereichern, sondern schickte in jedem dritten Jahre eine ausschliesslich ihm gehörige Karavane auf dem Wüstenwege über Kufra resp. über Dschâlo nach Kairo. Da er sich Kûti, das weit und breit ergiebigste Land für den Elefantenzahnhandel zu seiner Ausbeutung vorbehalten hatte, so exportirte er hauptsächlich Elfenbein, weniger Straussfedern. Er mochte ungefähr alle drei Jahre 300 Centner versenden und hatte dabei den schwierigen Transport durch die Wüste nicht so zu scheuen als die Kaufleute, da die Mahâmîd und alle übrigen Araber der Nordgrenze ausserordentlich reich an Kamelen und verpflichtet waren, zu dieser Reise ihm eine genügende Anzahl zu stellen. Zur Begleitung für diese Karavane schickte er einige seiner Würdenträger und Beamten mit, die für ihren Reiseproviant selbst zu sorgen hatten, sodass der König mit kaum irgendwelchen Auslagen seinen Handel betreiben konnte. Wadâï ist eben weit entfernt, ein so reiches Land wie Bornû oder Dâr-Fôr zu sein, und der König war für die Unterhaltung seines Hausstandes zum grössten Theil auf diesen Handel angewiesen, der nach Abzug der Nebenkosten ihm wol alle drei Jahre 50 000 Maria-Theresia-Thaler einbringen mochte.

Es gibt unter den Nilkaufleuten furchtlose und unternehmende Männer, welche auch selbst nach den Nord- und Westgrenzen des Reiches ziehen, um die Strausshäute zu erwerben, oder sich in die am Bahâr es-Salâmât liegenden Landschaften begeben, um Elfenbein aus erster Hand zu kaufen; sie erhalten dann die Waare zu lächerlich billigen Preisen, doch oft genug mit Gefahr ihres Lebens; das Unternehmen ist schwierig und erfordert eine genaue Kenntniss von Land und Leuten.

Der Grosshandel Wadâïs, wenn man ihn so nennen darf, geht vor sich in der Hauptstadt Abesche und in Nimro, der Stadt der Kaufleute, wie denn überhaupt öffentliche Märkte nur in drei oder vier Ortschaften abgehalten werden.

Der Markt in Abesche war übrigens bei weitem nicht so gut versorgt wie der in Kûka. Man konnte hier klar den Vortheil erkennen, welchen der Scheïch 'Omar für den Verkehr durch Einführung des Maria-Theresia-Thalers geschaffen hatte; für diesen und seine Unterabtheilungen, die Muschel-Scheidemünze, konnte man dort alles kaufen. Doch obgleich in Abesche die Maqta' Tromba den Thaler ersetzte, gab es unendlich viel Lebensbedürfnisse, die man nur gegen andere Werthsachen eintauschen konnte. Fand man z. B. auf dem Markte Butter, Honig u. dgl., die durchaus nicht immer vorhanden waren, so wiesen die Besitzer vielleicht die Maqta' Tromba oder den Thaler entschieden zurück und verlangten Kawâdîm (grosse Bernsteinperlen), oder Chaddûr

(Thonperlen), die ich an anderer Stelle erwähnt habe, oder irgendeinen andern Gegenstand, den man zunächst kaufen musste, um den gewünschten dann gegen ihn einzuhandeln. Nur Duchn konnte man gegen die Tromba oder deren Unterabtheilungen, die Teqâqî resp. die Ferda (Hälfte der Toqqîja) kaufen; von den Teqâqî gingen zur Zeit meines Aufenthalts 12 auf die Maqta' Tromba und 8 auf den Thaler. Duchn hatte hier den gleichen Preis wie in Bornû: eine Toqqîja gab 4 Mudd. Für eine Ferda kaufte man ein Bündel Stroh, das für meine Pferde etwa zwei Tage genügte, für eine Toqqîja vier Hühner und für eine Ferda eine Hammelkeule. Weizen kam selten auf den Markt; die Metze davon kostete alsdann 4 Teqâqî oder $1/2$ Maria-Theresia-Thaler. Reis, der wild an vielen Orten, besonders in dem auf meiner Reise berührten Bezirk Dâr-Zijûd wächst, war doch als Nahrungsmittel gering geschätzt und wurde sehr selten auf den Markt gebracht. Holz war reichlich vorhanden, doch hölzerne Essschüsseln und Trinkgefässe aus Kürbisschalen waren selten und viel theuerer, als in Bornû, und das Gleiche war der Fall bei den dort „Siggĕdi", hier und von den Arabern „Scherkânîja" genannten Strohgeflechten zur Einfriedigung von Gehöften, Errichtung von Schattendächern und Umschliessung der Hüttenwände.

# Zehntes Kapitel.
## ZUR GESCHICHTE WADÀÏS.

———

Die Tundscher als ursprünglich herrschendes Volk. — Die Einwanderung Yame's des Abbasiden. — Ursprung der Namen „Wadâï" und „Burgû". — Sultan ʿAbd el-Kerim. — Untergang der Tundscher-Herrschaft. — Gründung von Wâra. — Der Islâm wird Staatsreligion. — Sultan Charût. — Sultan Charîf, sein Zug gegen Tâma und sein Tod. — Sultan Arûs. — Charîf's Leiche wird nach Wadâï gebracht, der Tribut an Dâr-För verweigert. — Kriegszug gegen Ahmed Bokkor und ʿOmar Lêle. — ʿOmar Lêle's Niederlage und Gefangenschaft. — Sultan Charût ez-sarhîr. — Sultan Dschôda. — Krieg gegen Dâr-För. — Sieg über Abu-'l-Qâsim. — Dschôda's lange, ruhmvolle Regierung. — Sultan Sâlih Derret. — ʿAbd el-Kerim (Sabûn) bemächtigt sich der Regierung, Ermordung Sâlih Derret's. — Kriegszüge gegen Bagirmi und Tâma. — Sabûn's Tod. — Mohammed Busâta. — Sultan Jûsef, genannt Chôrefin. Neue Kriegszüge. — Jûsef's Ermordung. — Sultan Râqib. — Greuelherrschaft während seiner Minderjährigkeit. — Aufstand der Kodoî und Malânga. — Sultan ʿAbd el-Azîz. — Râqib's Tod. — Aufstände und Empörungen. — ʿAbd el-Azîz's Tod, Einfall der Fôrâwa. — Niederlage bei Abbés und Amrâta. — Mohammed Scherif als Kronprätendent und Sultan. — Kriegszüge gegen Tâma und Bornû. — Aufstand der Kodoî. — Empörung des Tintelak Mohammed. — Adem als Kronprätendent. - - Mohammed Scherif's Tod.   Sultan ʿAlî.

Während das Bornû-Reich schon Jahrhunderte blühte und unter seinen mohammedanischen Fürsten zu seltener Machtentfaltung gelangt war, lagen seine östlichen Nachbarn, die spätern Reiche Dâr-För und Wadâï, noch in der Nacht des Heidenthums. Das herrschende Volk dieser Landschaften waren die Tundscher, deren Einwanderung von Osten her der Zeit nach im Dunkel liegt, deren Herrschaft aber wol kaum einen Zeitraum von 100 Jahren vor der Einführung des Islâm übersteigt. Die Tundscher, über welche in der Geschichte Dâr-Fôrs ausführlich berichtet werden wird, sind hellfarbig, ihre Sprache ist die arabische, wie sie auch sowol in Wadâï als in Bornû als wirkliche Araber betrachtet werden. In Dâr-Fôr wurde ihre Macht schon vor der Einführung des Islâm gebrochen; in Wadâï war es ʿAbd el-Kerîm, dem Begründer des Reiches, der zugleich den Islâm einführte, vorbehalten, das Gleiche zu thun.

Lange vor dem Ende der Herrschaft der Tundscher wanderte Yâme oder dessen Vater mit seinem Familienanhange von Osten her in diese Gegend ein. Die Familie Yâme's hat nichts mit den Qimr, welche centralafrikanischen Ursprungs sind, zu thun, wie von einigen Gelehrten irrthümlich angenommen worden, sondern gehört den Dschaʿlîja in Schendi im Nilthale, nördlich von Chartûm, an, welche als ihren Stammvater Sâlih ibn-Abdallâh ibn-Abbâs anerkennen und sich daher „Abbasiden" nennen, wie denn noch jetzt die Einwohner von Schendi, Abû Haras, Urfa, Neselmîja und der Stadt Sennâr fast alle Abbasiden sein sollen. Bevor die Einwanderer die Landschaften des spätern Wadâï betraten, hielten sie sich eine Zeit lang im jetzigen Dâr-Fôr auf, und zwar zuerst östlich von Kôbê in der Berglandschaft Wôda, später auf dem Berge Burgû zu Kabkabîja.

Hier finden wir den Ursprung der beiden Namen „Wadâï" und „Burgû", die noch jetzt für das Reich Wadâï gebräuchlich sind. In Dâr-Fôr wird Wadâï nämlich „Burgû" genannt, dagegen in Bornû, Bagirmi und von den Arabern Wadâïs „Wadâï"; die Qorʿân endlich nennen es „Kûgû", und in der Schriftsprache heisst es „Dâr-Sâlih", d. h. das Reich der Nachkommen des Abbasiden Sâlih ibn-ʿAbdallâh. Die Ableitung der Benennung von einem Manne Namens „Wôda" beruht auf einem Irrthum.

Yâme, der Abbaside — die Berechtigung der Herrscher Wadâïs, diesen Titel zu tragen, gilt als unzweifelhaft — siedelte sich zu Debba an, in unmittelbarer Nähe des spätern Wâra (nordöstlich davon). Sein Sohn ʿAbd el-Kerîm, ein sehr frommer Mann, gründete eine kleine islamitische Gemeinde, mit der er von Biddĕrî in Bagirmi aus religiöse Propaganda machte. Nach seiner

Rückkehr nährte er mehr und mehr den Plan, die heidnische Herrschaft zu stürzen, dessen rasche Ausführung, wie die Tradition erzählt, durch folgende Umstände herbeigeführt wurde.

König Dâ'ûd nämlich, welcher zu der Zeit über die Tundscher herrschte, hatte eine Tochter, Meïram Aîsa, mit der 'Abd el-Kerîm ein Liebesverhältniss unterhielt, das dem Vater verrathen wurde. Erzürnt, befahl dieser, den Uebelthäter bei nächster Gelegenheit festzunehmen; doch die Schnelligkeit seines Pferdes rettete 'Abd el-Kerîm welchen die Sorge um seine persönliche Sicherheit nunmehr zu einem kräftigen Entschlusse trieb. Indem er die Töchter seiner Familie an die Häuptlinge der Mahâmîd, der Maharîje, der Nawâïbe, der Erêqât und der Benî Holba verheirathete, versicherte er sich eines bedeutenden Anhanges unter der arabischen Bevölkerung, gewann die eingeborenen schwarzen Stämme durch Versprechungen und bediente sich endlich einer List, von welcher die Tradition Folgendes berichtet: Seine arabischen Anhänger liess er auffordern, mit ihren Kamelen zu ihm zu stossen, jedem derselben aber einen langen Baumzweig an den Schwanz zu binden. Mit diesem Heere von Kamelen, deren am Boden hinschleppende Zweige einen gewaltigen Staub aufwirbelten, zog er dem König Dâ'ûd entgegen, welcher, durch die Staubwolken getäuscht, ein grosses Heer vor sich glaubte und entsetzt die Flucht ergriff; König Dâ'ûd selbst wurde hierbei getödtet. Die Tundscher wendeten sich zum Theile nach Kânem und riefen den Schutz des Bornû-Königs an, zum Theil blieben sie in der Gegend Abû Telfân, wo sie noch jetzt ziemlich unabhängig unter einem eigenen Sultan leben. Die einstige Residenz Dâ'ûd's, Kadama, existirt noch heute etwa vier Tagemärsche südwestlich von Wâra, im Gebiete der Kaschemere.

Ueber die Gründung der Hauptstadt Wâra berichtet die Sage, 'Abd el-Kerîm habe eines Tages mit den Seinigen in der Nähe des jetzigen Wâra gelagert, an dessen Stelle ein undurchdringlicher Buschwald sich befand. Die Kälber ihrer Heerden drangen in das Dickicht und thaten sich im Innern desselben an dem saftigen Futter gütlich, welches der reichbewässerte Boden ihnen darbot. Als man am Abend vergeblich die Kälber suchte, musste man das Dickicht ebenfalls durchbrechen, und 'Abd el-Kerîm, den

Reichthum an Wasser und die üppige Vegetation gewahrend, beschloss, an dieser Stelle eine Stadt zu gründen, welche er zum Gedächtniss „Wâra" (Wa'r und Wa'ra ist im Arabischen „die schwierig zu passirende Oertlichkeit") nannte. Hier nahm er seinen Wohnsitz, versammelte seine islamitische Gemeinde — die erste allgemeine Bekehrung gelang ihm zu Debba —, errichtete eine Moschee und regierte in Ruhe und Frieden 20 Jahre lang, angeblich von 1635—55. Während dieser Zeit bezahlte er, wie schon die Tundscher, Tribut an Dâr-Fôr, welcher hauptsächlich in der alle drei Jahre stattfindenden Uebersendung einer Prinzessin bestand, und an Bornû, dessen Intervention zu Gunsten der Tundscher er dadurch abwandte.

Der Nachfolger 'Abd el-Kerim's war sein Sohn Charût, welcher gerecht und friedlich einige Jahre länger als sein Vater (von 1655—78) über das junge Reich herrschte, es innerlich kräftigte und sich die allgemeine Liebe gewann. Bemerkenswerth ist aus seiner Regierungszeit nur, dass er die Stadt Wâra bedeutend erweiterte und zur wirklichen Residenz umschuf.

Ihm folgte sein Sohn Charîf, welcher im dritten Jahre seiner Regierung (1681) getödtet wurde. Ein Kriegszug nach Tâma gegen den Sultan Milbis, der in Nyere (in Wadâï „Yangal" genannt) residirte, endete mit seinem Untergange. Zwar floh Milbis bei der Annäherung Charif's, der sein Lager in Lafunga aufschlug, kehrte jedoch zurück und veranlasste dadurch Charîf, sich bis auf einen Marschtag Nyere zu nähern und in Abû Hadîd zu lagern. Die Regenzeit war eingetreten und die Wadâï-Krieger sprachen ihrem Führer den Wunsch aus, in ihr Land zurückzukehren, um ihre Felder zu bestellen; auf seine entschiedene Weigerung verliess ihn heimlich der grösste Theil der Mannschaften, und nur eine kleine Anzahl Getreuer blieb zurück. Auf die Kunde hiervon eilte Sultan Milbis herbei und erschlug den König von Wadâï und seine Begleiter.

Auf Charîf folgte sein jüngerer Bruder Ja'qûb Arûs (1681—1707). Der Volksmund erzählt nun Folgendes, was zur Charakteristik des Gerechtigkeitssinnes des Volkes dient: Zur Strafe jener Treulosigkeit der Männer Wadâï's blieb das Land unter der Regierung des Arûs sieben Jahre ohne Regen, und allgemeines

Viehsterben, Hunger und Elend der Bewohner waren die Folge. Arûs aber erkannte die Ursache dieser Strafe des Himmels und suchte die begangene Schuld zu sühnen. Heimlich sandte er einen Vertrauten, das Grab seines Bruders in Tâma zu erforschen, und es gelang diesem, ein altes Weib durch einen Schmuck von weissen Perlen zu bestechen, dass sie ihm das Grab Charîf's im Flussbette zeigte; ein grosser Baum, „Sâlob" genannt, wuchs auf jener Stelle. Darauf ging Arûs selbst nach Tâma, errichtete sein Zelt an dem angegebenen Orte, grub nach und fand die Leiche seines Bruders ohne alle Spuren von Verwesung. Er liess sie herausnehmen, auf ein Pferd setzen und mit darüber gehaltenen Sonnenschirmen nach Wadâï führen, während er selbst der Leiche folgte. Als man aber den Boden Wadâïs betrat, siehe da erhob sich ein lange entbehrter Wind, und als man Charîf mit allen Ehren begrub, fiel der erste Regen. Ein zweites Wunder begab sich hierauf: das nöthige Getreide zur Aussaat fehlte, und eine Ameise, so erzählt die Sage, ging vom Berge Konâda, in der Nähe von Wâra, nach Tâma und trug so viel Saatkorn herbei, dass jedermann nach Bedürfniss davon nehmen konnte.

Mit dem zunehmenden Wohlstande des Landes wuchs wiederum sein Unabhängigkeitssinn. Als der Sultan von Dâr-Fôr, Ahmed Bokkor, den üblichen Tribut einfordern liess und man eine Prinzessin hierfür auswählte, trat ein armer, zerlumpter Mann Namens Kirdi vor, hinderte ihre Abreise und nannte diesen Tribut eine Schande für das Land Wadâï. Arûs, entzückt, dass es noch Männer in seinem Lande gebe, gebot der Prinzessin zu bleiben und sandte anstatt ihrer zwei Männer mit der Botschaft an den Sultan von Dâr-Fôr: wenn er seinen Tribut haben wolle, möge er ihn sich selber holen. Die Boten entledigten sich ihres gefährlichen Auftrags, Ahmed Bokkor aber gestattete nicht, dass man dieselben antastete, sondern sandte sie ohne Antwort heim.*)

Als Ahmed Bokkor, ein älterer, friedliebender Mann, trotz der Herausforderung zögerte, gegen Wadâï vorzugehen, ergriff Arûs die Initiative und rückte in Dâr-Fôr ein über Cheïr-Wâdschid,

---

*) Vgl. hierbei und später die Geschichte Dâr-Fôrs.

Murli, Nokat, Sag (Schag) und Ferreôli bis Schûtak (der Name will besagen: „Hüte dich, den Ort zu betreten!"), wo er an einem See, Rahat Bergana, lagerte und von hier aus (nahe dem Dschebel Marra) nach allen Richtungen hin Raubzüge unternahm. Der langmüthige Sultan von Dâr-Fôr sandte auf die Kunde von diesem Einfalle eine Botschaft an Arûs mit der Frage, was er in seinem Lande wolle, welche der Uebermüthige dahin beantwortete, er sei auf der Pilgerfahrt nach Mekka begriffen. Nun sandte ihm Bokkor eine seiner Töchter zur Frau „für den langen Weg nach dem heiligen Lande", ihn auffordernd, abzureisen. Arûs jedoch blieb, und die unglückliche Prinzessin wurde bei ihrer Ankunft mit Verachtung behandelt. Jetzt endlich entschloss sich Ahmed Bokkor, gegen Arûs vorzugehen, und es gelang ihm, denselben in seinem Lager einzuschliessen. In der Mitte desselben befand sich ein Baum, an dem Arûs stand, einen der Zweige mit erhobener Hand haltend. Ahmed Bokkor's Krieger stürzten sich auf die umzingelten Wadâwa, doch Arûs hielt stand, bis der Schuss eines Arabers den von ihm ergriffenen Zweig abriss. Da gab er das Zeichen zum Rückzuge, schlug sich mit seinen Leuten durch und wurde von Bokkor nicht verfolgt. Dieser liess sich sogar ohne Entschädigung zu einem Frieden willig finden, dessen Tractat feierlichst auf der Grenze vergraben wurde; jeder, so kam man überein, der diese Stelle in feindlicher Absicht überschreiten würde, wäre des Meineids schuldig. Seine Tochter wurde Bokkor zurückgegeben.

Der Enkel Ahmed Bokkor's, 'Omar Lêle, zögerte nicht, wieder den üblichen Tribut von Wadâï einzufordern, erhielt jedoch dieselbe Antwort, er möge selbst kommen und ihn holen. Der Aufforderung entsprechend schickte er ein Heer unter den Anführern Kunyina und Dîma-Uma*) gegen Wadâï, welche den Feind wohlgerüstet fanden. Der Kamkolak Dudder lagerte mit einem Heerhaufen am Wâdî Delâl (derselbe kommt von Osten her und bildet mit dem Lobbŏdê und Mondschobok den Butêha, der sich fünf Tagemärsche im Südwesten von Wâra bei Malamin in den Batha

---

*) Dîma-Uma, eigentlich zwei Worte und Würden; das Wort vereinigt die Bezeichnung für das Haupt der Dimenga (Dâr-Dima) und der Umanga (Abû Uma) in sich.

ergiesst), und der Kamkolak Gerên, ein Ahne meines Berichterstatters, am Wâdî Lobbödê. Jenem gegenüber nahm Dîma-Uma Stellung und besiegte ihn, während Kunyina von Gerên geschlagen wurde. In diesem kritischen Moment stiessen die beiderseitigen Sultane zu ihren Heeren, und es gelang dem Sultan Arûs, im Flussbette marschirend, den Feind zu umgehen und in seinen Rücken zu fallen; doch statt ihn zu überrumpeln, rief er ihn laut an, ehe er angriff, schlug das Heer von Dâr-Fôr in mörderischer Schlacht aufs Haupt und zwang es zu eiligster Flucht.

Die Flucht würde für Könige dieser Länder eine unauslöschliche Schande sein: 'Omar Lêle blieb also zurück, umgeben von seinen Familiengliedern und Dienern, die sämmtlich niedergemacht wurden. Ihn selbst führte man gefangen nach Abû Kundi im Districte Dschumbo, wo er seine Tage mit Qorân-Lesen verbrachte und auch begraben liegt.

Arûs erfreute sich einer langen Regierung, deren Dauer nicht genau bekannt ist, da auf diesen Punkt selbst die geschriebenen Chroniken dieser Länder keinen Werth legen.

Sein Sohn und Thronfolger, Charût es-sarhîr („der Jüngere"), regierte 40 Jahre (von 1707—47); keine kriegerischen Unternehmungen, doch Wohlstand des Landes, bürgerliche Zufriedenheit und Sicherheit im Innern zeichneten seine Regierung aus.

Ihm folgte sein Sohn Dschôda (1747—95), dessen Regierung an Glanz und Kraft der des ersten Herrschers 'Abd el-Kerîm sowol als des folgenden (Sabûn) mindestens gleichkommt. Das bezeugen auch die verschiedenen Beinamen, unter welchen er bekannter ist als unter seinem eigentlichen Namen. So „Charîf Timan" („Doppelernte"), „Mohámmed es-Sâlih" („der Fromme"), endlich „es-Sârif" („der maasslos Freigebige"). Von dem zweiten dieser Beinamen, Sâlih, stammt die Bezeichnung Wadâïs als „Dâr-Sâlih" („Sâlih's Reich"), den Sultan damit gewissermaassen als zweiten Begründer des Reiches hinstellend.

Unter seiner Regierung starb der durch Ja'qûb Arûs gefangen genommene 'Omar Lêle, und sein Tod wurde der Anlass zu neuen Streitigkeiten mit dem östlichen Nachbarreiche, denn Abu-'l-Qâsim, der Bruder und Nachfolger 'Omar's, erhielt nicht sobald die Todesnachricht, als er auch einen Rachezug gegen

Wadāï unternahm. Er versammelte ein zahlreiches Heer und brach unter dem Vorwande nach Wadāï auf, am Grabe seines Bruders sein Gebet verrichten zu wollen. Begleitet von seinen Heerführern Dima-Uma und Kunyina lagerte er auf dem Territorium Wadāïs zu Rakanna nahe dem Lobbödē im Gebiete der Tundscher. Dschôda liess nicht auf sich warten; schleunig mit seinem Heere gegen Osten marschirend, umging er gleich seinem Vorfahren Arûs den Feind. „Abu-'l-Qâsim aber", so erzählt die Sage, „führte eine Kamelstute (Nâqa) mit sich, deren Milch er täglich trank. Als ihm eines Tages seine Sklavin Amdemêram die Milch gebracht hatte und er bemerkte, dass diese staubgeschwärzt war, wusste die Ueberbringerin keinen Grund dafür anzugeben; da liess er Ausschau nach dem Feinde halten, und von der Höhe eines Baumes verkündete ihm der Kundschafter, er sähe am Horizont etwas glitzern wie Wasser von der Sonne beschienen. „Das", erwiderte Abu-'l-Qâsim, „sind die Schwerter und Rüstungen der Feinde." Darauf sagte der andere, er sähe etwas wie Steine, die in Bewegung begriffen seien. „Das", erklärte sein Herr, „sind die mit den Lebâbîd (Satteldecken) bekleideten Pferde Dschôda's." Endlich sagte jener, er bemerke etwas wie wogende Getreidehalme. „Das sind die Lanzen der Wadâwa", rief der Sultan und liess sein Heer sich in Schlachtordnung aufstellen. Bald standen sich die beiden Heere gegenüber. Zur Linken Dschôda's stand Sa'îd, der 'Aqîd der Dscha'âdîna, mit seinen Scharen, zur Rechten der 'Aqîd der Aulâd Râschid; als der Fürst dem erstern gebot, sich von links hinter der Schlachtreihe nach rechts zu bewegen, antwortete ihm jener, er könne die Schande einer in dieser Weise maskirten Bewegung nicht auf sich nehmen und wolle vor dem Angesicht seines Herrn vorwärts gehen. Gesagt, gethan. Vor dem Centrum der Fôrâwa, wo sich Abu-'l-Qâsim befand, entbrannte ein heftiger Kampf, in welchem Sa'îd zwar ein Drittel seiner Leute verlor, aber doch den Feind schlug und endlich den gefangen nahm, welchen er für den Sultan hielt. Vor diesen aber hatte sich der Amîn el-Bahär el-Kunyigâwi gestellt, und so wurde dieser Gefangener, während der Sultan, an der Schulter verwundet, in sein Land entkam. Die Verwechselung wurde auch später nicht entdeckt. Dschôda liess die gemachte Beute vor dem Gefangenen ausbreiten, grossmüthig ihm die Auswahl und die Freiheit anbietend, doch gleich einem Sultan weigerte sich der Amîn, von der „schmachvollen" Erlaubniss Gebrauch zu machen, und blieb in der Gefangenschaft. Diese merkwürdige Verwechselung soll bis in die neueste Zeit unaufgeklärt geblieben sein, und mein Gewährsmann, ein glaubwürdiger, dem edeln Geschlechte der Kodoi angehörender Mann, behauptete, erst in Dâr-Fôr, wo er 10 Jahre lebte, den begangenen Irrthum erfahren zu haben.

Dschôda unternahm während seiner langen Regierung acht Kriegszüge gegen die Heiden (Dschenâchĭra) im Süden des Reiches. Die Eroberung eines grossen Theils von Kânem, der bis dahin durch Mêle, einen Chalifa (Statthalter) der Bornû-Könige, regiert worden, leitete jedoch nicht er selbst, sondern der ʿAqîd el-Bahâr Gêrfa, welcher auch Mondo, das Centrum der Tundscher-Macht, eroberte. Sultan Dschôda regierte 46 Jahre, wurde aber in den letzten Jahren so altersschwach, dass die Regierungsgeschäfte durch den ʿAqîd Dûd Barka geführt werden mussten; einige Grosse des Reiches beabsichtigten ihn deshalb abzusetzen, doch die allgemeine Stimme widersetzte sich dem, und Dschôda blieb bis zu seinem Tode unangefochten im Besitz des Thrones.

Man erzählt, dass dem greisen Sultan schliesslich die tief herabhängenden Falten der Stirn die Augen bedeckten, sodass sie aufgebunden werden mussten, wenn er sehen wollte. Als aber der falsche Lärm entstand, der Feind sei vor den Thoren, liess sich der Sultan aufs Pferd heben und überzeugte sich selbst von der Nichtigkeit jenes Gerüchts.

Sein Sohn und Nachfolger, Sâlih Derret, war, wenn auch nicht schlecht von Charakter, doch ein unfähiger Herrscher und ganz in den Händen seiner Rathgeber und Sklaven, deren Verrath er schliesslich zum Opfer fiel. Er hatte neun Söhne: ʿAbd el-Kerîm, später Sabûn genannt, dessen Mutter dem Stamme der Malănga angehörte, Radăma, Mohammed Scherif, Asad, ʿAbd el-Dschelîl, Tirâb, Mohammed, Ahmed und Otmân. Er scheint Asad, einen Sohn aus nicht ebenbürtiger Ehe, dem ältesten Sohne, ʿAbd el-Kerîm, vorgezogen zu haben, der gegen die Rathgeber des Vaters eine feindliche Haltung annahm und, obwol im Besitze grossen Anhanges, sich vom Hofe fern hielt.

Sâlih Derret hatte acht Jahre regiert, als er einst, nur von wenigen Leuten begleitet, einen weitern Ausflug machte, währenddessen, sei es durch Verrath einiger Grosswürdenträger, sei es durch Umtriebe der Hăbâba (Hauptfrau), die Nachricht von seinem Tode verbreitet, ja sogar sein Grab auf dem Begräbnissplatze der Sultane (Tûmang) errichtet wurde. Bei der Heimlichkeit, mit welcher dort zu Lande Krankheit und Tod der Sultane behandelt werden, bei der Abgeschlossenheit ihres privaten Lebens und der geringen Zahl derer, die in die nächste Nähe ihrer geheiligten Personen gelangen, hat diese Erzählung nichts Befremdliches, ja es ist selbst möglich, dass auch die Hăbâba getäuscht worden. Da diese Asad und seinen Anhang fürchtete, so beeilte sie sich, 'Abd el-Kerîm dem Gebrauch gemäss durch Uebersendung einer leeren Schüssel in Kenntniss zu setzen. Dieser, der sofort entschlossen handelte, hatte seine Zurückgezogenheit wohl benutzt, um Anhang und Macht zu gewinnen, und brach mit seinen Leuten nach Wâra auf, während er zugleich Boten nach allen Richtungen aussandte, um seine Macht zu verstärken. Mit Hülfe der sechs 'Aqăde, welche zu ihm hielten, wurden die gefährlichsten Personen aus der Umgebung des Vaters beseitigt und schon die Nacht fand den Sohn im Besitze des Palastes und am Grabe des erstern, dem er stets kindliche Ergebenheit bezeigt hatte. Während der Nacht, heisst es, kehrte der vermeintliche Todte zurück, erfuhr von der Verschwörung und floh nach Delmik zu den Kodoî. Am andern Morgen liess sich 'Abd el-Kerîm zum Sultan ausrufen und mit trauriger Energie alle ihm feindlichen Personen morden und hinrichten. Bald aber wurden Stimmen laut, welche das Leben des Sâlih Derret bestätigten und 'Abd el-Kerîm der Verschwörung gegen den Vater ziehen; ihnen trat er mit der Erklärung entgegen, beim sichern Beweise vom Leben des letztern sich sofort zurückziehen zu wollen. Vergebens jedoch wurden Boten ausgeschickt; sie kehrten unverrichteter Dinge zurück, und so machte sich denn 'Abd el-Kerîm selbst auf, um sich von der Identität seines Vaters zu überzeugen, welcher mit der Heeresmacht des Kamkolak 'Abd el-Bâqî zu Batuma in der Landschaft der Madăla sein Standquartier hatte. Sâlih Derret erwartete seinen Sohn an der Spitze einer kleinen Macht und dieser, ihn erkennend, wollte sich unterwerfen; doch seine Mutter beschwor ihn, sich nicht rückhaltlos dem Zorne des gekränkten Sultans preiszugeben. Während ʿAbd el-Kerîm noch zögerte und zwischen dem Pflichtgefühl gegen den Vater, der Liebe zu seiner Mutter und der Sorge um die eigene Person schwankte, stürzte sich einer seiner Leute auf Sâlih Derret und ermordete ihn. ʿAbd el-Kerîm liess den Mörder sofort hinrichten, sah sich jedoch gezwungen, den Kampf, der nach der Mordthat entbrannte, aufzunehmen, und richtete ein grosses Blutbad unter der ihm feindlichen Partei an.

Nunmehr im unbestrittenen Besitz des Thrones, hatte Sabûn (unter diesem Namen ist ʿAbd el-Kerîm fast nur bekannt) nur Asad, jenen Lieblingssohn Sâlih Derret's, zu fürchten, da seine andern Brüder noch Kinder waren. Asad war bei der Katastrophe nicht gegenwärtig und floh, als er sie erfuhr, nach Dâr-Fôr zu dem Sultan Mohammed el-Fadl. Nach einem mislungenen Versuche, ihn durch Meuchelmord aus dem Wege zu räumen, gelang es Sabûn, Asad durch Verräther nach Wadâï zu locken, wo er als Thronprätendent auftreten wollte. In Bir-Tuïl, östlich von Wâra, nahm Asad sein Standquartier, wurde von den verschworenen Creaturen Sabûn's mit königlichen Ehren umgeben, plötzlich aber überrumpelt und gefangen nach Wâra geführt, wo er auf Befehl seines Bruders geblendet wurde.

Im zweiten Jahre seiner Regierung unternahm Sabûn seinen denkwürdigen Zug nach Bagirmi gegen den Sultan ʿAbd er-Rahmân Gauranga unter dem Vorwand, diesen um seines allen religiösen Gesetzen hohnsprechenden Lebens willen zu züchtigen. Er fiel in Bagirmi ein, eroberte und zerstörte die Hauptstadt Massenja\*), liess den Sultan ʿAbd er-Rahmân tödten und machte den Sohn desselben, Burkomanda, zum Nachfolger, welcher nach langer Regierung (während der Regierung Mohammed Scherif's von

---

\*) In der Geschichte Bagirmis, II, 713, wird angegeben, dass Sabûn den Sohn ʿAbd er-Rahmân's, Ngâr Murba Bira, zum Nachfolger gemacht, dessen Bruder Burkomanda diesen jedoch getödtet und sich selbst der Regierung bemächtigt habe.

D. H.

Wadāï) starb. Aus dieser Zeit datirt die Tributpflichtigkeit Bagirmis gegen Wadāï.*)

Da mittlerweile auch sein Bruder Radăma zum Manne herangewachsen war, so fiel auch dieser Sabûn's Argwohn zum Opfer, wie er denn in blutiger Weise sich aller wirklichen und vermeintlichen Feinde seiner Regierung zu entledigen wusste. Sein Bruder Mohammed Scherîf, welcher als Kind Zeuge von dem Tode Radăma's gewesen, entzog sich später der drohenden Gefahr nur durch die Flucht nach Dâr-Fôr.

Nach einem Jahre der Ruhe wandte sich Sabûn gegen Tâma, das bisher jedem Versuche der Wadâï-Fürsten, es zu unterwerfen, mit Erfolg widerstanden hatte. Der Sultan dieses Landes, Abû Derek, residirte zu Nyere, das am Fusse des gleichnamigen Berges liegt. Sabûn nahm sein Hauptquartier zu Amberwâti und stachelte den Muth seiner Heerführer in eindringlicher Weise dadurch an, dass er ihnen seinen Entschluss kundgab, sie alle hinrichten zu lassen, da sie die Tapferkeit nicht besässen, welche den Ruhm der Wadâwa ausmache. Sie flehten ihn an, sein Urtheil bis nach der Schlacht aufzuschieben, in der sie ihm das Gegentheil beweisen würden, und wetteiferten in Wundern der Tapferkeit und Ueberwindung der Schwierigkeiten, welche der schwer zugängliche Zufluchtsort des Sultan Abû Derek bot. Es gelang dem Sultan, zu entkommen und zu den Zoghâwa im Nordosten seines Landes zu fliehen. Sabûn kehrte, nachdem er die Ortschaften zerstört, die Wälder niedergeschlagen und alle jungen Leute fortgeschleppt hatte, nach Wâra zurück, während Abû Derek im Besitz seines Landes blieb, sich aber der Oberhoheit Wadâïs unterwarf.

Nachdem Sabûn in den darauffolgenden Jahren Aufstände der Kodoï und der Gamâr**) siegreich niedergeschlagen hatte, richtete er sein Augenmerk auf die Verbindung seines Landes mit dem Mittelmeer. Die Geschichte seiner erfolgreichen und patrio-

---

*) Der Tribut Bagirmis besteht in 500 Sklaven, 30 jungen Sklavinnen, 30 Pferden und 1000 Toben und wird in jedem dritten Jahre entrichtet.
**) Die Gamâr, Abtheilung der Aulâd Dschema', hatten zu Sâlih Derret gehalten.

tischen Bestrebungen in dieser Richtung ist an anderer Stelle so eingehend beleuchtet worden, dass ich sie hier übergehe.

Sabûn regierte nur 10 Jahre. Trotz der rücksichtslosen, blutigen Energie, mit welcher er den Thron erkämpft und seine Regierung befestigt hatte, zaudert kein Wadâwi, ihn neben Dschôda als den weisesten, glänzendsten Fürsten zu bezeichnen, der über Wadâï geherrscht habe. Die Ursache seines Todes ist einigermaassen in Dunkel gehüllt, doch scheint Sabûn im Jahre 1813 auf einem Ausfluge nach seinem Lieblingsaufenthalt Dukri (Duggi) auf dem Wege nach Nimro bei der Verfolgung von Dieben durch einen Wurfspeer tödlich verwundet und, nachdem er sich in seinen Palast zurückgeschleppt, gestorben zu sein. Sein Mörder ist nie entdeckt worden.

Sabûn hinterliess sechs noch im Kindesalter stehende Söhne, nämlich: Mohammed Busâta, Jûsef, Idrîs, Seïf en-Nasr, Dayog und Dschâfer, deren Mutter Amîna dem Stamme der Madâba angehörte.

Mohammed Busâta, der als der älteste zuerst auf den Thron gesetzt wurde, starb schon nach zwei Monaten an den Pocken, und die Kürze seiner Herrschaft erklärt hinlänglich, dass man ihn häufig aus der Regentenreihe fortlässt und seinen Nachfolger Jûsef als unmittelbaren Nachfolger Sabûn's bezeichnet. Für diesen, ein Kind, übernahmen seine nächsten Verwandten mütterlicherseits die Regierungsgeschäfte. Die etwaigen Kronprätendenten, Brüder Sabûn's, wurden barbarischer Gewohnheit gemäss geblendet. Mann geworden, suchte sich Jûsef der Bevormundung zu entziehen. Er unternahm einen Zug gegen Tâma, wo Sultan 'Abdallâh es-Sârif herrschte, richtete jedoch nichts aus, da ihn seine Anverwandten und auf deren Betrieb auch die Grossen des Landes nur mangelhaft unterstützten. Im zehnten Jahre seiner Regierung zog er zum zweiten male nach Tâma aus, wurde jedoch durch die Entdeckung einer Verschwörung gegen sein Leben, bei welcher seine eigene Mutter betheiligt war, an der kraftvollen Ausführung der Expedition gehindert. Es war nämlich die Spannung zwischen ihm und seinen Verwandten und frühern Vormündern grösser und grösser geworden, und diese versuchten, ihn durch Speisen, welche aus Wâra in sein Lager geschickt wurden, zu vergiften und Seïf en-Nasr auf den Thron zu setzen. Selbst seine Frauen, deren er 90 hatte, waren unter den Verschworenen. Nachdem Jûsef an einem Hunde erprobt hatte, dass die Speisen, wie man ihm verrathen, in der That vergiftet waren, übergab er die 90 Frauen, welche die Speisen überbracht hatten, den Henkern und liess dann die sämmtlichen Theilnehmer des Complots, sowie seine Brüder einkerkern, blenden oder umbringen. Er kehrte hierauf nach Wâra zurück, wo er seinem Rachegefühl nach Herzenslust durch Hinrichtungen u. dgl. fröhnte.

Eine gegen die Heiden von Abû Telfân unternommene Expedition, sowie eine andere gegen Sûla blieben, wie alle seine kriegerischen Unternehmungen, ohne wesentlichen Erfolg. Von letzterer zurückgekehrt, residirte Jûsef (allgemein bekannt unter dem Namen Chorêfîn) zu Târa, einige Stunden von Wâra entfernt, sich die Herzen seiner Unterthanen als rachsüchtiger, blutdürstiger Tyrann mehr und mehr entfremdend. In der That hatte er derartig unter den Grossen des Landes aufgeräumt, dass zuletzt seine Rathsversammlung nur noch aus Sklaven bestand, und war so unberechenbar in seinem blutdürstigen Zorne und in der Wahl seiner Opfer, dass jeder, der in seine Nähe kam, Grund hatte, für sein Leben zu fürchten. Der einzige Act milderer Gesinnung, der von ihm bekannt ist, war die Freilassung seiner Grosstante Simbil und seiner Mutter Amîna, welche seit jener Verschwörung eingekerkert waren und die er sogar in ihre Güter und Ehren wieder einsetzte.

Nachdem er in zwei Rathsversammlungen durch sein sonderbares Benehmen den Verdacht einer neuen Gewaltthat rege gemacht hatte, verschworen sich die nachstehenden Theilnehmer derselben: Amîn Scherîf, Amîn Teïssa, 'Aqîd Jugŭrdê und 'Awâd Avergur, diesem Zustande steter allgemeiner Unsicherheit ein Ende zu machen. Sie liessen dem Sultan in einem Getränke Gift reichen, während sie in der Nähe den Erfolg abwarteten. Als Jûsef unmittelbar nach dem Genusse inne wurde, dass er vergiftet sei, und nach den Waffen griff, erdrosselten ihn die Verschworenen sofort.

Râqib, Chorêfîn's im zarten Knabenalter stehender Sohn, bestieg jetzt (1829) nominell den Thron; während seiner kurzen

Regierungszeit floss mehr Blut im Lande als je zuvor. Seine Mutter, die aus Sklavengeschlecht stammte, und ihre Berather nahmen die Regierung in die Hand und strebten in blutiger Weise, sie zu befestigen. Meuchelmord und Hinrichtung waren an der Tagesordnung, und da die Regentin sowol als ihre Verwandten und Rathgeber arabischer Herkunft waren, so schrieb man ihnen die Absicht zu, alle freien Männer allmählich umzubringen, nur die arabischen Elemente bestehen zu lassen und mit Sklaven zu wirthschaften.

Der Versuch des Kamkolak Ja'qûb von Turlulu, eines Malänga, die vormundschaftliche Regierung zu Wâra zu stürzen, wurde durch die List Tenzîl's, der Mutter Râqib's, vereitelt und kostete dem Kamkolak das Leben. Hierauf wurden 20 angesehene Männer der Malänga zur Berathung nach Wâra berufen und ebenfalls umgebracht. Die Regenten sandten darauf Mannschaften nach den Wohnsitzen dieses Stammes, um eine Ghâzia anzustellen, doch flohen die Bewohner zeitig genug zu den Kodoî. Bei gemeinschaftlicher Berathung kamen diese angesehensten Kernstämme Wadâïs zu dem Entschlusse, der heillosen Wirthschaft ein Ende zu machen und einen Mann aus königlichem Geschlecht, der unter den Kodoî lebte, auf den Thron zu setzen.

Es war dies 'Abd el-'Azîz, Sohn Radâma's und Enkel von Sabûn Gândigin, der seinerseits ein Sohn Sultan Dschôda's war. 'Abd el-'Azîz lebte still und eingezogen im Kreise seiner Familie und war bisher niemals als Kronprätendent aufgetreten. Die versammelten Stämme der Kodoî und Malänga sandten zwei Männer der Malänga, Adam Nûn und 'Abd el-Mahmûd, zu ihm, den sie in Gesellschaft eines ihm befreundeten Webers fanden. Die Abgesandten baten ihn um eine geheime Unterredung, die er anfangs mit dem Bemerken abgelehnt haben soll, dass er keine Geheimnisse vor seinem Freunde, dem Weber, habe, schliesslich aber auf ihre ernsten Bitten zugestand. Sie sagten ihm nun: „Der Sultan Râqib ist todt, und auf dem Throne Wadâïs sitzt der Sohn eines Sklaven, Dugri, der entschlossen ist, alle freien Männer umzubringen und bereits zu Wâra und mit den Malänga das blutige Werk begonnen hat." Sie beschworen die Wahrheit dieser Angaben bei dem Qorân, um den wenig geneigten, zögernden 'Abd el-ʿAzîz zu bestimmen, und dieser hielt es nun für seine Pflicht, dieser Schande für das Land und seine freien Männer ein Ende zu machen. Er begab sich zuerst nach Kurngon, dem Hauptorte der Kodoî, deren Oberhaupt, ein Sklave, als erstes Opfer der Unternehmung fiel. Ein auf die Nachricht von diesen Ereignissen aus Wâra gegen die Aufständischen gesandtes Heer wurde zwar zuerst bei Tukulbei von denselben zurückgeworfen, schlug indess bei einem zweiten Angriff die Kodoî in die Flucht und kehrte siegreich in die Stadt zurück. Während der Nacht jedoch sammelten sich die Kodoî und Malănga, die von ihren tapfern Frauen wegen ihrer Flucht verhöhnt worden waren; die Madăba, die Aulâd Dschemaʿ, die Mimî, die Marârît, die Ganyanga, die Bitanginna stiessen zu ihnen, und so brach man gegen Wâra auf. Eine Heeresabtheilung kam ihnen vor der Stadt entgegen und wurde nach blutigem Kampfe besiegt. Die Kodoî warfen die Lanzen fort und gingen den Gegnern mit ihren langen Messern zu Leibe. Eine Abtheilung flintenbewaffneter Dschellâba wurde ebenfalls geschlagen und der Rest, der sich in Wâra in die Moschee geflüchtet hatte, später umgebracht. Auch wird erzählt, dass man mit Zaubersprüchen beschriebene Hölzer auf die Pferde des Feindes geworfen und diese so zum Stürzen gebracht habe.

Wâra wurde mit Einschluss der königlichen Wohnung der Plünderung preisgegeben. ʿAbd el-ʿAzîz zog in den Palast ein, verrichtete in der Moschee seine Gebete und liess Frieden und Ende der Feindseligkeiten verkündigen. Doch zuvor befahl er, ihm den entthronten Sultan (Dscherma Dugri) vorzuführen, und erkannte nun, als man Râqib mit zwei kleinen Sklaven herbeiführte, den Betrug. Er soll bittere Thränen darüber vergossen haben, sah jedoch die politische Nothwendigkeit ein, zur Sicherung künftigen Friedens wie zu eigener Sicherheit den jungen Râqib umbringen zu lassen, verurtheilte aber zu diesem Henkersdienste jene beiden Abgesandten der Malănga und Kodoî, welche ihn durch einen Meineid getäuscht hatten.

ʿAbd el-ʿAzîz war nunmehr unbestrittener Herr, wenigstens von Wâra; doch die Ruhe dauerte nicht lange. Trotz des versöhnlichen Charakters und der geraden Natur des Sultans traten stets neue Feinde auf. Seine zuerst glühenden Anhänger, die Malănga, fielen von ihm ab und stellten einen neuen Kronprätendenten auf, wurden aber von dem Kamkolak Abû Ommi bei Kâdâza geschlagen. Auf sie folgten die Kelinga, welche Dscha'fer, Sohn Sabûn's, aufstellten; 'Abd el-'Azîz schlug dieselben aufs Haupt und liess Dscha'fer tödten. Auch die Tittir und die Ganyanga stellten einen Prätendenten aus königlichem Blute auf und wollten denselben durch Meuchelmord auf den Thron bringen; doch ihr Anschlag wurde verrathen, die Mörder selbst ergriffen und hingerichtet. Um die übrigen Betheiligten zu strafen, zogen der Kamkolak Abû Ommi und der Dscherma 'Abd el-Qâdir gegen die Tittir und Ganyanga, zerstörten ihre Ortschaften und tödteten alle Einwohner, deren sie habhaft werden konnten. Auch eine grosse Anzahl Gefangener, welche nach Wâra gebracht wurden, entgingen dem traurigen Geschick nicht, welches nicht etwa die *ultima*, sondern die *prima* und *sola ratio* aller Wadâï-Regierungen zu sein scheint.

Auf den Aufstand der Tittir und Genossen folgte der der Kôndŏngo, welche einen Prinzen Namens Râschid auf den Thron zu setzen beabsichtigten. 'Abd el-'Azîz traf auf sie zu Burtai und rieb sie gänzlich auf. Während der Schlacht gebrauchte er die List, zwei königliche Sonnenschirme, einen rothen und einen blauen, durch seine Sklaven tragen zu lassen, ohne sich jedoch derselben selbst zu bedienen. Da nun die Empörer den Sultan unter dem blauen Schirme vermutheten, so richteten sie alle ihre Anstrengungen auf diesen Punkt und schwächten so ihre Kräfte auf andern Seiten.

Kaum waren die zahlreichen Empörungen und innern Kämpfe nothdürftig erstickt oder eigentlich im Blute ertränkt worden und Friede im Innern hergestellt, so hinderte neues Unheil den Sultan, für Blühen und Gedeihen Wadâïs zu sorgen. Eine Hungersnoth suchte das Land heim und erreichte einen so bedenklichen Grad, dass die Grossen des Landes ihrem Herrscher vorschlugen, in die Heidenländer zu gehen, um Getreide zu holen. 'Abd el-'Azîz, in der Besorgniss, damit das Land äussern Feinden preiszugeben, verweigerte anfangs die Erlaubniss und liess sich erst durch die zum Aeussersten entschlossene Haltung jener zur Nachgiebigkeit bewegen, blieb aber selbst mit wenigen Getreuen im Lande. Seine Befürchtung fand bald genug Bestätigung, denn eine Heeresmacht

Dâr-Fôrs war im Anzuge. Schon war dieselbe auf dem Gebiet Wadâïs, da erkrankte ʿAbd el-ʿAzîz an den Pocken und starb im sechsten Jahre seiner Regierung.

ʿAbd el-ʿAzîz hinterliess neun Söhne, die noch im zartesten Kindesalter standen. Für Adam, den ältesten, welcher sieben Jahre zählte, nahm der Onkel des Verstorbenen, Kamkolak Abû Ommi, die Regierung in die Hand. Seine erste Maassregel war, die kleine, unter dem Befehl des Kamkolak Obô gegen die vorrückenden Fôrâwa ausgezogene Macht zurückzurufen; dieser wollte dem Befehl gehorchen, wurde aber durch seine stolzen und kriegerischen Begleiter überstimmt und gezwungen, den ungleichen Kampf mit dem Feinde aufzunehmen. Als er nämlich im Begriffe war umzukehren, nannte es sein Vetter Jaʿqûb Yangangera (d. h. „Freund der Schlacht") entrüstet eine Schande, umzukehren ohne den Feind auch nur gesehen zu haben, und liess, als Obô zögerte, zum Aufsitzen trommeln, bestieg sein gewaltiges graues Ross und erklärte, er ziehe den Tod einem schmachvollen Rückzuge vor. Nothgedrungen musste Obô nachgeben, da auch seine andern Heerführer dem Beispiele Jaʿqûb's folgten. Die Heeresmacht Dâr-Fôrs lagerte der kleinen Wadâï-Macht ganz nahe und wurde von dieser verzweifelten Schar alsbald angegriffen; doch die derselben so unendlich an Zahl überlegenen Fôrâwa schlossen die Wadâwa allmählich ein, und von den 1000 Reitern, welche der Kamkolak Obô unter seinem Befehle hatte, kamen nur fünf mit dem Leben davon; von den Anführern retteten sich der genannte Obô mit zwei andern durch die Flucht. Jaʿqûb, aufgefordert sein ungelenkes Pferd mit einem andern zu vertauschen, erstach es und erklärte, zu Fuss kämpfen zu wollen. Er stürzte sich wirklich zu Fuss in die Mitte der feindlichen Reiter und fiel alsbald. Es war dies die Schlacht bei Ahbès.

Währenddessen hatte auch Abû Ommi sich aufgemacht, um mit kleiner Macht einen letzten verzweifelten Versuch zu machen, den Feind zurückzuwerfen; zu ihm stiessen die drei obengenannten Anführer. Gegen den Rath des verstorbenen Sultans ʿAbd el-ʿAzîz, welcher, den Ueberfall der Fôrâwa vorhersehend, den ʿAqîd Adam ermahnt hatte, den Feind nicht mit geringen Streitkräften anzugreifen, sondern ihm durch geschickte nächtliche Märsche nahe zu kommen und ihn zu überrumpeln, griff Abû Ommi den überlegenen Feind offen bei Amrâta an, da er es für eine Schande hielt, dem Feinde durch Ueberraschung Vortheile abzugewinnen, und nur wenige der Seinen entgingen dem Tode; die Heeresmacht Dâr-Fôrs zog nach Batûma. Unter ihr befand sich ein Wadâï-Prinz, der sich Mohammed Scherîf nannte, jedoch nicht, wie fast allgemein angenommen wird, die Veranlassung zu der Unternehmung Dâr-Fôrs gegen Wadâï war. Während der Hungersnoth, die in der letzten Regierungszeit des Sultans ʿAbd el-ʿAzîz Wadâï heimsuchte, hatten die östlichen Stämme des unglücklichen Landes in ihrer Noth häufig Raubzüge auf das Gebiet Dâr-Fôrs unternommen und dadurch endlich die Geduld des Königs Mohammed el-Fadl's erschöpft, der nunmehr beschloss, sie mit den Waffen in der Hand zu strafen. Auf den Rath seines vertrauten Sklaven Saʿîd Bornû gab Mohammed el-Fadl seinem Unternehmen eine andere Richtung, als er ursprünglich beabsichtigte. „Wenn du, Herr", so sagte jener, „Wadâï mit Krieg überziehen willst, so gehe nicht selbst, denn die Geschichte beider Länder lehrt, dass die Sultane Dâr-Fôrs, wenn sie in Person ins Feld zogen, stets übel fortkamen; schicke also nur deine Hauptleute. Dann aber sende sie nicht auf einen gewöhnlichen Raubzug, der dir alle Stämme dieser tapfern Nation zu Feinden machen würde, sondern schicke mit dem Heere einen Wadâï-Prinzen, welcher sofort in dem durch innere Kämpfe und Hungersnoth zerrütteten Lande eine Partei für sich gewinnen wird; setze ihn auf den Thron und mache ihn Dâr-Fôr tributpflichtig." Mohammed el-Fadl, die Richtigkeit dieses Rathes erkennend, berief den Wadâï-Prinzen, welchen wir als Mohammed Scherîf auf dem Throne Wadâïs sehen werden, aus Dschemaʿân zu sich, wo er in bescheidenen Verhältnissen als kleiner Kaufmann mit einer Frau und drei Söhnen, Mohammed, Ahmed und Sulêmân, lebte. Er zeigte wenig Neigung, als Kronprätendent aufzutreten, doch der Sultan überredete ihn, rüstete ihn aus und gab ihm eine Frau aus dem Palaste.

Es ist hier der Ort, über die Identität oder Nichtidentität des Kronprätendenten mit Mohammed Scherîf, dem Sohne Sâlih Derret's, zu sprechen, welcher, wie früher erwähnt, unter Sabûn's Regierung der Gefahr, gleich seinem Bruder Radâma getödtet zu werden, sich durch die Flucht nach Dâr-Fôr entzog. Mit ihm floh noch ein anderer Prinz Namens 'Izz ed-dîn, Sohn Tambe's, eines Sohnes des Sultan Dschôda. Mohammed Scherîf, entsetzt über das grausame Los, das allen jüngern Söhnen und allen männlichen Verwandten der Wadâï-Sultane drohte, gelobte sich, niemals den auf Leichen und Blut errichteten Thron zu erstreben, und so geschah es, dass er mit seinem Begleiter 'Izz ed-dîn, der als Sohn einer Ausländerin nach den Gesetzen des Landes keine Aussicht hatte, jemals auf den Thron zu gelangen, den Namen und sozusagen die Herkunft tauschte. Er nannte sich fortan 'Izz ed-dîn, nahm jedoch später seinen eigenen Namen theilweise wieder an, indem er sich nach einer unternommenen Wallfahrt nach Mekka Scherîf el-Hâdsch nannte. Später ging er nach Bornû und verheirathete sich dort mit der geschiedenen Frau Tîrâb's, der Mutter des bekannten Hâdsch Beschîr, jenes allmächtigen Ministers des Scheïch 'Omar. Wir finden Scherîf el-Hâdsch später auf den Inseln der Karka oder Karga wieder, wohin er sich zurückgezogen hatte. Der wirkliche 'Izz ed-dîn dagegen nannte sich Mohammed Scherîf, Sohn Sâlih Derret's und der Hâbâba Wêrê aus dem Geschlechte der Kelinga, und lebte zu Dschema'ân in Dâr-Fôr; er bezeigte zwar ebenfalls keine Neigung, die politische Arena zu betreten, ward jedoch, wie erzählt, durch die Verhältnisse und durch den Einfluss Mohammed el-Fadl's bewogen, als Kronprätendent aufzutreten.

So unwahrscheinlich auch in vieler Beziehung diese Geschichte klingen mag, so war mein Berichterstatter doch ein so glaubwürdiger, in der Geschichte und den Ereignissen seines Vaterlandes so wohlbewanderter Mann, dass ich diese Angaben für wahr halten muss. Meines Berichterstatters Aussagen hierüber waren ganz positiv und wurden durch seinen Onkel, den Kamkolak Didân, der sowol den wirklichen wie den falschen Mohammed Scherîf gekannt hatte, bestimmt aufrechtgehalten. Dass es Sultan Mohammed Scherîf ein Leichtes war, die Bedenken der Hâbâba Wêrê und seines Bruders 'Abd el-Dschelîl zum Schweigen zu bringen, begreift sich ohne Mühe, wenn man den geringen Werth eines Menschenlebens am Hofe von Wâra in Anschlag bringt. Das Quidproquo ist noch jetzt nicht allgemein bekannt, doch werden ohne Zweifel noch einige andere Personen die Wahrheit gekannt haben; aber das Geheimniss war gesichert: niemand, der seinen Kopf lieb hatte, verrieth es.

Doch kehren wir zurück zu dem Heere der Fôrâwa und dem Kronprätendenten, dem wir den von der Geschichte adoptirten Namen Mohammed Scherîf Ibn-Sâlih-Derret geben, während wir den wirklichen Prinzen dieses Namens Mohammed Scherîf el-Hâdsch nennen.

Als das Heer zu Batûma bei Wâra angekommen war, liess Mohammed Scherîf alle Einwohner Wâras auffordern, sich in die königliche Wohnung zu begeben, damit ihnen bei der bevorstehenden Einnahme der Stadt kein Leid zugefügt würde. Der kindliche Sultan Adam, sowie seine nächsten Verwandten flohen trotzdem, wurden aber ergriffen und der erstere den Fôrâwa übergeben.

Unter diesen Verhältnissen bestieg Mohammed Scherîf (Scherîf ist in diesem Falle nur Name und hat nichts mit der Abkunft von dem Propheten zu thun) den Thron Wadâïs und kennzeichnete den Anfang seiner Regierung (er regierte von 1835—58) durch eine für neue Wadâï-Herrscher unerhörte Milde. Es fanden nur wenige Hinrichtungen statt. Das Heer von Dâr-Fôr kehrte in die Heimat zurück, den entthronten Adam mit sich führend, und der neue Sultan regierte ruhig und friedlich während eines Jahres. Im zweiten Regierungsjahre unternahm er einen Zug zum östlichen Theile des Tsâde, den oben erwähnten Sumpfinseln der Karka oder Karga, wohin sich diejenigen Grossen des Reiches zurückgezogen hatten, welche unter der Regierung des ʿAbd el-ʿAzîz das Land von Streitkräften entblösst und dem Feinde preisgegeben hatten. Hier trachteten sie Mohammed Scherîf el-Hâdsch der Zurückgezogenheit zu entreissen, um ihn als Kronprätendenten dem Sultan Mohammed Scherîf gegenüber aufzustellen. Letzterer wurde ihrer jedoch bald Herr, liess die in seine Hände gefallenen Führer hinrichten und kehrte mit reicher Beute an Rindvieh nach Wâra zurück, wo er sich, gerecht regierend, auch nach aussen ruhig verhielt, die periodisch unternommenen Ghazien (Sklavenjagden) seinen Heerführern überlassend.

Mohammed Scherîf el-Hâdsch, der, seinem Jugendentschlusse treu, keine Neigung gezeigt hatte, dem Drängen seiner Anhänger nachzugeben, hatte es dennoch für rathsam gehalten, sich durch die Flucht etwaigen Gewaltmaassregeln des Sultans zu entziehen.

Im zehnten Jahre seiner Regierung zog Mohammed Scherîf gegen Tâma, dessen Sultan sich übermüthig gegen den Herrscher Wadâïs, dem er nominell tributpflichtig war, benommen hatte, und wurde durch geschickte Manöver sofort Herr der Situation. Es gelang jedoch dem Sultan Mohammed en-Nur, nach Dâr-Fôr zu entweichen, worauf Mohammed Scherîf an seiner Statt dessen Bruder Isma'îl auf den Thron setzte, zur Sicherstellung desselben fünf seiner Heerführer zurücklassend. Mohammed en-Nur jedoch kam unerwartet aus Dâr-Fôr zurück, besiegte die Heerführer Wadâïs und bemächtigte sich wieder des Thrones, während sein Bruder rechtzeitig entfloh. Noch zweimal wurden Kriegszüge gegen Tâma unternommen, zweimal kehrte Mohammed en-Nur zurück und entfloh bei Annäherung der Wadâwa wieder. Endlich begann Mohammed Scherîf das Land in barbarischer Weise so lange zu verwüsten, bis man ihm die bündigsten Versprechungen des Gehorsams gab. Nachdem er einen andern Bruder des Sultans, Ibrâhîm Ibn-Sulêmân, zum Herrscher eingesetzt hatte, kehrte er nach Wadâï zurück. Zwar war der ebenso unermüdlich rückkehr- als fluchtbereite Mohammed en-Nur zum dritten mal im Anzug und zwar ohne Streitkräfte, sich allein auf die Wirkung seines persönlichen Erscheinens verlassend, doch entspann sich zwischen ihm und seinem Bruder Ibrâhîm am Eingang zu der königlichen Wohnung ein Zweikampf, in welchem Mohammed en-Nûr fiel. Mit seinem Tode war diese Episode beendigt.

Nach Verlauf einiger Monate unternahm Mohammed Scherîf seinen denkwürdigen Zug nach Bornû, welchen er anfangs durch scheinbare Bedrohungen sowol Bagirmis als Kânems maskirte, sich aber dann vom Ufer des Tsâde nach Kussĕri wandte und eine Botschaft an den Scheïch 'Omar sandte, demselben seine friedliche Umkehr gegen einen bestimmten Preis anbietend. Obgleich der Scheïch 'Omar ganz unvorbereitet war und den grössten Theil seiner Streitkräfte gegen den Sultan von Zinder ausgesandt hatte, gestattete ihm seine Würde doch keine andere Antwort als die, dem Herausforderer ein Heer entgegenzuschicken; bald standen sich die Streitkräfte am Schâri, dort wo derselbe den Fluss von Logon aufnimmt, gegenüber. Durch den Verrath der Leute von Kussĕri wurde es dem Heere Mohammed Scherîf's ermöglicht, in einer Furt des Flusses das andere Ufer, wenn auch mit grossen Verlusten, zu erreichen, wo sich ein heftiger Kampf entspann, der mit der Niederlage Scheïch 'Omar's endete; dieser zog sich zurück, um die Rückkehr grösserer Streitkräfte aus dem Gebiet der Zinder abzuwarten. Doch auch Mohammed Scherîf hatte empfindliche Verluste erlitten, und da der Fluss ein zweites mal zu passiren und zudem der kriegerische Bruder Scheïch 'Omar's, 'Abd er-Rahmân, mit ansehnlicher Streitmacht zu erwarten war, so zog er es vor, in Unterhandlungen mit Scheïch 'Omar zu treten und bediente sich dazu eines gefangenen Unterthanen desselben, des Ibrâhîm el-Wadâwi, Freund und Gefährte des Scheïch Mohammed el-Amîn el-Kânĕmi. Das Ergebniss war, dass Mohammed Scherîf durch Zahlung einer Summe von 8000 Maria-Theresia-Thaler, wie man erzählt, bewogen wurde, den Rückzug nach Wadāï anzutreten mit einem Heere, das durch Krankheiten und Verluste im Kampfe decimirt war.*)

Nach der Rückkehr von diesem Zuge hielt sich Mohammed Scherîf vier Jahre ruhig zu Wâra, doch entfremdete er sich durch seine Habsucht mehr und mehr die Herzen der Unterthanen und zog sich schliesslich aus der historischen Residenz Wâra nach Abesche zurück. Seine Erblindung trug ebenfalls viel dazu bei, die Parteien im Lande an seine Entthronung denken zu lassen, zumal es dort nie an Kronprätendenten fehlt. Es sei hier bemerkt, dass Erblindung nach den Gesetzen nicht unfähig zur Regierung macht; dieselbe schliesst nur von der Thronbesteigung aus, bietet jedoch stets einen willkommenen Vorwand zu Umsturzversuchen.

Es begannen denn auch für Mohammed Scherîf Jahre des Kampfes und nie endender Beunruhigungen. Den Beginn machten die Kodoî, zu welchen sich die Auläd Dschema' und die Marârît gesellten. Die Veranlassung zu ihrer Erhebung soll der Scheïch el-Hirân aus dem Stamme der Kodoî gegeben haben. Er war ein langjähriger Freund des Sultans, der ihm einst gesagt hatte: „Meine Thür wird dir stets offen stehen; sollte sie

---

*) Die Geschichte Bornûs, II, 412, enthält bei Darstellung dieser Episode noch die Angabe, dass Mohammed Scherîf bis zur Hauptstadt Kûka gedrungen sei und diese verwüstet habe, erwähnt jedoch nicht, dass derselbe durch das obenerwähnte Abstandsgeld zum Abzuge bewogen worden. D. H.

dir einst verschlossen sein, so ist das ein Zeichen, dass ich nicht mehr bin." Eines Tages an der Thür der königlichen Wohnung abgewiesen, schrieb der Scheïch el-Hirân an die Kodoï: „Der Sultan ist todt", und erklärte auf ihr Befragen, ein alter blinder Mann sitze auf dem Throne, der Vater der Häbába Kedêni. Empört, dass man gegen allen Brauch und Sitte einen Herrscher, der nicht aus königlichem Blute stammte, auf den Thron gesetzt, eilten die Kodoï nach Wâra, doch Mohammed Scherîf, von ihrer Absicht bereits unterrichtet, zog ihnen von Abesche entgegen. In dem Kampfe bei Dorúba wurde der Thronprätendent der Empörer, Hâdsch Mohammed Gûdzan getödtet und fielen 4653 Kodoï, auf beiden Seiten zusammen 7000 Mann. Erst nach der Schlacht erfuhren die Kodoï, dass sie getäuscht worden, auch verzieh Mohammed Scherîf den Empörern, doch fühlten diese sich so wenig sicher, dass ein grosser Theil nach Tâma floh, und als Mohammed Scherîf von dem Sultan Ibrâhim ihre Auslieferung verlangte, die verweigert wurde, suchten sie ihr Heil abermals mit den Waffen in der Hand. Ein neuer Prätendent in der Person des Faqih Mâken Judúkkum aus königlichem Blute (Abkomme Sultan Dschóda's) stellte sich an ihre Spitze, doch gelang es Mohammed Scherîf die Empörer zu schlagen. Mâken entfloh nach Dâr-Fôr.

Zwei Jahre darauf stand der Tintelak Mohammed gegen seinen Vater auf. Als Sohn einer Fellâta-Frau hatte er keine Aussicht, auf den Thron zu gelangen, und fürchtete wol mit Recht im Falle des Todes Mohammed Scherîf's Gewaltthaten von seiten seiner mehr berechtigten Brüder. Ohne Kampf konnte er sich der Königswohnung in Wâra bemächtigen, da sein Vater in Abesche Hof hielt, ja dieser soll sogar bereit gewesen sein, seinem zärtlich geliebten Erstgeborenen die Regierung zu überlassen, doch weder seine Umgebung noch die öffentliche Meinung dies zugelassen haben. Er war gezwungen, gegen den aufrührerischen Sohn einzuschreiten, liess ihn jedoch zuvor warnen und zur reuigen Umkehr mahnen. Der übelberathene Mohammed liess es aber zum ungleichen Kampfe kommen, der für ihn unglücklich endete; er selbst und seine Anhänger ergriffen die Flucht. Der versöhnliche Vater versprach ihm Verzeihung, doch Mohammed, in Anbetracht der Geschichte Wadâïs wol mit Recht mistrauisch, entfloh nach

Tâma zu dem Sultan Ibrâhîm. Vergebens forderte der Sultan von Wadâï den letztern auf, ihm den Sohn auszuliefern; er habe, antwortete ihm Ibrâhîm, seine Gäste nicht gerufen; freiwillig gekommen, sollten sie nur freiwillig gehen, und in seinem Lande werde er sie zu schützen wissen.

Nunmehr beschloss der erzürnte Vater, seinen ungehorsamen Sohn selbst zu holen. In schnellen Märschen zog er gegen Tâma, vorsichtig auf östlichen und nördlichen Umwegen sich der Hauptstadt nähernd und sein Hauptquartier zu Gubberlêle, $1^1/_4$ Tagemarsch von Nyere, aufschlagend. Sultan Ibrâhîm sandte dem Mohammed Scherîf zuerst seinen Sohn Ishâqa, und als dieser von den Wadâwa in die Flucht geschlagen worden, den Kamkolak Dondor entgegen; aber auch dieser unterlag, und Ibrâhîm brach nun in Person auf und besiegte vereint mit seinen Heerführern das Heer Mohammed Scherîf's in den schwierigen Bergpässen vollständig. Am Tage nach diesem unheilvollen Kampfe kehrte der blinde Sultan nach Wadâï zurück, doch nicht um Ruhe zu finden. Zwar bewog der Sultan von Tâma den Tintelak Mohammed, sich seinem Vater freiwillig zu überliefern und auf seine Verzeihung zu bauen — derselbe folgte in der That dem Rathe, entfloh aber bald wieder, diesmal nach Dâr-Fôr —, überredete jedoch andererseits den Sohn des Sultan ʿAbd el-ʿAzîz, Adam, der, wie früher erzählt, bei dem Regierungsantritt Mohammed Scherîf's als Knabe nach Dâr-Fôr geführt worden war, als Kronprätendent aufzutreten, und stellte demselben den Zuzug der Kodoî, Aulâd Dschemaʿ und Marârît in Aussicht. Adam war nur zu geneigt, der Aufforderung Folge zu leisten und die blutige und oft so unheilvolle Bahn der Kronprätendenten von Wadâï zu betreten. Er bereitete im geheimen alles vor, setzte ebenso heimlich seine Abreise von el-Fâscher, wo er unter dem Schutze des Sultans Hasîn wohnte, ins Werk und begab sich nach Tâma. In Nyere gelang es ihm, eine kleine Macht zu sammeln, doch wiederholte Versuche zu grössern Unternehmungen scheiterten an Unentschlossenheit und Unzuverlässigkeit theils der Führer, theils der Kriegsleute, und endlich zog sich Adam in ein kleines Dörfchen Tâmas zurück, auf günstigere Zeiten wartend.

Unterdessen war Tintelak Mohammed nach Wadâï zurückgekehrt unter dem Vorwande, seinen Vater gegen Adam zu unterstützen und lebte zu Tungung, gründete sich eine zweite Residenz zu Kaffĕnak, einen halben Tagemarsch davon entfernt, und warb täglich neue Parteigänger, unter denen sich viele seiner Brüder und andere Prinzen befanden. Aufs neue beunruhigt durch die Haltung seines Sohnes, liess sich Mohammed Scherîf durch Häscher seiner Person bemächtigen und hielt ihn gefangen in Abeschè, wo es ihm jedoch nach kurzer Zeit gelang, sich zu befreien. So verflossen noch $1\,^1/_2$ Jahr gegenseitiger Furcht und allgemeiner Vertrauenslosigkeit, als Mohammed Scherîf plötzlich starb.

Zur Zeit seines Todes befand sich ʿAlî, der berechtigte Thronerbe, ältester Sohn der Hăbâba Mâdĕna von den Matlămba, zu Foschi, zwei Tagemärsche von Abeschè. Zwar versuchte die Hăbâba Kedêni ihren Sohn Sulêmân mit Hülfe einer kleinen Zahl von Anhängern auf den Thron zu setzen, doch der Kamkolak Asad, verbündet mit dem ʿAqîd der Mahâmîd, bemächtigte sich der königlichen Insignien und führte die Leiche seines verstorbenen Herrn nach Wâra. Alle diese Vorgänge wickelten sich mit grosser Schnelligkeit ab. Kaum war der Sultan begraben, so lagerte bereits der Kronprinz ʿAlî, den man durch Eilboten benachrichtigt hatte, am Dschebel Balûl zu Delâla, wohin man ihm die königlichen Insignien entgegentrug.

Tintelak Mohammed war mit seinem Anhange nach Sûla entflohen und von da nach Dâr-Fôr. Die Hăbâba Kedêni wurde gefangen gesetzt, ihre Söhne Sulêmân und Seïf en-Nasr geblendet, und ein gleiches Schicksal traf barbarischer Sitte gemäss noch mehrere andere Prinzen und muthmaassliche Kronprätendenten.

ʿAlî sah sich im unbestrittenen Besitze des Thrones. Keine der so zahlreichen und stets kampfbereiten Gruppen des Dâr-Mâba hatte einen Kronprätendenten zur Hand, und der überall geschätzte Charakter ʿAlî's bot wol den Grund zu dieser allgemeinen Zustimmung. Der neue Sultan trat mit Milde und Gerechtigkeit die Regierung an und führte sie zur Zeit meines Aufenthalts in Wadâï seit dem Jahre 1858 mit seltener Weisheit fort. Anstatt in blutigen Kämpfen und Raubzügen suchte er bisjetzt seinen Ruhm in der Hebung von Handel und Wandel, der Belebung des Karavanenverkehrs mit den Küsten des Mittelmeeres, der Beschützung von Gelehrten, in der Ausübung strenger Gerechtigkeit und im friedlichen Verkehr mit den Nachbarn.

Im dritten Jahre seiner Regierung versuchte Sultan 'Ali's älterer Bruder, der oft genannte Tintelak Mohammed, nochmals einen Aufstand zu seinen Gunsten zu erregen, und war zu diesem Zwecke aus Dâr-Fôr zurückgekehrt, doch gelang es 'Ali, die Sache im Keime zu ersticken. Ein leichter Sieg ward erfochten, und Mohammed entfloh wiederum nach Dâr-Fôr, wo er verschollen ist.

Gleichen Ausgang hatten die Versuche der Häbâba Kafâni, ihren Sohn Ahmed auf den Thron zu setzen. 'Ali behandelte sowol die Häbâba Kafâni als ihren Sohn mit grosser Milde, allein wiederholte Intriguen und Versuche neuer Empörung erschöpften endlich seine Geduld, und er liess die erstere umbringen; ihr Sohn Ahmed hatte sich im Jahre 1868 in Kûka (Bornû) niedergelassen, woselbst er vom Sultan 'Omar aufs wohlwollendste aufgenommen wurde.

Der Kronprätendent Adam, als Sohn des 'Abd el-'Azîz berechtigter den Thron zu besteigen, als 'Ali selbst, verhielt sich nicht nur ruhig, sondern erklärte sogar ausdrücklich, dass er demselben keinerlei Unbequemlichkeiten zu machen beabsichtige.

So hielt sich 'Ali durch Klugheit und Energie in ungestörtem Besitze des Thrones. Die Parteien waren zum Schweigen gebracht, und das gefürchtetste Element im Dâr-Mâba, die Kodoi, erfreuten sich besonderer Begünstigungen von seiten des Sultans, der ihren frühern Kronprätendenten Adam durch Freundschaftsbezeigungen sich zu verbinden verstand. Sie warfen ihm gleichwol mit dem eigenthümlichen Hochmuth ihrer Nation vor, dass er die Fremden zu sehr begünstige und dass er die alten Sitten des Landes verletze. In der That wählte König 'Ali seine Beamten oft dem alten Herkommen entgegen nicht aus diesem oder jenem Stamme, dieser oder jener Familie, sondern gab das Amt, welches bisher vielleicht nur ein freigeborener Mâba innegehabt hatte, an einen Sklaven, wenn er denselben für fähiger hielt. Immerhin hatte der kluge Fürst jedoch durch die Kraft seiner Regierung und die Gerechtigkeit seiner Grundsätze es zu solchem Ansehen und zu einer Machtstellung gebracht, welche jeden Gedanken an eine thatkräftige Unzufriedenheit ausschlossen.

# ACHTES BUCH.
## VON WADÂÏ NACH DÂR-FÔR UND AEGYPTEN.

# Erstes Kapitel.

## Reise nach Dàr-Fòr.

Abschied von König ʿAli. — Die ägyptischen Reitesel und ihre Leistungsfähigkeit. — Verzögerungen des Aufbruchs. — Abreise am 17. Januar 1874. — Die von Wadâï nach Dâr-Fòr führenden Wege. — Freigeborene und gestohlene Sklaven. — Die Bergkette von Kèlingen. — Die Wudjân Schnqq, Udeï und Mondschobok. — Die Dörfer Murra und Oilombo, Bagirmi-Colonien. — Die Flussthäler Oilombo und Jòje. — Wâdî Koddoni oder Wâdî Lobbŏdê der Wadâwa. — Schems ed-din und Hâdsch Ahmed Tangatanga. — Allmähliche Steigung des Weges. — Das Flussthal Rimèle, auch Kunno genannt. — Der Grenzort Bir-Tuïl. — Berggruppen im Nordosten, der Berg Torâne und die Berge der Massâlit. — Wâdî Delâl. — Versammlung der Reisegesellschaft in Bîr-Tuïl. — Marktverhältnisse und Lebensweise der Bevölkerung daselbst. — Lagerleben einer Karavane. — Kaffee- und Theegenuss in Wadâï, die Gûro-Nuss. — Der Gesandte Sultan ʿAli's an den Sultan von Dâr-Fòr. — Feier des Opferfestes. — Entgegennahme einer königlichen Botschaft. — Aufbruch am 3. Februar. — Bodenbeschaffenheit und Vegetation der Grenzbezirke. — Betreten der Tirdsche Wadâïs. — Wâdî Asunga, Aenderung der Vegetation. — Die Keimlinge der Delêbpalme als Nahrungsmittel. — Die Massâlit als gefürchtete Wegelagerer. — Das Thal des Wâdî Kulkul, Grenze von Dâr-Fòr. — Die Tirdsche Dâr-Fòrs. — Bir-Deqîq und Dorf Gerolne. — Frauen vom Stamme der Girga. — Die Stämme der Girga und Latunno sind Qimr. — Dâr-Schâle. — Zusammenwohnen der verschiedensten Stämme im Westen Dâr-Fòrs. — Der Melik von Sertemmo. — Das Gebiet des Schertâja Hannêfi in Dâr-Fèa. — Der Bezirk Bûro und die dort wohnenden Tordschem-Araber. — Die Frauen der Tordschem, Fòrâwa und der nomadisirenden Araber. — Gerüchte über einen Sieg Ziber's. — Wâdî Kâdscha, Wâdî Abû Sanat, Wâdî Omm Zêfa; Ursprung und Verlauf. — Vereinigung der Wudjân Bârê, Azûm, Sanat und Asunga als Wâdî Kya (Bahăr es-Salâmât). — Wâdî Tineât. — Wohnsitze der Qimr, der Marârit, Oro, Talba, Schâle u. s. w. — Hâdsch Ahmed und die

Gastfreundschaft der Dschellâba. — Gefahr, als türkischer Spion behandelt zu werden. — Marktverhältnisse in Tineât. — Charakter der Gegend von Wâdi Bargû. — Der Scheïch der Nawáïbe. — Das Marra-Gebirge. — Das Flussthal Kabkabija. — Salzgewinnung. — Kerâkïr. — Boggesa, der höchste Punkt der Kôra-Kette. — Seltenheit des Wildes. — Die Wasserscheide. — Sâniat el-Muhâdschïrïn. — Hadscher Garda und Wâdi Garda. — Die Bergkette Malâ. — Thal Abû Dungo. — Wâdi el-Kû'a. — Korbgeflechte der Fôrâwa. — Hadscher Kôbé, Wâdi Kôbé und Stadt Kôbé. — Markt in Kôbé. — Schwierigkeit der Wasserversorgung. — Die Entstehung der Dschellâba-Stadt. — Das Innere derselben. — Abnahme der Bevölkerung und des Wohlstandes. — Kleidung der Dschellâba und Fôrâwa. — Abreise und Ueberschreitung des Wâdi Kôbé. — Berg Kussa, Wâdi Barbodscha. — Bezirk Gerne. — Blick auf el-Fâscher. — Aeussere Erscheinung der Stadt. — Ankunft in el-Fâscher und gastliche Aufnahme. — Hâdsch Ahmed's Sorge um mein Geschick. — Wohlwollen des Sultans gegen mich. — Bewilligung der Begrüssungsaudienz.

Mit Anfang des Jahres 1874 konnte ich endlich Wadâï verlassen, während ich schon im Frühjahr 1873 Dâr-Fôr zu erreichen gehofft hatte. Am 11. Januar nahm ich den letzten Abschied von meinem treuen Beschützer, dem König 'Ali, der mir sein Wohlwollen noch durch Uebersendung verschiedener Ausrüstungsgegenstände bethätigte. Ich empfing von ihm ein Pferd, um es dem König Brâhim als Geschenk mitzubringen, ausserdem schenkte er mir einen kleinen Klepper (Kâdíra), fünf aus Giraffenhaut geformte Töpfe mit Honig und ebenso viel aus Dûmpalmengestrüpp geflochtene Netze (Schebĕqät) mit Datteln, und gab mir das Versprechen, mich mit Kamelen für die Reise versehen zu wollen. Den Honig vertheilte ich unter meine Freunde, da ich vorläufig noch nicht genug Transportmittel besass, ihn mitzuführen, und behielt nur eins der cylindrisch geflochtenen Netze mit Datteln für mich, die andern ebenfalls meinen Freunden überlassend. Die Kâdíra wurde nach gehöriger Prüfung durch Kenner für fähig erklärt, mich nach Dâr-Fôr zu tragen, und so stand ich denn von dem Kaufe eines Esels ab. So billig nämlich die zum Lasttragen verwendeten Esel in Wadâï waren, so theuer kamen für die dortigen Verhältnisse die aus Aegypten eingeführten Reitesel zu stehen; ein solcher von einigermaassen guter Beschaffenheit, ein sogenannter Rifâni, kostete immerhin 20—30 Maria-Theresia-Thaler, und zu solchem Aufwande reichten meine Mittel nicht hin.

Die ägyptischen Reitesel sind in Wadâï sehr geschätzt, und Exemplare, wie man sie in Kordofân und ganz Aegypten häufig findet, sind selten und übersteigen oft den Preis eines guten Pferdes. An Schnelligkeit übertrifft ein guter Reitesel die dortigen Pferde und Kamele bedeutend, wenn es sich nicht etwa um jene Rennkamele handelt, wie sie die Tuârik, die Tedâ, die Bidejât und vornehmlich die Beschârîn züchten. Ich selbst habe einen steinalten Esel gesehen, der in den letzten Zeiten des Königs Mohammed Scherif seinen Herrn, einen Kaufmann vom Nil, vor der Grausamkeit dieses Fürsten durch seine ausserordentliche Schnelligkeit gerettet hatte. Der Dschellâbi entfloh von der Hauptstadt Abesche und kam am Morgen des dritten Tages in Tîneât, einem Orte Dâr-Fôrs, an. Er hatte in der verstrichenen Zeit eine Entfernung von gut 40 deutschen Meilen zurückgelegt.

Die Abreise einer grössern Karavane hat in jenen Ländern ihre grossen Schwierigkeiten, und Tage, ja Wochen vergehen nach dem ursprünglich angesetzten Termin, bevor man zum Aufbruch kommt. Heute hat dieser seine Mundvorräthe noch nicht vervollständigt, morgen sind die Kamele eines andern noch nicht vollzählig, übermorgen hat der König die Reiseerlaubniss nicht ausgefertigt oder das Gastgeschenk desselben für ein angesehenes Mitglied der Karavane fehlt noch — genug, von Tag zu Tag wird der Aufbruch hinausgeschoben, und alle diese Verzögerungen versetzen den ungeduldigen Reisenden in wahre Verzweifelung.

Endlich, am 17. Januar, sollte es mit der Reise Ernst werden. Mein treuer Gefährte mancher Stunden, der junge Dâdscho-Prinz aus Sûla, hatte mich noch bis zur Grenze des Landes begleiten wollen; doch am Tage vor der Abreise kam er betrübt zu mir und gestand kleinlaut, dass seine Frau aus Furcht, dass er sie verlassen und mit mir in die weite Welt ziehen wolle, während seiner Abwesenheit das ganze Haus ausgeräumt, den Inhalt bei Freunden und Verwandten versteckt und auf diese Weise ihm die kleine Reise unmöglich gemacht habe. Wenn nicht mein Freund Hâdsch Ahmed Tangatanga, welcher die Absicht hatte, die Pilgerfahrt nach Mekka zu wiederholen und seine Verwandten in Donqola zu besuchen, befürchtet hätte, dass irgendein unvorhergesehenes Ereigniss ihm die langgeplante Reise unmöglich machen könne, so würden wir auch jetzt noch nicht fortgekommen sein. Doch mit der ihm eigenen Energie und trotz der mannichfachsten

Geschäfte, die auf ihm, als dem Oberhaupte der freien Kaufleute in Wadâï, lasteten, betrieb der kleine Mann — der Beiname „Tanga-Tanga" bezeichnet etwas Kleines, Niedliches — eifrig unsere Abreise, und so konnten wir an dem gedachten Tage nachmittags 2 Uhr aufbrechen.

Der Aufbruch ist am ersten Tage stets mit grossem Zeitverlust verbunden, und man pflegt deswegen schon nach wenigen Stunden und in der Nähe des Aufbruchortes zu lagern, um etwa Vergessenes nachzuholen. Hâdsch Ahmed hatte seine Leute und Kamele, deren er eine grosse Zahl mitführte, vorausgeschickt, und musste für seine Person noch einige Tage bei dem König bleiben, versprach jedoch, uns an der Landesgrenze einzuholen. Schems ed-dîn, der Bote des Königs Brâhîm, und die andern Kaufleute, fast alle aus Kordofân, Chartûm oder Donqola, von denen mir viele durch monatelange Bekanntschaft näher getreten waren, brachen mit uns auf.

Es ist bereits an anderer Stelle erwähnt worden, dass von den drei Wegen, welche von Wadâï nach Dâr-Fôr führen, nur zwei von Pilgern und des Landes sehr kundigen Leuten benutzt werden können; der eine davon führt nordöstlich im Bogen über Tâma, der andere südöstlich über Sûla, der dritte und für Karavanen gebräuchliche Weg führt direct in östlicher Richtung nach Dâr-Fôr.

Unsere Karavane trennte sich schon von Anfang in zwei Theile; diejenigen Mitglieder derselben, welche Sklaven mit sich führten, deren Sklaveneigenschaft zweifelhaft war, mussten bis zur Landesgrenze einen wenig betretenen Umweg machen. Seitdem nämlich König ʿAlî, wie ich früher berichtete, nach dem Bagirmi-Kriege etwa 12—15000 kriegsgefangene Sklaven und Freigeborene nach Wadâï gebracht hatte, waren zahlreiche Bagirmi-Leute, deren Sklaveneigenschaft, wie schon gesagt, zweifelhaft war und welche unter Umständen ihre freie Geburt nachweisen konnten, als Sklaven verkauft worden. Solche und wol auch gestohlene Sklaven, die man wegen der Zweifel an Gesetzmässigkeit und Recht zu billigern Preisen zu kaufen pflegte, wurden als „hâmi" (d. h. „warm" oder „heiss") bezeichnet. Beabsichtigte man einen Sklaven zu kaufen, so fragte man: „Ist er «bârid» (kalt) oder «hâmi»?" — Diejenigen Mitglieder unserer Karavane, welche sich bewusst waren, „warme" Menschenwaare mit sich zu führen, mussten auf Schleichwegen die Landesgrenze zu erreichen suchen.

Schon nach wenigen Stunden lagerten wir im Wâdî Gurmêle, einem kleinen, flachen Regenbette, in welchem zahlreiche, jetzt trockene Brunnen den Wasserreichthum zur Regenzeit anzeigten.

Am folgenden Tage zogen wir südlich an den Bergen von Kélingen vorüber, welche in einer mehr oder weniger westlich verlaufenden Kette von einzelnen unregelmässigen Kegeln bestehen, deren höchster und ansehnlichster das Westende bildet, und erreichten an diesem Tage nach Ueberschreitung des Wâdî Schuqq und des Wâdî Udeï gegen Abend das Dorf Murra, das in einem Flussthale gleichen Namens, von den Wadâï-Leuten Mondschobok genannt, liegt. Es ist dies einer der Hauptursprungsflüsse des Butêha mit reinem Sand- und Kiesbett ohne jede Vegetation.

Das Dorf Murra, eine Colonie von Bagirmi-Leuten, die König 'Alî hier angesiedelt hatte, mochte etwa 100 Hütten zählen. Sowol dieses, als das auf dem andern Ufer des Murra liegende Dorf Oilombo, ebenfalls eine Bagirmi-Colonie, die aber nahezu 400 Hütten umfasste, zeichnete sich durch die Sauberkeit und gute Bauart seiner Hütten und durch den Anschein einer gewissen Wohlhabenheit aus. Der König liebte, wie ich schon gesagt habe, diese Bagirmi-Colonisten, welche seine eigenen Unterthanen in Ackerbau, Handwerk und Kunstfertigkeit bei weitem übertrafen, ausserordentlich. Die Gegend, welche wir durchzogen, bestand bis dahin vorwaltend aus Sand- und Felsboden mit krüppeligen Akazien, Seifenbäumen und *Zizyphus spina Christi* und war von steppenartigem Charakter; nur die Ufer der Flussthäler waren die Träger eines üppigen Pflanzenwuchses.

Am folgenden Tage (19. Januar) aus dem Mondschobok aufsteigend, durchzogen wir das Dorf Oilombo, überschritten in stets mehr oder weniger östlicher Richtung das Flussthal desselben Namens, welches auch zum Mondschobok gerechnet wird, bald darauf ein anderes, Namens Jôje, das ebenfalls seine Wässer dem Mondschobok zuführt und auf seinen Ufern die Dörfer Askanit trägt, und lagerten am Nachmittag in dem Sandbett des Wâdî

Koddoni, der von den Wadaï-Leuten als „Wâdî Lobbödê" bezeichnet wird und einer der Quellflüsse des Butêha ist. Der landschaftliche Charakter war der des Tages vorher: krüppelige Mimosen auf dem leichten humusgemischten Boden, der von Felszügen und einzelnen schroff aufspringenden Felsen durchsetzt ist. Die Cultur beschränkte sich auf Duchn und Baumwolle. Unterwegs sahen wir im Norden eine Berggruppe, welche Tâma angehört. Auf dem Nordwestufer des Flüsschens Lobbödê lagen zwei Dörfer, Namens Mattabono, und auf seinem Südostufer ein drittes, Namens Leïn.

Wir brachen am folgenden Tage erst um 9½ Uhr morgens auf, dank der Bequemlichkeit unsers Reisegefährten Schems eddîn, der gewissermaassen das Oberhaupt unserer Karavane (Schcïch el-Kâtîla) war, da Hâdsch Ahmed noch vom König ʿAlî zurückgehalten wurde, der seinen treuesten Rathgeber nur nach reiflicher Erwägung aller möglichen Eventualitäten zu entlassen sich entschliessen konnte.

Man konnte in der That nicht leicht zwei verschiedenartigere Menschen sehen als Schems ed-dîn und Hâdsch Ahmed Tangatanga. Jener, fast 2 m hoch und entsprechend breit und dick — man findet derartige Riesen nicht selten unter den Dschellâba — schien der Aufgabe, seinen plumpen Körper fortzubewegen, fast zu erliegen, zog sich frühzeitig am Abend in sein Zelt zurück und konnte morgens nicht zum Aufbruch bewogen werden. Hâdsch Ahmed dagegen, unter Mittelgrösse, mager und zierlich gebaut, ganz Leben und Energie, konnte vor Mitternacht sich nicht entschliessen, sein Lager aufzusuchen; nach unserm gemeinschaftlichen Nachtmahle erzählte er am Lagerfeuer Ereignisse aus seinem reichbewegten Leben, und lange vor Tagesanbruch drängte er bereits wieder zum Weitermarsch.

Auch am nächsten Tage (20. Januar) hielten wir durchschnittlich Ostsüdostrichtung ein, liessen das vor uns liegende Leïn südlich und später ein anderes Dörfchen von nur etwa 30 Hütten in derselben Richtung am Wege und kamen um Mittag in das grosse Dorf ʿId el-Garra, welches etwa 150 Hütten zählen mochte. Im fernen Nordosten hatten wir die tags zuvor gesehene, Tâma angehörige Berggruppe vor uns, im Ostnordosten, einen kleinen

Tagemarsch weit, den Berg Torâne. Unser Weg stieg allmählich aber beständig an, wie es in geringerm Grade auch an den vorhergehenden Marschtagen der Fall war. Der Boden war abwechselnd felsig oder sandig, der Baumwuchs, in welchem Nabaq, Kaïa, Arred und Talha (zwei Acacia-Arten), Dschachdschach und Hedschlîdsch vorwalteten, wechselte wenig. Nach Umgehung einiger anderer Dörfer erreichten wir nachmittags das Dorf Tiwêmât mit 80 Hütten, liessen darauf das Dorf Mustachêde südlich liegen und lagerten gegen Abend in der Nähe des Dörfchens Fidele in einem kleinen, mit Siwâk (*Salvadora persica*) bestandenen Flussthale, welches von den Einwohnern Wâdî Rimêle, von den Reisenden aber nach dem auf seinem östlichen Ufer liegenden Dorfe gleichen Namens Wâdî Kunno genannt wird.

Am folgenden Tage (21. Januar) gelangten wir nach einem vierstündigen Marsche und nachdem wir das grosse Dorf Rakkana passirt hatten, welches mindestens 200 Hütten zählt und sich durch prächtige Harrâzas (*Acacia albida*) und durch seine Brunnen auszeichnet, in östlicher Richtung nach dem bekannten Bîr-Tuïl, dem Hauptort der östlichen Grenzbezirke und Wohnsitz des Statthalters, des 'Aqîd es-Sbâh. Er besteht eigentlich aus zwei Ortschaften, dem ursprünglichen Dorfe und einem neuen, von dem 'Aqîd gegründeten, in welchem vornehmlich er selbst und seine Leute wohnten. Die in der Ferne im Nordosten gesehene Berggruppe lag jetzt nördlich, der nähergelegene Berg Torâne nordwestlich von uns; den ganzen Südwesten und Süden nahm eine Kette von Kegeln ein, die etwa zwei Tagemärsche entfernt waren und dem Gebiete der Massâlît angehörten. Unser Weg stieg wie in den vorhergegangenen Tagen allmählich an. Wir zogen nun in das in der Nähe gelegene Flussthal des Ortes, den Wâdî Delâl, hinab, der einige hundert Schritt breit war, aber flache Ufer und eine tiefe Sandschicht hatte.

Hier, als dem Hauptgrenzorte, musste sich die ganze Reisegesellschaft sammeln, und von hier mussten wir durch den 'Aqîd es-Sbâh mit seiner Mannschaft durch die unbewohnte Wildniss bis zu den ersten Dörfern Dâr-Fôrs geleitet werden. Wir fanden bereits einen Theil der vorausgezogenen Dschellâba in dem Flussthal gelagert und nach Art dieser vielerfahrenen Reisenden nicht allein in Hütten, sondern auch unter Schattendächern geborgen. Die Leute des Hâdsch Ahmed, Schems ed-dîn, einige andere Dschellâba, ich mit einigen jener armen Pilger des fernen Westens, welche Tekârĭne (aus Takûr am Niger Gebürtige) genannt werden, ein Kaufmann aus Tripolis, der nach Dâr-Fôr reiste, um dort einige in Wadâï unverwerthbar gebliebene Luxusartikel abzusetzen, einer jener Abenteurer aus Aegypten, welche die ganze mohammedanische Welt bald als Pilger, bald als Derwisch, bald als Geschichtenerzähler durchziehen, lagerten zusammen. Wir umschlossen unsern Platz mit einer Zerîba (Dornenhecke), welche sofort aus den reichlich vorhandenen Akazien hergestellt wurde. Hâdsch Ahmed musste hier erwartet werden, auch sollten diejenigen, welche Anspruch auf die Freigebigkeit des Königs von Wadâï hatten, noch Kamele erhalten; endlich war es nothwendig, sich für den Haupttheil der Reise mit Mundvorräthen für Mensch und Thier zu versehen.

In 10 Tagen sollte das mohammedanische Opferfest gefeiert werden; es war also von vornherein wahrscheinlich, dass vor demselben aus der Weiterreise nichts werden würde. Bir-Tuïl ist einer der wenigen Marktorte des Landes, deren es ausser der Hauptstadt Abesche und Nimro, der Stadt der eingeborenen Dschellâba, nur vier im ganzen Reiche gibt. Doch enttäuschte uns der dort Freitags abgehaltene Markt und glänzte durch die Abwesenheit aller wünschenswerthen Gegenstände, mit Ausnahme von Duchn.

Wie in Abesche vermittelten die Frauen den Handelsverkehr, während wir mit dem männlichen Theile der Bevölkerung nur wenig in Berührung kamen. Sie brachten ausser Duchn und dem aus demselben bereiteten Mehl auch jene getrockneten flachen Kuchen aus Duchn-Mehl (Kisra), welche als Reiseproviant so beliebt sind; dieselben werden einfach in etwas Wasser erweicht, und das Gericht ist fertig. Hühner kamen spärlich zum Verkauf, Ziegen und Schafe waren gar nicht aufzutreiben, und selbst Milch war eine grosse Seltenheit, obgleich einige Abtheilungen der Mahâmîd-Araber in der Nähe ihre Winterweide hatten.

Die Frauen verkauften ihre spärlichen Vorräthe gegen die in Bir-Tuïl gebräuchlichen Baumwollenstreifen (Tschaka), welche nur

40—50 cm breit und lose gewebt sind, während die solidere, viel breitere, früher beschriebene Toqqîja Dibdoba von Abesche und Nimro hier nicht gebräuchlich ist. Als Tauschwaaren sind noch besonders verschiedene Perlenarten beliebt; dahin gehören kleine weisse Perlen (Suqsuq abjăd), die in Abesche „Sîni" genannt und von denen etwa 5 Pfund für eine Maqtaʻ Tromba abgegeben werden, ferner kleine rothe Perlen (Suqsuq ahmar, auch wol „Murdschân töddu" genannt), von denen in Abesche 3 Pfund eine Maqtaʻ Tromba kosten, sowie grosse rothe Thonperlen (Chaddûr), welche zu dem früher beschriebenen Perlenschmuck der Wadâï-Frauen verwendet werden, und eine zu demselben Schmuck gebräuchliche Art grüner Glasperlen (Scheqîq); endlich schwarz- und weissgeringte Porzellanperlen und falsche Korallen (Murdschân kedeb). Neben den Perlen verwendet man noch Gewürznelken (Qaromful) und Sandelholzstückchen (Dufr) als Tauschmittel, doch kommen alle diese Arten nur in ganz kleinen Mengen zum Umsatz. Um sich für einige Tage zu versorgen, bedarf man eines ganzen Tages und eines nicht unbeträchtlichen Aufwandes von Schlauheit und Ueberredungskunst. Nur höchst selten gelingt es, die Besitzerin von Getreide oder Mehl zur Hergabe einer grössern Menge, etwa im Werthe eines Thalers, zu bewegen; mit grosser Hartnäckigkeit beschränken sich die Verkäuferinnen darauf, einige Hände voll auf einem Strohteller anzubieten, und um diese kleine Quantität muss man ebenso feilschen, als handelte es sich um einen Scheffel.

Die Bevölkerung des Ortes bestand aus Wadâï-Leuten der Landschaft Sungór und aus Bornû-Leuten, die Mohammed Scherîf, der Vater des jetzigen Königs von Wadâï, nach seinem Kriegszuge gegen Bornû von dort her als Gefangene mitgeführt und hier angesiedelt hatte.

Der ständige Aufenthalt des ʻAqîd es-Sbâh mit Hunderten seiner Reisigen, welche die Grenzwache dieses Ortes bilden, und der häufige Verkehr von vorurtheilsfreien Kaufleuten vom Nil bringt es mit sich, dass ein ausschweifenderer Genuss der Merîssa stattfindet als irgendwo im Lande, die Hauptstadt ausgenommen. Ohne Scheu wurden grosse Krüge des verpönten Getränkes von den Frauen auf dem Markte feilgeboten.

Nach wenigen Tagen fanden sich diejenigen Glieder der Karavane ein, welche einen südlichen Umweg genommen hatten, weil sie gestohlene oder freigeborene Leute als Sklaven mitführten, und nach drei Tagen erschien auch Hâdsch Ahmed. Wir befanden uns gerade in der kältesten Jahreszeit, der Wind wehte beharrlich aus Ost oder Ostnordost, das Thermometer fiel morgens nicht selten auf + 7 und 6° C., und nachts konnten wir bei unsern dürftigen Bedeckungsmitteln uns kaum soweit erwärmen, um zu dem Behagen eines leichten Schlafes zu kommen, während allerdings die Mittagsstunden sich durch sehr angenehme Temperatur auszeichneten.

Abends um 8 Uhr pflegten wir, wie es in jenen Gegenden Sitte ist, unsere Hauptmahlzeit in grosser Gesellschaft ausserhalb unserer Dornenhecke einzunehmen, zu der sich von den andern Lagerplätzen Bekannte einfanden. Auch hier bestand die Nahrung vorwaltend in jenem steif eingekochten Mehlbrei, welchen man in Tripolis ebenso wohl als am Aequator bereitet und der in den Negerländern aus Duchn oder Durra hergestellt wird. Nach dem gemeinschaftlichen Mahle tranken wir Kaffee, dessen Bereitung meinen Leuten zufiel, während ich, da ich keine Sklavin besass, zu dem Mahle keinen Beitrag lieferte.

Kaffee kommt in Bornû sehr selten zum Verkauf, weil dort die aus den Negerländern eingeführte Kola- oder Gûro-Nuss, welche ähnlich anregende Wirkung hat, bei weitem vorgezogen wird. In Wadâï dagegen, wo die Gûro-Nuss zwar eingeführt, deren Transport jedoch wegen ihrer Empfindlichkeit gegen Witterungsverhältnisse sehr schwierig wird, ist der Kaffeegenuss verbreiteter. Die Kaufleute aus Kordofân und aus den Nilländern bis zum Rothen Meere bringen den abessinischen Kaffee zu Markte, während die Medschâbra (Kaufleute aus der Oase Dschâlo südlich von Benghâzî) den arabischen Kaffee, den sogenannten Jemêni (aus Jemen in Südarabien), einführen. Der Preis des letztern ist mindestens um ein Drittel höher als der des abessinischen und erreicht bei geringen Vorräthen wol die Höhe von einem Maria-Theresia-Thaler pro Pfund; bei grösserm Angebot erhält man aber 2 oder 3 Pfund für dieselbe Summe. Als tripolitanische Kaufleute im Jahre 1873 die Verbindung mit Wadâï wieder aufgenommen hatten, brachten sie eine bedeutende Menge von aus Europa bezogenem Kaffee, sogenannten Afrendschi (fränkischer, d. h. europäischer Kaffee), mit; doch konnte derselbe nicht entfernt den Vergleich mit dem abessinischen aushalten und nur mit Mühe verwerthet werden.

Alle drei oder vier Tage bewirthete uns Hâdsch Ahmed, welcher stets mit grossem Comfort reiste und mindestens 30—40 Sklaven und 20 Frauen (Ehefrauen und Dienerinnen) mit sich führte, mit Thee, von dem er ein grosser Liebhaber war. Die dortigen Theetrinker verschmähen den schwarzen Thee unbedingt und trinken nur grünen, den sie ausserordentlich stark machen und sozusagen mit Zucker sättigen. Hâdsch Ahmed führte eine grosse Anzahl von Zuckerhüten mit sich und war der einzige, welcher diesen Luxus sich und uns gewähren konnte. Wenn wir beim Genusse von Kaffee oder Thee oft bis spät in die Nacht hinein um ein grosses Feuer, das einige Sklaven unterhalten mussten, gelagert waren, erfreute uns der ägyptische Geschichtserzähler sei es mit Märchen aus „Tausendundeine Nacht", sei es mit Schilderungen des Glanzes der Chalifenzeit in Bagdâd oder der ruhmreichen Eroberung Nordafrikas in den ersten Zeiten des Islâm.

Am 30. Januar erschien endlich das letzte angesehene Mitglied unserer Reisegesellschaft, der Faqîh Muchtâr, welcher in Erwiderung der Gesandtschaft des Königs Brâhîm im Auftrage des Königs von Wadâï zu jenem ging, um ihm das für seinen verstorbenen Vater bestimmte Todtenopfer zu überbringen. Die Rinder hatte König ʿAlî wegen der Schwierigkeiten des Transportes so zahlreicher Heerden bereits in Abesche geopfert, und der Faqîh Muchtâr führte nur eine zu demselben Zwecke bestimmte Heerde von einigen hundert Kamelstuten mit sich.

Auf den folgenden Tag (31. Januar) fiel das grosse Opferfest. Die angesehensten Glieder der Karavane: Hâdsch Ahmed, Schems ed-dîn, der Chabîr ʿAbd el-Medschîd und der Faqîh Muchtâr, ritten in bunten Festtagsgewändern, im Schmucke der in Mekka verfertigten Mützchen (Tâqîja) in das Dorf, um mit dem Vertreter des Königs, dem Statthalter der Grenzbezirke, das Festgebet gemeinschaftlich zu verrichten. Alle übrigen Glieder unserer Karavane versammelten sich auf dem zwischen den Lagerplätzen gelegenen freien Raume des sandigen Flussbettes, einer der Gelehrten ward zum Imâm oder Vorbeter gewählt und unter seiner Leitung mit der Würde und dem heiligen Ernst, welche man mohammedanischen religiösen Feierlichkeiten nicht absprechen kann, der Gottesdienst abgehalten. Nach demselben wurden die gegenseitigen Beglückwünschungen, welche ich wie alle übrigen darbrachte und empfing, ausgetauscht.

Am andern Tage stellte man die an den Statthalter zu entrichtenden üblichen Abgaben fest und bestimmte den 2. Februar als Tag der Weiterreise. Doch auch diesmal wurde der Termin nicht eingehalten. Als Hâdsch Ahmed und Schems ed-dîn zu dem ʿAqîd Saʿîd — so hiess der Statthalter, welcher übrigens Sklave war — geritten waren, fanden sie ihn sowol als seine Leute und die meisten Einwohner so betrunken, dass sie es aufgeben mussten, Bestimmungen über die Reise zu vereinbaren; nach ihrer drastischen Schilderung hatte sich die allgemeine Trunkenheit sogar bis auf die Hühner im Dorfe erstreckt. Noch ein weiterer Umstand verhinderte den Aufbruch. Es kam ein Bote des Königs von Wadâï, welcher dem Hâdsch Ahmed anbefahl, noch einen Tag auf eine weitere Botschaft zu warten. Dieselbe lief am folgenden Tage ein und brachte die Nachricht vom Tode des ʿAqîd el-Bahâr, eines hohen Würdenträgers und treuen Dieners seines Herrn.

Charakteristisch ist die Art und Weise der Entgegennahme einer königlichen Botschaft: Hâdsch Ahmed empfing auf einem Teppich sitzend den Boten, und dieser verkündete, bevor er die Versammlung begrüsste, das Wohlbefinden seines Herrn: „Sîdnâ bil-ʿâfia" („Unser Herr befindet sich wohl"); bei dieser Formel rückte Hâdsch Ahmed und jeder, der sich eines Teppichs erfreute, von diesem eiligst herunter. Denn ebenso wenig als man in Gegenwart des Königs auf einer Matte oder einem Teppich sitzen darf, ebenso wenig ist es gestattet, eine Botschaft desselben anders entgegenzunehmen als im Staube. Vor dem Anhören der Botschaft wurde von der ganzen Gesellschaft das Eingangsgebet des Qorân, die Fâtiha, für das Wohlergehen des gefürchteten Herrschers gebetet.

Am folgenden Tage (3. Februar) konnten wir endlich aufbrechen und zogen in östlicher Richtung beständig aufsteigend an den felsigen, jetzt dichter bewaldeten Ufern des Flusses dahin. Die Bewaldung bestand meist aus niedrigen Buschhölzern der verschiedenen Mimosen, und hier und da hob sich eine schattenreiche Sykomore (Dschummêza) oder eine stattliche Tamarinde (Erdébe) über ihre Umgebung empor.

Um 8 Uhr morgens aufgebrochen, erreichten wir gegen Mittag das Dorf Kelmedi von etwa 80 Hütten. Der Baumwuchs wurde spärlicher und das Terrain felsiger. Eine weitere gute halbe Stunde brachte uns zu dem letzten Wadâï-Dorfe Tirlanda von etwa 100 Hütten, welches auf dem nördlichen Ufer eines Flussthales liegt, das etwa 20—25 m breit von Ostsüdost nach Westnordwest zum Flusse von Bîr-Tuïl geht. Seine Ufer, an welchen zahlreiche herrliche Sykomoren wuchsen, waren hoch und felsig und bestanden vorwaltend aus grobkörnigem Granit, während sein Bett reiner Sand füllte.

Am nächsten Morgen brachen wir etwas früher auf als bisher, denn vor uns lag die unbewohnte Wildniss, die Dâr-Fôr von Wadâï trennt und welche nicht selten durch unabhängige Massâlît unsicher gemacht wird. Stark aufsteigend, war der ganze Horizont vor uns bis im Süden von kegelförmigen, nicht eben hohen Bergen begrenzt. Diese ganze Kette wird durch den einzigen Weg, der in östlicher Richtung nach Dâr-Fôr führt, durchbrochen. Der Marsch ging nur langsam von statten wegen des felsigen Terrains und der Ueberschreitung zwar unbedeutender, doch tief eingesenkter Flüsschen, welche zu den am vorigen Tage passirten Quellflüssen des Butêha fliessen. Bei Betreten der Bergkette, die als Tirdsche von Wadâï bezeichnet wird, zeigte sich der Weg auch links und rechts von felsigen Höhen begrenzt. Die zweite Hälfte des Vormittagsmarsches wurde durch die riesigen Granitblöcke der Gegend sehr schwierig, doch gegen 11 Uhr schienen wir den Abschluss der Tirdsche erreicht zu haben. Von hier aus wurde die Gegend ebener, zwar noch etwas gegen Osten aufsteigend, jedoch weniger felsig. Die Wege waren ausgetreten und bedeckt mit hohem Steppengrase und kümmerlichen, spärlich belaubten, dichtstehenden Akazien, Lubân (*Boswellia?*) und ähnlichen Bäumen. Um Mittag senkte sich das Terrain wieder. Gegen 2 Uhr passirten wir ein Flüsschen, welches in der Richtung von Norden nach Süden zum Wâdî Asunga geht, zahlreiche Brunnenlöcher in seinem etwa 20 Schritt breiten Bette hat und Tumtumaja heisst. Die Landschaft wurde hier offener, die Waldung lichter. Nördlich von unserm Wege erblickten wir die kleine Bergreihe, welche dem ebengenannten Flüsschen Ursprung gibt, zogen an einem südlich gelegenen isolirten Kegel vorüber und stiegen in südöstlicher Richtung über welliges Terrain in das Thal des Wâdî Asunga hinab, in dessen Bett wir am späten Nachmittag lagerten. In seinem breiten Thale änderte sich der Charakter der Landschaft vollständig durch die üppige Vegetation, die frischen Farben der belaubten und hochstämmigen Bäume, unter denen die Sabaha, die Harrâza, die Tamarinde und sogar die Delêbpalme, deren Nordgrenze im allgemeinen südlicher liegt, reich vertreten waren. Selbst das Gras des Thales und der Umgebung des Wâdî war frisch und grün. Der Wâdî Asunga entspringt auf den südöstlichen Bergen von Tâma, verläuft im allgemeinen in Südrichtung und hat am Orte unsers Lagers ungefähr 100 Schritt Breite.

Die Keimlinge der Delêb-Früchte werden, solange sie noch unter der Erde sind, von den Eingeborenen aufgespürt und gern gegessen. Sie sind spindelförmig, 15—30 cm lang, werden geröstet, schmecken angenehm bitter und gleichen in ihrer mehligen Beschaffenheit einigen der Kartoffel verwandten Knollengewächsen des Südens.

Im Laufe des Vormittags war der ʿAqîd es-Sbâh mit 150—200 Mann zu Pferde zu uns gestossen, um uns erst bei der ersten Ansiedelung von Dâr-Fôr zu verlassen. Die Pferde und Leute sahen besser aus als diejenigen vieler kriegerischen Führer Wadâïs, obgleich die Pferde alle jener kleinen, unschönen, doch sehr ausdauernden und lebhaften Rasse Wadâïs angehörten, welche ich andern Ortes geschildert habe.

Hier im Wâdî Asunga war die gefahrdrohendste Stelle der Wildniss. Häufig wurden beim Uebernachten der Karavanen Ueberfälle durch die zwischen den beiden Landesgrenzen hausenden Abtheilungen der Massâlît, von welchem Stamme noch später die Rede sein wird, unternommen, und erst ein Jahr vor unserm Durchzug war ein Bote des Königs ʿAlî mit allen seinen Begleitern niedergemacht worden.

Indessen verbrachten wir die Nacht ohne irgendwelche Beunruhigung von seiten der gefürchteten Wegelagerer und brachen am Morgen des 4. Februar ziemlich früh wieder auf, aus dem dichtbewaldeten Thal des Wâdî Asunga in östlicher Richtung aufsteigend. Bald wurde die Gegend etwas lichter, im Norden und Nordosten erschienen zwischen den niedrigen Baumwipfeln unbedeutende Berggruppen, und der Boden wurde von zahlreichen Rinnsalen durchschnitten, bis wir gegen Mittag in das schmale Thal des Wâdî Kulkul gelangten, das sich mit einem Verlaufe von Nordosten nach Südwesten dem Wâdî Asunga zuwendet und hier als die eigentliche Grenze Dâr-Fôrs betrachtet wird. Die Berge auf der Nordseite verlegten uns hier den Weg, sodass wir genöthigt waren, im Bette des Wâdî Kulkul, welcher sich durch eine Bergschlucht zwängt, in nordöstlicher Richtung weiter zu gehen. Hinter den Bergen wird die Gegend wieder freier. Der ganze östliche Horizont ist von langgestreckten Bergketten begrenzt, deren Rücken eine fast ganz gerade verlaufende Linie bilden. Bei zahlreichen Abweichungen blieb unsere Richtung durchschnittlich zunächst eine nordöstliche, später östliche. Am Nachmittag hatten wir den Bergkamm, welcher die Tirdsche von Dâr-Fôr heisst, erreicht und passirten einen Hohlweg, der die Tirdsche nahe an ihrem nördlichen Ende durchbricht. Auf der östlichen Seite fiel der Gebirgskamm sehr steil gegen eine Art Kessel ab, der durch andere von Nordwesten, Nordosten und Norden kommende Bergzüge, die ebenso steil aus dem Thal aufsteigen, gebildet wurde. Eine Viertelstunde von uns im Nordosten lag in diesem Kessel ein freundliches Dorf, und eine zahlreiche Rinderheerde weidete auf dem gehügelten Grund, der von einem Flussbett durchschnitten wurde. Dasselbe war von mächtigen Harrâza-Bäumen umsäumt und enthielt die Brunnen des erwähnten Dörfchens.

Wir liessen das Dorf nördlich, überschritten das Bett des Wâdî, stiegen in südöstlicher Richtung über den Bergrücken in ein breites Flussthal hinab, welches von Norden nach Süden verlief, und lagerten an dem fast wasserlosen Brunnen, der sich hier in einer Tiefe von etwa 1 1/2—2 m fand. Beide Flussthäler vereinigen sich nicht weit von hier und wenden sich einem grössern Wâdî (nach einem dortigen Brunnen Wâdî Bir-Deqîq genannt) zu, den wir am folgenden Tage zu passiren hatten. Am Fusse einer unbedeutenden kahlen Bergmasse, die dem Flusse seinen Ursprung gab, lag das Schwesterdorf des früher erwähnten, welches gleich jenem den Namen Gerolne führte. Unmittelbar nach unserer Ankunft erschienen Frauen desselben und brachten Getreide, Mehl, Kisra, Durraba oder Kaul zu Saucen u. dgl. Die Frauen, dem Stamme der Girga angehörend, waren von rothbrauner bis schwärzlicher Farbe. Sie trugen das Haar ungefähr wie die Frauen Wadâïs, doch war es noch reicher mit Bernsteinperlen, kleinen weissen Perlen (Sîni abjäd), unechten Korallen, sowie ganzen und halben silbernen Ringen geziert. Eine bewunderungswürdige Variation dieser Haartracht bestand in 5—10 cm langen Flechten, welche wohlgesteift sich auf dem Scheitel erhoben und sich an der Spitze wie eine Blume öffneten.

Der nächste Tag führte uns in etwa vierstündigem Marsche in südöstlicher Richtung über drei unbedeutende Wasserbetten, deren Ufer mit dichtem Baumwuchs von Machet (*Cordia*), Nabaq, Harrâza u. s. w. bestanden waren und welche mehr oder weniger von Norden nach Süden zum Wâdî Bîr-Deqîq gehen. Zahlreiche Getreide- und Baumwollfelder, ebenso Rinderheerden bewiesen die Nähe von Dörfern, wenn uns dieselben auch nicht zu Gesicht kamen. Niedrige Bergspitzen, stumpfe Kegel oder langgestreckte, geradlinige, kahle Bergrücken wurden nach allen Richtungen hin häufiger und erklärten das trotz seines kurzen Verlaufes mächtige, etwa 300 Schritt breite Bett des Wâdî Bîr-Deqîq, dessen Ufer herrliche Harrâzas und mächtige Tamarindenbäume schmückten. Uns nahe lag auf der Ostseite des Flusses ein Bergkegel mit einem Dorfe Namens Sertemmo an seinem Fusse; ein zweites, das mit dem Flusse den gleichen Namen führte, befand sich südlich von uns. Die Bewohner beider Dörfer gehörten dem Stamme der Latunno an, die mit Qimr vermischt sind, wie denn auch die am vorigen Tage gesehenen Girga ebenso wie die Latunno wahrscheinlich nur Unterabtheilungen der Qimr bilden, die ihrerseits nahe Verwandtschaft mit den Tâma-Leuten zu haben scheinen. Die Grenze von Tâma ist von Bîr-Deqîq etwa anderthalb Tagereisen entfernt. Der Bezirk auf dem Ostufer des Wâdî Bîr-Deqîq, welcher einen Gesammtverlauf von Nordnordwesten nach Südsüdosten hat, ist im allgemeinen bekannt unter dem Namen Dâr-Schâle.

Auch hier trugen die Frauen ihre Haare in der oben beschriebenen Weise. Ihre Gesichter waren rundlich, die Statur klein oder nur mittelgross, die Hautfarbe meist ein röthliches Dunkelgrau, selten schwarz. Sie unterschieden sich in ihrer ganzen Erscheinung ausserordentlich von den schlanken, schwarzen echten Wadâï-Frauen mit ihren länglich-ovalen Gesichtern.

Nachmittags kam der Melik von Sertemmo, bekleidet mit einem langen rothgestreiften Kattunhemde und einer Tâqîja, auf seinem Esel geritten — in Dâr-Fôr reitet jedermann auf Eseln, während in Wadâï der Gebrauch des Esels als Reitthier immerhin beanstandet wird —, um dem Hâdsch Ahmed und Schems eddîn, die beide in Dâr-Fôr wohlbekannte angesehene Persönlichkeiten waren, seine Aufwartung zu machen.

Hier war die Bezirksgrenze des Schertâja Hanĕfî, des Verwalters von Dâr-Fêa. Dem Laufe des Wâdî Bîr-Deqîq in fast südlicher Richtung folgend, passirten wir kleine Dörfer, schmale Rinnsale, die sich von Westen in den Haupt-Wâdî senkten, und erreichten nach sechsstündigem Marsche einige Dörfer der Massâlît, welche, wie fast alle Bevölkerungsmittelpunkte, aus einzelnen kleinen Weilern zusammengesetzt waren. Gegen Mittag stiegen wir wieder in den Wâdî Bir-Deqîq hinab und lagerten um 12 Uhr nördlich von dem Orte Omm Sebâha. Nahe diesem wurde ein Ort als Sitz des Orondulung (Thorhüter) bezeichnet, was jedoch hier nur den Grenzwächter des Schertâja Hanĕfî bezeichnet.

Die Einwohner dieses Ortes waren schon grösstentheils echte Fôr-Leute. Nicht weit von demselben liegt südöstlich der Bezirk Bûrê, bewohnt von den Tordschem-Arabern, welche seit langer Zeit sesshaft geworden sind, Ackerbau und Viehzucht treiben und sich grossen Wohlstandes erfreuen.

Wir verweilten einige Tage in Omm Sebâha, theils um unsern Reiseproviant zu erneuern, theils um die zurückgebliebene Kamelheerde zu erwarten, welche der König von Wadâï seinem königlichen Nachbar sandte. Der Markt hatte sich aus dem Dorfe ganz in unser Lager gezogen, das von Fôr- und Tordschem-Frauen überschwemmt war. Von diesen fesselten besonders die letztern die Aufmerksamkeit durch den grossen Reichthum ihres Kopf- und Halsschmuckes. Das Haar umgab in kleinen Flechten den Kopf wie bei den Wadâï-Frauen, auf der Mittellinie lagen ein oder zwei grosse Flechten, an jeder Seite von einer Perlenreihe umgeben. Das ganze Gesicht wurde ferner eingerahmt von zwei Perlenschnüren; an den Enden der Flechten waren ebenfalls mannichfaltige Perlen angebracht, wie deren auch in den Nacken hinabhingen. Die Perlenschnüre waren aus unechten Korallen, den bereits genannten Scheqîq und kleinen Bernsteinperlen (Kawâdim), Somit und Zeitûn, zusammengesetzt. Dazu kamen auf den Seiten des Scheitels zwei mässig grosse, nicht völlig geschlossene Silberringe, welche durch einige Korallenstücke geschlossen wurden, und auf dem Hinterhaupte etwa 6—7 ebensolche kleinere Ringe. Ein oder meist beide Nasenflügel waren von Silberringen ansehnlicher Grösse, die ebenfalls durch Korallen- oder Bernsteinstücke geschlossen wurden, und durch ein Rosshaar oder einen feinen Draht durchbohrt, auf welchen Perlen gereiht waren. Den Hals endlich zierte eine enganschliessende Schnur von grossen Bernsteinperlen bis zur Grösse eines Taubeneies. Es waren meist schöne Gestalten mit oft gefälligen Zügen und von sehr anmuthiger rothgrauer Hautfarbe. Die Fôr-Frauen waren kleiner, schwarzgrau, meist hässlich, mit wenig charakteristischem Ausdruck und in ihrem Schmuck bedeutend einfacher. Sie begnügten sich in den Zierathen ihres Kopfes mit Suqsuq, unechten Korallen und kleinen Bernsteinperlen, während nur der rechte Nasenflügel mit einem kleinen Stift, selten mit einer Koralle geziert war.

Auf den Markt wurde hauptsächlich Duchn, Durraba, sauere Milch und Merîssa gebracht, gegen welche Waaren vornehmlich Nelken mit Dufr oder Sandelholzstückchen gemischt, Kimba-Pfeffer, Bernsteinperlen und die kleinen Suqsuq verlangt wurden. Die Männer brachten Hühner zu Markte und hier und da aus dem Baste verschiedener Bäume oder aus Fellstreifen geflochtene Stricke und tauschten dafür Papier, Messer und Lanzenspitzen ein. Auch kameltreibende Araber, Nomaden einer Abtheilung der Mahâmid, welche in der Nähe weideten, zeigten sich auf dem Markte und lieferten mit ihren fast nur in Felle gekleideten Frauen, die aller

Schmucksachen entbehrten, neben den saubergekleideten, reichgeschmückten Tordschem-Frauen den besten Beweis für die grössere Wohlhabenheit ihrer sesshaften Landsleute.

Während des Marktes erschien ein junger Rezêgât- (Rîzegât-) Araber aus dem Südosten Dâr-Fôrs und schilderte, wie Zibêr mit seinen Bahârïna*) die Rezêgât bei Scheqqa (Schekka) überfallen und ein entsetzliches Blutbad unter ihnen angerichtet habe. Nur einer der vier Häuptlinge der Rezêgât sei entkommen, habe in el-Fascher bei dem König Brâhîm Klage geführt, und der Uzîr**) Ahmed Schettâh sei darauf mit bewaffneter Hand gegen die Bahârïna ausgezogen. Von dem Ereigniss hatten wir allerdings schon vorher Kenntniss erhalten, und neuere Nachrichten, welche alle Tage erwartet wurden, konnte auch er uns nicht geben. Das sauber frisirte, gescheitelte Haar des Jünglings contrastirte sonderbar mit dem äusserst dürftigen, schleierartig durchsichtig gewordenen Hemd, welches sein einziges Kleidungsstück bildete; doch trotz der Aermlichkeit seines Aeussern konnte er dennoch eine Stute des Hâdsch Ahmed für zwei Sklaven, einen taubstummen Jüngling aus dem Stamme der Dschenge (Dinka) und ein kleines Mädchen, kaufen.

Ein vierstündiger Marsch in Ostsüdostrichtung brachte uns am nächsten Tage bis zu dem Punkte des Wâdî Kâdscha oder Abû Sanat, wo derselbe den Neben-Wâdî Omm Zêfa aufnimmt. Dieser entspringt an den südlichen Abhängen des Dschebel Mûl, läuft von Nordwesten nach Südosten und ergiesst sich in dem Bezirke Bûrê in den Wâdî Kâdscha. Das Bett des Omm Zêfa hat gegen 100 Schritt Breite, während der Haupt-Wâdî Kâdscha nur etwa die Hälfte misst; doch erweist sich der letztere dadurch als bedeutender Wasserlauf, dass er in seinem Bette eine fortlaufende Reihe kleiner stehender Wassertümpel (Birka, Plural: Borak) zeigt und dass er zum Unterschiede von allen bisher von

---

*) Zibêr, vom Stamme der Dscha'lija oder Dschalijîn, jener kühne Abenteurer, Sklavenjäger und später ägyptischer Mudîr, der Dâr-Fôr den Untergang bereitete, wird von Nachtigal in seinen Tagebüchern Zeber = Schebr genannt, was Dschebr, einem häufig vorkommenden arabischen Namen, entspricht. Bahârïna, resp. Bahâra, sind Leute vom Fluss, d. h. im vorliegenden Falle vom Nil. D. H.

**) „Uzîr" ist gleichbedeutend mit dem arabischen „Wezir" (Minister).

uns passirten Wudjân 4—7 m hohe Ufer hat, die von der Kraft zeugen, mit welcher in der Regenzeit das Wasser hier strömt. Seine Gesammtrichtung geht hier von Nordosten nach Südwesten und wird weiterhin eine südsüdwestliche, bis er sich im Gebiete der Massâlît mit dem Wâdî Asunga vereinigt. Er sammelt die Wässer der nördlichsten Theile des Marra-Gebirges und die Nebenflüsse vieler Berggruppen des Zoghâwa-Gebietes. Sein ferner Ursprung aus höhergelegenen Gegenden erklärt die zeitweise Mächtigkeit seines Wasserstromes. In der That halten weder der Wâdî Asunga, noch der von Bîr-Deqîq und seine Nebenflüsse während der Regenzeit die Schritte des Reisenden länger als zwei oder drei Tage auf, während der Wâdî Kâdscha oder Sanat nicht selten einen vollen Monat unpassirbar bleibt.

Wir rasteten auch hier einen Tag, um die Kamelstuten, welche noch in unserm Besitz waren, bei den in der Nähe weidenden Arabern gegen lasttragende Kamele umzutauschen. Von diesen Arabern kamen ausserordentlich viele zu uns, da in der Nähe eine Abtheilung der Mahâmîd Wadâïs lagerte, welche, der Erpressungen ihres Scheïch Hagar überdrüssig, ihre heimatlichen Sitze in Arâda verlassen hatten. Sie waren von Arâda nach Osten gezogen und trafen schon am zweiten Tage im Norden Tâmas mit einer Abtheilung ihres Stammes aus Dâr-Fôr zusammen, mit der sie schleunigst noch die Bidêjât von Schekele überfielen, ehe sie jenen auf das Gebiet von Dâr-Fôr folgten.

Vom Wâdî Kâdscha an hielten wir wieder eine mehr östliche Richtung ein und gelangten in einem langen Tagemarsch an dem Bezirk Bulaga vorüber über eine regelmässig hochgewellte, spärlich bewaldete Ebene. Ein Flussbett, Bîr-Chadîdscha genannt, mit den dazugehörigen gleichnamigen Hauptorten passirend, kamen wir endlich am Tordschem-Dorfe Timmel vorüber nach Dâr-Marra. Das Dorf lag an einem Flussbett, wie wir deren im Laufe des Nachmittags bereits zwei ähnliche, alle in der Breite von 20—50 Schritt, passirt hatten. Die Brunnenlöcher gaben jedoch so spärlich Wasser, dass wir unsern Bedarf für Mensch und Vieh aus dem Wâdî Bârê entnehmen mussten, welcher fast eine Stunde weit südlich von Dâr-Marra am Berge Omm Duchn und dem an seinem Fusse gelegenen Dorfe Salam von Osten nach Westen fliesst.

Wâdî Bârê ist eines der bedeutendsten Flussbetten, welche die Wässer des Marra-Gebirges sammeln, und zwar entspringt er an den westlichen Abhängen des nördlichen Gebirgstheiles, verläuft in westlicher Richtung etwa bis dahin, wo wir ihn berührten, und wendet sich später nach Südsüdwest, um etwa 12 Meilen weiter mit Wâdî Azûm, dem Hauptfluss des Marra-Gebirges, zusammenzufliessen. Beide verlaufen dann nach Südwest, vereinigen sich auf der Grenze des Dâdscho-Landes Sûla mit den ebenfalls vereinigten Wâdî Kâdscha und Wâdî Asunga, welche den Namen Wâdî Kya führen, fliessen dann, wie bereits an anderer Stelle erwähnt ist, als Bahăr Sûla, Bahăr Mangâri, Bahăr es-Salâmât, Omm et-Tîmân und Bahăr et-Tîne weiter und verlieren sich im Südwesten Wadâïs zum grössten Theile im Iro-See; zum kleinern Theile scheinen sie als Fluss Iro das System des Schâri zu erreichen.

Wenige Stunden Marsches in östlicher Richtung brachten uns am nächsten Tage bis zum Wâdî Tîneât. Nicht nur deshalb, weil hier der Wohnsitz des Statthalters der Provinz Fêa ist, eines der selbständigen westlichen Regierungsbezirke, deren Verwalter kein gemeinsames Provinzialoberhaupt haben, sondern auch, weil wir immer noch die Kamelheerde des Königs 'Alî erwarteten, mussten wir hier voraussichtlich einige Tage liegen bleiben. Wâdî Tîneât entspringt einen Tagemarsch von dem Punkte, an dem wir lagerten, nahe dem Berge Seleâ und verbindet sich wenige Stunden weiter westlich bei dem tagszuvor berührten Berge Omm Duchn mit dem grössern Wâdî Bârê. Trotz seiner geringen Länge hatte das Flussbett eine mächtige Ausdehnung; es war durchschnittlich 300 Schritt breit, mit grobem Sand gefüllt und hatte an der Stelle unsers Lagers eine Richtung von Ost nach West. Von Norden her nahm es an dieser Stelle ein anderes Flussbett geringerer Bedeutung auf. Auf der Südseite lag das Dorf des Schertâja Hanĕfî. Ein Bezirk von Bornû-Dörfern Namens el-Buweïra befand sich nördlich von diesem Flussthale, und weiter nach Norden in derselben Richtung ein ebensolcher Namens Fâga, bewohnt von rinderbesitzenden Arabern, welche dem Stamme der Hautija angehörten. An denselben in gleicher Richtung schliesst sich der eigentliche Bezirk der Qimr, der Rest des frühern Reiches der Qimr.

Südlich vom Dâr-Qimr wohnen die Marârît und zwar östlich vom Wâdî Sanat; ihnen gegenüber auf der andern Seite des Flusses die Oro (auch Aura); nördlich von ihrem Gebiete liegt der Gebirgsstock Dschebel Mûl. Auch die Marârît und die Oro haben besondere Sultane. Der Titel „Sultan" ist in Dâr-Fôr an den Besitz von Pauken geknüpft. Die genannten Stämme und Landschaften fallen alle in das Gebiet von Dâr-Fêa, unterliegen also der Aufsicht des Schertâja Hanĕfî mit Ausnahme der Qimr, welche in den nördlich von Fêa gelegenen Regierungsbezirk Mâdê fallen und dem Schertâja Mohammed Turundibe (Hyänenohr) gehorchen. Der Schertâja Hanĕfî hatte auf seinem Gebiete ausser den genannten und ausser den im Osten seines Territoriums wohnenden eigentlichen Fôrâwa noch Massâlit-Abtheilungen unter sich mit Häuptlingen, welche kein Anrecht auf „Nuhâs" oder Pauken haben, ferner Tordschem, Talba (rinderweidende Araber), die von uns passirten Girga, Schâle, welche den Marârît ähnlich sind, und Dschore im Norden von Schâle. Der Hauptort des nördlichen Nachbargebietes Mâdê war Barr Dschûes, das zwei Tagemärsche von Tîneât in nordwestlicher Richtung liegt.

Dass wir mehrere Tage in dem Wâdî Tîneât blieben, war um so erklärlicher, als Hâdsch Ahmed Tangatanga viele Jahre daselbst gewohnt hatte. Derselbe stammte aus Donqola am Nil, wohin seine Familie vor einigen Menschenaltern aus dem Osten eingewandert war. Er hatte seine religiösen Studien an der grossen Moschee el-Azhar in Kairo gemacht, war dann als junger Mensch am Hofe des Königs Hasîn in Dâr-Fôr erzogen worden und hatte sich später in el-ʽObeid, der Hauptstadt von Kordofân, niedergelassen und daselbst eine Familie gegründet. Auf seinen Handelsreisen — denn die Leute in Donqola (Danaqla) sind alle Kaufleute und Reisende — war er zur Zeit der Regierung des Königs Mohammed Scherîf nach Wadâï gekommen. So wenig wie er sich mit diesem tyrannischen und grausamen König befreundet hatte, so eng hatte er sich an dessen Sohn und Thronfolger, den jetzt regierenden König ʽAlî angeschlossen. Als dieser zur Regierung gekommen war, hatte er, wie ich schon erzählt habe, sofort seinen Freund Tangatanga nach Wadâï gerufen und ihm dort eine Heimat angeboten. Damals hatte Hâdsch Ahmed, obgleich er

Haus und Familie in Kordofân besass, sich einen Wohnsitz in Dâr-Fôr gegründet und zwar in Tîneât, von wo aus er den Handel mit ägyptischen Waaren zwischen Dâr-Fôr und Wadâï vermittelte. Doch Tîneât liegt an der einzigen grossen Strasse, welche die Hauptstädte beider Länder verbindet, und wird fast täglich von kleinern und grössern Karavanen und einzelnen Reisenden passirt, welche alle als Dschellâba Ansprüche auf Hâdsch Ahmed's Gastfreundschaft hatten, und so kam es, dass Ahmed in wenigen Jahren durch die Ausübung dieser Pflicht bankrott geworden war. Die Sitte ist so zwingend, dass selbst wenn jemand ein so vortrefflicher Haushalter ist, wie mein Freund es war, er sich doch nicht diesen Verpflichtungen entziehen kann. Ahmed versicherte mir, dass er bisweilen an einem Tage bis zu fünfzig, auch sechzig Schüsseln für seine Gäste habe liefern müssen, und dass er keinen Ausweg gesehen habe, als eines Tages nach dem Verkaufe des letzten Sklaven seinen Hausstand aufzulösen, dass es ihm daher sehr erwünscht gewesen, als gerade damals König 'Ali ihn nach Wadâï einladen liess. Aber erst nach Jahren hatte er sich wegen des gefürchteten Charakters der Eingeborenen entschliessen können, dem Wunsche seines königlichen Freundes nachzugeben und sich in Abesche niederzulassen, und erst seit zwei Jahren befand sich seine Familie ebendaselbst. Hier in Tîneât war er selbstverständlich nicht allein sehr bekannt und seiner persönlichen Eigenschaften wegen beliebt, sondern auch als Freund des Königs von Dâr-Fôr, mit welchem er auferzogen worden war, und als bevorzugter Rathgeber des Königs von Wadâï hochgeachtet.

Durch diese Umstände wurde er mir selbst von grossem Nutzen, wie ich allerdings erst später in der Hauptstadt el-Fâscher erfahren habe. Der Schertâja Hanĕfî befand sich augenblicklich bei Hofe und hatte die Sorge für seinen Bezirk einem seiner Söhne überlassen. Dieser aber im Gefühle seiner Verantwortlichkeit gegenüber dem allgemeinen Hasse gegen Christen und Türken suchte meine Weiterreise zu verhindern, wenigstens bis er Befehle aus der Hauptstadt eingeholt haben würde. Er hatte nach unserer Ankunft eiligst einen reitenden Boten mit der Nachricht an seinen Vater gesandt, dass ein verdächtiges Individuum, Türke oder Christ, er sei dessen nicht sicher, das Land von Westen her betreten habe, der doch wol bei dem immer schwieriger werdenden Verhältniss der Regierung zu Aegypten als Spion zu betrachten sei. Der Schertâja Hanĕfî berieth über diesen wichtigen Fall sofort mit den übrigen Würdenträgern, die sich gemeinsam zum König Brâhîm begaben und ihn baten, eine Anzahl von ihnen nach Tîneât zu schicken mit dem Auftrage, mich aus dem Wege zu räumen. Glücklicherweise weigerte sich der Herrscher, diesem Ansinnen Gehör zu leihen, während ich in aller Ruhe mit unserer Karavane im Flussbett von Tîneât lagerte und keine Ahnung von dem drohenden Gewitter über meinem Haupte hatte. Der brave Hâdsch Ahmed weigerte sich dem stellvertretenden Schertâja gegenüber nicht nur, mich ihm zuzuführen oder zu übergeben, sondern erklärte demselben auch, dass er, wenn er nicht etwa in unser Lager kommen wolle, um uns einen Besuch zu machen, mich nicht einmal zu sehen bekommen werde, denn ich sei ihm, Hâdsch Ahmed, von dem König von Wadâï mit dem Befehle anvertraut, mich nur dem König Brâhîm zu überantworten, ja er bestritt dem Schertâja sogar das Recht, eine Abgabe von mir zu erheben, da ich ein Gast des Königs sei und keinerlei Handelsgeschäfte treibe.

Hier in Tîneât hörten wir zum ersten mal nähere und sichere Nachrichten über die Niederlage der Fôr-Truppen gegen die Bahârîna Zibêr's. Ein entschiedener Sieg der Fôrâwa über einen Anführer Zibêr's, Namens el-Mur, war der Niederlage vorhergegangen; doch in der Hauptschlacht des folgenden Tages waren, wie ich bereits erwähnt habe, der Uzîr und der Amîn 'Abd-el-Bârî gefallen, und das Gerücht verbreitete sich im Lande, dass König Brâhîm in Person ins Feld ziehen werde.

Der Bezirk Tîneât besitzt einen ausgezeichneten Ruf in gesundheitlicher Beziehung, und Mensch und Thier sollen in gleicher Weise daselbst gedeihen. In der That legten, was letztere betraf, die Schafe und Ziegen ein vortreffliches Zeugniss dafür ab, denn es wurden tagtäglich eine grosse Anzahl zu Markte gebracht, die von einer Fettleibigkeit waren, wie ich sie selten gesehen habe. Der Haupttauschartikel unsererseits zum Ankauf von Getreide sowol als von Schlachtvieh waren hier die Bernsteinperlen, welche hauptsächlich von den Arabern aufgekauft werden. In allen Theilen des Sûdân, in denen sie einen erwünschten Handelsartikel bilden, zieht man diejenigen vor, welche milchig gefärbt sind.*)

Der längere Aufenthalt, zu welchem wir gezwungen waren, ist in einer Karavane von Dschellâba, so gleichmässig er sich auch abwickelt, doch niemals langweilig und uninteressant. Die Leute sind alle so weit gereist, haben so reiche Lebenserfahrungen, dass der Stoff zur Unterhaltung niemals mangelt. Dazu ist die Sitte des gemeinschaftlichen Lebens eine derart zwingende, dass man sich nur mit Mühe für einige Stunden des Tages demselben entziehen kann. Die angesehensten Mitglieder der Karavane nahmen ihre Mahlzeiten stets gemeinschaftlich ein, und nach denselben wurde geplaudert und erzählt, sodass uns das Gespräch häufig bis Mitternacht beieinander hielt.

Endlich waren die Kamele des Königs angekommen, die Verhandlungen mit dem stellvertretenden Schertâja betreffs seines Begrüssungsgeschenks, das in einigen Sklaven bestand, beendigt, und wir konnten am 22. Februar unsere Reise fortsetzen.

Von Tîneât ab hat man noch drei gute Tagemärsche bis zum Bezirk von Qabqabîja, welcher grösstentheils von Dschellâba bewohnt ist. Während von der Grenze des Landes bis nach Tîneât das Niveau des Bodens sich nahezu gleich bleibt, beginnt von dort ab das Terrain sich allmählich etwas stärker zu erheben. Im Nordosten und Osten traten mehr oder weniger regelmässig geformte Kegel auf, und der südöstliche Horizont wurde von einer regelmässig gestalteten, anscheinend hohen Kette eingenommen, welche einige Tagemärsche entfernt war. Zahlreiche Flussbetten wurden von uns passirt, von denen das bedeutendste der Wâdî Hambul war, den wir etwa sechs Marschstunden nach unserm Aufbruch von Tîneât überschritten. In den Dörfern begann das Fôr-Element sich geltend zu machen, und alle Orte zeichneten sich durch das vortreffliche Aussehen ihrer beträchtlichen Heerden an Ziegen und Rindern aus. Die Höhen zwischen den Flussthälern boten ausser ihrem kümmerlichen Bestande an verschiedenen Akazien, Nabaq, Hedschlîdsch und Tuntum (*Capparis Sodada*) wieder mehr den Steppencharakter, während die Thäler die Träger der

---

*) Dieselben werden im Handel „el-lîmûnijât", „die citronenfarbigen", genannt. W.

aus Harrâzas, Tamarinden und feigenartigen Bäumen bestehenden hochstämmigen Vegetation waren. Um 5 Uhr nachmittags wurde eine niedrige Hügelkette sichtbar, deren einzelne Glieder mit weissem, säulenartig aufgerichtetem Gestein gekrönt war. Von der Höhe derselben sah man nach Osten hin ein offenes, aufsteigendes Thal, nach Norden zahlreiche vereinzelte Hügel, nach Süden jene früher erwähnte bedeutendere Bergkette; zwischen ihr und uns dehnte sich das breite Thal des Wâdî Bârê aus, welcher hier den Wâdî Bargû aufnahm. Nachdem wir denselben überschritten hatten, durchzogen wir einen dichten Wald mit herrlichen hohen, dichtkronigen Bäumen der obengenannten Arten, welcher das Gebiet zwischen den beiden Flüssen einnahm, und lagerten gegen Abend in dem Flussbett des Wâdî Bârê. Dasselbe hatte zum Theil hohe Ufer, welche mehr als seine Breite, die durchschnittlich 200 Schritt betrug, für seine Bedeutung sprachen. In dem Winkel zwischen den beiden Flüssen weideten einige dem Stamme der Nawâïbe angehörende Araberabtheilungen ihre Kamele, und wir empfingen am Abend den interessanten Besuch des Scheïch en-Nühâs, welcher wie sein Titel „Häuptling der Kupferpauken" bewies, den Rang der früher erwähnten Sultane hat. Er kam in Begleitung eines jungen Scheïch der Mahâmîd von Wadâï, der nächsten Verwandten der Nawâïbe. Dieser hatte sich ebenfalls der Oberhoheit des Königs von Wadâï entzogen und sich in Dâr-Fôr niedergelassen; es entspann sich nun eine lebhafte Unterhaltung zwischen den beiden Araberchefs und Hâdsch Ahmed über die Vorzüge des einen oder andern der beiden Länder für nomadisirende Araber. Während Ahmed dem Scheïch zu beweisen vermochte, dass die Araber Wadâïs im ganzen weniger Abgaben zu zahlen hätten und im Norden des Landes mehr Gelegenheit fänden, durch Ghazien gegen die Dâza von Borkû und gegen die Bidêjât ihr Nomadenleben vortheilhaft und angenehm zu unterbrechen, trug dennoch der Scheïch der Nawâïbe durch ein sehr vortheilhaftes Bild, das er in beredter Weise von dem Ansehen der Araber in Dâr-Fôr und von ihrem socialen Leben entwerfen konnte, in der Discussion den Sieg davon. Die Araber in Dâr-Fôr würden, so führte er aus, wie die andern Einwohner behandelt, während die in Wadâï lebenden eine untergeordnete

Stellung gegenüber den eingeborenen Stämmen einnähmen. Der junge, flüchtig gewordene Mahâmîd-Scheïch bekräftigte die Wahrheit dieser Behauptung durch Beispiele aus seinem eigenen Leben, welche ihn dazu vermocht hatten, das Land zu verlassen. Er erzählte von den zahlreichen Uebergriffen der Sklaven und Beamten des Königs 'Alî, indem er zugleich dessen eigene Rechtschaffenheit anerkannte, und wie es endlich entscheidend für ihn gewesen sei, dass man ihm eines Tages sogar sein Weib, die Mutter seiner Kinder, entführt habe. In der That bot der Scheïch der Nawâïbe schon in seiner äussern Erscheinung den Beweis für die höhere Lebensstellung der Araber in Dâr-Fôr. Während dieselben in Wadâï nur barhäuptig, höchstens mit Sandalen und mit einem einfachen Gewande aus grobem, im Lande verfertigten Stoff bekleidet die Hauptstadt betreten dürfen, trug dieser ein seidenes Gewand, eine bunte Tâqîja und rothe ägyptische Schuhe, und ebenso sah ich ihn später am Hofe von Dâr-Fôr noch geschmückt mit einem kostbaren Kaschmirshawl, der Hauptzierde der Bewohner von Dâr-Fôr.

Am nächsten Morgen durchzogen wir das Flussthal des Kône (Konge?), welcher dem Bezirk den Namen gibt, und den Hauptort desselben, der einige hundert Hütten umfasst. Die im Süden von unserm Wege gesehene Bergkette löste sich nunmehr in zwei Berge, den Fugo Dschâ und den Fugo Rommelê, auf. Aus dem Flussthal aufsteigend, kamen wir in einen zwar dichten, aber in den einzelnen Exemplaren doch kümmerlich entwickelten Akazienwald, in welchem der Talhabaum vorwaltete, überschritten zahlreiche unbedeutende Flussbettchen, welche zum Wâdî Bârê gehen, und lagerten nach etwa vierstündigem Marsche bei dem Dorfe Marscham in dem Wâdî gleichen Namens, der von Süden kommend zum Wâdî Dscheldama sich wendet; dieser seinerseits ist der bedeutendste Nebenfluss des Wâdî Bargû.

Wir passirten den Dscheldama am nächsten Morgen, hielten die bisherige östliche, wenige Grade nach Norden abweichende Richtung inne und bekamen im Laufe des Vormittags einen freien Blick auf den nördlichen Theil des Marra-Gebirges, der auch wol mit dem besondern Namen des Dschebel Kerâkĭri bezeichnet wird. Im Nordosten zweigte sich von der Hauptmasse eine Kette, Kôra genannt, ab, während in Ostnordost eine unbedeutende Gruppe lag, welche den Namen Dschebel Aremba („Hasengebirge") führt; eine Stunde vor uns endlich lag in südöstlicher Richtung eine kleine Kette, der Dschebel Aptu. Einige höhere spitze Kegel hoben sich in der Ferne im Südosten aus dem Marra-Gebirge hervor; die nennenswerthesten davon waren der Berg Sî und der Bara Simbil. Der Boden wurde unebener, die Vegetation kümmerlicher. Uns stets nahe dem Wâdî Dscheldama haltend und denselben einigemal berührend, sowie einige sich ihm zuwendende Wasserbetten überschreitend, zogen wir an verschiedenen Dörfern vorüber und lagerten am Nachmittag im Bette des genannten Flusses. Die Gegend war wegen ihres Reichthums an Löwen berüchtigt, und unser Lager musste demzufolge mit einer Zerîba umgeben werden.

Einige Stunden zwischen Felsen und Steingeröll, durch Schluchten, unter niedrigen, krüppeligen, aber dichtstehenden und alles ergreifenden Stachelbäumen hindurchmarschirend, gelangten wir am nächsten Morgen in das reizende Flussthal von Qabqabîja, welches den Anfangslauf des Wâdî Bargû darstellt. Das Bett des Flusses ist durchschnittlich 120 Schritt breit, verläuft von Ost nach West und hat etwa 30—50 cm unter der Oberfläche seiner Sandschicht überall Wasser. Reizende Dattelpalmen-Inseln befinden sich in dem Flusse und an den Ufern erheben sich Miniaturgebirge, welche ihren Ursprung der dortigen Salzgewinnung verdanken. Dies auch in Dâr-Fôr so spärlich vertretene und doch den Menschen so nothwendige Genussmittel wird aus dem salzhaltigen Boden durch Behandlung mit heissem Wasser gewonnen. Aus dem Rückstand bauen sich dann allmählich diese gebirgsähnlichen Erdhaufen auf. Die Dörfer des reichbevölkerten Bezirks liegen auf beiden Seiten des Flussbettes und sind, wie schon erwähnt, fast ausschliesslich von Dschellâba bewohnt. Die Einwohner kamen noch an demselben Tage, um ihre Freunde und Bekannte in unserer Karavane zu begrüssen und ihre aus Aegypten stammenden Nachrichten über Dâr-Fôr gegen die von uns aus Westen gebrachten auszutauschen. Ihre Bitten bewogen uns, auch am folgenden Tage in Qabqabîja zu lagern.

Der Bezirk Qabqabîja liegt am Fusse des Marra-Gebirges, und von ihm aus steigt der Weg schnell nach Osten an. Nach

Westen senkt sich das Terrain über Tîneât (etwa 750 m) und Abesche (etwa 500 m) bis zum Tsâde, der etwa 250 m über dem Meeresspiegel liegen mag. In mehr oder weniger östlicher Richtung ungefähr dem Laufe des Wâdî Bargû folgend, sahen wir die Masse des Marra-Gebirges sich mehr und mehr in einzelne Kegel und Gruppen auflösen. Nördlich von uns verlief die Kôra-Kette, deren Südende durch unregelmässige, kuppelförmige Berge, Hâdscher Garda, bezeichnet wird. Der Boden war dicht bedeckt mit schwarzem, hier und da porösem Gestein und mit Felsblöcken, welche den Marsch für Mensch und Thier ausserordentlich erschwerten und diesem Theile des Gebirges den Namen Kerâkïri gaben, da derartiges Geröll „Kerâkir" genannt wird. Der Anfangslauf des Wâdî Bargû, der hier sein sandiges Bett durch ein felsiges ersetzt hat, schnitt und wand sich mühsam durch den felsigen Boden und zwischen Bergen hindurch und wird innerhalb seines Gebirgslaufes als Wâdî en-nabaq bezeichnet. Wâdî Bargû zeichnet sich übrigens durch sein natronhaltiges Wasser aus und ist deshalb von den Arabern der Kamele wegen sehr gesucht.

Nachdem wir in südlicher Richtung den Fuss des Berges Abû-Ketif (Schulterberg) passirt, der so genannt wird, weil er neben seinem Hauptkegel noch zu beiden Seiten niedrigere, mit seiner Masse zusammenhängende, Schultern ähnliche Kegel hat, und den stark gewundenen Wâdî en-nabaq, der hier von Norden von dem breiten, einen Theil der Kôra-Kette bildenden Dschebel en-nabaq kommt, verschiedene mal überschritten hatten, erreichten wir nach weitern acht Stunden zwei, Boggesa genannte Bergkegel, die, wenn auch an sich unbedeutend, doch als die höchsten Punkte des Gebirges (etwa 1100 m über dem Meeresspiegel) wohlbekannt sind.

Zu der gewöhnlichen Vegetation der bisher durchzogenen Gegend, die entsprechend dem felsigen Charakter und der zunehmenden Höhe immer dürftiger wurde, gesellte sich in grosser Menge die candelaberförmige Euphorbie und Machet.\*) Merkwürdig war hier wie auch weiter im Westen von Dâr-Fôr die Seltenheit des Wildes. Wenn man an die Masse von Antilopen zurück-

---

\*) Als Machet (Muchêt) wird in Dâr-Fôr und Kordofân ausser den *Cordia*-Arten, denen dieser arabische Name eigentlich angehört, auch *Boscia senegalensis* Lam. (eigentlich sûdân-arabisch: Kursân) bezeichnet.     A.

dachte, welche dem Reisenden in den Bornû-Ländern allenthalben, selbst in der Nähe bewohnter Ortschaften begegnen, war der Unterschied erstaunlich, und selbst mit weniger begünstigten Theilen Wadâïs konnte die Gegend in dieser Beziehung keinen Vergleich aushalten; nur die Hyäne schien massenhaft vertreten zu sein. — Die Felsen und Berggruppen erhoben sich niemals um mehr als 330 m über ihre Ebene.

Bei den Boggesa-Bergen überschritten wir die Wasserscheide, marschirten noch etwa eine Stunde und lagerten an den etwa 22 m tiefen Brunnen, welche als Saniʿat el-Mühâdschĭrîn (die Cisterne der Mühâdschĭrîn) bekannt sind.

Der Abstieg in die jenseitige Ebene wurde am folgenden Tage in Ostsüdostrichtung bewerkstelligt. Wir zogen südlich an dem 2—250 m hohen Felsen Hadscher Garda vorüber, passirten das steingefüllte Bett des dazu gehörigen Wâdî Garda und kämpften uns mühsam durch Kerâkir und Schluchten, wobei noch Mimosengestrüpp und Dornen unsere Kleider zerrissen. Endlich verminderte sich das Geröll, und statt der schmalen Thäler und Schluchten öffneten sich weite Kesselthäler. Nach achtstündigem Marsche lagerten wir in dem sandigen Bett des Wâdî Sânikîri, welcher mit dem Wâdî Garda nach Osten zum Wâdî Kôbê fliesst.

Am folgenden Tage sollte Kôbê erreicht werden, der Hauptsitz aller in Dâr-Fôr angesessenen Kaufleute und nächst der Residenz el-Fâscher die Hauptstadt des Landes. Schon an diesem Tage mussten die Mitglieder unserer Karavane die für ihre Freunde und Gönner bestimmten Geschenke aussuchen, die besten Kleider wurden hervorgeholt, und eine allgemeine Aufregung hatte sich unserer Gesellschaft in Erwartung des nächsten Tages bemächtigt.

In der That brachte uns ein sechsstündiger Marsch in fast ganz östlicher Richtung in die Nähe von Kôbê. Noch immer absteigend wurde der Weg freier, der Boden weniger mit Steinen bedeckt und allmählich sehr sandig und baumarm. Südlich von unserm Wege, etwa anderthalb Stunden entfernt, sahen wir am frühen Morgen noch eine Bergkette Namens Malâ, welche von Ost nach West verlief und ungefähr drei Stunden lang war. In der Mitte des Vormittags schritten wir in eine von flachen Flussbetten durchschnittene Ebene hinab, in deren östlichem Theile das Thal

Abû Dungo liegt, in dem wir die Tageshitze zuzubringen und die Begrüssung der angesehensten Dschellâba aus Kôbê entgegenzunehmen beabsichtigten. Die Wasserbetten waren ausserordentlich flach, sehr breit, aber fast ohne bestimmte Grenzen und verliefen im allgemeinen von Nordwest nach Südost zu dem in der Nähe von Kôbê sowol, als in der Nähe von el-Fâscher vorüberströmenden Flusse, der später el-Kû'a genannt wird. Die wenig üppigen Bäume der sandigen Gegend bestanden in Hedschlîdsch, Nabaq und Tumtum, während die Mimosen und Akazien nur kümmerliche Gebüsche bildeten. Wir lagerten hier, nicht allein um die erwartete Begrüssung der Einwohner Kôbês entgegenzunehmen, sondern auch weil die Sitte verlangt, dass die Ankunft an einem Orte gegen Abend stattfinde; die Dschellâba aber halten fast noch mehr an einer Sitte fest, als die übrigen Araber. Jeder einzelne ist eine typische Darstellung der ganzen Familie. Wir oder vielmehr meine Reisegefährten wurden in ihrer Erwartung sehr getäuscht. Ausser einem Bruder Schems ed-dîn's kam niemand von den bedeutendern Bewohnern Kôbês; sie liessen es jedoch an einem Begrüssungsmahle nicht fehlen. Einige hundert Schüsseln vortrefflicher Speisen wurden uns übersandt, welche in jenen schönen Untersätzen und bedeckt mit jenen prächtigen Deckeln von Korbgeflecht gebracht wurden, derer die Kunstfertigkeit der Fôrâwa sich rühmen kann und die ich hier zum ersten mal in solcher Menge zu bewundern Gelegenheit hatte. Alle waren mit vielem Geschmack meist aus Dûmpalmen-Fasern gefertigt. Die schwarze Färbung der Fasern wird durch Moorerde, die rothe aus den Schäften gewisser Durra-Spielarten hergestellt. Häufig sind die Deckel mit kleinen blauen Glasperlen in sehr gefälligen Mustern verziert. Ein solcher Schüsseldeckel erreicht am Herstellungsort häufig schon einen Preis von vier bis fünf Maria-Theresia-Thalern. Auch die bekannten Matten aus Dâr-Fôr werden aus demselben Material hauptsächlich in Kôbê gearbeitet, ausserdem aber auch in el-Fâscher und in Menawâtschi, einer Bornû-Colonie, welche etwa drei Tagereisen südlich von el-Fâscher liegt.

Mit Rettigen und Citronen wurde unser kleines Lager alsbald überschwemmt, und diese wurden von den Reisenden in unglaublicher Anzahl verzehrt, denn der übrige Sûdân entbehrt ihrer gänzlich, und sie waren daher ein selten gebotener Genuss. Die Rettige waren von ansehnlicher Grösse und mächtiger Krautentwickelung, doch von geringer Schärfe, für mich aber eine hohe Delicatesse, da ich sie seit meiner Abreise von der Mittelmeerküste nicht genossen hatte.

Einzelne Leute und viele Kinder kamen in der Folge, und ich bemerkte hier wieder mit Wohlgefallen das bescheidene Auftreten der Knaben und die ehrerbietige Art und Weise, ältere Personen zu begrüssen. Sie legten Schuhe, Kopfbedeckung und Obergewand ab, rutschten an die zu Begrüssenden heran, und die Hände auf ihre Knie stützend, verbeugten sie sich tief vor diesen, welche ihrerseits leicht ihre Hand auf die Schulter der Grüssenden legten und „afia" (Gott segne dich!) murmelten. Doch das ist nicht allein Pflicht der Knaben, sondern auch Gebrauch der ältern Männer Greisen gegenüber, und selbst mein Gefährte Hâdsch Ahmed, obwol er sicherlich angesehener und mächtiger war als sie alle, machte hiervon keine Ausnahme, wenn er alte Herren seiner Bekanntschaft antraf; die gewöhnliche Art der Begrüssung war die Handreichung.

Gegen Abend brachen wir wieder auf, dem Hadscher Kôbê zustrebend, welcher den nordöstlichen und östlichen Horizont begrenzte und auf dessen westlicher Seite der Wâdî Kôbê und die Stadt Kôbê liegt. Die nächste Umgebung der zu Kôbê gehörigen Dörfer und der Hauptort des Bezirks zeichnet sich durch massenhafte Autlaut-Akazien aus, welche die ganze Gegend mit einem eigenthümlichen Duft erfüllen; ihr aromatisches Holz wird zu Zahnbürsten verwendet.

Mit einbrechender Nacht hatten wir die Mitte des Kôbê-Gebirges erreicht und lagerten bald darauf in der Zeriba der Gesellschaft Schems ed-dîn's. Hâdsch Ahmed wurde in der eigentlichen Privatwohnung einquartiert, während mir durch Hâdsch Kerar, den Bruder Schems ed-dîn's, welcher mit der Unterbringung der Fremden betraut war, ein sehr dürftiges, durch seine schmutzige Umgebung besonders sich auszeichnendes Quartier zutheil wurde. Indessen in der gerechten Würdigung des Umstandes, dass wol hundert Gäste einquartiert waren, begnügte ich mich ohne Gegenvorstellungen mit meinem Häuschen, liess am folgenden Tage die

Wohnung reinigen, insoweit dies irgendwie möglich war, und errichtete im Hofe ein Zelt zum Aufenthalt für meine Diener. Die Verpflegung war ausgezeichnet an Güte und Menge; in dieser Hinsicht übertrifft in der That die Gastfreundschaft der Dschellâba die aller übrigen dort ansässigen Stämme. Nicht genug, dass die einquartierten Fremden morgens und abends reichliche Mahlzeiten für sich und ihre Diener erhielten, bot die eigentliche Wohnung Schems ed-dîn's den ganzen Tag hindurch den Anblick eines Wirthshauses dar. Dort empfingen Schems ed-dîn und Hâdsch Ahmed die Besuche, welche den ganzen Tag über nicht aufhörten, während Hâdsch Kerar dafür zu sorgen hatte, dass niemand, gross oder klein, bekannt oder unbekannt, kam und sich niederliess, ohne dass er in der einen oder andern Weise mit Speise und Trank versehen worden wäre. Die zahlreichen Frauen und Sklavinnen des Hauses waren den ganzen Tag mit Zubereitung von Speisen beschäftigt, denn sobald nur zwei oder mehrere Personen den Hofraum, auf welchem der Empfang statthatte, betraten, wurde auch schon eine Schüssel mit 'Asîda, dem bereits erwähnten Mehlbrei, oder Kisra, dem ebenfalls erwähnten Kuchen, in frischem Zustande mit Fleisch und Sauce vor sie hingesetzt; auch gebratene Hammelkeulen und sehr wohlschmeckende Weizenmehlkuchen mit Gewürz und Honig fehlten nicht, und selbst die unbedeutendste Persönlichkeit wurde mindestens mit Datteln aus Donqola bewirthet. Kaffee erhielt jedermann, sodass oft in wenigen Stunden hundert Tassen verschenkt wurden, und in dieser Weise dauerte die Bewirthung den ganzen Tag hindurch. Nur wenn ein Kamel geschlachtet worden war, wurde eine kleine Ausnahme von der Gleichberechtigung aller insofern gemacht, als der grösste Leckerbissen desselben, die rohe Leber, nur in der Gesellschaft einiger Auserwählter verzehrt ward. Auch ich lernte diese hier in ihrer ganzen Vortrefflichkeit schätzen und muss gestehen, dass mir von allen materiellen Genüssen jener Länder die rohe Kamelleber noch jetzt als eine grosse Delicatesse in der Erinnerung ist. Vor der Abendmahlzeit wurden etwa fünfzig Riesenschüsseln im Hofe niedergesetzt, und dem Hâdsch Kerar lag die Pflicht ob, je nach der Kopfzahl der Gäste (Dîfân) die Vertheilung vorzunehmen.

Alle Tage wurde in Kôbê ein kleiner Markt abgehalten, wo

man Brennholz, Getreide, Rettige, Stricke und andere Kleinigkeiten kaufen konnte; doch nur zweimal in der Woche, am Montag und am Donnerstag, fand ein grösserer Markt statt. Dieser Hauptmarkt war wohlversehen mit allem. Die Hauptmünze bildete die Maqtaʿ Tromba, während der Maria-Theresia-Thaler nur mit Verlust verwendet werden konnte. Das kleine Geld bestand in sogenannten Terek, deren damals 17 auf die Maqtaʿ Tromba und 11 oder 12, je nach dem Course, auf einen Maria-Theresia-Thaler gingen. Die Terek waren kleine, etwa 1½ m lange und 1 m breite, dunkelblau oder hellblau gefärbte Tücher, so lose und dünn gewebt, dass sie völlig durchsichtig und ohne allen praktischen Werth waren. Sie konnten ihrer mangelhaften Haltbarkeit wegen nur im Nothfall als Kleidungsstück verwendet werden und erschöpften sich im Handel der grossen Marktplätze und der nächstgelegenen Ortschaften. Man erhielt beim Wechseln der Maqtaʿ Tromba oder des Maria-Theresia-Thalers die Hälfte der Terek in dunkelblau, welche einen etwas grössern Werth hatten, und die andere Hälfte in hellblau; die Toqqija galt hier 4—5 Terek. Das Getreide war viel theuerer als in Wadâï, mit Ausnahme des Weizens, der seinen Hauptstapelplatz in Qabqabîja hat, in dessen Umgebung er auch hauptsächlich gebaut und wohin er aus den Thälern des Dschebel Marra gebracht wird. Die im Westen des Landes so hochgeschätzten Bernsteinperlen waren hier fast ganz ohne Werth, ebenso Papier. Pferde waren theuer und höchstens gegen Sklaven zu kaufen; ein gutes Pferd kostete, in Sklaven gerechnet, wol 100 Maqtaʿ Tromba oder 150 Maria-Theresia-Thaler. Auch Dâr-Fôr ist wie Wadâï kein Pferdeland, und die Landesrasse kann nur erhalten werden durch fortwährende Einfuhr aus andern Ländern. Kamele schienen den übrigen Preisverhältnissen gegenüber auffallend billig zu sein; 10—15 Maqtaʿ Tromba oder 15—20 Maria-Theresia-Thaler gaben stets ein gutes Kamel, während sehr starke und fette zwischen 20 und 30 Maria-Theresia-Thaler kosteten. Dagegen betrug der Preis für einen guten Reitesel je nach Qualität 30—60 Maqtaʿ Tromba, also 50—90 Maria-Theresia-Thaler, denn dieses Thier war bei der Vorliebe der Fôrâwa und der Zoghâwa für dieses Beförderungsmittel ausserordentlich gesucht. Das Pfund Pulver kostete trotz der Nähe Aegyptens in Kôbê mehr als in Wadâï, und zwar 1½—2 Thaler, während man dasselbe in Abesche stets für einen Maria-Theresia-Thaler kaufte.

Im Grosshandel waren die Straussfedern zwar nicht in solcher Menge als in Wadâï, jedoch in besserer Qualität vorhanden. Die aus dem Gebiete der Zoghâwa und aus den erwähnten Bezirken der Araber im Norden des Landes kommenden sind ebenso ausgezeichnet in Grösse und Farbe wie diejenigen, welche aus den Steppen im Nordosten Kânems eingeführt werden.

Was die Elefantenzähne betrifft, so waren ihre Quellen, seit die Bahárĭna die Gegend im Süden Dâr-Fôrs ausgebeutet und in Besitz genommen hatten, fast versiegt. Man musste sich mit der Einfuhr von Wadâï begnügen.

Sehr unbequem ist in Kôbê die Herbeischaffung des Wassers. Die Brunnen befinden sich alle in dem östlich von der Stadt zwischen ihr und der oben erwähnten Bergkette Hadscher Kôbê von Nord nach Süd verlaufenden Flussbett und sind sehr tief, wenn auch etwas weniger als die früher genannten Saniʻat el-Muhâdschĭrîn und Sânikîri. Der Weg dorthin ist weit, die Eigenthümer der Brunnen liefern das Wasser nur gegen einen kleinen Tribut an Getreide, und endlich muss man noch Kamele oder Esel besitzen, um es in die Behausung zu schaffen.

Am nächsten Tage hatte ich Gelegenheit, viele der bedeutendsten Bewohner Kôbês kennen zu lernen, unter denen besonders der Derdĕri, welcher unter dem verstorbenen König Hasîn grosses Ansehen genossen hatte und dem Regierungswechsel fast zum Opfer gefallen wäre, und der Chabîr ʻAlî, ein specieller Freund des Hâdsch Ahmed, mich interessirten. Chabîr ist ein Titel, der überall in der Wüste den Führern von Karavanen zukommt, und bedeutet eigentlich nur den Wegkundigen. In Dâr-Fôr bleibt dieser Titel jedem Dschellâbi, der einmal die grosse Karavane begleitet hat, welche alljährlich aus dem Norden des Landes durch die Wüste auf dem als „drib el-arbaʻîn", d. h. „Weg der vierzig Tage", bekannten Wege in diesem Zeitraum vom nördlichen Theile des Reiches bis Asjût am Nil geht. Ein solcher Führer wird von der Regierung jedesmal neu ernannt, der Titel bleibt ihm jedoch. Von diesem Chabîr ist zu unterscheiden der wirkliche Chabîr, welcher Oberhaupt der Dschellâba im Lande ist.

Auch die Stadt besuchte ich, ohne den Anschein zu erregen, als wolle ich dieselbe untersuchen und „aufschreiben", da ich von verschiedenen Seiten zu Kranken gerufen wurde. Obgleich ich bereits seit langer Zeit aller Arzneimittel bar war, wies ich doch die Gelegenheit nicht von der Hand, harmlos und ohne den Blicken der Neugierigen allzusehr ausgesetzt zu sein, Stadt und Leute kennen zu lernen. Allerdings war ich der Unannehmlichkeit, aufzufallen, weniger ausgesetzt als irgendein anderer Fremder, da ich durch meinen Umgang mit den Dschellâba denselben in Kleidung, Sprache und Benehmen so ähnlich geworden war, dass nur sehr wenige in mir den Christen oder den Europäer vermutheten, wenn sie nicht schon vorher Kenntniss davon hatten.

Kôbê ist ganz regellos gebaut und ohne ursprünglichen Plan entstanden. Dies erklärt sich aus dem Umstande, dass die Einwanderung der „Kinder des Stromes" theils sehr allmählich stattfand, theils sich nach deren ursprünglichen Stämmen und Stammabtheilungen vollzog. Anfangs hielten sich die Stammesgenossen zusammen in einer Zerîba. Mit wachsendem Reichthum, zunehmender Kopfzahl und festerer Ansiedelung wurde diese Zerîba durch eine Thonmauer ersetzt, und derjenige von der Bewohnerschaft, welcher sich durch Reichthum und Anhang vor den übrigen auszeichnete, wurde Haupt der Zerîba. Leute mit wachsenden Mitteln erbauten sich endlich selbst geräumige Häuser und nahmen schwächere, unbemittelte Landsleute oder andern Stämmen angehörige Leute in dieselben auf. Zwar ist gewöhnlich die Bewohnerschaft der Zerîben nach der ursprünglichen Heimat jener geregelt, doch ist dies keineswegs immer der Fall. Aus dieser Entwickelung der Ortschaft, und da die Häuser eher als die Wege zwischen ihnen entstanden, entsprang die Regellosigkeit derselben. Auch jetzt noch konnte von Strassen kaum die Rede sein. Ueberall fanden sich Strohhütten neben Thonwohnungen. Thon ist reichlich und meist unter einer nur flachen Sandschicht vorhanden, was zur Folge hatte, dass durch Verbrauch dieses Materials zahlreiche grosse Gruben mitten im Orte sich bildeten. Die in der ganzen Stadt häufig vertretenen Bäume, Nabaq, Hedschlidsch u. dgl. verminderten die Eintönigkeit des Anblicks von Erdmauern und Häusern, ja brachten sogar hier und da eine liebliche Scenerie hervor.

Viele Häuser waren leer und zerfallen, sodass sich selbst dem oberflächlichen Beschauer die Ueberzeugung aufdrängte, dass der Ort vor Jahren bedeutend bevölkerter gewesen sein muss. In der That sollte die Bewohnerschaft seit etwa 15 Jahren in bedenklicher Weise abgenommen haben und zwar infolge des Ausbeutungssystems und der Schwäche des Königs Hasîn, denn dieser war bei allem natürlichen Wohlwollen doch selbst sehr habsüchtig, überliess aber noch ausserdem das Land den Uebergriffen seiner Lieblingssklaven. Schems ed-dîn und Hâdsch Ahmed konnten mir sofort bei Berührung dieses Umstandes einige achtzig bekannte Familien nennen, welche während jener Periode dem „Dulm", der ungerechten Ausbeutung von seiten der Regierung, zum Opfer gefallen und mehr oder weniger mittellos nach Osten zurückgewandert oder einfach verarmt, verkommen und ausgestorben waren; ein kleiner Theil endlich hatte sich in el-Fâscher niedergelassen, wo sie sich unter den Augen des Königs den Erpressungen der Sklaven weniger ausgesetzt befanden.

Der Aufwand in Kleidern war in Dâr-Fôr bei weitem grösser als in Wadâï. Hier kleideten sich die Dschellâba in feine weisse oder hellblau gefärbte Baumwollenstoffe europäischer Herkunft, wie sie sich auch unleugbar reinlicher hielten als ihre Brüder im Westen, und trugen über ihren Hemden mehr als Zierde einen feinen Kaschmirshawl über die Schultern geworfen oder lose um den Kopf gewunden. Die Eingeborenen dagegen liebten vorzugsweise seidene Hemden und Hosen und zwar in allen möglichen Farben und trugen ebenfalls als Hauptschmuck den Shawl, den sie wie die Dschellâba über eine Schulter warfen. Ich werde Gelegenheit haben, noch an anderer Stelle hierauf zurückzukommen.

Schon am Tage nach unserer Ankunft, am Abend des 2. März, war Schems ed-dîn nach el-Fâscher weitergegangen, um dem König von seiner Sendung nach Wadâï zu berichten, während Hâdsch Ahmed und ich demselben erst am 6. März folgten. El-Fâscher, am Rahat Tendelti gelegen, ist von Kôbê einen guten Tagemarsch in Ostsüdostrichtung entfernt.

Wir reisten gegen Abend ab, um nicht einen allzugrossen Wasservorrath mitnehmen zu müssen, dessen man unumgänglich bedarf, da auf dem Wege wenig oder kein Wasser zu finden ist.

Hâdsch Ahmed liess seine für Aegypten bestimmten Handelsartikel in Kôbê zurück und nahm nur Pferde und Sklaven mit, die er in Dâr-Fôr zu verwerthen die Absicht hatte. Die letztern wurden ganz neu bekleidet, ihre Haare nach in Dâr-Fôr beliebter Art geordnet, nämlich in kleinen kurzen Flechten, die sowol zu beiden Seiten des Kopfes als am Hinterkopfe so vereinigt waren, dass sie einen Wulst bildeten und mit rothem Thon, Butter, Nelken, Mahâleb u. dgl. gehörig eingerieben wurden. Je zwei Sklaven wurden auf einem Kamele befördert.

Wir überschritten zunächst in östlicher Richtung den Wâdî Kôbê, der hier nur etwa 80 Schritt breit war, bis zum Fusse des gegenüberliegenden Gebirgszuges, durchschnitten in derselben Richtung einen Theil der Bergkette, welche jetzt südlich von uns in der Richtung unsers Weges allmählich niedriger wurde, und hatten auch auf der Nordseite eine ähnliche unbedeutende Kette. Direct im Süden lag in etwas grösserer Entfernung der weithin sichtbare Berg Kussa. Nach etwa dreistündigem Marsche hatten wir das Ende beider Bergketten erreicht. Wir passirten hier die Dörfchen des Bezirks Ngûre, zogen noch einige Stunden mit grosser Schnelligkeit über harten, dürren Boden mit spärlichem Bestande von krüppeligen Mimosen und lagerten im Wâdî Barbôdscha (Wâdî Gôlo), welcher zum Wâdî Kôbê geht.

Bei Tagesanbruch setzten wir am 7. März unsern Marsch mit einer solchen Geschwindigkeit fort, dass meine Kamele kaum folgen konnten und ich mit meinem Wadâï-Klepper nicht im Stande war, mit den übrigen Schritt zu halten. Im Anfang hatten wir auf der Nordostseite des Weges eine unansehnliche Gebirgsgruppe, den Dschebel Wâna, welcher auf der uns zugekehrten Seite von Nordwest nach Südost verlief und dessen Südostende wir nach einigen Stunden erreichten. Hier sah ich mich endlich gezwungen, meinen Klepper gegen einen Schimmel des Hâdsch Ahmed zu vertauschen, der zwar fast noch magerer und kraftloser aussah als jener, dessen Gangart aber immerhin eine etwas schnellere war, sodass es mir gelang, für einige Stunden mit meinen Begleitern gleichen Schritt zu halten. Das Terrain verlor allmählich seinen dürren, harten Charakter, eine gehügelte Gegend mit Sandboden begann, der Bezirk Gerne (Gos Gerne) entwickelte

sich, und gegen Mittag erblickten wir von der Höhe dieser sandigen Hügelgegend im flachen Thale in langer dunkelgrüner Linie die Residenz von Dâr-Fôr, die etwa 650 m überm Meere liegt.
Die ganze Gegend entbehrte ausserordentlich des Baumwuchses und war von 'Oschar in einer Weise beherrscht, wie ich es selbst in der Umgegend von Kûka nicht gesehen habe. Das Thal der Hauptstadt indessen contrastirte durch seinen Reichthum an Bäumen auf das anmuthigste mit der nächsten Umgebung. Wir stiegen in Ostrichtung in das Thal hinab, auf das östlichste Ende der Stadt zuhaltend, während der Weg nach der Mitte der Hauptstadt, d. h. der Wohnung des Königs, in südlicher Richtung führt. Im Grunde des Thales floss der Wâdî el-Fâscher von Nordost nach Südwest zu dem weiter westlich nach Süden verlaufenden Wâdî el-Kû'a. Steil aus ihm auf die sandige Höhe steigend, konnten wir den östlichen Theil der Stadt von hier übersehen. Derselbe bestand ebenfalls ganz aus abgesonderten Gehöften (Zerîben), von denen die meisten zwischen fünf bis zehn Strohhütten, ein viereckiges Thongebäude und einige Bäume enthielten. In der südöstlichsten Zerîba des Ortes stiegen wir im Hause Hamêd Uled et-Tâhir's, eines entfernten Verwandten des Hâdsch Ahmed, ab und wurden sehr gastlich aufgenommen.

Wenn ich innerlich mit der Gestaltung meiner nächsten Zukunft beschäftigt und nicht frei war von einem gewissen Gefühle der Unsicherheit, so hatte dies seinen Grund darin, dass ich Hâdsch Ahmed voll Besorgniss um mein Geschick sah. Noch an demselben Abend stieg er wieder zu Pferde, um den Chabîr Mohammed, welcher Schwager des Königs und Oberhaupt aller Dschellâba war und im äussersten Südwesten des Ortes wohnte, zu besuchen, und als er spät abends zurückkehrte, gestand er mir, dass unser vorausgereister Reisegefährte Schems ed-dîn aus Furcht, wie der König die Nachricht von meiner Ankunft aufnehmen werde, ihm dieselbe verschwiegen habe. Nicht ohne Zagen begab er sich am folgenden Abend zur Begrüssungsaudienz des Königs, wurde seinem Range und früherer Bekanntschaft gemäss aufgenommen und begann endlich vorsichtig meine Angelegenheit vorzutragen; wie ich nach Bornû gekommen, später in Wadâï gewesen und von dem dortigen König mit grosser Auszeichnung aufgenommen worden sei u. s. w. Der König jedoch unterbrach ihn bald und sagte, alle diese langen Vorbereitungen seien überflüssig, denn er sei vollkommen über meine Person unterrichtet, nicht nur von Westen her durch den Sohn des Schertâja Hanĕfî, sondern auch von Osten her, d. h. von der ägyptischen Regierung. Die betreffenden Briefe der Regierung seien sehr dringend und eilig gewesen; er werde mich mit aufrichtigem Wohlwollen aufnehmen, müsse mich aber sobald als möglich nach Aegypten weiter befördern, wie es ihm ans Herz gelegt worden sei. Der Chabîr Mohammed Hâdsch Hamza habe sowol diese Briefe, als auch Geld für mich mitgebracht. Der gutherzige, mir so freundlich gesinnte Hâdsch Ahmed kehrte in freudigster Bewegung zu schon vorgerückter Nachtstunde in unsere Wohnung zurück und konnte sich nicht enthalten, mich noch aus dem Schlafe zu wecken und durch diese günstigen Nachrichten zu überraschen. Am nächsten Tage sollte ich meine Begrüssungsaudienz beim König haben.

## Zweites Kapitel.

## AUFENTHALT IN EL-FÀSCHER.

Rahat Tendelti. — Irrthümliche Benennung der Stadt als „Tendelti". — Bauart der Stadt. — Der alte Palast auf dem Nordufer und die Entstehung der Stadt. — Der zweite Palast auf dem Südufer. — Wâdi el-Fâscher und Wâdi Kû'a. — Bauart der Häuser. — Der Amîn Bocheït. — Der Schwager des Königs, Chabîr Mohammed. — Die Audienz. — Das Ceremoniell. — Ueberreichung der Geschenke durch den Chabîr. — Freundlicher Empfang beim Fürsten. — Hâdsch Hamza übermittelt mir eine Geldsendung. — Mein Wunsch, Reisen im Lande zu machen. — Im Wartezimmer des Amîn; Neugierde der Leute. — Nothwendige Vorsicht bei Erkundigungen. — Zweite Audienz beim König. — Der Tombasi. — Mein Gesuch, einen Ausflug machen zu dürfen. — Des Königs Weigerung und seine Gründe. — Seine Bereitwilligkeit, mir Berichterstatter zuzuweisen. — Zufälliges Zusammentreffen mit einem solchen. — Werthvolle Aufschlüsse über die Flusssysteme des Marra-Gebirges. — Die Schwierigkeit, Berichterstatter zu finden. — Der Hass der Einwohner gegen mich. — Schwierige Stellung der Diener eines Christen. — Faqih 'Abd el-Azîz. — Faqih Mohammed. — Verehrung der Bibel von seiten gebildeter Mohammedaner. — Basi Tâhir, der Merissa-Trinker.

Fast gerade östlich von unserer Wohnung lag das Nordostende einer länglichen Thalmulde mit allmählich abfallenden Rändern, in deren schwarzem Thongrunde in der Regenzeit Wasser steht und in der trockenen Jahreszeit sich die Brunnen von el-Fâscher befinden. Die Thonschicht ihres Bettes ist nur ungefähr 1 m tief, darunter findet sich reiner Sand. Dies ist der Rahat oder Nahar Tendelti, welcher Name später als Name der Residenz nach aussen gedrungen ist, während man an Ort und Stelle von dem bewohnten Orte nur als vom „Fâscher" sprechen hört. Drei Viertel des Jahres ist das Thal trocken und dann von einer Menge von Wegen durchschnitten; die flachen, aber sehr zahlreichen Brunnen befinden sich hauptsächlich am Nordost- und Südwestende der Stadt. Zur Regenzeit ist der südliche Stadttheil sehr übel daran, da allein in dem nördlichen ein Markt abgehalten wird. Um zu diesem zu gelangen und die im Haushalt erforderlichen Waaren einzukaufen, muss man den Teich entweder auf dem Nordost- oder auf dem Südwestende umgehen. Das Thal ist etwa 1 km breit und 4 km lang; ringsherum liegen, besonders auf den an der östlichen Seite mehr als 16 m hohen Ufern, die einzelnen Weiler und Zeriben. Auf dem Abhange der Ufer, nahe dem Grunde, sind hier und da Gärten angelegt, in denen Rettiche, Zwiebeln u. s. w. und auch Weizen gebaut werden.

Die Niederlassung am Rahat Tendelti stammt aus der Zeit des Königs ʿAbd er-Rahmân, welcher seine Residenz auf dem flachen Norduŕer gründete, während die frühern Könige fast immer im Marra-Gebirge gewohnt hatten. Dementsprechend siedelte sich auch die Hauptmasse der Einwohner auf dieser Seite des Sees an, während das Südufer erst später bevölkert wurde. Nahe dem nordöstlichen Stadtende lag das Dorf der Dschellâba, in welchem auch wir Quartier genommen hatten; fast nördlich von uns, eine Viertelstunde entfernt, ein anderes, von Bornû- und Kŏtŏko-Leuten bewohnt; nordöstlich von unserer Wohnung, etwa ebenso weit, lag die Moschee, während die dichteste Ansiedelung sich in nächster Nähe der ursprünglichen Königswohnung befand. Wie fast stets bei den Residenzen jener Länder war der Ort in der Weise entstanden, dass mit dem König sich rings um dessen Wohnung zerstreut hier und da die vom Hofstaate unzertrennlichen Beamten in einzelnen Zeriben niedergelassen hatten, in deren Nähe sich dann wiederum die von jenen abhängenden Unterthanen anschlossen. Erst König Hasîn erbaute sich einen zweiten Palast auf dem Südufer des Sees, fast gerade südlich von der alten Familienwohnung, nur nicht dem See selbst so nahe gelegen als diese. Nördlich von der Stadt verläuft der Wâdî el-Fâscher nach Südwesten, wendet sich dann aber nahe dem Westende des Sees nach Süden, sodass er denselben noch berührt und in der Regenzeit zu füllen vermag; er ergiesst sich endlich im Südwesten von el-Fâscher in den Wâdî el-Kûʿa.

Der verstorbene König Hasîn hielt sich mit Vorliebe in dem

von ihm erbauten südlichen Palast auf, der den Namen Tombasi führte. König Brâhîm aber befand sich augenblicklich in dem alten Familienpalast, da eine alte Sitte für eine gewisse Zeit nach dem grossen Paukenfeste, das vor nicht langer Zeit begangen worden war, den Aufenthalt des Königs in diesem verlangte.

Wir sassen am Nachmittag des Audienztages auf, durchzogen das trockene Bett des Sees, berührten auf dem jenseitigen Ufer den bewohntesten Stadttheil und betraten den Palast von der Seite des Weges Orre Baja (Weg der Frauen), um kein Aufsehen zu erregen, während es hier eigentlich zum bessern Ton gehörte, auf dem Wege Orre Dê (Weg der Männer) zum König zu gehen. Anfangs fanden sich die Zerîben vereinzelt, wie an dem östlichen Ende des Sees, und erst in der Nähe der Königswohnung standen die Häuser dichter, sodass sie den Eindruck einer geschlossenen Ortschaft hervorbrachten. Im ganzen waren die Strohhütten vorwiegend, meist nur sehr wenig kunstvoll gebaut; nur hier und da wurden sie von Thonbauten unterbrochen. Am meisten gefielen mir hier sehr grosse, viereckige, fast quadratische Häuser mit Thonunterbau und einem dichten, riesigen Strohdache; dieselben enthielten jedoch stets nur einen Raum. Sie haben den Vorzug, im Sommer jene Kühle zu gewähren, welche den Erdbauten eigenthümlich ist, und während der Regenzeit die Bewohner vor dem Eindringen des Wassers zu schützen, was die platten Erddächer der gewöhnlichen Thonwohnungen nicht vermögen. Die Zäune der Zerîben bestanden nur selten aus dem Korbgeflecht, welches die Eingeborenen Bornûs Siggêdi und die dortigen Araber Scherkânîja nennen, sondern nur aus aufrechtstehenden Bündeln grober Strohhalme oder Rohrschäfte, die zur Erreichung der gehörigen Dichtigkeit und Haltbarkeit in verschiedenen Lagen auf- und aneinandergebunden waren. Um eine gewisse Mannichfaltigkeit der Formen hervorzubringen, waren sie dann wol in verschiedener Höhe abgeschnitten. Durch die regellos hier und dort zerstreuten Zerîben entsteht selbstverständlich eine unglaubliche Anzahl von Fusssteigen, die sich in den verschiedensten Richtungen kreuzen und eine grosse Ortskenntniss erfordern.

Auch die alte Königswohnung war nur durch einen Strohzaun eingehegt, auf dessen innerer Seite dann noch eine hohe, dichte, breite Dornenhecke folgte. Diese stellte ein mit der Längsaxe von Nordosten nach Südwesten gerichtetes Oval dar und hatte einen Umfang von mindestens einer Viertelstunde. Vor dem Eingang mussten wir von den Pferden steigen und unsere Schuhe ablegen. Da ich diese Sitte kannte, hatte ich mir von Bornû her noch ein Paar der dünnen, sohlenlosen Schuhe aus Ziegenleder, welche von der Nordküste in die Sûdân-Länder eingeführt werden, aufbewahrt. Dieselben gelten da, wo sie gebräuchlich sind, nicht für eigentliche Schuhe, sodass es in allen arabischen Ländern, in welchen man ebenfalls beim Betreten des Zimmers die Fussbekleidung ablegt, gestattet ist, jene an den Füssen zu behalten, und der Muselman sie nicht einmal beim Gebete abzulegen pflegt. Wir durchschritten einen langen, schmalen Hof oder Weg und gelangten nach Zurücklegung eines zweiten zur Wohnung des Amîn Bocheït (d. h. „der Glückliche"), zu dem wir uns zunächst zu begeben hatten. In dem Sohne von Adam Tarbûsch, dessen ich später noch in der Geschichte Dâr-Fôrs zu gedenken haben werde, fanden wir einen höflichen jungen Mann mit spärlichem Schnurr- und Kinnbart, dessen mildes Aeussere kaum die Energie verrieth, mit der er beim Tode Sultan Hasîn's die Einsetzung des Königs Brâhîm ins Werk gesetzt, dessen Auge aber nicht sehr viel Vertrauenerweckendes hatte. Ich überreichte ihm, der demnächst zu der hervorragenden Stellung eines Uzîr erhoben werden sollte, als Begrüssungsgeschenk ein Stück Halbseide und unterhielt mich mit ihm vorzugsweise von seinem Vater. Er war ebenso verwundert als geschmeichelt, als er fand, dass ich mit der Rolle, die dieser kluge, energische und treue Beamte gespielt hatte, so genau vertraut war. Bald darauf erschien auch der schon erwähnte Chabîr Mohammed, ein Mann von einigen funfzig Jahren, der ausser seiner Eigenschaft als Oberhaupt der Kaufleute keine amtliche Stellung am Hofe hatte, aber als Gatte der Ija Basi\*) auf Grund seiner nahen Verwandtschaft mit dem König und durch den ihm deswegen gebührenden

---

\*) Die Ija Basi („grosse Frau"), gewöhnlich Schwester des Königs, wurde zu diesem Posten ernannt und war die einflussreichste Persönlichkeit am Hofe. Vgl. das Kapitel: „Organisation des Dâr-Fôr-Staates".

unbeschränkten Zutritt einen gewissen Einfluss besass. Infolge häufiger Reisen nach Aegypten war er natürlich wohlvertraut mit fremden Sitten und hatte viele Europäer kennen gelernt; wir unterhielten uns daher lebhaft von unsern Reisen und dem Zwecke derselben, von seinem Lande und anderm, bis der König benachrichtigt war und wir zur Audienz gerufen wurden.

In einem dritten Hofe, der kleiner, jedoch mit einer Thonmauer umfasst war und in der Mitte eine besondere Estrade aus Lehm hatte, wurde ich durch die streng an dem Ceremoniell festhaltenden einführenden Sklaven genöthigt, meine leichte Fussbekleidung abzulegen, und trat nun auf Strümpfen, dem letzten Paar dieses Luxusartikels, das ich besass, in einen vierten Hof, in dessen Hintergrunde wir den König in einer Entfernung von etwa 20 Schritt von der Eingangsthür auf einem Teppich sitzend fanden. Rechts und links von ihm standen Sklaven mit rothbunten Stangen wie Standarten in den Händen, und in grösserer Entfernung von dem Herrscher, nahe dem Eingang, lagen die Pagen und Diener mit vorn übergebeugtem Oberkörper auf den Knien, den Boden, wie die Sitte gebietet, mit den flachen Händen scheuernd. Der König trug ebenfalls, wie die meisten Sûdân-Könige, den untern Theil des Gesichts durch den Litâm verhüllt und hatte überhaupt seine ganze Gestalt in seinen Shawl (Malhäfa oder Ferda) gewickelt. Wir hockten alle in der beschriebenen Weise nahe dem Eingang nieder und murmelten einige Begrüssungsformeln, die sich auf „Gott verlängere deine Tage!" „Gott schenke dir Frieden!" u. dgl. beschränkten, welche dann unfehlbar durch gemeinschaftliche Ausrufe der Sklaven: „Arreï Donga! Arreï Donga!" (d. h. etwa „Gruss des Königs!") erwidert wurden, während alle, ausser mir, nach der Landessitte den Boden rieben. Der Chabîr Mohammed überreichte hierauf die Geschenke der einzelnen, bei jedem Stück den Namen des Gebers ausrufend. Ich übergab ihm das mir zu diesem Endzweck vom König von Wadâï geschenkte Pferd und eine Musikdose. Der König belohnte einen jeden von uns mit einem „Bârak Allâh!" (etwa „Segne dich Gott!"), das uns der Chabîr, obwol wir es wol gehört hatten, noch mit den Worten verdolmetschte: „Der König sagt dir bârak Allâh!" Dann bewegte sich mein Freund Hâdsch Ahmed auf Knien und Händen dem Sitze des Königs zu, und auch ich wurde bedeutet, ihm zu folgen. Ich unterliess jedoch, es ihm gleich zu thun, erhob mich, ging auf den König zu und hockte dann wieder nieder, ihn von neuem begrüssend. Er erwiderte meinen Gruss freundlich, fragte, woher und wohin, versicherte mich seines Schutzes und versprach, mich meinen Wünschen gemäss nach Aegypten befördern zu wollen, hinzufügend, dass er es für mich am besten halte, so schnell als möglich abzureisen, da man in Aegypten darauf dringe, mich bald dort zu sehen. Durch Hâdsch Ahmed darauf vorbereitet, dass der König wünsche, mich baldigst abreisen zu sehen, wodurch ich jedoch der Möglichkeit verlustig gegangen sein würde, irgendwelche Forschungen über Land und Leute anzustellen und vielleicht noch Reisen im Innern zu unternehmen, antwortete ich ihm, ich sei mit Hâdsch Ahmed gekommen und liebe ihn so sehr, dass ich, wenn derselbe nicht allzulange in Dâr-Fôr verzöge, auch die Reise über Donqola nach Aegypten mit ihm gemeinschaftlich zu machen wünsche. Auch diese Erklärung nahm er gnädig auf und entliess uns dann mit grossem Wohlwollen. König Brâhîm war gerade 40 Jahre alt, von durchaus schwarzer Hautfarbe, kräftiger, hoher Statur und rundlichem, vollem Antlitz mit wohlwollendem Ausdruck.

Auch dem Chabîr Mohammed und dessen Bruder, dem Hâdsch Hamza, welcher Briefe und Geld aus Aegypten für mich mitgebracht haben sollte, machte ich am nächsten Tage einen Besuch. Jener war nicht allein durch seine nahe Verwandtschaft mit dem König von hoher Bedeutung, sondern auch sehr mächtig durch seinen grossen Reichthum, worin er sogar die mohammedanischen Kaufleute Aegyptens und selbst Dschiddas übertreffen sollte. Seine Wohnung lag am äussersten Südwestende von el-Fâscher, eine gute halbe Stunde zu Pferde von unserm Dorfe. Der Würde seiner Frau entsprechend war der Zutritt zu ihm nur nach Anmeldung möglich; selbst der König musste sich an der Aussenthür bei der Ija Basi anmelden lassen. Nachdem die unvermeidlichen Schüsseln Pudding, geröstete Hammelkeule, gebackene Kamelleber und mit Honig gesüsste Weizenkuchen aufgetragen waren, welchen Kaffee in Tassen mit Unterschalen folgte, überlieferte mir Hâdsch Hamza 500 Maria-Theresia-Thaler mit einem

Begleitbriefe des Generalgouverneurs im Sûdân aus Chartûm und machte mir eine unerwartete Freude durch einen Brief von dem damaligen deutschen Generalconsul in Aegypten, Herrn Geheimen Legationsrath von Jasmund. Welch ein Unterschied zwischen der Vermittelung dieses Geldes durch Hâdsch Hamza und derjenigen des habsüchtigen Tripolitaners Mohammed Zommit in Abesche, dessen Benehmen ich früher geschildert habe. Hâdsch Hamza konnte nicht einmal bewogen werden, sofort eine Quittung entgegenzunehmen, und doch war dieser ein Kind des Sûdân, während der Tripolitaner Tag für Tag mit Europäern zu verhandeln gewöhnt war. Die arabischen Bewohner der Nordküste Afrikas, besonders die von Tripolis, stehen in der That in vieler Hinsicht unter den Kaufleuten vom Nil.

Ich benutzte diese Gelegenheit, den Chabîr Mohammed ins Vertrauen zu ziehen, und bat ihn, bei dem Sultan meine Bitte, einige Reisen im Lande unternehmen zu dürfen, befürworten zu wollen. Doch erwiderte er mir, dass er in seiner Stellung unmöglich in einer solchen Angelegenheit seinen Einfluss geltend machen könne; die Eingeborenen würden ihn dann sicher des Verraths beschuldigen, zumal sein Bruder schon für mich Briefe und Geld überbracht habe; sie würden behaupten, dass er im Solde der Türken stehe, dass er das Land verrathen wolle u. dgl.; er könne mir also nur versprechen, falls der König ihn um Rath fragen sollte, demselben meine Bitte und deren Erfüllung als eine unschuldige und unschädliche darstellen zu wollen. Nachdem wir noch Verschiedenes über die Ausführbarkeit seiner Pläne, europäische Handwerker in das Land einzuführen, gesprochen hatten, Pläne, welche durch die demnächst eintretenden Ereignisse unausführbar wurden, ritt ich in mein Quartier zurück.

Vergeblich suchte ich während der nächsten Tage, mein Gesuch bei dem König selbst anzubringen. Vier bis fünf Stunden sass ich täglich im Wartezimmer des Amîn Bocheït; doch stets verhinderte irgendein Ereigniss den König, mich zu empfangen. Diese Stunden waren einerseits nicht uninteressant durch die zahlreichen Leute, welche daselbst erschienen und auf Audienz warteten, auf der andern Seite aber äusserst unbequem und widerwärtig durch die hässliche Neugier, mit welcher mich dieselben verfolgten. Ich trug die Karte von Dâr-Fôr von Petermann und Hassenstein, welche für die deutsche Expedition zur Aufsuchung Vogel's angefertigt war, bei mir, nicht allein, um dieselbe zu vergleichen und meine Kenntniss des Landes zu erweitern, sondern auch, um mich bei den Leuten in Ansehen zu setzen und ihr Mistrauen abzuschwächen. Meine Kenntniss des Landes vor dem Amîn Bocheït und den anwesenden Würdenträgern entwickelnd, erklärte ich ihnen, dass wir genaue Kenntniss von jedem Flusse, jedem Berge, jeder Ortschaft schon seit langer Zeit besässen, ohne dass es uns jemals eingefallen wäre, einen für ihr Land nachtheiligen Gebrauch davon zu machen. Alle Anwesende wären vielleicht gern geneigt gewesen, mir auf Fragen Auskunft zu geben, indessen das Vorzimmer des Königs war dazu nicht der Ort, und ich musste mit äusserster Vorsicht verfahren. Jeder, der Herr einer Ortschaft war, sei es als Verwaltungsbeamter, sei es als Inhaber einer Hakûra, wollte seine Ortschaft gedruckt sehen und blickte mit Erstaunen, kindlicher Freude und augenscheinlicher Befriedigung auf den angedeuteten Punkt der Karte. Ich hatte die Genugthuung, zu bemerken, dass die Angaben des Teïma el-Massabâwi, des sogenannten Sultans Teïma\*), auf Grund deren die Karte hauptsächlich hergestellt worden war, in ihren Einzelheiten durchaus zuverlässig waren, wenn auch die Zusammenstellung derselben eine vielfach fehlerhafte werden musste.

Endlich am 22. März gelang es mir, dem König mein Gesuch vorzutragen. Er war nach der am 13. desselben Monats abgehaltenen ʿArda, die ich andern Orts beschreiben werde, in den auf der Südseite des Sees gelegenen neuen Palast übergesiedelt. Dieser, der Tombasi, lag einige Minuten vom Rahat Tendelti entfernt, hatte ebenfalls eine ovale Form, deren Längsaxe von Nordwesten nach Südosten verlief, und war von geringerm Umfang als der alte Familienpalast, aber ganz von einer Thonmauer umgeben. Die Thür des Weges Orre Dé war dem See zugekehrt. Uebrigens fand ich hier die Thüren und Thoröffnungen in viel

---

\*) Teïma el-Massabâwi war Beamter des Königs von Dâr-Fôr in Kordofân, bevor diese Provinz von Aegypten erobert wurde.

ursprünglicherer Weise verschlossen als in den westlichen Sûdân-Staaten. Während man, besonders in Bornû, bereits Thüren und Thore aus mehr oder minder unvollkommen zusammengefügten Brettern zu machen verstand, stellten die Einwohner dieselben hier nur aus netzartig verbundenen Zweigen und Aesten her; starke Stricke aus Pflanzenfasern befestigten die Thür an der Mauer, und das Ganze wurde von innen durch Ketten verschlossen. Im äussersten Hofe des Palastes wohnten nur untergeordnete Thürwächter und Sklaven. Eine eiserne Kanone von kleinem Kaliber ruhte dort auf hoher, im Lande selbst verfertigter Laffette. Die hohen Räder derselben waren mühsam aus einzelnen Holzstücken zusammengebunden und mussten bei dem gänzlichen Mangel an Strassen bei dem ersten Bewegungsversuche zusammenfallen. Im zweiten Hofe wohnte ein höhergestellter Thorhüter, und im dritten befand sich eine riesige, im Innern mit bunten Stoffen ausgekleidete Strohhütte, welche dem König zur Abhaltung von Rathsversammlungen diente. Im vierten Hofe lag die Amtswohnung des Amîn Bocheït, welcher zum König vorausgegangen war und von diesem beauftragt mich alsbald rufen liess.

In einem fünften Hofe, der sich von dem vorigen abzweigte, befand sich hinter einem Vorhange der König. Nach Ablegung der Schuhe ging ich bis zu dem Vorhange (el-Boja), kroch unter demselben hindurch und begrüsste den König. Wie alles in jenen Ländern typisch und durch strengste Sitte geregelt ist, so auch der Gruss des Höhern zum Niedern. Mit unnachahmlichem Ausdruck von Würde erwiderte jener meinen Gruss durch „'âfîa*) hm-hm!", was er ein halbes dutzendmal wiederholte und dem das unvermeidliche „Arreï Donga" der Herumsitzenden folgte, welche gleichzeitig mit grösster Energie den Erdboden mit ihren flachen Händen bearbeiteten. Ich erhob mich wieder, ging dicht bis zu dem König heran, hockte wieder nieder, wiederholte meinen Gruss und brachte darauf mein Gesuch an. Ich setzte ihm auseinander, dass ich für die Zeit meines Aufenthalts in seiner Hauptstadt keinerlei Beschäftigung habe, dass ich keinen Handel treibe, dass ich nur wenig Bekannte besitze und dass mich der Hass

---

*) 'âfîa bedeutet eigentlich Wohlbefinden, Gesundheit. W.

und das Uebelwollen der Leute, die mich in der That ausserhalb meiner Wohnung auf Schritt und Tritt verfolgten, beleidigten, beschimpften und bedrohten, selbst an Spaziergängen hinderé; ich bäte ihn deshalb, mich eine kleine Reise nach Süden machen zu lassen zu der am südlichsten Ende des Marra-Gebirges gelegenen heissen Quelle von Rô-Tokê, von welcher ich gehört habe. Meine Eigenschaft als Arzt, setzte ich hinzu, würde mich befähigen, vielleicht heilsame Kräfte in derselben zu entdecken, von denen er ja als Herr des Landes den Nutzen ziehen würde. Obgleich ich dieses medicinische Motiv gewählt hatte, um ihm jeden Argwohn gegen etwa beabsichtigte topographische Studien zu benehmen, antwortete er sogleich mit grosser Entschiedenheit, dass von derartigen Reisen im Lande keine Rede sein könne. Wie sehr die Eingeborenen mich hassten, besonders infolge des Zwistes mit der ägyptischen Regierung, habe ich ja aus dem Vorgehen des Schertâja Hanĕfî und aus dem Benehmen der Einwohner von el-Fâscher entnehmen können; er selbst aber, bemerkte er weiter, sei noch nicht lange genug an der Regierung, um unter den obwaltenden schwierigen Verhältnissen irgendwelche Verantwortung für mein Leben und meine Sicherheit ausserhalb seiner Residenz übernehmen zu können, ja er müsse seinerseits besorgen, von den Leuten des Verraths bezichtigt zu werden, weil er türkische Spione im Lande herumschicke. Wenn ich Nachrichten über Land und Leute zu haben wünsche, so werde er mir gern behülflich sein; das sei eben alles, was er für mich in dieser Richtung thun könne.

Ich durfte nicht weiter in den König dringen; so bat ich ihn denn, mir einen Mann zuweisen zu wollen, welcher mit der Topographie von Dâr-Fôr Bescheid wisse, um einen andern, der die Geschichte des Landes kenne, und endlich um einen dritten, der mit der Kenntniss der Landessprache hinlängliche Kenntniss der arabischen verbinde, und er versprach mit grosser Bereitwilligkeit, diesen Wünschen Genüge zu leisten. Es war für mich sehr günstig, dass er vollkommen jedes Wort meines tunesischen und fezzânischen Arabisch verstand, während es den Bewohnern der Hauptstadt, obwol dieselben alle ebenso viel arabisch als fôrisch sprachen, anfangs recht schwer fiel, mich zu verstehen. Der König trug eine einfache blaue Tobe und silbergestickte Sammtpantoffeln. Er fragte mich noch, ob das für ihn bestimmte Pferd auch „fâlih" (d. h. „gutgeartet") sei, worauf ich ihm antwortete, dass ich dasselbe zwar habe versuchen lassen, es aber als für den König von Dâr-Fôr bestimmtes Geschenk nie bestiegen oder geritten habe.

Als ich nach meinem Abschied vom König ausserhalb des Audienzhofes auf den Amîn Bocheït wartete, um mir sofort die versprochenen Berichterstatter zu sichern, hatte ich das Glück, mit einem Manne zusammenzutreffen, der augenscheinlich ausserordentlich gut über sein Vaterland unterrichtet war. Wir sprachen über die Massâlît im Westen des Landes, über die räuberische Natur der Massâlît et-Tirdsche, über die Menschenfresserei der Massâlît Ambûs, die sich trotz ihres mohammedanischen Bekenntnisses dieser entsetzlichen Sitte nicht entwöhnt haben sollten, und auch er bestätigte mir, dass noch jetzt zuweilen kleine, aus Menschenhaut gemachte Wasserschläuche nach Dâr-Fôr gebracht würden.

Ich erhielt von diesem Manne hauptsächlich einen Einblick in die Flusssysteme, welche vom Marra-Gebirge ausgehen, und erfuhr, dass die zahlreichen Wasseradern der Westabhänge sich nach sehr kurzem Verlauf zu dem Wâdî Azûm vereinigen, dass dieser bald darauf den Wâdî Bârê aufnimmt, sich nach Südwesten wendet, mit den vereinigten Wâdî Asunga und Wâdî Abû Sanat verbindet und südlich vom Dâdscho-Lande zum Bahâr es-Salâmât wird. Zum ersten male hörte ich hier von einer südwestlich vom Marra-Gebirge gelegenen Landschaft der Fôr-Tomurkije, aus welcher nach Süden der Wâdî Ibra geht, um sich mit den Wudjân Gendi und Bulbul, die von Süden her dem Marra-Gebirge entspringen, zu vereinigen und so durch den Bahâr et-Taba oder Bahâr el-Arab genannten Fluss der Rezêqât-Araber zum Nilsystem zu gelangen. Er belehrte mich ferner darüber, dass die nach Osten fliessenden Regenwässer des Marra-Gebirges sich im Wâdî el-Kôbê, bez. el-Kû'a vereinigen und dass dieser den Nil nicht erreicht, sondern sich in den sumpfigen Flachseen des Südens von Dâr-Fôr verliert.

Endlich gab dieser Gewährsmann mir die erste genaue Kenntniss der Bestandtheile der Bevölkerung Dâr-Fôrs, von denen die berechtigten Elemente unter den arabischen Buchstaben Dâl, Tâ, Fâ, Sâd und Nûn von den Einwohnern an den fünf Fingern hergezählt werden; nach den ebengenannten Anfangsbuchstaben ihrer Namen sind es die Dâdscho, Tundscher, Fôrâwa, Zoghâwa, und Nawâïbe; ich habe später Gelegenheit, darauf zurückzukommen. Nach seinen Mittheilungen sollte auch noch eine geschriebene Chronik (Ta'rîch) bestehen, nach welcher er Nachforschungen anzustellen versprach.

Während der ganzen folgenden Zeit war mein Hauptbestreben darauf gerichtet, die Berichterstatter zu erlangen. Geeignete Leute, die mir von meinen Freunden bezeichnet und zugeführt wurden, versprachen zwar, angelockt durch die ihnen angebotenen Vortheile, zu mir zu kommen, doch die Furcht, als Verräther angesehen und als solche zur Verantwortung gezogen zu werden, überwog jedes mal, und selbst solche Personen, welche sich nahe Freunde des Hâdsch Ahmed nannten und denen dieser im Verhältniss zu meinem Vermögen ausserordentlich hohe Summen geboten, zogen sich stets im letzten Augenblick zurück. Die Schwierigkeit lag in dem Uebelwollen und in dem gegen mich gehegten Hass der Einwohner, der zwar im allgemeinen ihrem stolzen, hochmüthigen, religiös-fanatischen Charakter entsprach, aber noch besonders vergrössert wurde durch die politischen Verwickelungen, welche das Land von seiten Aegyptens bedrohten. Wo ich auch erscheinen mochte, sei es dass ich auf meiner Jagd nach Berichterstattern begriffen war, sei es dass ich zu Kranken gerufen worden, ward ich von den Begegnenden geschimpft und verhöhnt, und selbst im Palast des Königs war ich den gröbsten Beleidigungen ausgesetzt. Erschien ich ohne angesehene Begleitung, so wurde ich schon an den äussern Thüren festgehalten, musste nicht selten stundenlang warten, ehe mir der Bescheid wurde, ob ich angenommen sei, und draussen, inmitten des Volkes, musste ich nicht allein sehen, wie die Umsitzenden und Vorübergehenden vor mir ausspien, sondern ich befand mich sogar einst während eines Gedränges in grosser Besorgniss, durch irgendwelche Thätlichkeiten zur Selbstvertheidigung veranlasst zu werden, deren Ausgang immerhin hätte verhängnissvoll werden können. Oft kamen in den Vorhöfen der Königswohnung oder auf der Strasse Leute an mich heran mit der höhnenden Frage, ob ich auch „lâ ilâh ill' Allâh" sagen könne, und versuchten mich zu verleiten, den zweiten Theil dieser Glaubensformel hinzuzufügen.*) Als einst im Vorhofe des Palastes, welcher voll Audienzsuchender war, eine auffallend hellfarbige Banda-Sklavin an mir vorüberging, welche in der dunkeln Umgebung noch heller erschien und mich darum einen Augenblick fast eine Europäerin in ihr vermuthen liess, konnte ich eine Bewegung des Staunens nicht unterdrücken; daraufhin führte man mir die Sklavin zu, und mich von allen Seiten bedrängend und höhnend, schlug man mir vor, mich mit derselben zu verheirathen. Ich sah mich endlich gezwungen, dem König zu erklären, dass ich auf das Vergnügen, ihn zu besuchen, verzichten müsse, da er augenscheinlich ausser Stande sei, mich und meine Würde dem gemeinen Volke gegenüber zu schützen. Der Hass des Volkes äusserte sich selbst beim Anblick des türkischen Sattels meines Pferdes, sodass ich mich entschliessen musste, einen kostbaren arabischen Sattel zu kaufen, wollte ich nicht selbst meine Diener Beleidigungen aussetzen, die ihnen zutheil wurden, sobald sie das Thier am Zügel führten. In der That haben in so fanatisirten Ländern die Diener und Sklaven eines Christen die allerschwierigste Stellung, und man muss bei der Beurtheilung ihrer Treue und Anhänglichkeit diesem Umstande vor allem Rechnung tragen. Ueberall als Christensklaven vom Volke verhöhnt, in ihrem Gewissen von fanatischen Fuqăhâ bearbeitet, welche ihnen die Sünde vorhalten, einem Christen zu dienen, von Böswilligen oder Unverständigen durch Eröffnung der allertraurigsten Aussichten über die ihnen bevorstehende Ueberführung nach Europa und die Leiden, welche ihrer dort warten, beunruhigt, gehört schon ein starkes Gefühl für Pflicht und Treue ihrerseits und eine ungewöhnliche Vorsicht von seiten des Herrn dazu, um ein einigermaassen gutes Verhältniss aufrecht zu erhalten.

Vermöge meiner langen Bekanntschaft mit den Negervölkern, welche mich im Laufe der Zeit dazu führte, dieselben richtig zu behandeln, würde es mir gleichwol mit der Zeit gelungen

---

*) Die Worte „lâ ilâh ill' Allâh" sind die erste Hälfte des mohammedanischen Glaubensbekenntnisses; die zweite Hälfte sind die Worte „wa-Muhammedun resûl Allâh" „und Mohammed ist der Gesandte Allâh's". Hat ein Christ dieses Bekenntniss gesprochen, so ist er Muselman geworden. W.

sein, diesen Widerwillen der Eingeborenen einigermaassen zu besiegen. Doch die Nachrichten vom Kriegsschauplatze der Bahârĭna und von dem Ausrücken ägyptischer Streitkräfte häuften und verschärften sich, und die sich überstürzenden Ereignisse trieben mich frühzeitig aus dem Lande.

Endlich gelang es mir, mich dreier Personen zu versichern, welche mir die angestrebte Beschäftigung und die Möglichkeit boten, meine Kenntniss von Land und Leuten zu erweitern. Der Faqîh ʿAbd el-Azîz, jener Mann, mit welchem ich eines Tages im Königspalast zusammengetroffen war, wo er mir bereits interessante Aufschlüsse gegeben hatte, und dessen Vorfahren während der Regierung Ahmed Bokkor's aus Bagirmi in Dâr-Fôr eingewandert waren, war der erste, welchen ich gewann. Er hatte eine ausgezeichnete Kenntniss der Südprovinz (Dâr-Abû Uma), der Südwestprovinz (Dâr-Abû Dîma) und des Westens (Dâr-Kerne, Dâr-Fêa und Dâr-Mâdê), sowie der Landschaften des Marra-Gebirges und des Rô-Kûri genannten Bezirkes mit ihren Ortschaften, Flüssen, Bergen und Volksstämmen. In alle diese Gegenden wurde er als Bote zu den Scherâti (vom Singular Schertâja) und den andern Verwaltungsbeamten gesandt und nicht selten zur Eintreibung von Steuern verwendet. Sein Bruder, der Faqîh Mohammed, war ein gelehrter, für dortige Verhältnisse sehr belesener Mann, der mir für die Fôr-Sprache und deren Studium von ausserordentlichem Werthe war; auch war er in der Geschichte des Landes nicht unbewandert und im Stande, mein Interesse an all diesen Dingen zu begreifen. Allerdings wurde er selbst durch seine Wissbegierde für mich sehr zeitraubend, und manche Tage, ja Wochen gingen hin über dem Bemühen, ihm eine allgemeine Kenntniss der Geographie, wie er sie wünschte, beizubringen, wobei ich durch Kartenzeichnungen in grossen Umrissen nachzuhelfen suchte. Auch musste ich sowol ihm als andern Gelehrten, welche er mir zuführte, das Alte Testament und die Evangelien ins Arabische übersetzen. Die gebildeten Mohammedaner haben eine tiefe Verehrung für unser Wort Gottes, wenn sie auch die Ueberzeugung hegen, dass in den ersten Jahrhunderten des Christenthums die Stelle aus demselben entfernt worden sei, welche auf das künftige Erscheinen des Propheten Mohammed hinweise. Die

Psalmen üben besonders einen ausserordentlichen Zauber auf sie aus, und Jesus Christus, dem sie hohe Verehrung zollen, gilt ihnen nächst Mohammed als der grösste Prophet, den sie Rûăh Allâh („Hauch" oder „Geist Gottes") nennen und dessen Lebens-, Leidensgeschichte und Wunder sie mit besonderer Vorliebe studiren. Sowol in Wadâï als in Dâr-Fôr würden mir die zahlreichen Bibeln, welche ich auf Bitten Mr. Arthington's in Leeds, der sich für Mission und humane Bestrebungen interessirte, in die Sûdân-Länder gebracht hatte, von dem grössten Nutzen gewesen sein. Ich bedauerte jetzt sehr, dass ich sie Scheïch 'Omar in Kûka überliefert hatte, denn dieselben würden dazu gedient haben, nähere Beziehungen zu den gelehrten und gebildeten Theilen der Bevölkerung herzustellen.

König Brâhîm setzte mich in Verbindung mit dem Basi Tâhir, der die genaueste und am weitesten zurückgehende Kenntniss von der Geschichte des Landes haben sollte. Da die Zerîba desselben nicht weit von dem Dschellâbi-Dorfe Logoloma lag, in welchem wir wohnten, so konnte ich mit ihm verkehren, ohne durch die Neugier oder den Hass der Einwohner behelligt zu werden. Leider war es schwierig, Vortheil aus seinen Kenntnissen zu ziehen, denn wenn er einerseits mit grossem Argwohn gegen meine Nachforschungen erfüllt war und sich nur auf Befehl des Königs dazu verstand, mir im allgemeinen Aufklärungen zu geben, so war es andererseits noch schwerer, einen Moment zu erhaschen, in dem er überhaupt fähig war, mir Mittheilungen zu machen. Kam ich morgens um 8 oder 9 Uhr zu ihm, so war sein Geist schon umnachtet von den Einflüssen der Merîssa, deren Vertilgung seine Hauptbeschäftigung zu bilden schien; begab ich mich aber schon gegen Sonnenaufgang zu ihm, so behauptete er stets, sein Gedächtniss sei noch nicht im Stande zu functioniren, weil er sein gewohntes Reizmittel noch nicht zu sich genommen habe. Dasselbe Spiel wiederholte sich am Nachmittag: unmittelbar nach dem Nachmittagsschlafe hatte er keine freie Verfügung über seine Geisteskräfte und später hatte er sich wieder in seine Merîssa zu sehr vertieft. So gab es denn kein anderes Mittel, als dass ich mich darein ergab, ganze Tage zu opfern, und zwar in der Weise, dass ich mich morgens in der Frühe mit ihm hinsetzte und bis zum Abend Merissa trank, ihn dadurch harmloser und vertrauensvoller machte und während der Sitzungen ihm allmählich seine Kenntnisse ablockte; ausserdem musste ich ihn durch Geschenke bei guter Laune erhalten.

Die Lebensweise dieses Mannes war durchaus keine ungewöhnliche, namentlich bei den Würdenträgern, welche sich fester Einkünfte erfreuten, und es muss in Erstaunen setzen, wie lange die Leute diesen übermässigen Genuss von alkoholischen Getränken ertragen und wie rüstig und kräftig sie dabei bleiben. Der Merîssa-Trinker gewinnt mit der Zeit einen hochgradigen Widerwillen gegen alle mehlhaltigen Speisen. Wie die Sitte es mit sich bringt, wird zwar zweimal während des Tages der gewöhnliche steife Duchn-Brei mit der üblichen Sauce aufgetragen, doch sie rühren kaum daran und frischen höchstens ihren Durst, wie wir es auch in Wadâï gesehen haben, durch geröstetes Kamel- oder Hammelfleisch oder durch rohe Kamelleber an, die mit Salz und rothem Pfeffer reichlich gewürzt zu diesem Zwecke besonders beliebt ist.

Ich lasse hier zunächst folgen, was ich von meinen officiellen Berichterstattern, andern glaubwürdigen Gewährsmännern und durch eigene Anschauung über Geschichte, Organisation und Bevölkerung des Landes erfuhr.

# Drittes Kapitel.
## GESCHICHTE VON DÂR-FÒR.

Geschichtsquellen und ihre Glaubwürdigkeit. — Regentenreihe des Basi Tâhir und Mohammed el-Fadl's. — Das Buch Dâli. — Mündliche Berichte des Basi Tâhir. — Die Dâdscho-Regenten. — Die Tundscher-Dynastie. — Uebergang der Herrschaft auf die Kêra; Ahmed el-Maqûr, König Schau, König Delîl. — Delîl organisirt den Staat. — Unsicherheit über die Nachfolger Delîl's. — Streit zwischen Kûru und Tunsam. — Sulêmân Solon vertreibt Tunsam und führt den Islâm ein, Tunsam wird Stammvater der Massabât. — Sulêmân's Kriege. — Sein Sohn und Nachfolger Mûsâ. — Ahmed Bokkor's segensreiche vierzigjährige Regierung. — Angriff der Wadâwa. — Ahmed Bokkor's Tod. — Mohammed Daura's Schreckenszeit. — Sein Nachfolger 'Omar Lêle. — Kriegszug gegen Wadâï, 'Omar Lêle's Gefangennahme. — Abû 'l-Qâsim. — Fortsetzung des Krieges gegen Wadâï, Tod Abû 'l-Qâsim's. — Sultan Tirab. — Ernennung seines Sohnes zum Chalîfa. — Besiegung der Birgid, Tundscher und Massabât. — Tirab's Bruder 'Abd er-Rahmân wird Sultan. — Kampf mit Ishâqa, dessen Niederlage und Tod. — 'Abd er-Rahmân's im ganzen segensreiche Regierung. — Der Abû Scheïch Kurra wird Vormund des Königs Mohammed el-Fadl.

Zuverlässige und ausführliche Quellen zur Geschichte dieses Landes scheinen nicht vorhanden zu sein. Ich habe zwar einige historische Schriftstücke gefunden, eine wirkliche Chronik ist aber wol niemals geführt worden. Von Zeit zu Zeit schrieben einige in den Traditionen ihres Landes Bewanderte ihre Erinnerungen nieder; diese Hinterlassenschaften beschränkten sich jedoch auf die nackte Herzählung von Regenten ohne Zeitangaben und ohne begleitende Bemerkungen, die so nothwendig sind, wenn man die Glaubwürdigkeit der Aufzeichnungen einigermaassen feststellen will. Die Schwierigkeit wächst noch beträchtlich durch den Umstand, dass verschiedene der angegebenen Regentenreihen sehr erheblich voneinander abweichen, und dass die im Volksmunde erhaltene Ueberlieferung wieder vielfach anders lautet. Ich spürte sorgfältig allen Schriftstücken nach, von deren Vorhandensein ich erfuhr, doch fast alle boten Abweichungen dar. Die erste Aufzeichnung einer Regentenreihe, welche ich fand, war im Besitz des Basi Tâhir, an den mich der Sultan von Dâr-Fôr als einen in der Geschichte des Landes wohlbewanderten Mann gewiesen hatte. Sie enthielt die Namen von 13 Dâdscho-Königen, 13 Tundscher-Herrschern und 22 Sultanen, welche der zu meiner Zeit herrschenden Dynastie der Kêra angehörten. Bei diesen 22 Kêra-Königen war der letzte, Ibrâhîm Ibn-Mohammed el-Hasîn, d. h. Ibrâhîm (= Brâhîm), Sohn des Mohammed el-Hasîn, welcher erst seit Jahresfrist regierte, nicht mitgerechnet. Ein anderes Schriftstück zählte nur 5 Dâdscho-Könige auf und gab die Namen von 25 weitern Tundscher- und Kêra-Herrschern an. Die dieses Schriftstück begleitenden Bemerkungen über die Gleichzeitigkeit des ersten der Dâdscho-Herrscher, Namens Gitar, mit dem Propheten Salah, der sonderbarerweise im Dschebel Marra gewohnt haben sollte, über den Ursprung aller Stämme Dâr-Fôrs und Wadâïs aus den Heidenstämmen desselben Gebirges und über Ereignisse aus der spätern wohlbekannten Zeit, welche offenbare Unrichtigkeiten enthalten, lassen diese Aufzeichnung als wenig glaubwürdig erscheinen.

Ein anderes Verzeichniss im Besitze eines Sohnes des Mohammed el-Fadl, von seiner eigenen Hand geschrieben, ist nur eine genealogische Kette, welche den Erbschaftsanspruch der jetzigen Dynastie beweisen soll. Dasselbe stellt angeblich den directen Zusammenhang der derzeitigen Herrscherfamilie mit den Einwohnern der arabischen Halbinsel fest. Leider gelang es mir nicht, es in Abschrift zu erhalten, doch bestimmte ich hiernach die Reihe der Vorfahren Mohammed el-Fadl's bis zu dem Stifter der untereinander verwandten Tundscher- und Kêra-Dynastie. Allerdings stimmt dies nicht ganz überein mit einem andern unter dem König

Mohammed Tirab geschriebenen Verzeichniss, in welchem eine Mischung von Regenten und einfachen genealogischen Reihen enthalten ist.

Sultan Ibrâhîm überschickte mir ausserdem noch alte Schriftstücke aus der Zeit seiner Vorfahren Mohammed el-Fadl und Abû 'Abd er-Rahmân; doch waren dies Regierungsacten, von denen nur der den „Dîwân" (Steuer oder Auflage) im ganzen Reiche festsetzende Theil Interesse bot. Soviel ich weiss, sind ausserdem noch zwei alte Aufzeichnungen vorhanden, von welchen die eine sich in der Familie des Basi Ahmed Ibn Tâhir forterbte, und die andere als „Buch Dâli" bekannt war und im Besitze des Königs und zwar in den Händen des Abû Scheîch Dâli verblieb. Beide Schriftstücke mussten sich zu meiner Zeit im Palaste des Königs befinden, denn das erstgenannte wurde von dem vorletzten König Hasîn dem Vater des Basi Ahmed abverlangt und das letztere war, obgleich es eigentlich zur Investitur des Abû Scheîch gehörte, dem jetzigen Abû Scheîch Dâli noch nicht überantwortet worden; beide enthalten aber weder eine Chronik der Regenten, noch eine Geschichte des Staates. Das Buch Dâli enthält nur die Grundregeln der Verwaltung und Gerechtigkeitspflege, wie sie der Gründer der Dynastie der Kêra, der bekannte König Delîl oder Dâli festgestellt hatte. Die früher im Besitze der Familie des Basi Ahmed befindlichen Aufzeichnungen bestanden nur in verschiedenen Regierungsacten aus früherer Zeit.

Zur Sichtung dieses Materials liess ich es mir angelegen sein, auch die im Volke lebenden Ueberlieferungen zu sammeln, zu vergleichen und möglichst das Sichere vom Unsichern zu scheiden. Wie ich bereits erzählt habe, war mir dabei auf Befehl des Königs der Basi Tâhir behülflich. Doch wenn derselbe auch besser als die meisten Bewohner des Landes in der Geschichte desselben bewandert sein mochte, so war seine Kenntniss doch weit davon entfernt, mich zu befriedigen. Zudem hatte er den aus seiner Auffassung des Patriotismus entspringenden Fehler, alle zu Ungunsten der Könige sprechenden Thatsachen mir vorenthalten zu wollen und sie erst dann zuzugestehen, wenn ich sie von anderer Seite erfahren hatte. Ich muss jedoch hinzufügen, dass ich ihn sozusagen nur auf negativen Unrichtigkeiten ertappte.

Seit sehr langen Zeiten waren die Dâdscho Herren im Dschebel Marra, aber ihre Herrschaft war keine unbedingte, sondern die einzelnen Herrscher der Fôr- und anderer Stämme zahlten nur einen Tribut an die Dâdscho-Sultane. Die gebirgige Natur des Landes erleichterte die Unabhängigkeit der einzelnen Stämme, denn der Kern des Landes war das Marra-Gebirge, und die Herrschaft der Dâdscho erstreckte sich kaum über dessen Grenzen hinaus. Von den einzelnen Königen dieser Dynastie weiss die Chronik nichts mehr zu sagen; nur dass der erste derselben, der im Volke noch wohlbekannte König Kosber in Debba, am östlichen Fusse des Marra-Gebirges, residirte und daselbst begraben liegen soll. Ein Verzeichniss der Dâdscho-Könige, welches ich von einem von Sûla nach Wadâï geflohenen Dâdscho-Prinzen erhielt, umfasst 21 Fürsten, von denen die ersten sechs noch als Heiden im Marra-Gebirge gelebt haben sollen. Auch die Dâdscho wollen aus Osten eingewandert sein; bemerkenswerth ist jedenfalls, dass der grösste Theil ihrer Regenten arabische Namen führt. Doch bringt die Tradition sie nicht in Verbindung mit Arabern und Araberblut. Es wird im Gegentheil berichtet, dass sie ausserordentlich uncivilisirt gewesen seien und den Anforderungen arabischer Sitte so wenig entsprochen hätten, dass der Uebergang der Herrschaft aus ihren Händen in die der Tundscher nur der höhern Cultur der letztern zuzuschreiben sei. Die Tundscher behaupten, in letzter Linie aus der arabischen Halbinsel zu stammen, und leiten ihren weitern Ursprung aus Tûnis von dem aus der arabischen Volkssage bekannten Abû Zeid ab, auch habe ich, wie an anderer Stelle erwähnt, noch in Kânem, wo dieselben ebenfalls in grösseren Gemeinwesen leben, einen angeblich zu Ehren dieses Ursprungs gegründeten Ort „Tûnis" gefunden. Als Stammvater der Tundscher in Dâr-Fôr wird in allen Schriftstücken gleichmässig Ahmed el-Maqûr aufgeführt. Die geistige Ueberlegenheit und die feineren Sitten (man rühmt besonders ihre Gastlichkeit) der eingewanderten Tundscher entwanden den Dâdscho die Herrschaft ohne Kampf und Gewalt; gleichwol waren die Tundscher selbst noch Heiden oder doch noch nicht Muselmanen genug, um den Islâm in ihrer Umgebung einzuführen, und um nicht inmitten dieser Heidenvölker selbst wieder zum Theil in das Heidenthum zurückzufallen;

jedenfalls haben sie die Verbindung der einzelnen für sich wohnenden Bergvölker enger geknüpft. Nicht nur der Ursprung der Tundscher wird auf Ahmed el-Maqûr zurückgeführt, sondern auch die heutigen Herrscher der Kêra bezeichnen denselben als ihren Vorfahren, was auf den Zusammenhang beider Dynastien untereinander hinweist. Es findet sich allerdings hierfür keine Erklärung, trotzdem gilt es für unbestreitbar, dass die Tundscher und Kêra eng verwandt sind.

Wie die Tundscher ins Land gekommen sind, darüber berichtet uns die Tradition nichts. Jedenfalls wurde durch die Tundscher arabische Sitte und Sprache in Dâr-Fôr eingeführt. Auch ihre Herrschaft war durchaus noch keine unbedingte, sondern beschränkte sich wie die der Dâdscho darauf, die Oberherrschaft über die einzelnen Bergstämme auszuüben und von ihnen einen Tribut entgegenzunehmen. Wie eng die Fôr-Dynastie mit der der Tundscher zusammenhing, beweist nicht allein der beiderseitige Anspruch auf Ahmed el-Maqûr als Stammvater, sondern noch folgende Tradition über den Uebergang der Herrschaft aus den Händen der Tundscher in die der Kêra.

Zur Zeit als Ahmed el-Maqûr in das Land gekommen sei, habe er sich bei dem damaligen Herrscher, der im Volksmunde Kuroma genannt wird, aber in keiner geschriebenen Regentenreihe aufgeführt ist, in hohe Gunst zu setzen gewusst. Dieser Kuroma habe eine Tochter des Häuptlings der Kêra, Namens Fôra, zur Frau gehabt, aus welcher Ehe ein Sohn Schau oder Sau entsprungen sei. Später habe er diese Frau verstossen, und als Ahmed el-Maqûr sein Günstling geworden, sie diesem zur Frau gegeben; aus dieser Ehe sei Dâli hervorgegangen. Andere weichen freilich insoweit von dieser Tradition ab, als sie sagen, erst Rifâa, der Sohn Ahmed el-Maqûr's, habe die Tochter des Kêra-Häuptlings geheirathet und aus dieser Ehe seien Schau und Dâli hervorgegangen. Doch beide können nicht von demselben Aelternpaar abstammen, da Schau in allen Regentenreihen die Herrschaft der Tundscher schliesst und auch im Volke allgemein als letzter König der Tundscher bekannt ist, während sein Halbbruder Dâli, der eigentlich Delîl Bahâr hiess, als Begründer der Dynastie der Kêra durchaus feststeht.

Sowol aus den geschriebenen Regentenreihen als auch aus den Traditionen, welche im Volksmunde sich erhalten haben, gewann ich folgende Anschauung:

1. Einige Jahrhunderte herrschten die Dâdscho in Dâr-Fôr und zwar vom Marra-Gebirge aus. Ihre Herrschaft ging ohne Gewaltmittel in die Hände der Tundscher über.

2. Die Tundscher verbanden sich im Laufe der Zeit mit der Fôr-Abtheilung der Kêra, und aus dieser Mischung ging die zuletzt regierende Dynastie der Kêra in Dâr-Fôr hervor, welche die Herrschaft mit Gewalt aus den Händen ihrer Verwandten, der Tundscher, rissen.

3. Erst unter der Regierung der Kêra befestigte sich der Islâm in Dâr-Fôr und zwar hauptsächlich zur Zeit des Königs Sulêmân Solon, etwa um das Jahr 1600 n. Chr.

Wenn die Existenz und die Bedeutung des Ahmed el-Maqûr in Dâr-Fôr kaum angezweifelt werden kann, obgleich Zeit und nähere Umstände nicht klargestellt sind, so tritt die Zeit, zu welcher die Herrschaft in die Hände der Kêra-Linie überging, schon mehr aus dem Dunkel hervor. Stammten Schau oder Sau und Delîl oder Dâli von demselben Aelternpaar ab, so wäre nicht der geringste Grund vorhanden, jenen, wie es doch bei jedem die Geschichte des Landes kennenden Einwohner feststeht, als den letzten Tundscher- und diesen als den ersten Kêra-König zu bezeichnen. Es scheint somit, dass die Dynastie der Kêra nur von mütterlicher Seite diese Bezeichnung verdient, und dass also Dâli, ein Halbbruder Schau's, durch seine Mutter den Kêra angehörte. König Schau hatte seine gewöhnliche Residenz am Berge Sî im Kôra-Gebirge (nördlicher Ausläufer des Dschebel Marra), während der Hauptsitz der Kêra der Berg Nâme im Marra-Gebirge war; hier wohnte auch Dâli oder Delîl Bahăr unter ihnen. Die vornehmste Abtheilung des Fôr-Stammes waren von jeher die Dugunga, die Kundschâra die zahlreichste, jedoch die Kêra politisch die wichtigste, weil die Tochter eines ihrer Häuptlinge die Stammmutter der letzten Dynastie wurde.

König Schau, mit dem Beinamen Durschit oder Dorsid, was sagen will: „Herr über uns" und damit die Härte seiner Regierung bezeichnet, war ein harter, ungerechter Herrscher, der seine Unterthanen und Beamten ausserordentlich quälte. Denn nicht nur hetzte er sie unter schwierigen Verhältnissen von Kriegszug zu Kriegszug, sondern zwang sie auch, in hochgelegenen felsigen Gegenden Brunnen zu graben, ja sogar zur mühsamen und nutzlosen Abtragung der Spitze des Maïlo-Berges, auf dessen Höhe er seine Residenz gründen wollte. Dieser liegt in dem „Rô-Kûri" genannten Bezirk am westlichen Fusse des Marra-Gebirges und heisst noch heute „Maïlo Fugo Dschurto", d. h. „Maïlo, der abgetragene Berg". Die Arbeit des Abtragens musste schliesslich wegen der geringen Fortschritte aufgegeben werden. Schau entfremdete sich die Herzen aller derartig, dass, als er einst während eines Feldzugs gegen aufrührerische Ortschaften vom Berge Sî abwesend war, die Grossen des Landes seinen Halbbruder Delîl oder Dâli baten, sich der Herrschaft zu bemächtigen, da das ganze Land des Königs Schau überdrüssig sei. Als dieser von dem Aufstande seiner Würdenträger erfuhr, rückte er eiligst mit seinen Kriegerscharen herbei. Er nächtigte in seiner zweiten Residenz Tûri, die noch heute im Kôra-Gebirge vorhanden, und zog von da zum Sî Dallanga, nicht weit vom Berg Nâme. In der Nähe derselben besiegte ihn sein Halbbruder Dâli in nächtlicher Schlacht bei Barra, während welcher der kühne, muthige Schau noch von den meisten der Seinigen verlassen wurde. Endlich floh er nach Tûri, unterwegs noch den Rest seiner Getreuen, ja selbst seine Frauen und Kinder von sich stossend mit den Worten: „Geht zu euerm neuen König Dâli". Zwar liess ihn Dâli nach Tûri verfolgen, doch fand man ihn nicht mehr dort; die Volkssage erzählt, dass er auf einem weissen Pferde entflohen und gewissermaassen verschwunden sei.

So kam die Dynastie der Kêra ans Ruder, deren erster Herrscher demnach Dâli (eigentlich Delîl Bahâr) war. Unzweifelhaft war derselbe nach Sulêmân Solon und Ahmed Bokkor (Bokr?) der glänzendste Fürst der Dynastie, und nicht allein ihr Begründer durch den Sieg über seinen Halbbruder Schau, sondern auch durch Organisation des Landes und Erlass der Gesetze, auf welchen noch heute grösstentheils die Verwaltung und Rechtspflege beruht. Er wohnte wie seine Vorfahren mütterlichereits auf Dschebel Nâme, und Torra, das am westlichen Fusse dieses Berges liegt, wurde von nun ab als Mittelpunkt des Reiches angesehen. Drei Stunden östlich von diesem Punkte steht ein Nabaq-Baum, welcher nach einem dort verlorenen Ring des Königs im Volke als Numan Fedda (der Silber-Nabaq) bekannt ist. Von hier aus theilte König Dâli das Reich in die Provinzen Dâr-Dâli (Osten), Dâr-Uma (Süden), Dâr-Dîma (Südwesten), Dâr er-Riâh oder Dâr-Tokonyâwi (Norden) und Dâr el-Gharb (Westen) und stellte im allgemeinen die Grundsätze fest, welche den Verwaltungsbeamten ihre Einnahmen sicherten. Dann erliess er die Strafgesetze, welche im Laufe der Zeit schriftlich in dem sogenannten Ktâb Dâli (Buch des Dâli) zusammengestellt wurden. Die Anschauungen, welche ihn bei Erlass dieser Gesetze leiteten, gingen augenscheinlich durchaus nicht aus dem Islâm hervor, sondern aus dem Bestreben, dem Herrscher und seinen Beamten Macht und hinlängliche Einnahmen zu sichern und beide solidarisch zu verbinden. Da gibt es keine Todesstrafe, keine körperliche Züchtigung, keine Beschränkung persönlicher Freiheit. Bei den grössten Verbrechen wie bei den einfachen Vergehen setzte er Vermögensstrafen fest in Gestalt von je nach der Wichtigkeit der Gesetzesüberschreitung verschiedenen Abgaben von Rindern oder von Teqâqi. Diese Gesetzgebung besteht in Dâr-Fôr im wesentlichen noch heute; Verbesserungen haben wol stattgefunden, Verfall ist hier und da eingetreten, doch haben Dâli's Nachfolger erhebliche Aenderungen nicht vorgenommen. Seine Regierung, die eine lange und gesegnete gewesen sein soll, fiel wahrscheinlich in die Mitte des fünfzehnten Jahrhunderts, doch fehlen genauere Angaben darüber.

Auf Sultan Dâli folgte eine Reihe von ungefähr zehn Königen, über deren Namen und Reihenfolge grosse Unsicherheit herrscht und deren Verwandtschaftszusammenhang nicht mehr klar ist. Es muss eine Zeit voll innerer Kämpfe und Umwälzungen gewesen sein, wie der häufige Herrscherwechsel beweist. Da sind drei Söhne Dâli's: Sabûn, Sikar und Bahăr, ferner die Söhne Sabûn's: Bahet, Darsud und Edris-dschal; die Kinder Bahăr's: Uru, Tinsam, Diatom und Terendim; Edris-dschal's Sohn Kûru; Uru's Sohn Tir Salam. Da sind ferner: Sultan Solbutte Ibn-Mohammed, Sultan Saref Ibn-'Omar, Sultan Salâh Ibn-Salâm, also fünfzehn Namen von Königen, von denen es nicht klar ist, ob, wie lange und in welcher Reihenfolge sie geherrscht haben. Ausserdem werden in andern Verzeichnissen noch aufgeführt: Rum-Scham, Nasr, Sem-terim und Sakersim. Von diesen 19 Genannten haben wahrscheinlich wirklich regiert: Sabûn, Edris-dschal, Diatom, Darsud, Tinsam, Terendim, Solbutte, Saref, Salâh, während es von Sikar, Bahăr und Bahet zweifelhaft und von Uru, Tir-Salam, Rum-Scham, Nasr, Sem-terim, Sakersim und Kûru unwahrscheinlich ist. Von einigen der letztgenannten Namen bezeichnen vielleicht mehrere dieselbe Persönlichkeit. Es ist ferner nicht unwahrscheinlich, dass einige der Genannten nicht Könige von Dâr-Fôr, sondern nur Häuptlinge der Massabât waren, denn in dieser Periode fand eine Trennung der Herrscherfamilie in zwei Linien statt, von denen anfangs jede die Erbfolge beanspruchte.

Sultan Kûru, der als Vater des Königs Sulêmân Solon in allen Geschlechts- und Königsregistern geführt wird, hat höchst wahrscheinlich nicht regiert. Es scheint, dass Tinsam oder Tunsam, der Sohn Bahăr's, der stets als „Dschedd el-Massabât" (Ahnherr der Massabât) aufgeführt wird, lange Zeit in dem Streit mit Kûru siegreich war. Von den meisten Aufzeichnungen werden beide als Brüder bezeichnet, während das Verzeichniss König Tirab's Tunsam als Enkel und Edris-dschal und Sabul Kûru als Urenkel König Dâli's aufführte. Der Grund des Streites beider, der noch jetzt im Volksliede besungen wird, war der Grundbesitz Murunga im Dâr-Fêa, einem Regierungsbezirk des Dâr el-Gharb (Westprovinz), welcher von beiden Prinzen beansprucht wurde. Kûru hatte sich desselben bemächtigt, und es entspann sich ein langer Kampf zwischen Tunsam und Kûru, in welchem letzterer den kürzern zog. Dies wird bestätigt durch den Umstand, dass Sulêmân Solon als kleines Kind vor Tunsam in Sicherheit gebracht wurde. Seine Mutter gehörte dem Stamme der Massâlît an, und Sulêmân Solon wurde über die Grenze Dâr-Fors hinaus nach Wadâï zu ihren Verwandten gebracht. Diese gehörten zu der Abtheilung der Massâlît Zirban, welche eine röthliche Haut haben sollen (wie denn überhaupt den Massâlît ein arabischer Ursprung zugeschrieben wird), und die noch jetzt sich alter Vorrechte aus der Zeit erfreuen, wo sie unter Sulêmân Solon's wirksamem Schutz standen. Bei ihnen in Wadâï wuchs der Knabe heran und kehrte als Jüngling zurück, um die Herrschaft seiner

Väter wieder zu erobern. Die Pauke, mit der er in seinem Vaterlande erschien, ist noch jetzt alten Leuten unter dem Namen „Ginsi" bekannt und übte, wie später sein Schild „Schirim", einen mächtigen Zauber auf die Einwohner von Dâr-Fôr aus. Tunsam befand sich im Marra-Gebirge, und von hier vertrieb der junge kriegerische Prinz den Onkel, resp. Grossonkel.

> „Die Pauke tönt! Tunsam ist in der Schlucht! Dringt auf ihn ein! Stürzt euch auf ihn! Tunsam ist in der Schlucht!"

Es scheint damals die ritterliche Sitte bestanden zu haben, einander in aller Form herauszufordern. So kam ein Bote Sulêmân Solon's zu Tunsam, ihm folgende Botschaft singend, indem er durch entsprechende tanzende Bewegungen seinen Gesang begleitete:

> „Sulêmân, der Sohn Kûru's, schickt mich zu dir und sagt, morgen Vormittag wird er dich finden."

Worauf Tunsam in derselben Weise antwortete:

> „Geh, sage ihm, gut, morgen Vormittag mag er mich finden, mich, Tunsam."

Wie und in wie langer Zeit und in welchen Schlachten es Sulêmân Solon gelang, Tunsam aus dem heimischen Gebirgslande zu vertreiben, ist im einzelnen nicht bekannt; nur Folgendes steht fest: Sulêmân „der Araber", so genannt wegen seiner rothen Hautfarbe, setzte sich im Marra-Gebirge fest, wurde bald Herr über ganz Dâr-Fôr und gab dem Reiche eine Ausdehnung, welche der der neuesten Zeit nahezu gleichkommt, während Tunsam mit den Seinen nach Osten in die Ebene hinabstieg und „Massa Bawi", d. h. „einer der nach Osten geht", genannt wurde. Seine Anhänger bildeten einen neuen Stamm der Massabât, welche allmählich ihren Fôr-Ursprung vergessen haben.

Sulêmân Solon, der Sohn Kûru's, gründete das Reich gleichsam von neuem durch seine kriegerischen Unternehmungen und durch die Einführung des Islâm. Seine Vorgänger sucht man, mit Ausnahme vielleicht von Dâli, dem der Staat seine ganze Organisation verdankt und dessen Name aus dem Gedächtniss seines Volkes nicht entschwinden wird, in Dâr-Fôr zu vergessen, da man sich der heidnischen Zeit schämt; Sulêmân dagegen ist einer der volksthümlichsten Herrscher des Landes. Wenn es ihm auch nicht gelang, den Islâm, den er in seiner Familie und nächsten Umgebung eingeführt hatte, im ganzen Lande zu verbreiten, so machte er doch den neuen Glauben gewissermaassen zur Staatsreligion. Er befestigte die Herrschaft im Innern und erweiterte sie nach aussen. Er residirte abwechselnd zu Aremba, Kôbê, Salua, Omm Harrâz, Madschalla oder Noyo und trat von da aus seine zahlreichen und glücklichen Kriegszüge an, deren er in Person 33 geführt haben soll, und wenn er seinen kleinen runden Metallschild schüttelte, dass die daran befindlichen Schellen erklangen, so schien der Sieg allen gesichert. Der bereits erwähnte Schild „Schirim" wird noch jetzt unter den Familienkleinodien aufbewahrt. Zwar vermochte Sulêmân nicht alle zahlreichen Abtheilungen der Massâlît zu unterwerfen, besiegte aber doch einige derselben und brachte die Oro, Birgîd, Zoghâwa, Marârît, Bego und die muthigen Tundscher, die noch zuweilen das Haupt zu erheben suchten, unter seine Botmässigkeit. Er breitete die Grenzen des Reiches nach Osten bis zum Fluss Atbara über den Nil hin aus, und im Norden erkannte man seine Herrschaft an bis zur Landschaft der Bidêjât. Auch war er es, welcher die Berti unter ihrem König Namadu besiegte.

Um diese Zeit war das Volk und selbst der König noch sehr wenig in äusserer Sitte fortgeschritten. Die Leute kleideten sich in Felle, und der König bediente sich eines rothen Ledergewandes als Ehrenkleid. Noch der Nachfolger Sulêmân Solon's, Namens Mûsâ, war, wie das Volk sich erzählt, als man ihm einen Teppich aus Aegypten brachte, in Verlegenheit, was er mit einem solchen anzufangen habe, und entschloss sich, ihn als Gewand umzuthun. Sulêmân Solon regierte 41 Jahre (von 1596—1637) und wurde zu Torra im Centrum des Reiches begraben, woselbst seitdem die Gräber aller Könige von Dâr-Fôr sich befinden. Auch Dâli mit seinen Söhnen liegt im Bezirk Torra, eine halbe Tagereise von den jetzigen Familiengräbern, begraben; Namin Bahär's Grab ist nahe dem Ursprung des Wâdî Bârê gelegen. Nur das Grab Tunsam's befindet sich im Osten an unbekannter Stelle.

Auf Sulêmân Solon folgte sein Sohn Mûsâ, der von 1637—82, also 45 Jahre, regierte, dessen lange Regierung aber nicht so ruhmvoll war als die seines Vaters. Er soll friedliebend gewesen sein, wurde jedoch durch die Umstände gezwungen, Kriege zu führen, z. B. mit den Qimr, ohne sie gleichwol unterwerfen zu können, besonders aber mit den Massabât, welche ihr Haupt noch immer nicht unter die Herrschaft der jüngern Linie beugen wollten. Diese standen unter ihrem Sultan Dschongol, der, wie es scheint, gegen Mûsâ zog, denn es fanden Schlachten statt zu Tine und zu Kolge, am Fusse des Marra-Gebirges gelegene Residenzen des Königs Mûsâ. Mûsâ liegt zu Torra in einem Grabe mit seinem Vater.

Auf ihn folgte Ahmed Bokkor, nächst König Dâli und Sulêmân Solon der hervorragendste Regent des Königreichs. Er regierte 40 Jahre, von 1682—1722, und war ebenso geachtet im Innern als gefürchtet nach aussen. Er war der jüngste von acht Söhnen Mûsâ's, deren ältester, Namens Giggeri, ursprünglich mit der königlichen Macht bekleidet war; doch da derselbe schon am ersten Tage seiner Herrschaft einen epileptischen Anfall hatte, und ein „vom Teufel Besessener" unmöglich Sultan sein konnte, wurde er noch selbigen Tages durch Ahmed Bokkor ersetzt. Dieser liess sich alsbald angelegen sein, aus seinem Lande einen wirklich mohammedanischen Staat zu machen, suchte Gelehrte (Fuqăhâ) ins Land zu ziehen, erbaute Medresen (Schulen) und Moscheen und zwang die Einwohner zur Befolgung der drei wesentlichsten Vorschriften des Islâm: der Beschneidung, des Fastens im Monat Ramadân und der Verrichtung der täglichen fünf Gebete. In richtiger Würdigung des geringen Civilisationsgrades seiner Unterthanen lud er fremde vorgeschrittenere Volksstämme ein, sich in seinem Lande niederzulassen, verbürgte ihnen Sicherheit des Eigenthums und Steuerfreiheit und suchte so das Land zu heben. Aus seiner Zeit stammen hauptsächlich die Einwanderungen aus den Bornû- und Bagirmi-Ländern, der zahlreichen Fellâta, Bulâla, Araber und der Leute vom Nil, und seine Gastfreundlichkeit und Gerechtigkeit machte Dâr-Fôr zu einem gesuchten Lande. Ahmed Bokkor wohnte anfangs zu Gurri im Regierungsbezirk Kerne der Westprovinz, dann zu Murra im Regierungsbezirk Fêa derselben Provinz und später zu Abû Asel im Marra-Gebirge. Seine kriegerischen Unternehmungen waren erfolgreich. Er unterwarf die Qimr und vertrieb die Wadâï-Leute aus seinem Lande. Die Qimr hatten den Mittelpunkt ihrer Macht auf dem Berge Nokat und übten von da eine ausgedehnte Herrschaft über die Zoghâwa, die

Bewohner des Dschebel Mûl und andere Stämme aus. Die Kriege mit den Qimr sollen sieben Jahre, sieben Monate und sieben Tage gedauert haben und endigten mit der Besitznahme des Berges Nokat, die jedoch nur durch Verrath ermöglicht wurde. Ahmed Bokkor bestach die Frau des Königs durch Geld und Geschmeide, und diese zeigte den Kriegern Bokkor's unter Anführung seines ältesten Sohnes Mohammed Daura einen Weg auf die schwer zugänglichen Berge, indem sie an einem verabredeten Tage zahlreiche Sklavinnen auf diesem zur Holzlese schickte. Die Unterwerfung der Qimr, bei der ihm sein obengenannter Sohn Mohammed Daura oder Mohammed Harut sehr behülflich war, war ein wichtiges Ereigniss, denn sie sicherte ihm die Herrschaft im ganzen Norden und Nordwesten des Landes. Eine Kanone, die wunderbarerweise schon damals ins Land gekommen zu sein scheint und in diesem Kriege Dienste leistete, befand sich bis vor wenigen Jahren zu Murra, einer der oben angeführten Residenzen des Sultans Ahmed Bokkor.

In diese Zeit fällt auch der Angriff des Königs von Wadâï, Arûs, auf Dâr-Fôr, worüber ich bereits in der Geschichte Wadâï's berichtete. Das Nachbarland hatte seit der Regierung Mûsâ's alljährlich ein Mädchen aus königlichem Blute in den Harem des Königs von Dâr-Fôr geliefert, und Arûs weigerte sich jetzt auf Andringen seines Volkes diesen Tribut weiterhin zu entrichten; ja noch mehr, ohne Kriegserklärung brach er mit seinen Scharen in Dâr-Fôr ein und gelangte bis zu dem jetzigen Bezirke Qabqabîja am westlichen Fusse des Nordendes des Marra-Gebirges. König Bokkor scheint sich nicht stark und sicher genug gefühlt zu haben, um ein für allemal mit diesen gefährlichen Nachbarn abzurechnen; er verliess seine Residenz im Westen, zog sich nach Abû Asel bei Torra im Marra-Gebirge zurück und rüstete dort energisch. Zu gleicher Zeit schickte er nach Aegypten, um Feuerwaffen herbeizuschaffen, und nach Bagirmi, um sich dort Bundesgenossen zu sichern. Als er sich nach zwei Jahren dem Feinde gewachsen oder überlegen fühlte, stieg er vom Berge Abû Asel herab und stiess bei Qabqabîja auf die Feinde. Er schlug in dieser Schlacht, in welcher die Wadâï-Krieger ihre Schilde fortwarfen (Qabqabîja, d. h. „sie warfen die Schilde fort"), was dem Punkte seinen Namen gab, und verfolgte den Feind bis zum Berge Schutak am Wâdi Bârê, der ebenfalls diesen Namen, welcher etwa „Halt" bedeutet, erst hiernach führen soll.

Ruhe hatte er jetzt wol im Lande. Da er aber alt und gebrechlich und besonders sehr schwerhörig wurde, gab dies Grund zur Unzufriedenheit, und man erzählt, es sei zu dieser Zeit seinem Bruder Giggeri noch einmal gelungen, sich der Herrschaft zu bemächtigen. Ahmed Bokkor zog sich in den Südwesten des Reiches nach Kuli in die Provinz des Abû Dima zurück, wo er seine Sklaven Schilde schmieden liess und eifrig zum Kriege rüstete. Im Herbste aber, als die Leute überall mit der Feldarbeit beschäftigt waren, zog er nach Torra, bemächtigte sich des Dschebel Abû Asel, tödtete seinen Bruder Giggeri und war nun wieder unbestrittener Herrscher. Schliesslich wollte er noch einen Zug nach Kordofân, wo sich die Massabât festgesetzt hatten, und über den Nil hinaus gegen die Funschi unternehmen, starb aber auf dem Wege dahin am Dschebel Tika, und der Ort, eine Qubba, (Grabeskuppel), in welcher man seine Leiche zur Beerdigung vorbereitet hatte, wurde „el-Mandar" genannt.

Als Ahmed Bokkor nach Osten gezogen war, hatte er seinen ältesten Sohn Mohammed Harut oder Mohammed Daura mit der Chalifenwürde bekleidet. Derselbe war ein tapferer Krieger, doch zugleich ein roher, grausamer Mensch. Dies wusste der brave König sehr wohl und sah mit grosser Besorgniss für seine übrigen Söhne (deren er zweihundert gehabt haben soll) und für das Land der Zeit entgegen, wo er nicht mehr sein würde. Als er krank wurde und sein Ende nahe fühlte, liess er eiligst seinen Nachfolger Mohammed Daura rufen und übergab ihm seinen letzten Willen und den königlichen Siegelring. Ein solcher war vor König Bokkor noch nicht gebräuchlich gewesen, wie dieser auch von den Fürsten Dâr-Fôrs zuerst des schriftlichen Verkehrs sich bediente und durch fremde Gelehrte die Kunst des Schreibens im Lande lehren liess. Als er seinem Sohn den Ring überreichte, warnte er ihn vor allen grausamen Maassregeln gegen seine Brüder. Es scheint, dass er einen der letztern Namens Jûsef, mit dem Beinamen Deleb, besonders liebte, denn er beschwor den ältesten Sohn, seinem Bruder Jûsef kein Leid zuzufügen und prophezeite ihm für diesen Fall sein eigenes Verderben. Er fürchte überhaupt, fügte der sterbende König hinzu, seine Regierung werde ein schlimmes Ende nehmen; gleichwol übertrug er ihm als dem Aeltesten die königliche Würde. So beschloss er sein thatenreiches Leben, und bald erfüllte sich seine Voraussagung.

Mohammed Daura war, seitdem er Chalîfa geworden, so mächtig, dass er die Herrschaft ohne Widerspruch behaupten konnte, trotzdem er bei den Würdenträgern keineswegs beliebt war; um diesen keinen Anhalt in der königlichen Familie zu lassen, suchte er sich aller seiner Brüder zu entledigen. Er soll 70 derselben bei seinem Regierungsantritt ums Leben gebracht und nur diejenigen verschont haben, welche im zarten Kindesalter standen. Doch entgingen auch von den Erwachsenen verschiedene seiner Grausamkeit, so Tâhir, der Grossvater meines Berichterstatters, ʿAbd er-Rahmân, Tirab, Abû 'l-Qâsim, Kuni, Jahischega, Kuduk, Jûsef Deleb und andere, welche grösstentheils als Mädchen verkleidet und so den Nachstellungen des Königs entzogen wurden. Nach und nach suchte er jedoch auch alle übrigen unschädlich zu machen, von denen er nur im entferntesten vermuthete, dass sie die Gunst des Volkes gewinnen könnten. Nachdem er unter ihnen aufgeräumt hatte, verschonte er selbst den eigenen ältesten Sohn nicht. Dieser, Mûsâ Angrêb mit Namen, war von ihm nach dem Beispiele seines Vaters zum Nachfolger (Chalîfa) ernannt worden. Die Mutter und der Anhang des zweiten Sohnes ʿOmar hatten jedoch dem allezeit grausamen und rachsüchtigen Vater den Argwohn eingeflösst, dass Mûsâ Angrêb nach der Herrschaft trachte. Da der Vater ohnehin schon angefangen hatte, ʿOmar den Vorzug zu geben, so hielt es nicht schwer, ihn gegen den Aeltesten aufzureizen. Dieser erhielt bald Nachricht davon und wurde dadurch zu wirklicher Empörung getrieben. Gerufen, erschien er nicht vor dem Vater, und als dieser sofort mit bewaffneter Macht auszog, um sich des ungehorsamen Sohnes zu bemächtigen, trat er ihm ebenso entgegen. In einem blutigen Zusammenstoss bei Ghabaschât zwischen Halluf und Dschedid es-Sêl siegte Mûsâ Angrêb. Jetzt verzichtete der Vater auf Gewaltmittel und fing den rebellischen Sohn durch Hinterlist. Er sandte die Grossväter des spätern Kâdi Ishâqa und des Faqîh

Salemma, sowie einen angesehenen Faqîh aus Katschena mit der Botschaft an seinen Sohn, dass er ihm verzeihe und ihn einlade, zu ihm zu kommen. Diese frommen Männer hatten dem König jedoch nicht verhehlt, dass sie für Mûsâ Schlimmes fürchteten, und liessen ihn auf den Qorân schwören, Mûsâ nichts zu Leide thun zu wollen; dies that Mohâmmed Daura feierlichst und Mûsâ kam. Er wurde scheinbar aufs väterlichste empfangen, doch als ihm der Vater ein Ehrenkleid selber anlegen zu wollen erklärte und Mûsâ's Kopf noch innerhalb des Gewandes steckte (die Gewänder werden über den Kopf gezogen), ergriff der König eine Flinte und schlug seinem Sohne mit dem Kolben den Schädel ein.

Als Mohammed Daura endlich trotz der Warnung seines Vaters auch Jûsef Deleb tödten liess, den er bereits zuvor im Dschebel Marra, wo in tiefen Felsenhöhlen sich die Staatsgefängnisse für politische Verbrecher befanden, gefangen gehalten hatte, ereilte ihn die Rache des Schicksals. Er wurde vom Aussatz ergriffen und hatte von dessen Zerstörungen schwer zu leiden, ja man sagt, dass selbst die Zunge ihm habe abgeschnitten werden müssen. Er starb nach zehnjähriger Regierung, welche in die Jahre von 1722 —32 fiel; gewohnt hatte er am Dschebel Modschalla im Bezirk Rô-Kûri am Westabhang des Marra-Gebirges; begraben wurde er wie seine Vorfahren zu Torra nahe dem Grabe seines Vaters.

Jetzt folgte die kurze Regierung seines obengenannten Sohnes 'Omar, mit dem Zunamen „Lêle", d. h. „Esel", welche von 1732 —39 dauerte. Dieser, seines Vaters würdig, wenn auch wol weniger grausam und gottlos, war durch seine Roheit und seinen wilden kriegerischen Sinn eine grosse Plage für das Land. Er wohnte anfangs zu Modschalla, wie sein Vater, später zu Gogorma in der Westprovinz nahe dem Wâdî Dscheldama. Abû 'l-Qâsim, den gefährlichsten der andern Regierungsprätendenten, der durch seine Freigebigkeit und seinen ritterlichen Sinn vielen Anhang im Volke hatte, hielt 'Omar im Marra-Gebirge gefangen; von den übrigen hatten sich zwei Söhne Ahmed Bokkor's, Pelpello und Abjâd, zum König 'Isâwi, dem Sohne Dschongol's und Herrscher der Massabât in Kordofân, geflüchtet. 'Isâwi fürchtete sich, solchen Gästen Gastfreundschaft zu gewähren, denn er kannte sehr wohl den rachsüchtigen Charakter 'Omar's, und zog sich durch List aus seiner gefährlichen Lage. Er stachelte die Prinzen zum Aufstande an, rieth ihnen, sich durch die Landschaft der Rezêqât nach Dâr-Fôr zu begeben und sich unerwartet mit Hülfe der Araber von Süden her des Landes zu bemächtigen, er selbst wolle des Königs Zorn auf sich lenken. Er bezeigte demselben brieflich sein Beileid wegen des Todes seines Vaters, betheuerte, dass er ihn als seinen Sohn betrachte, bat ihn, sich zu trösten, und fügte hinzu, wenn 'Omar die Frauen seines Vaters und seine eigenen Schwestern den Grossen des Landes zu Frauen gäbe, so möge er ihm seine Mutter aufbewahren, denn er habe die Absicht, sie zur Frau zu nehmen, und werde sie selbst holen. 'Omar ging in die gestellte Falle und brach, auf das äusserste entrüstet über die Unverschämtheit seines Vasallen alsbald nach Kordofân auf. 'Isâwi aber war unterdessen zum König Tungi nach Sennâr geflohen und schrieb an 'Omar von dort einen Brief des Inhalts: Wenn er etwa seinetwegen gekommen sei, so sei das nutzlos, denn er werde ihm nie standhalten, da er sich dazu zu schwach fühle; sei er aber wegen seiner beiden Onkel gekommen, so thue er ihm zu wissen, dass beide schon seit einiger Zeit sich durch die Landschaft der Rezêqât an die Grenzen Dâr-Fôrs begeben hätten, um sich von Süden her des Landes zu bemächtigen. Sofort kehrte 'Omar um und marschirte so rastlos, dass sich seine Leute trotz ihrer Furcht vor ihm offen beklagten; statt aller Antwort steckte er die Hand in sein Gewand und zog dieselbe blutig zwischen den Schenkeln heraus, um ihnen zu beweisen, dass er selbst nicht weniger durch die Anstrengungen leide als sie. Auf die rebellischen Prinzen stiess er im Dâr-Bîrgîd und besiegte sie bei Kalambâwa.

Es muss hier erwähnt werden, dass andere Berichterstatter die beiden Prinzen nicht zu 'Isâwi, dem Häuptling der Massabât, sondern zum König von Sennâr fliehen lassen und erzählen, dass dieser, betroffen von dem kriegerischen Muthe Abjâd's, von welchem er sich auf einem Kriegszuge gegen heidnische Nachbarn zu überzeugen Gelegenheit hatte, für seine eigene Herrschaft fürchtete und durch den obenerwähnten Brief den Sultan 'Omar nach Osten gelockt habe, während er selbst entfloh und Abjâd von Süden her in Dâr-Fôr einzudringen versuchte.

Fast alljährlich unternahm 'Omar kleinere Feldzüge, sei es im

Innern des Landes, sei es über die Grenzen desselben hinaus. Er konnte ohne Streit und Krieg nicht leben und war so zornmüthig, dass man sagt, wenn er nur seine Augen auf einen seiner Leute richtete, habe dieser schon vor Furcht gezittert. Er rüstete beständig und führte fortwährend Krieg, sodass seine Unterthanen schon nach wenigen Jahren seiner überdrüssig waren. Endlich bereitete er eine grossartige Unternehmung gegen Wadâï vor, gegen das er schon früher einen Doga Bani, d. h. „flüchtigen Kriegszug" ausgeführt hatte; dieser zweite Kriegszug kostete ihm Freiheit und Herrschaft. Die Geduld des Landes wurde aber durch diese Vorbereitungen vollends erschöpft. Dazu kam, dass einer von den Söhnen seines Grossvaters Ahmed Bokkor, Namens Kuni, welcher bei König 'Omar leidlich in Gunst geblieben war, diesen bat, er möge, bevor er gegen Wadâï ziehe, Abû 'l-Qâsim freigeben, der, wie erwähnt, im Marra-Gebirge gefangen sass. Als Kuni trotz aller Warnungen bei seiner Bitte beharrte, versprach ihm der König Gewährung, sagte ihm aber voraus, dass er, Kuni, sie am meisten bereuen würde. Er unternehme, fuhr er fort, den Feldzug gegen Burgû, weil er die Gesinnung seines Volkes kenne und vorziehe, auf dem Schlachtfelde als Mann zu sterben, statt in seinem Lande gehasst und verrathen ein unrühmliches Ende zu finden, sein Nachfolger aber werde Abû 'l-Qâsim sein, und er, der um dessen Freiheit bitte, werde als erstes Opfer der Eifersucht seines Bruders fallen. Abû 'l-Qâsim wurde freigegeben, der König zog gegen Wadâï, wurde dort in entscheidender Schlacht von dem grössten Theile seiner Leute im Stiche gelassen, gefangen genommen und starb nach Jahren in der Gefangenschaft.*)

Wie 'Omar Lêle vorausgesehen, wurde alsbald ohne grosse Landestrauer dem Prinzen Abû 'l-Qâsim, dem Sohne Ahmed Bokkor's, die Herrschaft übertragen. Dieser, obwol nicht ohne Edelsinn, war doch unüberlegt und geneigt, den Einflüsterungen seiner Günstlinge Gehör zu geben, auch wenig bedenklich im Verhalten gegen seine Feinde oder diejenigen, welche als solche galten. Er regierte 13 Jahre, von 1739—52, und vertrug sich im Laufe der Zeit ebenso schlecht mit seinem Volke, wie sein

---

*) Vgl. Geschichte Wadâïs.

Neffe und Vorgänger 'Omar Lêle. Er entfremdete sich die Freien des Landes dadurch, dass er die Sklaven vorzog und auf sie Ehrenstellen und Reichthümer häufte. Um die erlittene Niederlage an Wadâï zu rächen, machte er gewaltige Rüstungen und legte zu diesem Zwecke dem ganzen Lande eine Extrasteuer von einem Rind pro Hausstand auf. So soll es ihm, als er nach Wadâï zog, gelungen sein, 12000 Reiter mit Panzer und Schwert bewaffnet ins Feld zu stellen, ohne den Zuzug aus den Provinzen zu rechnen, aus welchen allerdings meist Fussvolk kommt. Auch in Wadâï hatte man sich seit 'Omar Lêle's Tode auf diesen Angriff vorbereitet, doch nach den Nachrichten, welche in Dâr-Fôr einliefen, sich vorzugsweise mit dem Lesen des Qorân, besonders des in dieser Hinsicht berühmten Kapitels Iâ-Sîn\*), begnügt. Als dies Abû 'l-Qâsim durch einen aus Wadâï kommenden Mann hinterbracht wurde, lachte er und sagte, er kümmere sich wenig um Iâ-Sîn und dergleichen, aber Pferde, Waffen und Panzer habe er und gedenke, Wadâï's damit besser Herr zu werden als mit dem Lesen des Qorân, der Kundschafter solle nur auf dem Rückwege allen Bewohnern empfehlen, sich gut mit Honig und Fleisch zu versehen, damit das Heer von Dâr-Fôr unterwegs reichlich beköstigt würde. Sein Uebermuth sollte hart bestraft werden. Des Königs Uzîr war ein Zoghâwi Namens Bahâr, den er höher als alle Fôrâwa schätzte, doch weder dieser noch seine Sklaven, die er in die erste Schlachtreihe stellte, während er die Freigeborenen im zweiten Treffen hielt, konnten ihm zum Siege verhelfen. Die an sich schon unzufriedenen und noch mehr durch diese Zurücksetzung in der Stunde der Gefahr verletzten Freien seines Volkes hatten keine Bedenken, Abû 'l-Qâsim im Stiche zu lassen, als die Sklavengarde zu wanken begann. „Kinder Fôrs", rief man von allen Seiten sich zu, „ergreift die Flucht, die Flucht allein kann uns dienen! Verlasst Abû 'l-Qâsim! Lasst die Kühe, die er uns genommen hat, lasst den Zoghâwi Bahâr für ihn kämpfen!" Erst als die grosse Pauke, welche den Namen „Mansûra" (die Siegreiche) führt und alt und hoch angesehen war, von den Wadâï-

---

\*) Iâ-Sîn ist die Ueberschrift der 36. Sûra des Qorân (Sûra ist Kapitel), welche davon die „Sûra Iâ-Sîn" heisst; sie gilt für ausnehmend wunderthätig, und man trägt sie als Amulet in einer ledernen Tasche am Leibe. W.

Kriegern erbeutet worden war, ermannten sich die Freigeborenen, hieben dieselbe wieder aus den Händen des Feindes heraus und zogen sich dann eiligst zurück. Abû 'l-Qâsim wurde vermisst, er schien todt oder gefangen zu sein, seine Brüder Tirab und 'Abd er-Rahmân waren verwundet, der Uzîr Bahär gefangen.

Die Fôrâwa kehrten trotz der Niederlage zufrieden in ihr Land zurück. „Vorläufig sind wir von Abû 'l-Qâsim befreit, mit dem Wadâï-Volke wollen wir schon später fertig werden", sagten sie. Aber kaum hatten sie Mohammed Tirab, den Bruder des Abû 'l-Qâsim, zum König ausgerufen, so erschien auch der letztere wieder auf dem Schauplatz. Ein Mahmûdi (Mann vom Stamme der Mahâmîd) hatte Abû 'l-Qâsim schwerverwundet gefunden, ihn, ohne ihn zu kennen, zu seinem Stamme gebracht und dort gepflegt, bis er gesund war. Sein Bruder Tirab wollte bei seinem Wiedererscheinen ihm die Herrschaft zurückgeben, doch die Grossen des Landes widersetzten sich dem. Sie stellten ihm vor, dass keiner von ihnen bei Wiederaufnahme der Herrschaft von seiten Abû 'l-Qâsim's seines Lebens auch nur eine Stunde sicher sei, dass sie sich glücklich geschätzt hätten, durch die Niederlage wenigstens von dem König befreit zu sein; ob er jetzt dem Lande den Frieden, ihnen und sich selbst die kaum gewonnene Sicherheit wieder rauben wolle; sie würden das nimmermehr dulden und im Nothfalle mit Gewalt verhindern. In Rücksicht auf das Land und den allgemeinen Frieden entschloss sich Tirab, seinen Bruder unschädlich zu machen, und liess Abû 'l-Qâsim durch einen Mann Namens Wir mit einer Toqqîja erdrosseln. Noch jetzt ist das Oberscharfrichteramt in den Händen der Nachkommen dieses Mannes, die aber später als hochstehende Beamte wol kaum jemals selbst Hand anlegten. Eine Schwester Abû 'l-Qâsim's, die Ija Basi Zemzem (Ija Basi heisst „erste oder grosse Frau"), welche den Beinamen Sendi Suttera, d. h. „die unberührte Jungfrau", führte, weil sie nicht verheirathet war, kam zu der Hinrichtung des Bruders hinzu und brach in ein lautes Wehgeschrei aus, worauf Tirab sofort auch sie dem Henker übergab. An ihrer Stelle wurde seine eigene Schwester Korongo mit der hohen Würde der Ija Basi betraut. Abû 'l-Qâsim, der zu Girli (Gurri?) am Wâdi Bârê in der Westprovinz gewohnt hatte, wurde zu Torra nahe den Gräbern Bokkor's und Mohammed Daura's bestattet.

Mohammed Tirab war ein hervorragender Regent, der im Innern und nach aussen sein Ansehen aufrecht erhielt und im ganzen der unredlichen Verwaltung zu steuern suchte; nur bevorzugte er zur grossen Unzufriedenheit der Eingeborenen die Zoghâwa, denen seine Mutter angehörte. Seinen Onkel Hârût von den Zoghâwa Kûbê machte er zum Sultan der Landschaft Kûbê und gab ihm das äussere Zeichen eines solchen, die Pauke (Nuhâs). Einen Sohn desselben, 'Omar, ernannte er zum Orondulung (etwa Gouverneur der Residenz). Ein anderer Sohn, Hasseb el-Agaran, wurde zum Abû Irlinga (ebenfalls hohe Landeswürde) ernannt und gelangte zu grosser Macht. So sollen zuletzt 19 Würdenträger dem Stamme der Zoghâwa angehört haben. Er nahm dem Sultan der Qimr den ihm bei der einstigen Unterwerfung belassenen königlichen Teppich und verleibte die Landschaften der Stämme Berti, Bego und Bîrgîd gänzlich seinem Lande ein, mit einem Worte, er befestigte mehr und mehr seine Herrschaft. Tirab regierte 33 Jahre mit grossem Glanze, von 1752—85, und wohnte zu Girli, Gogorma und Schôba; letzteres schien sein Lieblingsaufenthalt gewesen zu sein. In die Zeit seiner Regierung fiel noch ein Aufstand der Bîrgîd, welche den König beschuldigten, dass er ihre Töchter, von denen sie alljährlich eine Anzahl als Kebsweiber des Königs, als Frauen seiner Würdenträger oder als Dienerinnen des königlichen Haushaltes in die Residenz zu liefern hatten, den Dschellâba als Sklavinnen verkaufe. Zur Unterdrückung des Aufstandes schlug Tirab seine Residenz zu Rîl im Süden des Landes auf, während er seinen Sohn Ishâqa im Nordwesten des Reiches als Chalîfa zurückliess.

Man erzählt über die Wahl dieses Chalîfa folgende hübsche Anekdote: König Tirab hatte noch einen Sohn in fast demselben Alter wie der vorgenannte von seiner Lieblingsfrau, die begreiflicherweise diesen zum Chalîfa ernannt zu sehen wünschte. Der König beantwortete ihre Bitte nicht, liess aber ihren Sohn rufen. Quer vor der Eingangsthür lag ein Löwe, vor welchem sich der auf den Ruf erscheinende Jüngling fürchtete, weshalb er sich durch die Hinterthür zu seinem Vater begab. Darauf befahl ihm der König, Seide vom Schneider zu holen. Der Jüngling ging, kehrte aber unmittelbar wieder zurück und fragte, wie viel Seide er bringen solle, entfernte sich und kam darauf mit einer zweiten Frage nach der Farbe der Seide und endlich ein drittes mal, um zu wissen, ob es rohe oder verarbeitete Seide sein solle. Der König nahm hierauf seinen Auftrag zurück und liess seinen Sohn Ishâqa rufen. Dieser drängte kühn den Löwen von der Eingangsthür und fragte, unmittelbar nachdem er den Auftrag seines Vaters empfangen hatte, von welcher Farbe, in welcher Art und wie viel Seide er zu bringen habe. Der König entliess hierauf beide Söhne, und selbst seine Lieblingsfrau musste zugeben, dass ihr eigener Sohn weder an Muth, noch an Ueberlegtheit mit Ishâqa sich messen könne. Ishâqa's Ernennung zum Chalifa blieb bestehen.

Tirab brachte die Birgîd auf das gründlichste zum Gehorsam. Aus diesem Kriege stammt eine Trophäe, die Ziegenhaarbüschel, welche man bis in die neueste Zeit an den Speeren befestigt sah, die vor den Königen von Dâr-Fôr hergetragen wurden. Tirab liess nämlich den Häuptlingen der blutig unterworfenen Birgîd die Bärte abschneiden und fügte diese den Trophäen des königlichen Hauses, die meist aus der Regierung Sulêmân Solon's stammten, hinzu; später wurden dann diese Bärte durch Ziegenhaarbüschel ersetzt. Endlich blieb er noch zu Rîl, um gegen die Rezêqât-Araber zu ziehen, gegen welche er jedoch wenig ausrichtete, denn diese flohen wie gewöhnlich nach Süden, nach Dâr-Dschenge (Land der Dinka), und liessen ihren Feinden leere Felder und Hütten zurück. Gleichzeitig machte man ihn aufmerksam, dass El-Mur, der Sultan der Tundscher, ein Heer am Berge Kakas sammle; derselbe wurde darauf nebst seinen nächsten Verwandten und einer grossen Anzahl Tundscher getödtet. Auch die Massabât erhoben noch einmal ihr Haupt und drangen in das Innere von Dâr-Fôr ein; als Tirab sie bei Rîl geschlagen hatte, zogen sie sich nach Katul in Kordofân zurück, wohin er ihnen folgte und sie dort zum zweiten mal besiegte.

Tirab starb in Kordofân auf einem Kriegszuge gegen den Sultan der Fundschi, welcher sich rühmte, von der Mutter Sulêmân's abzustammen, die sich während ihrer Pilgerschaft nach Mekka mit einem Fundschi-König verheirathet haben sollte.

Man sagt von Tirab, dass er von seinen Regierungsjahren zehn der Religion und deren Studium geweiht habe, und in der

That war er der beste Schriftsteller seines Landes, der gelehrteste aller Fürsten von Dâr-Fôr und liess sogar Bücher aus Aegypten und Tûnis kommen. Weitere zehn Jahre, setzt man aber hinzu, wurden von ihm dem Merîssa-Genuss, den Frauen und der Prachtliebe gewidmet. Zu Schôba habe er sich ein Haus bauen lassen, das 55 m lang, 20 m tief und 27 m hoch gewesen und 33 Wohnzimmer für 33 Lieblingsfrauen enthalten habe. Dort habe sich Tirab mit 365 Schafböcken für das ganze Jahr verproviantirt und sich ein Jahr lang eingeschlossen, unsichtbar für jedermann mit Ausnahme des Uzîr, der täglich erschien, um ihm Bericht zu erstatten, und seinen Anordnungen gemäss das Land regierte.

Den begründetsten Anspruch auf die Nachfolge in der Regierung hatte ohne Zweifel der Chalîfa Ishâqa, der Sohn Tirab's, auch war er mächtig und hatte eine grosse Partei für sich; doch das Land und selbst die Anführer des Heeres waren der ewigen Kriegszüge und der damit verknüpften Ausgaben und Anstrengungen herzlich müde, und leider versprach Ishâqa in dieser Hinsicht ganz in die Fussstapfen seiner nächsten Vorfahren zu treten und jedenfalls seinen Vater an kriegerischem Sinne noch zu übertreffen. Der Uzîr ʿAlî Uled Dschama und mit ihm viele andere wünschten, dem Chalîfa Ishâqa die Nachfolge zu übergeben; ein anderer angesehener Heerführer dagegen, Namens Hassab Allâh Garran, wollte sie dem Sohne der Lieblingsfrau Kinana sichern und hatte ebenfalls seine Partei, und so zersplitterten sich die Stimmen. Das Heer, das bald eines Führers bedurfte, zählte in seinen Reihen noch zwei Brüder des verstorbenen Herrschers: Tâhir, den Grossvater meines Berichterstatters, und ʿAbd er-Rahmân. Von diesen beiden gefiel der letztere den Fôrâwa und zwar wol deshalb, weil er bisher machtlos und unbedeutend gewesen war und, was ihn besonders empfahl, keine zahlreiche Nachkommenschaft besass, denn diese mit ihren fetten Apanagegütern (Hawâkîr) und unvermeidlichen Thronstreitigkeiten hatten die Unterthanen thatsächlich fürchten gelernt. Auch schien ʿAbd er-Rahmân, den das Heer erst in den Feldzügen gegen die Rezêqât kennen gelernt hatte, nicht streit- und kriegslustig, sondern redlich, leutselig, fromm und schriftkundig und von hervorragender Klugheit zu sein. Als nun die Führer des Heeres sich nach dem

Tode des Königs versammelten und über die nächste Zukunft beriethen, sprach Tâhir Ibn Bokkor zu Gunsten seines Bruders 'Abd er-Rahmân, vorzüglich betonend, derselbe sei fast ohne Nachkommenschaft, welche bisher die Quelle allen Unheils in Dâr-Fôr gewesen, und eigne sich besser zum König als er selbst, der mit Kindern allzu reich gesegnete. Die Partei Ishâqa's war gross, im Heere wahrscheinlich noch bedeutender, doch lag die Macht vorläufig in den Händen der anwesenden Prinzen, und so schwiegen viele Anhänger des Chalîfa in der stillen Hoffnung, dass dieser seine Interessen später selbst zu wahren wissen werde.

Es scheint, dass der verstorbene König eine Ahnung von den Aussichten 'Abd er-Rahmân's gehabt hat, denn als er nach Kordofân zog, wollte er ihn in der Nähe seines Sohnes Ishâqa belassen, letzterm den Rath ertheilend, sich seiner zu entledigen. Doch ein weiser Mann rieth dem Prinzen 'Abd er-Rahmân, der als unbemittelter Faqîh in der Hauptstadt lebte, dem König zu folgen, denn aus diesem Kriegszuge werde ihm ein grosses Glück erblühen. So beharrte er auf seiner Bitte, dem königlichen Bruder folgen zu dürfen, was ihm schliesslich gewährt wurde, obwol er so arm war, dass nur er beritten war und seine Frau Ambussa, welche mit dem spätern König Mohammed el-Fadl schwanger ging, nicht nur zu Fuss gehen, sondern auch ihr ganzes Gepäck in der Hand und den Mahlstein zum Zerreiben des Getreides (Meshâqa) auf dem Kopfe tragen musste.

Man sagt übrigens, dass 'Abd er-Rahmân im vertrauten Verhältniss zur Lieblingsfrau Tirab's, der erwähnten Kinana, stand, und dass diese auf sein Anstiften sich weigerte, die Regierung für ihren Sohn Habîb, der ebenfalls eine Partei hatte, anzutreten. Genug, die Partei 'Abd er-Rahmân's wuchs, und selbst der Uzîr Tirab's, Ali Uled Dschama, stimmte für ihn, und so wurde er zum König ausgerufen, vorläufig allerdings nur im Osten des Reiches, denn der Norden und Westen blieben in den Händen des tapfern Ishâqa, von dem man keineswegs erwarten durfte, dass er seine Rechte aufgeben würde. Die ihm als Chalîfa zu Gebote stehende Macht war beträchtlich, und er rückte auf die Nachricht von der Investirung seines Onkels schleunigst demselben entgegen. Dieser zog aus dem südlichen Kordofân durch die Landschaft der Rezêqât nach Westen und stiess zunächst bei Tebeldie Sidr auf eine Abtheilung Ishâqa's unter dem Sklaven Hâdsch Muflih, den er besiegte. Sodann rückte Ishâqa selbst mit seinem Heerführer Abû Dschebai Bahär heran und focht mit seinem Onkel beim Rahat Taldâwa (Rîl), wurde aber zum Rückzuge genöthigt; indessen war der Sieg ʿAbd er-Rahmân's nicht entschieden genug, um Ishâqa verfolgen zu können. Jener hatte die Stärke und Mannhaftigkeit seines Gegners kennen gelernt, fühlte sich keineswegs des Erfolgs sicher und suchte deshalb nach einem Mittel, sich einerseits seine eigenen Begleiter, deren viele im Herzen Ishâqa zugethan waren, fester zu verbinden, andererseits sich Freunde in der Umgebung des letztern zu erwerben. Es gelang ihm, den Mann, welcher die höchste Gunst beim Chalîfa genoss und mit dem er selbst durch frühere Freundschaft verbunden war, den vorher genannten Abû Dschebai Bahär, wieder für sich zu gewinnen. Durch ihn veranlasste er Ishâqa, das Eigenthum derjenigen Heerführer, welche mit seinem Vater Tirab nach Kordofân gezogen und jetzt bei ʿAbd er-Rahmân geblieben waren, ihrer Untreue wegen einzuziehen und zu Rüstungszwecken zu verwenden, denn ʿAbd er-Rahmân wusste sehr wohl, dass die Partei Ishâqa's in seiner Umgebung immer noch sehr bedeutend war, und suchte so sie diesem zu entfremden und sich zuzuwenden, was auch vollkommen gelang. Ishâqa, ein gewaltthätiger Charakter, ging ohne Ueberlegung in die gestellte Falle. Gleichzeitig aber sandte ʿAbd er-Rahmân an Ishâqa einen Brief, in welchem er sich seinen Vater nannte und ihm anbot, die Herrschaft des Reiches, das ja so ausgedehnt sei, mit ihm zu theilen, er wolle ihm die Wahl des Ostens oder Westens überlassen. Indessen nahm Ishâqa den Vorschlag nicht an; er wünschte um so mehr die glänzende Regierung seines prachtliebenden Vaters fortzuführen, als die Schlichtheit seines Onkels ein der Vorgänger durchaus unwürdiges Auftreten verhiess.

ʿAbd er-Rahmân schickte nun den Abû Tokunjâwi Timsâh (arab.: „Krokodil") gegen seinen Neffen, der zu Tôma in der Nähe von Kofut im Norden des Reiches residirte. Ein bekannter Faqîh aus Kôbé suchte noch einmal zwischen den beiden Kronprätendenten zu vermitteln, doch Ishâqa war unversöhnlich, und es kam im Nordwesten des Landes bei Rawa zwischen ihm und dem Abû Tokunjâwi zur Schlacht, welche letzterer verlor und dabei sein Leben einbüsste. In der Schlacht hatte Ishâqa, um seine Person weniger kenntlich zu machen, zwölf Pferde von der Farbe des eigenen und mit Reitern in gleicher Rüstung beständig in seiner Nähe gehalten. Nach diesem Siege kam er dem Mittelpunkte des Reiches wieder näher und lagerte im Bezirk Qabqabîja. Auch jetzt zog 'Abd er-Rahmân nicht selbst gegen ihn, sondern sandte seinen Bruder Basi Rifa, denn er fürchtete diesen im geheimen und hoffte, dass, wenn es demselben wie dem Abû Tokunjâwi ergehe, er wenigstens von ihm befreit werde. Rifa stiess auf Ishâqa zu Delebe im Bezirk Okasch, welchen die Benî Hasen-Araber bewohnen, bei welcher Gelegenheit Ishâqa wieder zu einer List seine Zuflucht nahm und an seiner Statt bei den königlichen Straussfederwedeln einen Bagirmi Namens Ahmed Dschurab el-Fîl (arab.: „der Elefant") liess. Rifa suchte im Kampfe die königliche Person zu erreichen und drang auch (er soll von riesiger Körperkraft gewesen sein) kühn bis zu dem vermeintlichen Sultan vor und warf ihn nieder; in dem entstehenden Handgemenge, von dem man sagt, es sei so dicht gewesen, dass die Sonne verdunkelt wurde und man die Sterne sehen konnte, wurde er selbst getödtet.

Ishâqa wagte jedoch trotz seines Sieges nicht, seinen Onkel 'Abd er-Rahmân anzugreifen, sondern zog sich nach Dâr-Tâma, im Nordwesten Dâr-Fôrs, zurück und bat von dort aus den benachbarten Wadâï-König Sâlîh Derret um bewaffneten Zuzug. Dieser erfüllte seine Bitte so prompt und schickte eine solche Truppenmenge, dass Ishâqa von diesen Freunden mehr fürchtete als von seinen Feinden, und sie wieder nach Hause sandte unter dem Vorwande, dass er erst im künftigen Herbst den Kampf wieder aufzunehmen gedenke. „Es ist schliesslich doch besser", sagte er, „wir fechten die Sache unter uns aus, als dass wir den Erbfeind ins Land führen. Unterliege ich und bleibt 'Abd er-Rahmân im Besitze Dâr-Fôrs, so ist er immerhin der Bruder meines Vaters und der Sohn Ahmed Bokkor's; trage ich aber den Sieg davon, so bin ich der Sohn Tirab's und Enkel Bokkor's." Indessen war 'Abd er-Rahmân ebenfalls nach Westen gezogen und lagerte bei Girgo am Wâdî Dscheldama. Hier kam es zu blutiger Schlacht, in welcher der Chalifa Ishâqa mit äusserster Tapferkeit und zunächst siegreich kämpfte. Er stritt persönlich mit dem Uzîr Ahmed Dokkumi, dem Sohne ʿAlî Uled Dschama's, und drang bis zu dem Hause des Abû Dschebai ʿAbd el-Hamîd vor, in welchem ʿAbd er-Rahmân sich aufhielt. Fast hatte er den Sieg in der Hand, als ihn der Dschebai Bahär, der Verräther, verliess und zu ʿAbd er-Rahmân überging, während aus der nächsten Umgebung des letztern ein Mann Namens Sebâh durch einen Flintenschuss Ishâqa schwer verwundete. Dieser schleppte sich bis zu einem Giraffenbaum (Harrâza), welcher seitdem unter dem Namen „Utufal" bekannt ist, und liess sich dort nieder, um in Ruhe zu sterben.

Die Fortsetzung des Kampfes hatte nun keinen Zweck mehr, und ʿAbd er-Rahmân war unbestritten Herr in Dâr-Fôr. Er ging alsbald zu seinem sterbenden Neffen, machte vor seinem Ende Friede mit ihm, nahm die Kinder desselben zu sich und liess sogar den Mann hinrichten, welcher Ishâqa getödtet hatte. Die Zoghâwa, welche Anhänger Ishâqa's gewesen waren, zogen sich nach Kûbê im äussersten Nordwesten des Reiches am Rande der Wüste zurück; andere Anhänger des gefallenen Prinzen suchten an heiliger Stätte die Verzeihung des Königs.

ʿAbd er-Rahmân erliess eine allgemeine Amnestie (Amân) und verzieh selbst dem obengenannten Ahmed Dschurab el-Fîl, der einer der kühnsten und beharrlichsten Anhänger Ishâqa's gewesen war.

Nachdem der Krieg drei Jahre gedauert hatte, lebte ʿAbd er-Rahmân von da an in Frieden zuerst zu Schôba, dann zu Tine und noch ungefähr zehn Jahre seiner Regierung in el-Fâscher, welches damals nach dem Teiche (Rahat) Tendelti benannt wurde und Wohnsitz des Statthalters der Nordprovinz Abû Tokunjâwi war. In jener Zeit hatte der Rahat viel Baumwuchs an seinem Ufer, vornehmlich Qarad und Heschâba (Akazien-Arten). Einen Brunnen gab es in seinem zeitweise trockenen Bett noch nicht; man bezog das Wasser für den Ort, der seitdem Residenz geblieben ist, aus dem von ʿOmar Lêle gegründeten Dschedîda (Neudorf) und später von dem nahen Halluf. ʿAbd er-Rahmân kehrte, nachdem der Friede befestigt war, zu seinen frühern religiösen Studien zurück und zog viele Gelehrte ins Land. Er wusste die Segnungen des Friedens zu schätzen und wurde durch seine Frömmigkeit, seine Klugheit und Gerechtigkeit ein Segen für das Land. Doch war auch er nicht frei von Fehlern, und wenn auch von rechtlichen Grundsätzen, doch nachtragend und rachsüchtig; Feindseligkeiten vergass er nie und vergalt sie zu seiner Zeit. Eine Schwester Ishâqa's, Ambussa, liess er tödten, weil sie ihren Bruder veranlasst hatte, den Vorschlag der Reichstheilung nicht anzunehmen, und trotz der erlassenen Amnestie suchte er sich später noch an Ahmed Dschurab el-Fîl zu rächen, wie er auch zwei Gelehrten, dem Faqîh Djo Habgâwi von Kordscho und dem Vater des in neuerer Zeit in Dâr-Fôr sehr bekannten Faqîh Salemma, die vermittelnde Stellung nachtrug, welche diese in dem Erbfolgekriege einzunehmen gesucht hatten. In verrätherischer Weise suchte er sich eines Mannes von Menawâtschi, Namens „Dschâmûs" (arab.: „der Büffel"), zu entledigen, der eine Tochter Tirab's, die Meïram (Prinzessin) Fetessa, zur Frau hatte, da er ihn beargwöhnte, die noch vorhandenen Kinder Tirab's (zwei der kleinern hatte er verschwinden lassen, und von Habîb, dem Sohne der Kinana, und einem andern Sohne des Tirab, Zibêr, schweigt die Chronik) zu begünstigen. Mit einem Boten sandte er zwei Briefe, einen an Dschâmûs, in welchem er demselben reiche Geschenke verhiess, die der Regierungspräsident (Schertâja) Kubburu vom Stamme der Birgîd ihm aushändigen werde, den zweiten an diesen selbst, in welchem er ihm befahl, den Kopf des Faqîh Dschâmûs ihm, dem König, zu überbringen. Die Briefe wurden vertauscht, und der für den Schertâja bestimmte kam in die Hände des Faqîh Dschâmûs, der sich nun von neuem vom König Sicherheit schwören liess.

ʿAbd er-Rahmân selbst zog nicht mehr in den Krieg, doch sandte er einmal den Melik der Korajat, Namens Daldin, gegen die stets unruhigen Rezêqât, unter denen derselbe kräftig aufräumte. Sein Uzîr war Dokkumi, der Sohn ʿAlî Uled Dschama's, der diesen Posten bei Tirab bekleidet hatte. Man erzählt, dass ʿAbd er-Rahmân den Uzîr seines Bruders habe auf seinem Posten belassen wollen, bis er bemerkte (sein Zelt stand dicht neben demjenigen, in welchem die Leiche des Königs lag), dass der Uzîr allmorgendlich in dieses Zelt eintrat und erst dann seinen neuen

Herrn begrüsste. Indem er ihn über sein sonderbares Benehmen zur Rede stellte, fragte er den Uzîr, weshalb er den Todten nicht ruhen lasse, er, der Lebende, sei der Bruder des Tirab, sein Nachfolger, und verlange von ihm gleiche Ergebenheit. ʿAlî Uled Dschama aber erwiderte offen, er könne ʿAbd er-Rahmân keine Anhänglichkeit zeigen, die er nicht empfinde; im Dienste Tirab's sei er alt geworden, der sei ihm ein Freund gewesen, und er sei zu alt, um einen neuen zu finden; als Uzîr könne er ihm nichts mehr nützen, so möge er ihn denn in Frieden sterben lassen und aus seinen Kindern sich ergebene Diener und treue Freunde erziehen. Nach drei Tagen starb der alte Uzîr; wie man behauptet, hatte er Gift genommen, und sein Sohn Dokkumi wurde sein Nachfolger.

Bedeutend grössern Einfluss als Dokkumi übte in der Folge ein anderer Mann auf die Geschicke Dâr-Fôrs aus. Es war dies der Grosseunuch des Landes und Statthalter der Ostprovinzen, der Abû Scheïch Kurra, seinem Ursprung nach ein Tundscher. Er wurde mit der Unterwerfung des Ostens und der Niederhaltung der Massabât in Kordofân betraut, besiegte diese nach kräftiger Gegenwehr zu Umm Dschenehat und nahm seinen Wohnsitz zu Bara.

Dort setzte er sich fest und machte sich und den äussersten Osten unabhängiger, als ʿAbd er-Rahmân gestatten konnte. Mehrmals ohne Erfolg zurückgerufen, unternahm er auf eigene Faust Kriegszüge nach allen Richtungen, erschien nie mehr im eigentlichen Dâr-Fôr und erbaute sich endlich jenseit des Nil eine feste Residenz, in welcher er bedeutende Schätze anhäufte, die er unter Aufsicht seines Sklaven Ascham stellte. Der König verfolgte das Gebahren seines Würdenträgers mit wachsendem Mistrauen und sandte endlich den Faqîh Tâhir zu dem Sultan der Fundschi nach Sennâr, diesen auf den ungetreuen Beamten hetzend und ihm vollständig freie Hand lassend. Infolge dessen überfiel der letztere das feste Schloss Kurra's und plünderte die reichen Schätze, doch Kurra wurde auch dadurch nicht mürbe, sondern setzte sich in Kordofân immer fester, indem er sich auf die Sendung von Abgaben an ʿAbd er-Rahmân beschränkte, dessen Befehlen aber nicht gehorchte. Nun beschloss ʿAbd er-Rahmân, der Sache auf andere Weise ein Ende zu machen.

Zuerst suchte er sich genaue Nachrichten über die Streitkräfte Kurra's zu verschaffen und bediente sich dazu einer List. Er befahl Mohammed Kurra, einen Kriegszug gegen die Kawâhïla-Araber zu unternehmen; er, der Sultan, beanspruche keinen andern Beuteantheil als ein Rind von jedem seiner Reiter. Kurra zog gegen die Kawâhïla und schickte nach Beendigung des Zuges 2700 Rinder nach el-Fâscher. Daraufhin rüstete 'Abd er-Rahmân 4500 Reiter aus, indem er dem Lande für diese kostspielige Rüstung die ganze Pferdeabgabe für das nächste Jahr erliess, und sandte seinen Uzîr Dokkumi mit dieser Macht, aber auch mit Geschenken für die Anführer Kurra's und mit dem Auftrage nach Kordofân, den Abû Scheïch zu rufen, und falls er sich weigere, ihn zwangsweise lebendig oder todt herzubringen. Mohammed Kurra war anfangs geneigt, Widerstand zu leisten, doch als er im Kriegsrathe den Entschluss aussprach, dies zu thun und sich auch ferner in Kordofân als Herrscher zu behaupten, liessen ihn die durch Geschenke und Versprechungen des Königs umgestimmten Führer im Stich. „Wir dienen dir treu", sagten sie, „doch gegen den König, unsern Herrn, können wir nicht kämpfen, sein Wille ist uns heilig."

Als Kurra die Lage der Dinge erkannte, unterwarf er sich und reiste nach Dâr-Fôr. An der Grenze hiess ihn 'Abd er-Rahmân in Orgod weitere Befehle abwarten, während er, um dem mächtigen Würdenträger zu imponiren, alle Heerführer und Vasallen mit ansehnlicher Reitermacht nach el-Fâscher kommen liess; dann berief er Kurra, empfing ihn sehr ungnädig, machte ihm herbe Vorwürfe vor den versammelten Höflingen, nannte ihn einen elenden Sklaven, den er wol noch zu zügeln wissen werde, riss ihm vor der Menge den Turban, den der Abû Scheïch von allen Würdenträgern allein zu tragen berechtigt war, vom Kopfe und verbannte ihn und sein Gefolge in ihre Häuser. Doch Mohammed Kurra war ein stolzer, ehrgeiziger, kluger und energischer Mann, der trotz der königlichen Ungnade grosse Macht und bedeutenden Einfluss bei vielen, die ihn von früher her kannten, bewahrt hatte. Es schien also dem König nicht gerathen, ihn, der besonders durch das Turbanabnehmen schwer gekränkt war, noch weiter zu reizen. Ueberdies kannte 'Abd er-Rahmân die grossen Fähigkeiten des Scheïch und fühlte sich in seinem Alter, zumal seine Söhne noch Kinder waren, der Unterstützung eines energischen Charakters wol benöthigt, der zugleich befähigt sein werde, bei seinem Ableben die Regentschaft zu übernehmen. Er rief ihn deshalb wieder allein zu sich und sagte ihm: „Was suchst du in Kordofân? Ist nicht Dâr-Fôr grösser und besser als Kordofân? Sieh, ich bin alt und ohne Kraft, und meine Söhne sind Kinder! ihr Geschick und das des ganzen Landes lege ich in deine Hände." Er setzte dann den versöhnten Kurra öffentlich, wie er ihn erniedrigt hatte, in seine frühere Würde wieder ein, ja, er erhob ihn durch die Worte, mit denen er dies den versammelten Würdenträgern, Gelehrten u. s. w. verkündete, höher denn je zuvor.

Als nach drei Jahren der König, der bereits beim Regierungsantritt das sechzigste Jahr erreicht hatte, sein Ende nahe glaubte, übergab er Kurra seinen letzten Willen, empfahl ihm seinen Sohn Mohammed el-Fadl als Nachfolger und setzte ihn zum Vormund und zum Landesregenten bis zur Mannbarkeit des jungen Prinzen ein. Sollte, wie er nicht glaube, das Volk hiermit nicht einverstanden sein, so möge er Buhari, seinen ältesten Sohn, wählen; sollten die Fôrâwa auch diesen nicht wünschen, so solle er von den Söhnen des Ishâqa, Tâhir oder Bel-Qâsim (alle Enkel Ahmed Bokkor's) einen einsetzen, doch möge er von den Söhnen Tirab's keinen zur Nachfolge zulassen, da er befürchte, dass das Leben der andern alsdann in Gefahr sein würde.

Als er so dem Abû Scheïch gegenüber die Zukunft geordnet hatte, übergab er gleichzeitig seiner Lieblingsfrau Hawa Sullum ein Schreiben für seinen Sohn und präsumtiven Nachfolger Mohammed el-Fadl, welches er diesem nach drei Jahren auszuliefern befahl und in welchem er ihm anrieth, den ehrgeizigen Abû Scheïch alsbald aus dem Wege räumen zu lassen. Um den Abû Scheïch noch sicherer zu machen, rief er den an dessen Stelle nach Kordofân gesandten Uzîr Dokkumi zurück und schickte ihn in die Staatsgefängnisse des Marra-Gebirges, wo er 30 Jahre lang Gefangener gewesen sein soll. König 'Abd er-Rahmân starb nach einer segensreichen Regierung von 14 Jahren (1785—99), einer der besten Regenten Dâr-Fôrs, welcher Umsicht und Klugheit mit Energie verband.

# Viertes Kapitel.

## Geschichte von Dàr-Fòr (Fortsetzung).

Abû Scheïch Kurra's Regierung. — Der Abû Scheïch fällt im Kampfe gegen seinen Herrn. — Mohammed el-Fadl's Kriegszüge gegen die Araberstämme. — Sein Schreckensregiment im Innern. — Krieg gegen Wadâï. — Mohammed stirbt, Adam Tarbûsch investirt Mohammed el-Hasîn. — Hasîn, der Kaufmann. — Seine erfolglosen Kriege gegen die Rezèqât und Habanîja. — Scheïch el-Misrî in Dâr-Fòr. — Hasîn's Erblindung. — Beginn der Verwickelungen mit Aegypten, der Faqîh Mohammed el-Bulâlâwi und Zibêr. — Wachsende Macht Zibêr's im Süden Dâr-Fòrs. — König Hasîn's Tod. — König Ibrâhîm. — Zibêr wird Mudîr der Provinz Bahăr el-Ghazâl und Statthalter der Provinz Scheqqa in Dâr-Fòr. — Selbstüberschätzung der Fòrâwa, Einfluss der Kriegspartei auf den König. — Niederlage des Heeres gegen Zibêr. — Ismâ'îl Pâschâ rückt in Dâr-Fòr ein. — König Brâhîm fällt an der Spitze seines Heeres bei Menawâtschi. — Dâr-Fòr wird ägyptische Provinz.

In Dâr-Fôr, wo kein bestimmtes Gesetz, keine bestimmende alte Sitte die Thronfolge regelt, liessen sich nach dem Tode 'Abd er-Rahmân's wol Streitigkeiten erwarten; denn wenn auch seine Nachkommenschaft nicht zahlreich war — er hatte nur vier Söhne: Buhari, Mohammed el-Fadl, Hasîbu 'l-Kerîm und Abû Medina —, so sollte doch der älteste, Buhari, der allerdings mit wenig Geistesgaben ausgestattet gewesen zu sein scheint, von der Nachfolge ausgeschlossen werden, und der zur Nachfolge bestimmte Mohammed el-Fadl war noch ein Knabe von 11 oder 12 Jahren. Dazu kam, dass eine grosse Anzahl Prinzen als

Söhne oder Enkel Ahmed Bokkor's bereit waren, die Regierung an sich zu reissen. Der König hatte die damit verknüpften Gefahren erkannt, aber auch in dem Abû Scheïch Kurra den Mann gefunden, der jenen vorzubeugen oder sie zu beseitigen verstand. Der berühmte Eunuch war in der That eine zur Erfüllung dieser schwierigen Aufgabe besonders geeignete Persönlichkeit: furchtlos, energisch, ausdauernd, berechnend und wenig gewissenhaft in der Wahl seiner Mittel; zudem nicht nur mächtig und reich und deshalb angesehen und gefürchtet, sondern auch von vielen wegen seiner Charaktereigenschaften verehrt.

Unmittelbar nach dem Tode seines Herrn versammelte er dessen Söhne und nächsten Verwandten, die höhern Würdenträger und Kriegsführer, kurz alle, welche irgendeinen Anspruch hatten, sich in die Regierungsangelegenheiten zu mischen, verkündigte ihnen das Ableben des Königs und stellte zugleich die Frage, was nun zu thun sei? Vorher aber hatte er bereits im geheimen alle diejenigen Prinzen, welche selbst Anspruch auf den Thron erheben konnten, einzeln vorgenommen, jedem der Meistberechtigten die Herrschaft versprochen und die übrigen überredet, dem zuzustimmen, was er, Kurra, vorschlagen werde. Auf seine öffentlich an sie gerichtete Frage antworteten demgemäss alle einstimmig: „Was du, Abû Scheïch, thun wirst, das sind wir alle zufrieden." Als ihm in dieser Weise die Entscheidung anheimgegeben war, investirte er in Gegenwart aller den Knaben Mohammed el-Fadl, dem Befehle seines verstorbenen Herrn gemäss. Auf diese Weise überrascht, stimmten alle, äusserlich wenigstens, der vollendeten Thatsache zu, mit Ausnahme des Kuningâwi Uled Romed, der von der Wahl des Knaben abrieth. Er sehe Blut in den Zügen des königlichen Knaben, sagte der furchtlose Mann, und davon habe man in Dâr-Fôr vorläufig genug gehabt; Abû Scheïch möge wohl zusehen, was er thue, denn er selbst werde einst am meisten von dem jungen Prinzen zu fürchten haben. Doch Mohammed Kurra, wie er sich schon vorher viele der bedeutendsten Prinzen und Würdenträger durch Geschenke geneigt gemacht hatte, beschwichtigte auch jetzt die Bedenken der übrigen durch 10 fette Hawâkîr, 500 Thaler, 20 Pferde mit Panzer und Waffen und ergriff die Zügel der Regierung für Mohammed el-Fadl. Die meisten der überlisteten Prinzen hatten sich von der Hauptstadt auf ihre Landsitze zurückgezogen und verharrten in feindseliger Zurückhaltung, miteinander überlegend, was zu thun sei. Mohammed Kurra liess sie eine Zeit lang gewähren, um ihre Anhänger genau kennen zu lernen, und schickte dann einen gewissen Daldin, genannt Manjo Siddi, d. h. „schwarzer Büffel", ab, um sie einzufangen; derselbe brachte sie auch alle, bis auf vier Söhne König Tirab's, die für immer verschollen blieben. Sechzig von ihnen richtete man hin auf der Südseite von el-Fâscher auf einem Platze, der noch heute als „Gos es-Sittîn", d. h. „Sand der Sechzig", bekannt ist, und die übrigen sperrte man in die Staatsgefängnisse des Marra-Gebirges. So regierte Mohammed Kurra drei Jahre lang durch Furcht und Strenge, ein wirklicher König und mehr gefürchtet und geehrt, als die meisten Könige es gewesen. Schon von weitem wich das Volk von seinem Wege und hockte seitwärts nieder, mit den flachen Händen den Erdboden scheuernd. Man nannte ihn „Dschâbir ed-dâr" („den Befestiger des Staats"); streng und stolz duldete er keine Bedrückung der Armen durch die Grossen, keinen „Dulm", („unredliche Verwaltung"), diesen Krebsschaden der Sûdân-Länder. Allmählich entledigte er sich noch weiter der Prinzen, welche er bei der Erbfolgefrage betrogen hatte; viele aber blieben noch der Blutgier des Mohammed el-Fadl überlassen.

Nach ungefähr drei Jahren nahmen die Dinge nach und nach durch das Heranwachsen des kindlichen Königs eine andere Gestalt an. Hawa Sullum, die königliche Witwe, sandte um diese Zeit den früher erwähnten Brief 'Abd er-Rahmân's an Mohammed el-Fadl, doch die vertraute Botin gerieth in die Hände des Abû Scheîch. Dieser las sein Todesurtheil, liess jedoch den Brief an den jungen König abgeben, als habe er keine Kenntniss von demselben genommen, war aber seit dieser Zeit ausserordentlich auf seiner Hut und fürchtete, wenn auch nicht offene Gewalt von seiten seines kindlichen Herrn, so doch Gift und Meuchelmord. Er genoss nichts mehr, ohne es durch Menschen oder Hunde vorher kosten zu lassen, und überzeugte sich so, dass kein Gift darin enthalten sei. Je älter Mohammed el-Fadl wurde, desto mehr wuchs der Argwohn Mohammed Kurra's und um so sicherer sah er eine Katastrophe herannahen. Zudem fehlte es ihm nicht an Neidern und Feinden, die er sich durch Stolz und Strenge gemacht hatte und die stets bestrebt waren, den Argwohn des jungen Königs gegen seinen Vormund zu nähren. Es kam sogar mehrfach zu öffentlichen Anklagen, die jedoch immer noch mit dem Verderben der Ankläger endigten. Abû Scheïch, in der Voraussicht eines endlichen Zusammenstosses, vermehrte allmählich seine Waffenmacht; dies konnte seinen Feinden und dem jungen König nicht verborgen bleiben, und letzterer liess sich von jenen überreden, das Verhalten des regierenden Vormundes auf eine Probe zu stellen. Man schlug ihm vor, den Leuten des Abû Scheïch die Benutzung der Brunnen verwehren zu lassen, welche sich im ausgetrockneten Bette des Tendelti-Sees befinden. Wenn der Abû Scheïch, sagten sie ihm, nichts Böses im Schilde führe, so werde er nach der Verweigerung des Wassers einfach nach dem Grunde fragen; beabsichtige er aber Böses, so werde er nach diesem Verbote sofort den Kampf aufnehmen. In der That erfüllte sich, was die Feinde Kurra's vorhergesehen hatten: Kurra versammelte sofort seine Soldaten, erschlug mit eigener Hand den Beamten, der jenes Verbot überbracht hatte, und begann den offenen Kampf. Dieser wüthete in dem trockenen Bette des Rahat Tendelti, an dessen beiden Ufern die Residenz erbaut ist, und verlief während des ersten Tages so günstig für den Eunuchen, dass man am Abend sogar den jungen König aus dem Palaste entfernen und am südwestlichen Ende der Residenz in Sicherheit bringen musste. Es war der Kuningâwi Ibrâhîm Uled Romed, der den königlichen Knaben dorthin brachte, und ebendieser benutzte die Nacht, um mehrere der Anhänger Kurra's zu bestechen und zu sich herüberzuziehen. Als zudem in derselben Nacht plötzlich die königlichen Pauken, besonders die „Mansûra" genannte, scheinbar ohne menschliches Zuthun ertönten — ebenfalls sein Werk —, da änderte dies wunderbare Ereigniss den Sinn vieler, und bei Aufnahme des Kampfes am andern Morgen befand sich eine grosse Zahl derer, welche tags zuvor zu dem Abû Scheïch gestanden hatten, auf seiten des jungen Königs. Der Sieg neigte sich diesem zu und wurde vollständig, als Mohammed Kurra durch den von Uled Romed bestochenen Ahmed Dschurab el-Fîl getödtet wurde.

So regierte nun Mohammed el-Fadl unbestritten, und der Haupteinfluss auf ihn fiel naturgemäss zunächst seinem Retter, dem ebengenannten Ibrâhîm Uled Romed zu, welcher jedoch nicht mehr lange lebte. Er wurde ersetzt durch den Maqdûm Sa'îd, und ausser diesem gewannen der Uzîr Hamed und ein Mann aus Donqola, Namens Abdallâh Uled en-Nûh, der keine bestimmte Würde innehatte, grossen Einfluss auf den König. Noch war der junge Herrscher im besten Einvernehmen mit seinem ältern Bruder Buhari, mit welchem er zechte und Liebesabenteuern nachjagte; doch da es im Volke einen übeln Eindruck machte, dass er den Stamm, aus welchem seine Mutter entsprossen war, vor allen übrigen bevorzugte und aus ihm die höchststehenden Würdenträger entnahm, obwol derselbe für unedel galt, so sammelten sich viele der Unzufriedenen um Buhari. Sobald Mohammed el-Fadl davon Kunde erhielt, liess er seinen Bruder eines Tages bei einem Merîssa-Gelage vom Maqdûm Sa'îd einfangen und sperrte ihn in die Verliesse des Marra-Gebirges.

Kordofân war zu jener Zeit noch ein Theil des Reiches, und der dortige Musellim (Statthalter), welcher seinerzeit den Dokkumi dahin begleitet hatte und bei dessen Abberufung dort geblieben war, suchte sich, dem Beispiel seiner Vorgänger folgend, von Mohammed el-Fadl unabhängig zu machen und hatte deshalb ein heimliches Einverständniss mit Buhari unterhalten; im Beginn der langen Regierung Mohammed el-Fadl's wurde die Provinz Kordofân aber von Aegypten erobert.

Solange Mohammed el-Fadl jung war, war er zwar leichtsinnig und den Vergnügungen ergeben, aber nicht ohne Edelmuth, obwol streng gegen seine Untergebenen; doch später wurde er ungerecht, grausam und rachsüchtig. Besonders die Araberstämme des Reiches hatten von ihm zu leiden, und mehr als einmal mordete und plünderte er unter diesen. Zuerst reizte ihn die Macht, der Reichthum und die selbständige Haltung der Benî Holba, die er durch das als „das Blutbad der Benî Holba" im Lande bekannte Massacre unschädlich machte. Später hatten sich die Ereqât ('Orêqât?) an den Nordwestgrenzen des Reiches misliebig gemacht und mehrfach die Regierung des ihnen noch zu jung erscheinenden Königs verhöhnt. Er liess sie durch eine Expedition unter Basi ʿOmar ausplündern, indem er ihnen jedes fünfte Kamel nahm. Als auch dies nicht genügte, schickte er nach sieben weitern Jahren eine grössere Heeresabtheilung unter dem Scheïch Dubu, dem Abû Scheïch el-Hanĕfî und dem Basi Dongu gegen die aufrührerischen Araber; doch seine Heerführer wurden besiegt und getödtet. Hierauf sandte er seinen Uzîr ʿAbd es-Sîd mit allen Stämmen des Nordwestens als Hülfstruppen gegen die Ereqât, welche sich in tagelangen Kämpfen wehrten, doch endlich vollständig besiegt wurden. Sieben ihrer Häuptlinge führte man vor den König, der sie alle auf dem Marktplatze hinrichten liess. Seit dieser Zeit besteht der Stamm der Ereqât als solcher in Dâr-Fôr nicht mehr. Die zahlreichen Glieder desselben leben zerstreut unter andern Stämmen, hauptsächlich bei den Mahâmîd und in dem Vasallenstaate Tâma. Die Rezêqât waren der dritte der Araberstämme, welcher von dem König mehrfach ausgeplündert wurde. Dieselben waren allerdings, und sind es bis auf den heutigen Tag, um so unfügsamer, als sie durch unwegsames Terrain an den Grenzen des Reiches im Süden geschützt sind und den stärksten aller Stämme Dâr-Fôrs bilden. Dem Maqdûm Saʿîd, der die Würde des Somingdoqola (Aufseher der Staatspauken) innehatte, gelang es zuerst, sie zu überlisten. Er lockte die Scheïchs der Rezêqât zu sich, bewirthete und beschenkte sie einige Tage hindurch zu Buldôna im Süden des Reiches, gab dann eines Tages vor, nach el-Fâscher zum König gerufen zu sein, und bat seine Gäste, es sich wohl sein zu lassen in seinem Hause bis er zurückgekehrt sein werde. Unterdessen hatte er bereits mit den benachbarten Stämmen sich verbündet, seine ganze bewaffnete Macht nach Südosten geschickt, zog nun in Eilmärschen gegen die ihrer Anführer beraubten Araber und besiegte und plünderte sie.' Es gelang ihm, die Rezêqât in ähnlicher Weise mehrmals zu überlisten.

Indessen waren die jüngern Brüder des Königs, Hasîbu 'l-Kerîm und Abû 'l-Medîna, herangewachsen und fingen an, sich Freunde im Volke und unter den Würdenträgern zu machen. Mohammed el-Fadl, argwöhnisch wie er war, warnte und erinnerte sie an ihren Bruder Buhari und sein Ende, und zwar so oft, dass beide, bekannt mit dem gewaltthätigen Charakter ihres Bruders, zu fliehen beschlossen und sich zu dem Zwecke auf ihre einen

Tagemarsch östlich von el-Fâscher gelegenen Landgüter begaben. Sie blieben dort mehrere Jahre, bis sie ihren Bruder sicher gemacht zu haben glaubten, und entflohen dann nach Kordofân. Die Prinzen benutzten zu der Flucht Kamele, deren Eigenthümer sie verrieth. Der König liess die Flüchtigen verfolgen. Es gelang, Hasîbu 'l-Kerîm zu fangen, weil dieser mit zu grosser Gewissenhaftigkeit seine täglichen Gebete verrichtete, während Abû 'l-Medîna glücklich das Territorium Aegyptens erreichte. Der eingefangene Hasîbu 'l-Kerîm wurde von den versammelten 'Ulĕmâs des Landes auf Veranlassung des Königs zum Tode verurtheilt; doch dieser erklärte, sein Blut nicht zu wollen, und sperrte ihn in das Gefängniss, welches unter dem Grosseunuchen Abû Dschôda stand, liess ihn jedoch später heimlich tödten und ebenso heimlich seinen Henker ins Jenseits befördern. Noch existirte ein Sohn Buhari's, Tirab, welchen die flüchtenden Prinzen vergeblich zu überreden versucht hatten, sie zu begleiten. Dieser hatte sich nicht dazu entschliessen können, sie aber auch ebenso wenig verrathen; dafür wurde er nun von Mohammed el-Fadl in die Verliesse von Abû Uma im Marra-Gebirge gesteckt. Erst Mohammed el-Hasîn, der Sohn und Nachfolger Mohammed el-Fadl's, befreite ihn daraus.

Mohammed el-Fadl wurde täglich gewaltthätiger, launischer und gefürchteter. Zitternd begaben sich die Würdenträger zur Begrüssungsaudienz, niemand wagte ihn anzusehen, jeder senkte die Augen zu Boden. Näherte sich jemand dem Audienzraume, so suchte er zuvor sich über die Farbe der Kleidung des Königs zu vergewissern, damit nicht etwa die eigene der des Königs gleich sei; trug letzterer zufällig ein Kleidungsstück derselben Farbe, so wechselte er das seinige, ehe er vor den König trat. Eines Tages erblickte dieser einen sehr hässlichen Midobi (Mann aus der Landschaft Midob) und verbannte ihn bei Todesstrafe wegen seiner Hässlichkeit. In spätern Jahren hatte er seine bösen und guten Tage; trug er eine schwarze Kleidung, so zitterten alle für ihr Leben, denn man war dann sicher, dass er Blut sehen müsse.

Ausser dem Maqdûm Sa'îd, dem Somingdoqola, und dem Uzîr standen der Abû Mundenga, 'Abd el-Bârî, der Häuptling der Ta'aïscha-Araber und der Melik el-Korajat (Stallmeister), 'Abd el-Fettâh, in grossem Ansehen bei dem König. Von seinen zahlreichen Söhnen starb der älteste, ʿAbd er-Rahmân, früh eines gewaltsamen Todes. Mohammed el-Fadl hatte ihn zum Chalîfa machen wollen, doch alle diejenigen, auf deren Rath er achtete, erklärten sich entschieden dagegen, und in der That war ʿAbd er-Rahmân hochmüthig, herrschsüchtig und gewaltthätig. Zudem hatte ihn der König mehrmals des Nachts unter verdächtigen Umständen im königlichen Palast gefunden, sodass er vermuthen musste, er führe Böses gegen den eigenen Vater im Schilde. Er wurde deshalb in einen Gebirgsbezirk verbannt, aber auch dort mishandelte er selbst die höchsten Würdenträger und machte sich die Einwohner derartig zu Feinden, dass diese ihn mit sieben seiner Gefährten gefangen nahmen und bei dem König verklagten. Er wurde nun im Marra-Gebirge bei dem Melik Zambe eingesperrt, doch von dessen Leuten, als er denselben getödtet hatte, umgebracht. Der König verzieh den Thätern und duldete sogar nicht, dass der getödtete Sohn in seinem Hause betrauert wurde.

Gegen Ende seiner Regierung unternahm der König den Krieg gegen Wadâï, indem er die unglückliche Zeit der Regierung des Königs ʿAbd el-Azîz von Wadâï mit ihren Hungerjahren und ihren Bürgerkriegen benutzte, um Wadâï für seinen Sohn Hasîn zu erobern. Zum Vorwand dienten ihm dabei Plünderungen der Wadâï-Leute in den Bezirken Same und der Wadâï-Prinz Mohammed es-Scherîf, welcher als Kaufmann in Dscheman im Süden von Dâr-Fôr lebte. Anführer in diesem Feldzuge waren der Uzîr ʿAbd es-Sîd und der Melik el-Korajat ʿAbd el-Fettâh, denen der zweitälteste Sohn des Königs, Mohammed el-Hasîn, und der Prinz Mohammed es-Scherîf beigegeben wurden, um letzterm im Falle des Gelingens die Regierung in Wadâï zu übertragen; im geheimen jedoch soll, wie gesagt, der Plan bestanden haben, den Sohn des Königs, Mohammed el-Hasîn, auf den Thron zu setzen. Dieser Plan mislang indessen, da der Oberanführer ʿAbd es-Sîd sich durch die Verhältnisse, welche er vorfand, verleiten liess, dem Wadâï-Prinzen Mohammed es-Scherîf die Regierung zu übertragen.*) Aus Furcht vor der Rache des

---

*) Vgl. S. 288, Zur Geschichte Wadâïs.

Königs, dessen Befehle er nicht ausgeführt hatte, nahm sich ʿAbd es-Sîd auf der Rückkehr das Leben; er starb an Gift in Birkâwija, wo er begraben liegt. Nach anderer Lesart wäre er infolge von Mishandlungen des Königs gestorben, zu denen dieser sich hinreissen liess, weil ʿAbd es-Sîd bei der Begegnung mit ihm nicht schon in hinlänglich weiter Entfernung vom Pferde gestiegen war.

An Stelle des ʿAbd es-Sîd wurde ʿAbd el-Bârî zum Uzîr ernannt, während zu dieser Zeit der Midobi Adam, zubenannt „Tarbûsch", des Königs Günstling und Vertrauter war. ʿAbd el-Bârî war ein ehrgeiziger Mann mit hochfliegenden Plänen; er hoffte auf baldigen Tod des Königs, der seit längerer Zeit am Aussatz litt, und beabsichtigte dann die Mutter der Prinzen Seif ed-dîn und Bosch zu heirathen und einen von ihren Söhnen zum König zu machen. Durch grosse Prachtentfaltung suchte er das Volk an sich zu ziehen und durch reiche Geschenke die Würdenträger sich zu verpflichten. Seine hauptsächlichsten Gefährten waren: der Dadingâwi Ishâqa Kokome, der Orondulung Ahmed ed-Dabi, Ahmed Wotfa, der Abû Dschebâi Mohammed Tottorre, die Basinga Njombo ibn-Nûh und Mohammed ibn-Tirab, sowie die Mulûk Mohammed Maqdûm und Maqdûm ʿAbd el-Fettâh. Endlich kam es zu einer wirklichen Verschwörung zwischen ʿAbd el-Bârî und seiner Geliebten, der Umm Naʿîm Kussa, Mutter der beiden genannten Prinzen, welche jedoch von Adam Tarbûsch dem Sultan verrathen wurde. Der König setzte den ʿAbd el-Bârî sofort ab und verbannte ihn in sein Haus; doch während die übrigen Glieder der Verschwörung noch ihr Schicksal erwarteten, starb zwei Tage darauf Mohammed el-Fadl. Vor seinem Tode hatte er seinem Vertrauten Amîn Adam aufgetragen, seinen zweiten Sohn Mohammed el-Hasîn zum König zu machen, weil er den gewaltthätigen Charakter seines ältesten Sohnes Abû Bekr fürchtete. Zwar hatte Adam früher dem Abû Bekr geschworen, ihm zur Regierung zu verhelfen, doch als treuer Diener erfüllte er den letzten Befehl seines Herrn, und es gelang ihm in der That, Mohammed el-Hasîn einzusetzen.

In Dâr-Fôr, wo, wie gesagt, kein Gesetz, keine alte Sitte die Nachfolge regelte, und wo ebenso gut ein Sohn, als ein Bruder des Königs die Regierung übernehmen konnte, pflegten die nächsten Vertrauten des Königs, welche ihn während der letzten Krankheit umgaben, durch Verabredung unter sich und mit denjenigen, welchen sie von den Brüdern oder Söhnen des Königs am geeignetsten für die Nachfolge hielten, die Angelegenheit zu ordnen. Wie gewöhnlich, so geschah es auch hier: die letzte böse Wendung der Krankheit und der Tod des Königs wurden verheimlicht, und in der nächstfolgenden Nacht suchte Adam die neue Ordnung der Dinge durchzuführen. Noch im Anfang der Nacht hatte er Abû Bekr rufen lassen, doch dieser erschien nicht, denn da beim Regierungswechsel die Prinzen der königlichen Familie stets in grösster Sorge um ihr Leben sein müssen, so fürchteten Abû Bekr und seine Brüder auch diesmal den Verrath der Hausklaven des verstorbenen Königs. Am andern Morgen versammelte Abû Bekr seine Brüder Hasîn, Hasan, Fôr, Nûrên, Aras, Ahmed Bokkor, Mohammed ʿAqîl, Ibrâhîm, Abû Kindi, ʿAqîd ʿOtmân, ʿAbd el-Ganî, Ahmed ʿOmar und ʿAbd el-Hamid bei sich und forderte sie auf, gemeinschaftlich mit bewaffneter Hand gegen den königlichen Palast zu ziehen und zu verhindern, dass Adam Tarbûsch, wie er beabsichtige, Hasîb Allâh, Bosch oder Seif ed-dîn mit der königlichen Würde bekleide.

In der That hatte Hasîb Allâh keine geringen Aussichten; einer der ältesten Prinzen und von energischem Charakter, hatte er grossen Anhang, und Adam Tarbûsch würde nicht abgeneigt gewesen sein, ihm die Nachfolge zu sichern, wäre nicht ausser der letzten Verordnung seines Herrn ein persönliches Motiv für ihn bestimmend gewesen. Der Faqîh Hamed, Melik der Korkoa (d. h. „Aufseher der Pagen"), erinnerte ihn daran, dass er, Adam Tarbûsch, einst den Onkel des Hasîb Allâh, den Basi Ramadân, als derselbe den Dâr-es-Saʿid\*) (die Südprovinz) als Maqdûm verwaltete, wegen seiner Erpressungen habe tödten lassen wollen, und warnte ihn vor der Rache Hasîb Allâh's. Auch ein Midobi, Namens Hasan Abû Kebîr, im Dienste des Abû Irringa, der die Ija Basi Zemzem liebte, überredete seinen Landsmann, einen von deren drei Brüdern: Abû Bekr, Hasîn und Nûrên, Söhne der Kattuma, zum König zu machen. So sandte denn Adam Tarbûsch

---

\*) Dâr-es-Saʿid bedeutet „Hochland". Auch Oberägypten heisst es-Saʿid. W.

noch in der Nacht den Faqîh Salemma in Verkleidung zu dem Prinzen Hasîn, der sich in Gesellschaft seines Bruders Nûrên befand, und eingedenk des geleisteten Schwures, dass jeder der Brüder, wenn er in den Palast gerufen werde, die andern benachrichtigen solle, diesen zu Abû Bekr schickte, eine Botschaft, die von Nûrên nicht ausgerichtet wurde. Hasîn aber begab sich eiligst mit dem Faqîh Salemma in den königlichen Palast und wurde daselbst investirt. In derselben Nacht wurden dann zwei Würdenträger, der Basi 'Omar und Hasân Abû Kebîr, abgesandt, um die angesehensten Beamten und Männer aus dem Schlafe zu wecken und denselben den auf den Qorân zu leistenden Eid der Treue abzunehmen. Am frühen Morgen ertönten die Pauken und die Flintenschüsse der Truppen, welche den Palast besetzt hielten, und der Scherîf Brahîm begab sich mit dem Melik Ahmed ibn-Dardok zu Abû Bekr, um ihm die Einsetzung Hasîn's anzuzeigen, an welche derselbe nicht glauben wollte, obwol Hasîn selbst zu ihm sandte. Erst als seine Mutter Kattûma und seine Schwester Zemzem ihn von der Wahrheit überzeugt hatten, sandte er seine bewaffnete Macht nach Hause, nannte seinen Bruder Hasîn einen Meineidigen und verharrte in mürrischer, wenn nicht feindseliger Stimmung.

Auch andere waren mit der Einsetzung Hasîn's nicht einverstanden; so kam 'Abd el-Fettâh zu Adam Tarbûsch, ihn fragend: „Wen kröntest du?" und als dieser antwortete: „Hasîn, unsern Herrn!" rief jener: „Wie, Midobi, du setztest fünf Könige ein anstatt einen?" damit andeutend, dass Hasîn unter dem Einflusse der Mutter, der Schwester und der Brüder stehen werde. Der König Hasîn hörte hinter einem Vorhange diese wenig schmeichelhafte Ansicht, ohne jedoch den kühnen Sprecher zur Rechenschaft zu ziehen, und begnügte sich, ihn auf den Qorân Treue schwören zu lassen. 'Abd el-Fettâh jedoch, weder zufrieden mit der Lage der Dinge, noch der Gesinnung des Königs gegen ihn vertrauend, erbat sich die Erlaubniss zur Sklavenjagd (ghazîjât) in den Heidenländern des Südens. Er kam nur von Zeit zu Zeit auf einige Monate nach el-Fâscher, um dann von neuem in den Krieg zu ziehen. Doch ebenso wenig traute König Hasîn dem 'Abd el-Fettâh und beauftragte einen der Zerîben-Vorsteher, demselben bei einer gelegentlichen Anwesenheit in el-Fâscher „eine

Medicin zu geben, die ihn unschädlich mache", was auch geschehen sein soll. Uebrigens wohnte ich selbst in jenem Stadtviertel und kannte den betreffenden Beamten recht gut.

Auch ʿAbd el-Bârî hatte zu jener Zeit seine ehrgeizigen Pläne noch nicht aufgegeben und hielt seine gewohnheitsmässigen Zechgelage mit dem Dadingâwi Ishâqa Kokome, dem Bruder desselben, Ibrâhîm Dodogi, dem Ahmed Wotfa und dem Abû Dschebâi Tottorre. Zu ihnen kam eines Tages Saʿîd Uled Gumzut, ein Sklave Abû Bekr's, und jene sagten zu ihm: „Wir sitzen hier im Beït el-Kebîr (dem grossen Palast) mit unsern Nuhâs (Pauken), und der König sitzt dort im Tombasi (dem neuen Palast) mit Adam Tarbûsch. Wie, wenn wir einen andern Herrn hier im alten Königspalast einsetzten?" In el-Fâscher gibt es, wie an anderer Stelle erwähnt ist, zwei Paläste: der noch von ʿAbd er-Rahmân erbaute auf der Nordwestseite des Tendelti, in welchem die königlichen Insignien bewahrt wurden, demnach auch die grossen Pauken, von denen jene gesprochen, und den neuen, von Mohammed el-Fadl auf der Südseite erbauten Palast, Tombasi genannt. Ein Herrscher in Dâr-Fôr nun konnte ohne die Pauken, die Straussfederstandarten und die übrigen von der Tradition geheiligten Symbole der Herrschaft gar nicht gedacht werden. Der Sklave aber hinterbrachte die verrätherischen Worte dem König, der die ganze Gesellschaft halb zu Tode prügeln und einsperren liess. ʿAbd el-Bârî wurde abgesetzt und wäre zum Tode verurtheilt worden, wenn sich nicht der Prinz Nûrên für ihn verwendet und verbürgt hätte. Er wurde diesem anvertraut und lebte eine Zeit lang in dessen Hause, konnte jedoch weder seinen Hang zur Verschwendung, noch sein prahlerisches Wesen ablegen, und als eines Tages der Prinz Nûrên seine eigenen Kinder beim Bau seines Hauses helfen liess, ihn aber einen müssigen Sklaven schalt, nahm er sich das so zu Herzen, dass er sich vergiftete, so die Prophezeiung Mohammed el-Fadl's bewahrheitend, der seinem grosssprecherischen Wesen einen traurigen Ausgang geweissagt hatte.

Erst nach der Absetzung des ʿAbd el-Bârî wurde Adam Tarbûsch zur Würde eines Uzîr erhoben. Es ist hier wol der Ort, den Ursprung seines Beinamens „Tarbûsch", der bekanntlich die rothe tunesische Mütze, den „Fes", bezeichnet, zu erklären. Als

Mohammed el-Fadl einst von einem Kaufmann vom Nil einen Tarbûsch zum Geschenk empfangen hatte, befahl er dem Aufseher seiner Sklavenpagen, dem Kaufmann als Gegengeschenk einen Pagen zu schicken. Dieser, der dem Adam Tarbûsch nicht wohl wollte, hatte ihn ausgewählt. Als einige Tage später der König nach dem Knaben fragte, musste der Aufseher gestehen, dass er denselben dem Kaufmann, der mittlerweile abgereist war, als Gegengeschenk für den Tarbûsch übergeben habe. Es wurden sofort reitende Boten nachgeschickt und Adam aus der Wüste zurückgeholt; es blieb ihm aber seit dieser Zeit der Beiname „Tarbûsch", der ihm, seitdem er eine hohe Würde bekleidete, oft sehr unangenehm war.

Hasîn herrschte in Frieden, war jedoch nicht geliebt von seinen Unterthanen. Seine Mutter hetzte ihn gegen die Würdenträger auf; seine Brüder, vorzüglich Abû Bekr und Hasîb Allâh, verachteten ihn als träumerischen Geizhals, und seine Unterthanen vermissten an ihm königliches Wesen und kriegerischen Sinn. Schon sein Vater hatte gesagt: „Wenn ihr den Hasîn krönt, setzt ihr einen Kaufmann zum König ein", und die bekannte Thatsache, dass er kleine Handelsgeschäfte mit allen möglichen Gegenständen nach Kordofân machte und dass er einst um einige in seiner Hütte verbrannte Kleidungsstücke Thränen vergossen hatte, vergrösserte sein Ansehen nicht. Seiner Feinde unter den Würdenträgern wusste er sich zu entledigen, indem er sie nach und nach gegen die Rezêqât schickte, die dafür sorgten, dass sie nicht zurückkehrten. Seine ganze kriegerische Thätigkeit erstreckte sich auf diese unruhigen rebellischen Araberstämme im Süden des Reiches. Mit Einschluss der Züge gegen die Habanîja und Mâlija, welche mit jenen verbündet waren, schickte er während seiner 35jährigen Regierung 18 Expeditionen gegen sie aus, welche jedoch meist unglücklich abliefen.

Zuerst zog der Somingdoqola ʿAbd el-Azîz wegen eines ihm gestohlenen Pferdes gegen die Rezêqât. Diese erboten sich, das gestohlene durch 20 gesattelte Pferde zu ersetzen; doch der Basi Njombo und andere Würdenträger sahen mehr Nutzen für sich in einem Kriegszuge und beredeten ʿAbd el-Azîz, den Loskaufspreis zurückzuweisen. Man machte zwar anfangs eine reiche Beute an Rindern, während die Rezêqât nach ihrer Gewohnheit sich vorläufig zurückzogen und in ihrer weiten, an Terrainschwierigkeiten reichen Landschaft verbargen; als jedoch ihre Feinde sich mit ihrer Beute auf den Heimweg begaben und unvorsichtigerweise keine Sicherheitsmaassregeln trafen, sammelten sich die Rezêqât, überfielen jene in der Nacht, tödteten fast alle Würdenträger mit Ausnahme des ʿAbd el-Azîz, der nur durch die Schnelligkeit seines Pferdes entkam, und führten ihre Rinder im Triumphe mit sich zurück.

Als König Hasîn von dem verunglückten Kriegszuge Kunde erhielt, war er sehr ergrimmt und beauftragte den Melik Chalîl mit der Gefangennahme des ʿAbd el-Azîz, welcher sich im Süden, zu Dara, aufhielt. Dort fand ihn in der That der Melik und führte ihn ohne Widerstand mit sich. ʿAbd el-Azîz war aber nicht unvorbereitet auf die Zusammenkunft mit dem König, dessen Charakter er genau kannte; er hatte 200 goldene Nasenringe (Zîmâm)*), wie sie die Frauen tragen, in seine Gewänder eingenäht. Als nun Hasîn ihn hart anliess und schliesslich zum Tode verurtheilte, erwiderte ihm ʿAbd el-Azîz, dass er das Urtheil als ein gerechtes hinnehme, dass er des Königs Sklave sei, mit dem dieser verfahren könne, wie es ihm gutdünke, zuvor aber möge es ihm gestattet sein, dem König einen Ersatz zu bieten für das, was er durch seine Schuld verloren, und zugleich den Beweis zu liefern, dass er seines Königs eingedenk gewesen. Der geizige König wurde sofort, wie es ʿAbd el-Azîz berechnet hatte, durch den Anblick des Goldes andern Sinnes, widerrief das Todesurtheil und schickte den Begnadigten wieder nach dem Süden mit dem Scheinauftrage, Getreide aus dem Orte Dscheman zu holen. Darauf sandte er ihm den Turban, die Kori Dorme (die königlichen Lanzen), den Kakr (königlichen Stuhl), Qorân und Teppich, Gegenstände, welche Insignien eines Maqdûm (königlicher Commissar) sind, der gewissermaassen die Person des Königs vertritt und nur nicht im Besitz der königlichen Pauken ist, von den Einwohnern aber wie der König selbst geehrt wird, und setzte ihn damit als Maqdûm des Südens ein. ʿAbd el-Azîz residirte drei Jahre hindurch zu Dara und verwaltete

---

*) Zîmâm ist in Dâr-Fôr der Nasenring der Weiber; auch heisst so der Ring, welcher dem Kamel durch die Nase gezogen wird, um daran den Zügel zu befestigen.

W.

die ihm anvertraute Provinz vortrefflich. Er war streng und gerecht, litt keine Bedrückung der Unterthanen durch die Beamten und bestrafte Verbrechen und Diebstähle mit grosser Strenge. Im vierten Jahre seiner Verwaltung zog er wieder gegen die Rezêqât und nahm diesen und den Habanîja zu Musannêt, einem Sumpfsee zwischen dem Territorium der Habanîja, der Rezêqât und dem eigentlichen Dâr-Fôr, 1200 Rinder fort. Auch im folgenden Jahre zog er im Herbst während der Regenzeit gegen dieselben mit bedeutender Macht aus, ohne jedoch in den Sümpfen des Südens Erfolg zu haben. Dieser Zug ist bekannt als die Fâjo-Expedition (Nchât el-Fâjo), weil die Krieger eine Pflanze, „Fâjo" benannt, hatten essen müssen, um ihren Hunger in dem durch die Araber von allem entblössten Lande zu stillen. Da König Hasîn wieder heftig ergrimmt war und ihn sogar der Feigheit beschuldigte, so zog 'Abd el-Azîz im sechsten Jahre seiner Verwaltung wiederum mit einer ebenso grossen Zahl Reiter gegen die Rezêqât, und zwar durch das Territorium der Habanîja, welche er beschuldigte, Rezêqât in ihren Reihen zu haben, was dieselben ableugneten. Nun veranstaltete 'Abd el-Azîz eine grosse Heerschau ('arda) der Habanîja. Man hatte ihm eine Anzahl von Pferden bezeichnet, deren Reiter dem Rezêqât-Stamme angehören sollten; er liess die Habanîja umzingeln und verlangte die Herausgabe der Betreffenden; die Habanîja leugneten und wollten ihre Schutzbefohlenen nicht verrathen. 'Abd el-Azîz wendete endlich Gewalt an, und nun versuchten die Habanîja mit den unter ihnen befindlichen Rezêqât, die bewaffneten Umschliessungsreihen zu durchbrechen, verloren aber dabei etwa 1000 Mann und bei der darauffolgenden Verfolgung noch eine bedeutende Zahl, wobei auch eine grosse Beute, man sagt 4000 Rinder, gemacht wurde.

Nach der Rückkehr des 'Abd el-Azîz hiess ihn Sultan Hasîn abermals, doch diesmal direct gegen die Rezêqât ziehen. Er brach im Darret (Herbst) am 15. des Monats Schäbân mit 15000 Reitern auf. Der Umstand, dass ihm der Sultan seinen Firman (Bestallung) mit rothem Siegel anstatt des üblichen schwarzen versehen und ihm einen schwarzen Bernûs anstatt eines rothen gegeben, wurde als von übelster Vorbedeutung angesehen. Acht Tage später war er von den Rezêqât überfallen und sein

ganzer Nachtrab mit den Thieren und Vorräthen erbeutet. ʿAbd
el-Azîz sandte nun Abtheilungen nach verschiedenen Richtungen,
um die räuberischen Gegner abzufangen; nach Süden die Missirîje,
die Massâlît und die Zoghâwa, nach Südosten die Bîrgîd und
Benî Holba. Die letztern wurden von den Rezêqât ebenfalls überfallen, ausgeplündert und aller ihrer Pferde beraubt; die erstern
brachten zwar mächtige Beute zurück, doch tags darauf erschienen
von allen Seiten die Rezêqât, bekleidet mit ihren Panzern aus
Büffel-, Krokodil- oder Rhinoceroshaut und bewaffnet mit gewaltigen Lanzen, deren Eisenspitzen drei Spannen lang und
eine Spanne breit gewesen sein sollen. Der Kampf dauerte an
diesem Tage bis zum ʿAssr (Nachmittag, etwa 4 Uhr) und wurde
am folgenden Morgen (Donnerstag) wieder aufgenommen, währte
auch an diesem Tage bis zum ʿAssr und wurde noch am Freitag
von Tagesanbruch bis zum Dohĕr (etwa $1/_22$ Uhr nachmittags)
fortgesetzt. Um diese Zeit hatten die Rezêqât die in der Nähe
sich aufhaltenden Kamele mit den Frauen erbeutet, und ʿAbd el-
Azîz eilte dorthin, um sie zu retten, doch vergebens. Dieser Miserfolg trug vollends zur allgemeinen Entmuthigung bei, und der
Sieg blieb vollständig in den Händen der Rezêqât. Alles wandte
sich zur Flucht, und auch ʿAbd el-Azîz floh unaufhaltsam bis zum
Morgen dem Norden zu. Sein Pferd versank in einem Morast
und er wurde von Sklaven der Rezêqât, die ihn nicht kannten,
gerettet. Am folgenden Tage aber tödteten sie ihn, als er in
seinem Hochmuthe sich selbst verrieth. Die Beute der Rezêqât
war bedeutend.

Die Nachricht von dem Misgeschick gelangte am ersten Tage
des Fastenmonats in die Residenz. Am ʿId el-Fitr ernannte König
Hasîn den früher genannten Chalîl, Sohn des ʿAbd es-Sîd, Melik
der Korkoa (speertragende Pagen), zum Maqdûm für den Süden,
den Hasan Abû Kebîr zum Maqdûm des Dar-Tokunjâwi und den
Abû Schĕich Rahma zum Maqdûm der Ostprovinz und liess alle
drei gegen die Rezêqât ziehen. Als aber die Mâʿalîja-Araber
eines Tages den Nachtrab begleiteten, erschienen die rastlos um-
herschwärmenden Rezêqât plötzlich in ihrem Rücken, tödteten
eine grosse Zahl und erbeuteten sowol Frauen als Vorräthe.
Später kamen sie wieder von andern Seiten, zogen gegen die Ab-

theilungen des Hasan Abû Kebîr und tödteten dessen eigenen Sohn, den Häuptling der Ziâdija (Ziadia). In Erwartung eines Ueberfalls der Fôrâwa verbargen die Rezêqât stets ihr Besitzthum, ihre Frauen und ihre Kinder in dem schwer zugänglichen, sumpfreichen Dâr-Dschênge, der südlich von ihrem Gebiet liegt. Die angesehensten Häuptlinge der Rezêqât waren Dschema el-Harro aus dem Stamme der Habanîja und Faqîh Abû Bekr aus der Abtheilung der Mahâmîd.

So reducirte sich denn der ganze Erfolg dieser Expedition auf nichts. Die Dörfer der Rezêqât waren leer, ihre Rinder, ihre Frauen und Kinder in unzugänglichen Sümpfen versteckt, während sie selbst in ihrem weiten, schwer zugänglichen Terrain herumschwärmend ebenso unfindbar waren; mit ihnen aber verbündete sich der Hunger gegen ihre Feinde. Gross war der Unwille des Königs, als Maqdûm Chalîl zurückkehrte; er setzte ihn ab und liess seinen Uzîr Adam Tarbûsch auf dessen eigenen Wunsch gegen die Rezêqât ausziehen.

Es wurde zwar eine mässige Rinderbeute durch den Uzîr heimgebracht, doch die Rezêqât selber hatte er nicht gestellt. Nun wurde der Melik 'Atîja, ein Berti, gesandt, der da, wo die Araber Mâ'alîja mit den Rezêqât vermischt wohnen, einen Angriff versuchte, aber geschlagen wurde. Ein drittes mal lockte der Scheîch Raschîd von den Habanîja, welcher später bei dem Sklavenhändler, dem ägyptischen Pascha Zibêr, hauste, den Adam Tarbûsch zu dem Sumpfsee Musannêt unter der Vorspiegelung, dass dort viele Heerden der Rezêqât seien. Diese aber, durch Kundschafter bei zeiten gewarnt, brachten ihre Heerden in Sicherheit, und so war auch diese Expedition erfolglos.

Im folgenden Jahre zog Adam Tarbûsch mit 12000 Reitern zu dem Sumpfsee Schullul, wo die Rezêqât den Kampf aufnahmen. Nach fünftägiger Schlacht waren beide Theile erschöpft, und Adam Tarbûsch sah sich durch seine eigenen Leute zur Rückkehr gezwungen, den härtesten Tadel seines Herrn davontragend. Im nächsten Jahre erschien Adam Tarbûsch wieder im Dâr-Rezêqât mit grosser Macht in Begleitung des Basi 'Abd er-Rahmân, des Adam Tû, Anführers der Stallbeamten und anderer. Wieder kämpfte man vier Tage, und wieder baten ihn seine Leute am fünften Tage, den Kampf aufzugeben und zurückzukehren, denn sie selbst seien erschöpft. Die Zahl der Rezêqât wuchs andauernd, man sah keine Möglichkeit des Sieges. Doch Adam Tarbûsch weigerte sich, seinem König wieder in dieser Weise vor die Augen zu treten, versuchte aber sich mit seiner Macht auf das in Schweite gelegene Scheqqa, welches auf sandigem Terrain liegt, zurückzuziehen. Bis dahin hatte man flache Sumpfseen zu passiren, und die Rezêqât brachten die auf dem Rückzuge Befindlichen wieder zum Stehen. Man kämpfte bis zum ʿAssr, der Sieg aber verblieb den Rezêqât, nachdem Adam Tarbûsch selbst mit 50 Anführern gefallen war.

Nach dem unglücklichen Ausgang aller seiner Expeditionen gegen die Rezêqât betraute König Hasîn den Sohn des obengenannten ʿAbd el-Azîz, Ahmed Schettâh, der bis dahin Melik Saringa gewesen war, mit der Verwaltung des Südens, liess ihn jedoch nicht sogleich den Kampf wieder aufnehmen, sondern zuvor seine Kriegsmacht durch Feuergewehre verstärken. Funfzehn Jahre hindurch kaufte man alljährlich Flinten in Massen auf, und Ahmed Schettâh übte seine Leute im Gebrauch derselben. Dann zog er gegen die Habanîja, brachte zwar nur 400 Rinder als Beute heim, befriedigte jedoch den Sultan durch die Grösse der flintenbewaffneten Macht, über welche er verfügte. Chalil starb während der Zeit, wie man sagt, aus Kummer über die erfahrene Zurücksetzung, und Ahmed Schettâh wurde an seiner Statt zum Uzîr ernannt. Er brachte alsbald die Máʿalîja, welche den Weg nach Osten unsicher machten, zur Ruhe, doch als er darauf gegen die Rezêqât zog, hatte er ebenso wenig Erfolg als seine Vorgänger. Nachdem er 900 Pferde und viele Leute durch Verdursten und übergrosse Anstrengungen verloren hatte, ehe sie auch nur den Feind gesehen, kehrte er unverrichteter Sache zurück.

Schon im folgenden Herbste schickte ihn König Hasîn wieder gegen die Rezêqât aus, mit sämmtlichen flintenbewaffneten Mannschaften unter Adam Seïf, Brâhîm Kaskassenji, Saʿad en-Nûr und ʿAbdallâh Runga. Bereits zu Kelâkĕla (Kalaka) fanden Scharmützel statt, in welchen die Rezêqât den Brâhîm Kaskassenji, Uled Fadl, genannt Arneb (der Hase), und andere tödteten und 15 Pferde erbeuteten. Am andern Tage wurde eine Plünderung der benachbarten Dörfer unternommen, bei welcher Ahmed Schettâh durch einen Ueberfall der Rezêqât 500 Mann verlor. Nachts sangen die Fôrâwa Schand- und Spottlieder auf ihre Feinde und verhiessen ihnen Rache für den morgenden Tag. Doch auch dieser brachte dem Heere Dâr-Fôrs keinen Erfolg, obwol alle Feuerwaffen in Thätigkeit waren. Eine Kanone, welche Ahmed Schettâh mitführte, hielt jedoch die Feinde einigermaassen auf, nachdem sie dreimal abgefeuert worden. Nächsten Tages, an einem Freitag, wurde die Schlacht an dem Sumpfsee Mamfûs, woselbst Adam Tarbûsch den Tod gefunden, fortgesetzt. Die Lage der Fôrâwa wurde sehr schwierig, und nur mit Mühe konnten sie sich nach Scheqqa zurückziehen, wo sie von den Siegern noch vielfach angegriffen wurden.

So kehrte man denn auch diesmal ohne Erfolg zurück, doch Sultan Hasîn liess seine Krieger auch im folgenden Jahre gegen die Rezêqât ziehen. Sie gelangten bis nach Amatûrek, wo sie zwei Tage hindurch kämpften, und diesmal mit solchem Erfolge, dass am dritten Tage die Rezêqât ihre Unterwerfung anboten und 60 Pferde als Abgabe brachten. Die Anführer, welche dem Abû Schettâh unterstellt waren, riethen demselben, sich der 400 Scheïchs der Rezêqât zu bemächtigen, doch dieser weigerte sich nicht nur diesem Rathe zu folgen, sondern versprach sogar den Rezêqât Freiheit der Person und des Eigenthums, und gab ihnen das Recht, jeden zu tödten, der sich an ihrem Besitzthum vergreifen würde. Unzufrieden über diese Milde, verliessen ihn die meisten seiner Anführer, während Ahmed Schettâh zurückblieb und trotz des kaum beschworenen Friedens wieder angegriffen wurde. Zwar suchte der Scheïch der Rezêqât, Brêmo Uled el-Bonjai, dies als die That jugendlich unbesonnener Leute darzustellen, und sandte als Sühne derselben noch zwei Pferde, forderte aber zugleich Ahmed Schettâh auf, das Gebiet der Rezêqât zu verlassen, denn Friede sei inmitten von Flinten nicht möglich; so kehrte denn dieser halb gezwungen, halb freiwillig zur Hauptstadt zurück.

In die Regierungszeit des Königs Hasîn fällt noch ein kriegerisches Ereigniss, welches zeigt, mit welch geringer Macht man solchen an und für sich grossen, doch militärisch schlecht organisirten Ländern ungestraft entgegentreten kann. Ein Araber-Scheïch aus Aegypten, der sogenannte Scheïch el-Missrî, drang, begleitet von Dâza-Stämmen, von Norden her über das Gebiet der Bidêjât vor und plünderte die Bewohner von Dâr-Fôr. Zwar warfen ihn die Maharîja zurück, doch kehrte er wieder, und obgleich die Araberstämme im Norden Dâr-Fôrs zahlreich sind, wäre es ihm bei der Menge seiner Flintenschützen fast gelungen, die Regierung in Dâr-Fôr selbst zu gefährden. Bei einem seiner Ueberfälle drang er bei der Verfolgung der Mahâmîd, welche den äussersten Nordwesten Dâr-Fôrs bewohnen, bis in das Herz der Nordprovinz, zu den Zoghâwa ʿAnqâ, und endlich sogar nach Barr Dschûes, das schon in der Westprovinz liegt. Abdallâh Runga, dessen bei dem Kampfe gegen die Rezêqât Erwähnung geschah, wurde mit allen Streitkräften des Westens gegen ihn geschickt und traf auf ihn bei dem Rahat Maʿun oder Gerger im Süden von Kûbê, in den Heidenbezirken der Mahâmîd, wurde aber zurückgeworfen, zog ein zweites mal gegen ihn und wurde mit Verlust des ganzen Nachtrabs wieder zurückgeschlagen. Kühn gemacht durch seinen Erfolg, plünderte der Araber-Scheïch darauf den Stamm der Ziadîja, welche einige Tagereisen von der Hauptstadt el-Fâscher im Norden wohnen. Diese benachrichtigten den König Hasîn von der ihm drohenden Gefahr, denn der Scheïch el-Missrî schien die Absicht zu haben, auf die Hauptstadt zu rücken. Als der König hierauf in aller Eile eine möglichst grosse Macht unter dem Befehl des Uzîr Chalîl ihm entgegengeschickt hatte, zog er sich jedoch zurück und wiederholte seine Ueberfälle nicht.

Für das Ende seiner Regierungs- und Lebenszeit bewahrte das Schicksal dem König harte Prüfungen auf, obwol er im ganzen ein wohlwollender Regent war, der über nicht gewöhnliche Geistesgaben und Gelehrsamkeit (im Sinne des Islâm) gebot. Obgleich er mit grosser Mässigung und Klugheit den Frieden mit seinen beiden Nachbarn, dem östlichen, gefährlichen Aegypten und dem westlichen Urfeinde Dâr-Fôrs, Wadâï, aufrecht erhielt, erntete er doch keine Anerkennung für seine 30jährigen Anstrengungen. Er war eigentlich nur nach aussen beliebt und besonders wegen seiner Freigebigkeit gegen reisende Gelehrte und Pilger vom äussersten Westen Afrikas bis zum Hidschâz, dem heiligen Lande, bekannt und geschätzt. Seine eigenen Unterthanen jedoch waren der Ansicht seines ältern Bruders Abû Bekr und des fast gleichartigen Hasîb Allâh, dass er durch seine Nachgiebigkeit nach aussen das Ansehen Dâr-Fôrs schädige und im Innern durch seine anspruchslose, maassvolle und milde Regierung die königliche Würde beeinträchtige. Doch schon seinen zahlreichen Brüdern gegenüber — Mohammed el-Fadl hatte einige 40 Söhne — würde es ihm kaum gelungen sein, den Frieden aufrecht zu erhalten, wenn er nicht ein so ruhiger und duldsamer Mann gewesen wäre. Abû Bekr und Hasîb Allâh reizten ihn mehr als einmal öffentlich, und mehr als einmal hatte er kurz nach Antritt seiner Regierung im Familienrathe erklären müssen, dass er nur gemäss der Bestimmung ihres gemeinschaftlichen Vaters die Regierung übernommen habe, dass er aber dieselbe niederlegen würde, sobald es ihm ihre Unverträglichkeit unmöglich mache, den Frieden im Innern zu erhalten. Besonders Abû Bekr bot dem König offen Trotz und forderte seine Strenge gegen sich heraus. So hatte er einst bei dem sogenannten Konda- (Nieren-) Essen, welche Sitte an anderer Stelle zu besprechen bleibt, in Gegenwart des Königs gehustet und sich geräuspert, ein Vergehen, das in Dâr-Fôr die Todesstrafe nach sich zog; doch sein königlicher Bruder hatte sich den Anschein gegeben, als höre er es nicht. Ein anderes mal sprengte er, als der König seinen Freitagsritt nach der Moschee machte, plötzlich mit eingelegter Lanze auf denselben zu und zog sich, als die Würdenträger sich zwischen ihn und den König warfen, hohnlachend zurück, das Ganze als einen harmlosen Scherz hinstellend. Mehrmals drang er zu ungewöhnlicher Stunde, bis an die Zähne bewaffnet, in den Palast und bis zu dem König, der ihn dennoch nicht bestrafte. Kurz, der Hass, welchen er sowol gegen den König, als auch gegen den Uzîr Adam Tarbûsch an den Tag legte, weil er durch ihre Hinterlist der Herrschaft verlustig gegangen zu sein glaubte, machte dem König viel Kummer und Sorge. Es kam zu heftigen Auftritten zwischen dem Prinzen und Adam Tarbûsch, der dem König unentbehrlich war und von diesem nur durch grossen Aufwand von Takt und Klugheit in seiner Stellung erhalten werden konnte. Zudem war Abû Bekr im Lande ein ebenso geachteter als gefürchteter Mann. Der König selbst suchte ihn durch zahlreiche Landgüter für den Verlust der Regierung zu entschädigen, und so gebot er mit der Zeit über eine Macht, welche dem Herrscher nicht unbedenklich erscheinen musste. Doch erlöste ihn der Tod des brüderlichen Nebenbuhlers von dieser Gefahr.

Mit Wadâï hatte Hasîn auf Grund seiner Mitwirkung bei der Einsetzung des Königs Mohammed Scherîf ein so gutes nachbarliches Verhältniss herzustellen gewusst, dass noch zu meiner Zeit der König 'Alî von Wadâï in seinen Briefen ihn stets seinen „Vater" nannte und für ihn die grösste Hochachtung und aufrichtige Verehrung empfand. Auch mit Aegypten, dessen Machtentwickelung und Hülfskräfte der König vollkommen zu beurtheilen vermochte, war es ihm lange Jahre gelungen, in Frieden zu verkehren. Er hatte sich in der Vorahnung künftiger Ereignisse von dem Grossherrn in Konstantinopel, sowol von 'Abd el-Medschîd, als auch von 'Abd el-Azîz, einen Firman zu verschaffen gewusst, welcher ihm die Selbständigkeit seines Landes zusicherte, wohlverstanden unter der Oberhoheit der Hohen Pforte. Gleichwol wurde ihm von Aegypten her seine letzte Lebens- und Regierungszeit verbittert, wenn ihm auch der Tod den Schmerz ersparte, sein Volk von den Aegyptern besiegt und sein Land erobert zu sehen. Endlich traf ihn das Schicksal, zu erblinden; es scheint, dass der grau-grüne Staar (Glaucom) ihn mit ausserordentlicher Schnelligkeit des Augenlichtes beraubte. Von allen Seiten kamen Leute, wurden Gelehrte herbeigerufen, um den weit und breit als freigebigen, dankbaren Fürsten bekannten König zu heilen. Staarstecher aus Marokko, heilige Fellâta aus dem Dâr-Mâle, Schürafâ aus dem fernen Westen und aus dem Hidschâz, weise Männer aus Bornû und Aerzte aus den civilisirtern Staaten der Nordküste Afrikas kamen alljährlich, um ihre Kunst vergeblich an ihm zu üben. Der König unterwarf sich mit grosser Ergebung allen Curen, belohnte alle freigebig, war jedoch bei seiner tiefen Gottesfurcht in sein Schicksal ergeben; nur wurde er schwächer und schwächer in der Leitung der innern Regierung des Landes. Um seine zahlreichen Familienmitglieder sich geneigt zu erhalten und seine Würdenträger an sich zu fesseln, verschleuderte er die Hawâkîr, und die fruchtbarsten und reichsten Bezirke des Landes waren sicherlich in den Händen seiner Brüder, Schwestern, Vettern oder seiner begünstigten Sklaven.

Seine Schwester Zemzem, die Ija Basi, wie erwähnt eine der höchsten Würdenträgerinnen des Landes, die einen sehr männlichen Charakter hatte, gebot schliesslich über eine solche Macht, dass sie sich ungestraft der ganzen Willkür, zu der ihre Natur neigte, überlassen konnte. Sie zog selbst an der Spitze ihrer bewaffneten Mannschaft im Lande umher, plünderte die ihr untergebenen Bezirke aus und wusste sich diejenigen Hawâkîr, welche ihr besonders zusagten, mit Leichtigkeit von dem schwachen König zu verschaffen. Im ganzen Lande gefürchtet und gehasst, konnte sie in der That nichts Besseres thun, als gleichzeitig mit ihrem königlichen Bruder sterben. So sagt man denn, dass sie unmittelbar nach dem Tode des Königs Hasîn in einen so schweren Kummer verfiel, dass sie alle Nahrung von sich wies und nach 40 Tagen ebenfalls starb.

In den letzten Regierungsjahren begannen, wie schon gesagt, die Verwickelungen mit Aegypten. Am Hofe Hasîn's lebte lange Zeit ein Faqîh aus dem kleinen Fitri-Lande, das den Rest der glänzenden Herrschaft der Bulâla bildete, welcher sich zwar selbst als dem Stamm der Bulâla angehörig bezeichnete, indess eigentlich den Abû Simmîn angehörte. Die Abû Simmîn aber waren die eigentlichen Herren des Fitri-Gebietes, bevor die Bulâla, welche arabischen Ursprungs sind, einwanderten und ihre Herrschaft dort gründeten. Sie bilden jetzt nur einen spärlichen Stamm, der über die Dörfer des Fitri-Reiches zerstreut oder auf die wenigen Inseln der Fitri-Lagune zurückgedrängt ist und von den herrschenden Bulâla und Kûka mit äusserster Verachtung behandelt wird. Dieser Faqîh, bekannt unter dem Namen Mohammed el-Bulâlâwi, lebte als Gelehrter am Hofe des Königs Hasîn, der solche Männer aus allen Ländern heranzog und gastfreundlich bei sich aufnahm. Hasîn hatte dem Faqîh einen Bezirk zur Nutzniessung überwiesen, welchen der beim König in hoher Gunst stehende Uzîr Ahmed Schettâh, der sich für allmächtig im Lande hielt, für sich selbst beanspruchte. So kam es zu Streitigkeiten zwischen ihm und den in jenem Bezirk wohnenden Söhnen des Faqîh, infolge deren ein Sohn desselben erschlagen wurde. Der

Vater erhob Klage bei dem König, der, obgleich selbst ein gerecht gesinnter Mann, doch zu schwach war, ihm Genugthuung zu verschaffen. Die Streitigkeiten dauerten fort, und auch der zweite und letzte Sohn des Bulâlâwi fiel der Rache des Uzîrs zum Opfer. Der gebeugte und vereinsamte Vater, der nicht einmal die Genugthuung erlangen konnte, den Uebelthäter bestraft zu sehen, wünschte darauf, Dâr-Fôr zu verlassen. Er bat den König um die Erlaubniss, nach Mekka pilgern zu dürfen, dieser jedoch, die üble Nachrede im Auslande fürchtend, suchte ihn auf alle mögliche Weise zurückzuhalten, ja machte sogar seinen zweiten Sohn ʿAbd er-Rahmân, mit welchem jener besonders befreundet war, dafür verantwortlich, dass der gekränkte und geschädigte Mann nicht etwa heimlich das Land verlasse. Als dieser den Grund der Weigerung des Königs erkannte, ging er zu ihm und sagte: „Siehe, o Herr, alles, was ich an Glück auf Erden besessen, meine Söhne, sind mir in deinem Lande entrissen worden; derjenige, der sie mir geraubt hat, wandelt ungestraft an deinem Hofe als der mächtigste Mann einher. Mein Herz ist traurig, und ich kann mich in deinem Lande nicht wohl fühlen, ich bedarf der Tröstung der Religion und hoffe, dass mir im Hause Gottes mein Frieden wiedergegeben werde. Ich habe keinerlei Absicht, mich im Auslande über dich und die Ereignisse, welche mich hier betroffen haben, zu beklagen, und will dir dies auf den Qorân schwören, so du mich ziehen lässest." Er musste nun dem König schwören, dass er weder in Aegypten den maassgebenden Persönlichkeiten die Thatsachen mittheilen, noch auch mit dem Grossscherîf von Mekka darüber sprechen wolle.

So liess König Hasîn den Bulâlâwi ziehen; dieser aber begab sich sofort in die Hauptstadt Aegyptens und wusste die vicekönigliche Regierung glauben zu machen, dass er durch seinen Ursprung aus königlichem Blut nicht allein Anspruch auf die Länder Dâr-Fôr und Wadâï bis zum Fitri-See habe, sondern auch, dass seine Macht und sein Ansehen in jenen Ländern gross genug sei, um sich mit ägyptischer Hülfe derselben bemächtigen zu können. Die Regierung sandte ihn nach Chartûm, und der dortige Generalgouverneur wurde angewiesen, sich bei den von Westen kommenden Pilgern zu erkundigen, ob etwas Wahres an den Aussagen dieses Mannes sei. Dort wusste er in der That Zeugen aus aller Herren Länder, die auf der Pilgerschaft nach Mekka begriffen waren, zusammenzubringen, welche seine Aussagen bestätigten. Daraufhin liess man ihn Leute anwerben, unterstützte ihn regierungsseits mit Waffen und Munition und gestattete ihm, in die Landschaften an der Südgrenze Dâr-Fôrs, die von Dâr-Fôr weniger abhängigen südlichen Heidenländer, zu ziehen, von wo aus er das ganze Land beunruhigte, indem er sich vermaass, die östlichen Sûdân-Staaten in ihrer ganzen Ausdehnung bis zum Tsade zu erobern.

Im Süden Dâr-Fôrs hauste aber schon ein anderer Abenteurer Namens Zibêr. Dieser, aus Schendi gebürtig, vom Stamme der Dscha'âijîn, hatte in seiner Jugend als Schreiber bei der Regierung in Chartûm gelebt, war späterhin, als die Reichthümer, welche die Elfenbein- und Sklavenhändler in den Landschaften der westlichen Zuflüsse des Nil sich erwarben, die Gemüther im südlichen Aegypten aufregten, in die Dienste eines dieser Händler, Namens 'Alî Abû 'Omori, getreten und hatte sich, als er selbständig über einige Mittel verfügte, in jenen Gegenden festgesetzt. Alles was er an Elfenbein oder Sklaven erzielt hatte, tauschte er nach Kordofân und Chartûm gegen Waffen, Munition und Mannschaften ein, sodass er schliesslich über eine ansehnliche Macht gebot. Im Süden von Dâr-Fôr waren mit der Zeit Elfenbein und Sklaven selten geworden, und das Land hatte nicht mehr für zwei solche Abenteurer Platz. Es kam zwischen Zibêr und dem Bulâlâwi zu Zwistigkeiten und endlich zu offenem Kampfe, bei dem der letztere das Leben verlor. Zibêr, ein kluger und schriftgewandter Mann, nahm sich darauf der ägyptischen Mannschaft des Getödteten an, schob alle Schuld auf ihren gefallenen Führer, verpflegte sie gut und versprach den Leuten mehr Beute und Gewinn, als sie jemals unter jenem gefunden haben würden. Gleichzeitig schrieb er nach Chartûm und an die ägyptische Regierung, schilderte den Ursprung der Zwistigkeiten zwischen ihm und dem gefallenen officiösen ägyptischen Führer in einem für sich günstigen Lichte, machte begreiflich, wie unsinnig und waghalsig die Pläne des Bulâlâwi und wie wenig entsprechend seiner wirklichen Macht sie gewesen wären, setzte in seinem Schreiben die möglichen Errungenschaften für Aegypten auf ein vernünftiges Maass herab, zu dessen Erreichung er sich selbst anheischig machte, und schickte endlich noch die Mittel ein, welche etwa die ursprüngliche Ausrüstung des Bulâlâwi gekostet haben konnte. Er wurde zwar in Chartûm *in contumaciam* verurtheilt, war jedoch in seinem fernen Bezirke sicher vor der dortigen Gerechtigkeit, unterhielt die Mannschaft des Bulâlâwi nach wie vor und wusste sie sich geneigt zu machen durch die reichen Ergebnisse seiner Unternehmungen. Wiederholte Briefe und Geldsendungen versöhnten die ägyptische Regierung mit ihm; nicht lange Zeit nachher konnte er ihr einen neuen Regierungsbezirk, welcher die Landschaften des Gazellenflusses umfasste, unter dem Namen „Bahâr el-Ghazâl" anbieten.

Während dieser ganzen Zeit war er hin und wieder in Briefwechsel mit dem König Hasîn getreten, indem er diesen stets zu versichern bestrebt war, dass er gar nicht daran denke, das eigentliche Dâr-Fôr zu beunruhigen, sondern dass er nur die Heidenlandschaften im Süden, welche ja niemand gehörten, für sich in Anspruch nehme. König Hasîn antwortete scharf und würdevoll, dass er keine Furcht vor ihm habe und dass er nicht gewöhnt sei, Pferdehändler sich um Regierungsangelegenheiten, die das Geschäft der Könige zu sein pflegten, kümmern zu sehen.

Bald gehorchten alle Landschaften im Süden von Dâr-Fôr mehr dem Zibêr als ihrem eigentlichen Herrscher. Die Besitzer der Kupfergruben (Hofrat en-Nŭhâs), die grossen Araberstämme an den Südgrenzen Dâr-Fôrs, die Tàʿaîscha und die Habanîja, die Heidenvasallenländchen Delqawna und Kuttuwaka zahlten ihre Abgaben an jenen, und die mächtigsten Unterthanen Dâr-Fôrs, die Rezêqât-Araber, waren durch Verträge in ein freundschaftliches Verhältniss zu ihm getreten. Bis nach Bornû hin fühlten sich die Staaten beunruhigt durch die mehr und mehr wachsende Macht dieser sogenannten Bahârĭna*), welche ihre Kriegszüge immer weiter und weiter ausdehnten.

Vergebens suchte König ʿAlî von Wadâï seinen königlichen Nachbar und väterlichen Freund in Hinblick auf die Gefahr zu kräftigem Handeln zu bewegen, bei dem er selbst sich mit aller

---

*) Bahârĭna, d. h. Leute aus dem Lande des Stroms (Bahâr), entweder des Bahâr en-Nîl oder des Bahâr el-Ghazâl. W.

Macht zu betheiligen versprach, denn die Selbständigkeit Dâr-Fôrs war für ihn eine Garantie der eigenen, und es bestand bereits zu solchen Zwecken zwischen ihm und König Hasîn ein Schutz- und Trutzbündniss; doch dieser, wie er während seiner ganzen Regierung nach innen und nach aussen hin stets Zeit zu gewinnen suchte, konnte sich nicht zu energischen Maassnahmen entschliessen. Hätte er sich zu jener Zeit durch Heeresmacht der Bahârïna entledigt, schwerlich würde die ägyptische Regierung daraus einen Kriegsfall gemacht haben.

Im Frühjahr des Jahres 1874 ereilte Hasîn nach einer 35jährigen Regierung der Tod. Sein vertrauter Rathgeber war, ohne eine eigentliche Würde zu bekleiden, der Faqîh Derděri aus Kordofân. Dieser rief, als der König gefährlich erkrankt erschien, den abwesenden Uzir Ahmed Schettâh herbei, denn beide waren einig darüber, den ältesten Sohn ihres Herrn, Namens Abû 'l-Beschr, zum Nachfolger zu machen. Derselbe traf zwei Tage vor dem Tode des Königs mit etwa 1000 Flintenträgern in der Hauptstadt ein. Doch gab es eine andere Partei, welche den jüngsten Sohn des Königs, Namens Ibrâhîm, zum König wünschte und allerdings darin mit den letzten Anordnungen des sterbenden Königs übereinstimmte. Dieser kannte die Vorliebe des Ahmed Schettâh und des Faqîh Derděri für seinen ältesten Sohn und beauftragte durch seinen vertrauten Kammerdiener Cher Grêb den Amîn Bacheït, Sohn des Adam Tarbûsch, heimlich und schnell im Palast eine grössere Zahl Mannschaften zu versammeln und mit ihrer Hülfe nach seinem Tode den jungen Ibrâhîm zum König auszurufen. Der Amîn Bacheït verband sich mit einem unter ihm stehenden Melik der Korkoa, deren Anführer er selbst war, handelte wie ihm befohlen, und als Ahmed Schettâh in el-Fâscher eintraf, lag Derděri bereits in Ketten, und dem Uzir wurde der Eintritt in den Palast untersagt.

Man fürchtete grosse Unruhen von dem Regierungswechsel, nicht sowol von seiten der beiden ältern Brüder Ibrâhîm's, dem schon genannten Abû 'l-Beschr und ʿAbd er-Rahmân, als vielmehr von den Brüdern des verstorbenen Königs, besonders von Hasîb Allâh, doch auch von andern, welche ebenfalls Macht und Ansehen besassen. Der gefährlichste von allen war Hasîb Allâh, der im Charakter dem früher geschilderten Abû Bekr ähnlich, einen grossen Anhang im Lande hatte und besonders die zahlreiche Partei derer vertrat, welche mit der wenig königlichen, sozusagen kaufmännischen Regierung Hasîn's unzufrieden gewesen waren. Doch Hasîb Allâh war ein Greis von ungefähr 70 Jahren und konnte, wenn die übrigen Söhne Hasîn's mit der Einsetzung ihres jüngsten Bruders einverstanden waren, wol nicht wagen, sich offen dem zu widersetzen. Genug, in der Nacht, welche dem Tode des Königs Hasîn folgte, wurde König Ibrâhîm investirt, wobei man ihn, wie es Sitte bei der Investitur war, auf den Teppich Ahmed Bokkor's setzte; die Brüder, nächsten Anverwandten und Hauptwürdenträger des Landes wurden vereidigt, und am nächsten Morgen verkündete die grosse Staatspauke der Hauptstadt und dem Lande den Regierungswechsel, ohne dass irgendein ernstlicher Widerstand sich dagegen geltend gemacht hätte.

König Ibrâhîm, gewöhnlich nur abgekürzt Brâhîm genannt, war ein Mann von 40 Jahren und glich in vieler Hinsicht seinem verstorbenen Vater. Er hatte dieselbe Milde und verständige Nachgiebigkeit, war jedoch einerseits weniger klug und gelehrt, dagegen andererseits mannhafter und entschiedener als jener, im ganzen aber doch der Stellung, welche ihm sein Vater hinterlassen hatte, nicht gewachsen, und diese Stellung wurde von Tag zu Tag schwieriger.

Der Abenteurer Zibêr war nämlich mittlerweile zum Mudîr (Statthalter) der Provinz Bahăr el-Ghazâl ernannt und damit als ägyptischer Beamter anerkannt worden. Er hatte jetzt nicht mehr nöthig, abzuwarten, sondern konnte schneller an die Verwirklichung seiner Pläne gehen, und die Umstände unterstützten ihn darin. Schon Mohammed el-Hasîn hatte die Rezêqât, die er durch so zahlreiche Expeditionen vergeblich zu unbedingtem Gehorsam zu bringen versuchte, zu Feindseligkeiten gegen die Bahârïna veranlasst, und ungefähr zur Zeit seines Todes hatten sie eine Karavane Zibêr's, welche das Gebiet der Rezêqât passiren musste, überfallen, beraubt und die Mannschaften niedergemacht. Zibêr überfiel mit seinen Scharen die Rezêqât, richtete ein grosses Blutbad unter ihnen an und setzte sich zu Scheqqa, einem der Hauptorte der Rezêqât, fest. Das Mudirât Bahăr el-Ghazâl wurde nun in ein solches von Scheqqa umgewandelt und Zibêr Bei Statthalter desselben. Damit war er in das eigentliche Gebiet von Dâr-Fôr gedrungen, und wenn auch die Rezêqât thatsächlich kaum als Unterthanen Dâr-Fôrs angesehen werden konnten, so waren sie es doch dem Namen nach, da sie in den letzten Regierungsjahren König Hasîn's durch die Klugheit und Energie des Uzîr Ahmed Schettâh in der That dazu gebracht worden waren, regelmässige Abgaben zu entrichten. Die Fôrâwa, welche in unglaublich eitler Selbstüberschätzung sich keine richtige Vorstellung von dem Verhältniss der ägyptischen Macht zu ihrer eigenen zu machen vermochten und die längst mit der nachgiebigen und zuwartenden Haltung des verstorbenen Königs unzufrieden gewesen, drängten jetzt den König Brâhîm zu entschlossenem Handeln. Dieser aber konnte nicht anders als energisch vorgehen, wenn er nicht der Partei, welche seinem Onkel Hasîb Allâh anhing und die ausserordentlich zahlreich war, die beste Handhabe bieten wollte, ihn selbst als König unmöglich zu machen. So liess er sich verleiten, eine Expedition unter Ahmed Schettâh gegen Zibêr und seine Bahârîna auszurüsten, und begann dadurch den Sturz des Reiches und den eigenen zu beschleunigen.

Gegen Ende des Jahres 1873 stiess Ahmed Schettâh im Gebiete der Rezêqât auf einen Unterbefehlshaber Zibêr's, Namens en-Nûr, und besiegte ihn vollständig. Doch in Anbetracht der grössern Streitkräfte, welche Zibêr zur Verfügung standen, schrieb Ahmed Schettâh an denselben einen versöhnlich gehaltenen Brief, in welchem er ihn aufforderte, die Grenzen des Landes zu verlassen, und ihm versicherte, dass dann ein vollkommen gesicherter Verkehr zwischen Dâr-Fôr und den Bahârîna fortbestehen könne. Die Boten waren mit diesem Schreiben zu Zibêr abgegangen, und von den stets mehr oder weniger ungeordneten Scharen des Heeres von Dâr-Fôr gingen die, welche bei dem Siege reiche Beute gemacht hatten, nach Hause, um dieselbe in Sicherheit zu bringen, der Rest aber, welcher nichts erbeutet hatte, blieb bei dem Uzîr. Diese Leute nun wurden über die sich verzögernden Verhandlungen mit Zibêr nach dem erfochtenen Siege sehr unwillig, munkelten von Feigheit und wurden endlich so meuterisch, dass Ahmed Schettâh sich genöthigt sah vorzurücken, um die Truppen einigermaassen zu beruhigen. Leider war er jedoch schlecht unterrichtet über die Stellung und den Lagerplatz Zibêr's, und so kam sein Heer unverhofft in Sicht des Feindes, als derselbe kaum das betreffende Schreiben empfangen und beantwortet hatte. Die Bahârīna waren begreiflicherweise sehr erstaunt über das Anrücken der Fôrâwa inmitten der Verhandlungen, gleichwol wurde die Antwort Zibêr's, in der er sich ebenso freundschaftlich bereit erklärt hatte, die eigentlichen Grenzen Dâr-Fôrs respectiren zu wollen, noch abgeschickt. Doch gerade im Augenblick, als Ahmed Schettâh von derselben Kenntniss nahm, wurde von seinen Leuten voreilig auf die Truppen Zibêr's geschossen, was augenblicklich ein Handgemenge, bald allgemeinen Kampf und schliesslich den vollständigen Sieg Zibêr's zur Folge hatte. Ahmed Schettâh verlor das Leben und mit ihm acht der bedeutendern Würdenträger des Landes.

Von dieser Zeit an begannen die offenen Feindseligkeiten Aegyptens gegen Dâr-Fôr. Es wurden Zibêr regelmässige Truppen und Kanonen beigegeben, und der Generalgouverneur des ägyptischen Sûdân, Ismâ'îl Pâschâ, welcher in Chartûm seine Residenz hatte, erhielt Befehl, ebenfalls in Dâr-Fôr einzurücken. Die Scharen Zibêr's machten seit der Zeit von dem Gebiete der Rezêqât aus Vorstösse nach Nordwesten in das Gebiet der Habanîja, und in der Hauptstadt Dâr-Fôrs verging kein Tag ohne beängstigende Kriegsnachrichten.

Die Einwohner selbst blieben bei alledem noch in ihrer grossen Selbstverblendung befangen. Sie vermochten nicht sich vorzustellen, dass ihr grosses, starkes, herrliches Vaterland in die Hände der Türken, wie sie die Aegypter stets nannten, fallen könnte, und verschlossen ihre Ohren mit grösster Hartnäckigkeit gegen die verhängnissvollen sichern Nachrichten, welche aus dem Süden zu ihnen drangen. Bereits zahlten die Stämme des Südens ihre Steuern an Zibêr, Beamte wurden angegriffen und niedergemacht, aber immer noch wollte man an die Möglichkeit einer Eroberung nicht glauben.

König Brâhîm war allerdings verständiger als seine Unterthanen und machte sich im ganzen keine Illusionen über seine Lage. Gegen die Zeit unserer Abreise — wie ich später berichten werde, mussten wir dieselbe bei den beängstigenden

Nachrichten, welche von allen Seiten einliefen, soviel als möglich beschleunigen, zumal mein Leben unter den obwaltenden Verhältnissen der fanatischen Bevölkerung Dâr-Fôrs gegenüber aufs äusserste gefährdet war — sprach sich der König offen über seine Zukunft gegen mich aus. Ursprünglich hatte er sich zu fest auf die Firmane der Hohen Pforte, welche ihm seine Autonomie verbürgten, verlassen und später den Fehler begangen, gewissermaassen selbst zuerst anzugreifen; doch nach dem Verlust der Schlacht gegen Zibêr wollte er eigentlich nichts unternehmen, als die engern Grenzen seines Reiches besetzen und einen Beamten mit Geld und Geldeswerth an den Vicekönig von Aegypten senden, um möglicherweise seine Unabhängigkeit zu retten. Sollten in der Zwischenzeit die Aegypter in den Kern seines Landes eindringen, so war er entschlossen, sich selbst an die Spitze seiner Leute zu stellen und wie ein Mann zu kämpfen und zu sterben; so geschah es auch.

Der Gouverneur des ägyptischen Sûdân sollte sich eigentlich von Kordofân aus nach Scheqqa begeben und im Anschluss an Zibêr in das Nachbarreich einrücken. Doch da der August gekommen und die Regenzeit mittlerweile hereingebrochen war, der Süden Dâr-Fôrs aber reich an Flachseen ist, die in der trockenen Jahreszeit zwar mehr oder weniger austrocknen, in der Regenzeit jedoch zu schwer passirbaren Sümpfen werden, so beschloss Ismâ'îl Pâschâ sehr verständigerweise auf dem directen Wege nach Westen gegen den Mittelpunkt Dâr-Fôrs vorzugehen. Dies ist der bei weitem kürzere und in der Regenzeit gut passirbare Weg; das Terrain besteht aus Sandboden und bleibt auch in dieser Periode für Kamele gangbar. Behufs gemeinschaftlichen Vorgehens befahl er Zibêr, an einem bestimmten Tage von Scheqqa aufzubrechen und über Kelàkĕla im Gebiete der Habanîja und über Dara (beide sind Grenzorte Dâr-Fôrs) in das Land einzurücken. Die Verbindung zwischen Zibêr und Ismâ'îl Pâschâ wurde währenddem fortwährend aufrecht erhalten, und nach jeder Nachricht über das Vorrücken Zibêr's bewegte sich auch Ismâ'îl Pâschâ vorwärts. Der letztere gebot über kaum 3000 Mann, worunter fast ein Drittel unregelmässige Cavallerie, und über drei Kanonen, während Zibêr Bei über eine etwa dreimal stärkere Macht verfügte.

Einige Tagereisen nordwestlich von Dara liegt Menawâtschi, ursprünglich eine Bornû-Colonie, wie auch der Name verräth. Sobald in el-Fâscher die Nachricht angelangt war, dass Zibêr Dara erreicht habe, zog König Ibrâhîm seine Leute zusammen und rückte ihm entgegen. Bei Menawâtschi stiessen die Kriegsheere aufeinander. König Ibrâhîm und sein älterer Bruder Abû 'l-Beschr fielen, und der Sieg der Aegypter war ein vollständiger.

Drei Tage später rückte Zibêr in die Hauptstadt el-Fâscher ein, und unmittelbar nach ihm, im Anfang des Herbstes 1874, betrat Ismâ'îl Pâschâ dieselbe ebenfalls.

Der Onkel des gefallenen Ibrâhîm, der alte Prinz Hasîb Allâh, schlug sich mit dem Rest des Heeres in das Marra-Gebirge und suchte von dort einen erneuten Widerstand zu organisiren. Doch während Ismâ'îl Pâschâ, der selbstverständlich den Oberbefehl hatte, es sich angelegen sein liess, einen friedlichen Zustand in den östlich und südöstlich vom Marra-Gebirge gelegenen Ebenen herzustellen, rückte Zibêr mit seinen Leuten in das Gebirge, welches bei den Bewohnern der Ebene für unzugänglich und uneinnehmbar galt, schlug sein Hauptquartier in Torra auf, und noch vor Beginn des Jahres 1875 musste sich Hasîb 'Allâh, der die königliche Würde angenommen hatte, mit dem Rest seiner Truppen den Aegyptern ergeben.

Wenn man einerseits dem Obercommandanten Ismâ'îl Pâschâ einen Mangel an kriegerischem Sinn vorwerfen kann, so muss man ihm doch andererseits zum Ruhme nachsagen, dass er in der humansten Weise seine Aufgabe, die Gemüther der hochmüthigen und rohen Einwohner des eroberten Landes zu versöhnen, löste. Nur der ehrgeizige und hartnäckige Prinz Hasîb 'Allâh und ein junger Sohn des gefallenen Königs wurden als diejenigen, welche der ägyptischen Regierung möglicherweise noch Schwierigkeiten bereiten konnten, von dem Vicekönig als Gefangene nach Kairo geschickt. Sie kamen daselbst im Frühjahr des Jahres 1875 an und wurden von dem Chediwe in rücksichtsvoller und gütiger Weise aufgenommen.

# Fünftes Kapitel.

## Organisation des Fôr-Staates.

Eintheilung in Mudirâte, resp. Provinzen und Bezirke. — Scherâtî, Zambe, Dimilik, Fûqăhâ, Ukîl. — Die sogenannten Sultane der Araber. — Maqdûm, königlicher Commissar. — Hofstaat. — Die Königin-Mutter. — Der Kamene. — Der Abû Scheïch Dâli. — Die Ija Basi, die Ija Kûri und die Omm Soming Doqola. — Der Orondulung. — Der Fôranga Aba. — Die sieben Grossmütter, Abonga. — Abû Irlingo und Abû Iringa. — Abû Dugunga, Abû Kundschara, Abû Dschebâï und Abû 'l-Haddâd. — Die Bâsinga. — Die Beamten des „Orre Dê". — Abû Kôtinga oder Uzîr und Abû Dâdinga. — Der Soming Koë und die Mulûk el-Fellâgine. — Fellâgine oder Korkoa und Korkoa sirhâr mit ihren Häuptern. — Die Beamten des Marstalls: Abû Dschinschinga, Abû Ari u. s. w. — Der Choschem el-Kelâm. — Die Aufseher der königlichen Familienreliquien. — Der Weg der Frauen mit seinen Beamten: Abû Dschode, Kittir Koa, Kâmmel Koa, Gutto Koa. — Der Aqîd. — Der Melik Saringa. — Der Mirring Koa. — Die Beamten des „Tombasi". — Die Rolle der Beamten und Würdenträger bei der Paukenfeier. — Verlauf der Feier. — Das Konda-Essen. — Die grossen Revuen. — Kleidung und Kriegsschmuck. — Aufzug des Königs, Begrüssung, Vorbeimarsch und Ende der Parade.

Für die Verwaltung des eroberten Landes hat der Vicekönig von Aegypten mit grosser Klugheit die althergebrachte Eintheilung beibehalten.

Das Land ist jetzt in fünf Mudirâte getheilt, welche den fünf Provinzen entsprechen, in die es früher zerfiel. Dieselben waren: die Nordprovinz Dâr-Tokunjâwi, die Südprovinz Dâr-Uma, die Südwestprovinz Dâr-Dîma, die Ostprovinz Dâr-Dâli und die Westprovinz Dâr-el-Gharb. Jede dieser Provinzen, mit Ausnahme der Westprovinz, hatte einen Statthalter, welcher den Titel Abû mit Hinzufügung des Namens der betreffenden Provinz führte, z. B. Abû Tokunjâwi u. s. w.

Der Abû Tokunjâwi ging alter Sitte gemäss aus den Kunjunga, einer Abtheilung der Fôrâwa, hervor, der Abû Uma gehörte derjenigen der Baldanga oder Sominga an, während der Abû Dîma der Abtheilung der Murminga entstammte. Der Statthalter der Provinz Dâli aber war niemals ein freigeborener Fôrâwi, sondern stets der Grosseunuch, der sogenannte Abû Scheïch oder Abû Dâli, welcher nach dem Tode des Königs gewissermaassen Vormund der königlichen Kinder war und als Bevollmächtigter des todten Herrschers betrachtet wurde.

Jede der Provinzen zerfiel ursprünglich in zwölf Bezirke, doch gilt diese Eintheilung zur Zeit nur noch für die Nord- und die Südwestprovinz. An der Spitze jedes dieser Bezirke stand der sogenannte Schertâja (Plural: Scherâtî). Die Ostprovinz umfasste später nur vier und die Südprovinz fünf Bezirke. Die Westprovinz hatte keine Statthalter; sie zerfiel von Anfang an in drei grosse Bezirke: Dâr-Fêa oder Fêja, Dâr-Mâdê, Dâr-Kerne und den kleinern Dâr-Kûnjer, deren Scherâtî der Grösse ihres Gebietes entsprechend einen höhern Rang und eine selbständigere Stellung einnahmen; sie verkehrten direct mit dem König.*)

Die Bezirke der Scherâtî zerfielen wieder in kleinere Kreise, an deren Spitze der Dîmilik stand. Doch zwischen dem Schertâja und dem Dîmilik gab es eine Mittelsperson, den sogenannten Zambe (ein Wort, welches in der Fôr-Sprache eigentlich „Wurfspiess", hier aber einen Spiess bedeutet, wie man ihn etwa zum Fischfang benutzt; durch diesen Zambe „spiesste" gewissermaassen der Schertâja seine Dîmilik). Bei erlassenen Befehlen versammelte der Zambe die betreffenden Dîmilik; der Dîmilik rief sodann die

---

*) „Fêa" und „Mâdê" sind Wörter der Fôr-Sprache, welche jedenfalls ursprünglich eine wirkliche Bedeutung hatten, denn alles im Reiche ist in „Fêa" und „Mâdê", etwa wie in Wadâï in „Joluk" and „tuluk" (links und rechts) getheilt. Inwieweit die Bedeutung von „Kerne" (nämlich „Hose") mit dem Namen des Bezirks zusammenhängt, lasse ich dahingestellt.

Fuqăhâ, die Gelehrten, hier die Dorfschulmeister, zusammen, deren jeder eine gewisse Anzahl von Dörfern zu vertreten hatte, und ohne die ein schriftlicher Verkehr des Dimilik mit seinen Untergebenen nicht möglich wäre; die Fuqăhâ setzten die Ukĕlâ (Singular: Ukîl, etwa: „der Schulze") der Dörfchen und Weiler (denn grosse Dörfer gibt es nicht) von den Anordnungen in Kenntniss, und diese benachrichtigten die sogenannten Herren der Zerîba, d. h. einer Ansiedelung, die eine gewisse Häusermasse (in der Fôr-Sprache „Tigenganga") umfasst und von einem gemeinschaftlichen Zaun umgeben ist.

Zu diesen Beamten der eigentlichen sesshaften Landesbevölkerung vom Stamme der Fôrâwa kamen dann die Häupter der verschiedenen eingewanderten sesshaften oder nomadisirenden Stämme. So existirten verschiedene Sultane, die jedoch unter den Scherâtî standen, auf deren Gebiet sie wohnten. Es hatten die Massabât, Bîrgîd, Bego, Marârit, die Massâlît, welche im Innern des Landes wohnen, und die Zoghâwa-Kûbê ihre Sultane. Die Araberstämme, welche sich durch Macht und historische Bedeutung auszeichneten, verkehrten mit der Regierung durch ihre „Schiuch en-Nuhâs" („Scheïchs der grossen Pauken"), welche Sultansrang hatten. Endlich hatten die Tâma, Oro und einzelne der Massâlît-Abtheilungen des Westens Häuptlinge mit dem Titel „Ferscha" (eigentlich „Teppich"), die einen niedrigern Rang einnahmen als jene Sultane, resp. Scheïchs.

Von den vier andern Provinzialstatthaltern unterschied sich der Abû Scheïch oder Abû Dâli, welcher nicht allein Verwaltungs-, sondern auch Hofbeamter war, während die übrigen, im Range sich gleichstehenden nur auf bestimmtes Verlangen des Königs in die Hauptstadt kamen.

Um etwaigen Uebergriffen vorzubeugen, schickte der König von Zeit zu Zeit Commissare in die Provinzen, welche, gewissermaassen die Person des Königs vertretend, die Oberleitung der Angelegenheiten in ihre Hand nahmen. Diese Commissare, „Maqdûm" genannt, wurden während der Zeit ihres Amtes mit den äussern Abzeichen der königlichen Würde ausgerüstet und übten die höchste Gewalt aus. Ein solches Commissariat pflegte zwei bis drei Jahre zu dauern, und nur für die Nordprovinz war seit langen Zeiten ein ständiger Maqdûm vorhanden. Zu diesem Amte konnten beliebige Beamte, Sklaven oder Freigeborene, ernannt werden, welche nach Beendigung ihrer Mission wieder in ihre frühere Stellung zurücktraten.

Dieser ganzen Eintheilung entzog sich das Centrum des Marra-Gebirges. Dort gab es einen Schertâja von Dâr-Torra, und der Rest zerfiel in kleine Kreise, deren Aufsichtsbeamte wie auch der Schertâja von Torra direct unter dem König standen. Den fruchtbarsten Theil des Landes an den westlichen Abhängen des Marra-Gebirges, „Rô-Kûri" („Brunnen des Königs"), ihm und seiner Familie zur Nutzniessung vorbehalten, verwaltete der König in eigener Person.

Ausser diesen Verwaltungsbeamten finden wir bei den alten Königen von Dâr-Fôr einen strenggegliederten Hofstaat.

Nach dem König, welcher Abâ Kûri oder Ari hiess, hatte den höchsten Rang die Königin-Mutter, mit dem Titel Abo (dem arabischen Häbâba* oder Grossmutter), obgleich ihre Stellung mit keiner wirklichen Macht verknüpft war. Wenn sie auch oft einen grossen Einfluss auf den Regenten ausübte, so mischte sie sich doch kaum jemals in Regierungsangelegenheiten. Sie stand an der Spitze der sieben Abonga (Plural von Abo), Witwen oder Verwandten des königlichen Hauses höhern Alters, deren Landbesitz frei war von allen Lasten und Abgaben.

Vielleicht ein gleich hohes Ansehen als die Königin-Mutter genoss der sogenannte Kamene („Hals des Sultans"); man könnte ihn des Königs Schatten nennen. Sobald der König starb, musste in früherer Zeit auch der Kamene getödtet werden.**) Es scheint, dass dieser grausame Gebrauch noch bis zu der Regierung Ahmed Bokkor's stattfand. Bis zu dieser Zeit wurde nämlich der Kamene aus der Fôr-Abtheilung der Kattuwanga ernannt. Als aber einst Ahmed Bokkor einige von seinem Kamene

---

*) Daraus, dass bei den Arabern in Dâr-Fôr Häbâba (richtiger Hñbâba) die Grossmutter heisst, welche Bedeutung es nur in Hadramaut hat, liesse sich schliessen, dass die dortigen Araberstämme aus Südarabien eingewandert sind. W.

**) Zu diesem Berichte mag erwähnt sein, dass auch Iâqût in seinem geographischen Lexikon erzählt, zu seiner Zeit (vor 600 Jahren) habe bei mehrern Negervölkern die Sitte geherrscht, eine gewisse Anzahl der vornehmsten Männer beim Tode des Königs abzuschlachten und mit ihm zu begraben. W.

geschädigte Unterthanen in Begleitung eines „Tolkonjâwi" („königlichen Boten") zu jenem mit dem Befehle gesandt, den Leuten gerecht zu werden, und der sich in seiner Würde verletzt fühlende Schattenkönig den Tolkonjâwi geprügelt hatte, setzte ihn der König ab und ernannte an seiner Statt einen gewissen Ramadân vom Stamme der Aulâd Mâna; aus diesem Stamme ging seitdem der Kamene stets hervor. Dieser Stamm war eine Mischung von Arabern und Fôrâwa, und es scheint, dass die Mutter Bokkor's ihm angehört hat. Zu meiner Zeit war Mohammed Dumba („Dumba", die kleine schwarze Hyäne) von den Aulâd Mâna Inhaber der Würde. Sein Rang musste ursprünglich dem der Königin-Mutter nachgestanden haben, denn er scheuerte vor ihr mit der flachen Hand den Boden, eine auch hier allgemein übliche Begrüssung des Niedern gegen den Höherstehenden. Man erwies ihm äussere Ehren wie dem wirklichen König, d. h. kam er zu Pferde, so stieg man schon von ferne ab, hockte am Boden nieder, band den Shawl, den jeder Fôrâwi und zwar gewöhnlich über den Schultern trägt, um die Hüften und scheuerte den Erdboden mit den flachen Händen, dem Kamene langes Leben und Frieden wünschend. Seine Begleitung murmelte dazu wie beim König „Areï Donga, Areï Donga", während er selbst wie der König ohne den Mund zu öffnen durch ein leises, gedehntes „Hm" dankte, oder höchstens kaum vernehmlich und sanft „'Âfïa" („Bleibt gesund") erwiderte. Er begab sich von Zeit zu Zeit in den Palast, um den wirklichen König zu begrüssen, betrat denselben jedoch nicht sogleich, vielmehr schlug man ihm ausserhalb einen Stoffverschlag aus Toqqîja auf, von wo aus er durch einen Aufseher der königlichen Pagen seine Anwesenheit dem König melden und seinem Wunsche, den Herrscher zu begrüssen, Ausdruck geben liess. Erst wenn der König sich bereit erklärte ihn zu empfangen, begab sich der Kamene in den Palast. Jedermann musste vom Pferde steigen und zu Fuss den Raum durchschreiten, welcher zwischen dem Verschlag und dem Palast lag. Der Abû Scheïch, die Ija Basi und der Orondulung allein hatten das Recht, zu Pferde in den Hof des Kamene sich zu begeben und erst dort abzusteigen. Der Kamene war hinlänglich mit Krongütern (Hawâkir) gesegnet, um anständig sein pflichtenloses Leben führen zu können, besass jedoch weder viele

Leute noch Pferde. Ueber seine Untergebenen urtheilte er allein
ab, und nicht selten entschied er über Leben und Tod, obwol dies
eigentlich nur dem wirklichen König zustand; indessen wurden
die Uebergriffe des Kamene mit Stillschweigen übergangen, um
das königliche Ansehen, welches er gewissermaassen theilte oder
repräsentirte, nicht zu schädigen. Er trug den Turban eines Scheïch
und den Litâm wie der König über Nase und Mund, legte ihn
aber in unmittelbarer Nähe seines königlichen Herrn ab, band
auch im Palast seinen Shawl nur in der „Ferr" genannten Weise,
d. h. gänzlich entfaltet, um die Hüfte. Bei der jährlichen Paukenfeier ass er allein und wurde dabei von dem Somingkoë bedient,
dessen Gewand ihm, dem alten Herkommen gemäss, zum Trocknen seiner Finger diente, nachdem jener ihm das Waschwasser
über die Hände gegossen. Trotz seiner hohen Würde stand der
Kamene an wirklicher Bedeutung dem Dritten im Hofstaate, dem
Abû Scheïch Dâli, entschieden nach, und das dortige nicht un-
witzige Volk nannte ihn wegen des Misverhältnisses zwischen
Würde und Macht „die Scheide der Kuh". Der Vergleichspunkt
hierbei ist, dass die Scheide der Kuh weder aus Fell besteht, das
man verarbeiten, noch aus Fleisch, das man essen kann, etwa entsprechend unserm: „Nicht Fisch noch Fleisch".

Wie wir in der Geschichte des Landes gesehen haben, wurde
der Abû Scheïch Dâli nicht selten durch seine Macht dem König
selbst gefährlich. Es scheint, dass der erste Inhaber dieser Würde
unter dem König Delîl, auch wol Dâli genannt, Chalîfa war und
einfach den Namen Dâli führte. Dieser hatte wahrscheinlich den
grössten Antheil an der Einrichtung der ganzen Verwaltung und der
Abfassung des Rechtscodex, die unter dem König Delîl entstand
und diesen zum eigentlichen Begründer des letzten Fôr-Reiches
machte. Der Abû Scheïch, selbst Eunuch, war Oberhaupt der
Eunuchen und des ganzen innern königlichen Hauses, obwol er um
die Frauen sich nicht kümmerte; ausserdem war er noch Statthalter
der Ostprovinz. Starb der König, so war er der vorläufige Herr
des Palastes, bemächtigte sich der königlichen Insignien, nahm
den Staatsschatz in Verschluss, sperrte die Frauen ein und ernannte
ursprünglich den Nachfolger. Seitdem jedoch der Abû Scheïch Kurra
der königlichen Macht so gefährlich geworden, hatte man den

Einfluss des Abû Scheïch vermindert. Er residirte in el-Fâscher, trug bei öffentlichen Aufzügen und auf dem Wege zur Moschee den königlichen Turban mit dem Litâm und hatte in seinem Hause ein heiliges Feuer zu unterhalten, das nur mit dem Tode des Herrschers erlöschen durfte; ein gleiches wurde im Palast des Sultans unterhalten. Er wurde also gewissermaassen als Vertreter der königlichen Macht, als ein Chalîfa betrachtet. So war es noch unter König Mûsâ mit dem Abû Scheïch Kujun, so unter König Bokkor mit dem Abû Scheïch Olongo, unter König Tirab mit dem Abû Scheïch Moggeram, unter Abû 'l-Qâsim mit dem Abû Scheïch Dschutta. Als der letztere gegen die Massabât zog, konnte er, um den König zu höhnen, seine Leute noch singen lassen: „Das Auge der Kinder des Fâscher hat Furcht, Furcht; das Auge Dschutta's ist es, welches die Massabât sieht." Die Macht des Abû Scheïch war am bedeutendsten zur Zeit des 'Abd-er-Rahmân und des Mohammed el-Fadl, als der Abû Scheïch Kurra thatsächlich König war; erst als Mohammed el-Fadl sich seiner entledigt hatte, war man bestrebt, die Macht des Grosseunuchen zu beschränken. Nach jenem hatten diese Würde inne: Degessa, Jûsef, Tania, und unter König Hasin: Rahma, Tukkun, 'Abd-el-Ghaffâr, Schaiba und 'Abd-er-Rezzâq, der noch zu meiner Zeit Abû Scheïch war. Als Eunuch sollte der Abû Scheïch eigentlich stets Sklave sein; doch viele der Genannten waren Freigeborene, wie Kurra, Jûsef, Tania und Schaiba, sei es dass sie zur Strafe für ein Verbrechen oder durch Krankheit verstümmelt worden, sei es dass sie es aus Ehrgeiz selbst gethan hatten, wie es wol vorgekommen ist. Gleich dem Kamene hatte der Abû Scheïch das Vorrecht, nur vor dem König und der Königin-Mutter den Boden mit den Händen scheuern zu müssen.

Die im Range folgende Würdenträgerin, die Ija Basi, wörtlich: „die grosse Frau", fast immer eine Schwester des Königs, stand eigentlich kaum unter dem Kamene und dem Abû Scheïch, besonders da zugleich ihre thatsächliche Macht die der Königin-Mutter weit überragte. Sie war als wirklicher Beamter zu betrachten, hatte ihre Kriegsmacht, erschien bei öffentlichen Aufzügen zu Pferde, war für jedermann zu sprechen (und oft nur allzu zugänglich, wie die Leute sagten), und mancher hohe Würdenträger ging sie um Vermittelung bei dem Sultan an, denn naturgemäss hatte niemand so leichten Zugang und so häufige Beziehungen zum König als die Ija Basi. Die Ija Basi Zemzem, welche unter König Hasin diese Würde innehatte und die in der Geschichte des Landes eine Rolle spielte, war die mächtigste Person im Lande, vor welcher sich selbst der König, ihr Bruder, fürchtete, und die er nicht zu zügeln vermochte. Zur Zeit meines Aufenthalts in Dâr-Fôr hatte die Schwester des Königs Brâhîm, Arofa, die Frau des Chabîr Mohammed, diese Würde inne.

Ich erwähne hier gleich die beiden Frauen des Sultans, welche sich ebenfalls einer hervorragenden Stellung rühmen durften, ohne dass sie jedoch mit den übrigen Würdenträgern gleichstanden. Dazu gehörte die Lieblingsfrau, die Ija Kûri, d. h. „Frau des Königs", welche zu meiner Zeit Kaltuma hiess, auch wol „Omm Kittirkoa" genannt wurde und sozusagen die Verwalterin des innern königlichen Hauses war. Mischte sie sich auch nicht in Regierungssachen, so war sie doch oft von grossem Einfluss auf den König, und es bestand zwischen ihr und der Ija Basi eine gewisse Rivalität. Auf sie folgte die Omm Soming Doqola, welche dem König Turban und Litâm umzubinden und die Paukenwächter (Soming Doqola) zu überwachen hatte, woher auch ihr Name stammt.

Der Ija Basi im Range zunächst dürfte der Orondulung stehen, welcher früher aus dem Stamme der Fôrâwa, später auch aus dem der Bego, Zoghâwa und zu meiner Zeit aus dem der Dâdscho hervorging. Sein Titel stammte von dem Worte „Orre" (die Thür, der Eingang), und „Dulung", das trogähnliche Holzlager der die Thür bewachenden Sklaven, würde demnach also „Thorhüter" bedeuten. Er war der Gouverneur von el-Fâscher, Oberbürgermeister und Polizeipräsident in einer Person, und Vertreter der Westprovinz beim König. Die Audienzsuchenden versammelten sich morgens im Wartezimmer (eigentlich „Wartehütte"), sassen an der äussern Thür (Orre) und plauderten, bis die Umĕnâ (Plural von Amîn), die vertrauten Hausssklaven des Königs, sich zu diesem begaben. Der Orondulung trug einem derselben auf, den Sultan von der Anwesenheit der betreffenden Würdenträger in Kenntniss zu setzen. Der König liess sie dann entweder rufen, oder, wenn er keine Neigung dazu hatte, ihnen durch den Amîn erklären, heute finde keine Audienz statt; dem Boten gestattete es dabei die

Ehrfurcht vor seinem Herrn nicht, den König als seinen Auftraggeber zu bezeichnen und so in die Unterhaltung zu ziehen.

Der sechste in der Rangliste der Höflinge war der Fôrang Aba, welcher alter Sitte gemäss aus den Fôr-Abtheilungen der Fôranga oder Baldanga genommen werden musste. Er war der Kenner und Wächter alten Rechts und alter Sitte und Richter über alle streitigen Punkte auf diesem Gebiet. Denn selbst seit der Islâm in Dâr-Fôr als Staatsreligion eingeführt worden, hatten die im Buche Dâli verzeichneten Gesetze ihre Gültigkeit nicht verloren, und noch bis in die letzte Zeit konnte jemand im gegebenen Falle auf seinen Wunsch entweder nach den religiösen Gesetzen des Islâm oder nach der „Siesa", d. h. den alten Landesgebräuchen, abgeurtheilt werden. Der Fôrang Aba trug bei öffentlichen Aufzügen und auf dem Wege zur Moschee den Turban, doch ohne den Litâm über Nase und Mund zu führen. Er war im Besitze vieler Hawâkir und Oberhaupt zahlreicher Fôr-Abtheilungen, aus welchen er seine Einkünfte bezog.

In siebenter Linie folgten jetzt die obenerwähnten sieben Grossmütter oder Abonga, deren Stellung schon geschildert wurde, und welche noch eine wichtige Rolle bei der anderweitig zu beschreibenden Paukenfeier zu spielen hatten.

Auf diese folgten der Abû Irlingo und der Abû Iringa, beide ungefähr gleichen Ranges. Dieser hatte unter dem König Sulêmân Solon und jener unter dem König Mûsâ das Amt eines Uzîr. Erst Ahmed Bokkor übertrug dasselbe an Sklaven. Ihre Namen stammen von den gleichnamigen Fôr-Abtheilungen. Der Abû Irlingo hatte dem König bei seiner Investirung den Turban aufzusetzen und empfing dafür ein aufgeschirrtes Pferd, eine Surrîja oder Bettsklavin und ein Ehrenkleid. Ihm gehorchten die Mîmi, Hamr, Wadâwa und Tundscher, und unterstellt war ihm der Melik el-Dschankati des Westens, welcher die Honigsteuer einzutreiben hatte. Dem Abû Iringa waren bei Hofe die Zoghâwa, die gesammten Unterbeamten der Nordprovinz und der Stamm der Kâdscha im Osten des Landes untergeben.

Auf diese beiden folgen vier Würdenträger, welche den gleichen Rang bei Hofe einnahmen, der Abû Dugunga, Abû Kundschâra, Abû Dschebâi und Abû 'l-Haddâd. Die beiden erstern waren die Häupter der vornehmen Fôr-Abtheilungen gleichen Namens, von denen noch später die Rede sein wird. Der Abû Dschebâi war Generalsteuereinnehmer und ging der Sitte gemäss aus der Fôr-Abtheilung der Koranga hervor. Er liess die Abgaben an Getreide und den landesüblichen Baumwollengeweben erheben und hatte den Kornvorrath des Königs in seiner Verwahrung. Da sein Amt ein umfangreiches war, hatte er zahlreiche Unterbeamte, die nach dem Vorbilde des königlichen Hofstaates geordnet und benannt waren; sein Hofstaat war fast so zahlreich, als der des Königs selbst, und seine Tokunjâwa, Dîma, Uma, Scherâtî, Mulûk waren über das ganze Land zerstreut, wie auch seine Geschäfte sich über das ganze Land erstreckten. Die Getreideabgaben wurden gewöhnlich nicht bis zur Hauptstadt gebracht, sondern in Getreidegruben (Matâmîr) bei den Provinzialbeamten und den Inhabern der Krongüter in Verwahrung gegeben und dem Sultan nur die Abrechnung überreicht. Der Abû 'l-Haddâd, in der Fôr-Sprache „Mirong Sajal" genannt, gehörte zu meiner Zeit den Wahienja, einer Abtheilung der Dschellâba, an. Er war Oberhaupt der Schmiede, hatte deren Abgaben an Lanzen, Wurfeisen, Messern, Aexten u. dgl. abzuliefern und bezog von ihnen seine Einkünfte.

Die jetzt folgenden Bâsinga, die Aufseher aller männlichen Personen königlichen Blutes, mussten Abkömmlinge früherer Könige sein. Ihrer waren zwei, zwischen denen im ganzen kein Rangunterschied bestand, obwol der eine dadurch eine etwas hervorragendere Stellung einnahm, dass er einen von König Mûsâ seinen Vorfahren verliehenen Schmuck trug. Derselbe bestand in einer Art Halskette aus Bernsteinkugeln mit auf der Brust liegenden Silberplatten und einem ähnlichen Armband. Zu meiner Zeit war Inhaber des Schmuckes der Basi Doldum, welcher auch berechtigt war, auf dem Wege zur Moschee den Turban, wenn auch nicht den Litâm, zu tragen.

Diese seltene Auszeichnung besass noch ein anderer Basi (obgleich eigentlich nur zwei Personen die obige Würde innehatten, so nannte man auch wol alle Abkömmlinge der frühern Bâsinga so) und zwar der Basi Ahmed, Sohn Tâhir's. Tâhir war Vormund aller Söhne und Abkömmlinge der frühern Könige von

Ahmed Bokkor ab, während diejenigen, welche von den Königen vor Ahmed Bokkor abstammten, von dem Basi Ahmed, dem Sohn Tâhir's, beaufsichtigt wurden. Die Bâsinga hatten den König, sechs zu seiner Linken, sechs zu seiner Rechten, auf allen seinen Auszügen zu begleiten. Sie waren im Besitz vieler Hawâkîr und hatten ihre Einkünfte ausserdem von den Stämmen und Ortschaften, deren Einwohner ihnen als ihrem Oberhaupt gehorchten.

Dies waren die grossen Hofämter. Ihre Inhaber mussten mit Ausnahme des Abû Scheïch stets Freigeborene sein. Der Abû Tokunjâwi, Abû Dima, Abû Uma entziehen sich dieser Rangordnung insofern, als sie kein Hofamt innehatten, sie scheuerten nur vor dem König, der Königin-Mutter und dem Kamene den Boden. Ebenso verhielt es sich mit dem Maqdûm. Unter sich waren diese drei Statthalter im Range ziemlich gleich; vielleicht überragte der Verwalter der Nordprovinz die übrigen einigermaassen.

Alle bisher angeführten Würdenträger trugen ihre Shawls als „Ferr", d. h. entfaltet um die Hüften gebunden, sodass sie hinten herabhingen, während die unbedeutendern sie zusammengerollt als Gürtel umbanden.

Die vorgenannten, mit Ausnahme der Statthalter, hatten zwar alle Hofämter, waren aber doch eigentlich mehr Beamte des Landes und nicht des Palastes. Diejenigen, welche nur dem königlichen Haushalte angehörten, theilten sich nach der Anlage der königlichen Wohnung in zwei Gruppen und waren von jenen durchaus geschieden. Es muss hier nochmals erwähnt werden, dass man den Königspalast (und das nicht allein in Dâr-Fôr und in Wadâï, sondern auch in vielen der übrigen Negerländer) auf zwei verschiedenen Wegen betreten konnte, auf dem „Weg der Männer" und dem „Weg der Frauen". Jener hiess in Dâr-Fôr „Orre Dê", dieser „Orre Baja". Während es aber in andern Ländern, z. B. in Wadâï, zum guten Ton gehörte, ein so vertrauter Besucher des Königs zu sein, dass man den sogenannten Weg der Frauen wählen durfte, hielt man in Dâr-Fôr, wie ich bereits erwähnt habe, darauf, auf dem Wege „Orre Dê" sich zum König zu begeben. Der ganze Königspalast in Dâr-Fôr wurde „Beit el-Dschebâje" genannt, was etwa besagen will: das Haus, wohin man die

Abgaben gibt. In der Residenz gab es deren, wie schon gesagt, zwei. Der alte Königspalast Beit el-qadîm stammte von König ʿAbd er-Rahmân und lag auf der Nordwestseite des Sees Tendelti, der andere war der vom König Hasîn auf dem Südostufer erbaute, der sogenannte „Tombasi". Jeder derselben hatte seinen „Orre Dê" und „Orre Baja".

Die Beamten des erstern waren der Abû Kôtinga oder Uzîr und der Abû Dâdinga, zwei Würdenträger von so vollständig gleichem Rang, dass man sie „Zwillinge" nannte; auch hielten sie sich im Audienzraum des Königs in gleicher Entfernung von diesem nebeneinander. Gleichwol hatte im Laufe der Zeit der Uzîr zwar nicht einen höhern Rang, aber doch eine grössere wirkliche Bedeutung gewonnen. Der Uzîr, dessen Würde durch Sklaven oder Freigeborene besetzt werden konnte, war so einflussreich und bedeutend erst geworden, seit Ahmed Bokkor diese Stellung dem freigeborenen Abû Iringa, also dem Vertreter einer angesehenen Fôr-Familie, nahm und sie einem seiner Person speciell zugetheilten Beamten, einem Amîn, gab. So ging seit jener Zeit der Uzîr gewöhnlich aus dem Melik der „Korkoa sirhâr" (Aufseher der kleinen speertragenden Pagen) hervor, die meist Sklaven waren. Gleichwol sind die Beispiele, dass Freigeborene Uzîre wurden, häufig. So war der Uzîr Bahâr unter König el-Qâsim, welchen dieser über alle andern Beamten erhob und der vielleicht den Verlust der Schlacht gegen Wadâi verschuldete, ein freier Zoghâwi; der Uzîr ʿAli Uled Dschama unter König Tirab war wie sein Sohn Dokkome unter ʿAbd er-Rahmân frei geboren; unter Mohammed el-Fadl waren Hamed Ibn Saqed, Ibn Kuni, Ibn Bokkor nicht allein freigeboren, sondern sogar aus königlichem Blute; unter demselben Herrscher war später ʿAbd es-Sîd zwar Sklave, aber sein Nachfolger ʿAbd el-Bârî, aus dem Stamme der Bego nur Halbsklave und dessen Nachfolger Adam Tarbûsch, der Midobi, ebenfalls ein Halbsklave. Unter Mohammed el-Hasîn waren Halîb, der Sohn ʿAbd es-Sîd's, und Ahmed Schettâh Sklaven, endlich unter König Brâhîm der Sohn Adam Tarbûsch's, Namens Bacheït, Nachfolger Ahmed Schettâh's, Halbsklave. Das Sklavenelement spielte natürlich in Dâr-Fôr dieselbe wichtige Rolle wie in den andern Sûdân-Ländern. Ein Herrscher wird sich im allgemeinen dort hüten, einen vornehmen Freigeborenen sich ohne Noth zum Feinde zu machen; seine eigentlichen Vertrauten sind aber in der Regel Sklaven, deren Wohlergehen von dem seinigen abhängt, und die mit seinem Tode in das Nichts des gewöhnlichen Sklavenlebens zurückgeschleudert werden können. So finden wir in Dâr-Fôr den Grosseunuchen als mächtigsten Beamten des Landes, sehen, dass die Statthalter nur durch einen Höfling Zugang zum König erlangten und durch einen Maqdûm, der ebenfalls Sklave sein konnte, eventuell bedeutungslos gemacht werden konnten. Unter den vorgenannten sind die hervorragendsten: ʿAlî Uled Dschama, Hamed Ibn Saqet und Adam Tarbûsch, die sämmtlich ein gutes Andenken im Volke hinterlassen haben.

Besonders scheint Adam Tarbûsch sich durch Treue gegen seinen Herrn und durch Rechtschaffenheit gegen das Volk ausgezeichnet zu haben. Weniger beliebt fand ich das Andenken Ahmed Schettâh's, der zwar durch die Gunst seines Herrn ausserordentlich mächtig wurde, aber wegen seiner grenzenlosen Verschwendung beim Volke nicht gut angeschrieben war. Grund zur Unzufriedenheit gab ebenso der Begâwi ʿAbd el-Bârî unter König Mohammed el-Fadl, der in seinem Uebermuth beispielsweise seine Pferde stets mit Zuckerwasser getränkt haben soll. Der Uzîr Bacheït, den ich mit dieser Würde auszeichnen sah, schien nicht in den Fussstapfen seines Vaters zu wandeln. Er besass zwar offenbar viel Verstand und hatte unleugbare Verdienste um die Einsetzung seines Herrn als König; doch war er ein vollendeter Egoist und äusserst nachlässig in der Verwaltung der öffentlichen Angelegenheiten, und dies war um so mehr zu beklagen, als das Amt des Uzîr, seit die Macht des Abû Scheïch beschränkt worden, das einflussreichste im ganzen Lande war. Der Uzîr hatte eine Menge Hawâkir zur Nutzniessung und viele Stämme zahlten ihm Abgaben; auch war er Oberhaupt aller Dschellâba, was sehr erhebliche Einkünfte abwarf.

Sein Zwillingsbruder im Range, der Abû Dâdinga oder auch Dadingâwi, stand ihm an Einfluss entschieden nach. Der Abû Dâdinga war ein Freigeborener aus Tâma-Blut. Das Wort Dâdinga bedeutet nicht etwa, wie man vermuthen sollte, einen Zweig des Fôr-Stammes und kommt auch nicht, wie man es hat erklären wollen, von dem arabischen Worte dâd her, welches im Hidschâz den Erzieher eines Knaben bedeutet\*), in welchem Falle „Dâdinga" etwa einen Erzieher der königlichen Prinzen bezeichnen würde. Eher liesse sich das Wort, wenn es nicht der Fôr-Sprache angehört, mit dem arabischen dahdâ\*\*) zusammenstellen, was einen Menschen ohne Anhalt, ohne Sippe bedeutet, denn mit dem Amte des Abû Dâdinga war die Aufsicht über alle Leute, welche stamm- und familienlos sich in Dâr-Fôr aufhielten, verbunden, und sein Ursprung soll folgender gewesen sein: Als König 'Omar Lêlê gegen Wadâï zog, bemerkte er allabendlich abgesondert vom Lager ein einsames Feuer. Auf sein Befragen nach dem Inhaber desselben, antwortete man ihm, dort lagere ein gewisser Wanna aus königlichem Blute, der sich stets allein halte. Dem König gefiel dies, er betraute ihn, um ihm Anhalt und Gesellschaft zu geben, mit der Aufsicht über alle Leute, welche ohne natürliche Stammoberhäupter im Lande lebten, und gab ihm zur Einnahme den Ertrag der Marktabgaben, der nicht unbeträchtlich war; der Abû Dâdinga hatte zahlreiche Beamte im ganzen Lande, welche dieselben an ihn ablieferten. Diese Würde bestand also erst seit der Regierung 'Omar's. Unter seinen Nachfolgern wurde ein gewisser Wir, ebenfalls aus Tâma, zum Dâdinga ernannt, und in der Familie desselben verblieb seitdem die Würde. Da Hinrichtungen gewöhnlich auf dem Marktplatze stattfanden, so war er zugleich Oberscharfrichter. Ausser durch seine bedeutenden Einnahmen war er besonders mächtig durch seinen zahlreichen Anhang, denn die Zahl derjenigen, welche keinem bestimmten Stamme angehörten, war sehr gross; er vermochte bedeutend mehr Leute ins Feld zu stellen, als mancher sonst höher stehende Würdenträger.

Nunmehr folgten in den Rangstufen des königlichen Hausstandes der Soming Koë oder Soming Doqola und drei Mulûk el-Fellâgine, welche sich ungefähr gleichstanden. Das Wort So-

---

\*) Dass das Wort dâd diese Bedeutung in Mekka wirklich hat, sehen wir aus den „Mekkanischen Sprichwörtern" gesammelt von Snouck Hurgronje (Haag 1886), S. 113. W.

\*\*) „Dahdâ" hiessen nach Dr. Nachtigal's Tagebuch in Dâr-Fôr die Sklaven, welche mit den Kindern des königlichen Hauses aufwuchsen und wie deren Brüder gehalten wurden. D. H.

ming Koë ist zusammengesetzt aus „Som" (der Versammlungsplatz, woselbst sich etwa die Leute zur Unterhaltung oder zur gemeinschaftlichen Mahlzeit versammeln) und „Koë" (der Knabe, Diener, Aufseher), sodass Soming Koë „Aufseher der Versammlungsplätze" heisst und, auf den königlichen Palast angewendet, Aufseher des Platzes bedeutet, auf welchem man die Audienz erwartete. Er war der eigentliche Herr des Weges Orre Dê. Seine Unterbeamten hiessen Soming Doqola, woraus mit der Zeit für ihn selbst die Bezeichnung seiner Würde geworden war. Sklaven sowol als Freigeborene konnten zu dieser Würde, welche zugleich die Aufsicht über die grossen Staatspauken in sich schloss, erhoben werden. Zu meiner Zeit hatte ein Sohn des gerade damals gegen die Bahârïna gefallenen Soming Koë, Saʿad-en-nûr, dieselbe inne. Fellâgine oder Korkoa hiessen die ältern Pagen oder Diener des Palastes, und die Mulûk el-Fellâgine waren deren Aufseher. Einer der ältesten von ihnen, der Melik ʿAbd el-Maulâ, ein braver alter Mann und guter Bekannter von mir, überragte an Ansehen wol den Soming Koë, wenn er auch in der Rangordnung demselben nachstand.

Es folgten hierauf die Aufseher der kleinen Pagen, Korkoa sïrhâr, deren es sechs gab, die wiederum unter sich eine bestimmte Rangfolge hatten. Der höchststehende wurde „der Vater" der übrigen genannt und er band sogar seinen Shawl als „Ferr" um; dieser war bei meiner Ankunft der Melik Rahma, der jedoch während meiner Anwesenheit durch den Bruder des Amin Bacheït (Sohn des Adam Tarbûsch) überragt wurde. Bacheït selbst nahm bei meiner Ankunft die fünfte Stelle in der Rangordnung der sechs Pagenaufseher ein und wurde bald nachher zum Uzîr ernannt. Die Korkoa sïrhâr sind, wie schon erwähnt, die speertragenden Knaben, welche den König bei Aufzügen begleiteten und auch zu Sendungen und Diensten für die Person des Königs verwendet wurden.

Auf die Befehlshaber der Pagen folgten die Oberstallmeister, von denen jeder König bei seinem Regierungsantritt einen neuen ernannte. Unter diesen Mulûk el-Korâjat ist der Abû Dschinschinga zu nennen. Dschinschinga sind die Woll- und Haararbeiter, welche sich mit der Zeit als eine besondere Abtheilung aus dem Fôr-

Stamme herausgebildet hatten. Ehe man nämlich in Dâr-Fôr als Unterlage für die Pferdesättel allgemein die Filzdecken benutzte, die jetzt aus Aegypten und Tripolis eingeführt und deren sechs bis acht übereinander dem Pferde aufgelegt werden, waren Sättel im Gebrauch, wie sie noch heutigentags die Esel tragen, wobei das Holzgestell des Sattels gepolstert war oder auf dicken Polstern aus Schafshaaren lag. Diese Polstersättel hiessen „bedîda", wie noch heute die Eselsättel, und der grosse Verbrauch an Wolle zu diesen machte das Amt des Abû Dschinschinga zu einem ziemlich bedeutenden.

Nach diesem war der bedeutendste Marstallbeamte der Abû Ari, welcher wie jener seinen Shawl als Ferr umbinden durfte. „Ari" heisst König, und der Abû Ari trug diesen Titel von bestimmten Festlichkeiten her, bei welchen er den Platz des Königs einzunehmen, gewissermaassen den Scheinkönig zu machen hatte. Bei einer der grossen Truppenbesichtigungen, welche auf die Frühlings-Paukenfeier folgten, befand er sich auf dem Platze des Königs unter dessen Sonnenschirm, hinter den Straussfederwedeln, inmitten der königlichen Familienerbstücke und Krongeräthschaften, während der Sultan selbst sich unter seinen Beamten aufstellte. Der derzeitige Abû Ari sollte der Enkel eines Christen Namens Tschokke sein, der in Dâr-Fôr eingewandert, den Islâm angenommen hatte und dort verblieben war; sein Enkel bestätigte übrigens diese Vermuthung durch seine helle Hautfarbe.

Auf den Abû Ari folgten der Melik el-Mundunga, der Aufseher der Lederarbeiter, der Melik-Karga, Aufseher der Gebisse der Pferde, der Melik et-Tûnis, Bügelhalter des Königs, der Gîrgîd el-Korâjat, welcher den König in den Sattel zu heben hatte, der Abû 'l-Korâjat (Vater der Stallknechte) mit dem gleichen Amte. Ausser diesen gab es einen Melik ez-Zinâm, der den Zügel anzulegen, den Melik es-Serdsch, der den Sattel aufzulegen, den Melik el-Hizâm, der den Sattelgurt anzuschnallen hatte. Ja es gab sogar einen Melik Murrunga, der vom Pferde des Königs die Fliegen zu verscheuchen und sonstiges Ungeziefer abzusuchen verpflichtet war, und einen Melik el-Hisâm, den eigentlichen Aufseher und Wächter der Pferde, und noch manche andere, welche indessen alle ihr Amt nicht selbst verwalteten, sondern ihren Untergebenen überliessen.

Es folgt nun im Range der Abû Dûgo Erre, welcher die Butter in seiner Obhut hatte, die jährlich bei der Paukenfeier zur Verwendung kam. Sodann der Melik Kûringa, der Aufseher der Zeltemacher, Leder- und Wattenpanzer-Arbeiter des Königs, der dem Herkommen gemäss unter dem Abû Iringa stand. Die Kûringa bildeten eine nicht unwichtige Abtheilung des Fôr-Stammes, da ihre Thätigkeit eine vielseitige war; nicht nur sind die Lederarbeiten in Dâr-Fôr sehr mannichfaltig, auch die Wattenpanzerung nahm viele Kräfte in Anspruch. Bei der Cavalerie wurde der grösste Werth auf eine glänzende Panzerung sowol der Reiter als der Pferde gelegt. Zu diesem Zwecke fertigte man aus grobem, aus Europa eingeführten Tuch und aus Baumwolle oder einer aus den Früchten des Baumwollbaumes gewonnenen Füllung Steppdecken, welche Hals, Brust und den übrigen Körper des Pferdes bis auf die Kniegelenke herab bedeckten; für die Reiter wurden in gleicher Weise schwere gesteppte Gewänder hergestellt.

Die nächstfolgende Würde des Choschem el-Kelâm („Sprachenmund"), Dolmetscher des Königs, finden wir wie in den meisten der Sûdân-Staaten so auch in Dâr-Fôr. Gewöhnlich bekleidet dieselbe ein gelehrter Araber. Zu meiner Zeit hatte ein Mann aus Bornû Namens Loqmân diese Würde in Dâr-Fôr inne.

Unter den Beamten des königlichen Hauses befand sich auch eine grosse Anzahl (23) Aufseher der „Lia Koa", d. h. Beamte und Träger der alten Familienreliquien. So hatte jeder der sieben alten Familienspeere, welche vor dem König hergetragen wurden, seinen Aufseher, den „Kor Dorming Sagal", ebenso jeder der vier Straussfederwedel (Rîsch) einen „Sumo Koa Sagal". Auch der alte königliche Stuhl „Kakr" hatte seinen Oberaufseher, und die Träger der königlichen Wurfeisen, welche bei öffentlichen Aufzügen vor dem König herzogen, die Wurfeisen aneinanderschlugen und sie in die Luft schwangen, wurden von den „Samballang Sagal" geführt. Der alte, mit Glöckchen und Schellen behängte Königsschild Sulêmân Solon's („Goring Durdscho") fehlte mit seinem „Schiremeng Sagal" niemals bei öffentlichen Aufzügen.

Die alte Königsflinte, die erste Feuerwaffe, welche in das Land gekommen war, hatte ihren „Bendaging Sagal"; selbst eine alte Kürbisflasche stand unter einem „Kere Kussang Sagal", und es gab alte Pfeifen mit ihren „Tadang Morlengang Sagal", wie auch jede Pauke ihren besondern Beamten hatte.

Das Leibpferd des Sultans, welches er bei feierlichen Gelegenheiten ritt, hatte seinen besondern Melik, seine besondern Diener, und eine der Frauen des Königs führte über dasselbe die Aufsicht. Das Pferd musste weiss sein und wurde nicht wie die übrigen Pferde ernährt. So durfte es z. B. erst gegen Ende der Regenzeit frisches Gras fressen, und an dem Tage, wo es zum ersten mal diese Nahrung empfing, wurde eine grosse Festlichkeit für seine Wärter und die Stallknechte des ganzen Marstalls veranstaltet.

Alle diese Beamten des königlichen Palastes und zwar des Weges „Orre Dê" standen unter der Obhut von bestimmten Frauen des Königs, welche mit ihren Sklavinnen für deren Ernährung Sorge tragen mussten. So hatten der Uzîr und sein Zwillingsbruder, der Dadingâwi, die erste Frau des Königs, Omm el-Kittirkoa, gewissermaassen zur Mutter, und sie war es, welche sogar den Uzîr bei seiner Ernennung bekleidete und in seine Würde einsetzte. Ebenso hatten die Soming Doqola eine Ija Kûri zur Mutter, welche zur „Omm Soming Doqola" ernannt wurde und, wie erwähnt, den König vor seinem Auszuge mit Turban und Litâm zu bekleiden hatte.

Wir kommen zu dem „Wege der Frauen" (Orre Baja), wo wir zunächst den Abû Dschode finden, der wie die meisten Beamten dieser Seite des Palastes Eunuch und mit der Aufsicht über alle Frauen desselben betraut war und etwa 14 Unterbeamte hatte. Aus den Trägern dieser Würde pflegte der Grosseunuch des Landes, der Abû Scheïch Dâli, hervorzugehen. Auf ihn folgte der „Kittir Koa", unter dessen specieller Obhut die Lieblingsfrau des Königs stand, hier auch bisweilen der Uzîr des Königs genannt; er war selbstverständlich Eunuch. Der dritte Beamte in diesem Theile des Palastes war der Oberthürhüter Kämmel Koa, ein Eunuch, ebenso der auf ihn folgende Gutto Koa. Gleichen Rang mit dem Kämmel Koa hatte der sogenannte ʿAqîd, der Aufseher der Baulichkeiten und der Dienerschaft, der nicht Eunuch war, ebensowenig als der dritte Thürhüter, der Melik Saringa und der Mirring Koa, welcher die Aufsicht über die Wasserkrüge führte.

In dem auf der Südostseite des Tendelti-Sees liegenden Palaste befanden sich, von den Obengenannten abgesehen, noch andere Beamte. Dieselben waren Aufseher der verschiedenen Vorräthe und standen unter dem Melik Chamis, einem Eunuchen, wie sie auch selbst sämmtlich Eunuchen waren, so der Melik Barr Dschûes, der Melik Tom Fal, der Melik Bitir, Melik el-Teqâqi, Melik el-ʿAsel u. s. w., welche die Vorräthe an Baumwollenstreifen, sowie an Honig, Butter, Weizen und anderes in ihrer Verwahrung hatten.

Die Bedeutung und Stellung aller dieser Beamten kam am meisten bei einer grossen nationalen Festlichkeit zum Ausdruck, welche in Dâr-Fôr gewissermaassen die Frühlingsfeier und, trotz der islamitischen Zeitrechnung, den Anfang des Jahres bildete, die mehrerwähnte sogenannte Grosse Paukenfeier mit dem Konda-(Nieren-)Essen, welche im Monat Redjeb begangen wurde. Ihre Schilderung lasse ich hier folgen.

Sobald diese Feier nahe bevorstand, wurden aus dem ganzen Lande von jedem Stammoberhaupt und jedem Verwaltungsbeamten eine bestimmte Anzahl von Rindern in die Hauptstadt geschickt, welche zur „Sadăqa", d. h. zum Erinnerungsopfer an die verstorbenen Könige Dâr-Fôrs, bestimmt waren. Waren die Opferthiere vollzählig, so begaben sich die sieben Häbâba mit ihrem Melik nach Torra, woselbst die meisten der Könige von Sulêmân Solon ab begraben sind. Jeder der verstorbenen Könige liegt dort in einem eigenen Hause mit Ausnahme König ʿAbd er-Rahmân's, der mit seinem Sohne Mohammed el-Fadl und dessen Sohn Hasîn in einem gemeinschaftlichen Hause begraben ist. Zur Bewachung und Instandhaltung der Gräber wohnten dort mehr als hundert Sklaven.

Vor Abschlachtung der zur Sadăqa bestimmten Rinder begab sich der sogenannte Melik ed-Dubbân (d. h. „der Fliegenkönig") auf den Berg Nâme, schlachtete dort einen Hammel, genoss von dem Fleische ein wenig und überliess den Rest den Fliegen, welche dann bei der Schlachtung der Rinder nicht lästig fallen sollten. Die Sklaven der verstorbenen Könige hatten für jeden derselben eine bestimmte Anzahl Rinder zu schlachten, zur Ehre und zum Andenken ihrer Herren von dem Fleische soviel als möglich zu essen und das übrige an die Umwohner zu vertheilen, während für den Seelenfrieden der Verstorbenen der Qorân durch Fuqăhâ mehrmals gelesen wurde. War dies geschehen, so nahmen die Hăbâba einen grossen Wasserkrug (Dauâna) aus der Erde, welcher dort bei dieser Todtenfeier im vorhergehenden Jahre mit Merîssa gefüllt vergraben wurde. Man sagte, das Bier fange erst wieder an zu gären, sobald die Hăbâba zu derselben Feier im folgenden Jahre wieder erschienen. Der Inhalt des Kruges wurde von denselben durchgeseiht und selbst getrunken.

Von dieser Sadăqa blieb allein König Abû 'l-Qâsim ausgeschlossen, weil er in dem Kriege gegen Wadâï nach verlorener Schlacht die Flucht ergriffen hatte.

War diese Sadăqa beendet, so nahm der Melik Kissinga Dora die übriggebliebenen Rinder, bekleidete sich mit Turban und schwarzem Litâm und begab sich zu einer ähnlichen Feier auf den Dschebel Kora, den nördlichen Ausläufer des Marra-Gebirges, woselbst an verschiedenen Orten die heidnischen Könige Dâr-Fôrs begraben sind, und schlachtete dort zu ihrem Gedächtniss eine bestimmte Anzahl Rinder, jedoch ohne dass die Seelen der Verstorbenen durch das Lesen des Qorân in ihrer Seligkeit gefördert worden wären.

An dem Tage vor der Grossen Paukenfeier begab sich der König mit allen seinen Würdenträgern nach Semma Ota, einem etwa zwei Stunden östlich von der Residenz gelegenen Staatsacker. Hier brachte der Melik der sieben Hăbâba dem König aus dem Kronschatz ein Paar Sandalen (Darmanga), und man legte ihm ein altererbtes einfaches, weisses Gewand an. Während dieser Zeit hatte der Melik el-Muqauwi, d. h. Aufseher derjenigen Leute, welche den König bei seinen Auszügen umjauchzten, das Ackerstück in oberflächlicher Weise vom Unkraut gereinigt und nur einen Baum auf demselben stehen lassen. Darauf überreichte der Sultan el-Haddad dem König eine Axt, mit welcher dieser den Baum umschlug. Das ausgejätete Unkraut wurde nun mit dem Baume auf einen Haufen geschichtet, und der Aufseher der alten Königsflinten, welcher ebenfalls europäischen Ursprungs sein und von einem Mann abstammen sollte, der die erste Flinte ins Land gebracht, zündete es mittels Pulver an. Am Schlusse der Ceremonie brachte der König der Schmiede dem König einen Spaten (Tur); dieser grub sieben Löcher in die Erde und warf in jedes derselben Duchnkörner, worauf die Häbâba sie mit Erde wieder ausfüllten. Nachdem auf diese Weise der Ackerbau des Jahres sinnbildlich seinen Anfang genommen hatte, kehrte gegen den Dohĕr, d. h. etwa um 2 Uhr nachmittags, der ganze Zug in die Residenz zurück, auf dem Wege bemüht, Hasen und Gazellen lebendig einzufangen, welche von den Häbâba getragen wurden; es wurde übrigens vorher dafür gesorgt, dass dieser Fang gelang. Um die Zeit des ʿAsr wurden dem König zwei weisse Kühe und ein weisser Stier vorgeführt, die lange vorher im Lande ausgesucht und zu dieser Feier bestimmt waren, und die man nur im Nothfalle durch isabellenfarbige ersetzte. Man überreichte dem König einen Hakenstab, wie ihn die kameltreibenden Araber des fernen Ostens führen, „Kundschar" genannt, und der König wählte nun eine von den beiden Kühen, deren Fell zum Beziehen der Pauken dienen sollte, indem er mit dem Kundschar auf sie hinwies (der Kundschara-Stab wurde aufbewahrt und erleichterte später die Zeitrechnung); am folgenden Morgen aber musste der König mit eigener Hand die drei Thiere schlachten. Der Sultan el-Haddad, der Orondulung, der Abû Dschebái, der Abû Kundschara und der Abû Dugunga reinigten und schabten das Fell des am vorigen Tage vom König ausgesuchten Thieres, und am Nachmittag fand die Befellung der Pauken statt. Der Sultan el-Haddad hatte die Felle auf den Pauken zu befestigen, während die vier übrigen Würdenträger dieselben anspannten und alle die Hammerschläge mit althergebrachten Gesängen begleiteten. Hierauf wurde dem König eine von Fleisch und Knochenhaut befreite Rippe der betreffenden Kuh überreicht, welche er auf der „Mansûra" („die Siegreiche") genannten Pauke zerschlagen musste. Es würde von sehr übler Vorbedeutung für das Land gewesen sein, wenn ihm dies nicht gelungen wäre; doch wurde durch gehörige Vorbereitung auch hier dafür gesorgt, dass ein Mislingen nicht vorkommen konnte.

Am folgenden, also am dritten Tage der grossen Feier, schlachtete der Sultan den zum Konda-Essen bestimmten Hammel, der hellfarbig und um die Augengegend herum schwarz sein musste; vom Tage seiner Bestimmung bis zum Augenblick der Tödtung wurde er durch einen dazu bestimmten Melik schlaflos erhalten. Während die Eingeweide dieses Hammels auf einige Tage der Fäulniss preisgegeben wurden, vertheilte man das Fleisch der geschlachteten Rinder unter alle Würdenträger. Jeder von ihnen hatte ein bestimmtes Stück zu fordern und keiner liess sich auch nur um ein Loth von seinem Rechte betrügen. Eigenthümlich war es, dass hierbei auch soviel als möglich bestimmte Beziehungen berücksichtigt wurden; so hatte z. B. das Oberhaupt der Dschellâba ein Anrecht auf die Füsse und Unterschenkel der Thiere, weil die Dschellâba beständig auf Reisen begriffen sind.

Bevor das Fell über die beiden Pauken (es waren ihrer zwei, die schon erwähnte „Mansûra" und „ihr Kind") gespannt wurde, war diesen die Butter entnommen worden, welche ein Jahr zuvor in beide geschüttet worden war. Die ranzige und durch die beständige Berührung mit dem Kupfer zersetzte Butter wurde unter die höchsten Würdenträger vertheilt und stand im Rufe eines ausgezeichneten Mittels gegen Augenkrankheiten. Gleichzeitig grub man aus der Erde ein Gefäss mit Butter, das im vorhergehenden Jahre dort vergraben worden war und dessen Inhalt nunmehr für das kommende Jahr in die Pauken gethan wurde.

Drei Tage nach Schlachtung des Hammels versammelten sich die königlichen Prinzen und Prinzessinnen, jene zu meiner Zeit unter Basi Tâhir, diese unter der jedesmaligen Ija Basi zu dem Festessen, das der Feier den Namen verlieh, zum Konda-Essen. Die in der Verwesung begriffenen Eingeweide (Leber, Nieren, Milz u. s. w.) des Hammels wurden zerschnitten, mit einem Theile der vorjährigen Paukenbutter begossen und stark mit scharfem rothen Pfeffer gewürzt. Der Führer der Prinzen verschlang hierauf ein Auge des Hammels, während er das andere der Ija Basi reichte, welche nicht zögern durfte, dasselbe zu thun. Prinzen und Prinzessinnen setzten sich rings um das Konda-Gericht, bewaffnete Sklaven stellten sich hinter sie, damit niemand sich der Pflicht des Essens entzog. Wehe dem, der durch Ekel übermannt oder durch den Pfeffer gereizt, Würgbewegungen machte, oder dem Hustenreize nachgab, die bewachenden Sklaven waren verpflichtet, ihn zu erschlagen, da sein Benehmen als Zeichen galt, dass er dem König und seiner Regierung nicht wohl wolle. Anstatt des Hammels wurde in der heidnischen Zeit, also bis zur Regierung König Sulêmân Solon's, eine kaum reife Jungfrau geschlachtet und deren Eingeweide in der beschriebenen Weise verzehrt; man behauptete sogar, dass diese Sitte sich bis zum Anfang dieses Jahrhunderts erhalten habe. Doch in der letzten Zeit wurde es anscheinend mit dem Todtschlagen auch nicht mehr so genau genommen, denn wenngleich nach Herkommen und Sitte ein Räuspern oder Würgen als unstatthaft betrachtet wurde, so hustete doch der in der Geschichte Dâr-Fôrs erwähnte älteste Bruder König Hasîn's, Aba Bû-Bekr, bei der ersten Paukenfeier während seines Bruders Regierung sehr vernehmlich, in der Absicht, denselben herauszufordern, ohne dass dieser ihn deswegen hätte tödten lassen.

Auf die Paukenfeier folgten sieben grosse Truppenbesichtigungen, sogenannte „'Arda", und zwar in unbestimmten Zwischenräumen. Von den zum Orre Dê gehörenden Würdenträgern errichteten sich 25 innerhalb der äussern Zerîba des königlichen Palastes Strohhütten, während eine Anzahl der dem Orre Baja angehörenden, der Abû Dschode, der Melik Kämmel Koa, die sieben Häbâba mit ihrem Melik, der Melik der Ija Basi und andere das gleiche im Innern der königlichen Wohnung thaten. Auf dem grossen Platze, welcher vor dem alten Königspalaste sich ausdehnt und der zu gleicher Zeit als Marktplatz dient, lagerten sich die verschiedenen Verwaltungsbeamten, die zahlreichen Oberhäupter der Stämme und Stammabtheilungen unter Zelten, Schattendächern u. dgl. Sie blieben sieben Tage hindurch, nach deren Ablauf sich der König zunächst auf den Weg Orre Dê begab, woselbst jeder der Würdenträger, die sich dort befanden, ihm seinen Salâm, d. h. sein Begrüssungsgeschenk, mit dem Wunsche eines glücklichen Ausgangs der Feier sowol, als des beginnenden Regierungsjahres überreichte. Alsdann begab er sich auf den Weg Orre Baja, wo die dort sich aufhaltenden Beamten dasselbe thaten. Hierauf folgten in der gleichen Weise die ausserhalb des Palastes lagernden Häuptlinge und Beamte, und die gewöhnliche 'Arda ging vor sich.

Es hatten in dem Jahre meiner Anwesenheit in el-Fåscher bereits fünf von den sieben Truppenbesichtigungen stattgefunden, welche dem Paukenfeste folgten und von denen die letzte die glänzendste zu sein pflegte. Am 13. März sollte die sechste abgehalten werden, bei der allerdings kein imposanter Eindruck zu erwarten war, da viele der Würdenträger, welche nicht durchaus daran theilnehmen mussten, sich der theuern Kornpreise wegen auf ihre Hawâkîr zurückgezogen hatten. Wir setzten uns um 8 Uhr morgens zu Pferde, durchritten den zu dieser Zeit trockenliegenden Teich Tendelti nahe seinem Nordostende und begaben uns auf den grossen Platz nördlich von dem alten Königspalaste. Die Leute waren meist schon versammelt, aber der König noch nicht erschienen. Wir stellten uns nahe dem Ausgange, aus welchem der König herauskommen musste, in der Reiterreihe auf, welche er zu passiren hatte, was selbstverständlich zu Unfreundlichkeiten der bereits Versammelten gegen mich Veranlassung gab. Zuvor begrüssten wir den Chabîr Mohammed, den Schwager des Königs und Oberhaupt der fremden Kaufleute, der in unserer Nähe hielt, bekleidet mit einem buntseidenen Gewande, darüber ein Panzerhemd mit messingenen Armschienen, auf dem Haupt eine unförmliche wattirte Kriegsmütze aus Sammt. Zuerst erschien aus dem Innern des Königspalastes der Abû Scheïch Dâli, ein dicker Eunuch, im Panzerhemd, das Haupt mit dem Turban und das Gesicht mit dem Litâm bedeckt, darüber einen silbernen oder versilberten Helm, der eine kegelförmige Gestalt hatte; viel Reiter und Lanzenträger umgaben und zahlreiche Antilopenhörner und Trommeln umtönten ihn. Dann erschien der Amîn Bacheït, der Sohn des Adam Tarbûsch, der Lieblingssklave des Königs; er trug ebenfalls ein Panzerhemd über der Kleidung mit Armschienen und einem Drahtgitter vor dem Gesicht; dieses Gitter war an einem breiten Halsbande befestigt, welches sich steif und widerstandsfähig vom Nacken bis an den Gürtel fortsetzte, mit dem es durch einen gleichzeitig über die Schultern geworfenen goldgestickten rothen Shawl verbunden war. Der Amîn ritt ein schönes schwarzes Pferd, und ein gesattelter Schimmel wurde ihm nachgeführt. Das Geschirr der Pferde war noch bemerkenswerther als die Kleidung und der Kriegsschmuck der Reiter; der Luxus beschränkte sich hauptsächlich auf Kopf, Hals und Brust der Thiere. Ein silberner oder versilberter, messingener oder blecherner Schmuck nahm die ganze Stirngegend ein, reichte bis auf die Nase und bildete zwischen den Augen einen vorspringenden stumpfen Winkel. Mit dieser Stirnplatte hing ein silberner Nackenschmuck zusammen, fast immer aus kleinen, in den verschiedenartigsten Mustern gearbeiteten Platten bestehend, die auf Tuch oder Sammt aneinandergereiht waren. Der ganze Schmuck lag in ansehnlicher Breite auf dem Halse und wurde unterhalb desselben, nahe der Kehle, durch breite silbergestickte Gürtel befestigt. Nach dem Rücken hin hatte dieser Halsschmuck nicht selten Ausläufer, die mit dem Sattelzeuge und dem breiten, kostbar gestickten und verzierten Brustgurt der Pferde verbunden waren. Häufig waren zwei Brustgurte angebracht, von denen der eine eng anschliessend den Sattel festhielt, und der zweite bis auf die Beine des Thieres fast frei herabhing; beide waren breit und mit Gold- und Silberstickerei, seidenen Quasten, Troddeln und Glöckchen der verschiedensten Art überladen. Dem Amín Bacheït folgte ein Trommelschläger und mehrere Kuh- und Antilopenhornbläser, während ein Araber aus Aegypten sich dicht hinter ihm hielt und während der ganzen Feier in gereimten Improvisationen mit grosser Gewandtheit und nicht ohne Geist das Lob seines Gebieters sang oder vor dem Sultan und seinen Würdenträgern seine freie Dichtung vortrug.

Endlich nahte der König selbst. Alles gerieth in Bewegung. Jeder suchte seinem Pferde eine möglichst muthige Haltung zu geben und sich weit vorzudrängen. Was an musikalischen oder doch tönenden Instrumenten vorhanden war, pfiff, trommelte, klirrte und klapperte; in der Ferne dröhnten die Pauken des Königs; seine Vorläufer, die Muqauwi, deren jeder eine Feder auf dem Kopfe trug, sangen oder schrien vielmehr seinen Ruhm aus, seine Annäherung verkündend. Von allen Seiten schwang man mit Steinchen gefüllte Kürbisflaschen; Leute mit Glöckchen in der Hand umschwärmten den königlichen Zug; Metallplatten wurden aneinandergeschlagen, die Waffen klirrten, kurz, alles machte gleichzeitig einen betäubenden, doch nach dortigen Begriffen höchst würdigen Lärm. Der Zug wurde eröffnet von 200 flintenbewaffneten Leuten, welche jedoch nicht uniformirt waren und ihre Gewehre meist nach Art von Knitteln sehr wenig militärisch trugen; vor ihnen ging ein Trommler, der eine europäische Trommel rührte. Seine künstlerischen Leistungen, die er wol einem Aegypter abgelernt hatte, waren recht bescheiden. Die Leute stellten sich in einer Reihe vor der unserigen auf, und der König näherte sich der Gruppe. Er war begleitet von fünf Kamelen mit Pauken, die zu beiden Seiten des Höckers hingen, während die Paukenschläger auf dem Hintertheile der Thiere sassen und wacker arbeiteten. Die Kamele trugen auf dem Kopfe hochrothe wollene oder seidene Büschel, die einen Busch Straussfedern umgaben. Ihnen folgten einige Hornbläser und Schläger einheimischer Trommeln, welche die alten Familienerbstücke begleiteten, voran der sogenannte „Kakr", jener aus einem Stück Holz geschnitzte, viereckige und vierbeinige niedrige Holzschemel mit muldenförmigem Sitze, der in ein Stück weissen Kattun gehüllt war; grosse und kleine Lanzen und Speere in ein rothes Tuch gewickelt; der Qorân ebenfalls mit Stoff überzogen u. s. w. Der König selbst, auf einem dunkeln Pferde reitend, trug ein sehr feines Panzerhemd über seiner einfarbigen seidenen Kleidung, vergoldete Armschienen und über der weissen Kopf- und Gesichtsumhüllung (Turban und Litâm) einen kegel- oder zuckerhutförmigen silbernen Helm mit mehrern Spitzen nach vorn und hinten, an welchen Verzierungen von Bernstein und Korallen angebracht waren. Das Schwert mit goldenem Griff ragte an seiner linken Seite unter der goldgestickten, sammtenen Satteldecke hervor; das Bein des Reiters ruhte nämlich stets auf dem Schwerte. Das Pferd des Königs war ungefähr in der oben beschriebenen Weise geschmückt, doch so mit Zierathen überladen, dass man von Kopf, Hals und Brust des edlen Thieres nur wenig sah. Seitlich vom König hielten sich die vier Rîsch-Träger; ihre Standarten waren ebenso gearbeitet wie die, welche ich bei dem König von Bagirmi gesehen hatte, wie denn auch die Träger ganz in der dort beobachteten Weise mit denselben schwingend und tanzend hantierten. Zur linken Seite des Königs befanden sich die Sonnenschirmträger, die einen wahrhaft prächtigen, grossen, purpurroth- und goldgestickten Schirm über seinem Haupte hielten.

Hinter dem königlichen Reiter trabten ungefähr 30 Sklavinnen einher, alle gleichmässig in rothe Shawls (Fûta) gehüllt, das Haar mit Bernstein und Korallen geschmückt. Dann folgten die Schwertträger, ebenfalls etwa 30 an der Zahl; jeder trug ein Schwert des Königs mit goldenem oder silbernem Griff; hinter ihnen marschirten ungefähr ebensoviel Flintenträger und eine etwas zahlreichere Bande von Speerträgern, deren jeder ein Bündel Speere im Kattunfutterale trug. Den Zug beschlossen acht Leibpferde, welche dem König nachgeführt wurden, jedoch weniger reiches Geschirr trugen, als ich es in Bornû zu bewundern Gelegenheit gehabt hatte. Beim Vorüberziehen des königlichen Zuges trat jedermann möglichst in die Nähe des Fürsten, um von ihm bemerkt zu werden und einen Gruss anbringen zu können, welchem Beispiele ich folgte, meine Flinte zum Grusse erhebend und schwingend. Der König erwiderte die Grüsse durch leichte Erhebung und Senkung des Schwertes und stellte sich dann in der Mitte des weiten Platzes auf, während jeder der Würdenträger mit seinem Anhang sich auf den Platz begab, den ihm die Sitte bestimmte.

Für jemand, der sich europäischer Steigbügel bediente, wie ich es that, war das Gedränge nicht ohne Gefahr. Die Riesensteigbügel der Araber mit ihren scharfen Ecken und Kanten sind gewöhnlich so kurz geschnallt, dass sie mir zahlreiche Quetschungen und Wunden an den Unterschenkeln beibrachten. Wir hielten uns zu Amîn Bacheït, der seinen Platz im Rücken des Königs hatte, da er zu jener Zeit noch nicht Uzîr war; wäre er zu dieser Würde schon erhoben worden, was man täglich erwartete, so hätte er seinen Platz in unmittelbarer Nähe des Herrschers einnehmen müssen. Amîn Bacheït war gegen mich sehr liebenswürdig und forderte mich auf, wohin er sich auch wenden möge, stets an seiner Seite zu bleiben, da ich so alles am besten sehen würde. Indessen beeinträchtigten mein kurzer Aufenthalt und mein Unbekanntsein mit den Personen mein Interesse an der Heerschau, da ich Anstand nahm, allzu viel Fragen über die bedeutendsten Persönlichkeiten zu stellen. Zunächst zogen die Onkel und Brüder des Königs nacheinander vorüber mit ihren Fähnlein, ihren Trommeln, ihren Hörnern, ihren Flintenträgern und ihrem lanzenbewaffneten Gefolge; am Standort des Königs machten sie halt, begrüssten ihn und zogen sich auf ihren Platz zurück, auf dem sie bis zum Ende der Heerschau verblieben. Vor ihnen, nicht fern von uns, hielt zu Pferde, auf dem sie nach Männerart sass, die Ija Basi in einem gelbseidenen Gewande, welches auf einem spitzen Kopfputz ruhte und Kopf und Körper völlig einhüllte; ihren Platz verliess dieselbe nicht.

Die Reiter wogten jetzt hin und her, diesen und jenen Würdenträger begrüssend und sich in Reiterspielen ergötzend. Ihre Pferderüstungen sowol, als ihre persönliche Bekleidung und Bewaffnung waren sehr verschieden. Viele trugen Lanzen, wenige Gewehre, manche Streitäxte von Stahl, damascirt und hier und da mit Gold oder wenig kostbaren Steinen verziert. Andere trugen Stäbe mit quirlförmigem Knopf, noch andere gekrümmte Holzstäbe oder Knittel mit dickem Knauf, welcher mit Blei gefüllt war, oder einfache lange Stäbe, mit denen die Fussgänger zu wandern pflegen. Viele endlich hatten Schwerter, deren oft massiv goldene und silberne Griffe nicht ohne Geschmack im Lande selbst, jedoch nach fremden Mustern gefertigt waren.

Bemerkenswerth waren die schon erwähnten Kriegsmützen der Würdenträger, welche da, wo sie dem Kopfe auflagen, von Metall waren, und von deren Rande sich rings um den Kopf ein etwa 30 cm hoher, rother oder anders gefärbter Wall von Sammt erhob, der nur vorn über der Stirn eine Lücke liess. Auf der Mitte des Kopfes erhoben sich dann aus der Metallunterlage drei oder vier Spitzen von verschiedener Länge, von vorn nach hinten mehr oder weniger gekrümmt, etwa wie Eberzähne. Nicht selten trug man dem Würdenträger noch eine zweite Mütze nach, die den grossen geflochtenen Schüsseluntersätzen nicht unähnlich war, durch deren Verfertigung sich Dâr-Fôr auszeichnet.

Als die Reihe an den Amîn Bacheït gekommen war, zogen auch wir vor dem König zur Begrüssung vorüber und kehrten an unsere Plätze zurück, uns später, als der König seinen letzten Umzug hielt, dem königlichen Gefolge anschliessend. Von Zeit zu Zeit verliess dieser seinen Standort, ritt wie inspicirend auf diesen oder jenen zu und kehrte wieder an seinen Ausgangspunkt zurück. Am Schlusse der Heerschau machte er einen grossen Umritt um den ganzen Platz und verschwand dann in dem Palaste, während wir noch kurze Zeit Begrüssungen austauschten und dann nach Hause zurückkehrten.

Die ganze Parade hatte etwa zwei und eine halbe Stunde gedauert, doch war die Zahl der Pferde keine so bedeutende wie etwa bei ähnlichen Gelegenheiten in Bornû, noch auch die Thiere mit Ausnahme der aus Donqola eingeführten, aber sehr in der Minderzahl vorhandenen von solcher Schönheit, als ich sie ebenfalls in Bornû gesehen hatte.

# Sechstes Kapitel.
## Bewohner von Dàr-Fòr, Bodenerzeugnisse.

Nigritier und Araber, Alteingesessene und Unterworfene, beziehungsweise später Eingewanderte. — Die Dâdscho. — Unterschied zwischen Dâdscho- und Fòr-Sprache. — Tradition über ihre Einwanderung. — Die Tundscher kennen nur die arabische Sprache. — Die Fòrâwa; ihre Unterabtheilungen: die Dugunga, Kundschara und Kéra. — Die Fòr-Tomurkija. — Aeussere Erscheinung der Fòrâwa; ihr Charakter; Mangel industrieller Anlagen u. s. w. — Die Zoghâwa; ihre Abtheilungen: Zoghâwa Kûbê, Zoghâwa Dòr, Zoghâwa Kalâbu, Zoghâwa Keitinga, Zoghâwa Anqa und Zoghâwa Amm Kimalte. — Die Nawâïbe. — Die Araber. — Die Fezâra-Araber. — Die Ziâdija mit den Kurumsîja und Qasârïna. — Die Mâlija mit den Aulâd ʿAbdûn und Maʿâqîla. — Die Habbâbin, Dschelledât, Madschanîn, Aulâd Igoi, Beni Omm Rân und Beni Dscherrar. — Die Aulâd Râschid. — Die Heimat, Taʿâischa und Habanija. — Die Erêqât. — Die Missirije und Taʿâliba. — Die Bedrija. — Die Hamr. — Die Nawâïbe, Mahâmîd und Mahǎrija einzeln und als „Rezêqât" vereinigt. — Die Aulâd Jâsîn. — Kleinere Araberabtheilungen: Kinâna und Chozêma. — Koróbât. — Die Halbaraber Hautija. — Beni Hasen. — Tordschem. — Beni Holba. — Die den Arabern nächststehenden unterworfenen Völkerschaften: die Dschellâba und ihre Stammabtheilungen. — Ihre Wohnsitze. — Ihr Handel. — Die nicht gleichberechtigten nigritischen Stämme: die Massabât. — Die eingewanderten Stämme: Leute aus Bornû, Wadâï, Bagirmi, Tâma u. s. w. — Die Qimr und ihre historische Bedeutung. — Die Midobi, Foroge und Fongoro. — Die Birgid, Berti, Mimi, Massâlit. — Die tributpflichtigen Stämme der Monsch, Kara, Binga, Schâla u. s. w. — Grösse Dâr-Fòrs. — Zahl der Gesammtbevölkerung. — Steuern. — Producte des Landes. — Die Nutzbäume. — Die wildwachsenden Bäume. — Die feigenartigen Bäume. — Der Süden und seine Bäume. — Die Cultur des Tabacks.

Die Bevölkerung von Dâr-Fôr scheidet sich einerseits in Nigritier und Araber, andererseits in Altangesessene und Unterworfene oder Fremde.

Wir haben schon in dem geschichtlichen Abriss gesehen, welchen Einfluss im Laufe der Jahrhunderte arabische Elemente auf die eingeborenen Stämme gehabt haben, wie der einheimischen Tradition zufolge selbst die letzte Dynastie aus einer Aufpfropfung der Tundscher, eines zweifellos arabischen Volksstammes, auf die eigentlichen Herren des Landes, die Fôrâwa, hervorging. Die Tundscher scheinen in dieser Verbindung wegen ihrer geringern Zahl untergegangen zu sein und müssen deshalb jetzt zu den nichtarabischen Bestandtheilen des Fôr-Reiches gezählt werden. Ich habe ebenfalls schon erwähnt, dass die Einwohner die Hauptbestandtheile der Bevölkerung ihres Landes durch die arabischen Buchstaben Dal, Ta, Fa, Sa und Nun ausdrücken, welche die Anfangsbuchstaben der Stämme der Dâdscho, Tundscher, Fôrâwa, Zoghâwa und Nawâïbe andeuten.

Die Dâdscho, die in jenen Gegenden schon sehr lange bekannt sind, haben, wie das meist bei den islamitischen Stämmen des Sûdân der Fall ist, die Tradition, von Osten her gekommen zu sein; jedenfalls haben sie früher im Centralgebirge von Dâr-Fôr, in den Marra-Bergen, gewohnt. Sie bilden einen beträchtlichen Theil der Bevölkerung der Südprovinz Dâr-Abû Uma und wohnen auch an den Grenzen der Südwestprovinz Dâr-Abû Dima bis nach dem Lande Sûla hin, wo sie in etwas mehr als 100 Dörfern in einer gewissen Abhängigkeit von Dâr-Fôr sowol als von Wadâï leben, sich jedoch eine selbständige Regierung bewahrt haben. So sehr sie auch jetzt in Dâr-Fôr verachtet sind — man nennt sie „Nâs Fira'ôn" („pharaonische Leute"), d. h. böse, gewaltthätige Menschen — und obwol sie fast als Heiden betrachtet werden, sodass sie im vorigen Jahrhundert noch ihre Abgaben theilweise in Landeskindern liefern mussten, ist es doch zweifellos, dass sie, bevor der Islâm nach Dâr-Fôr drang, d. h. vor Einwanderung der Tundscher, den mächtigsten Theil der Bevölkerung bildeten.

Noch jetzt betrachten sie Dâr-Fôr, obgleich sie dort so wenig angesehen sind, als ihr eigentliches Vaterland, wenn auch ein Theil von ihnen aus Furcht den Königen von Wadâï ebenfalls

Abgaben zahlt. Ihre Sprache unterscheidet sich gleichwol wesentlich von der des Fôr-Stammes, bietet aber einige Anklänge an Dialekte vom Weissen Nil.

Die Tundscher, denen die Dâdscho ihrer höhern Civilisation wegen gewissermaassen freiwillig den ersten Platz einräumten, scheinen vor etwa 400 Jahren in das Land gekommen zu sein und wollen von den Benî Hilâl, welche zur Zeit des Propheten im Hochlande Arabiens gewohnt haben sollen, abstammen. Das Weitere hierüber ist in der Geschichte Dâr-Fôrs berichtet worden; es mag hier nur noch erwähnt werden, dass, so zusammenhangslos ihre Abtheilungen jetzt in Bornû, Wadâï und Dâr-Fôr auch wohnen, sich doch bei allen gleichmässig diese Tradition erhalten hat. In Bornû, wo sie theilweise in geringer Anzahl im Lande zerstreut leben, theilweise aber den südöstlichen Theil von Kânem, und zwar die jetzt von Wadâï abhängigen Bezirke von Mondo fast ausschliesslich bewohnen, findet sich in letzterm, wie bereits (II, 328) erwähnt, noch ein Dorf, welchem von ihnen, wie sie angeben zur Erinnerung an ihre Herkunft, der Name Tûnis beigelegt wurde. In Wadâï, wo sie im Norden des Reiches, in einem Bezirke des Dâr-Zijûd, zusammenhalten, im Südwesten aber in einer Felsenlandschaft der Abû Telfân in diesem heidnischen Stamme fast untergegangen sind, soll sich ebenfalls die Tradition ihrer Herkunft von Tûnis erhalten haben. In Dâr-Fôr endlich, wo sie am massenhaftesten aufgetreten zu sein scheinen und zur höchsten Bedeutung gelangten, obwol sie auch in Wadâï eine Art Herrschaft gegründet hatten, erhielt diese Annahme anscheinend eine Bestätigung durch den Sultan Mohammed el-Hasin, der an einen mir befreundeten Scherif aus Kairowân, der heiligen Stadt Tunesiens, die Frage richtete, wie es den Abkömmlingen seiner Vorfahren dort erginge?

Ferner berichtet ein von der Hand des Königs Mohammed el-Fadl geschriebenes genealogisches Verzeichniss der Regenten von Dâr-Fôr den Ursprung der Tundscher von dem bekannten arabischen Stamm Qoreisch. Dieses Verzeichniss reicht bis zu Ahmed el-Maqur rückwärts und lautet folgendermaassen: Mohammed el-Fadl, Ibn-'Abd er-Rahmân, Ibn-Bokkor, Ibn-Mûsâ, Ibn-Sulêman Solon, Ibn-Kûru, Ibn-Dschal Idrîs, Ibn-Hâdsch Brâhim Delîl, Ibn-Rifâ'a, Ibn-Ahmed el-Maqur. Den arabischen Ursprung der

Tundscher würde bestätigen, dass dieselben weder in Bornû, noch in Wadâï, noch in Dâr-Fôr eine andere Sprache kennen als die arabische, ohne dass sie doch später mit Arabern zusammen gelebt hätten, dass ihr Oberhaupt in Dâr-Fôr noch jetzt den arabischen Titel „Sultan" führt, obgleich er ohne alle wirkliche Bedeutung ist, und dass derselbe den Litâm trägt, wie es bei den eingeborenen sudanischen Elementen nie der Fall war. Uebrigens trugen die Tundscher-Sultane, seitdem sie die Herrschaft an die Kêra-Dynastie abgegeben hatten, den schwarzen Litâm. Obgleich in Bornû ihre Abtheilungen am wenigsten zahlreich waren, haben sie sich daselbst fast gar nicht mit den Eingeborenen vermischt und bewahren auch physisch den Charakter ihrer Abstammung, während sie vorzüglich in Dâr-Fôr, wo sie die engste Verbindung und Vermischung mit den Eingeborenen eingingen, kaum noch von diesen zu unterscheiden sind. Nachdem, wie ich andern Orts erzählt habe, der König Kuroma oder Rifâ'a eine Frau aus der Herrscherfamilie der bedeutendsten Fôr-Abtheilung, der Kêra, genommen und deren Sohn, der König Delîl, die Herrschaft seinem Bruder Sau oder Schau Dirschit, von reiner Tundscher-Abkunft, entrissen hatte, verloren die eigentlichen Tundscher ihre politische Bedeutung und trat die Dynastie der Kêra an ihre Stelle, obgleich diese ja eigentlich nur von mütterlicher Seite diesen Namen verdient. Seitdem leben die Tundscher hauptsächlich am östlichen Fusse des Marra-Gebirges, in der Provinz Dâli, und zwar ist der Dschebel Charês der Mittelpunkt ihres Bezirks; zerstreut finden sie sich noch im ganzen Centrum des Landes.

Die Fôrâwa drittens, welche den Haupttheil der Bevölkerung des Landes bilden, bewohnen ausschliesslich das Marra-Gebirge, einen grossen Theil des Dâr-Uma, den grössten des Dâr-Dîma und machen ausserdem wenigstens die Hälfte der Bevölkerung im Dâr-Fêa (Fêja), Dâr-Kerne und Dâr-Mâdê aus. Sie zerfallen in zahllose Abtheilungen, deren ich einige vierzig notirt habe. Als die edelsten werden die Dugunga angesehen, während die Kundschara zeitweise so mächtig gewesen sind, dass man in den Nachbarländern anstatt von Dâr-Fôr von „Dâr-Kundschara" und statt von der Fôr-Sprache von der „Kundschara-Sprache" redete. Die Kêra gewannen politisch eine hohe Stellung dadurch, dass aus ihnen mütterlicherseits, wie erwähnt, die letzte Dynastie hervorging. Am unverfälschtesten sind anscheinend diejenigen geblieben, welche die ausgedehnte Felsenlandschaft Kutia bewohnen, die südwestlich vom Marra-Gebirge im Dâr-Abû Dîma liegt. Dies sind die sogenannten Fôr-Tomurkîja; ihre Sprache zeigt ziemlich bedeutende Dialektverschiedenheiten von derjenigen der übrigen Fôr-Abtheilungen.

Die Fôr oder Fôrâwa sind von ziemlich dunkler Hautfarbe (grauschwarz und schwarz), mittlerer Grösse und unedlen Zügen; ihr Charakter ist hochmüthig, jähzornig, rachsüchtig und zu Streit und Gewaltthätigkeiten geneigt; den Ruhm wirklicher Tapferkeit können sie kaum beanspruchen. Sie haben wenig gewerbliche Talente, fast so wenig, wie ihre westlichen Nachbarn, die Wadâwa, und hängen wie alle Bergbewohner an ihren alten Sitten und Gewohnheiten, sodass selbst der Islâm, dem sie in den grössern Ortschaften mit Fanatismus anhängen, in den entferntern Bezirken doch das Heidenthum nicht ganz hat unterdrücken können.

Die Zoghâwa sodann, welche vor Jahrhunderten eine gewisse Bedeutung ausserhalb Dâr-Fôrs gehabt haben sollen, sind nicht etwa, wie man nach Barth und andern annahm, eine Abtheilung der Tubu-Familie, sondern bilden mit den Bewohnern der Landschaft Ennedî, mit den Bidêjât und dem kleinen Stamme der Wanja, welche auf der von Benghâzî nach Wadâï führenden Strasse den kleinen Bezirk von Wanjanga innehaben, einen Volksstamm. Die Zoghâwa, als an der Grenze der Wüste und in dieser selbst wohnend, sind ganze oder halbe Nomaden und besitzen ansehnliche Kamelheerden. Auch von ihnen leben kleine Gemeinwesen zerstreut im nördlichen Theil von Wadâï. Man kann in Dâr-Fôr an Hauptabtheilungen derselben unterscheiden: die Zoghâwa Kûbê, welche unter einem besondern Sultan den ausgedehnten, zur Provinz des Abû Tokunyâwi gehörenden Bezirk von Kûbê an der Nordostgrenze von Tâma bewohnen, ferner die Zoghâwa Dôr, Zoghâwa Kalăbu, welche ursprünglich Bidêjât sein sollen, die Zoghâwa Keïtinga, die Zoghâwa Anqa, welche alle, wie die Zoghâwa Kûbê, in der Provinz des Abû Tokunyâwi wohnen, und endlich die Zoghâwa Amm Kimmelte, welche schon vor Jahrhunderten durch Vermischung mit arabischen Stämmen verändert worden zu sein scheinen und jetzt in Dâr-Fôr unter den Rezêqât lebend, sowol physisch als social nicht mehr von Arabern zu unterscheiden sind.

Was endlich den letzten der als alteingesessen angeführten Stämme von Dâr-Fôr, den der Nawâïbe, betrifft, so scheint er derjenige arabische Stamm zu sein, welcher zuerst in Dâr-Fôr auftrat; denn die Nawâïbe sind, wie wir gleich sehen werden, die nächsten Verwandten der Mahâmîd und Mahârîja.

Damit kommen wir zu den Arabern Dâr-Fôrs, welche entweder Nomaden oder sesshafte Leute sind. Die einzelnen Stämme lassen sich zum grossen Theile in Gruppen theilen, deren Verwandtschaft untereinander fast überall noch nachgewiesen werden kann.

So haben wir die ausgedehnte Gruppe der sogenannten Fezâra-Araber*), welche alle von Hamed el-Afzer abzustammen sich rühmen. Zu ihnen gehören die Ziâdîja mit den verwandten Abtheilungen der Kurumsîja und der Qasârîna, welche in der Nordprovinz des Abû Tokunyâwi, nahe der Mitte des Reiches, ihre Weidebezirke haben, ferner die Mâlîja mit den Abtheilungen der Aulâd 'Abdûn und ihren Verwandten, den Ma'âqïla, welche in der Ostprovinz des Abû Dâli zwischen den Hamr und den Rezêqât leben. Beide Stämme sind Nomaden und Kamelhirten; die Ziâdîja sollen ausserdem noch viele Pferde besitzen und können im Nothfalle an 2000 Reiter stellen, während die Mâlîja zwar auch reich an Mannschaften und Kamelen sind, aber nur 3—400 Pferde aufzubringen vermögen.

Zu den Fezâra gehören sodann noch die Habbâbîn, die Dschelledât, die Medschânîn, die Aulâd Igoî, die Benî Umm Rân und Benî Dscherrâr, welche ebenfalls im Osten des Landes wohnen, sich eines mässigen Kamelreichthums erfreuen und meist eine sesshafte Lebensweise führen. Während die Ziâdîja 10 Scheïchs oberer Ordnung, d. h. solche, welche Pauken besitzen, haben, zählen die Mâlîja sieben derselben, die Dschelledât und die Benî Umm Rân je vier.

Hamed el-Afzer war der Sohn des 'Abdallâh el-Dscha'ânis,

---

*) Die Fezâra gehören zu den ältesten arabischen Ansiedlern in Afrika.

der noch einen zweiten Sohn, Hamed el-Adschzem, hatte, und dieser wird als Stammvater der in der Gruppe el-Dschuzm zusammengefassten Stämme betrachtet. Hamed el-Adschzem endlich hatte einen Sohn Namens Dschunêd, dessen Söhne Râschid und Heimat Stammväter der Aulâd Râschid und der Heimat wurden. Die Aulâd Râschid sind grösstentheils weiter nach dem Westen gewandert, und wir finden sie als einen grossen Stamm in Wadâï und in kleinern Abtheilungen in Bornû. Aus den Heimat dagegen gingen die Stämme der Taʿâïscha und der Habanîja hervor, welche grosse rinderzüchtende Stämme im Süden und Südwesten von Dâr-Fôr bilden; an der äussersten Südgrenze sind sie Nachbarn. Die Habanîja wohnen auf dem Wege, welcher vom Centrum des Landes gegen Süden zu der Hofrat en-Nuhâs, der bekannten Kupfergrube, führt. Dieselben sollen 6—700 Reiter ins Feld zu stellen vermögen. Die Taʿâïscha, welche sich nach Westen ausdehnen, bis sie die Nomadenstämme im Süden von Wadâï berühren, sollen an 1000 Reiter aufbringen können.

Ein dritter Sohn Dschunêd's, des Sohnes Hamed el-Adschzem's, war Rakal, von welchem die Erêqât (ʿOrêqât) abzustammen behaupten. Dieselben waren früher sehr zahlreich und wohnten im äussersten Nordwesten des Landes. Die Entfernung von der Hauptstadt und ihre Wohlhabenheit machte sie der Regierung gegenüber höchst unbotmässig, und zu der Zeit, als Mohammed el-Fadl ein Kind war und für ihn der Abû Scheïch Kûrra das Land verwaltete, glaubten sie, sich dies zu Nutze und sich fast ganz unabhängig machen zu können. Verschiedene male wurden Streitkräfte gegen sie ausgeschickt, doch stets besiegt und zurückgeworfen, und nur durch List bemächtigte sich endlich ein Abgesandter des nunmehr herangewachsenen Mohammed el-Fadl ihrer obersten Scheïchs, indem er ihnen Geschenke übersandte; doch als sie kamen, um die Ehrenkleider ihres Herrn in Empfang zu nehmen und ein Schreiben desselben vorlesen zu hören, ergriff man sie, nähte sie ganz in Felle, liess nur für die Augen und den Mund Oeffnungen und brachte sie so nach el-Fâscher, wo sie alle hingerichtet wurden. Ohne seine Führer wurde der Stamm leichter besiegt und zur Unterwerfung gebracht. Durch die mehr als energischen Maassregeln des grausamen Mohammed el-Fadl verschwand, wie schon berichtet, ihr Stamm; nur Reste desselben haben sich in dem benachbarten Tâma erhalten, hausen unter den Ziâdija und den Mahâmîd oder sind sesshaft geworden und leben im Dienste anderer.

Rakal's Sohn war ʿAtiâ, und dieser erzeugte den Missîr und den Rizq. Von Missîr stammen die Missirîja und von dessen Sohne Taʿaleb die Taʿâlîba, welche eine Nebenabtheilung der Missirîja bilden. Die letztern wohnen nahe dem Südende des Marra-Gebirges, sind Rinderhirten, wie auch die Taʿâlîba, und sollen etwa 500 Mann beritten machen können.

Ein dritter Sohn des Abdallâh el-Dschaʿânis war Schâkir, dessen Sohn Dahmesch den Bedr erzeugte, welcher der Stammvater der Bedrîja wurde, die in der Provinz des Abû Dâli wohnen, wenig Kamele besitzen, Rinder züchten und zum Theil sesshaft geworden sind.

Die Fezâra, die Dschuzm und die Bedrîja werden nach ihrem gemeinschaftlichen Stammvater ʿAbdallâh el-Dschaʿânis, dem Sohne des Mohammed el-Haurî, wol auch Dschöheina genannt und gelten als die nächsten Verwandten der Kabâbisch, welche die ausgedehnten Landschaften zwischen Kordofân und Donqola als Kamelhirten durchziehen; doch habe ich den thatsächlichen Zusammenhang nicht erfahren können.

Die Brüder Hamed el-Afzer und Hamed el-Adschzem hatten eine Schwester, welche nach dem Tode ihres Vaters heimlich eine Verbindung mit einem Turrudsch (hellfarbiger, unedler Stamm) einging und so die Stammmutter der Hamr wurde, welche Benennung sich von „Ahmar", d. h. roth, ableitet. Die Hamr (oder Homr) bilden einen sehr zahlreichen Stamm, der theils die westlichen Grenzbezirke von Kordofân, theils die östlichen von Dâr-Fôr bewohnt, reich an Kamelen ist und an 1000 Reiter ins Feld zu stellen vermag.

Der genannte ʿAtîa hatte, wie erwähnt, ausser seinem Sohne Missîr noch einen Sohn Namens Rizq, welcher seinerseits drei Söhne, Mahar, Mahmûd und Nâïb, hatte, die Stammväter der Mahârîja, der Mahâmîd und der Nawâïbe. Diese drei zahlreichen Stämme finden wir einzeln im Norden Dâr-Fôrs und Wadâïs als Kamelhirten und vereinigt im Süden Dâr-Fôrs unter dem Namen der Rezêqât (oder Rizêqât). Einzeln wohnen alle drei Stämme in Dâr-Fôr in der Nordprovinz, und sollen die Mahâmîd an 3000 Reiter stellen können, während die Streitmacht der Mahârîja wenigstens 1500 Reiter und die der Nawâïbe fast 2000 zählt. Die Rezêqât bilden den zahlreichsten Stamm in ganz Dâr-Fôr, sind Rinderhirten und werden zu einer Kriegsmacht von 10000 Reitern abgeschätzt. Wenn diese Zahl auch übertrieben sein mag, so ist es doch Thatsache, dass die Könige von Dâr-Fôr niemals im Stande waren, sie vollständig unter ihre Botmässigkeit zu bringen.

Verwandte der Rezêqât sind die Aulâd Jâsîn, welche Jâsîn Ibn-Barek, Ibn-Mahmûd, Ibn-Rizq als ihre Stammväter angeben; doch behaupten die Mahâmîd, ihre nächsten Nachbarn, boshafterweise, dass nach dem Tode ihres Stammvaters Mahmûd dessen ältester Sohn Scheiq seine Mutter an einen Sklaven verheirathet habe, aus welcher Vereinigung die Aulâd Jâsîn hervorgegangen seien.

Kleinere arabische Abtheilungen sind noch die Kinâna und Chozêma, welche nahe Verwandte sein und gleichfalls aus der arabischen Halbinsel stammen wollen, wo wir allerdings zwei gleichnamige Stämme schon zur Zeit der Entstehung des Islâm finden. Ihr Stammbaum soll folgender sein: Ibn-Chozâm, Ibn-Mudrekka, Ibn-Elias, Ibn-Mudar, Ibn-Nasr, Ibn-Maʿad, Ibn-Adnan, über den hinaus eine Genealogie nach Ansicht der Mohammedaner in Dâr-Fôr frevelhaft wäre. Die Kinâna und Chozêma wohnen in kleinen Gemeinwesen in der Ostprovinz und sind sesshaft geworden.

Die Korôbât ferner machen den Anspruch, aus Jemen zu stammen, und zwar in letzter Instanz von Sabâ, einem Enkel Qahtan's (oder Joqtan's), würden also keine Ismaïliten, sondern Sabäer sein. Sie wurden von den Fôrâwa, als diese die Qimr unterwarfen, welche, wie bereits erwähnt, zwischen Tâma und dem Zoghâwa-Gebiet eine ausgedehnte Herrschaft am Dschebel Nokat innehatten, in deren Landschaft vorgefunden und haben sich seitdem über den Norden des Reiches zerstreut.

In der Westprovinz, und zwar im Dâr-Fêa und im Dâr-Mâdê, wohnen noch die Hautîja, welche nur als Halbaraber gelten, da sie, wie man behauptet, das Blut eines Sklaven Missîr's, des

Sohnes 'Atia's, in sich haben; sie bilden nur ein kleines Gemeinwesen.

Die Benî Hasen im Dâr-Mâdê bewohnen einen Bezirk, dessen Mittelpunkt der Dschebel Ottâsch ist; sie können etwa 6—700 Pferde aufbringen und behaupten ebenfalls, aus Jemen zu stammen. Wenn diese Abstammung auch nicht erwiesen ist, so sind sie jedenfalls weder Fezâra noch Sudschan (Sudanesen).

Ebenso wenig klar in ihrem Ursprung sind die zahlreichen Stämme der Tordschem und der Benî Holba. Die erstern werden zwar auch als entfernte Verwandte der Rezêqât betrachtet, haben jedoch ebenfalls Sklavenblut in sich aufgenommen, Sie leben meist im Dâr-Fêa, doch auch unter den Ziâdîja, den Benî Holba und den Rezêqât, sind Rinderhirten, fast alle sesshaft und sehr wohlhabend; sie sollen an 1500 Pferde aufbringen können. Die Benî Holba sind noch zahlreicher, wohnen im Westen des Reiches, im Bezirk Rô-Kûri und nahe demselben, werden auf 3000 Reiter geschätzt, sind Rinderhirten und besassen grosse Macht und Reichthum, besonders vor dem Ereignisse, welches unter der Regierung Mohammed el-Fadl's als „das Morden der Benî Holba" erwähnt ist.

Von diesen Arabern haben sich besonders die, welche in dem weniger dicht bevölkerten Norden und Osten wohnen, was Hautfärbung und Gesichtsbildung betrifft, rein erhalten, während natürlich diejenigen, welche im Innern des Landes sesshaft geworden sind, wie die Tordschem und die Benî Holba, zumal sie von Haus aus im Verdacht stehen, nicht reiner Abstammung zu sein, alle möglichen Nuancen der Hautfärbung und Uebergänge zum Nigritier zeigen.

Den Arabern am nächsten stehen von den freien und den unterworfenen Völkerschaften die Dschellâba, welche zum Theil seit Jahrhunderten in Dâr-Fôr ansässig, aus den verschiedenen Nilländern, von Sennâr bis über Nubien hinaus nach Oberägypten, stammen und sich meist in bestimmten Bezirken zusammenhalten. Die hauptsächlichsten ihrer Ansiedelungen in Dâr-Fôr sind Kôbê mit seiner Umgegend, wo etwa 2000 Feuerstellen gezählt werden mögen, der Bezirk Qabqabija, drei Tagereisen westlich von Kôbê, der ebenso viel umfassen mag; Kurs und das südwestlich davon gelegene Deladscho umfassen drei Dörfer; Numro, südöstlich von Kôbê; Têtel, Kofod, Mellit im Norden des Landes mögen mit den in der Hauptstadt el-Fâscher angesiedelten Dschellâba — dort haben sie 500 Häuser — immerhin 1000—1500 Feuerstellen ausmachen. Ferner finden wir sie südlich vom Centrum des Reiches in Menawâtschi, Seherîa, Tuwêscha und in der Hofrat en-Nuhâs, wo zusammen wol 500—1000 Hausstände sich finden mögen; endlich in dem uns bereits bekannten, im Osten des Reiches gelegenen Omm Meschâna, welches zur Zeit zahlreicher von ihnen bewohnt war als vielleicht selbst Kôbê; es dürften mithin alles in allem für Dâr-Fôr wenigstens 5000 Hausstände der Dschellâba zusammenkommen. Dieselben bieten nun keineswegs ein einheitliches Ganze dar, denn wenn auch viele von ihnen aus der Gegend vom Nil stammen, welche von den Berbern (oder Berâbïra) bewohnt wird, wie die aus Donqola oder aus dem Dâr en-Nuhâs („das Kupferland") Gebürtigen, so finden wir doch auch unter ihnen Leute von arabischer Abstammung, z. B. die Dschaʿâlîn oder Dschalîja, die Tscharata; ferner Leute aus dem eigentlichen Aegypten, wie die Aulâd er-Rîf, oder aus einer Mischung hervorgegangene, wie die Mgharba (oder Meghârîba), welche aus Marokko gekommen sein sollen, u. dgl. m. Man zählte bei ihnen an 30 Familien oder Stammabtheilungen, von denen die zahlreichsten die aus Donqola gebürtigen sein mögen, aus welchen auch der Chabîr *par excellence*, das Oberhaupt der Dschellâba, hervorgehen soll, und nächst ihnen die Dschaʿâlîn, welche wie die Leute von Sennâr in einigen Gegenden auch Aulâd el-Bahâr genannt werden. Sie siedelten sich ursprünglich, wie ich schon früher erwähnt habe, je nach Familien in Zeriben an, welche sich allmählich zu Weilern gruppirten, in deren Mitte dann ein Markt entstand. Rastlos ziehen sie in grossen Mengen nach Westen bis nach Wadâï und einzelne von ihnen sogar über Bornû und Bagirmi hinaus bis zu den Haussa-Staaten. Zum Niger und nach Wadâï führen sie Handelsartikel aus Kairo, schlechte Baumwollwaaren, Bernstein- und Glasperlen, tauschen diese gegen Straussfedern um, falls sie auf demselben Wege zurückkehren wollen, oder kaufen Kamele und führen dieselben nach Bornû, wo sie einen weit höhern Preis haben als in Wadâï; den Ertrag gegen baares

Gold, Natron u. a. umsetzend, führen sie die eingetauschten Waaren nach den Haussa-Staaten, nach Nife und bis nach Illôri. Oft erst nach Jahren kommen sie aus den Niger-Gegenden zurück mit Gûro-Nüssen, aus den Haussa-Staaten mit Manufacturwaaren und Lederarbeiten, ja selbst mit feinern Baumwollwaaren, welche von englischen und amerikanischen Schiffen dorthin gebracht werden, um schliesslich in Wadâï wieder Straussfedern und Sklaven einzutauschen. Nach Süden gehen sie zur Hofrat en-Nuhâs und darüber hinaus zu den kleinen, früher mehr oder weniger von Wadâï abhängigen Niamniam-Heidenfürsten bis zu den Dschur- und Dôr-Stämmen. Nicht selten sind diese merkwürdigen Leute von ihren Wohnstätten, die sie irgendwo in Dâr-Fôr oder am Nil haben, an 10 Jahre abwesend und erfahren oft jahrelang nichts von ihren Familien, ohne dass man deswegen behaupten könnte, sie hätten keine Anhänglichkeit an ihre Heimat und die Ihrigen.

Von den nicht als gleichberechtigt angesehenen nigritischen Stämmen müssen zunächst die Massabât und die Fremden erwähnt werden, welche nur Abtheilungen von in Wadâï, Bornû und Bagirmi lebenden Stämmen sind und in Dâr-Fôr einwanderten.

Ein nicht gleichberechtigter Fôr-Stamm ist der der Massabât, welcher, wie an anderer Stelle erwähnt wurde, vor etwa 300 Jahren infolge von Thronstreitigkeiten zwischen Kûru und Tunsam zur Auswanderung aus den heimatlichen Bergen gezwungen wurde, nach Osten zog und dadurch den Namen Masbâwi, woraus allmählich Massabâwi (Plural: Massabât) geworden, erhalten haben soll. Obgleich ursprünglich reine Fôrâwa, haben die Massabât doch im Laufe weniger Jahrhunderte, weil sie infolge der Feindseligkeit des Mutterlandes gegen sie zum grössten Theil nach Kordofân zogen, ihre ursprüngliche Sprache ganz vergessen und sind in Sprache und Sitten, wenn auch nicht in Hautfärbung und Gesichtsbildung zu Arabern geworden. Es liefert diese Thatsache einen Beitrag zu den Schwierigkeiten, mit denen man in der Beurtheilung von ein- und ausgewanderten Stämmen in den mannichfachen Völkerverschiebungen, welche in Centralafrika stattgefunden haben, zu kämpfen hat. Die Massabât wohnen auch jetzt noch zum grossen Theil in Kordofân, zum kleinern in Dâr-Fôr, wo sie in der Ostprovinz verschiedene Bezirke innehaben und unter einem Sultan stehen, der durch den Besitz der Pauken einen höhern Rang einnimmt. Unter den vor einigen Jahrhunderten vorzüglich unter dem Sultan Ahmed Bokkor eingewanderten Fremden gibt es Leute aus Bornû, welche verschiedene Bezirke im Centrum und im Süden des Reiches innehaben, Leute aus Wadâï, welche ebenfalls im Süden des Landes angesiedelt sind, und Leute aus Bagirmi, welche zerstreut im Lande wohnen, ferner Abû Derreq, Karänga, Kaschemere aus Wadâï in der Provinz Abû Uma, Marârît, Kabga, Oro im Dâr-Fêa, Sungôr mit den ihnen verwandten kleinern Stämmen der Latunno, Barkari, Serebuk, Auläd Dulla, Girga, Mirga, Schâle im Dâr-Fêa an der Grenze Wadâïs.

Im äussersten Westen, im Dâr-Mâdê, und in den Nordwestbezirken des Dâr-Tokunyâwi, sowie im Norden wohnen sodann Leute von Tâma, die Bewohner des Dschebel Mûl und Reste der Qimr, welche mit den genannten Sungôr und ihren Verwandten einer grössern Völkerfamilie anzugehören scheinen. Besonders verdienen von ihnen erwähnt zu werden die Qimr, welche früher, wie schon berichtet worden, ein ausgedehntes Reich zwischen Tâma und dem Zoghâwa-Gebiet mit dem Centrum Nokat hatten und von da aus ihre Herrschaft auch zum Theil über die Tâma und Zoghâwa ausdehnten. In frühern Zeiten war ihre Macht eine sehr bedeutende, und noch jetzt wurde dieser historischen Bedeutung insoweit Rechnung getragen, dass der Sultan der Qimr nach dem König der angesehenste Mann in Dâr-Fôr war, dem man noch kurz vor meiner Zeit einen Teppich neben dem des Königs ausbreitete, während die übrigen Vasallenfürsten nur auf blosser Erde vor ihrem Herrscher sitzen durften. Der letzte Sultan der Qimr hiess Abû Bekr. Die Qimr wohnen nicht nur im Nordwesten von Dâr-Fôr, sondern sind auch in der Südprovinz des Abû Uma zerstreut. Während sie jetzt nur eine Sprache sprechen, welche die nächste Verwandtschaft mit der der Tâma und der Sungôr hat, werden sie selbst von den Fôrâwa als Leute bezeichnet, welche einen westlichen Ursprung haben. Jetzt unterscheiden sie sich kaum von den Sungôr und Tâma, d. h. sie sind mehr oder weniger schwarz und haben in ihren Zügen nichts von ihrem edeln Ursprung beibehalten.

Von den unterworfenen Stämmen, die in grösserer Anzahl das Gebiet des eigentlichen Dâr-Fôr bewohnen, sind noch zu nennen: die Bîrgîd, die Berti, die Mîmî und die Massâlit. Die Bîrgîd, an die wir noch Anklänge im östlichsten Theile des Reiches, in den Kâdscha, getroffen haben, wohnen hauptsächlich im südöstlichen Theil der Ostprovinz und im östlichen Theil der Südprovinz, und hier, nicht weit von ihnen, zum Theil mit ihnen gemischt, auch die Bego; beide Stämme sind von unedler Abkunft und von den reinen Fôrâwa ziemlich verachtet. Während der grösste Theil der Bîrgîd eigentlich in der Provinz des Abû Uma wohnt, residirt ihr Sultan im Bezirk Debba des Dâr-Dâli, und merkwürdigerweise ist sein Titel wie der der unterworfenen Araberstämme am Nil „el-Mek" (aus „el-Melik" [„König"] verstümmelt).

Die Mîmî sind wenig zahlreich, wohnen in der Ostprovinz, stehen aber unter einem besondern Sultan, der ebenfalls dem Statthalter der Südprovinz unterstellt ist.

Die Massâlît ferner bilden im Westen und im äussersten Südwesten einen erheblichen Theil der unterworfenen Bevölkerung; ein geringer Theil von ihnen bewohnt einen ausgedehnten Bezirk in der Provinz Abû Uma. Dieselben stehen nicht unter einem Sultan, sondern zerfallen in kleinere Abtheilungen und werden von einem Ferscha (eigentlich „Teppich"), der eine Zwischenstufe zwischen Sultan und Scheïch bildet, regiert. Ihre nächsten Verwandten wohnen in zahlreichen Abtheilungen in den östlichsten Grenzbezirken von Wadâï (Massâlît el-Hausch, d. h. „die das Haus Bewachenden") und an den Ufern des Batha (Massâlît el-Batha); doch scheinen sie, obgleich alle nominell dem Islâm angehören und obgleich aus ihnen sogar in Wadâï sehr gerühmte Fûqăhâ (Schriftgelehrte) hervorgehen, doch auf einer sehr niedrigen Culturstufe zu stehen. Noch jetzt waren Abtheilungen von ihnen, wie z. B. die Massâlit Ambûs, in ganz Wadâï und in Dâr-Fôr als Kannibalen bekannt, trotz der sonst in dieser Beziehung so unerbittlichen Gesetze des Islâm. In Wadâï sprechen sie einen Dialekt, welcher der Mâba-Sprache sehr nahe steht. Proben ihrer Sprache in Dâr-Fôr zu erhalten, ist mir nicht gelungen. Ihr Ursprung ist nicht klar; sie selbst behaupten allerdings, arabischen Ursprungs zu sein.

Die Berti endlich bewohnen den Nordosten des Landes und bilden einen kleinen Stamm, der zwar sehr nahe dem Centrum des Reiches liegt, doch bis vor kurzem in äusserster Abgeschlossenheit gelebt hatte und sich durch grossen Mangel an Cultur und Intelligenz auszeichnen soll. Eine besondere Abtheilung derselben, welche den Uebergang zu den Bidêjât, resp. den Zoghâwa zu bilden scheint, ist die Bevölkerung von Midob im äussersten Nordosten des Reiches auf dem Wege, welcher von Kôbê durch die Wüste nach Asjût am Nil führt. Die Abgeschiedenheit, welche ihr gebirgiger District und seine Lage fast schon inmitten der Wüste ihnen sicherte, hat sie noch unbeleckt von der mohammedanischen Cultur erhalten, wenn sie auch nominell den Islâm angenommen haben. Regiert werden sie durch drei Mulûk, deren Würde nach alter Sitte immer auf den Sohn der Schwester übergeht. Die Sitte, nach welcher der Sohn die Witwe des verstorbenen Vaters heirathen muss, falls sie nicht seine Mutter ist, nähert die Leute von Midob den eigentlichen Bidêjât. Sie werden noch heute fast als Sklaven betrachtet, aus denen jedoch bisweilen bedeutendere Männer hervorgegangen sind, wie z. B. der in der Geschichte so rühmlich erwähnte Adam Tarbûsch, der Vater des Amín Bacheït, des letzten Uzîr von Dâr-Fôr.

An der eigentlichen Südgrenze des Reiches, abgesehen von den Taʿâïscha-, Habanija- und Rezêqât-Arabern, welche schon die Landschaften ausserhalb der Reichsgrenze von Dâr-Fôr durchschweifen, wohnen die noch eine Stufe niedriger stehenden Foroge und Fongoro, von denen jene zwar schon Muselmanen sind, doch factisch als Heiden betrachtet werden, und diese grösstentheils noch nicht den Islâm angenommen haben.

Den weitern Südwesten nehmen tributpflichtige Stämme ein, die Monsch, die Kara, die Binga, die Schâla, welche nahe der Hofrat en-Nuhâs in einer gebirgigen Landschaft wohnen, einige Banda-Abtheilungen, die Krädsch und ein Theil der Gûlla, welche zwischen Dâr-Fôr und den Wadâï tributpflichtigen Bongo leben.

Südlich von der Hofrat en-Nuhâs befinden sich noch die fernsten, dem Herrscher von Dâr-Fôr bis in die neueste Zeit tributpflichtigen Bezirke, nämlich die von Kuttuwaka und von Delqawna, welche schon an den westlichen Zuflüssen des Nil liegen, die Wanja westlich, die Bâja südwestlich von der Hofrat en-Nuhâs an dem Berge Abû Rassîn. Alle diese Heidenstämme werden zusammengefasst unter dem Namen der Fertît und sind zur Zeit physisch und ethnographisch noch nicht auseinanderzuhalten.

Dâr-Fôr hat ungefähr die Grösse des Königreichs Preussen. Am bevölkertsten sind: das Centrum, der Westen, der Südwesten und Süden; weniger bewohnt: der Nordwesten und Norden; fast unbewohnt: der Osten. Es erklärt sich dies aus der verschiedenen Fruchtbarkeit der einzelnen Landestheile und diese wiederum aus der mehr oder weniger reichlichen Bewässerung, welche von den zahlreichen Flüssen und Bächen des Marra-Gebirges ausgeht. Diese führen zwar nicht während des ganzen Jahres Wasser, haben aber wenige Fuss unter ihrem sandigen Bett eine wasserhaltende Bodenschicht. Mit der Fruchtbarkeit steht der Reichthum an Vieh in engster Beziehung. Centrum, Westen und Südwesten ernähren zahlreiche Rinder-, Schaf- und Ziegenheerden, welche an gutem Aussehen die Wadâïs, ja selbst Bornûs übertreffen. Dagegen findet sich im Norden und in der unfruchtbaren weiten Ebene des Ostens — el-Fâscher liegt nur 100 m höher als el-'Obeïd — das Kamel und der Strauss. Das Klima ist im allgemeinen ein gesundes, was sich durch Vorwalten des Sandbodens und die nicht unbedeutende Erhebung des Landes über den Meeresspiegel erklärt. Nur der Süden wird mit seinem Lehmboden während und nach der Regenzeit gefährlich.

Was die Zahl der Bevölkerung betrifft, so habe ich aus jedem Regierungsbezirk und jeder Provinz so viel Ortschaften verzeichnet und zusammengerechnet, als ich erfahren konnte, und bekomme danach in den 12 Regierungsbezirken der Nordprovinz 5900 Weiler, deren jeden ich zu 10 Häusern — auf das Haus fünf Einwohner gerechnet — angenommen habe, was eine Gesammtzahl von ungefähr 300000 Einwohnern ergeben würde.

In der gleichen Weise komme ich bei der Ostprovinz auf etwa 200000 Einwohner, in der gutbevölkerten Südprovinz auf 500000, in der am reichsten bevölkerten Südwestprovinz auf etwa 600000 und in den drei selbständigen Bezirken des Westens zusammen auf 500000 Einwohner, während der direct vom König verwaltete Dschebel Marra etwa 100000 Einwohner zählte. Mithin nur Rechnung tragend den Bezirken und Weilern, die mir namentlich aufgeführt wurden, würde sich die Zahl von 2½ Millionen sesshafter Einwohner ergeben. Da man aber annehmen muss, dass mir nicht alle namentlich angeführt werden konnten und dass wahrscheinlich ein Viertel bis ein Drittel der vorhandenen Bezirke übergangen wurden, so kann man die gesammte sesshafte Bevölkerung von Dâr-Fôr auf etwas mehr als 3 Millionen Einwohner annehmen. Rechnet man zu diesen noch etwa ½ Million Nomaden, welche im Nordosten, im Osten und im Süden des Landes Kamel- oder Rinderhirten sind, so ergibt sich für Dâr-Fôr eine Gesammtbevölkerung von mindestens 3½ Millionen.

Die Steuern, welche diese Einwohnerschaft aufzubringen hatte, bestanden hauptsächlich in Getreide- und Viehabgaben, in der Grund- und Zollsteuer und dem sogenannten Diwân. Die Getreideabgabe setzte sich zusammen aus der Fitra, welche am Ende des Fastenmonats erhoben wurde und einen Mudd — der antike „Modius" zur Zeit des Propheten — per Kopf betrug, und der Zekâh, in andern Ländern auch wol „el-'Oschr" („der Zehnte") genannt. Diese Getreidesteuer wurde vom Hauptsteuereinnehmer des Getreides, dem Abû Dschebâi, erhoben. Hiermit hing zusammen die Steuer an Toqqîja, dem landesüblichen Baumwollgewebe, welche der Faqîh erhob; diese betrug aus allen Bezirken zusammen etwa 100000 Teqâqi. Die Viehabgabe (Dschebâ) bestand in dem Zehnten von Rind und Kamel. Die Grundsteuer, Tugandi genannt, betrug einen Toqqîja per Ackerfeld von ungefähr 500 Schritt Länge und ebensolcher Breite. Die Zollsteuer (Cheddĕma) war eine verschiedene, je nach dem Wege, auf welchem die Einfuhr stattfand. Auf dem Wege von Kordofân oder von Westen, von Wadâï her, lastete auf der Kamelladung eine Abgabe von 5 Mĕqâti (Plural von Maqta') Tromba; es ist dies das schon beschriebene Baumwollenzeug (Châm).

Der Diwân, welcher alle vier Jahre erhoben wurde, war verschieden je nach der Beschäftigung der Stämme und dem Erträgniss der Landschaften und wurde von den viehzuchttreibenden Stämmen in Pferden und Kamelen bis zu 130 Stück bezahlt. Andere Stämme erstatteten denselben in Sklaven, wie z. B. die Sûla, Bego, Dâdscho, Gûlla u. s. w. Derselbe wurde ferner entrichtet: in Eselladungen

Weizen, Durra, Duchn; in Teqâqi, Taback, Honig, Salz, welches in einzelnen Gegenden des Marra-Gebirges und des Nordens aus der salzhaltigen Erde durch Auslaugen gewonnen wird, und in Butter. Letztere war sehr einträglich; es wurden von den Araberstämmen der Benî Holba, Missirija, Tordschem, Taʿâïscha, Habanija und Rezêqât wol mehrere tausend Krüge, von denen jeder immerhin gegen 20 Pfund enthalten mag, erhoben, hauptsächlich aber von den Hawâkîr, welche den Beamten zur Nutzniessung überwiesen wurden und von denen viele 50, 100 bis zu 200 Krüge zu liefern hatten. Uebrigens gaben die Inhaber der Hawâkîr entweder vertragsmässig dem Sultan die Hälfte der Pachtgelder ab oder, wenn sie von dieser Verpflichtung befreit wurden, nach Kräften und Gutdünken. Zu diesen Steuern kam diejenige hinzu, welche der Haupteinnehmer der Getreidesteuer vor der Einmessung der Fitra erhob und welche in einer bedeutenden Abgabe an Teqâqi per Regierungsbezirk bestand. So hatte z. B. Dâr-er-Rîâh 8000, Dâr-Dâli 7000, Dâr-Kerne 8000, Dâr-Fêa 5000, Dâr-Mâdé 4000, Dâr-Dîma 6000, Dâr-Uma 3000 Stück zu liefern.

Von Bodenfrüchten waltet in einem grossen Theil des Landes der Duchn vor, von dem die gewöhnliche Varietät fast ausschliesslich gebaut wird; eine andere, mit röthlichen Körnern, welche in zwei Monaten reift, wird im Gebirge cultivirt, und eine dritte, weisskörnige Art, die einen kräftigern Boden verträgt, im Südwesten des Reiches. Von der Durra unterscheidet man fünf Varietäten, deren Körner in Farbe und Grösse verschieden sind. Der Weizen wird ausschliesslich im Gebirge gebaut, und für den Mais erweist sich derselbe Boden günstig, welchen die Durra liebt, also Thon- und schwerer Humusboden, der sich in einzelnen Theilen des Gebirges und im Süden und Südwesten des Reiches findet. Ueberall wird die Cultur der Erdnüsse betrieben, während sich die der Zucker-Durra nur auf einzelne Gegenden beschränkt. Der wilde (getüpfelte) Reis wird im Westen und im Norden gefunden, ist jedoch hier ebenso wenig zur Nahrung beliebt als in den westlicher gelegenen Sûdân-Ländern.

Die Cultur der Baumwolle verbreitet sich über ganz Dâr-Fôr, wenn auch im Norden und Süden vielfach der Boden zu dürftig ist, um die Baumwollstauden gedeihen zu lassen. Der Anbau des

Indigo hat bei weitem nicht die Ausdehnung wie in Bornû und in den Haussa-Staaten, wo ja auch die Kunst des Färbens sehr vorgeschritten ist, während dieselbe in Dâr-Fôr und in Wadâï nur von den aus dem Westen eingewanderten Bornû- oder Bagirmi-Leuten ausgeübt wird.

Der Riesen- und der Flaschenkürbis fehlen natürlich nicht, denn auch hier, wie in allen Sûdân-Staaten, werden die meisten Küchengeräthe aus Kürbisschalen gemacht. Melonen und Gurken sind nicht selten und besonders die kleinen wilden Wassermelonen sind in den Steppen des spärlich bewohnten Ostens ausserordentlich verbreitet, wo sie bei dem Mangel an Wasser eine grosse Erquickung für die Eingeborenen bilden. Bohnen werden in zahlreichen Varietäten vielfach gezogen, und die Coloquinthe, welche in den dürren, der Wüste naheliegenden Steppen nach einer mühsamen Behandlung zur Entfernung des drastischen Bitterstoffes ein beliebtes und wichtiges Nahrungsmittel bildet, wird vorzüglich von den Zoghâwa und den nomadisirenden Arabern des Nordens gesammelt.

Ausser dem Sesam, der überall im Lande gebaut und aus welchem, wie aus der Erdnuss (*Arachis*), ein vielgebrauchtes Oel gepresst wird, zieht man noch verschiedene Pflanzen, deren Abkochungen als Saucen zu dem allgemein üblichen Mehlbrei dienen.

Von Nutzbäumen wird im Norden und im Centrum des Landes an einzelnen Orten die Dattelpalme angepflanzt, deren Früchte zwar etwas besser sind als die im Norden Wadâïs und in Kânem erzeugten, aber nicht wie in letzterm Lande zweimal geerntet werden können. Die Dûmpalme ferner findet sich hier und da im Norden und im Centrum des Reiches; sie ist ein sehr wichtiger Baum, nicht allein wegen ihrer Früchte, die in den ärmern Bezirken der Halbwüste oder eigentlich Steppe als Nahrungsmittel verwerthet werden, sondern hauptsächlich durch ihr Gestrüpp, das man zum Flechten von Matten und andern Utensilien und zum Drehen von Stricken verwendet. In el-Fâscher, in Kôbê und einigen andern bevorzugten Orten wird der Citronenbaum cultivirt, dessen kleine Früchte als Delicatesse ausserordentlich geschätzt sind. Welche Rolle ferner der Affenbrotbaum spielt, der sich hauptsächlich im Osten des Reiches findet, werden wir bei der Schilderung der in seinen Stämmen angelegten Brunnen sehen, die ich auf der Weiterreise nach Aegypten in der Nähe von Omm Meschâna aufzusuchen Gelegenheit nahm. Die Früchte des Tamarindenbaumes stehen zwar denen Wadâïs und Bornûs nach, bilden aber vielfach ein Handelsobject. Die Banane, welche im allgemeinen ihre Nordgrenze weit südlicher hat, findet sich in vielen Thälern des Marra-Gebirges, und einige Bezirke daselbst lieferten in früherer Zeit eine regelmässige Abgabe in Bananen zum persönlichen Gebrauch des Fürsten.

Wild wachsen im Norden vor allem die stacheligen Bäume der Akazien, von denen manche Producte verwerthet werden. So sind die Früchte der Qarad oder Nilakazie zum Gerben von Fellen unentbehrlich, und ihr Holz eignet sich durch seine Härte zu mancherlei technischen Zwecken. Ausser diesen findet sich die Sajâl-Akazie, der Talha-Baum, der Haschâb, welcher in Kordofân in grossen Wäldern vorhanden, das gesuchteste Gummi liefert. Das Laub aller, wenn sie auch in anderer Weise nicht nutzbar zu machen sind, dient zur Ernährung der Kamele und Ziegen. Zu den Stachelbäumen gehören sodann die *Zizyphus*-Arten Kurna, Nabaq und Nabaq el-Fîl, welche alle durch ihre Früchte einen wesentlichen Beitrag zur Ernährung der Aermern bieten. Nicht minder schätzbar ist in dieser Beziehung der Hedschlîdsch oder Seifenbaum (*Balanites*), dessen Früchte und Kerne gegessen werden, dessen Blätter zur Bereitung der Saucen in Ermangelung anderer sehr erwünscht sind, mit dessen Wurzeln an Stelle der Seife gewaschen und dessen Holz endlich zu Hacken- und Spatenstielen u. s. w. überall verwendet wird.

Viele Arten feigenartiger Bäume, die Sykomore, die sogenannte weisse Dschummeza, die Dschêdscha mit ihren Luftwurzeln, finden sich in einzelnen Exemplaren über das ganze Land zerstreut, sowie nicht minder die Habila\*), der Hommêd (*Sclerocarya Birrea*) und die Amudeka mit ihren kleinen, säuerlichen, erfrischenden Früchten, ferner der Dschachdschach, der Machêt und die Sabaha. In den Wüstenstrecken wird der March (*Lepta-*

---

\*) Ob identisch mit dem von Pfund (S. 293) erwähnten, von demselben nicht bestimmten Baum Kabil? A.

*denia pyrotechnica*) häufig gefunden, die Senna, der ʿOschar (*Calotropis procera*), deren Holz in kurzgeschnittenen Cylindern zum Decken der Erdhäuser, und zwar als Unterlage für die Erdschicht des platten Daches gebraucht wird, und deren Bast ausgezeichnete Stricke liefert. Der Ginchir kennzeichnet verschiedene Gegenden des Marra-Gebirges und steht im Rufe, dem Honig einen besonders trefflichen Geschmack zu verleihen. Der hier Babanus genannte Ebenholzbaum (*Dalbergia Melanoxylon*) findet sich häufig nach Süden zu, wie auch die Delêbpalme (*Borassus*) und die Kandelaber-Euphorbie in den Thälern des Marra-Gebirges vielfach zur Beobachtung kommen, während der Dschochân (*Diospyros mespiliformis*), welchen Barth den centralafrikanischen Pflaumenbaum nennt und dessen Holz zur Fabrikation der Sattelgestelle dient, über das ganze Land vertheilt ist.

Der fernere Süden zeichnet sich durch Bäume aus, welchen die Zukunft eine reiche Verwerthung vorbehalten dürfte: den Butterbaum, die Oelpalme und den Baumwollbaum (*Eriodendron*). Eine bedeutende Rolle unter den Nutzpflanzen spielt schliesslich in Dâr-Fôr der Taback, von dem der Bauerntaback vorwaltet, welcher sich durch seinen grossen Gehalt auszeichnet und ein Handelsgegenstand nach Westen sowol als nach Osten geworden ist.

# Siebentes Kapitel.

## Weiterer Aufenthalt in El-Fàscher.

Leben im Hause meines Gastfreundes. — Die Zustände im Süden des Reiches. — Aerztliche Thätigkeit. — Verkehrsmittel. — Das Dorf der Leute von Bornû. — Luxus der Kleidung. — Verschiedene Formen der Toben. — Haartracht. — Körperbau und Charaktereigenschaften der eigentlichen Fôrâwa. — Verfall Dâr-Fôrs und seine Ursachen. — Reinlichkeitsliebe der Fôrâwa. — Reste des Heidenthums. — Bemühungen, das Buch Dâli zu erlangen. — Der Abû Scheïch Dâli. — Feier bei Ernennung des Amîn Bacheït zum Uzîr. — Drohendes Verhalten der ägyptischen Regierung und König Ibrâhîm's Mangel an Energie. — Schlechtes Verhältniss zu Wadâï. — Vorbereitungen zur Abreise. — Der Transport der Straussfedern. — Abschiedsgeschenke des Königs. — Preisverhältnisse. — Zibêr's Einrücken in Dâr-Fôr. — Des Königs Versuch zur Lösung des Conflicts.

Die zu Ende des zweiten Kapitels geschilderten Verhältnisse brachten es mit sich, dass ich meist im Hause meines Gastfreundes blieb, das besonders durch die Anwesenheit des Hâdsch Ahmed der Sammelplatz für die angesehensten Dschellâba wurde und in welchem sehr häufig andere Einwohner zum Besuche erschienen, mit denen Hâdsch Ahmed oder unser Wirth Hamed Uled Tâhir bekannt waren. Auch hier hatte ich wieder Gelegenheit, die schrankenlose Gastfreundschaft der Dschellâba zu bewundern. Unser Haus wurde von zahlreichen Besuchern, die oft monatelang dort blieben, nicht leer; die Gäste nahmen nicht nur von dem Hausherrn Matten, Teppiche, Bettgestelle (Angrêb) und anderes in Anspruch, sondern beluden bei der Abreise ihre Kamele mit diesem Eigenthum ihres Wirthes, und der letztere erhob in seinem weitgehenden Zartgefühl der Gastfreundschaft keinen Einspruch. Dabei waren die Mittel zu einem solchen Aufwande bei dem Hausherrn durchaus nicht vorhanden. Fast täglich sah ich ihn morgens frühzeitig aufsitzen und die Hälfte des Tages damit verbringen, für den folgenden Tag die Mittel zum Unterhalt zu schaffen. Hatte der Hâdsch Ahmed seinerzeit, wie früher erzählt, in Tîneât durch die seine Kräfte übersteigende Gastfreundschaft sich zu Grunde gerichtet, so schien dasselbe mir auch hier unausbleiblich, und oft warnte ich scherzend unsern Hausherrn vor dem durch seine Gäste ihm bevorstehenden Bankrott. Die Dschellâba unterschieden sich in der That in dieser Beziehung wesentlich von den Eingeborenen, welche in der Ausübung jener Pflicht viel zurückhaltender zu Werke gingen.

Einen Hauptstoff unserer Gespräche, die sich oft bis tief in die Nacht hinein ausdehnten, bildeten die neuesten Ereignisse im Süden des Landes, wo einerseits im Osten Zibêr und seine Bahârína von der Landschaft der Rezêqât aus das Land bedrohten, und andererseits im Gebiete der Ta'âischa-Araber ein früherer Untergebener Zibêr's und ebenfalls Dschellâbî, Namens ed-Daba', gegen sein einstiges Oberhaupt das Land zu halten suchte. Ausgesogen wurde es von allen, sei es von den Freunden der Regierung, sei es von ihren Feinden; die Dschellâba aber reisten heimlich zu beiden, um gegen Manufacturgegenstände, Waffen und Pulver Sklaven einzutauschen, die dort zur Zeit ausserordentlich billig waren.

Hin und wieder wurde ich in meiner Eigenschaft als Arzt zum Beistand gerufen, eine Thätigkeit, die mir um so willkommener war, weil sie mir mannichfache Beziehungen zu den Einwohnern sicherte, obwol ich dieselbe aus dem früher angegebenen Grunde nur in beschränkter Weise ausüben konnte. Wurde es durch die Nähe der Betreffenden ermöglicht, so ging ich mit Vorliebe zu Fuss, doch dann musste ich mich jedenfalls der zwingenden Sitte unterwerfen, welche der Sinn für äussere Würde dort eingeführt hatte. Zum Verkehr innerhalb der Stadt dienten meist die Esel; ging ein Höhergestellter zu Fuss, was immerhin eine Seltenheit war, so bediente er sich stets eines etwa 2½ m langen Bambusstabes, mit dem er äusserst würdevoll einherzuschreiten wusste. Selbst im Palast des Königs liess er ihn nicht aus der Hand. Die Vornehmen liessen sich von bewaffneten Dienern begleiten; geringe Leute führten in der Hand Kundschara-Stäbe\*), oder am obern Ende gekrümmte Stöcke, eisenbeschlagene Knittel und Aexte. Die zierlichen Aexte aus Stahl mit Gold verziert, welche für die Vornehmen aus Aegypten eingeführt wurden, trugen dieselben nur zu Pferde.

Durch die Krankenbesuche wurde ich auch veranlasst, öfter das nördlich von uns gelegene Dorf der Bornû-Ansiedler zu besuchen, von denen einige höhere Beamte des Landes waren. Die Krankheit der Schwester eines derselben, des Melik Ahmed, welche an vorgeschrittener Tuberkulose litt, führte mich häufig in ihre Mitte. Diese Leute hatten fast keine Kenntniss ihrer Heimat mehr (wie sich denn auch nur einer unter ihnen fand, mit welchem ich die Kanûri-Sprache sprechen konnte), denn ihre Einwanderung datirte grösstentheils aus der Zeit des Königs Ahmed Bokkor, doch hörten sie mich gern von ihrer Heimat erzählen. So kam ich in Verkehr mit fremden Arabern, mit Dschellâba und auch hier und da mit Leuten des eigentlichen Fôr-Stammes und hatte dadurch Gelegenheit, mir von ihrem Leben, ihren Sitten, Gebräuchen und häuslichen Gewohnheiten ein Bild zu machen.

Im allgemeinen fröhnte man hier, wie schon früher erwähnt, in Bezug auf die Kleidung einem grössern Aufwande, als im Nachbarlande Wadâï. Die Gewänder aus Bornû und dem weitern Westen, welche in Wadâï noch so sehr geschätzt waren, kamen hier nicht mehr zur Geltung. Man trug europäische Stoffe, feinere Baumwollengewebe, seidene oder halbseidene und sogar Sammtgewänder. Dieselben waren lange Hemden (Toben) mit enger Halsöffnung und kurzem Brustschlitz, um den Kopf hindurchzulassen. Die Aermel, weniger weit als in den westlich gelegenen Ländern, waren ebenso wie die Brust- und Halsöffnung mit fingerbreiten seidenen Borten (Ghîtân) besetzt. Die Mode in Bezug auf den Schnitt derselben wurde hier übrigens schon

---

\*) Die Kundschara-Stäbe sind bei der Schilderung der Grossen Paukenfeier beschrieben.

mannichfaltiger. Da war die gewöhnliche Tobe „Chemis" („das Hundeohr"), welches seine Benennung von dem dreieckig geschnittenen Aermel herleitet, der nur von der Schulter bis auf den Ellenbogen fiel und den Vorderarm und die untere Seite des ganzen Arms freiliess, ferner die „Fum el-Qirba" („Schlauchöffnung"), die sich durch einen langen, am Handgelenk ganz engen Aermel auszeichnete, endlich der „Drib ed-Dûd" („die Löwenspur"?) mit mässig weitem Aermel, welcher weit über die Hand hinabreichte. Zu den Toben kam dann noch bei Vornehmen und Gelehrten ein Tuchkaftan, der vorn offen blieb. Als Kopfbedeckung wurden die bunten Mützchen der Mekkapilger (Tâqîja) getragen, die man mit grossem Geschick und reicher Mannichfaltigkeit zu verfertigen verstand. Die Schuhe waren meist ägyptisches Fabrikat.

Vornehme Frauen und Mädchen trugen häufig seidene Hosen oder eine feine Art Kamfus (Schambinde) aus dem „Numr seba'" (Nummer sieben) genannten Baumwollengewebe europäischer Herkunft oder aus Seide. Die Männer trugen hier ebenso wie in Bornû im Kriege einen Kamfus von Seide oder Tuch; der Grund hierfür liegt nahe. Der Krieger fürchtet, wenn getödtet, seiner Kleidung beraubt zu werden und dann nackt dazuliegen, während er des Kamfus nicht beraubt wird. Noch bis vor kurzem gingen selbst die Töchter der Vornehmen im Hause nackt, nur mit dem Kamfus bekleidet, doch in neuerer Zeit waren sie auch im Innern des Hauses nicht ohne verhüllendes Gewand. In früherer Zeit bildete ein feineres Gewebe als die Toqqîja den Bekleidungsstoff für die bessern Stände, das im Lande selbst gewebt wurde und „Kalkaf" hiess. Den Kopf trugen die Männer auch hier rasirt, während die Frauen das Haar in kleine Flechten geordnet hatten, welche an den Schläfen und am Hinterhaupt zu einem Wulst vereinigt wurden. Das in Wadâi gebräuchliche Verschönerungsmittel aus rothem Thon, Butter, Sandelholz, Mahâleb und anderen wohlriechenden Substanzen war auch in Dâr-Fôr beliebt.

Die eigentlichen Fôrâwa sind, wie ich schon erwähnt habe, unschöner Gesichtsbildung. Edelgeformte Nasen, wenig wulstige Lippen und mässig vorstehende Backenknochen sind selten, doch gibt es auch hier mehr individuelle Verschiedenheiten, als man von vornherein anzunehmen geneigt ist. Wenn man die Frauen ebenfalls nicht schön nennen durfte, so waren sie doch in Bezug auf Sittsamkeit, Reinlichkeit und häuslichen Sinn den Frauen Bornûs und Wadâïs weit überlegen. Zwar gab es auch in Dâr-Fôr zahlreiche Concubinen, doch muss man wohl unterscheiden zwischen der Residenz, den Orten, in welchen Fremde verkehren, und der Provinz. Im allgemeinen liebt der eigentliche Fôrâwi das Concubinat nicht, denn er ist auf die Reinheit seiner Rasse sehr stolz und sucht sie zu bewahren. Auch der Misbrauch der Merîssa ist in den Provinzen bei weitem nicht so gross, als in den civilisirtern Bevölkerungsmittelpunkten. Dort beschäftigt sich der Mann mit Ackerbau und Viehzucht, und der Vater vermeidet es, seine Tochter an jemand zu verheirathen, der nicht als guter Haushalter bekannt ist, selbst wenn derselbe für wohlhabend gilt. Gleichwol hatte alle Fruchtbarkeit des Landes (Dâr-Fôr ist fruchtbarer als Wadâï, steht aber hinter Bornû etwas zurück) und der Fleiss der Bewohner nicht genügt, um den allgemeinen Wohlstand zu erhalten; der königliche Hofstaat und die Grosswürdenträger hatten ihn mehr und mehr untergraben. Der Verfall Dâr-Fôrs in der neuesten Zeit schien ein ausserordentlich grosser und rascher gewesen zu sein, eine Annahme, die mir auch durch Hâdsch Ahmed bestätigt wurde. Er schrieb denselben hauptsächlich dem König Hasîn und seiner Schwester, der Ija Basi Zemzem, zu; dem König, weil derselbe die königlichen Commissare (Maqdûm), welche in alten Zeiten immer nur für zwei oder drei Jahre in eine Provinz gesandt wurden, zehn bis fünfzehn Jahre hindurch das Land aussaugen liess; sodann weil er die zahlreiche königliche Familie, welche in früherer Zeit nur von dem Einkommen des Fürsten zehrte, in unverhältnissmässiger Weise mit Hawâkir, die er beliebig aus ihren frühern Verbindungen herausriss, ausstattete, und endlich indem er seinen Kindern, Geschwister- und Kindeskindern weiblichen Geschlechts bei ihren Verheirathungen überreiche Ausstattungen auf Kosten des Landes mitgab. Die Ija Basi aber plünderte dasselbe mit äusserster Rücksichtslosigkeit aus und konnte selbst von ihrem königlichen Bruder nicht gezügelt werden.

Die Wohlhabenheit des Landes ging mehr und mehr zurück, sowol durch den Mangel an Zufuhr von Elfenbein, welches nur aus den südlichen und südwestlichen Heidenstaaten kommen konnte, die aber seit Jahren, sei es von Wadâï, sei es von den Bahârîna ausgenutzt waren, als auch durch die Beschränkung des Sklavenhandels von seiten Aegyptens. Eigene Industrie mit Ausnahme von Korbflechtereien hatte das Land nicht; sein Reichthum an Vieh konnte nach aussen hin noch nicht verwerthet werden, und die einzigen obengenannten Ausfuhrgegenstände hatten, wie gesagt, schon seit einer Reihe von Jahren abgenommen. Die Fôrâwa, welche el-Fâscher bewohnten, hatten bei dem einmal bestehenden Aufwande oft mit grossen Schwierigkeiten zu kämpfen, um die nöthigen Ausgaben bestreiten zu können, zumal die Lebensmittel dort noch einmal so theuer waren als in Abesche; so kostete z. B. eine Quantität Duchn für zwei Pferde und vier Personen, etwa zwei Tage ausreichend, $1/4$ Maria-Theresia-Thaler. Ihre Einnahmen bestanden meistens in dem Ertrage der ihnen verliehenen Landgüter (Hawâkîr), deren Producte: Rindvieh, Getreide und Toqqîja (das einheimische Baumwollengewebe, welches 4 m lang, $1/3$ m breit und sehr haltbar ist) — das Getreide, hauptsächlich Duchn, wog vor — wegen der Schwierigkeit der Beförderung in dem gebirgigen Terrain und bei der oft sehr weiten Entfernung der Hawâkîr wenig gewinnbringend waren. Zuweilen wurden ihnen bei besondern Gelegenheiten vom König einige Sklaven oder einige Stück Rindvieh geschenkt, und von dem Ertrage dieser Zuwendungen lebten sie dann, bis auch er verzehrt war und die Noth wieder begann. Nun verkauften sie, was sie besassen: einen Teppich, der noch aus der guten Zeit zurückgeblieben, ein Ehrenkleid, das sie vom König empfangen hatten u. dgl., und zwar stets unter der Hälfte des Werthes, denn die Dschellâba, welche die Käufer waren, beuteten die Bedrängten möglichst aus. Waren wieder einige Mittel vorhanden, so folgten Tage üppigen Lebens und diesen im traurigen Kreislauf wieder der Hunger. Uebrigens sind die Fôrâwa geduldig in körperlicher Entbehrung und fähig, Hunger ohne Beschwerde drei und mehr Tage zu ertragen.

Das Innere der Häuser der Fôrâwa zeichnet sich durch eine grosse Reinlichkeit vor den Wohnungen der Nachbarstämme aus. Sowol die Höfe und die Gemächer, als auch die Kleidung der Frauen und Männer bewiesen mehr Sinn für Sauberkeit, als ich bei den Wadâï-, Bagirmi- und Bornû-Leuten gefunden hatte. In ganz Dâr-

Fôr bestand die Gewohnheit, am Donnerstag die Häuser schon am frühen Morgen so sauber als möglich zu machen. War dies geschehen, so legten die Frauen und Mädchen die besten Kleider an und schmückten ihr Haar auf das sorgfältigste. Am folgenden Tage, dem Freitag, dem mohammedanischen Sonntage, wenn die angesehenen Männer aus der Moschee nach Hause zurückkehrten, empfingen sie alsdann ihre Freunde und Schutzbefohlenen. Auch wurden am Donnerstag die königlichen Pauken geschlagen, um den kommenden Festtag zu verkünden. Man sagte zur Erklärung dieses Gebrauchs, die Einwohner hätten sich früher in steter Unklarheit über Wochen- und Feiertage befunden und infolge dessen den Besuch der Moschee verabsäumt. Wahrscheinlicher ist es indessen, dass es grosse Schwierigkeiten hatte, dem Islâm in Dâr-Fôr Eingang zu verschaffen, wie denn auch jetzt noch viele Gebräuche aus der Heidenzeit sich erhalten hatten.

Abgesehen von der frühern Opferung von Menschen bei der Paukenfeier und dem Konda-Essen, von der Tödtung des Kamene bei erfolgtem Ableben des Königs, eine Sitte, die erst durch 'Abd er-Rahmân abgeschafft worden sein soll, sind in den fernen Berggegenden noch heute Spuren heidnischer Menschenopferungen zu finden. Der Gott der Fôrâwa hiess Kalge, und heilige Felsen und Bäume waren der Ort für seine Verehrung. Nicht nur waren diese in jenen Gegenden noch wohlbekannt, sondern man opferte auch noch heute daselbst bei Regenmangel und Krankheit, bei Unfruchtbarkeit der Frauen weisse oder graue Hammel und bestrich den Stein oder den Baum mit dem Blute des Opferthieres, während sich der Bittende niederliess und seine Bitte dem Kalge vortrug. Wie wenig im allgemeinen die Ausrottung des alten Glaubens gelungen war, geht z. B. aus dem Umstande hervor, dass, wenn ein Anführer oder Grosswürdenträger an der Spitze eines Kriegszuges oder Gefolges mit Pauken, Trommeln und Posaunen an einer solchen heiligen Stätte vorüberzog, alle Instrumente schwiegen, und die Krieger, die Speere mit der Spitze nach unten, die Flinten mit den Kolben nach oben wendend, in ehrfurchtsvollem Schweigen vorüberzogen, ja, dass sie oft, wovon Hâdsch Ahmed seiner Zeit selbst Zeuge gewesen, ihren Weg nicht fortsetzten, ohne zuvor ein Opfer gebracht zu haben. Bei zwei heiligen Felsen hatte ein Maqdûm, der sich auf einem Kriegszuge befand, einen weissen Hammel schlachten, von einem Felsen zum andern schleppen und in der Mitte derselben niederlegen lassen und war erst dann weiter gezogen.

Auch dem Teufel (dessen ursprüngliche Bezeichnung in der Fôr-Sprache ich nicht erfahren konnte) wurde zuweilen geopfert. Beschuldigte man ihn als Urheber eines Unglücks oder Mislingens, so opferte man wol einen gelben Hammel, welcher mit den Worten „Fer Bel", was aus der Fôr-Sprache niemand erklären konnte, ohne das sonst übliche „Bismillâh" („im Namen Gottes") geschlachtet wurde, während die betreffende Person ihn anflehte, die von ihm Geschädigten nicht weiter zu belästigen.

Mein Freund Hâdsch Ahmed Tangatanga hatte einst vom König Hasîn eine Anweisung auf eine Anzahl Rinder in dem Bezirk Suro in der Provinz Abû Dîma erhalten, welcher dem zweiten Sohne des Königs, ʿAbd er-Rahmân, einem Freunde des Hâdsch Ahmed, unterstellt war. Er reiste dorthin ab, um die Rinder in Empfang zu nehmen, zugleich aber im Auftrage des Königs fällige Steuern an Getreide, Honig und Teqâqi einzuziehen und den Verwalter des Bezirks, den Melik Sindschi, mitzubringen. Als die Zeit der Rückreise von dort nach el-Fâscher herannahte, bat der Melik den Hâdsch Ahmed, ihm zu Liebe den Umweg über das Dorf Lekkeli zu machen, woselbst er Geschäfte habe. Der Sitz des Melik lag zwar drei Tage entfernt, und Hâdsch Ahmed war eilig, konnte aber demselben die Bitte nicht abschlagen. Da theilte der Sohn des Alten, der längst den Wunsch hegte, die Stelle des Vaters einzunehmen, dem Hâdsch Ahmed im Vertrauen mit, sein Vater gehe nur nach Lekkeli, um vor seiner wichtigen Reise nach el-Fâscher seinen Götzen anzubeten, denn er sei nur dem Namen nach Muselman, in der That aber Heide geblieben. Die Zeit der Abreise kam. An Ort und Stelle angekommen, nahm man Quartier am Fusse eines Hügels, auf dessen Höhe eine Wohnung mit doppelter Zerîba stand, von welchen sich die eine durch ihre Höhe und Dichtigkeit auszeichnete. Hierher zog sich der Melik zurück. Sein Sohn erklärte nun dem Hâdsch Ahmed, er werde seinen Vater vor dem siebenten Tage nicht wiedersehen, denn sechs Tage müsse dieser sich seinen religiösen Uebungen hingeben. Ausser der Hütte für die Diener befänden sich in der Zeriba drei Hütten, in deren jeder sein Vater zwei Tage verbringen müsse, ohne dieselben auch nur für einen Augenblick zu verlassen. In der ersten Hütte befinde sich eine heilige Katze, der Hauptgegenstand seiner religiösen Verehrung; zu dieser werde am siebenten Tage sein Vater zurückkehren, um Abschied zu nehmen; dann halte er den glücklichen Verlauf seiner Reise nach el-Fâscher für gesichert. Ahmed wartete mit Ergebung. Am siebenten Tage forderte der junge Mann ihn auf, sich selbst von der Wahrheit des Mitgetheilten zu überzeugen, er wolle ihm durch Ablenken der Aufmerksamkeit der Thürhüter dazu die Gelegenheit geben. So geschah es. Hâdsch Ahmed schlüpfte in das Innere des Heiligthums und fand den Melik auf einem niedrigen Thonsitze in der Mitte der Hütte und vor ihm auf einem andern Sitze die heilige Katze. Der Melik starrte wie gebannt auf dieselbe, einen Rosenkranz von einigen hundert Perlen durch die Hand gleiten lassend und Gebete murmelnd, bis die Katze sich schnurrend auf dem Schose des Andächtigen niederliess. Dieser war so in seine Betrachtungen versunken, dass er den Eindringling nicht gewahrte und Ahmed sich aus der Hütte schleichen konnte, wie er gekommen; ausserhalb derselben rief er den Melik Sindschi an. Verwirrt erhob sich dieser, trat aus der Hütte und erklärte nun dem Hâdsch Ahmed: er sei alt geworden im Dienste der Regierung und niemals sei er zum König oder zu seinem Vorgesetzten gereist, ohne durch diesen geheiligten Brauch die Reise nach el-Fâscher zu einer gesegneten zu machen. Er beschwöre ihn, das Geheimniss zu bewahren, von welchem ausser ihm niemand Kenntniss habe, er wolle ihm auch dafür ein schönes Pferd schenken. Obwol Hâdsch Ahmed geneigt gewesen, seiner Bitte Gehör zu geben, scheint doch sein religiöser Fanatismus ihm dies schliesslich nicht gestattet zu haben; genug, man schleppte den alten Melik vor König Hasîn, ihn des Götzendienstes anklagend. Dieser erpresste von dem Alten das Geständniss des Ortes, wo er seine Schätze verborgen hielt, die ihm selbstverständlich genommen wurden, und entsetzte ihn seiner Würde, welche später dem verrätherischen Sohne verliehen wurde. Der alte Mann starb verarmt und verlassen.

Aus der Heidenzeit datirte ohne Zweifel auch der Brauch in Dâr-Fôr, zwei beständige Feuer zu unterhalten, das eine im Hause des Königs, in dem alten Königspalast, und das andere im Hause des Abû Scheïch Dâli; beide hatten besondere Beamte zu ihrer Unterhaltung und durften nur mit dem Tode des Königs erlöschen. Auch zur Zeit der Paukenfeier wurde im Hause des Königs ein Feuer angezündet und während der Festzeit unterhalten.

Ein zweiter Brauch, der sich aus jener Zeit erhalten zu haben schien, war folgender: Der Verwalter des Bezirks von Turti musste in der Neujahrsnacht am See Deribe schlafen, wo zu diesem Zwecke ein Schattendach errichtet war, und seine Träume in dieser Nacht galten als Gesichte, die als sichere, unzweifelhafte Vorbedeutungen für die Zukunft des Landes angesehen wurden.

Ob auf die heidnische Zeit auch gewisse Steinfiguren von mehr oder weniger menschlichem Ansehen zurückzuführen sind, welche sich an dem Orte Gozo, im Bezirke Killeti gelegen, zwischen niedrigen Felsen finden sollten, habe ich nicht erfahren können; dieselben waren jedoch als „Kittonga Kenni", d. h. „Steinmädchen", bekannt. —

Mittlerweile war der April herangekommen. Die Zeit war verstrichen in Studien mit den Brüdern 'Abd el-Azîz und Mohammed, mit Merîssa-Sitzungen und historischen Untersuchungen beim Basi Tâhir und im geselligen Verkehr bei meinem Gastfreund. Die Nachrichten von Süden und Osten und über die ägyptischen Truppenconcentrirungen in Kordofân wurden drohender; wir mussten an die Abreise denken. Je näher die Nothwendigkeit derselben an mich herantrat, desto mehr war ich bestrebt, die alten Documente, welche sich über den Aufbau des Reiches und über die Geschichte der verschiedenen Dynastien in dem sogenannten Buche Dâli finden sollten, mir zu verschaffen. Ich hatte endlich Gelegenheit, den Scheïch Dâli kennen zu lernen. Eines Tages liess er mich durch einen sogenannten Haderbi, d. h. einen Mann aus der Gegend von Suâkin am Rothen Meer, rufen, der seit längerer Zeit als Faqîh und Kaufmann in Dâr-Fôr lebte und bei ihm wohnte. Ich wurde in einem Nebenhause der ausgedehnten Wohnung von diesem empfangen, musste der Sitte gemäss zuvor essen und trinken, und als ich nach einigen Stunden endlich dar-

auf bestand, zum Grosseunuchen geführt zu werden, ging der
Haderbi zunächst allein, um ihn von meiner Ankunft zu benachrichtigen. Bald darauf kam er zurück und erklärte mir, dass sein
mächtiger Gastfreund nicht krank sei, wie er mich hatte glauben
machen, sondern dass er, da er viel von mir gehört, wünsche,
mich kennen zu lernen und mit mir zu plaudern. Als ich indess
endlich zu ihm gerufen wurde, fand ich die zu seiner Privatwohnung führende Thür von seinen Dienern und Schutzbefohlenen
belagert, die zum grössten Theile betrunken waren. Sie verweigerten mir den Zutritt, und einige von ihnen ergingen sich in
den beleidigendsten Redensarten, von denen ich anfangs mit
orientalischer Ruhe keine Notiz zu nehmen gewillt war; doch als
sie in ihren Beleidigungen fortfuhren und ich sah, dass keiner der
Anwesenden sie in die gebührenden Schranken wies und der
Haderbi selbst nicht wusste, wie er sich zu benehmen habe, rief
ich meinen Diener mit dem Pferde herbei, sass auf und ritt davon, dem Abû Scheïch aber liess ich durch den Haderbi sagen,
dass ich, solange unverschämte Diener des Abû Scheïch die
Herren des Weges seien, nicht wiederkehren würde. Der erzürnte
Würdenträger prügelte die Betreffenden und schickte mehrere
Reiter aus, um mich zurückzurufen, die mich aber verfehlten.
Wenige Tage darauf verschaffte mir der Zufall den Zutritt zum
Grosseunuchen. Als wie gewöhnlich am Freitag der Sultan und
alle Würdenträger zur Moschee geritten waren und von derselben
zurückkehrten, belehnte der erstere den Abû Scheïch mit dem
üblichen Schâsch\*) (Turban eines Maqdûm der Ostprovinz). Diese
unterlag eigentlich ohnehin der Oberaufsicht des Abû Scheïch
Dâli und trug sogar von ihm den Namen Dâr-Dâli, doch da derselbe als erster Eunuch für gewöhnlich in der Residenz wohnte,
so musste er ausdrücklich als Maqdûm der Provinz eingesetzt
werden, wurde aber in dieser Eigenschaft durch einen königlichen
Commissar in derselben vertreten. Als er nun der Sitte gemäss
grüssend auf den König zusprengte, stürzte er mit dem Pferde

---

\*) Schâsch ist ein etwa 2 Spannen breiter und etwa 2 Klafter langer Musselinstreifen mit eingewirkten oder gestickten Goldarabesken, welcher mehrmals um die Tâqija geschlungen den Kopfbund (Turban) vornehmer Leute bildet.   W.

und brach den linken Oberarm unmittelbar über dem Ellenbogengelenke. Mein Hauswirth, Hamed Uled et-Tâhir, war gegenwärtig, begleitete den Verletzten bis zu seiner Wohnung und ritt dann nach Hause, um mich herbeizurufen. Als wir anlangten, mussten wir jedoch ziemlich lange warten, und es stellte sich heraus, dass der einheimische Wundarzt den Verband bereits angelegt hatte. Auch hier hatte der Hass und Argwohn gegen den Fremden, den Christen und Spion der Türken, die Gelegenheit, mich auszuschliessen, sich nicht entgehen lassen. Ich fand übrigens den Verband sehr haltbar und zweckmässig aus dicker Filzlage um die Bruchstelle hergestellt und mit glattgeschnittenen, 15 cm langen und etwa zwei Finger breiten Hölzchen, welche durch straffgezogene Bänder unter sich verbunden waren, rings um den Arm befestigt. Bei den unzulänglichen Verbandmitteln, die hier zu Gebote standen, würde ich selbst die Sache nicht besser haben machen können, aber auch wenn dies nicht der Fall gewesen wäre, würde ich aus begreiflichen Gründen das Verfahren gebilligt haben. Der Abû Scheïch war ein Mann von mittlern Jahren und sehr jugendlichem Aussehen, wie es viele Eunuchen sich bewahren, und sollte ausserdem ein vortrefflicher Mensch und Krieger sein.

Da ich bei dieser Gelegenheit unmöglich von dem Buche Dâli mit ihm sprechen konnte, suchte ich desselben bei dem König habhaft zu werden und hatte wenige Tage darauf Gelegenheit, diesen zu sehen, obgleich ich, wie schon erwähnt, wegen des gehässigen Benehmens der Leute seltener einen Besuch im königlichen Palaste unternahm, als es mir sonst wünschenswerth gewesen wäre. Ich fand den König diesmal sehr gesprächig und wohlgelaunt; er liess die Musikdose spielen, welche ich ihm geschenkt hatte, und nahm das Fernrohr, das ich ihm überreichte, dasselbe, welches König ʿAlî zurückgewiesen, freundlich entgegen. Ich empfing von ihm manche Mittheilungen aus der Regierungszeit seiner Vorfahren, auch erklärte er sich bereit, das Buch Dâli suchen zu lassen und mir zu leihen; auf meine Klage über die Mangelhaftigkeit der Mittheilungen seines Onkels, des Basi Tâhir, versprach er, diesen anhalten zu wollen, mir seine Kenntnisse über die frühern Zeiten Dâr-Fôrs rückhaltloser mitzutheilen. Ich konnte ihn diesmal genauer betrachten, zumal er den Litâm etwas entfernte. Er lag im Schatten einer Mauer, trug ein roth-, grün- und weissgestreiftes Gewand, hatte durchaus kein hässliches Negergesicht, weder wulstige Lippen, noch plattgedrückte Nase, war aber kohlschwarz mit spärlichem Barte. Uebrigens fasste er schnell auf, obgleich sein Gesicht etwas nichtssagend war.

Unterdessen war der Amîn Bacheït zum Uzîr ernannt worden, eine Würde, welche, trotzdem seine Macht dieselbe blieb wie früher, ihm andere äussere Verpflichtungen auferlegte. Der Uzîr musste nämlich stets offene Tafel halten, und während ich bisher nur die einfachen landesüblichen Speisen bei ihm genossen hatte, war die Tafel jetzt in reichlichster Weise mit Rettichen, Datteln, Hammelkeulen, Hasenbraten, Reis und dem gewöhnlichen Mehlbrei mit Fleisch besetzt. Am 18. Mai fand die eigentliche Ceremonie seiner Ernennung statt. Nachdem morgens die Frau des Königs, die Amîna oder Uzîra, in dem Bar-Dschûes genannten Theile des Tombasi, in welchem sich ihre Wohnung befand, den neuen Uzîr belehnt und mit seinem Amtskleide beschenkt hatte, musste er nachmittags einen öffentlichen Aufzug halten und in der Nähe des alten Palastes auf der andern Seite des Rahat den Zweig eines Hedschlidsch abschlagen, welche Handlung die Besitzergreifung seines Amtes bezeichnete. Der Uzîr in seinem Belehnungskleide aus golddurchwirkter Seide begab sich mit dem langen Zuge seiner Freunde und Untergebenen und der Würdenträger des Hofes vom Tombasi zum alten Königspalast. Einen bevorzugten Platz unter den Begleitern nahm der Chabîr Mohammed, der oberste Dschellâbî, ein, da der Uzîr Oberhaupt aller fremden Kaufleute war. Pauken, Hörner, Pfeifen, steingefüllte Kürbisse und Blechdosen machten den gewohnten Lärm, und die farbigen Gewänder der Reiter, der überladene Schmuck der Pferde boten einen abwechselungsreichen Anblick. Der betreffende Hedschlidsch stand am Eingange des grossen Königsplatzes und war von flintenbewaffneten Korajat umgeben. Die Reiter des Gefolges hielten kreisförmig um den Baum, und innerhalb des Kreises umritt der Uzîr mit seinem engern Gefolge dreimal den Baum, von welchem unterdessen einer seiner Beamten ein passendes Zweiglein ausersehen und mit der Hand ergriffen hatte. Am Schlusse des dritten Umzugs hieb der Uzîr des Uzîrs, nicht dieser selbst, den Zweig mit dem Schwerte ab. Unter dem Abfeuern der Gewehre und dem betäubenden Lärm der erwähnten mehr oder minder musikalischen Instrumente wurden noch eine kurze Zeit die Pferde auf dem weiten Platze getummelt und Reiterkünste ausgeführt, dann begab sich der Zug wieder auf die andere Seite des Rahat, woselbst der König auf dem Platze vor dem Tombasi den Uzîr erwartete. Er war ohne Sonnenschirm, weiss gekleidet, trug wie gewöhnlich den Litâm und ritt auf einem schwarzbraunen Pferde mit weissen Füssen. Als er durch die Instrumente begrüsst war und jedermann sich beeiferte, in seinen Gesichtskreis zu kommen, stellten wir uns auf und verharrten auf unsern Plätzen, während der König seinerseits auf den Uzîr zusprengte, mit dem blanken Schwert in der Hand ihn grüssend. Hierauf galopirte er hierhin und dorthin und besichtigte die ganze anwesende Versammlung, von ihr durch Schwingen der Flinten, Schwerter, Streitäxte, Keulen u. s. w. begrüsst. Sobald der König sich zurückgezogen hatte, begab sich der Zug zu der Königin-Mutter, von da zur Ija Basi und begleitete schliesslich den Uzîr in seine eigene Wohnung.

Mitte des Monats kam ein Kaufmann aus Kordofân, Mohammed en-Nûr, mit Briefen des Mudir von Kordofân und des Generalgouverneurs des ägyptischen Sûdân aus Chartûm, der von seiner Localregierung beauftragt war, mir diese Briefe entweder in Dâr-Fôr zu überliefern, oder wenn er mich daselbst nicht finden sollte, mich in Wadâï aufzusuchen. Er brachte Nachrichten über die Pläne der ägyptischen Regierung gegen Dâr-Fôr, welche er mit grosser Offenheit dem König Brâhîm mittheilte; doch so übereilt derselbe nach seiner Thronbesteigung den Angriff gegen die Bahârîna im Dâr-Rezêqât unternommen hatte, so energielos schien er jetzt, und war geneigt, die Ereignisse an sich herankommen zu lassen.

Der König von Wadâï, obgleich erst in zweiter Linie von den Bahârîna oder den Aegyptern bedroht, würde gewiss die Dinge niemals so weit haben kommen lassen und überdachte noch jetzt sicherlich unablässig diese Verwickelungen und ihre möglichen Folgen. Als seinerzeit der Bulâlâwi Mohammed von Kordofân aus Dâr-Fôr im Süden zu bedrohen schien, verbanden sich der Sultan Hasîn und der König 'Alî durch das engste Schutz- und Trutzbündniss und gaben sich das Wort, gemeinschaftlich etwaigen Angriffen der Türken zu trotzen und zu siegen oder unterzugehen. Doch das gute Verhältniss, das damals zwischen Dâr-Fôr und Wadâï geherrscht hatte, schien nicht mehr in derselben Wärme fortzubestehen. Zunächst hatte der erwähnte Schems ed-dîn, der Bote des neuen Königs von Dâr-Fôr, dem Nachbarkönig nur ein Pferd und eine Sklavin als Geschenk gebracht, während dieser die bescheidene Gabe zwar durch mehrere hundert Kamele, vier Pferde und einige Sklavinnen u. dgl. erwidert, aber andererseits nur freundliche, allgemeine Redensarten geführt und jede formelle Erneuerung des frühern Bündnisses entschieden zurückgewiesen hatte. Auch beschenkte er den Gesandten Schems ed-dîn nur mit einem Pferd und einer Sklavin. König Brâhîm war von dem Erfolg der Sendung Schems ed-dîn's gerade jetzt, wo ein engeres Bündniss mit Wadâï gegen die Bahârïna und Aegypten erwünscht gewesen wäre, durchaus nicht erbaut und bewies seine Unzufriedenheit dadurch, dass er ihn nicht beschenkte. Mein Gastfreund Hamed, der solche Botschaften nach Wadâï früher ausgeführt hatte und dessen Amt dieselbe auch diesmal gewesen wäre, hatte die Reise abgelehnt, weil er einen Miserfolg voraussah, und war jetzt froh, es gethan zu haben.

Anfangs Mai kehrte auch Hâdsch Ahmed, der nach Kôbê gegangen war, um zur Abreise seine Kamele vollzählig zu machen und seine Waaren umzutauschen oder zu verkaufen, wieder zurück, nachdem er mit den übrigen Mitgliedern der zu bildenden Karavane die Abreise für einige Wochen später angesetzt hatte. Der König war von unserm Plane bereits in Kenntniss gesetzt, und wir hatten von seinem Geheimschreiber, dem Faqîh Ahmed, die betreffenden Briefe, Erlaubnisscheine zur Abreise u. s. w. erhalten und harrten jetzt nur noch der üblichen Entlassungsgeschenke.

Straussfedern, deren Hâdsch Ahmed viele Centner besass und in denen auch ich ihres leichten Transportes wegen mein Reisegeld angelegt hatte, wurden sortirt und gebunden. Es ist dies letztere ein wichtiges Geschäft, das nur wenige verstehen. Auf ein Pfund weisser Straussfedern gehen etwa 100, wenn dieselben alle auserlesen gross sind, doch werden zum Verkauf von den auserlesenen „'Auwâma" („Schwimmer") nur etwa 30 pro Pfund eingebunden, während die übrigen durch kleine, unausgebildete derselben Farbe ersetzt sind und das Gewicht zum Theil durch die zum Binden verwendeten Stricke, von denen die Kaufleute sich etwa drei Unzen auf das Pfund gefallen lassen, ausgeglichen wird. Das Pfund der „'Auwâma" kostete zu der Zeit 100—120 Maqta' Tromba — 2 Maqta' Tromba hatten in Kairo den Werth von 1 Maria-Theresia-Thaler —, während die schwarzen Federn mit etwa 10 Maqta' Tromba per Pfund bezahlt wurden. Von den grauen rechnete man zwei Pfund auf ein Pfund schwarzer, und im Handel durfte ein Pfund der letztern, wenn Mangel an ihnen war, durch zwei Pfund graue ersetzt werden. Die Nachfrage in Kairo nach schwarzen Federn pflegt grösser zu sein als nach weissen, da durch jene ein grösserer Vortheil erzielt wird, und aus diesem Grunde findet der Verkauf in der Weise statt, dass stets 10 Pfund schwarzer und 1 Pfund weisser zusammen ausgeboten werden.

Auch in Dâr-Fôr pflegt man den Straussen nicht die Federn auszureissen, sondern tödtet sie bedauerlicherweise, so den Bestand dieser kostbaren Thiere auf eine unverantwortliche Weise vermindernd, obwol im Osten des Landes, bei den Hamr-Arabern, dieselben vielfach in den Häusern gehalten werden. Eine wirkliche Zucht von Straussen indessen, wie ich sie in Bornû bei dem ersten Würdenträger des Landes sah, dem oft genannten Lamîno, welcher nicht selten 20 brütende Straussweibchen hatte, habe ich in Dâr-Fôr nicht gefunden.

Der König begann zunächst, uns einige Kamele zu schicken, zum Zeichen, dass er unsere Abreise vorbereite, und bei dieser Gelegenheit machte ich die Erfahrung, dass die überbringenden Sklaven in der Forderung von Trinkgeldern noch unverschämter waren, als selbst die Eunuchen und Boten des Königs in Bornû. Während bei dem strengen König von Wadâï dieselben stets mit den geringsten Geschenken zufrieden waren, weil sie fürchteten, der König könne erfahren, dass sie überhaupt etwas angenommen hatten, stellten sich hier die Ueberbringer fast als Verkäufer dar, mit denen man stundenlang handeln musste, ehe sie befriedigt davongingen.

Nachdem in den ersten Tagen des Juni die Leute des Hâdsch Ahmed aus Kôbê Nachrichten über den Stand der Vorbereitungen für unsere Abreise gebracht hatten, sandte mir der König einen jungen, magern, doch hübsch aufgeschirrten Schimmel, dadurch beweisend, dass auch seinerseits die Vorbereitungen zur Abreise fortschritten; ich musste den Ueberbringern des Thieres allein 12 Thaler Trinkgeld geben, während dasselbe im ganzen vielleicht 50 Thaler Werth haben mochte. Einige Tage darauf brachten Pagen des Königs auch einige Ehrenkleider: ein halbseidenes Gewand, eine prächtige himmelblaue, seidene, mit Gold verzierte Abaja (Obergewand), einen bunten Wollshawl, eine Mütze aus Mekka, ein Vorderarmmesser und einen Dolch, welche Gegenstände abermals 10 Maria-Theresia-Thaler Trinkgeld kosteten. Ein solcher Shawl wird Kaschmir genannt, ist jedoch europäischer Herkunft, etwa 4 m lang und 2 m breit, und wurde in Dâr-Fôr mit etwa 12 Maria-Theresia-Thalern bezahlt. Die Kaschmire, welche man von Indien einführt, kosten bis zu 150 Thaler, wenn sie neu sind, wurden aber von den Würdenträgern, oft nur kurze Zeit getragen, bei ihren beständigen Geldverlegenheiten häufig für 5—10 Thaler verschleudert. Die gewöhnlichen Stücke Halbseide, von denen zwei nur ein Fôr-Gewand gaben — denn diese waren fast so weit wie die Kleider in Bornû und von so ausserordentlicher Länge, dass man kaum in ihnen zu gehen vermochte —, wurden immer je zwei für 6—8 Maqtaʿ Tromba, also 9—10 Maria-Theresia-Thaler, verkauft oder von den Beamten bei nicht unmittelbarer Bezahlung mit einem Sedâsî (Sklave von 6 Spannen Höhe), der damals etwa 30 Maria-Theresia-Thaler kostete, bezahlt. Stücke guten weissen Baumwollgewebes (Dibelân), welche etwa 30 m enthielten, kosteten 12 Maria-Theresia-Thaler. Das Gold, welches merkwürdigerweise von Dâr-Fôr nach Aegypten ausgeführt wurde und im Lande hauptsächlich zu den Zimâm genannten goldenen Nasenringen verarbeitet wurde, kostete pro Unze etwa 20 Maria-Theresia-Thaler. Die goldstrotzenden Gewänder der Vornehmen des Landes, welche sie bei Investirungen, Festlichkeiten u. s. w. trugen, kosteten 50—60 Maria-Theresia-Thaler, und das kostbar aufgeschirrte Pferd eines höhern Beamten erreichte leicht den Preis von 400 Thalern, von welchem dann höchstens 150 Thaler auf das Pferd entfielen.

Wie erwähnt, ist die Reise von Dâr-Fôr nach Kordofân in der Regenzeit am leichtesten auszuführen, da in den zu passirenden Gegenden die Brunnen gänzlich fehlen; die Leute von Kôbê, unsere Reisebegleiter, waren daher beeifert, unter allen möglichen Vorwänden unsere Abreise bis zu diesem Zeitpunkt hinauszuschieben. Unterdessen drängte der König, welcher von unserer Reise, soweit es meine Person anbetraf, für sich und die Beilegung seines Zwistes mit Aegypten Vortheil erhoffte. Er fügte zu den Ehrenkleidern noch einige andere aus Seide und Halbseide als Proben der verschiedenen Moden hinzu und schickte mir eine Anzahl jener prächtigen, im ganzen Sûdân berühmten Korbflechtereien in Gestalt von Schüsseldeckeln u. s. w., durch Vervollständigung dieser Ausrüstung anzeigend, dass die Zeit zur Abreise gekommen sei; denn erst nachdem der Reisende dem König den Tag der Abreise angezeigt hat, pflegte dieser ihn durch Uebersendung der genannten Gastgeschenke gewissermaassen zu entlassen.

Als in den letzten Tagen des Juni noch die Nachricht einlief, dass die Truppen Zibêr's an der Grenze des Fôr-Gebietes im Bezirke Qirbajat in der Landschaft der Foroge den Sultan Abuja überfallen und nach zweitägigem Kampfe geschlagen hatten, lag allerdings die Furcht nahe, dass nach Osten hin der Weg verlegt werden könne. Endlich kamen in den ersten Tagen des Juli drei Boten an, welche das Anrücken ägyptischer Truppen direct von Osten her auf Omm Meschâna zu meldeten.

Der König selbst schien immer noch nicht einig mit sich zu sein über das, was er zu thun habe: sollte er selbst gegen die Bahârina ins Feld ziehen? sollte er andere schicken? oder sollte er sie ungestört im Süden wirthschaften lassen, solange sie ihn selbst nicht bedrohten? Die meisten seiner Rathgeber und der angesehenen Bewohner der Hauptstadt waren in der hochmüthigsten Selbsttäuschung befangen und sprachen sich und den König in die Ueberzeugung hinein, Gott könne unmöglich zugeben, dass das schöne, grosse, mächtige, gottbegnadete Dâr-Fôr in die Hände der Türken falle. Wol gab es einige Einsichtsvollere, welche die Macht der letztern einigermaassen aus der Nähe kennen gelernt hatten und deshalb riethen, im engen Bündniss mit dem König von Wadâï und so schnell als möglich die Bahárîna zu überfallen, doch der eitle Hochmuth der Fôrâwa, welche sich hoch über die Wadâï-Leute erhaben dünkten, weil jene einst ihnen tributpflichtig gewesen, vereitelte einen solchen Plan. Auch der König schien in dieser Selbsttäuschung befangen. Er sagte mir kurz vor meiner Abreise nochmals, es liege ihm fern, die Bahárîna zu fürchten; es würde für ihn ein Leichtes sein, sie zu vernichten, doch miede er gern Verwickelungen mit der ägyptischen Regierung, deren Macht er auf die Dauer wegen ihrer vollkommenern Waffen und ihrer Manneszucht allerdings nicht gewachsen sei.

Endlich, wenige Tage vor dem Aufbruch, entschloss sich der König, noch einmal den friedlichen Weg zu versuchen und alle Schätze, deren er augenblicklich habhaft werden konnte, durch einen besondern Beamten an den Vicekönig von Aegypten zu schicken. Er fragte mich um meine Ansicht über den wahrscheinlichen Erfolg, indem er gleichzeitig darauf Gewicht legte, dass auf Grund zweier Firmane der türkischen Regierung sowol von dem Sultan 'Abd el-Medschîd, als von dem Sultan 'Abd el-Azîz, welche den Königen von Dâr-Fôr ihr Gebiet und ihre Selbstherrschaft sicherten, er doch eigentlich dem Vicekönig, einem ebenfalls von der Türkei abhängigen Fürsten, gegenüber im Recht sei. Obgleich ich ihm nicht verhehlen konnte, dass ich fürchtete, die Dinge seien zu weit vorgeschritten, um rückgängig gemacht werden zu können, so vermochte ich im ganzen den letzten Versuch zum friedlichen Ausgleich nur zu billigen und rieth ihm, wenigstens seinen Gesandten so schnell als möglich an Ismâ'il Pâschâ mit reichlichen Geschenken zu entsenden, mit dem Befehl, demnächst sofort nach Konstantinopel zu gehen und des Königs Rechte dort geltend zu machen. Als er dagegen einwendete, der Vicekönig von Aegypten werde seinem Beamten nimmermehr gestatten, zum Grosssultan zu gehen, versprach ich ihm, als Dank für sein redliches Verhalten gegen mich, für seine Gastfreundschaft und für die Menschlichkeit, mit der er mich vor der Ermordung durch seine Würdenträger geschützt hatte, einen Brief von ihm an den Grosssultan nebst einer von seinen Gelehrten gefertigten und beglaubigten Abschrift der besagten Firmane in die Hände des Grossveziers niederzulegen. Ich würde, fügte ich hinzu, selbstverständlich den Vicekönig, der sich in so anerkennenswerther Weise für mein Wohl interessirt habe, von diesem Schritte in Kenntniss setzen. Es wurde demnach beschlossen, dass der Bruder des Chabîr Mohammed, der Hâdsch Hamza, derselbe, welcher mir im Frühjahr Briefe und Geld aus Aegypten gebracht, mit allem, was er an Geld und Geldeswerth zusammenraffen könne, auf dem directen Wüstenwege nach Asiût gehen solle, während ich selbst über Kordofân und Chartûm erst später in Kairo ankommen würde, wenn jener bereits über den möglichen Erfolg oder den sichern Miserfolg seiner Sendung im Klaren wäre.

# ACHTES KAPITEL.

## REISE VON EL-FÂSCHER NACH EL-OBEÏD.

Abschiedsaudienz bei König Brâhim. — Aufbruch der Karavane am 6. Juli. — Die Reisegesellschaft. — Vorgefühle wichtiger Ereignisse. — Bergketten, Bodenbeschaffenheit und Vegetation. — Wiederum Schwierigkeit der Wasserbeschaffung. — Insektenleben. — Täglicher Gewitterregen. — Das Reisegebet. — Araberniederlassungen. — Eigenthümliche Felsformationen. — Das Elfenbein- und Straussfedermonopol und das Verbot des Sklavenverkaufs in Aegypten. — Sichere Nachrichten aus Aegypten. — Omm Meschâna, Handelscentrum der Nilkaufleute. — Erneute Fieberanfälle. — Die Hamr. — Besuch im Hamr-Bezirk Zarnach. — Die Brunnen in den Affenbrotbäumen. — Felssculpturen in der Nähe von Omm Meschâna. — Die Kâdscha. — Trennung von Hâdsch Ahmed. — Die Atmôr-Wildniss. — Die ersten Dörfer in Kordofân. — Tod eines frühern Reisegefährten. — Der letzte Reisetag. — Aufenthalt im Landhause Mohammed en-Nûr's. — Botschaft des ägyptischen Pâschâ Ismâʿîl Ejjûb. — Entwöhnung vom Gebrauch europäischer Sprachen. — Die Ereignisse in Europa. — Empfang in el-Obeïd. — Rückkehr in die civilisirte Welt.

Am 2. Juli, nachdem ich etwa vier Monate bei ihm verweilt, hatte ich meine Abschiedsaudienz beim König, welche sehr einfach und ohne nennenswerthe Unterhaltung verlief, besuchte noch einmal die höchsten Würdenträger und traf die letzten Vorbereitungen zur Reise. Wie gewöhnlich fand unter den Mitgliedern der Karavane eine lange Verhandlung über den günstigsten Tag der Abreise statt, und wenn die meisten auch übereinstimmten, dass der 17. Tag des Monats von der allergünstigsten Vorbedeutung sein würde, so gab es doch wieder viele, wie das bei der grossen Zahl der Mitglieder kaum anders sein konnte, die im letzten Augenblick noch alle erdenklichen Abhaltungen hatten. Der 17. Tag des mohammedanischen Monats traf auf einen Donnerstag; der Freitag zeichnet sich nach einem in der ganzen mohammedanischen Welt verbreiteten Glauben durch seine üble Vorbedeutung für alle Reiseunternehmungen aus; es wurde also zum Tage der endlichen Abreise der Sonnabend, der 6. Juli, bestimmt.

Am Freitag schickte der König noch als Reiseproviant zwei Töpfe Honig und drei Ledersäcke mit Weizen und der Uzîr 20 Teqâqî. Nachmittags wurden die Wasserschläuche gefüllt, und gegen Abend schlugen wir unser Lager auf der Sandebene unmittelbar neben dem Dschellâba-Dorf Sogoloma auf. Das erste heftige Gewitter entlud sich mit starkem Regen am Abend über uns.

Die Reisegesellschaft bestand aus einigen angesehenen Kaufleuten von Kôbê, unter denen der Bruder meines Reisegefährten von Wadâï nach Dâr-Fôr, Schems ed-din, der Hâdsch Kerâr, und zwei Neffen des Chabîr Mohammed sich befanden, welche theils kaufmännischer Geschäfte wegen, theils in der Absicht ihre Pilgerfahrt zu machen, nach Aegypten gingen. Alle führten mehrere Frauen mit sich, wie denn die Kaufleute von Kôbê zum Theil sehr begütert und gleicherweise verweichlicht und bekannt dafür waren, dass sie der Hälfte ihrer Kamele bedurften, um den Mundvorrath für die Reise zu befördern. Ausser ihnen gehörten zu der Karavane noch einige Kaufleute aus Kordofân, Dscha'âlin von Metemma, und Dongolaner, von welchen einige bereits von Wadâï aus mit uns gekommen waren. Die ganze Karavane zählte etwa 250—300 Kamele. Die Ladung bestand zum grössten Theile aus Straussfedern, zum kleinern aus Elfenbein und einigen unbedeutendern Handelsartikeln, wie Tamarinde, Taback u. dgl.; doch unser Reiseproviant und die Unzahl Sklaven, welche, sei es zur Bedienung, sei es zum Verkauf, mitgeführt wurden, machten ebenfalls keinen geringen Theil aus.

Alle Dschellâba und Fremden, die in el-Fâscher wohnten oder sich aufhielten, kamen am Sonnabend Morgen in unser Lager hinaus. Noch einmal wurde gemeinschaftlich gegessen und der schliessliche Abschied war den Umständen gemäss, da sich Freunde und Verwandte in Erwartung demnächstiger Kriegsereignisse trennten, sehr ernst und herzlich, doch wie gewöhnlich kurz. Eine

Fâtiha, eine Umarmung unter Verwandten und Freunden, ein Händedruck ohne viele Worte machte die ganze Feier aus. Der Hâdsch Ahmed ritt noch einmal zu seinem alten Freunde und Gönner, dem Prinzen 'Abd er-Rahmân, ältern Bruder des Königs Brâhim, als ob ein Vorgefühl ihm sagte, dass er ihn nicht wiedersehen werde.

Wir konnten noch im Laufe des Vormittags aufbrechen. Vor uns lag eine Gebirgsgruppe Namens Serdschanât, auf die wir in Ostsüdostrichtung zuzogen, über ein sandiges Terrain mit spärlichem Gestrüpp der Autlaut-Akazie (*A. nubica?*), des *Zizyphus Spina Christi* (Nabaq) und verschiedenartigem Akaziengebüsch.

Die Berge zeigten in dieser Richtung eine Lücke, durch welche unser Weg nach Osten führen sollte und deren Eingang wir nach drei Stunden erreichten. Die ganze Bergkette hatte ihre Hauptrichtung von Südwesten nach Nordosten. Nach einer Stunde hatten wir dieselbe hinter uns und sahen jetzt am Horizont von Nordosten bis Südosten eine andere niedrige Gebirgskette und etwas weiter entfernt eine zweite, welche das Gesichtsfeld von Südosten nach Süden einnahm. Zwischen beiden führte der Weg hindurch. Nach Süden und Südwesten blickte das Auge in eine weite abfallende Thalebene, während nach Norden zwar die Gegend ebenfalls offen war, doch sichtlich aufstieg. Auf dem Wege wuchsen die Autlaut-Akazie, Kittir, Nabaq, Hedschlîdsch und Machêt, doch ohne höhere Bäume zu bilden. Auch die Berge waren nicht ganz ohne Baumvegetation. Ihre Form war mehr oder weniger die von Kegeln, welche untereinander verschmelzen und so Ketten bilden; sie waren grauröthlich, zwischen 70—160 m hoch und die Gipfel der höchsten häufig von vereinzeltem Felsgestein gekrönt. Bis gegen Abend durchzogen wir auch die vor uns liegende Bergkette, der Boden wurde wieder rein sandig, und der Weg fiel allmählich etwas ab.

Je mehr wir am folgenden Tage vorwärts kamen, desto gewellter und härter wurde der Boden, obwol er sandig blieb; er war mit spärlichem Gras bewachsen und vornehmlich in den nicht häufigen Wellenthälern mit Machêt, Tundub (*Capparis Sodada*), Harrâza und 'Oschar bestanden. Die Bergketten wurden niedriger, unterbrachen sich häufiger und lösten sich schliesslich in einzelne, niedrige

Kegel auf. Der Osten von Dâr-Fôr ist infolge der Unfruchtbarkeit des Bodens bei weitem nicht so bewohnt als das Centrum und der Westen. Doch war der Weg ausserordentlich belebt von Kaufleuten der Nilgegenden, da die Sicherheit hier immerhin so gross war, dass auch kleinere Gesellschaften und einzelne Reisende ohne Bildung von Karavanen denselben zurücklegen konnten. Schon am folgenden Tage begegneten uns Dschellába, welche ausser ihren Waaren einige prächtige Rosse der schönen Dongolaner-Rasse, die leider gänzlich auszusterben droht, nach el-Fâscher führten.

Die Sandgegend wurde von Zeit zu Zeit unterbrochen durch flache Seen, die, jetzt noch trocken, sich im weitern Verlauf der Regenzeit füllen und bei der Seltenheit der Brunnen die Reise sehr erleichtern. Sie zeigten einen tiefschwarzen Humusboden und waren zum grössten Theil mit Bäumen bestanden.

Am folgenden Tage, der uns acht Stunden weit in Ostsüdostrichtung führte, entlud sich ein Unwetter aus Ostsüdosten über uns, dessen Regen von 8 Uhr abends bis 3 Uhr morgens anhielt.

Einige Stunden des dritten Tages brachten uns nach Orgod, einem dorfreichen Bezirke, in dessen Mitte, dem Sitze des Melik, wir lagerten. Ich sah schon hier ein, wie verständig es war, die Reise nur in der vorgeschrittenen Regenzeit zu unternehmen, denn es bot die grössten Schwierigkeiten, sich das nöthige Wasser zu verschaffen. Die Brunnen des ganzen Bezirks lagen in diesem Orte, und lange Verhandlungen mit dem Vorsteher desselben waren nöthig, um für Mensch und Thier nur einigermaassen genügend des kostbaren Nasses zu erlangen. Wir brauchten einen ganzen Tag, um unsere Kamele nothdürftig zu tränken. Unser Lagerplatz befand sich auf einem Sandhügel und auf dessen Seite eine Niederung, in welcher sich ein Insektenleben entfaltete, wie ich es noch nie gesehen hatte, und dessen Beobachtung mich den ganzen folgenden Tag fesselte. Wie ich das auch schon in Bornû am Anfange der Regenzeit beobachtet hatte, war die ganze Gegend mit einer kleinen purpurrothen Spinne, deren Körperoberfläche wie Sammt erscheint, bedeckt. Die Masse von Termiten, andern Ameisen, Spinnen, Heuschrecken und Skorpionen war wahrhaft unglaublich. In diesen Niederungen musste man sich in Acht nehmen, nicht auf Skorpione zu treten, die überall mit emporgehobenen Schwänzen herumliefen. Aus den Erdspalten, dem Sitze der kleinen rothköpfigen Termiten, entwickelten sich zu Tausenden und Abertausenden die geflügelten, in Bornû „Sum" genannten Ameisen; zwischen den wogenden Thierchen drängten sie sich in nie endenwollender Menge mit ihren Flügeln und vergrösserten Körpern zu ihrem kurzen Dasein hervor. Aus einer engen, etwa 5 cm langen Erdspalte, die ungefähr sechs dieser Thierchen auf einmal den Durchtritt gestattete, kamen mehr als 100 während fünf Minuten heraus. Dabei waren die Spalten umlagert von grössern dunkeln Ameisen (Qarrâsa\*), die jede sich etwas weiter von den Spalten entfernende Termite als gute Beute wegschnappten, aber nicht selten selbst von der Menge des kleinen gefrässigen Feindes überwältigt in der Spalte verschwanden. Dazwischen stolzirten zahllose Skorpione und fingen als die mächtigsten Räuber die geflügelten Ameisen und die Spinnen fort. Auf den 'Oschar-Büschchen sassen die fingerlangen Heuschrecken, welche dieser Pflanze den Namen verdanken, von dem fahlen Grün des 'Oschar kaum zu unterscheiden. Sie sind sehr dickleibig, besitzen Unterflügel, die allmählich aus Grünlich und Bläulich zum Violetten und Röthlichen, ja zum Grau und Schwarzgrau übergehen, haben grosse dunkle Fühler, graue Augen und einen breiten, mit rothen Zacken eingefassten Rücken. Sie werden selten gegessen und sollen einen scharfen Geschmack haben, was man der Milch des 'Oschar zuschreibt. Selbst auf unserm Sandhügel wurden wir in ermüdendster Weise von Termiten angegriffen und mussten wiederholt Unterlagen für unsere Sachen herstellen, denn zum Glück vermögen diese ungeschickten Geschöpfe nicht in die Höhe zu klettern.

Von jetzt ab hatten wir fast täglich Gewitterregen. Da dieselben gewöhnlich nachmittags eintraten, konnten wir nur selten zur Mittagszeit lagern, um den Weitermarsch nachmittags zu unternehmen. Am Tage des Aufbruchs von Orgod marschirten wir daher acht Stunden ohne anzuhalten über sandiges, gehügeltes oder unregelmässig gewelltes Terrain, dessen Wellen von Nordnordwesten nach Südsüdosten strichen, und an zahlreichen Wasser-

---

\*) Vgl. II, 556.

tümpeln vorüber, die sich in den Vertiefungen bilden, welchen die Sandlage fehlt. Wir lagerten nachmittags bei einer vereinzelten Berggruppe Namens „Dirra" („Kuppe") und hatten kaum noch Zeit, unser Lager aufzuschlagen, als schon ein heftiges Gewitter sich über uns entlud. An diesem Tage vereinigten sich meine Reisegefährten zum ersten male zum gemeinschaftlichen mechanischen Herbeten des „Latîf", das alltäglich stattfinden soll, um die Reise vor Fährlichkeiten zu schützen. Indem jedem eine bestimmte Anzahl dieser Formeln zugetheilt wurde, gelangte man zu 16000 „Latîf Sperta"*) und zu einem halben Tausend „Allâh akbar, lâ ilâh ill' Allâh" und „el-hamdu lillâh".

Am fünften Marschtage brachten uns ungefähr fünf Stunden in Ostrichtung zum Rahat Abû 'n-Noar. Noch immer waren die Wohnorte selten und dürftig, doch traten jetzt Araberabtheilungen auf, welche nahe der Ostgrenze Dâr-Fôrs zahlreich sind und eine sesshafte Lebensweise führen. Hier waren Zijâdîn die Herren der Gegend, und am folgenden Tage stiessen wir auf Dörfer von Dschellâtât-Arabern. Ausser dem ziemlich dichten Buschwald von Kittir, Qarad, Arred, Qafla, Machêt, Haschâb u. s. w. traten hier auch schon vereinzelte Affenbrotbäume (*Adansonia*) auf, an denen der Osten von Dâr-Fôr so reich ist. An dem

---

*) Die Bedeutung des Wortes „sperta" (die arabische Sprache besitzt kein p) ist nicht ersichtlich. Das Verfahren bei diesem gottesdienstlichen Acte war folgendes: Zuerst sollte die Formel „Allâh latîf" („Gott ist gütig") 16000mal gesprochen werden. Da es nun zu lange gedauert haben würde, wenn jeder Einzelne die beiden Worte so oft gesprochen hätte, so vertheilte man die 16000 unter die Betenden in der Weise, dass, wenn die Versammlung z. B. aus 50 Männern bestand, jeder derselben die Formel 320mal zu sprechen hatte, was zur Vermeidung des Sichverzählens mittels der Masbâha (des Rosenkranzes) geschah. Darauf sollten die drei Formeln: „Allâh akbar" („Gott ist sehr gross"), „lâ ilâh ill' Allâh" („Es gibt keine Gottheit ausser dem einigen Gott") und „el-hamdu lillâh" („Lob sei Gott") jede 500mal gesprochen werden, sodass bei gleicher Vertheilung der einzelne Beter eine jede dieser drei Formeln nur 10mal zu wiederholen hatte; doch kann bei ihnen die Vertheilung auch unterblieben sein. Die Bedeutung der vier Formeln anlangend, so besagt die erste („Allâh latîf"), dass man vom gütigen Gott für die Reise nur alles Gute erbitte und erwarte, die zweite („Allâh akbar") ist dem Muselman eine wunderwirkende Schutz- und Trutzwaffe in jeder Lebensgefahr, daher das gewöhnliche Feldgeschrei der Türken im Kampfe gegen Christen, die dritte ist das Glaubensbekenntniss des Islâm, das ein Recht auf Gottes Beistand gibt, und die vierte der voraus abgestattete Dank für glückliche Reise. Der Rosenkranz der Muselmanen hat 99 und nur bei einigen Derwisch-Orden 1000 Kugeln. W.

Dorfe el-Abiad, das von Dschellâtât bewohnt und dessen nur 7 m tiefer Brunnen weit und breit bekannt und gesucht ist, überschritten wir einen langen kantigen Bergrücken von unbedeutender Höhe, den wir bereits tags zuvor von den Gipfeln des Abû 'n-Noar gesehen hatten. Er bestand aus unregelmässigen, flachen, untereinander verschmolzenen Höhen der verschiedensten Formen, deren relative Erhebung 60 m nirgends überstieg. Es waren kahle Felsen aus horizontal geschichtetem gelbweisslichen Kalkstein, mit dunklerm Gestein bedeckt. Sie setzten sich ausser in ihrer Längenausdehnung von Norden nach Süden noch in der Richtung unsers Weges nach Osten hin in unregelmässiger Kesselbildung fort. Die Kessel selbst waren kahl, unregelmässig gehügelt und gewellt. Unsere Wegrichtung selbst war eine sehr gewundene, doch durchschnittlich eine ostsüdöstliche.

Wir lagerten erst nach mehr als neun Stunden im Bezirke Oba, der hauptsächlich von den Habbâbîn-Arabern bewohnt war. Nördlich von unserm Wege wurden die Felsen wiederum häufig, und da sie aus sehr weichem röthlichen, weisslichen und gelblichen Gestein in horizontaler Schichtung bestanden, oft von der allersonderbarsten Form. Ausgewaschen und verwittert machten diese Bildungen oft den Eindruck von unregelmässigen Gebäuden, erschienen bald als Ruinen eines modernen Schlosses, bald als Reste eines antiken Amphitheaters, sodass hier bei den Eingeborenen die seltsamsten Sagen über ihre Entstehung durch Menschenhand erzählt wurden.

Der siebente Marschtag brachte uns in Ostsüdostrichtung in etwa sieben Stunden an dem Dorfe Karfa vorüber in den Bezirk Bŭrûsch, wo wir bei einem Dorfe von etwa 400 Hütten inmitten von Wassertümpeln lagerten.

Wir blieben am folgenden Tage des Marktes wegen hier, um unsere Vorräthe zu vervollständigen. Man bezahlte mit Maqta' Tromba, den früher erwähnten blauen Kattuntüchern (Terek), Zwiebeln und Kimba-Pfeffer; doch war sowol Schlachtvieh als auch Getreide theuerer als in der Hauptstadt, da die Unfruchtbarkeit des Bodens und die Dürftigkeit der Weiden es den Eingeborenen nicht möglich machen, grössere Vorräthe zu sammeln.

Die Formen der Felsen wurden immer sonderbarer und täuschender; fast immer glaubte man, Ruinen umfangreicher Gebäude zu sehen, und erkannte erst in der nächsten Nähe den Irrthum. Die Querschichtung des Gesteins machte von weitem den Eindruck von römischen Quadermauern, und die meist gelbliche Farbe erhöhte noch die Täuschung. Dazwischen lagen Kegel, Pyramiden, Säulen, Spitzen und Zacken von den regelmässigsten Formen und in oft äusserst sonderbarer Stellung. Unsere Richtung blieb stets ostsüdöstlich. Die noch in gleicher Weise dürftige Vegetation der schon angeführten Baumarten wurde einigermaassen vermehrt durch den Siwâk-Busch (*Salvadora*), hier Schau genannt. Das Gras Askanît (*Cenchrus*) mit seinen stacheligen Früchten, die überall der Kleidung und der Haut anhaften, war uns in nur zu wohlbekannter Weise lästig.

Der achte Marschtag brachte uns in derselben Richtung zu weitern Dörfern des Bŭrŭsch-Bezirks, die hier von Kâdscha bewohnt werden, und in etwa sechs Stunden bis zu dem Kâdscha-Bezirk Bûta, wo wir einige Zeit bleiben mussten, theils um die Geschäfte verschiedener Glieder unserer Gesellschaft in dem nahen Omm Meschâna (Umm Meschâna) abzuwickeln, theils um Reisenden aus Omm Meschâna Gelegenheit zu geben, sich uns anzuschliessen. Die Nachrichten über Monopolisirung des Elfenbein- und Straussfederhandels von seiten des Vicekönigs von Aegypten und über die gänzliche Unmöglichkeit, dort Sklaven zu verwerthen, verbreiteten eine grosse Verstimmung unter meinen Reisegefährten. Von hier aus trennten sich die Wege derjenigen, welche mit Umgehung von Kordofân direct den Nilbogen von Donqola zu erreichen wünschten, und derer, welche nach Kordofân, Chartûm, Sennâr und Schendi strebten. Tage hindurch wurde berathen, wie es mit den Sklaven zu halten sei, bis es der Mehrheit am besten erschien, erst in dem grossen kaufmännischen Verkehrsmittelpunkte Omm Meschâna genauere Nachrichten einzuziehen und im schlimmsten Falle dort von der Menschenwaare zu verkaufen, was möglich sei, oder dieselbe nach Hause zurückzuschicken. Einige Dschellâba, welche von Donqola kamen, sich aber bei den Kabâbîsch-Arabern lange Zeit aufgehalten hatten, um sichere und neueste Nachrichten zu haben, kamen am ersten Tage unserer Anwesenheit an und wussten nur so viel, dass die Sklavenausfuhr unmöglich geworden sei; von einer Monopolisirung der beiden andern genannten Handelsartikel wussten sie nichts.

Der Aufenthalt in Bûta war höchst unerfreulich, nicht allein weil die gewöhnlichen Lebensmittel schwer zu beschaffen, sondern auch weil die Einwohner, ein Mischstamm von Arabern und Eingeborenen, als arge Diebe verrufen und jetzt noch gefürchteter als ehedem waren, da sie zum grossen Theile Flinten besassen, wie denn überhaupt die Feuerwaffen unter den Rezêqât-, Hamr-, Habanîja- und Ta'âïscha-Arabern und bei der Grenzbevölkerung Dâr-Fôrs überall Verbreitung gefunden haben. Dazu kam, dass Abtheilungen der Hamr in alter Feindschaft mit den Kâdscha standen und häufig die Gelegenheit benutzten, die Kamele der letztern zu entwenden oder sie durch Flintenschüsse zu beunruhigen, wodurch unser Lager fortwährend alarmirt wurde.

Am 19. Juli, Freitag, begaben wir uns nach Omm Meschâna, um genaue Kenntniss über die Handelsverhältnisse zu erlangen und bestimmte Erkundigungen einzuziehen. Der Weg führte durchschnittlich in Südsüdostrichtung durch einige zu dem Bezirk Bûta gehörige Dörfchen über sandiges, unregelmässig gehügeltes, gewelltes Terrain, das mit nicht zahlreichen aber ansehnlichen Bäumen bestanden war, und wir erreichten in etwa sechs Stunden sehr angestrengten Marsches den augenblicklich bedeutendsten Handelsort der Nilkaufleute in Dâr-Fôr. Die Bodenwellen, welche im allgemeinen von Nordosten nach Südwesten streichen, waren hauptsächlich mit 'Oschar bewachsen, während in den Thälern der „Qafla" genannte Baum*) und von Akazien Kittir und Arred wuchsen. Auch der Haschâb (*Acacia Verck*), welcher das beste Gummi liefert und in Kordofân so verbreitet ist, wurde hier zahlreicher, ebenso der schon andern Ortes erwähnte „Hommêd" (*Sclerocarya*) mit grossen, den Eierpflaumen ähnlichen gelben, säuerlichen Früchten; dazwischen stand hier und da ein grosser Affenbrotbaum, der auch hier schon meistens zu Brunnen benutzt wurde. Nachdem wir nach etwa fünf Stunden eine bergige Erhöhung, welche sich kegelförmig auf einer Bodenwelle erhebt, passirt

---

*) Vgl. Pfund, S. 299: Gefal oder Kafal, ein gummiliefernder Baum. In den Nilländern für verschiedene Burseraceen gebräuchlich. A.

hatten, lag das weite, kesselförmige Thal vor uns, in dem sich die den Bezirk Omm Meschâna bildenden Dörfer ausbreiten. Es war ein weites, ödes Thal, ohne belebende Bäume, ohne einen wasserspendenden und vegetationtragenden Wâdî, der Boden unregelmässig gehügelt, sandig und mit 'Oschar bestanden; aus der einförmigen Umgebung hoben sich kaum die unscheinbaren kleinen Hütten hervor. Wir wandten uns der nordwestlichsten Dorfgruppe zu und lagerten im Hause des Hâdsch el-Mekkî, eines Bekannten des Hâdsch Ahmed.

Ganz Omm Meschâna enthielt etwa 20 Weiler, deren jeder durchschnittlich 30 Zeriben zählen mochte; in jeder Zeriba waren wenigstens drei Hütten, was für Omm Meschâna im ganzen schon gegen 2000 Häuser ergeben würde. In der Mitte der ganzen Dorfgruppe, etwas der Südseite zu, findet sich der abhängigste Theil des Thales, in welchem die tiefen Brunnen des Bezirks liegen, doch wurden dieselben wegen der augenblicklich zahlreichen Wassertümpel grösstentheils nicht benutzt. Hier erhielten wir sofort ausführliche und verbürgte Nachrichten über die Handelsverhältnisse Aegyptens, welche unsere Karavanenmitglieder mit grosser Sorge erfüllten. Das Verbot des Sklavenhandels schien allerdings sehr verschärft zu sein, ja es hatte sogar in der Hauptstadt von Kordofân, in el-'Obeïd, von seiten des Mudîr eine Confiscirung sämmtlicher Sklaven des Ortes stattgefunden, sowol der neuerdings, als der schon vor langer Zeit angekauften; doch waren die letztern auf Anordnung des später von Chartûm angekommenen Generalgouverneurs des ägyptischen Sûdân zurückgegeben worden. Die Monopolisirung des Elfenbeinhandels von seiten des Vicekönigs beschränkte sich dagegen auf die von Süden und Südosten durch die Bahârîna kommende Einfuhr, während die von Westen, d. h. von Dâr-Fôr und Wadâï, kommenden Elefantenzähne mit dem üblichen Einfuhrzoll frei verkauft werden durften. Die Straussfedern endlich waren nur Gegenstand einer Einfuhrsteuer von fünf Thalern pro Centner geworden. Die Furcht vor der verbotenen Einfuhr von Sklaven hatte auch in Omm Meschâna viele Kaufleute, unter denen ich manche Bekannte von Wadâï traf, zurückgehalten; einige waren zwar abgereist, sassen jedoch noch in Ungewissheit und Furcht an der Landesgrenze fest.

Während wir am Nachmittag bei einigen angesehenen Kaufleuten des Bezirks Besuche machten, ergriff mich das Fieber, und als ich nach Mitternacht aus meiner halben Bewusstlosigkeit erwachte, kamen die Wanzen in Mengen aus dem mir zur Verfügung gestellten Angréb und zwangen mich, mein Lager auf ebener Erde aufzuschlagen, wo nun wieder die „Qarrâsa" genannten Ameisen mich peinigten. Die Bisse dieser Thiere bringen ein äusserst schmerzhaftes Jucken hervor, das je mehr man sich durch Kratzen zu erleichtern sucht, desto schmerzhafter wird und erst nach Verlauf ungefähr eines Tages verschwindet.

Am nächsten Morgen machten wir einen Besuch bei dem Chalîfa (Stellvertreter) des Maqdûm Amîn Chergrib, welchem unser Bezirk und der ganze Grenzbezirk des genannten Dâr-Hamr gehörte und der, wie früher erwähnt, bei Einsetzung des Königs Brâhîm im Verein mit dem Amîn Bachéit die hervorragendste Rolle gespielt hatte. Wir fanden den Chalîfa Melik el-Korobat in bedeutender Aufregung über die Ereignisse, welche die tags zuvor veranstaltete Truppenschau begleitet hatten. König Brâhîm nämlich hatte, wie er mir auch selbst mitgetheilt, die Absicht, die Grenzen seines engern Reiches auf allen Seiten zu besetzen, und nur wenn diese überschritten würden, die Feindseligkeiten gegen die Bahârîna, resp. Aegypten aufzunehmen. Zunächst sollte die Grenze nach Süden und Südwesten hin, wo die Bahârîna Zibêr's concentrirt waren, besetzt werden. Der Melik el-Korobat hatte seine Leute in der That pflichtmässig zusammenberufen, doch waren es hauptsächlich Krieger des zahlreichen Hamr-Stammes, welche wenig Lust bezeigten, sich zu stellen. Die Hamr behaupteten, als Grenzstamm das Vorrecht zu haben, ihre Wohnsitze in Kriegsfällen nicht zu verlassen, sondern als Grenzwächter zu dienen, in ähnlicher Weise wie im Westen die Fôr-Abtheilungen der Irlinga und Irringa; beide hiessen aus diesem Grunde wol „Scherkanin" oder „Zäune des Landes". Gleichwol berief sich der Scheïch der Hamr nicht auf dieses Vorrecht und weigerte sich nicht, zum Heere zu stossen, behauptete aber, er könne in der kurz gestellten Frist für seine Leute nicht aufkommen, da sie als Nomaden über ein weites Gebiet zerstreut seien. Der Melik el-Korobat seinerseits berief sich auf den dringenden Befehl des Königs, in wenig Tagen seine Leute an der Grenze zusammenzuziehen, und erklärte, dass wenn der Scheïch sich weigere Folge zu leisten, er dies dem Sultan berichten müsse. Hâdsch Ahmed benutzte die Gelegenheit, sein Ansehen zu erhöhen und sich als Vertrauten des Königs hinzustellen, wusste jedoch auch sofort das Nützliche mit dem Angenehmen zu verbinden. Indem er seine Vermittelung bei den Hamr-Arabern versprach, verkaufte er dem Chalîfa die vom König empfangenen Ehrenkleider und eine Sklavin für schweres Geld.

Darauf begaben wir uns zu einem dem Stamme der Hamr zugetheilten Regierungsbeamten Namens Mansûr und von ihm, nachdem wir mit verschiedenen Schüsseln bewirthet worden, zu dem eigentlichen Haupt-Scheïch derselben Namens Ahmed. Dieser war ziemlich dunkler Hautfarbe, braungrau, einige dreissig Jahre alt, unter Mittelgrösse und stämmig gebaut, trug nur Schnurr- und Kinnbart und sein mittellanges grobes Haar stand wie Borsten aufrecht. Er war der oberste Scheïch, sowol der sesshaften als der nomadisirenden Hamr, deren wir viele in seinem Hause fanden, meistens bekleidet mit den im Lande angefertigten Toqqîja-Hemden, vielfach aber auch in Gewändern aus europäischem Tromba, und stets barhäuptig wie der Scheïch. Ihr Haupthaar war entweder kurz geschoren oder in dicke Flechten gebunden, welche von der Mitte des Kopfes nach hinten liefen. Der Ober-Scheïch, ebenfalls ein alter Bekannter des Hâdsch Ahmed, hörte dessen vermittelnde Vorschläge mit der schweigsamen Zurückhaltung an, welche jedem, der diese Leute kannte, ein Beweis war, dass er trotz seiner scheinbaren Zustimmung fest entschlossen sei, nicht zum König zu stossen. Es war dies um so wichtiger, als der zahlreiche Stamm der Hamr sich in zwei Hälften theilte, von denen die eine Hälfte in Kordofân wohnte, also der ägyptischen Oberhoheit unterworfen war, während die andere die östlichen Gegenden Dâr-Fôrs bewohnte. Beide aber waren durch ihre Geschichte und durch zahlreiche Familienbeziehungen so eng verbunden, dass die Befürchtung nahe lag, die Hamr Dâr-Fôrs würden unter Umständen dem König von Dâr-Fôr nicht allein von keinem Nutzen sein, sondern sich zu ihren Brüdern von Kordofân halten und eine feindselige Stellung gegen ihr bisheriges Vaterland einnehmen.

Am folgenden Tage beschlossen wir, noch in Omm Meschâna zu bleiben, da Hâdsch Ahmed als kluger und entschlossener Mann sich in jedem Falle seiner Sklaven entledigen wollte und nur hier die Möglichkeit hatte, deren Erlös in Straussfedern umzusetzen.

Ich nahm diese Gelegenheit wahr, einen mehrere Stunden südlich liegenden Bezirk der Hamr Namens Zarnach zu besuchen, um die zu Brunnen umgewandelten Affenbrotbäume, welche dort schon häufig sein sollten, zu sehen. Trotz der Nähe der Ortschaft wurde ich gezwungen, drei amtliche Begleiter mitzunehmen, von welchen einer von dem Chalîfa el-Korobat, einer von dem zweiten Regierungsbeamten der Hamr, Mansûr, und endlich der dritte von dem Scheïch der Araber gestellt wurde. Die Gegend, welche wir passirten, wurde immer bewohnter und war relativ ausgezeichnet angebaut. Rechts und links vom Wege überall Dörfchen der sesshaften Hamr, welche grösstentheils zur Zeit beschäftigt waren, das Unkraut zu jäten. Ein kleines, vorn rundliches, zugeschärftes, an einem langen Stiele im stumpfen Winkel befestigtes Eisen wurde von ihnen sehr geschickt zwischen den aufsprossenden Getreidepflanzen hin- und hergestossen und auf diese Weise das dazwischen wuchernde Unkraut entfernt, indem es entweder abgeschnitten oder mit der Wurzel herausgerissen wurde. Die Gegend erschien hübscher als bisher, durch kräftigern Baumwuchs und besonders durch Affenbrotbäume geziert, die hier „Hamrâ" heissen. Diese letztern, welche in der Nähe von Kûka nur in vereinzelten Exemplaren vorkamen und hauptsächlich Aeste, aber wenig Laub zeigten, erfreuten sich hier mächtiger, schattenreicher Kronen und boten einen herrlichen Anblick. Das ganze Thal Zarnach ist von Norden nach Süden gerichtet, sehr flach, einige Stunden breit und etwa einen halben Tagemarsch lang. Seine Waldungen bestehen vorzugsweise aus den erwähnten Affenbrotbäumen, in deren Schatten zahlreiche Dörfchen liegen. Von Omm Meschâna nach Osten zu gibt es gar keine Brunnen mehr; alles Wasser wird in diesen Bäumen aufbewahrt. Sie waren zwar nicht so riesenhaft, als man sie im Südwesten von Bornû und am Niger findet, doch aber von hinreichendem Umfang, um in ihrem mächtigen Stamm bis zu 100 Kamelladungen Wasser fassen zu können. Eine Kamelladung kann mit etwa vier Centnern berechnet werden, welche sich auf zwei grosse Wasserschläuche vertheilen, die, nur in Dâr-Fôr gebräuchlich, aus Ochsenhaut gemacht werden und „Rewâjâ" (vom Singular Râwĭa) heissen. Es sind vornehmlich Hamr-Araber, die sich in der Gerbung und Verarbeitung der Rinderhäute zu Wasserschläuchen auszeichnen; kleine Wasserschläuche aus Ziegenfell, die in ausgezeichneter Qualität in den Haussa-Ländern verfertigt werden und die man noch in Wadâï für einen hohen Preis kaufte, waren in Dâr-Fôr nicht zu gebrauchen. Da die Hamr vortreffliche Kamele besitzen, so vermitteln sie den Waarentransport derjenigen Kaufleute, welche keine eigenen Kamele ankaufen wollen, und vermiethen dann gewöhnlich zugleich Kamele und Rewâjâ. Nicht alle Stämme vermögen aber 100 Kamelladungen aufzunehmen, die Bäume haben vielmehr einen sehr verschiedenen Inhalt von 30—100 Kamelladungen. Da wo der Riesenstamm sich in die Hauptäste zu theilen beginnt, wird oberhalb eines solchen in halber Mannshöhe die Oeffnung gemacht — der Schöpfende stellt sich später auf den Ast und schöpft wie aus einem Brunnen — und sobald dieselbe umfangreich genug erscheint, um einen Menschen hindurchzulassen, wird in der Breite und Tiefe ausgearbeitet. Das Holz ist so weich und morsch, dass ein Mann bei angestrengter Arbeit einen Baum in drei bis vier Tagen je nach seinem Umfange auszuhöhlen vermag. Die Wandung des Baumes lässt man etwa in der Dicke von 30 cm unversehrt; das Wachsthum leidet dadurch in keiner Weise. Sobald der Holzabfall aus der Höhlung entfernt ist, wird die ganze innere Fläche getheert, und der Brunnen ist fertig. Eine grössere Karavane pflegt den Inhalt eines ganzen Baumes zu kaufen. Nachdem jedermann seinen Wasserbedarf daraus entnommen hat, gehört der verbleibende Rest dem ursprünglichen Besitzer. Ist das Wasser seltener, also im Sommer kurz vor der Regenzeit, oder ist diese regenarm, so wird die Kamelladung mit 1—2 Thalern bezahlt, unter günstigen Verhältnissen entsprechend billiger. Rings um den Baum in einem Kreis von 3—7 m wird der Boden gereinigt und gegen den Baum zu flach ausgehöhlt, um das Stehenbleiben des Wassers zu erleichtern. Sobald Regen eintritt, beeilen sich die Einwohner, die Bäume mit Wasser zu füllen. Uebrigens sind dieselben persönliches Eigenthum und werden vererbt und verkauft. Das Wasser war ausserordentlich wohlschmeckend.

Von den Einwohnern Zarnachs, die fast alle mit ihren Feldarbeiten beschäftigt waren, bekamen wir wenige zu sehen, und da ich einen Fieberanfall erwartete, ritten wir nach einstündigem Aufenthalt wieder nach Omm Meschâna ebenso scharf zurück, als wir gekommen waren, d. h. in etwa drei Stunden.

Mein Begleiter von seiten des Scheïch, ein junger Hamr-Araber, war sehr liebenswürdig und gescheit. Er erzählte viel von den Feindseligkeiten seines Stammes mit den Kabâbisch-Arabern, an welche der Hamr-Bezirk nach Norden grenzt, und die bis nach Donqola streifen, von den weiten Ghazien, welche die Hamr gegen diese ihre alten Feinde unternahmen und die besonders dadurch so schwierig waren, dass sie für sich und ihre Pferde in der ungünstigen Jahreszeit Wasservorrath mitnehmen mussten. Mit den Rezêqât lebten sie in Frieden, dagegen waren ihre Nachbarn nach Südwesten, die Mâlija-Araber, ebenfalls alte Erbfeinde; doch habe Zibêr — so berichtete er — den Mâlija unter Androhung vollständiger Ausplünderung verboten, die Hamr anzugreifen, weil er hoffe, dass diese mit ihren Brüdern von Kordofân den ägyptischen Truppen bei ihrem demnächstigen Einmarsch in Dâr-Fôr beistehen würden. Bei all diesen Arabern hatten sich mit der Zeit Flinten eingebürgert, und mein junger Begleiter hatte sogar zwei Pistolen am Sattel hängen.

Den Nachmittag und Abend verbrachte ich in einem heftigen Fieberanfall, und ein nächtlicher Regen verhinderte, dass ich mein Lager vor der Hütte aufschlug, und verurtheilte mich, wieder den Wanzen zur Beute zu werden.

Die folgenden Tage verflossen ganz mit Berathungen über das einzuschlagende Verfahren bezüglich der Reise nach Aegypten, über welches eine grosse Zerfahrenheit der Ansichten in unserm Lager herrschte. Einige wollten die Reise ganz aufgeben, andere noch weitere Nachrichten abwarten, noch andere, welche anvertrautes Gut mit sich führten, wollten zuvor nach Kôbê und el-Fâscher senden und ihre Auftraggeber um Verhaltungsmaassregeln bitten. Doch gelang es schliesslich der Beredsamkeit und dem Ansehen des Hâdsch Ahmed, ein allgemeines Uebereinkommen zu Stande zu bringen, demzufolge die Glieder unserer Karavane ihre Sklaven entweder in Omm Meschâna verkaufen oder nach Kôbê, resp. Dâr-Fôr zurückschicken, aber unbeirrt durch die Straussfedersteuer und den Eingangszoll für Elfenbein ihre Reise fortsetzen sollten. Der Aufbruch wurde festgesetzt, und der Chabîr durch die Steppen, welche nach Norden zum Nilbogen von Donqola führen, fest angenommen und bezahlt.

Als am folgenden Tage diejenigen, welche in Omm Meschâna sich ihrer Menschenwaare entledigen wollten, dorthin gingen, benutzte ich die Gelegenheit, um einige Felsen in der Umgegend zu besuchen, die durch ihre seltsame Form bei den Leuten im Verdacht standen, durch Menschenhand bearbeitet zu sein, und welche Inschriften und Zeichnungen tragen sollten. Vor mir lag eine steil aufsteigende Felswand, die auf der Höhe einen regelmässig geformten bogenförmigen Durchbruch zeigte, auf welchen besonders hingewiesen wurde. Die Wand war etwa 60 m hoch, sehr steil und bot auf dem Abhange dem Fusse oft nur geringen Halt. Als ich den bogenförmigen Durchbruch erreicht hatte, fand ich denselben etwa 10 m hoch, ungefähr 6 m tief und ebenso breit. Es waren riesige Blöcke von oben herabgefallen und hatten so augenscheinlich die bogenförmige Höhlung erzeugt. Das Gestein war bröckelig und weich, oberhalb befand sich eine Schicht Sandstein, die ebenfalls sehr verwittert und kaum fester war, als die Schichten kalkiger Natur. In und neben der Höhlung waren in sehr roher Weise Pferde mit und ohne Reiter, Kamele und Giraffen gezeichnet, auch fanden sich zahlreiche Namen am Gestein. Alles hatte weder künstlerischen noch geschichtlichen Werth und schien überhaupt keine bestimmte Beziehung zu haben. Eine arabische Inschrift war allerdings vorhanden, jedoch so verwischt, dass ich sie nicht zu entziffern vermochte. In der Mitte des Bogens lag ein riesiger Felsblock, auf dessen oberer, schiefer Fläche die Spuren eines grossen katzenartigen Geschöpfs, etwa Leopard oder Fahäd, einen halben Zoll tief eingedrückt waren, als ob das Thier die schiefe Ebene nicht ohne Anstrengung hinaufgeklettert wäre.

Auch am folgenden Tage kamen wir noch nicht zur Abreise, theils weil der stattfindende Markt zur Ergänzung der Vorräthe für die Weiterreise benutzt werden sollte, theils weil Hádsch Ahmed seinen Einkauf von Straussfedern noch nicht beendet hatte. Der scheinbar vortheilhaftere Einkauf derselben in Gestalt von ganzen Strausshäuten, die hier etwa 100 Thaler kosteten, wurde dadurch illusorisch gemacht, dass der Verkäufer die Federn selbst ausriss und stets drei bis vier Federn mit feuchten Rindfellstreifen umwickelte, die oft ebenso viel wogen als die Federn selbst.

Am 26. Juli, Freitag, fand eine Besichtigung der im Bezirke vorhandenen waffenfähigen Mannschaft im Dorfe des Melik statt, welche durch ihren Ausfall eine trübe Aussicht für die Zukunft bot und die Anhänglichkeit und Zuverlässigkeit der östlichen Grenzbezirke in ein bedenkliches Licht stellte. Reiter auf Pferden waren nicht über 10, Kamelreiter ungefähr 20 und Krieger zu Fuss etwa 100 erschienen, Zahlen, die um so niedriger erscheinen mussten, als der Bezirk immerhin viele Dörfer umfasste, deren manche 100 und mehr Hütten zählten. Von den Mannschaften war der dritte Theil mit Flinten, Carabinern u. dgl. bewaffnet, während der Rest die herkömmlichen Lanzen führte. Die Flinten waren meist jene schlechten Doppelgewehre, welche die Dschellâba eingeführt haben und die man in Dâr-Fôr schon für 5 Maqta' Tromba kaufen konnte. Vertheidigungswaffe war der lange, schmale, ovale Schild aus Giraffen- oder Rhinoceroshaut, der flach ist und in der Mitte eine rundliche Ausbuchtung zur Aufnahme der Hand hat. Die Leute gehörten sämmtlich dem Stamme der Kâdscha an, waren von braunschwarzer Hautfarbe, ohne ausgeprägte Negerphysiognomie, aber auch ohne arabische Regelmässigkeit der Züge. Sie trugen ihr Haar in der Weise der Hamr, theils rasirt, theils borstenartig emporstehend, theils in den früher erwähnten Flechten oder auch in einer langen Flechte spiralförmig um den Kopf gelegt.

Der Markt, der durch unsere Anwesenheit eine ungewöhnliche Belebtheit erhielt, war versehen mit Duchn, saurer Milch und frischer Butter (Zibda), einigen magern Ziegenböcken und gekochten kleinen Wassermelonen; an letztern, die recht wohlschmeckend sind, ist die Gegend reich. Gesucht waren als Tauschartikel Kimba-Pfeffer, Zwiebeln und Terek.

Die Kâdscha bedienten sich hier nur der arabischen Sprache,

auch leugneten diejenigen, welche ich zu befragen Gelegenheit hatte, den frühern Besitz eines andern Dialekts für sich und die ihnen verwandten Bewohner der Gebirgsgruppen Omm Sürüdsch und die Kâdscha von Kordofân. Die Abwesenheit eigentlicher Negergesichter, die mit der der Kâdscha-Araber identische Haartracht und ihre gleiche Lebensweise — sie sind Kamelzüchter — sprechen dafür, dass der Stamm aus einer Mischung von Negern und Arabern hervorgegangen ist, und es scheint das centralafrikanische Element in ihnen durch die Bîrgid, welche früher dort gewohnt haben sollen, repräsentirt zu werden. Sie hatten neben den Regierungsbeamten ihren eigenen Häuptling mit dem Titel Scheïch, was ebenfalls für Verwandtschaft mit den Arabern spricht.

Ich sollte mich hier von meinen bisherigen Reisegefährten, mit deren Mehrzahl ich von Abesche zusammengereist war, trennen und über Kordofân und Chartûm nach Donqola gehen. Die Trennung fiel mir schwer, trotzdem ich sie in ungefähr Monatsfrist wiedertreffen sollte, besonders in Bezug auf Hâdsch Ahmed Tangatanga, der sich seit mehr als Jahresfrist als mein treuer Freund gezeigt hatte und mein täglicher Gesellschafter gewesen war. Mein Begleiter für diese Reise war Mohammed en-Nûr, jener Mann, den die Localregierung von Kordofân zu meiner Aufsuchung abgesandt hatte und welcher am 26. Juli bei uns von el-Fâscher kommend eintraf. Er brachte die für alle Dschellâba niederschlagende Nachricht, dass das Gerücht eines siegreichen Gefechts der schon anderweitig erwähnten Dabi mit den Leuten Zibêr's falsch sei. Mit ihm kam ein Kaufmann vom Nil, dessen Bekanntschaft ich in Dâr-Fôr gemacht hatte, der sofort sämmtliche noch unverkaufte Sklaven unserer Karavane an sich brachte im Vertrauen auf seine Wegkenntniss, die Lässigkeit der ägyptischen Beamten und auf seine Fähigkeit, die Menschenwaare in den Dörfern seiner Gegend unbemerkt solange unterzubringen, bis die Regierung in der strengen Durchführung des Sklaveneinfuhrverbots wieder nachgelassen haben würde.

Ich ritt mit Mohammed en-Nûr nach Omm Meschâna zurück, um bei dem Rahat el-Abiad, dem „Weissen See", der einige Stunden östlich von Omm Meschâna liegt, mit den wenigen Reisegefährten, die wir gefunden hatten, zusammenzutreffen. Nach

Omm Meschâna mussten wir zunächst, um auf Grund der königlichen Reiseerlaubniss einen Pass von den dort residirenden Behörden des Grenzbezirks zu erhalten. Nach fünfstündigem Ritt daselbst angekommen, begaben wir uns mit unserm dortigen Gastfreunde, dem Hâdsch el-Mekkî, zum Hause des Chalîfa el-Korobat und des Kursî Mansûr, um dort den Reiseschein unterschreiben zu lassen. Beide waren bereits nach Tuweïscha, drei Märsche südwestlich von Omm Meschâna, nahe der Grenze, gezogen, um das Gebiet des eigentlichen Dâr-Fôr im Nothfall gegen Zibêr zu vertheidigen. Die Hamr hatten, wie ich vorausgesehen hatte, sie nicht dahin begleitet, ja nicht einmal ein Contingent gestellt. Die Unterbeamten des Chalîfa und des Kursî lasen den Brief ihres Königs und schrieben, erstaunt über die Dringlichkeit des Empfehlungsbriefes, sofort einen Reiseschein an den an der Grenze residirenden Melik, und so konnten wir noch am Nachmittag zum Weissen See aufbrechen. Unsere Richtung war eine ostsüdöstliche. Bei Sonnenuntergang überstiegen wir einen ansehnlichen, fast gerade von Norden nach Süden verlaufenden Höhenzug mit vulkanischem Gestein. Ein Gewitter überraschte uns, und nicht ohne Mühe fanden wir in der tiefdunkeln Nacht den See und eine Viertelstunde darauf ein Araberdörfchen, bei dem unsere Leute lagerten. Meine eigenen Leute mit den Kamelen kamen, obgleich sie direct von Bûta auf den Weissen See zugezogen waren, ungefähr gleichzeitig mit uns an, da sie sich ebenfalls verirrt hatten. Der Gewitterregen hielt die ganze Nacht an, sodass wir, als die Sonne am nächsten Morgen durchbrach, am Vormittag genug zu thun hatten, unser durchnässtes Gepäck zu trocknen, und erst am Nachmittag aufbrechen konnten.

Wir durchzogen in östlicher Richtung eine weite Ebene ohne Hügel und Bodenwellen mit vorwaltendem Humus- und etwas Lehm- und Sandboden, „Dugutoria" genannt, was eigentlich sagen will: „Hacke", d. h. arbeite mit der Hacke zur Auflockerung des Bodens. Dieselbe war mässig bestanden mit Qafla, Hommêd, Logun- und Sa'ada-Büschen, Kittir und einigen andern Akazien und dem „Sobak" genannten Baum, dessen Blüten einen ausgeprägten Honigduft haben. Gegen Ende des Nachmittags wurde die Gegend etwas kahler. Wir betraten den Araberbezirk von Dem

Dschemmit, der sieben Dörfer zählte, und lagerten gegen Sonnenuntergang im dritten Dorfe dieses Namens, das von Erêqât bewohnt war.

Der nächste Tag (1. August) brachte uns ebenfalls in östlicher Richtung in etwa fünf Stunden nach Riasch, einem von Dscha'âlin bewohnten Dorfe. Ausser den erwähnten Bäumen trug der sandige Boden auffallend viel Lubân (*Boswellia papyrifera?*), und besonders waren die Dornbäume reichlich berankt von dem in der Kanûri-Sprache „Ndukko" genannten Gewächs (*Momordica Balsamina?*), das Früchte von der Form kleiner gekrümmter Gurken hat. In der Mitte des Vormittags passirten wir wieder einige Regenwasserteiche, an welchen der Bezirk Sorfân lag, welcher aus den drei Dörfern Goran, Benî Bedr und Majamin, die beiden letzten von Hamr-Abtheilungen bewohnt, bestand.

Nachdem wir die Tageshitze in dem Hause eines dem Mohammed en-Nûr befreundeten Arabers zugebracht hatten, brachen wir gegen Abend wieder auf, um nach etwa fünfstündigem Marsch unser Nachtlager aufzuschlagen. Die Gegend zeigte jetzt regelmässige sandige Bodenwellen, die mit Halfa-Gras bewachsen waren, aber nur einen spärlichen Baumwuchs trugen, während die tiefen Wellthäler sich durch eine reiche Baumvegetation auszeichneten, aber harten, unfruchtbaren, sogenannten Naqa'-Boden hatten.

Der Vormittag des 2. August brachte uns dann endlich an die eigentliche Grenzstation von Dâr-Fôr, Namens Umm Scherr, wo die endgültige Entlassung aus dem Dâr-Fôr-Gebiet durch einen Beamten stattfand. Der Weg wich etwas von der östlichen Richtung nach Norden ab. Wir hatten nördlich von uns in der Entfernung eines weiten Tagemarsches die Bergkette Sŭrûdsch, welche von Südsüdwesten nach Nordnordosten streicht und von Kâdscha-Abtheilungen bewohnt war.

Noch sahen wir bis zu der Wildniss Atmôr, welche sich zwischen Dâr-Fôr und Kordofân ausdehnt, einen halben Tagemarsch hindurch von Zeit zu Zeit Wohnstätten, wie das Dörfchen 'Amber und die Hamr-Dörfer el-Waheilât, zu denen wir durch die sogenannte Kittir-Gegend, welche fast ausschliesslich mit Kittir-Bäumen und -Gebüsch bewachsen war, in durchschnittlich östlicher Richtung gelangten. In der Nähe der genannten Dörfer brachten wir die Tageshitze bei verschiedenen kleinen Regenwasserlachen (Fula) zu inmitten einer schön bewaldeten Gegend, in der zu den öfter erwähnten Bäumen nur noch Ebenús (*Dalbergia Melanoxylon*), der Ebenholzbaum, hier Babanús genannt, kam.

Die Wildniss zwischen Dâr-Fôr und Kordofân ist zwei sehr starke Tagemärsche breit, welche mit Ausnahme der beträchtlichen Regenteiche von Forokít, die man nach einem Marsche von einigen Stunden erreicht, auch in der Regenzeit ganz ohne Wasser sind. Wir gedachten Forokít noch an demselben Tage zu erreichen, doch kaum waren wir aufgebrochen, als aus fast heiterm Himmel ein sanfter Regen fiel, der sich nach wenigen Minuten zu einer gewaltigen Wassermasse steigerte, während sich der Himmel dicht bezog. Der Regenfall war ein so ausserordentlich starker, dass wir wohl oder übel unser Zelt aufschlagen mussten, um unser Gepäck vor gänzlichem Verderben zu bewahren; er dauerte fast während der ganzen Nacht mit grosser Heftigkeit an, sodass wir selbst im Zelte nur einen äusserst geringen Schutz fanden.

Der ganze Vormittag des folgenden Tages (4. August) ging mit Trocknen, resp. Waschen aller Effecten hin, von denen viele auf immer verdorben waren.

Die genannte Atmôr-Wildniss ist berüchtigt wegen der grossen Anzahl von Löwen, welche bei dem Mangel an Rindern, Kleinvieh und Wild sehr gefürchtet werden. Besonders an den Teichen von Forokít sollten sie die dort unvorsichtigerweise lagernden Reisenden und ihre Thiere überfallen, sodass man vorzog, nicht unmittelbar am Wasser zu bleiben, und sorgfältig Nachtfeuer unterhielt.

Nach etwa neunstündigem Marsche in ostsüdöstlicher Richtung sahen wir einen anscheinend von Westen nach Osten verlaufenden Gebirgszug Namens Abû Mârik einige Stunden nördlich von uns liegen. Wir durchzogen flache Einschnitte des Terrains, welche „Scheqq" oder nur wenn sie sich vertiefen „Matmoren" (das arabische Matmôra [Plural: matâmîr] bezeichnet eine Grube) genannt werden. Bis etwa zur Mitte des unbewohnten Gebiets zwischen den beiden Nachbarländern bietet die Gegend durch ihren reichen Gras- und Baumwuchs während und nach der Regenzeit den Arabern einen erwünschten Aufenthalt.

Dieselbe Richtung brachte uns in zehn- bis elfstündigem Marsche am 6. August bis zu dem ersten Kordofân-Dorfe, das von Hamr-Arabern bewohnt wurde. Der Weg führte uns am Vormittag an einen langgestreckten Felsenhügel von 50 m Höhe, „Missêl" genannt, der in einer natürlichen Felsencisterne auf seiner Spitze nicht selten Wasser enthält. An seinem Fusse brachten wir die heissesten Tagesstunden zu, fanden aber den Wasservorrath der Cisterne nur äusserst gering; wahrscheinlich hatte eine grosse Karavane, welcher wir kurz zuvor begegnet waren, dieselbe entleert.

Schon bevor wir den Bezirk Schelôta an der Grenze Kordofâns erreichten, trennte ich mich wieder von meinen Gefährten, da dieselben, die Dörfer vermeidend, nach der Hauptstadt von Kordofân, el-'Obeïd, zu gelangen trachteten, um von den Dorfbehörden nicht ihrer Sklaven beraubt zu werden. Während wir in nahezu östlicher Richtung unsern Weg nahmen, wendeten sich unsere Reisegefährten nördlich zu dem unbedeutenden Berge Megessem, von dort aus auf die Berggruppe Grewit el-Mencïn zu, von welcher sie endlich die bedeutendere Berggruppe der Abû Sunûn als ihren Wegweiser sehen konnten. Wir waren etwa acht Stunden marschirt, als wir zu einem von Hamr-Familien bewohnten Weiler gelangten, dessen Häuser und Gehöfte sich durch grosse Sauberkeit auszeichneten und wo wir gastliche Aufnahme fanden. Der Weiler gehörte zu der unter dem Namen „el-Kul" zusammengefassten Gruppe und besass keine Brunnen, deren Stelle ebenfalls durch Affenbrotbäume ersetzt wurde, wie denn auch die Bewohner von Schelôta ebenso wie die Grenzbewohner Dâr-Fôrs ihre Wasservorräthe in den Stämmen der hier „Tibeldîja" genannten Affenbrotbäume aufbewahren.

Wir trafen hier mit einem unserer Reisegefährten von Dâr-Fôr zusammen, den wir weit hinter uns vermutheten. Der Aermste hatte stets an chronischer Dysenterie gelitten und starb noch in derselben Nacht, nachdem er sozusagen bis zum letzten Athemzuge zu reisen gezwungen gewesen. Es ist dies nur zu häufig das Schicksal derer, welche unterwegs erkranken. Die ganze Karavane kann nicht wegen des einzelnen zurückbleiben, und wohl oder übel muss der Unglückliche weiter, bis seine Lebenskraft erloschen ist.

Da wir am nächsten Morgen unsern frühern Reisegefährten begraben mussten, konnten wir nur etwa fünf Stunden marschiren und gelangten während derselben in nordöstlicher Richtung durch den Bezirk Halfeija bis zu dem Orte Erschewa. Der Bezirk bestand aus 22 kleinen Weilern, welche meist in unserm Gesichtskreise lagen. Wir fanden eine ausgezeichnete Aufnahme, theils weil ich hier einen Chartûmer traf, den ich in Wadâï von einer zwischen seinen Fusswurzelknochen eingekeilten Pistolenkugel befreit hatte und der mir seine Dankbarkeit durch Gastfreundschaft bethätigte, theils weil Mohammed en-Nûr, seiner Heimat nahe, hier viele Leute kannte. Vor uns hatten wir in östlicher Richtung den Berg Abû Sunûn, der unser Reiseziel für den folgenden Tag (9. August) war und wo wir die Leute Mohammed en-Nûr's, die er seiner Sklaven wegen durch unbewohnte Gegenden vorangeschickt hatte, zu treffen hofften.

Hier fanden wir überall Spuren einer regelmässigen Regierung und Verwaltung: Beamte, welche Steuern eintrieben und die Ausfuhr von Feuerwaffen und Munition nach Dâr-Fôr verhindern sollten, Soldaten u. dgl. m.

In einer flachen, unmerklich gewellten Ebene mit tiefem Sandboden zogen wir an dem Dorfe Gharba mit seinen üppigen Saatfeldern vorüber und betraten nach etwa siebenstündigem Marsche den Bezirk, der sich um die Gebirgsgruppe von Abû Sunûn lagert. Die vorwaltenden Bäume waren die Habîla, welche ein kautschukartiges, dunkelfarbiges Gummi ausschwitzt, der Hedschlîdsch, Machêt und der stachelige Baum „Haschâb" (*Acacia Verek*), welcher in Kordofân vorherrscht, mit seinem vortrefflichen Gummi; ferner der von den Arabern hier „Silek" genannte Semur (*Acacia spirocarpa?*) mit seiner weissen Rinde. Um die Mitte des Vormittags lagerten wir bei dem Dorfe des Mek (Abkürzung des arabischen „Melik") im Bezirk des Abû Sunûn. Diese Berggruppe markirt sich durch zwei Spitzen, welche durch die theilweise Verschmelzung zweier grosser Kegel entstehen und etwa 130—160 m über die Ebene hervorragen mögen; die ganze Gruppe besteht aus röthlichem Gestein. Die Dörfer zu ihren Füssen waren bevölkert von wirklichen Wadâï-Leuten, welche zur Zeit 'Abd el-Kerîm's, des ersten mohammedanischen Wadâï-Fürsten, hierher ausgewandert sein sollten, jetzt aber ihre Sprache vergessen hatten. Viele Wadâwa lebten übrigens in Kordofân über das ganze Gebiet zerstreut.

Das Ziel dieses letzten Reisetages war ein Landhaus meines Gefährten Mohammed en-Nûr, das wir in Ostsüdostrichtung an den Dörfern Nercha, Dscherbînî und Umm Dükêka vorüber am Nachmittag erreichten. Es lag nördlich nahe einem unbedeutenden Berge Namens Bu-Charessa inmitten einer weiten, mit ʿOschar bewachsenen Ebene. Soviel Regen wir unterwegs gehabt hatten, so wenig schien diese Gegend von ihm berührt zu sein, da wir die Saatfelder in wenig vorgeschrittenem Zustande fanden. In der Familie meines Reisegefährten, die sich zur Zeit der Bodenbearbeitung auf dem Lande befand, wurde uns eine vortreffliche Aufnahme zutheil, zumal sie sich eines ziemlichen Wohlstandes und des Besitzes von etwa 100 Sklaven erfreute.

Ich hatte eigentlich die Absicht gehabt, mich einige Tage hier zu erholen, da ich an heftigen Schmerzen in der stark angeschwollenen Milz litt, doch mein Reisegefährte hatte seinem Freund und Auftraggeber Eliâs, dem Scheïch el-Beled oder Bürgermeister von el-ʿObeïd, über meine glückliche Ankunft berichtet, und so erschien denn schon mit Tagesanbruch dieser selbst, abgesandt vom Pâschâ Ismâʿil Eijûb, Generalgouverneur des ägyptischen Sûdân, welcher sich zur Vorbereitung für seinen Feldzug gegen Dâr-Fôr daselbst aufhielt, und bald nach ihm Dr. Giorgi, ein Grieche, Sanitätsinspector im Sûdân, der Ismâʿil Pâschâ auf dem Feldzuge begleitete. Eliâs, welcher schon seit langem durch die Regierung von mir gehört hatte und die Veranlassung war, dass Mohammed en-Nûr zu meiner Aufsuchung nach Westen geschickt wurde, empfing mich mit grosser Herzlichkeit, und ich fühlte mich ihm gegenüber, der sich in arabischer Sprache mit mir unterhielt, vollkommen unbefangen, doch der griechische Arzt verwirrte mich vollständig. Er sprach mich zuerst französisch an, versuchte es dann mit ebenso wenig Erfolg mit der italienischen Sprache, und erst als er in die arabische Sprache überging, die mir augenblicklich die geläufigste war, vermochte ich mich wieder zu sammeln. Noch bis zu meiner Ankunft in el-ʿObeïd, wohin ich trotz meines kranken Zustandes und grosser Schmerzen sofort aufzubrechen genöthigt wurde, konnte ich nur unzusammenhängend in deutscher, französischer und italienischer Sprache mich ausdrücken, da die jahrelange Entwöhnung von andern als der arabischen und den sudanischen Sprachen bei dem plötzlichen Uebergange zu jenen mich sozusagen nur Brocken stammeln liess.

Schon von meinen Begleitern erfuhr ich unterwegs alles, was mir zu wissen am interessantesten war: die Umwälzung in Europa, speciell in Deutschland infolge des Krieges mit Frankreich, den Anfang des Culturkampfes, das Elend in Spanien, die haltlose Uebergangsperiode in Frankreich, den Tod Napoleon's u. s. w., und auch, was mir augenblicklich am nächsten lag, dass Ismâ'il Pâschâ den Befehl habe, auf dem directen Wege über Omm Meschâna in Dâr-Fôr einzumarschiren, und dass der Aufbruch auf den nächsten Donnerstag — wir kamen am Sonntag in el-'Obeïd an — festgesetzt sei.

Von dem Pâschâ selbst wurde ich mit äusserster Liebenswürdigkeit aufgenommen und musste zunächst im „Diwân", dem Regierungsgebäude, einem für Kordofân sehr ansehnlichen Bauwerk, absteigen. Bald konnte ich mit dem Pâschâ wieder so geläufig französisch sprechen, als hätte ich Europa nie verlassen. Ich frühstückte mit ihm in Gesellschaft verschiedener Beamten und Militärs und muss gestehen, dass neben vielem, was mir nach langer Entbehrung zutheil wurde, eine Flasche ausgezeichneten Lafitte ein Hauptgenuss war. Ich wurde zwar bei Eliâs Effendi einquartiert, verbrachte aber den Tag auf dem Gouvernementsplatz vor dem Zelte des Pâschâ, mit diesem der Militärmusik zuhörend, welche mir zu Ehren europäische Märsche und Tänze, ja sogar „Heil Dir im Siegerkranz" spielte. Am Abend fand eine glänzende Soirée bei dem Vater des Griechen Giorgi statt, der ursprünglich Pharmaceut, jetzt Straussfedernhändler war. Durch verschiedenfarbige Laternen, Kerzen, Teppiche u. dgl. m. hatte er seinem Hause einen in meinen Augen feenartigen Anstrich gegeben, und die glänzend ausgestattete Tafel, die Bedienung in Frack und weisser Kravatte, der Luxus eines Tischtuches und der Servietten, Löffel, Messer und Gabeln u. s. w., deren ich mich ziemlich ungeschickt bedient haben mag, waren nicht allein ein ungewohnter Anblick, sondern bedeuteten für mich den Wiedereintritt in die civilisirte Welt.

# NAMEN- UND SACHREGISTER
## ZUM I.—III. THEIL.

(Alles die Botanik Betreffende ist in einem von Professor Dr. Ascherson angefertigten besondern Register S. 537 fg. zusammengestellt.)

Aba Bû Bekr, Thronfolger in Bornû **1**, 582. 585. 711; **3**, 9; Aeusseres **1**, 608.
Abâ Kûri, Bezeichnung des Königs von Dâr-Fôr **3**, 421.
Abbasiden, Dynastie von Wadâï **3**, 271.
ʿAbdallâh, König von Bagirmi **2**, 698.
ʿAbd el-ʿAzîz, König von Wadâï **3**, 284.
ʿAbd el-Dschlîl, Aulâd Solimân-Häuptling **1**, 31. 45. 173; **2**, 21.
ʿAbd el-Kerîm, König von Wadâï **3**, 271; Gründer von Wâra 272.
ʿAbd el-Kerîm, König von Wadâï, s. Sabûn.
ʿAbd el-Qâdir, König von Bagirmi **2**, 718.
ʿAbd er-Rahmân, Scheïch ʿOmar's Bruder **1**, 710.
ʿAbd er-Rahmân, König von Dâr-Fôr **3**, 377; Gründer von el-Fâscher **3**, 340.
ʿAbd er-Rahmân Gauranga, König von Bagirmi **2**, 711.
Abesche, Hauptstadt von Wadâï, Anlage der Stadt **3**, 81; Ansicht von Norden 81; Einwohner 59. 97; Flussbetten im Norden 74; Gebirgsgruppen im Norden 75; ʾId el-Fitr 164; Krankheiten 98. 156; Lage **2**, 4. 153; **3**, 73; Markt 268; Tauschmittel 162; Thal 113; Palast des Königs 55.
Abführmittel in Fezzân **1**, 157.
Abo, Königin-Mutter in Dâr-Fôr **3**, 421.
Abiï, s. Marârît **3**, 190.
Abû Dâdinga, Beamter in Dâr-Fôr **3**, 430.
Abû Dîma, Statthalter in Dâr-Fôr **3**, 419.
Abû Djüll, Arm des Schâri **3**, 28.

Abû Haschîm, s. Oschîm.
Abû ʾl-Qâsim, König von Dâr-Fôr **3**, 372; Krieg gegen Wadâï 276. 373.
Abû Medfʿa, spanischer (Colonnaten-)Thaler **1**, 33. 690.
Abû ʾn-Noar, Berg und Flachsee in Kordofân **3**, 493. 494.
Abû Rhusûn, Berg in Wadâï **3**, 135; Volk 201. 220.
Abû Schârib, s. Marârît **3**, 190.
Abû Scheïch Dâli, Statthalter in Dâr-Fôr **3**, 419. 420. 423; Besuch beim 477.
Abû Scheïch Kurra, Statthalter in Dâr-Fôr **3**, 383.
Abû Sekkîn, König von Bagirmi **2**, 5. 478. 722; im Lager bei 594. 599. 609.
Abû Simnîn, Fitri-Stamm **3**, 39. 199. 219. 408; Aeusseres 200.
Abû Sunûn, s. Kodoï.
Abû Sunûn, Berggruppe bei el-Obeïd **3**, 510; Bevölkerung 510.
Abû Telfân, Landschaft und Stamm im Westen von Wadâï **3**, 201. 449.
Abû Teïr, s. Maria-Theresia-Thaler.
Abû Tokunjâwi, Statthalter in Dâr-Fôr **3**, 419.
Abû Uma, Statthalter in Dâr-Fôr **3**, 419.
Acclimatisationsfolgen in Murzuq **1**, 106.
Adam Tarbûsch, Günstling des Königs Mohammed el-Fadl **3**, 394. 395. 397.
Afädê, Mäkäri-Stadt **2**, 502; Palast des Statthalters 503.
Afâfi, Tibesti-Landschaft **1**, 234. 360. 384.

Affen 1, 292; in Wadâï 3, 186.
Agâdem, Oase 1, 554; Unsicherheit 555.
Agisymba = Asben (?) 1, 378.
Ahmed Ben Brâhim el-Wadâwî in Kûka 1, 589. 603; Einfluss 3, 9.
Ahmed Bokkor, König von Dâr-Fôr 3, 366; Krieg mit Wadâï 274.
Ahmed el-Maqûr, Stammvater der Tundscher- und Kêra-Dynastie 3, 358. 359.
ʿAïn Galakka, Brunnen in Borkû 2, 83; Mauerreste 83.
Aïsch (Bazina), Mehlbrei 1, 51. 652; Bereitung in Bornû 656; in Logon 2, 512; in Wadâï 3, 262.
Alaòta Kju, Hochebene im Norden des Tümmo-Gebirges 1, 231.
Alaun in Borkû 2, 128.
ʾAlem, Wegzeichen 1, 76.
ʿAli, König von Wadâï 2, 46. 47. 253. 724; 3, 57. 218; Aeusseres 58; Besuch bei 56. 85; Charakterzüge 2, 5. 8; 3, 64. 411; Gebietsausdehnung 177; Politik gegen Araber 110; Rechtspflege 61; Regierung 295; Selbstgefühl 168; Strenge 60; Thronbesteigung 295.
ʿAli, Stamm in Wadâï 3, 196; Landschaft 197; Sprache 196.
ʿAli Ben Dunâma, König in Bornû 2, 405.
ʿAli el-Kerkeni, Bürgermeister von Tripolis 1, 27; Besuch bei 28.
Alifa Ba, Beamter in Bagirmi 2, 612.
Alifa Mohammedu, Herr von Mâo 2, 251. 253.
Alifa Moito, Beamter in Bagirmi 2, 611.
ʿAli Rizâ Pâschâ, Gouverneur von Tripolis 1, 24; seine Reformen 27; Besuch bei 28.
Almâs, Nachtigal's Diener 2, 303.
Alph, Logon-Stadt 2, 510.
Altersvereine in Wadâï 3, 245.
Amanga, Höhenzug in Bŏdĕlê 2, 81. 126. 216; Felsformen 216.
Ambelâja, Berg im Marfa-Gebiet 3, 152.
Amberkéi, Steppe am Batha 3, 48. 197.
Ameisen, 2, 230; Arten in Bagirmi 556; in Ost-Dâr-Fôr 3, 492. 498; in Wadâï 186; Schutzmaassregeln in Kûka 1, 616.
Amelâje, Ort am Batha 3, 46.
Amin, Hofbeamter in Wadâï 3, 232.
Amîn Bocheït, Beamter in Dâr-Fôr 3, 342.
Amm Dêban, Ort am Likòre 3, 128.
Amm Degemat, Ort am Batha 3, 120.
Amm Demm, Araberdorf am Batha 3, 122.
Amm Dschurâr, Wildniss am Batha 3, 120.
Anai, Dorf in Kawâr 1, 520.
Angrêb, Schlafbank 2, 256; 3, 33. 113.
Antilope addax (Mendes-A.) 1, 553; 2, 120. 138.
— bubalis (Kuh-A.) 1, 572; 2, 34. 384. 386. 499. 678.

Antilope dorcas (Gazelle) 1, 418. 572; 2, 73. 384. 386. 499. 678; 3, 186.
— leucoryx 1, 280. 418. 553; 2, 73. 120. 138; Verwendung der Haut 1, 418; 2, 74.
— Mohor 1, 561; 2, 34. 384. 385.
— sp. (Hamerâja [arab.], Komossĕno [kan.]) 1, 572; 2, 34. 35. 499.
Antilopen 1, 418. 553; 3, 137. 186.
Antimonpulver (Kohol) 1, 96.
Aphrodisiaca in Fezzân 1, 156.
ʿAqîd, Beamter in Wadâï 3, 235.
ʿAqîd Dscherma, Mörder Ed. Vogel's 3, 106.
ʿAqîd Duggu Debânga, Beamter in Wadâï 3, 231.
ʿAqîd es-Salâmât, Beamter in Wadâï 3, 231.
Araber, Naturbeobachtung 1, 499; Reisen 638; 2, 56; Haushaltgegenstände 56; in Bornû 1, 712; 2, 435, Kleidung 1, 644; Umwandlungsstufen 2, 436; in Bagirmi 670. 693; in Kânem 125; in Wadâï 3, 205, Einwanderung 205, Lebensweise 206, Stellung 324; in Dâr-Fôr 452. 456, Einwanderung aus Hadramaut 421, Stellung 324.
Arab abbâla in Wadâï 3, 205; Stämme 209.
Arab baqqâra in Wadâï 3, 205; Stämme 206.
Arâda, Oase in Nord-Wadâï 2, 152. 157.
Arâmi, Tedâ-Edler 1, 292. 343. 522; Rede für Nachtigal 333; Stellung 315.
Araueli, Fatscha von Bagirmi 2, 709; Empörung 714.
Aredda, Dâza-Stamm 2, 334. 343.
Arège, Kânembu-Stadt 2, 32.
Areï, Wind in Egeï und Borkû 2, 131.
Arîna, s. Arinda.
Arinda, Tedâ-Stamm 1, 442. 462; 2, 169.
Artemia Oudneyi (Dûd [arab.]) 1, 122.
Ascĕla, Araberstamm in Südost-Bornû 2, 436. 670.
ʾAssâla, Arabestamm am Tsâde-Südrand 2, 361. 375. 437. 670; 3, 211.
Aterêta (Lumma), Dâza-Stamm 2, 37. 316. 343; in Jin 87.
Atmôr, Grenzwildniss in Ost-Dâr-Fôr 3, 507.
Audienzschuhe im Sûdân 3, 342.
Auën, Nordost-Passat in Egeï und Bŏdĕlê 2, 130.
Augenkrankheiten in Fezzân 1, 152; in Bornû 2, 466.
Auï, Salzsee in Budu 2, 110.
Auk, Oberlauf des Aukadebbe 3, 179.
Aukadebbe, Nebenfluss des Schâri 2, 663; 3, 179; Mündung 179; Nebenflüsse 179.
Aulâd Bakka, s. Fâla 3, 120.
Aulâd Beqqâr, Dâza-Stamm 3, 214.
Aulâd Bochdêr, Araberstamm 3, 30.

# NAMEN- UND SACHREGISTER ZUM I.—III. THEIL. 515

Auläd Dschemaʿ, Stamm in Wadâï **3**, 189. 216; Land 190; Ursprung 190.
Auläd el-Qrësch, Porzellanperlen **3**, 47. 142.
Auläd Hamêd, Araberstamm **2**, 211. 438; **3**, 38.
Auläd Hareïs in Fezzân **1**, 187.
Auläd Igoî, Araberstamm in Dâr-Fôr **3**, 452.
Auläd Jâsîn, Araberstamm in Dâr-Fôr **3**, 455.
Auläd Mûsâ, Araberstamm **2**, 670.
Auläd Râschid, Araberstamm **2**, 160; **3**, 207; Abstammung 453.
Auläd Sâlim, Dâza-Stamm **2**, 325. 326. 343; **3**, 214.
Auläd Solîmân, Araberstamm **1**, 31. 48. 70. 71. 213. 269; **2**, 17. 126. 342. 346; **3**, 13. 110. 111; vor Murzuq **1**, 173; in Qatrûn 372; Abtheilungen **2**, 18. 42; Anhänglichkeit an Bornû 48; Benehmen gegen Christen 44; Besitzthümer 71; beschränkter Lebenskreis 97; Beutelust 222. 240; Charakter 27. 100; Frauen, Tracht 72. 238, Stellung 45. 93; Grenzwächter in Bornû 25; Kamelreichthum 69; Kleidung 29. 60. 71; Kriegsgefangene 65; Niederlage gegen die Tuârik 24; Operation an Kindern 93; Rathsversammlung 48. 67. 80; Raubzüge 21; Sklavenbehandlung 66; Stammesleben 237; Tauschmittel 29. 60; Todtenklage 94; Waffen 72; Wohnsitze, ursprüngliche 18, neue 22.
Ausfuhrwaaren von Bornû **1**, 700; von Tibesti 459; von Wadâï **3**, 266.
Aussatz in Fezzân **1**, 150; in Bornû **2**, 471; in Tûnis 470; in Wadâï 471.
Azoâ = Dânoâ (Haddâd) **2**, 259.

Ba Bai = westlicher Schâri **2**, 660.
Ba Batschïkam, Schâri-Arm **2**, 663.
Bâbir, Heidenstamm in Süd-Bornû **1**, 730; **2**, 432.
Ba Busso, östlicher Schâri **2**, 544.
Bachi, Ort bei Qatrûn **1**, 217; Bevölkerung 218.
Badanga, Landschaft im Osten von Bagirmi **2**, 615. 673.
Bâdi Baele (Sprache der Baele) **2**, 204; Eigenthümlichkeiten 204; Formenbildung 206; Zusammenhang mit Tubu-Sprache 204.
Bâ Dungu, Platz der neuen Hauptstadt Bornûs **3**, 15. 17.
Baele (Bidêjât, Terâwia), Volk **2**, 139. 154. 161. 193; **3**, 451; Anzahl **2**, 171. 172. 212; Aeusseres 175; Beschneidung 178; Charakter 175; Familie 176; Häuptlinge 182; Hausthiere 173; heidnische Gebräuche 175; Heirath 176; Kamele 84. 173; Kleidung 174; Lebensweise 173; Merissa 179; Misachtung des Alters 176; Nahrung 178. 179; Rechtspflege 182; Scheidung 177; Sittenähnlichkeit mit Tubu 178; Stammzeichen 178; Thätigkeit 179. 180; Tod 177; Vertheilung 212; Verwandtschaft mit Zoghâwa 174; Waffen 175; Wohnungen 174; Zugehörigkeit 168. 210; in Wanjanga 154.
Baele Bê = Ennedi **2**, 154. 161.
Bagirmi, Land und Volk, Ableitung des Namens **2**, 667; Abstammung der Herrscher 694; Beamte 611; Bevölkerung 666, Ansiedelung in Wadâï **3**, 83. 223; Aeusseres **2**, 497. 546. 616. 668, Charakter 497. 620. 668, Gewerbthätigkeit 669; **3**, 84, Frauen 546. 616, Kleidung 616. 617, Haartracht 547. 617, Schmuck 617, Waffen 605, Zahl 666, Zusammensetzung und Ursprung 666. 667. 669; Beziehungen zu Bornû 481; Blendung 610; Boden 665; Bodengestaltung 660; Boden in Süd-Bagirmi 676; Ceremoniell 599. 618; Eisen 766. 731; Eunuchen 610. 614; Flachseen 664; Geschichte 691; Geschichtsquellen 691; Heidenstämme 620, s. auch d.; Grenzen 659; eigentliches Bagirmi 660; Insektenreichthum 553; König 600. 601. 602. 609, Frauen des Königs 610. 615, Insignien 604. 695, Reiterei des Königs 593; Lage nach Aufhören der Sklavenausfuhr 688; Musikanten 614. 618. 699; Regententafel 693; Reitsporen 607; Schmelzofen 731; Sprache, Bau 688, Verwandtschaft mit Nil-Sprachen 444. 690; alteingesessene Stämme 693; Stammheiligthum 695; Steuern 671. 682; Trommel 607; Verkehrslage 661; Verwaltung 671; Wasservertheilung in Nord-Bagirmi 665; Wurfeisen 589. 605; Volksstämme im Süden und Südosten 678.
Bagrimma, s. Bagirmi, Sprache.
Bahär Andôma, Zufluss des Iro-Sees **3**, 125. 179.
Bahär ed-Dûd, Wurmsee in Fezzân **1**, 116. 122.
Bahär el-Abiäd, Nebenfluss des Schâri **2**, 663; **3**, 180.
Bahär el-Arab **3**, 349.
Bahär el-Ardhe, Nebenfluss des Schâri **2**, 663; **3**, 180. 181.
Bahär el-Azrâq, Nebenfluss des Bahär el-Abiäd **3**, 180.
Bahär el-Ghazâl **2**, 123. 312; erster Anblick **3**, 33; früherer Abfluss des Tsâde **2**, 357. 376; Austrittsstelle am Tsâde 377; Bewohner 126. 234. Zahl 379; Stationen am 378;

Verlauf 67. 124; Barth über Verlauf 116; Wasserreichthum 238.
Bahăr es-Salâmât, Nebenfluss des Schâri 2, 664; 3, 124. 178. 319; schwierige Annäherung 136; Namen 178; Ursprung 2, 664; 3, 349.
Bahăr et-Tîne, s. Bahăr es-Salâmât.
Bahárĭna, Bedeutung 3, 317.
Bahăr Iro, Arm des Bahăr es-Salâmât 3, 124. 178.
Bahăr Korte, s. Bahăr es-Salâmât 3, 136. 138. 178.
Bahăr Kûta (Kubanda, Uëlle = Ubangi) 3, 103. 180.
Bahăr Mangâri = Bahăr es-Salâmât 3, 138. 178.
Bai, Heidenstamm in Süd-Bagirmi 2, 679; Stammzeichen 683.
Ba Ili, Nebenfluss des Schâri 2, 572. 639. 676; Ursprungsgebiet 647.
Ba Irr = Ba Batschĭkam 2, 663.
Bâja, Heidenstamm im Süden von Dâr-Fôr 3, 462.
Ba Laïri, Abfluss des Bahăr es-Salâmât 2, 664. 665. 672.
Balearica pavonina (Kronenkranich) 2, 488.
Ba Logon, westlicher Schâri 2, 521. 660. 662; 3, 181; grösserer Wasserreichthum als der östliche Schâri 2, 746; Verbindung mit dem Benuë-System 662; Zufluss aus Adamâwa 662; Flussarm des 3, 27.
Ba Mĭdŏbo (Mŏdŏbo) = Ba Laïri 2, 672.
Banda (Niamniam), Volk 2, 661; 3, 103. 179. 183; Getränke 183; Götter 183; Kleidung 183; Menschenfresser 183; Waffen 183; Land 183; Flusssysteme im Gebiete der 2, 661; 3, 103.
Bandwurm in Bornû 2, 473; einheimische Heilmittel 473.
Bântu-Sprache, Charakter 2, 198. 199.
Baqaróä, Dâza-Stamm 2, 327. 343.
Bara Simbil, Berg in Dâr-Fôr 3, 326.
Bardaï, Hauptort von Ost-Tibesti 1, 260. 269. 406; Bevölkerung 288. 320. 341. 342. 443, Anzahl 463; sichere Lage 315; Verbindung mit Wanjanga 408.
Bardaï = Bardoa (?) 2, 189.
Bardoa, Stamm (nach Leo Africanus) 2, 187. 189; Gebiet = Tu 191.
Bâri, Ostufer des Tsâde 2, 330.
Barr Dschûes, Ort in Dâr-Fôr 3, 320.
Barth, Heinrich 2, 44. 116. 188. 392.
Barña, Stadt in Bornû 1, 571; Bewohner 571.
Basi Tâhir, Beamter in Dâr-Fôr 3, 353. 357. 427.
Batha, Zufluss des Tsâde 2, 312; 3, 40. 43. 178. 200; Mündung in den Fitri 42; bei

Mandëlë 45; bei Anim Degemat 120. 121; Uebergang 121. 150.
Baumfestungen der Dânoâ (Haddâd) 2, 259; der Gâberi 627.
Baumwanzen in Logon 2, 512.
Baumwollstreifen als Geld 1, 690. 692; 2, 671; 3, 306, s. auch Maqta' Châm, Terek und Toqqĭja.
Bazina, s. Aïsch.
Beddë, Heidenstamm 1, 730; 2, 404. 432; 3, 16.
Bedrĭja, Araberstamm in Dâr-Fôr 3, 454.
Bego, Stamm in Dâr-Fôr 3, 420. 460.
Beled el-Mrâ, von Frauen regiertes Land 2, 675.
Belgäschĭfari, Brunnen 1, 558.
Benî Bedr, Araberstamm in Kânem 2, 438.
Benî Dscherrâr, Araberstamm in Dâr-Fôr 3, 452.
Benî Hasen, Araberstamm 2, 319. 342. 346. 437; 3, 208. 456.
Benî Holba, Araberstamm 3, 210. 456.
Benî Ulid, Oase in Tripolis 1, 44.
Benî Umm Rân, Araberstamm in Dâr-Fôr 3, 452.
Benî Waïl, Araberstamm 2, 327. 346.
Berber, Ableitung aus Libyern 1, 161; Abstammung nach arabischen Gelehrten 162, nach der Volksanschauung 162; Name 161; in Murzuq 96.
Berëdsch, Landschaft in Wadâï 3, 197.
Berti, Stamm in Dâr-Fôr 3, 461.
Bettsklavinnen 1, 102. 684.
Beurmann, Moritz von, 2, 44. 251; 3, 173. 176; Tod 2, 264.
Bibel bei Mohammedanern 3, 352.
Bidëjât 2, 181; s. Baele; Zoghâwa-Stamm 164; 3, 451.
Bienen in Bornû 1, 666.
Billanga, Stamm im Osten von Ennedî 2, 181.
Bilmâ, Oase in Kawâr 1, 533; Bewohner 534; Krankheiten 538; Salzminen 533. 535.
Bina, Bezirk im Südosten von Bagirmi 2, 679.
Binga, Heidenstamm im Süden von Dâr-Fôr 3, 461.
Bir el-Barqa in Kânem 2, 42. 43.
Bir Meschru, Brunnen in Süd-Fezzân 1, 228.
Bir Sessi, Dorf in Wadâï 3, 147. 148.
Bir Tuïl, Grenzort in Ost-Wadâï 3, 305; Markt 306; Tauschmittel 306.
Birgĭd, Stamm in Dâr-Fôr und Wadâï 3, 197. 219. 420. 460.
Birke Debâba, Flachsee in Bagirmi 2, 664. 665.
Birket Fâtĭma, Ort am Batha 3, 47.
Birni Bessê, erster König von Bagirmi 2, 696.

Birrimbirri, Heidenstamm im Süden von Wadâï **3**, 203.
Bödëlê, tiefster Punkt **2**, 73. 124; Thalsystem 120. 121; frühere Wasserbedeckung 77. 123; verzauberte Stadt 216.
Bodenbrand in Schitâti **2**, 285.
Boggesa, höchste Punkte der Kóra-Kette **3**, 327. 328.
Bongo, Mäkäri-Haus **2**, 492. 520; **3**, 29.
Bongo, Stamm im Süden von Dâr-Fôr **3**, 461.
Bôra Mâbang, Sprache im eigentlichen Wadâï **3**, 188.
Borkû, Bevölkerung, nomadische **2**, 139, sesshafte 139, Anzahl 140, Rückgang der einheimischen Bevölkerung 141; Hausthiere 147; Krankheiten und Heilmittel 148; Nahrungsmittel 147; Namenänderung 145; politisches Leben 145; Religion 145; Tauschmittel 148; Datteln 99. 110. 137; Häuptling 146; Steuern 147; Boden 128; Höhe 116. 126; Grenzen des südlichen Borkû 127; Thalbildung 128; Verbindung mit Wanjanga 153.
Bornû, Aberglauben **2**, 6; Ackerbau 389; Ansiedler in Bagirmi 666, in Wadâï **3**, 121, in Dâr-Fôr 470; Ausfuhrwaaren 700; Barbiere 624; Baumwollgewebe 644; **3**, 264; Beamte **1**, 715; Bedeutung des Namens **2**, 401; Bettelstudenten **1**, 625; Bevölkerung, frühere **2**, 403. 404, Charakter **1**, 688. 737; **2**, 5. 388, Elemente **1**, 712, Gesammtzahl **2**, 441, Verhältniss der einzelnen Theile 442, vorgeschrittener Standpunkt 387, Thätigkeit 390; Bewässerung 382; Blinde **1**, 625; Bodenarten **2**, 383; Bodengestaltung 382; Brunnen 40; Butter **1**, 557; Einfluss des Islâm **2**, 388. 391; Eintheilung 415; neue Einwanderung 433; Eisenwaaren, eingeführte **1**, 698; Etikette 591. 709; Fische 658; Fleisch zu Speisen 657; Frauen, Kleidung 622. 649, Haartracht 651, Schmuck 652. 697; Gefässe 674; Gesandte **2**, 480; Geschichtsquellen 311. 392; Geschichte der Dynastie 392. 398; Getränke **1**, 665; Getreide 653; Gewürze 658; Grenzen **2**, 380; Gründung einer neuen Hauptstadt **3**, 15; Handel 690; **2**, 391; Handwerker **1**, 623; Häuser 614. 617; Hausgeräthe 615. 618; Heidenstämme im Westen 729; Hochzeit 738; Hofeunuchen 722; Höflinge 714; Holzarbeiter 680; Honig 666; Hühner 674; Impfung gegen Pocken **2**, 468; Jagd **1**, 659; Kamel 681; Kânem-Könige, Festsetzung in Bornû **2**, 404; Kaufleute **1**, 700; Kinder **2**, 465; Kleidung **1**, 606. 622. 642; Kleiderstoffe, europäische 648. 697; Königsfamilie, Frauen 723, Prinzen 715; Kopfbedeckung 648; Korbflechtereien 675; Krankheiten und Heilmittel 734. 736; **2**, 460; Lederarbeiter **1**, 676; Ledersäcke **3**, 108; Mahlzeiten **1**, 652. 665; Matten 672; Mehlbereitung 654; Milch 665; Miswirthschaft 728; Musikanten 585; **2**, 507; Panzerreiter 583. 745; Pferde 577. 582. 616. 673; Rathsversammlung 708. 712; Reichthum, natürlicher **2**, 387; Regententafeln 394. 395; Regenzeit **1**, 732; Rinder 673; Rinderseuche 602. 734; Rohrhütten 617; Salz 658; Sättel 680; Scheinkönigthum **2**, 408, Ende 412; Schafe **1**, 659. 683; Schmiede 680; Schuhe 648; Schuldenzahlung 704; Schullehrer 623; Seiler 680; Sklaven 622. 683; Speisen 576. 579. 652; Sprachen **2**, 442; Tauschmittel **1**, 690; **3**, 35. 265; Todtenklage **2**, 10; Truppen **1**, 582. 724, Kriegsuntüchtigkeit 728; Verfall **1**, 131. 703. 729; **2**, 299; **3**, 8; Verlassenschaftsverwaltung **1**, 706; **3**, 20; Webstuhl 644; Zukunft **2**, 414; Zwerge **1**, 686.
Böser Blick in Fezzân **1**, 157; bei den Dâdscho **3**, 201.
Brâhîm (Ibrâhîm), letzter König von Dâr-Fôr **3**, 343. 413; Audienz bei 341; Aeusseres 344. 480; Kleidung 348; Krieg mit Aegypten 415; Versuch zum Frieden 485; Tod 417.
Brôto, Bagirmi-Residenz **2**, 595.
Brunnen in Affenbrotbäumen **3**, 500. 509; in Fezzân **1**, 91.
Bûa, Heidenstamm in Südost-Bagirmi **2**, 605. 660. 674; **3**, 179; Aeusseres **2**, 622. 683; Landschaft 674; Sprache 689; Stammzeichen 622; Waffen 606.
Bû 'Aïscha, türk. Gesandter **1**, 482. 484. 496. 519; **2**, 15; **3**, 13.
Bû Alâq, Uléd Solimâni **1**, 581.
Buceros abyssinicus **1**, 634.
Bû N'dscheïm, Ort in Fezzân **1**, 50.
Buch Dâli, Geschichtsquelle in Dâr-Fôr **3**, 357. 362. 423. 479.
Buckelige, Seltenheit in der Wüste **1**, 504.
Budduma, Stamm auf den Tsâde-Inseln **1**, 688; **2**, 32; **3**, 14; Abtheilungen **2**, 364. 365; Anzahl 367; Aeusseres 368; Boote 370; Frauen 368. 369; Handelsartikel 371; Hausthiere 368; Heidenthum 369; Heirath 369; Kleidung 368; Kunstfertigkeit 370; politische Verhältnisse 367; Schmiede 370; Schmuck 369; Sprache 372. 445; Thätigkeit 368; Tod 370; Ursprung 362; Verbot des Verkehrs mit Schwiegerältern 370; Stammzeichen 368;

Waffen 368; räuberisches Wesen 1, 570; 2, 371. 485.
Budu, Borkû-Oase 2, 110; Frauen 112; Hütten 112; Salzgewinnung 110; Zufluchtsfelsen 112.
Büffel 2, 384; 3, 138; Jagd in Süd-Wadâï 135.
Bugdy-See in Wadâï 3, 179.
Bugömàn, Bagirmi-Stadt 2, 544.
Bulâla, Volk 2, 185. 330. 345. 669; 3, 199. 219. 408; Aeusseres 200; frühere Bedeutung 2, 332; in Kânem 404, Reste 331; Name 3, 39; Ursprung 38; Vorrechte des Sultans in Wadâï 200; Zusammenhang mit Dânoâ (Haddâd) 2, 261.
Bulgedâ, Nomaden in Borkû 1, 282; 2, 125. 139.
Bultoâ (Bultu), Nomadenstamm in Borkû 2, 104. 126.
Bungul, Fluss im Süden von Runga 3, 179.
Burgû, Berg in Dâr-Fôr 3, 271; Bezeichnung für Wadâï 271.
Burkomanda, König von Bagirmi 2, 702.
Burkomanda III., König von Bagirmi 2, 713.
Busso, Hofbeamter in Somraï 2, 588. 589.
Busso, Stamm im Südosten von Bagirmi 2, 670. 671; Gebiet 672; Geschichtliches 671.
Butcha, Nebenfluss des Batha 3, 115. 153. 178; Entstehung 195. 275.
Bütta, Kadschakse-Dorf 3, 131.
Butter als Heilmittel in Wadâï 3, 86. 157.
—, vegetabilische 2, 619.

Carthago 1, 4.
Cercopithecus 2, 248. 499.
— griseoviridis 1, 635; 2, 385. 386.
Chabîr, Titel 3, 101. 333.
Chabîr Mohammed in el-Fâscher 3, 337. 342. 344. 441.
Chalâ, Bedeutung 2, 499.
Châm, Baumwollenstoff als Münze 1, 459. 648.
Charrûb, Gewicht 1, 94.
Chelonidensümpfe des Ptolemaeus = Bödĕlĕ 2, 125.
Chérua, neue Hauptstadt von Bornû, Gründung 3, 17. 160.
Chinin, Anwendung 1, 734; Wirkung 2, 462.
Cholera in Murzuq 1, 146; Fehlen in Tibesti 434.
Chozèma, Araberstamm in Dâr-Fôr 3, 455; Abstammung 455.
Chozzâm, Araberstamm 2, 438. 670; in Wadâï 3, 129. 207. 211; Aeusseres 129.
Conchylien in Bödĕlĕ 2, 120.
Cynailurus guttatus (Fahad [arab.]) 2, 73. 119. 138.

Cynocephalus Babuin 1, 281. 418; 2, 138. 386.
Cypraea moneta (Kauri) 1, 691.

Dabonga, Thongefässe in Wadâï 3, 243.
Dâdscho, Stamm in Wadâï 3, 200. 219; in Dâr-Fôr 350; Herrschaft in Dâr-Fôr 358. 360; Gebiet 200. 448; Heidenthum 201; Ursprung 358. 448; Wohnung 243.
Dălătŏa, Stamm in Kânem 2, 326; Anzahl 345; Ursprung 252.
Dalea, Stamm in Borkû 2, 125.
Dâli, Begründer der Kêra-Dynastie in Dâr-Fôr 3, 359. 361; Gesetzgebung 3, 362.
Dânoâ (Haddâd), 2, 232. 258. 259. 281. 316. 320. 330; Abtheilungen 331. 345; Anzahl 345; 3, 214; frühere Sitze 261; Aeusseres 260; Dörfer 259; Giftpfeile 259. 260; Namen 259; Waffen 260; Zusammenhang mit Manga 331. 430.
Dâr-Abû Dâli, Ostprovinz von Dâr-Fôr 3, 362. 418; Bewohnerzahl 462.
Dâr-Abû Dima, Südwestprovinz von Dâr-Fôr 3, 362. 418; Bewohnerzahl 462.
Dâr-Abû Tokunjâwi, Nordprovinz von Dâr-Fôr 3, 362. 418; Bewohnerzahl 462.
Dâr-Abû Uma, Südprovinz von Dâr-Fôr 3, 362. 418; Bewohnerzahl 462.
Dâr-Banda, s. Banda, Land 3, 183.
Dardaï, Tedâ-Häuptling 1, 440.
Dâr-el-Gharb 3, 362. 419.
Dâr-er-Rîâh (= Dâr-Tokunjâwi), Nordprovinz in Dâr-Fôr 3, 362.
Dâr-Fêa, Provinz in West-Dâr-Fôr 3, 319. 419.
Dâr-Fôr, Bevölkerung 3, 448, s. auch Fôrâwa; Bestandtheile 349; Boden 462; Bündniss mit Wadâï 481; Bornû-Ansiedler 470; Eintheilung durch König Dâli 362, neue 418; Einwanderung fremder Stämme 366; Feiertage 474; Geschichtsquellen 355; Geschichte 358; Gesetz des Königs Dâli 362; Gewerbthätigkeit 473; Grösse 462; Haartracht 336; Häuptlinge der fremden Stämme 420; Häuser 473; Hausthiere 332. 462; heidnische Gebräuche 474; Hofceremoniell 347; Hofstaat 421; Höhenverhältnisse 327; Insignien des Königs 364. 397. 434. 443; Krieg mit Zibêr 414; Kleiderstoffe 484; Kleidung 335. 470, der Vornehmen 484, in früherer Zeit 365. 471; König in Rüstung 443, Audienz beim 341. 343, Frauen des 425. 435, Mutter 421, Schwester 424; Königspalast, Wege zum 428; Landbeschaffenheit im Süden 416; Menschenfresserei 440; Menschenopfer 475; Mützen 445; Nahrung 354;

## NAMEN- UND SACHREGISTER ZUM I.—III. THEIL. 519

Panzer 434. 441; Pferde 435. 441; altes Recht 426; Regentenreihe 356. 362. 449; alte Residenz 340; Rückgang des Reiches 472; Salzgewinnung 326. 464; Sattler 433; Sklaven als Beamte 430; Staatsfestlichkeiten 436; Staatsgefängnisse 370; Stämme 448, fremde 452; Steinfiguren 477; Steuern 463; Stöcke 445. 470; Strohflechtereien 264. 329; Tauschmittel 322. 332; Teufelsglauben 475; Thronstreitigkeiten nach Hasîn's Tode 412; Truppenschau 440; Uzîr, Ernennung eines 480; Verwaltungsbeamte 419; Verwickelungen mit Aegypten 408. 415; Waffen 445; Wasserschläuche 501; Weg nach Kordofân 416; Wildseltenheit 327; Wollarbeiter 432; Wundärzte 479; Würdenträger bei einer Truppenschau 441; der Osten, Bewohnbarkeit 491; Felsgebilde 494. 495. 503, Flachseen 491, Karavanenweg 491, Tauschmittel 494. 504.

Dâr-Kûka, s. Kûka, Gebiet.

Dâr-Mâba, Centrum von Wadâî 3, 188; Wohnsitz der herrschenden Stämme 194.

Dâr-Mâdê, Provinz in West-Dâr-Fôr 3, 320. 419.

Darmût, Stamm in Wadâî 3, 220.

Dâr-Runga, s. Runga, Land.

Dâr-Sâlih, offizieller Name von Wadâî 3, 271; Ableitung des Wortes 276.

Dâr-Schâle in West-Dâr-Fôr 3, 315; Frauen 315.

Dâr-Zijûd in Wadâî 3, 49; Bevölkerung 210.

Dauergo, Dorf bei Kûka 1, 578.

Dawâr, Lagerplatz der Araber 2, 38.

Dâza, Tubu-Stamm 1, 421. 557; 2, 169. 193. 343; Anzahl 211; Aeusseres 39. 142; Name 142. 379; Charakter 143; Eintheilung 211; Jagd 63; 1, 553; Kleidung 2, 143; Sprache 195. 196. 197. 201; gegenseitiger Verkehr 144.

Debâba, Araberstamm 2, 670; 3, 210.

Debbûa, Schôa-Dorf in Bornû 2, 756.

Dekâkire, Araberstamm in Ost-Bagirmi 2, 670.

Dekker, Stamm in Wadâî 3, 215. 217.

Delqawna, Berg und Ort im Süden von Dâr-Fôr 3, 411. 461.

Děqěna, Araberstamm 2, 375. 670; 3, 31. 208; Abstammung 31; Scheïch 32.

Derdê, oberstes Haupt der Borkû-Stämme 2, 146.

Deribe, See im Marra-Gebirge 3, 477.

Dia, Blutpreis, in Tibesti 1, 448; in Wadâî 3, 239.

Diâbu (Daláwa), Bulâla-Stamm 2, 376.

Dibběla, Oase im Süden von Kawâr 1, 551.

Diběłontschi, Ngîdschêm-Ort 2, 262.

Dienerfrage für Christen 2, 306.

Digma, Beamter in Bornû 1, 718.

Digma Ibrâhîm in Kûka 1, 597. 714.

Dimi, Salzminen (zwischen Wadâî und Kufâra) 2, 157. 168. 180.

Dimilik, Kreisvorsteher in Dâr-Fôr 3, 419.

Diodor über Libyen 1, 162.

Dipterenlarven (Dûd [arab.]), essbare 1, 122. 526.

Dirki, Ort in Kawâr 1, 526; Gründung 528.

Diwân, Steuer in Wadâî 3, 237; in Dâr-Fôr 463.

Dogordâ, Dâza-Stamm in Kânem 2, 322. 343; 3, 214; Getreidegruben 2, 233; Ursprung 87.

Dolche der Tedâ 1, 452; der Sâra und Bûa 2, 606.

Dongosâ, sesshafte Bewohner von Borkû 2, 139.

Doruq, Stamm im Dâr-Zijûd 3, 210.

Drâ', Elle 1, 94.

Dschaʿâdîna, Araberstamm in Wadâî 3, 207.

Dschâgâdâ (Mûsû), Stamm in Borkû 2, 65. 125.

Dschâlo, Oase 2, 152; Verbindung mit Wadâî 152.

Dschebaïr, Abtheilung der Auláḍ Solimân 2, 42.

Dschebel, Wadâî-Stamm 3, 219.

— Abâsâ, Berg in Wadâî 3, 202. 203.

— Aptu in Dâr-Fôr 3, 326.

— Aremba in Dâr-Fôr 3, 326.

— es-Sôda in Fezzân 1, 60. 115. 160; Bildung 114; Gestein 389.

— et-Târ, Gebirge im Norden von Sôqna 1, 54. 115.

— Kabga in Wadâî 3, 192.

— Kerâkîri in Dâr-Fôr 3, 325; Ableitung des Namens 327.

— Kuffe in Wadâî 3, 201.

— Mûl in West-Dâr-Fôr 3, 203. 320.

— Nyere in Tâma 3, 204.

— Olo in Wadâî 3, 201.

— Si in Dâr-Fôr 3, 326. 360.

Dschedid, Ort in Sebha 1, 71.

Dschěggel, Volk in Süd-Wadâî (Bevölkerung von Mangâri) 3, 142. 201. 216. 220; Aeusseres 142; Dorf 139; Edelmann 139. 142. Hütten 141; Schmuck 142; Wohnungseinrichtung 141; Landschaft 202.

Dschellâba (Kaufleute vom Nil) 2, 234; 3, 70. 86. 223. 268. 456; Ansiedelung in Kôbê 334; Charakter 158. 329; Gastfreundschaft 321. 331. 468; Kleidung 335; Thätigkeit 457; Verkehr mit 323; Zusammensetzung 457.

Dschelledât, Araberstamm in Dâr-Fôr 3, 452. 493.

Dschemmaʿ, Verein der Alten in Wadâî 3, 245; Aufgabe 246.

Dscherba, tunisische Insel, Bewohner 1, 16.
Dscheridi, Shawl 1, 15; 2, 28.
Dschermâ (Garama), alte Hauptstadt von Fezzân 1, 160. 163.
Dscherma (Stallmeister) in Bornû 1, 717; in Bagirmi 2, 613; in Wadāī 3, 233. 236.
Dschinna, Stadt in Logon 2, 530.
Dschö'ama, Araberstamm in Bornû (Auläd Râschid-Abtheilung) 2, 436.
Dschôda, König von Wadâī 3, 276.
Dschöheina, Araberstammgruppe in Dâr-Fôr 3, 454.
Dschore, Stamm in West-Dâr-Fôr 3, 320.
Dschubba, Kleidungsstück in Tûnis 1, 15.
Dschumbo (= Durrïng), Stamm in Wadāī 3, 199. 218. 220.
Dschurâb, König von Fitri 2, 7; 3, 37; Aeusseres 38; über den Ursprung der Bulâla 38.
Dschurâb (Enneri), Thalsystem in Bödělé 2, 122.
Dûd, essbarer Wurm (Larve) in Fezzân 1, 116. 122. 526.
Dugunga, Fôr-Abtheilung 3, 360.
Dumbuâne, Dorf in Mangâri 3, 139.
Dumma, gegorenes Getränk der Banda 3, 183.
Dunăma Dibbalâmi, Kânem - Herrscher 2, 401.
Dunkas, Vogel's früherer Diener 1, 579; in Nachtigal's Diensten 629. 631.
Durrïng, s. Dschumbo.
Durst, Qualen und Erlösung 1, 241. 244; Folgen 366.

Edeien, Hügelzone in Fezzân 1, 67. 116.
Egeï, Thalniederung im Norden von Kânem 2, 63; Bodengestaltung 118; Brunnen 68. 119; Dünen 68; Landschaft zwischen Egeï und Kânem 229; Höhe 67; frühere Wasserbedeckung 67.
Eï Auni, Berg in Ennedî 2, 159.
Eidechsen als Nahrung 3, 150.
Einfuhrwaaren, europäische, in Kûka 1, 619. 697. 698; in Wadāī 3, 265.
Einfuhrwege nach Wadāī 3, 264.
Eisbildung am Emi Kussi 1, 387.
Eisen in Bagirmi 2, 666. 731; in Ennedî 168; bei den Sâra 674; Schmelzofen in Bagirmi 731.
el-Dschofra, Oase von Sôqna 1, 54. 55. 115.
Elefant 1, 563; 2, 384. 386. 678; 3, 138. 185.
Elephantiasis in Bornû 2, 469.
el-Fäscher, Hauptstadt von Dâr-Fôr, Anlage 3, 341; Bevölkerung 345. 348; Bergkette im Osten 490; Bodengestaltung 339; Gründung 381; Häuser 341; Höhenlage 462; Königspaläste 340. 341. 346. 397; Umgebung 337; Zeriben 341.
Elfenbein in Kûka 1, 696. 702; in Wadāī 3, 238. 266; in Kôbê 333; in Kûti 104.
Eliâs, Bürgermeister von el-Obeïd 3, 511.
el-Qar'a, Station am Bahăr el-Ghazâl 2, 378; 3, 34.
Emi = Berg in Tibesti 1, 253.
Emi Bláka 1, 508.
— (Eï) Kussi, höchster Berg in Südost-Tibesti 1, 385. 387. 403. 408; 2, 112; Eisbildung 1, 387; Trichterkessel 391.
— Tasserterri 1, 408.
— Timi 1, 305.
— Tusidde, höchster Berg in Tibesti 1, 259. 260. 302. 351. 352. 390; Trichterkessel 303.
Engringa, Dorf im Süden von Abesche 3, 114. 154.
Ennedî, Bewohner, s. Baele; Eisen 2, 168; Grenzen 162; Gebirgssystem 167; Lage 154. 162; Namen 154. 161; Salz 168; Thäler 162; Verbindung mit Borkû 154; mit Nilthal 180; Landschaften im Osten 181.
Enneri = Flussthal in Tibesti 1, 211. 253.
Enneri, s. Dschurâb.
Enneri Abo 1, 256. 392. 395.
— Bardaï 1, 407.
— Billia, Hauptthal in Ennedî 2, 166.
— Galiemma 1, 248. 250.
— Joó 1, 401.
— Kjauno 1, 260. 396.
— Lakakenno 1, 508.
— Lolemmo 1, 251.
— Tâo, 1, 262. 292. 396.
— Tügê = Kawâr, Ableitung des Wortes 1, 540.
— Udêno am Tarso 1, 307.
— Udūī 1, 258. 259.
— Znâr 1, 271. 272. 397; Mündung 278. 279.
Enten in Kûka 1, 634.
Entozoon als Ursache der Haematurie 1, 151; 2, 465.
Epilepsie bei Heidenstämmen in Bagirmi 2, 686.
Erdferkel, s. Orycteropus.
Erdmausoleum in Ngâla 2, 426.
Ereqât, Araberstamm in Dâr-Fôr 3, 390. 453; Vernichtung 390. 453.
Esel in Tripolis 1, 19; in Wadāī 3, 187; als Reitthier in Dâr-Fôr 315, in Wadāī 300.
Eunuchen 1, 481; in Bornû 685; in Bagirmi 2, 614; Einführung 710; kriegerische Stellung 615; Körperentwickelung 615;

Fehlen der, in Logon 538; in Wadāï 3, 231; in Dâr-Fôr 435.
Europäer in Tripolis 1, 23.
Europäische Kleidung, Nachtheile 1, 643.

Fâla (Aulâd Bakka), Stamm in Wadāï 3, 197. 218; Landschaft 120; Speisen 148.
Fanga (Fana), Stamm im Süden von Runga 3, 179. 203.
Faqih (Plural: Fuqăhâ), Dorfschulmeister in Dâr-Fôr 3, 420.
Farbenbezeichnung der nichtarab. Stämme 1, 428.
Farsarok, Verein der Jünglinge in Wadāï 3, 246.
Fâscher = Schlossplatz 2, 596.
Fatscha, Hofbeamter in Bagirmi 2, 612; Insignien 627.
Fattâschî, Biersucher in Wadāï 3, 236.
Feldratten als Nahrung (in Martê) 2, 490. 492; Fang 493.
Felis Caracal 1, 598; 2, 385.
Fellâta, s. Fulbê.
Felsbildungen, eigenthümliche, in Merûja (Tibesti) 1, 252; am Amanga (Borkû) 2, 216; bei Omm Meschâna 3, 494. 503.
Felsenfesten der Tubu in Kawâr 1, 521. 531; in Borkû 2, 112; in Wanjanga 153.
Felsinschriften in Omm Meschâna 3, 503.
Felssculpturen in Tibesti 1, 307.
Fenek (Wüstenfuchs) 1, 418; 2, 120.
Fĕriq = Gruppe eines Araberstammes 2, 42.
Fertit, Sammelname für Stämme im Süden von Dâr-Fôr 3, 462.
Fezâra, Araber in Dâr-Fôr 3, 452; Abstammung 452.
Fezzân, Bedeutung für Tubu Reschâde 1, 459; Bevölkerung 196, Abnahme 179, Aeusseres 188, Charakter 188, Elemente 185, historische Einflüsse 187, Zahlen 182; Bodengestaltung 115; Bodencultur 120. 123; Chroniken 166. 171; Dorfanlage 190, Baumaterial 190, Nomadenzelt 191; Erwerbsquellen 120; Frauen 189, Aeusseres 97, Fruchtbarkeit 153, Geburt 153, Kleidung 189; Geschichte 159; Grenzen 118; Handel 130; Handwerker 134; Hausthiere 120; Heilkundige 158; Herrscher 167; Einführung des Islâm 163; Erklärung der Krankheitsursachen 157; Leben der türkischen Beamten 176; Nahrung 122. 124. 126; Religion 191; Rückgang 496; Sitten 191; Sklavenhandel 132; Sprachen 195; Städte zur Römerzeit 159; Steuern 180; Unterricht 195; Verkehrslage 120; Verwaltung 175. 179; Verwaltungsbezirke 175. 182; Viehzucht 120; Waffen 191.

Fieber in Kûka 1, 733; 2, 463; in Murzuq 1, 145; perniciöses 145; Sumpffieber in Bornû 2, 460; 3, 10.
Fika, Heidenstamm in Südwest-Bornû 2, 432.
Filaria Medinensis (Guineawurm) 1, 150; 2, 473; 3, 99; Heilmittel 2, 473; 3, 99.
Firki, Moorboden am Südrand des Tsâde 2, 489. 494; 3, 25.
Fisch aus dem Komodûgu Mbŭlu 2, 495; aus dem Tsâde 1, 658. 660.
Fischknochen in Bödĕlê 2, 120; in Egeï 63. 67.
Fitri-See, Gestalt 3, 39; Inseln 42; Steigen des Wassers 40; Gebiet 37, Bevölkerung 39. 199, Gesundheitsverhältnisse 42, Ortschaften 37. 42, Tauschmittel 43; Steppe im Osten 44; Zugehörigkeit 2, 611.
Flachseen in Bagirmi 2, 664; im Osten von Dâr-Fôr 3, 491.
Fleisch, getrocknetes, Folgen des Genusses 2, 105.
Fliegen in Murzuq 1, 103; am Likôre 3, 126; bösartige 18, am Ba Ili 2, 572, am Fitri 3, 40; in Kûti 104; Folgen des Stiches 5. 158.
Floh 1, 419; Südgrenze 103.
Fluss von Logon, s. Ba Logon.
Flusspferd 1, 566; 2, 385. 386; 3, 138; Krankheit 2, 288.
Födi Intêgidîng, Salzsee in Ennedi 2, 155. 168.
Fonduq, Absteigequartier in Tripolis 1, 12.
Fongoro, Stamm im Süden von Dâr-Fôr 3, 461.
Fôrâwa, Hauptvolk in Dâr-Fôr 3, 323. 350; Abtheilungen 360. 419. 450; Aeusseres 451. 471; Charakter 350. 451. 472; Concubinen 472; Frauen 316. 471; Gebiet 450; Kleidung 335; Ursprung 448.
Foroge, Stamm im Süden von Dâr-Fôr 3, 461.
Fôr-Tomurkija 3, 451; Landschaft 349. 451.
Frauenkrankheiten, Behandlung in Fezzân 1, 152; in Bornû 2, 465.
Frösche in Bornû 1, 662.
Fûgŏma, Beamter in Bornû 1, 719; 2, 484.
Fulbê (Fellâta) 1, 97. 688; Aeusseres 597; 2, 608. 657; in Bagirmi 669. 693; in Bornû 441; Angriffe auf Bornû 408; 3, 16; Vordringen in den Heidenländern im Süden von Bornû 2, 433; in Korbol 656; in Wadāï 3, 223; Rinder 1, 688.

Gâberi, Stamm in Bagirmi 2, 593. 621. 623. 679. 680; Ackerhacke 623; Baumwohnungen 628; Boden des Landes 676: Dorfleben 624; Gehöfte 624; Gräber 625; Hunde 625; Pfeifenköpfe 624; Rasier-

messer 624; Tod eines Kindes 625; Verunstaltungen 683; Wurfgeschosse 606.
Gagliuffi, Kaufmann in Tripolis 1, 23.
Gála, Stadt in Kânem 2, 266; Bewohner 267. 328; Stadtvorsteher 266.
Galábu, Kânembu-Stamm 2, 330. 344.
Galum, Stamm in Wadâï 3, 215. 217.
Gambárm, Mäkäri-Ort 3, 26.
Gamergu, Stamm, frühere Bewohner von Bornû 2, 307. 425. 429; Nahrung 490.
Gamkul, Bûa-Landschaft 2, 674.
Ganyanga, Stamm in Wadâï 3, 192. 218; Landschaft 192; Ursprung 192.
Garama, Stadt der Garamanten 1, 163.
Garamanten 1, 159. 160. 186. 423; 2, 185.
Garû, Stadt in Bilmâ 1, 534.
Gaukler, marokkanische 1, 486.
Gazelle, s. Antilope dorcas.
Gerári, Sumpf im Süden vom Bahăr es-Salâmât 3, 140.
Gërê, Gebirgsstock zwischen Bagirmi und Wadâï 2, 673.
Gerè Tedétuma, Berg bei Jat 1, 515.
Gesundheitsverhältnisse, Abhängigkeit von Boden und Wasser 1, 432.
Getränke, gegorene, bei Mohammedanern 1, 75; 3, 263.
Ghadâmes, Aufblühen 1, 131; Handel 12.
Ghaladîma, Schwiegersohn des Königs in Bagirmi 2, 611; Beamter in Bornû 1, 717.
Gir, Fluss des Ptolemaeus (= Schâri) 2, 125.
Giraffe 1, 561. 564; 2, 384; 3, 135. 138. 182.
Girga, Qimr-Stamm in West-Dâr-Fôr 3, 314. 320. 459; Aeusseres 314.
Gissebi, älteste Kawâr-Stadt 1, 541.
Gögömi, Sokôro-District 2, 673.
Gold in Fezzân 1, 130; in Dâr-Fôr 3, 484.
Gomâdschi, Bornû-Gewand 1, 606.
Gräber in Murzuq 1, 90.
Gubûgu, Hauptort in Somraï 2, 586.
Guineawurm, s. Filaria Medinensis.
Gulfeï, Mäkäri-Ort 3, 29.
Gúlla, Stamm im Süden von Runga 3, 179. 182. 203. 461.
Gummel, Stadt und Landschaft in West-Bornû 2, 431.
Gumso, Hauptfrau des Königs in Bornû 1, 723.
Gunda, Tedâ-Stamm 1, 270. 442; in Kânem 2, 316. 343; Ursprung 1, 461; Verbreitung 461.
Gundi, Hauptort der Tummok 2, 647. 651.

Habanija, Araberstamm in Dâr-Fôr 3, 453.
Habbâbin, Araberstamm in Dâr-Fôr 3, 452. 494.
Haddâd (arab. = Schmied) 1, 443.

Haddâd, Stamm, s. Dânoâ.
Hâdsch Ahmed Tangatanga 3, 67. 69. 300. 304.-337; edles Benehmen 322; Lebenslauf 320.
Hâdsch Beschir, Münzreformator in Bornû 1, 690.
Hâdsch Bráhim Ben Alûa in Murzuq 1, 77. 79; Tod 3, 7.
Hâdsch Dschâber in Qatrûn 1, 108. 209. 371.
Hadscher Bai, felsige Erhebung in Süd-Bagirmi 2, 676.
Hadscher Teûs, Hügel am Südufer des Tsâde, Landungsplatz der Arche 2, 402.
Hâdsch Hamza, Dschellâbi in el-Fâscher 3, 344.
Hâdschi, König von Bagirmi 2, 708.
Hâdsch Mohammed in Abesche 3, 68.
Hâdsch Mohammed Ben Alûa in Murzuq 1, 81; Tod 3, 7.
Hâdsch Sâlim in Abesche 3, 68; Tod 155.
Halluf, Qâdawa-Häuptling 2, 39. 52. 272; 3, 13. 85.
Haematurie 1, 151; 2, 465.
Hamerája (arab.), s. Antilope.
Hamida, Araberstamm in Wadâï 3, 209.
Hamitische Sprachen, Charakter 2, 199.
Hammâda, Bedeutung des Wortes und Bildung 1, 53. 114.
Hammâda el-Hamrâ 1, 114.
Hammêdsch, Kânembu-Stamm 2, 236. 323. 325. 344; 3, 213.
Hamr, Araberstamm in Dâr-Fôr 3, 454. 498; Ackergeräthe 500; Aeusseres 499; Beziehungen zu andern Stämmen 502; Lederarbeiter 501; Scheïch 499.
Harâm, Bedeutung des Wortes 1, 659.
Hasîb Allâh, Bruder des Königs Hasîn von Dâr-Fôr, Thronprätendent 3, 88. 395. 413; Gefangennahme 417.
Hasîn, vorletzter König von Dâr-Fôr 3, 396.
Hattija, Bedeutung des Wortes 1, 66.
Hattija Mestûta in Fezzân 1, 496.
Hattija Omm el-Abîd in Fezzân 1, 66.
Haussa 2, 444; in Bornû 431; früheres Gebiet 417; Ausfuhrwaaren 3, 264.
Hausthiere der Baele 2, 173; in Borkû 147; der Budduma 368; in Dâr-Fôr 3, 332. 462; in Fezzân 1, 74. 120; in Kawâr 543; in Runga 3, 182; in Somraï 2, 583; in Tibesti 1, 415; in Wadâï 187; der Worda 2, 38.
Hautfarbe, rascher Wechsel bei Stämmen und Individuen 1, 430.
Hautfarbenscala der Araber 1, 427; 3, 222; verschiedene Anwendung 1, 428.
Hautija, Araberstamm in Dâr-Fôr 3, 455.
Hautkrankheiten in Murzuq 1, 149; neue Formen in Bornû 2, 469; Ausschlag als Folge des Watens im Wüstensand 547.

Hawalla (Famalla), Dâza-Mischstamm **2**, 323. 343; **3**, 213.
Hazâz, Aulâd Solimân-Prinz **2**, 12; Gastfreundschaft 106; Treue gegen Nachtigal 51; Tod 746; **3**, 85.
Heidenstämme, in und um Bagirmi **2**, 594. 605. 620. 687; Aeusseres 683; Begräbniss 686; Charakter 684; Häuptlinge 684; Nahrung 683; religiöse Vorstellungen 685; Schmuck 685; Sprache 689; Stammzeichen 683; Vielweiberei 685; Zauberer 686; im Westen von Bornû **1**, 729; im Westen von Wadâï **3**, 201.
Heilmittel, wunderbare, in Fezzân **1**, 158.
Heimât, Araberstamm in Wadâï und Dâr-Fôr **3**, 203. 208. 453; Abstammung 453.
Heisse Quelle im Marra-Gebirge **3**, 348; in Wadâï 191; in Tibesti **1**, 275. 389. 408.
Herodot über Sahărâ **1**, 160; **2**, 185; über Tibesti **1**, 377.
Herpestes fasciatus **1**, 635. 636; **2**, 386.
— Ichneumon **2**, 386.
Heuschrecken, Arten in Bornû **1**, 661; als Speise 660; in Ost-Dâr-Fôr **3**, 492.
Hirla, Gebiet im Osten von Bagirmi **2**, 695.
Hofra, Bodensenke von Murzuq **1**, 117.
Hofrat en-Nuhâs **3**, 411; Stämme bei 461.
Höhlenbewohner in Tibesti **1**, 266.
Hoschde, Abkömmlinge der Könige in Wadâï **3**, 49.
Hunde in Fezzân **1**, 122; in Tibesti 417; in Somraï **2**, 585.
Hyäne **1**, 418. 550; **2**, 138. 385. 678; **3**, 186. 328.
Hyänenhund **2**, 119. 384.
Hyrax **1**, 310. 418; **2**, 138. 386; **3**, 120. 156; Verwendung der Excremente **1**, 418.

Ibrâhîm, König von Dâr-Fôr, s. Brâhim.
Ichneumon, s. Herpestes Ichneumon.
Ichnuchen, Tuârik-Häuptling **1**, 87. 110.
'Id el-Fitr (el-Fatra) bei den Aulâd Solimân **2**, 275; in Kûka **1**, 743; **3**, 12.
'Id el-Kebîr in Kûka **2**, 16; in Bir-Tuîl **3**, 309.
Idris Amsâmi, König von Bornû **2**, 406.
Ija Basi, Schwester des Königs in Dâr-Fôr **3**, 342. 424.
Ilo, Säugethier aus dem Tsâde (Manatus?) **1**, 660.
Indigo-Färberei in Maffatè **3**, 28.
Irlinga, Grenzstamm in Dâr-Fôr **3**, 498.
Iro-Fluss, s. Ba Iro.
Iro-See **2**, 664; **3**, 124. 178.
Irringa, Grenzstamm in Dâr-Fôr **3**, 498.
Isbâqa, Chalîfa in Dâr-Fôr **3**, 375.
Isirre, Araberstamm in Wadâï **3**, 209.
Islâm, Unfähigkeit zur Volkserziehung **1**, 26.

Ismâ'îl Ejûb Pâschâ **3**, 511.
Iussije, Araberstamm in Bagirmi **2**, 670.

Jagubbĕri, Ort in Südost-Kânem **2**, 255; Mauerreste 254.
Ja'qûb Arûs, König von Wadâï **3**, 273.
Jarda, Thal in Borkû **2**, 129.
Jat, Oase **1**, 512; Namen 513; Meereshöhe 539.
Jâwa, Stadt am Fitri **3**, 42; Gründung 39.
Jĕdi, Stadt in Bornû **2**, 488.
Jĕdinâ = Budduma **2**, 363. 489.
Jeggeba, Oase **1**, 515; Meereshöhe 539.
Jerïke, heisse Quelle in Tibesti **1**, 291. 389. 391; Heilkraft **1**. 291.
Jin in Borkû **2**, 85; Mauerreste 86; Bewohner, Abstammung 87.
Jinŏa, Stamm in Jin **2**, 87; Bildung 140.
Jiri, Stamm in Bŏdĕlĕ **2**, 126.
Joô, Stadt am Komodûgu Joôbĕ **1**, 572. 574.
Jorümma, Dâza-Stamm **2**, 317. 343.
Juden in Tripolis **1**, 16; in Tûnis 16.
Junggesellen, Ansicht der Mohammedaner **1**, 110.
Juróâ, Dâza-Stamm in Schitâti **2**, 320. 343.
Juróma, Hofeunuch in Bornû **1**, 722.
Jûsef, König von Wadâï **3**, 282.

Kabâbisch, Araberstamm in Kordofân **3**, 454. 502.
Kabartû (Musikanten) in Wadâï **3**, 70. 82. 239.
Kabga, Stamm in Wadâï **3**, 192. 218.
Kadoma, alte Hauptstadt von Wadâï **3**, 118.
Kâdscha, Stamm in Ost-Dâr-Fôr **3**, 495; Aeusseres 504; Sprache 505; Ursprung 505; Waffen 504.
Kadschakse, Stamm in Süd-Wadâï **3**, 130. 134. 202. 219; Familienleben 132; Kinderspielzeug 133; Sprache 133. 203.
Kadschänga, Stamm in Wadâï **3**, 194. 218; Landschaft 113. 115. 116. 195; Nahrung 262.
Kadschïti, Kânembu-Stamm auf den Tsâde-Inseln **2**, 334. 376.
Kafis, Hohlmaass in Fezzân **1**, 73. 95.
Kâga Banga, Ursprung des Bahâr el-Ardhe **3**, 180.
Kâga Lĕle, Ursprung des Bahâr el-Azrâq **3**, 180.
Kai, Dâza-Stamm in Bornû **2**, 419. 420.
Kaigamma, oberster Feldherr in Bornû **1**, 715.
Kâla Kafra, Stadt in Logon **2**, 509.
Kalâla, Ort in Bilma **1**, 535.
Kâleâ, s. Kûri.
Kalktuff **2**, 120.

Kamel, Ausdauer 1, 52; Fleisch 659; Lasten 34; 3, 167; Marschgeschwindigkeit 1, 45; Krankheit 2, 224; Heilmittel der Auläd Solimán 224; Nahrung 40; Namen der Altersstufen 71; Wasserwitterung 70; Werth für Wüstenreisen 1, 549; bei den Auläd Solimán 2, 69; den Bacle 84. 173. 179; in Bornû 1, 681; am Emi Kussi 387; in Fezzân 53. 121; der Kojâm 681; in Kûka 693; nördliches 35. 415. 681; südliches 35. 415. 682; in Tibesti 415; in Wadâî 3, 187.
Kamelleber, Wohlgeschmack der 3, 81. 331.
Kamelpost in Fezzân 1, 60.
Kamelsattel in Fezzân 1, 20; der Tedâ 457.
Kamene, Scheinkönig in Dâr-Fôr 3, 421.
Kamkolak, Hofbeamter in Wadâî 3, 233.
Kampfer als Zaubermittel 2, 527.
Kânem 2, 22; Bedeutung des Wortes 337; Brunnen 40; erste arabische Einwanderung 1, 165; Eroberung durch Wadâî 3, 278; Gesammtbevölkerung 2, 346; Grenzen 314; Gründung des Reiches 399; Einführung des Islâm 400; Nomaden 335; Sesshafte 335; politische Verhältnisse 279; Seen 266. 269. 270; Stämme, Uebersicht 343, Stärke 343; Sturz der alten Herrschaft 404; Thalbildung 37. 39. 231. 232. 247; Umfang des alten Reiches 1, 165; eigentliches Kânem 2, 317; Stämme 319.
Kânembu, Volk 1, 571. 660. 688. 712; 2, 193. 330; Aeusseres 2, 340; Kleidung 1, 620. 651; 2, 340; Waffen 341; Einwanderung in Bornû 418. 434; in Bornû 421; Wanderungen 336; Zusammenhang mit den Kanûri 341.
Kanûri, Volk, Ableitung des Namens 2, 417; anthropologischer Charakter 424; Hautfarbe 1, 429; Kleidung 620. 651; Sprache 2, 196, Ableitung aus Tedâga 195. 201, Einfluss auf andere Sprachen 447; Ursprung 341; in Bagirmi 2, 669; in Kânem 329. 344; in Wadâî 3, 223.
Kanûri-Gruppe, Mangel charakteristischer Merkmale 2, 424; Mischungen 424.
Kara, Stamm im Süden von Dâr-Fôr 3, 461.
Karamanlija, tripolitanische Dynastie 1, 29.
Karânga, Stamm in Wadâî 3, 196. 218; Charakter 196; Landschaft 118. 119; Nahrung 262; Sprache 196.
Karavane aus Tripolis in Abesche 3, 166.
Karka, Ostgruppe der Tsâde-Inseln 2, 362. 373; Bewohner 373.
Karmût, s. Traggestelle.
Karnak Logon, Stadt 2, 516. 540. 746; Häuser 519.
Karó, Ort in Bôdélé, Brunnen 2, 76; Meereshöhe 77.

Kaschella, Kriegshauptmann in Bornû 1, 583. 708. 723.
Kaschemere, Stamm in Wadâî 3, 196. 218; Charakter 196; Landschaft 113. 115. 118; Nahrung 262; Sprache 196.
Kaschĕrda, Dâza-Stamm in Wadâî 3, 213.
Katze, wilde, in Wadâî 3, 186.
Kauerdâ, Cisterne in Tibesti 1, 285.
Kaufleute in Murzuq 1, 92; in Kûka 637; tripolitanische in Abesche 3, 174; s. auch Dschelläba.
Kaurimuschel als Tauschmittel 1, 690. 691; 3, 26. 43. 265. 268.
Kawâ, Tubu (?)-Mischstamm in Bornû 2, 423.
Kawâr, Oase 1, 165. 516. 518. 540; Bewohner 429. 520. 541. 542; Bedeutung 458; 2, 186; Einfuhr 1, 543; Frauen 520. 524, Kleidung 524. 525; Fürst 526; Hausthiere 543; Hütten 521; Krankheiten 528. 538; Meereshöhe 539; Nahrung 520. 543; See 526; Tauschmittel 523. 525; Tedâ-Bezeichnung der Oase 540; Tedâ-Colonie 392; Weg nach Agâdes 544, nach Ahir 544, nach Ghât 544; Zufluchtsfelsen 521. 531; Bodengestaltung zwischen Fezzân und Kawâr 538.
Kazelma, Beamter in Bornû 1, 720.
Keïl, Hohlmaass 1, 95.
Kêlingen, Landschaft in Wadâî 3, 193; Bevölkerung 194. 217; Berge 303.
Kêlowi, Tuârik-Stamm, Salzhändler 1, 536; 2, 24. 49.
Kênga, Land und Stamm im Osten von Bagirmi 2, 615. 673; Stammland der Bagirmi-Herrscher 695; Vorrechte am Hofe von Bagirmi 618. 695; Sprache 689.
Kêra, Fôr-Abtheilung 3, 360. 450; Dynastie in Dâr-Fôr, Begründung 360.
Kerâda, Bezeichnung für dunkelfarbige Stämme 2, 44.
Kĕribina, zigeunerhaftes Jagdvolk in Bornû 2, 403. 425. 505. 535. 542; 3, 27; Lebensweise 2, 428; Sprache 428; Waffen 428.
Kerrikerri, Heidenstamm in Süd-Bornû 1, 730; 2, 432.
Kibêt, Stamm in Wadâî 3, 202. 220; Landschaft 134. 202.
Kÿdídâ, Beiname der Dâza 1, 553; 2, 63.
Kimre, Ort in Süd-Bagirmi 2, 626; Baumfestungen 628.
Kinâna, Araberstamm in Dâr-Fôr 3, 455; Abstammung 455.
Kinderspielzeug 3, 133.
Kindschi, Flachsee im Osten von Bagirmi 2, 665.
Kingiam, königlicher Bote in Bornû 2, 488.

Kirri, Thalsystem in Bŏdĕlê **2**, 122; Bewohner 126.
Kisra, Pfannkuchen **3**, 47. 263. 306.
Kitâbel, Wildniss in Wadâï **3**, 197.
Kleiderlaus, Ansicht der Araber **1**, 104.
Klimatisches vom Bahăr el-Ghazâl **3**, 34; aus Bardaï **1**, 328; aus Bir-Tuïl **3**, 308; von Bŏdĕlê **2**, 76. 80. 227; von Borkû 90. 130; von Bornû 448; von Dâr-Fôr **3**, 462; von Egeï **2**, 227; von Kawâr **1**, 532; aus Kûka **2**, 448. 766; **1**, Anhang; **3**, 4. 10; von Manga **2**, 61; aus Murzuq **1**, 92. 104. 135; vom Südrand der Sahârâ 552; von Somraï **2**, 587; vom Tarso **1**, 304. 305; von Tibesti 255. 410; vom Tsâde **2**, 351; **3**, 18.
Klippschliefer, s. Hyrax.
Kôbê, Handelsstadt in Dâr-Fôr **3**, 101. 328. 456; Anlage 334; Markt 331; Marktpreise 332; Tauschmittel 332.
Kobus (Wasserbock) **2**, 385. 386. 678.
Kodoi (Abû Sûnûn), Stamm in Wadâï **3**, 78. 188. 217; Abtheilungen 189; Aufstände 285; Charakter 189; Landschaft 189; Sprache 189; Verbindung mit Aulâd Dschema' 217; Verwaltung 188.
Kojâm, Tubu-Stamm in Bornû **1**, 681; **2**, 338. 420.
Kókena, Rathsherr in Bornû **1**, 583. 708.
Kolî, Tummok-Dorf **2**, 639; Sturm auf 641.
Kölle, Missionar **1**, 735.
Kolokŏmi, Tedâ-Edler **1**, 199. 209. 357. 358.
Kŏlŏmât, Araberstamm in Wadâï **3**, 208.
Komodŭgu Ferendŭma, Nebenfluss des Komodŭgu Gambarûram **2**, 354. 499.
— Gambarûram, Zufluss des Tsâde **2**, 354. 501. 505. 749. 752; **3**, 27; Ursprung **2**, 354. 529.
— Joôbê, Zufluss des Tsâde **1**, 573; **2**, 33. 353; Name **1**, 573; Ursprung **2**, 353; Wasserstandsänderungen 353. 355.
— Mbŭlu, Zufluss des Tsâde **2**, 353. 494. 753; **3**, 26; Mündung **2**, 495; Ursprung 353; Wasserstandsänderungen 353. 355.
Konda- (Nieren-)Essen in Dâr-Fôr **3**, 439.
Kŏndŏngo, Stamm in Wadâï, Landschaft **3**, 50. 53. 195; Sprache 195. 218.
Konku, Kânembu-Stamm **2**, 330. 343.
Kôra, Bergkette in Dâr-Fôr **3**, 325. 327; höchster Punkt 327.
Korajat, Stallknechte in Wadâï **3**, 233.
Korbol, Bûa-Landschaft **2**, 674.
Kordol, Berglandschaft in Südwest-Dâr-Fôr **3**, 179.
Korô, Landschaft in Bŏdĕlê **2**, 120; Bewohner 125.

Korôbât, Araberstamm in Wadâï und Dâr-Fôr **3**, 209. 455; Abstammung 455; Gebiet 455.
Kŏrŏka, Berg in Budu **2**, 111.
Kŏtŏko = Mǎkǎri **2**, 426, s. Mǎkǎri.
Krädsch, Stamm im Süden von Dâr-Fôr **3**, 461.
Krankheiten und Heilmittel in Fezzân **1**, 105. 144—158; bei den Tedâ 336. 433 —436; in Kawâr 528. 538; in Bornû 734. 736; **2**, 460—474; **3**, 10; in Borkû **2**, 148—150; in Wadâï **3**, 71. 79. 86. 98.
Kraterbildungen am Emi Kussi **1**, 391; am Tarso 303. 390.
Krause, Adolf **1**, 32. 166.
Krĕda (Qarda), Dâza-Stamm **2**, 44. 234. 378; **3**, 34. 212.
Krêma, Hofbeamter in Bagirmi **2**, 612.
Krokodil **1**, 627; **2**, 386; **3**, 186.
Kuang, Heidenstamm im Osten von Bagirmi **2**, 577. 672. 678. 680; Boden des Landes 676; Sprache 689.
Kubanda = Bahăr Kûta **3**, 103. 181.
Kûbû, Stamm in West-Dâr-Fôr **3**, 219.
Kubŭri, Kânembu-Stamm **2**, 335. 336. 344; in Bornû 421; am Tsâde 333.
Kûdugus, Bezirk in Wadâï **3**, 128.
Kulâra, Oase **1**, 405; **2**, 152. 189.
Kûka, Hauptstadt von Bornû, Ansicht von Norden **1**, 586; Begräbnissplatz **1**, 611; Bevölkerungszahl 627; Boden 610; Dendal (Hauptstrasse) 611. 612; Fremde 637; königlicher Garten 610; **2**, 13; Gründung 412; **1**, 586; Erdhäuser 614. 615; Strohhäuser 617; Königswohnung 588; königliches Empfangszimmer 591; öffentliches Leben 620; Märkte 611. 671; Marktwaaren 611. 672. 692; **3**, 4. 6; Mauern 587; Ost- (Königs-)stadt 587. 612. 626; Ramadân 742; **3**, 10; Festaufzug **1**, 744; Regenzeit **3**, 4. 10; Sklavenmarkt **1**, 683; Tauschmittel 690; **3**, 5; Thore **1**, 587; Umgebung 582. 586. 610; **2**, 30; Weststadt **1**, 587. 611; Zinsfuss **2**, 15.
Kûka, Stamm in Bagirmi und Wadâï **2**, 327. 345. 660. 669; **3**, 199. 219; Abtheilungen 199; Gebiet (Dâr-Kûka) 35. 199; Nahrung 262; Sprache **2**, 689; **3**, 199.
Kulfê, Stamm im Süden von Runga **3**, 179.
Kulgu, Tobe, in Bornû **1**, 606. 644.
Kultschi, Logon-Städtchen **2**, 542.
Kumŏsŏalla, Dâza-Mischstamm **2**, 248. 325. 335. 343; **3**, 214; Aeusseres **2**, 249.
Kundschâra, Fôr-Abtheilung **3**, 360.
Kunkinna, Kânembu-Stamm auf den Tsâde-Inseln **2**, 333. 376.
Kuntok, Zauberstein der Baele **2**, 176.

Kurbó, Marárit-Abtheilung 3, 219.
Kûri, Stamm auf den Tsâde-Inseln 2, 262. 334. 373; Aeusseres 374; Erbrecht 375; Kleidung 374; Nahrung 374; Namen 362; Rinder 1, 682; politische Verhältnisse 2, 374; Tod 375; Ursprung 362; Waffen 374.
Kûringa, För-Abtheilung 3, 434.
Kursî, königlicher Bote in Wadâî 3, 112; der Dschellâba 76.
Kuruglija, Bevölkerungselement in Tûnis 1, 15.
Kuskussu, nordafrikanische Speise 1, 23.
Küstengebirge in Nordafrika 1, 113.
Kûti, Land im Süden von Wadâî, Ausdehnung 3, 181. 182; Bevölkerung 182; Elfenbeinreichthum 104; Handelsniederlassungen 182; Transportmittel 104.
Kutia, Felslandschaft in Südwest-Dâr-För 3, 451.
Kuttuwaka, Gebiet im Süden von Dâr-För 3, 411. 461.

Lagöba Buïa, Thal in Süd-Fezzân 1, 230.
Lamino, Minister in Kûka 1, 598. 712; Aeusseres 599; Charakter 2, 10; Nachfolger 11. 299; Rechtspflege 1, 600; Tod 2, 9.
Latunno, Qimr-Abtheilung 3, 314. 459; Frauen 315.
Laus 1, 103.
Lebâ, Zufluss des Tsâde 2, 354. 494. 755.
Lebensbedingungen, äussere, Einfluss auf Stammgestaltung 2, 192.
Leo Africanus über die östliche Sahârâ 2, 187.
Leopard, Arten in Wadâî 3, 186.
Lepsius über afrikanische Sprachen 2, 198. 204.
Libyer, Nordafrikas Ureinwohner 1, 161.
Likòre, Nebenfluss des Batha 3, 123. 125; Quellflüsse 128. 148; Uebergang 127.
Lillöa, Kânem-Landschaft 2, 281. 321. 322.
Limnaea natalensis 2, 120.
Loël, König von Bagirmi 2, 706.
Logon, Land und Stadt, Bevölkerung 2, 520. 530, Aeusseres 520, Charakter 532. 533, Thätigkeit 532, Zahl 521. 530, Zusammensetzung 530; Beamte 535. 537; Boote 522; Bodengestaltung 528; Eintheilung 529; Essschüsseln 517; Gebiet 528; Getreidebau 745; Geschichtliches 536; Grösse 530; König 477. 523; Korbflechtereien 532; Mückenhütten 511; einheimischer Name 528; Ortschaften 529; Regierung 537; Stammsagen 534; Speisen 518. 533; Sprache 372. 444; Tanz 521; Wanderungen der Stämme 535; Wurfeisen 531; Zauberer 534.

Löwe, erste Spur im Norden des Tsâde 1, 561; in Bornû 2, 385; am Fitri-See 3, 41; in Wadâî 128. 138; in Dâr-För 326. 508; Jagd 185.
Luluk und toluk in Wadâî, Bedeutung 3, 227.
Lumma, s. Aterêta.
Luwâta, Berberstamm 1, 162. 163.

Mâba, Stammgruppe in Wadâî 3, 94. 221. 262; politische Bedeutung 217; Sprache 2, 689; 3, 215. 216.
Mâdâ, Tedâ-Stamm 2, 319. 343.
Madâba, Stamm in Wadâî 3, 78. 192. 217.
Madâla, Stamm in Wadâî 3, 78. 192.
Mâdëma, Ebene und Berg südlich vom Tümmo 1, 508. 539.
Mafâras, Niederung im Norden von Kawâr 1, 511; Meereshöhe 539.
Mâfen, Oase bei Murzuq 1, 494.
Maffaling, Bagirmi-Stadt 2, 567. 738.
Maffatê, Mäkäri-Stadt 3, 27.
Magira, Königin-Mutter in Bornû und Bagirmi 1, 723; 2, 610.
Mâgömi, Kanûri-Abtheilung 2, 334. 344. 418.
Mahâdî, Araberstamm in Wadâî 3, 209.
Mähâdi (Mahdi), Bedeutung des Wortes 2, 720.
Mahâmîd, Araberstamm in Wadâî und Dâr-För 2, 49. 160. 180; 3, 209. 454; Abstammung 209; Abtheilungen in Wadâî 209; Frauen 316.
Mahâri, Rennkamel 1, 60. 500.
Mahârija, Araberstamm in Dâr-För 3, 454.
Mähnenschaf, s. Ovis tragelaphus.
Makâri (Kötökö), Bornû-Provinz und Volk 2, 426. 428. 493; Abstammung 498. 534; Aeusseres 1, 688; 2, 498; Charakter 427; Thätigkeit 427. 532; Baukunst 533; Dreschwerkzeuge 493; Kürbisfähren 752; Phöguifähren 754; Färberei 533; Flechtereien 532; Frauen, Haartracht 1, 651; 2, 498; Häuser 492. 493. 516; Industrie 427; Nahrung 533; Ratten als Nahrung 490. 493; Zauberei 534; frühere Bewohner von Bornû 425. 426; in Wadâî 3, 223.
Makröh, Bedeutung des Wortes 1, 659.
Malânga, Stamm in Wadâî 3, 46. 191. 217; geschichtliche Bedeutung 192; Landschaft 78.
Mâlija, Araberstamm in Dâr-För 3, 452.
Malta 1, 9.
Malteser in Tripolis 1, 13. 18.
Manatus Vogelii (Ilo [kan.]) 1, 156. 660; 2, 678.
Mandâra (Wandâla), Land und Volk im Süden von Bornû 2, 382. 433; Sprache 444.

## NAMEN- UND SACHREGISTER ZUM I.—III. THEIL. 527

Mandschäfa, Stadt in Bagirmi **2**, 552.
Mandschak, Dorfbürgermeister in Wadāī **3**, 245.
Manga, Stamm in Bornû **1**, 683; **2**, 259. 261. 425; Ableitung des Namens 431; Aeusseres **1**, 688; **2**, 430; Dörfer 331; Gebiet 429. 431; Kleidung 430; Sprache 430; Waffen 430; Zusammenhang mit Dânoâ 259. 331.
Manga, Kânem-Bezirk **2**, 59. 314; Bodengestaltung 59. 315; Bewohner 316.
Mangâri, Landschaft am Bahär es-Salâmât **3**, 139; Dörfer 141; Bewohner, s. Dscheggel.
Manguste, s. Herpestes fasciatus.
Manna, Heidenstamm in Bagirmi **2**, 674; Verunstaltungen 674.
Máo, Hauptstadt von Kânem **2**, 250. 325; Bevölkerung 326; Thalsysteme im Osten 327, im Süden 326, im Westen 327; Verlegung des Ortes 264.
Maqdûm, königlicher Commissar in Dâr-Fôr **3**, 399. 420.
Maqta' Châm, Tauschmittel **1**, 459; **3**, 265.
Marârit (Abû Schârib, Abiï), Stamm in Wadāī und Dâr-Fôr **3**, 190. 219. 262. 320. 420; Charakter 190; Eintheilung 191; Gebiet 190.
Marfa (Marpa), Stamm in Wadāī **3**, 196. 221; Gebiet 115. 116. 119. 151. 152; Nahrung 262; Sprache 133. 196.
Marghi, Land und Stamm im Süden von Bornû **2**, 382. 432.
Maria-Theresia-Thaler **1**, 33. 690; **3**, 265. 268; mechanische Theilung **1**, 459.
Marokkaner, Gaukler **1**, 486; Tanz 501.
Marra-Gebirge **3**, 325. 327; Getreidebau 332; Flusssystem 349; Staatsgefängnisse 370; Therme 348; Verwaltung 421; Verbindung mit Ennedî **2**, 167.
Martê, Stadt in Bornû **2**, 490; Hütten 491; Markt 490.
Mâsâ, Stammgruppe in Bagirmi **2**, 530; Eigenschaften 531; s. auch Musgo.
Maschtûr, Tsâde-Ausfluss **3**, 32.
Masfarma 'Otmâmî, Chronist von Bornû **2**, 311.
Masmädsche, Stamm in Wadāī **3**, 198. 219.
Massabât, Stamm in Dâr-Fôr **3**, 420; Abstammung 364. 458; Gebiet 458.
Massâlit, Stamm in Wadāī und Dâr-Fôr **3**, 195. 218. 221. 320. 363. 420. 460; Menschenfresserei 195. 199. 460; räuberisches Wesen 312.
Massâlit-Ambûs **3**, 349; Menschenfresser 460.
— el-Batha **3**, 195. 198.
— el-Hausch **3**, 195. 311.
— et-Tirdsche **3**, 349.

Massâlit-Zirban **3**, 363.
Massenja, Hauptstadt von Bagirmi, Gründung **2**, 696; Belagerung durch König 'Ali **2**, 7. 725.
Massowa, Hauptinsel in Karka **2**, 373.
Matlämba (Debba), Stamm in Wadāī **3**, 215. 217.
Matmôra, Getreidegruben in Kânem **2**, 233.
Mauerreste in 'Aîn Galakka **2**, 83, Sagen 84; in Bachi **1**, 217; in Jin 86, Sagen 86; in Mondo 254.
Mbârē, Adelsstab in Bornû **1**, 621.
Mbarkatborò, Beamter in Bagirmi, Aufgabe **2**, 614.
Mbarma, erster Würdenträger in Bagirmi **2**, 612.
Mbu, Stamm im Südosten Bagirmis **2**, 675.
Medschâbra, Bewohner von Dschâlo **1**, 131; Handel mit Wadāī **3**, 264.
Medschânîn, Araberstamm in Wadāī und Dâr-Fôr **3**, 209. 452.
Meidēna, Dâza-Stamm in Wadāī **3**, 214.
Meïram, erste Prinzessin in Wadāī **3**, 232.
Melania tuberculata **2**, 120.
Melmē, Ort am Fitri **3**, 37.
Menawâtschi, Colonie von Bornû-Leuten in Dâr-Fôr **3**, 329; Schlacht bei 417.
Mendes-Antilope, s. Antilope addax.
Menschenfresser bei den Banda **3**, 183; bei den Massâlit 195. 199. 460; in Dâr-Fôr 440.
Menschenopfer in Dâr-Fôr **3**, 474.
Meqarîha, Nomadenstamm in Fezzân **1**, 67. 185.
Merâbe, Nebenfluss des Aukadebbe **3**, 179.
Merīkânî, Baumwollstoff **1**, 648.
Merissa in Bornû **1**, 669; bei den Baele **2**, 179; in Bagirmi 618; 'Arten in Wadāī **3**, 263; Folgen des gewohnheitsmässigen Trinkens 354; Wirkung 77.
Meschâhid, Steinhaufen (Todtenzeichen) **1**, 48.
Meschija, Oase bei Tripolis **1**, 15.
Mēsdschīd, Herbergen in Wadāī **3**, 117.
Meteorologische Beobachtungen, s. Klimatisches.
Mghârba, Araberstamm in Lillôa **2**, 41. 126. 342. 346; Einwanderung 27.
Middōgo, Stamm in Wadāī **3**, 200. 219.
Midob, Bergland im Nordosten von Dâr-Fôr, Bewohner **3**, 461.
Mimi, Stamm in Wadāī und Dâr-Fôr **3**, 191. 219. 460; Gebiet 191; Sprache 191.
Minneminne, Beinamen der Aulâd Solimân **2**, 67. 101.
Mirtscha (Mortscha), Bezeichnung der Dâza für Wadāī **2**, 161.
Miskin, Bagirmi-Städtchen **2**, 549.
Missēne, Mäkäri-Stadt **2**, 493.

Missenéram, Zufluss des Tsâde **2**, 354. 494. 755; **3**, 26.
Missirija, Araberstamm in Wadâï und Dâr-För **2**, 160; **3**, 47. 207. 454.
Mo'allemîn, Dâza-Mischstamm **2**, 250. 326. 343.
Mo'allim (Faqih) Adem in Kûka **1**, 638; **3**, 160.
Mo'allim Mohammed in Kûka **1**, 603. 712.
Mobber, frühere Bewohner von Bornû **2**, 425. 429; Aeusseres 429; Ursprung 429.
Môfu, Bevölkerung des Somraï-Districts **2**, 574; Aeusseres 574. 577; Haartracht 576; Kleidung 574; Schmuck 575; Tod eines Kindes 578.
Mohammed el-Bulâlâwi, Faqih, Zettelungen gegen Dâr-För **3**, 408; Tod 410.
Mohammed el-Fadl, König von Dâr-För **3**, 387; Krieg mit Wadâï 287.
Mohammed el-Qatrûni, Rohlfs' und Nachtigal's Begleiter **1**, 19. 242. 244. 314. 357. 630; Ansicht über die Tibesti-Reise 201; Frau 202; Heimreise **2**, 746; **3**, 3.
Mohammed en-Nûr, Begleiter Nachtigal's **3**, 505.
Mohammed et-Titiwî, Vertreter der Fremden in Kûka **1**, 575. 604; **3**, 11.
Mohammed et-Tûnisi über Murzuq **1**, 177; über einen Tedâ-Stamm 462; über Wadâï **3**, 176.
Mohammed Harut (Daura), König von Dâr-För **3**, 368.
Mohammed Scherif, König von Wadâï **3**, 172; als Prinz in Dâr-För 288; Namentausch mit 'Izz ed-dîn 289; Verlegung der Residenz nach Abesche 77; Krieg mit Bornû **2**, 5. 411.
Mohammed Tirab, König von Dâr-För **3**, 375.
Mohammedu, König von Bagirmi, s. Abû Sekkîn.
Mohammes = Kuskussu **1**, 23.
Mohéde (für Mahâmid) **2**, 161.
Mojo, Stamm in Wadâï **3**, 151. 197.
Momo, Königin-Mutter in Wadâï **3**, 64. 232.
Mondo, Ort in Kânem **2**, 255. 257.
Monsch, Heidenstamm im Süden von Dâr-För **3**, 461.
Mûbi, Stamm in Wadâï **3**, 197. 219; Wohnung 243.
Mûbi Hadâba **3**, 198.
— Zarka **3**, 197.
Mückenhütten in Logon **2**, 511; der Schoa 756; der Salâmât **3**, 126.
Mudd, Hohlmaass **1**, 95; **3**, 237.
Münzen in Tripolis **1**, 33.
Muhâdschrîn, Bettelstudenten **1**, 625; **3**, 117.

Mulattemûn, Stämme nach Ibn Chaldûn **1**, 456.
Mulûk (Singular: Melik), Stammeshäupter in Wadâï **3**, 237.
Munio, Ländchen im Westen von Bornû **2**, 382; Bevölkerung 432.
Murâbidija **1**, 67; in Qatrûn 109. 187. 212.
Murra, Bagirmi-Ansiedelung in Ost-Wadâï **3**, 303.
Murro, Stamm in Wadâï **3**, 202. 220.
Murzuq, Hauptstadt Fezzâns, ein Abend in **1**, 104; Bewohner 183. 492; Bodengestaltung 87; Brunnen 91; Beamte 83; Gesang 101; Gesundheitsverhältnisse 144; Gärten 90; Gräber 90; Haartracht der Frauen 99; Häuser 79, unsichere Bauart 479; Hochzeit 102; Kaufleute 92; Kleidung 97; Krankheiten 105; abendliches Leben 100; Leben für Europäer 177; Maasse 94; Markt 93. 95. 97. 106; Musik 101; Pâschâ 84. 86; Qasba 88; Speisen 82; Tanz 101; Tänzerinnen 102; Tauschmittel 94; Trommel 101; ungesunde Lage 89; Umgebung 78.
Musgo (Mâsâ), Stamm in Bagirmi **2**, 433. 531. 672. 679. 680; Aeusseres 531; Aehnlichkeit mit Mâkâri 427; Frauen **1**, 689; **2**, 531, Tracht 531; Sprache 690; Waffen 531; Wohnung 531.
Musikanten in Bagirmi **2**, 614. 618. 699; in Wadâï **3**, 70. 82. 239. 240.

Nachtigal, Dr. Gustav, in Tûnis **1**, 3; Entschluss zur Reise 7; Reiseausrüstung 9. 21. 33; Diener 8. 19. 22. 489; Abreise von Tripolis 36. 40; Ankunft in Murzuq 78; Haus in Murzuq 80; Reiseplan für Tibesti 108, Vorbereitungen 110. 200, Abreise nach Tibesti 203; in Bardaï 314; Aufnahme des Reisewegs in Tibesti 382. 386; verirrt in der Wüste 234; Plan zur Flucht aus Tibesti 348; Rückkehr nach Murzuq 374; Abreise von Murzuq 491; erster Eindruck vom Tsâde 565; Einzug in Kûka 581. 587; Häuslichkeit 589. 627. 633; Diener 629; **2**, 31. 303; Tagesarbeit **1**, 636. 735; Besuch beim Scheïch 'Omar 591; Geschenke an den Scheïch 593, an die Vornehmen 607; Reisepläne **2**, 12; Geldmangel 14; Ausrüstung zur Reise nach Kânem 28; Nachrichten vom deutsch-französischen Krieg 14. 234. 292; Stimmung auf der Heimreise von Borku 220; in Mâo 251; Rückkehr nach Kûka 289; Scheïch 'Omar's Fürsorge 291; Reisepläne für Bagirmi 302; Vorbereitungen und Abreise 479; Ankunft in Karnak Logon 515, in Gubûgn 588, in Abû Sekkîn's Lager

594; bei Abû Sekkîn 600; Ansprache an Abû Sekkîn 600; Flucht beim Sturm auf Koli 644; schwieriger Rückmarsch aus Bagirmi 731. 735. 736; Rückkehr nach Kûka 759; Folgen der Reise 3, 7; Vorbereitungen zur Heimreise über Wadâî 19; Abschied vom Scheïch ʿOmar 23; Abreise von Kûka 24; am Bahâr el-Ghazâl 33; Einzug in Abesche 53; Besuche beim König ʿAlî 54. 71. 85; Unterredung mit ʿAlî über Ed. Vogel's Ende 169; Beziehungen zum königlichen Hause 70. 89. 94; Ernährung in Abesche 161; in Nimro und Wâra 76; Aufbruch nach Runga 112; Lager zur Regenzeit 134; Durchgang durch den Sunta-Sumpf 136; Entschluss zur Umkehr 140; Rückkehr nach Abesche 154; Abschied vom König ʿAlî 300; Geschenke des Königs 300; Abreise von Abesche 302; Gefährdung in Tineât 321; in Kôbê 330; Ankunft in el-Fâscher 337; Empfang beim König Brâhîm 343. 346; Sammeln von Nachrichten über Dâr-Fôr 348; Besuch beim Scheïch Dâli 477; Abschied vom König Brâhîm 486; Abreise aus el-Fâscher 489; sprachliche Schwierigkeiten am Ende der Reise 511; Ankunft in el-Obeïd 512.

Nakazza, Dâza-Mischstamm 2, 126. 139. 160. 210; Anzahl 141; Uebergang in Nôreâ 210.

Namenänderung bei den Tubu 1, 350. 451; 2, 145.

Namenverwirrung im Tsâde-Ufergebiet 2, 160. 334.

Natron aus dem Tsâde 1, 658.

Natronseen in Fezzân 1, 116. 133; bei Mâo 2, 327.

Nawâîbe, Araberstamm in Wadâî und Dâr-Fôr 3, 119. 324. 350. 452. 454; Frauen 119; Wohnungen 149.

Nawarma, s. Nôreâ.

Ndamm, Heidenstamm in Süd-Bagirmi 2, 621. 679. 681.

Ndschimi, alte Hauptstadt des Kânem-Reiches 2, 254.

Nefâza = Eilmarsch 1, 392.

Neger, Widerstandsfähigkeit gegen Sumpffieber 1, 105; Hautausschlag an der nordafrikanischen Küste 22; in Tripolis 17; in Murzuq 100.

Neměna, Schmiede, Kodoï-Abtheilung in Wadâî 3, 189.

Neri, Staatsgefängnisse von Wadâî 3, 50.

Neubildung von Völkern 2, 184. 418. 424.

Neulinge, Sandhügel 1, 67. 205.

Ngâfê, Sö-Stadt 2, 509.

Nachtigal. III.

Ngâla, Mäkäri-Stadt 2, 495; Erdmausoleum 426.

Ngalma Dukko, Kanûri-Abtheilung 2, 334. 344. 375. 419.

Ngardscham, Nebenfluss des Aukadebbe 3, 179.

Ngârmâne, oberster Eunuch in Bagirmi 2, 612.

Ngâzïr, Kanûri-Mischstamm in Bornû 2, 423.

Ngïdschěm, Bulâla-Stamm 2, 262. 331. 345.

Ngigmi, Bornû-Ort 1, 564. 565; 2, 35. 287; Bewohner 1, 566. 567; Kleidung 567; Hütten 568; Marktartikel 567; Verlegung des Ortes 568.

Ngizzem, Heidenstamm im Süden von Bornû 2, 432.

Ngomâ, Kanûri-Mischstamm in Bornû 2, 422.

Ngomâtibu, Ngomâ-Abtheilung 2, 422. 489; Haartracht 490.

Ngornu, zweite Stadt in Bornû 2, 484; 3, 14.

Ngûri, Hauptthal der Dânoâ 2, 258. 259. 262. 330.

Ngurr, Oase in Borkû 2, 88.

Ngurra, Dorf im Westen des Fitri-Gebiets 3, 35; Bewohner 35.

Niamniam = Banda 3, 183.

Nife, Handelsplatz am Niger 1, 607. 667; Gewänder 607.

Nikaule, Ennedi-Thal 2, 162. 169; Bewohner 169.

Nimro, Handelsort in Wadâî 3, 76. 268; Markt 269.

Njillem, Heidenstamm im Süden von Bagirmi 2, 623. 675. 678; Lebendigbegraben von Sklaven 687; Sprache 689; Gebiet im Süden 675.

Nôkena, Rathsversammlung in Kûka 1, 708. 713.

Nordafrikanischer Sprachkreis 2, 209.

Nôreâ (Nawârma), Dâza-Stamm 2, 126. 139. 210. 324. 326. 343. 379; 3, 109.

Nurti, jüngste Altersklasse in Wadâî 3, 247.

Olo, Kadschakse-Ort 3, 135. 144.

ʿOmar Lêle, König von Dâr-Fôr 3, 370; Krieg mit Wadâî 275. 372; Tod 276.

Omm et-Tîmân = Bahâr es-Salâmât 3, 178.

Omm Meschâna, Handelsplatz in Ost-Dâr-Fôr 3, 457. 495. 497.

Omm Sebâha, Marktort in Dâr-Fôr 3, 315.

Omm Sürûdsch, Berggruppe in Kordofân 3, 505. 507; Bewohner 505.

Oqqa, Gewicht 1, 94.

Orabba, sesshafter Tubu-Mischstamm in Kânem 2, 320. 323. 343.

Orgod, Ort in Ost-Dâr-Fôr 3, 491.

34

Oro (Aura), Marârît-Abtheilung **3**, 219. 320. 420. 459.
Orycteropus **2**, 387.
Oschim, Thal im Süden von Wun **2**, 158.
Otmân Uléd el-Fadl, Nachtigal's Begleiter nach Abesche **3**, 18.
Overweg **2**, 44. 116; über den Tsâde 348.
Ovis tragelaphus (Wadân [arab.]) **1**, 119. 148; **2**, 138.
Ozimma, Juröâ-Abtheilung **2**, 316. 326.

Pâlem, Tummok-Abtheilung, Aeusseres **2**, 647. 682.
Panzerreiter in Bornû **1**, 583. 745; in Bagirmi **2**, 594; in Wadâî **3**, 241. 258; in Dâr-Fôr 434.
Parasiten des Menschen in Bornû **2**, 473, s. auch Entozoon und Filaria.
Paukenfeier, Grosse, in Dâr-Fôr **3**, 436.
Perlen (Glas-, Porzellan- u. s. w.) **2**, 575; **3**, 142. 162. 265. 307. 322.
Perlhuhn, Abart in Kûka **1**, 634.
Peschel über Sprachvergleichung **2**, 194.
Pfeilgift der Dânoâ **2**, 260.
Pferd, Hufbeschlag **2**, 74; in Bornû **1**, 577. 582. 584. 616. 617. 673; Auffütterung **2**, 297; Krankheit **3**, 22; in Dâr-Fôr 332; in Fezzân **1**, 121; Preise in Kûka 693; in Somraî **2**, 583; in Tibesti **1**, 417; in Wadâî **3**, 73. 187. 240, Krankheit 111; Wirkung des Fliegenstiches 158.
Phazania, Fezzân der Römer **1**, 159.
Pilger aus dem West-Sûdân in Kûka **1**, 637.
Pilgerzug des Mo'allim Scherîf ed-Dîn durch Bagirmi **2**, 720; Ende 722.
Plectropterus gambensis **1**, 634.
Pocken in Murzuq **1**, 146; in Bornû **2**, 468; Impfung **1**, 146; **2**, 468; Seltenheit in Tibesti **1**, 435.
Polypertus, Fisch aus dem Tsâde **2**, 495.
Pubertät, Eintritt in Fezzân **1**, 152.
Putorius Zorilla **2**, 386.

Qabqabija, Bezirk und Ort in Dâr-Fôr **3**, 323. 326. 367. 456; Getreidehandel 332.
Qâdawa (Qâdiwa), nomadischer Dâza- (Kânembu-) Mischstamm **2**, 60. 281. 319. 343; **3**, 214; Ursprung **2**, 319; Sprache 319; Aenderung der Lebensgewohnheiten 52.
Qantâr = Centner **1**, 94.
Qarâ = Wasserloch (in Kânem) **2**, 217.
Qarrâsa, Ameisenart **3**, 492.
Qatrûn, Stadt in Süd-Fezzân **1**, 212. 498; Bevölkerung 216, nomadische Gäste 372; Kleidung 215.
Qawâlîma, Araberstamm in Bornû **2**, 437; **3**, 210. 214.

Qimr, Volk in Wadâî und Dâr-Fôr **3**, 203. 211. 219. 221. 261. 271. 314. 319. 459; Aeusseres 459; früheres Gebiet 366. 459; Sprache 459; Kampf mit Dâr-Fôr 366.
Qoff, Bedeutung des Wortes **1**, 62.
Qorʾân (arabische Bezeichnung für Dâza) **1**, 421; **3**, 212; Aeusseres nach Leo Africanus und Mohammed et-Tûnîsî **2**, 187.

Rahat (Plural: Ruhût), Regenwasserteich **3**, 182.
Rahat Tendelti, See in el-Fâscher **3**, 339.
Ratten in Kânem **2**, 250.
Regententafeln für Bagirmi **2**, 693; für Bornû 394. 395.
Rekûba, Schattendach **3**, 130.
Religiöse Genossenschaften in Nordafrika **1**, 194.
Rezêqât, Sammelname für mehrere Araberstämme Dâr-Fôrs **3**, 411. 455; Kämpfe mit Dâr-Fôr 391. 398; Waffen 401.
Rhadîr = Wasserloch (in Kânem) **2**, 217.
Rhinoceros in Wadâî **3**, 71. 138. 186; Jagd 72; Jagd in Runga 102; am Schâri **2**, 551; Fehlen in Bagirmi 678.
Rhodwa, Oase in Fezzân **1**, 73.
Ridschel = Tsâde-Bucht **2**, 36.
Riesenkastelle in Fezzân und bei Berbern **1**, 190.
Rinder in Bornû **1**, 673; in Fezzân 121; der Fulbe 688; der Kûri 682; der Schôa 686; in Tibesti 417; in Wadâî **3**, 187; Lungenseuche **1**, 734.
Risch, Straussfederinsignie der Könige im Ost-Sûdân **2**, 604; in Sûla 605.
Rohlfs, Gerhard **1**, 7. 18.
Rô-Kûri, Westbezirk im Marra-Gebirge **3**, 421.
Römer in Fezzân **1**, 159; in der Sahârâ 423.
Rossi, Luigi, Consul **1**, 18.
Rotel, arabisches Pfund **1**, 94.
Rô-Tokê, Therme im Marra Gebirge **3**, 348.
Runga (Dâr-Runga), Land im Süden von Wadâî **3**, 102. 177. 179; Bevölkerung 182. 203; Eintheilung 181; Hausthiere 182; Itinerar 179.

Sabûn (Abd el-Kerîm), König von Wadâî **2**, 712; **3**, 280.
Sahârâ, östliche, ein Abend in der **1**, 550; Einfluss auf die Bevölkerung 63. 186; **2**, 192; Gegensatz der Bewohner gegen die Bornû-Leute 192. 460; Bildung **1**, 113; Boden 49, in Bödélé **2**, 78; allgemeiner Charakter **1**, 113; keine Ebene unter Meereshöhe 112; Himmel 228; Nordgrenze 114; Südgrenze, Aenderung des Charakters 552; **2**, 193; in Nord-Fezzân 53;

zwischen Tripolis und Fezzân 113; zwischen Fezzân und Kawâr 539; westlich von Tibesti 386.
Sakerdâ, Dâza-Stamm 2, 379.
Salâmât, Araberstamm in Bagirmi und Wadâî 2, 437. 670; 3, 122. 206; Aeusseres 122. 206; Abtheilungen 125. 206; Fähren 126; Frauen 123. 126; Hütten 126; Nahrung 127; Raubzüge 125; Verwaltung 125. 206.
Sâlih Derret, König von Wadâî 3, 278.
Sallust über Völker in Libyen 1, 161.
Salz in Bagirmi 2, 666; in Bornû 1, 658; in Budu 2, 110; in Dâr-Fôr 3, 326. 464; in Dîmi 2, 157. 168; in Ennedi 168; bei den Sarŭa 672; am Schâri 544. 619; in Schitâti 286; Gewinnung aus Pflanzenasche 1, 570; 2, 286. 544. 619. 672; als Tauschmittel 2, 180; 3, 121.
Salzminen in Bilmâ 1, 533. 535; in der Sahârâ 536.
Sand, Wirkung nach Ansicht der Araber 2, 64.
Sanddünen, Passiren der 1, 548.
Sandstürme 1, 52; 2, 80.
Sangadâ, Stamm in Korò (Borkû) 2, 125.
Sâra, Heidenstamm in Süd-Bagirmi 2, 605. 621. 660. 678; 3, 182; Aeusseres 2, 548. 683; Abtheilungen 674. 675. 679; Entdeckung Schuldiger 686; Haartracht 548; Sprache 621; Stammzeichen 674. 683; Waffen 605.
Sarcidiornis africana 1, 634.
Sarsaparilla 1, 151.
Sarŭa, Heidenstamm im Osten von Bagirmi 2, 672.
Schafe der Baele 2, 173; in Bornû 1, 659. 683; in Fezzân 121; der Musgo 635; in Tibesti 214. 417; der Tuârik 92; in Wadâî 3, 80. 187.
Schâla, Heidenstamm im Süden von Dâr-Fôr 3, 461.
Schâle, Marârît-Abtheilung 3, 219. 320. 459.
Schangermangor = Wurfeisen 1, 452.
Scharfer Blick der Nomaden 2, 218.
Schâri, östlicher (Ba Busso) 2, 544; 3, 179; Mündungssystem 2, 354; Flusssystem 661; Ufer 351; Oberlauf 662; Ursprung 661; Nebenflüsse von Osten 663; 3, 103. 179; westlicher = Ba Logon 2, 521; Vereinigung des 355; Wassermasse 357; Wasserstandsänderungen 356; bei Gulfeï 3, 30; bei Bugöman 544. 743; bei Miskin 550. 742; bei Mandschâfa 559. 561. 741; bei Bainganna 564. 566. 739; bei Maffaling 567. 570. 738; Fahrt auf dem 738; Fischreichthum 557; Salzarmuth 361; Sprachkreis 690.

Schasch, Turban in Dâr-Fôr 3, 478.
Schau, letzter Tundscher-König in Dâr-Fôr 3, 360.
Shawls in Wadâî 3, 259.
Scheïch Mohammed el-Amîn el-Kânemi, Regent von Bornû 1, 587. 728; 2, 409; Tod 410.
Scheïch 'Omar, König von Bornû, Aeusseres 1, 591; Charakterzüge 706; 2, 16. 291; 3, 9. 20; öffentlicher Empfang 1, 747; bei Festen 745; 2, 17; Kinder 1, 709; Raritätenkammer 2, 312; Regierungsantritt 411.
Schems ed-dîn, Nachtigal's Reisebegleiter nach el-Fâscher 3, 302. 304. 337.
Scheqqa, Rezëqât-Ort 3, 403. 413.
Scheqq el-Hedschlidsch, Ort in Wadâî 3, 48.
Scheqwa, Oase in Fezzân 1, 77.
Scherîf el-Mëdëni in Kûka 1, 639; 2, 482.
Scherîf ed-Dîn, Fulbê-Mo'allim, s. Pilgerzug.
Schertâja, Bezirksvorsteher in Dâr-Fôr 3, 419.
Schetëjib, Bezeichnung für Halbwâdi in Fezzân 1, 43.
Schiesspulver bei den Arabern 2, 32.
Schiggërât, Araberstamm in Wadâî 3, 208.
Schild, der, Sulêmân Solon's in Dâr-Fôr 3, 364. 365.
Schildkröten in Wadâî 3, 186.
Schitîma, Beamter in Bornû 1, 574. 712.
Schimmedru, Ort in Kawâr 1, 530. 531.
Schitâti, Kânem-Bezirk 2, 40. 317; Thalbildung 281. 318; Salzgewinnung 286.
Schlangen in Borkû 2, 139.
Schmiede, Sonderstellung 1, 443; in Borkû 2, 145; bei den Budduma 370; in Tibesti 1, 443; in Wadâî 3, 189; Sultân der 234.
Schôa, Araberstämme in Bornû und Bagirmi 1, 581. 686; 2, 342. 435. 608; 3, 30; Aeusseres 1, 687; Aenderung der Lebensweise 2, 439; Einwanderung 436; Gesammtzahl 438; Gliederung 439; Dörfer in Logon 510; Frauen 1, 651. 652; 2, 491. 512; Hütten 756; Sprache 1, 687; 2, 439; Ungastlichkeit 511.
Schreibpapier als Tauschmittel 3, 31. 36.
Schröpfen in Fezzân 1, 147; in Bornû 624.
Schüqëqât, Araberstamm in Wadâî 3, 210.
Schurâfâ (Benî Hasen), Araberstamm in Wadâî 3, 207.
Schwangerschaftsdauer in Fezzân 1, 153.
Schwefel aus Tibesti 1, 391. 459.
Sebcha = Salzsumpf 1, 40; Einfluss auf Gesundheit 144.
Sebha, Oase in Fezzân 1, 71.
Sedâsi, Sklavengattung 1, 684.
Sëf, Begründer der alten Bornû-Dynastie 2, 398.

Seïf, s. Neulinge.
Selten, Heidenlandschaft im Westen des Iro-Sees **3**, 203.
Semnu, Stadt in Fezzân **1**, 67; Bevölkerung 68.
Senûsîja, mohammedanische Sekte, Geschichte **1**, 192; Christenhass 194; Beziehung zu Tibesti 293; bei den Auläd Solimân **2**, 50.
Serír, Bedeutung **1**, 53; Bildung 114.
— Ben Afiën in Nordfezzân **1**, 62.
— el-Dschellâbi am Bahăr es-Salâmât **3**, 136. 144.
Sibján, zweite Altersklasse in Wadâï **3**, 246.
Sidi Senûsi, Stifter der Senûsija **1**, 192.
Siggedi, Geflecht in Bornû **1**, 695.
Siggedim, Oase im Norden von Kawâr **1**, 514.
Simjar, Landschaft im Südosten von Wadâï **3**, 179.
Sirrhen, Stadt in Fezzân **1**, 67; Bevölkerung 67.
Sklaven, Arten in Bornû **1**, 684, in Wadâï **3**, 302; Ausfuhr aus Bornû **1**, 700, aus Wadâï **3**, 266; eines Christen, schwierige Stellung 350; bei den Auläd Solimân **2**, 66; Einfuhrverbot der ägyptischen Regierung **3**, 497; Handel in Fezzân **1**, 132, in Tripolis 17, in Tûnis 17; Stellung der Mohammedaner 132; Maassregeln 133; Rückgang 131; Jagden bei den Gâberi **2**, 629. 634, in Bornû **1**, 701; Transport 228. 368; **2**, 652. 733; Preise in Kûka **1**, 692, in Bagirmi **2**, 652; bei den Tubu Reschâde **1**, 355.
Sklavenstämme in Wadâï **3**, 214.
Sklaverei, Einfluss auf Völkermischung **1**, 187.
Skorpion **3**, 492; Heilmittel gegen Biss in Fezzân **1**, 155.
Sò, untergegangenes Volk in Bornû **2**, 403. 407. 417; heutige Reste 428; Sprache 404; Sagen 403; Städte 489. 498; Verdrängung aus Bornû 427.
Sokóro, Volk im Osten von Bagirmi **2**, 660. 670. 672. 673; Sprache 689.
Somraï, Volk in Bagirmi **2**, 621. 679. 681; Boden 636. 676; Dörfer 592; Entdeckung Schuldiger 686; Frauen 590; Getreidespeicher 583; Hütten 583; König 589; Lebendigbegraben von Sklaven 687; Sprache 689; Stammzeichen 683.
Sòqna, Stadt in Fezzân **1**, 55; Bevölkerung 56; Bauten 56; Ebene 54; Gartenbau 57.
Spatha sp. **2**, 120.
Spinnen **1**, 562; **3**, 492.
Sprachen in und um Bagirmi **2**, 688.
Sprachvergleichung, Bedeutung **2**, 194.

Stammgruppirungen in Wadâï, Abhängigkeit von der geschichtlichen Bewegung **3**, 220; nach der Hautfarbe 222; nach der Sprache 215; geographische 223.
Steinfiguren in Dâr-Fôr **3**, 477.
Stiere in Bornû **1**, 657; **3**, 5.
Stinkthier, s. Putorius.
Strauss **2**, 282; in Fezzân **1**, 119; in Tibesti 292. 419; in Egeï **2**, 61. 120. 234; in Bornû 384. 386; im Süden von Wadâï **3**, 185; angebliche Folgen des Genusses von Strausshirn **2**, 282.
Straussfedern in Bornû **1**, 696. 701; Ausfuhr aus Wadâï **3**, 266; in Dâr-Fôr 333. 482. 504.
Sudân, anthropologischer Charakter der Völker **1**, 96; Salzarmuth 535; Strasse vom Mittelmeer 516; Sprachen **2**, 443; östlicher, Bevölkerungsdichte **3**, 177.
Sugurti, Kânembu-Abtheilung **2**, 33. 333. 344. 434; Einwanderung in Bornû 434; Gebiet 435.
Sûla, Vasallenstaat im Südosten von Wadâï **3**, 102. 448; Geschichtliches 102; königliche Insignien **2**, 605; Lage **3**, 102; Bevölkerung, s. Dâdscho.
Sulêmân Solon, König von Dâr-Fôr **3**, 364; Kindheit 363.
Sultân el-Haddâdîn, s. Schmiede, Sultân.
Sungòr, Stamm in Wadâï **3**, 193. 203. 219. 262. 459; Charakter 193; Frauentracht 261; Gebiet 193; Sprache 15. 193.
Sunsch, Ort am Bahăr es-Salâmât **3**, 179.
Sunta, Sumpf am Bahăr es-Salâmât, Passage **3**, 136. 144.
Sûqeïfa = Vorhalle **2**, 258.
Surrija, Sklavengattung **1**, 685.
Syphilis in Bornû **2**, 467; einheimische Heilmittel 468; in Fezzân, Verlauf und Behandlung **1**, 150; Fehlen in Tibesti 434.

Ta'aïscha, Araberstamm in Dâr-Fôr **3**, 453.
Ta'alîba, Araberstamm in Dâr-Fôr **3**, 320. 454.
Tafertëmi, Tedâ-Häuptling in Bardaï **1**, 320. 331.
Taffe, Dorf und Berg der Kadschakse **3**, 134.
Tâma, Vasallenstaat von Wadâï **3**, 314; Grenzen 204; Flusssystem 204; Bevölkerung 203. 219. 314. 420, Frauentracht 261, Sultan 204, Wohnung 243, Unabhängigkeitsbestrebungen 205. 281.
Tanêmon, Fürst von Zinder **1**, 730; **3**, 8. 11.
Tâo, Hauptthal Tibestis, s. Enneri Tâo.
Taqîja, Mütze **1**, 293.
Tarâbulus, s. Tripolis.
Tärâka, Hauptort in Budu **2**, 112.

Tar Bagrimma = Bagirmi-Sprache 2, 688.
— Lîsi = Kûka-Sprache 2, 689.
Tarhûna-Gebirge 1, 41. 114.
Tarso, Knotenpunkt in Tibesti 1, 260. 306. 351. 385; Gestein 262. 302. 303. 390; heisse Quelle, s. Jĕrïke; Krater 303. 390; Passhöhe 304. 385.
Tauben in Borkû 2, 138.
Tauschmittel in Murzuq 1, 94; in Tibesti 459; in Kawâr 523. 525; bei den Auläd Solîmân 2, 29. 60, in Bornû 690; 3, 5; in Borkû 2, 148; in Ennedi 2, 180; in Bagirmi 578; bei den Tummok 650; in Maffatè 3, 28; am Fitri 43; in Sorra (am Batha) 45; in Abesche 162; im Innern Wadâis 129; im Süden von Wadâi 106; in Bîr-Tuïl 306; in Omm Sebâha 316; in Tineât 322; in Kôbè 332; in Bûrûsch (Ost-Dâr-Fôr) 494; in Omm Meschâna 504; Kaurimuscheln 1, 691; 3, 43. 265; Schreibpapier 31. 36; Taback 2, 578; 3, 106; Toben 2, 29. 60; Wurfeisen 650; Zwiebeln 3, 43.
Tausendfüsse 1, 561.
Tedâ, nördliche Tubu, Amulete 1, 446; geistige Anlagen 436; Anzahl 463; 2, 211; Ausdauer 1, 257. 352; Ausfuhrwaaren 459; Aeusseres 219. 250. 256. 264. 319. 425. 431; zeitweilige Auswanderung 268; in Bachi 218; in Bardâï 319; Begräbniss 447; Begrüssung 246. 323. 449; Benehmen der Frauen und Kinder 350; Charakterzüge 109. 189. 210. 222. 266. 272. 427. 437; Edle 272. 440. 443; Ehe 447; Familienbeziehungen 450; in Fezzân 184. 316; Frauen, Aeusseres 98. 189. 190. 264. 280. 338. 431, Charakter 448, Haartracht 220, Kämpfe 455, Kleidung 98. 221. 312. 456, Schmuck 220. 456, Stellung 286. 450, Waffen 455; Gebiet, s. Tibesti; Gesundheitsverhältnisse 432; körperliche Gewandtheit 426; Gewerbthätigkeit 456; Haare 432; Handelsreisen 458; Häuptling 440; Hausthiere 415; Hautfarbe 427. 429; bei Herodot 2, 185; Einführung des Islâm 1, 444. 446; Jagd 450; in Jat 513; Jünglinge 312; in Kânem, Anzahl 2, 343, Eintheilung 343; in Kawâr 1, 520. 540; Kinder 221. 279. 339; Kleidung 219. 293. 455, s. auch Frauen; Krankheiten und Heilmittel 336. 337. 433. 435; Marktwaaren 460; Nahrung 257. 267. 268; Namenänderung 350. 450. 451; Namen des Volkes, Bedeutung 422, s. auch Tubu Reschâde; Räuberhaftigkeit 294; Rechtspflege 448; Redefertigkeit 275; Redefreiheit 323; Reisedecke 305; in Qatrûn 213; Schädelbildung 430; Schnellfüssigkeit 295; Schwiegerältern 450; Sklavenbehandlung 355; Sprache, s. Tedâga; Stammeintheilung 461; Stammnarben 456; Streitsucht 454; Taback, Kauen 434, Rauchen 336; Tauschmittel 459; in Tedscherri 225; Thätigkeit der Männer 344; Verbreitung 421; 2, 211; Verkehr mit Aussenwelt 1, 439; Volksrechte 442; Waffen 220. 451, der Frauen 455, der Knaben 454; Wohnungen 213. 218. 344, Höhlenbewohner 266, Hütten 190. 265. 283, Steinwohnungen 267.
Tedâga, Sprache der Tedâ, ältester Theil der Tubu-Sprache 2, 195. 208; Ausgangspunkt für die Kanûri-Sprache 195. 202.
Tedscherri, Oase in Fezzân 1, 118. 224. 370. 503; Bewohner 225.
Teïma el-Massabâwi über Dâr-Fôr 3, 346.
Teimanga, Höhenzug in Borkû 2, 82. 126. 127. 215.
Temenhint, Oase in Fezzân 1, 70.
Tendelti, als Stadtname für el-Fâscher 3, 339.
Terâwia = Baele 2, 154. 160, s. Baele.
Terek, Baumwollstoff als Scheidemünze in Dâr-Fôr 3, 332.
Terkâma, Runga-Bezirk 3, 143. 179.
Termes fatalis, Verbreitung 2, 554.
Termiten 2, 553. 648; 3, 492; Fang 2, 554; Schutzmittel 553; Nordgrenze 1, 419.
Tetâla (Telâla), Uferbewohner des Tsâde (= Budduma?) 2, 407.
Tête, Nebenfluss des Aukadebbe 3, 179.
Teufel in Dâr-Fôr 3, 475.
Theegenuss in Nordafrika 1, 85; 3, 309.
Therme, s. Heisse Quelle.
Thorèga, Berg bei Wâra 3, 78. 227.
Tibesti (Tu), Land der Tedâ, frühere Kenntnisse 1, 377; Nachrichten europäischer Reisenden 380; Charakter des bewohnten Landes 394; Flussthäler 394; Gebirgssystem 383. 391, Steilheit 260, vulkanische Gebilde 388; frühere Bewohner, nach Herodot 2, 185, heutige, s. Tedâ; Geschichtliches 1, 423; 2, 185; Armuth der Südwesthälfte 1, 267; Verbindungen in Nordost 405.
Tiggi, Oasengruppe in Bödĕlĕ 2, 122. 128; Bewohner 125.
Tillam, Stadt in Bornû 2, 499.
Tille, Dorf am Komodûgu Gambarûram 2, 506.
Tineât, Ort und Bezirk in West-Dâr-Fôr 3, 319. 322.
Tinne, Alexandrine, 1, 31; in Tripolis 32; in Murzuq 86. 104. 110, Gerüchte 110; Plan zur Tuârik-Reise 87; Abreise 203;

Ermordung 467, Rückwirkung auf Nachtigal 347, Ausgang des Prozesses 2, 278.
Tintumma-Steppe im Norden des Tsáde 1, 556.
Tirdsche, Grenzgebirge in Wadâî 3, 311; in Dâr-För 313.
Tobe von Bornû 1, 644. 647; von Kanó 645; von Kótóko 645; von Nife 645; Perlhuhntobe 645; Kororöbschi-Tobe 645; als Tauschmittel 2, 29, mechanische Theilung 60.
toluk und luluk in Wadâî, Bedeutung 3, 226.
Tomághera, Tedâ-Stamm in Tibesti 1, 442, Bedeutung 270; 2, 337, Gebiet 1, 442. 461, Abtheilungen 461, Anzahl 463; in Kawâr 542; in Ngigmi 566; in Kânem 2, 337, Herkunft 337, Umwandlung in Kânembu 338. 435; in Borkû 146; in Bornû 338. 421. 435.
Tombasi, neuer Königspalast in el-Fâscher 3, 346.
Toqqija (Plural: Teqâqi), Baumwollstreifen, Tauschmittel in Wadâî 3, 56.
Tordschem, Araberstamm in Wadâî und Dâr-För 3, 208. 320. 456; Frauen 316.
Toró, Oasengruppe in Bödélé 2, 73. 120. 121; eingesessene Bevölkerung 125.
Torra, alte Residenz in Dâr-För 3, 361; Begräbnissort der Könige 436.
Toso, Pferdekrankheit in Bornû 3, 22.
Tourkmân, angeblicher Tedâ-Stamm 1, 462.
Traggestelle (Karmût) für Frauen bei Auläd Solimân 2, 56.
Trághen, alte Hauptstadt von Fezzân 1, 165.
Tripolis (Tarâbûlus), Anblick von der See 1, 9; Bâzâr 11, Häuser der Vornehmen 13, Judenviertel 13, Regierungsgebäude 10; Bevölkerung 13. 14, Kleidung 14; Esel 19; türkische Beamte 16; Bürgermeister 27; Generalgouverneur 24; Geschichtliches 29; Münzen 33; Strassen nach Murzuq 39.
Troglodyten des Herodot 1, 377. 423.
Tsáde, Abfluss 2, 357; 3, 33; Ausbuchtungen 2, 36; erster Anblick 1, 565; Bodengestaltung 2, 349; Erforschungsgeschichte 348; geographische Lage 350; Gestalt 350; Handel auf dem Nordostrande 336; Inseln 361, Bevölkerung 361. 376; Meereshöhe 349; Namen 349; Ost- und Westseite 350; Sumpffieber 1. 144; Uferlinien 2, 349. 351, Nordrand 37. 351, Ostrand 330, Süd- und Westrand 352, Bewohner des Nord- und Ostrandes 330. 333, Aenderungen des Umrisses 36. 352. 359, Salzreichthum 361; Verdunstung 358; Völkerschiebungen 336; Menge der Wasserzufuhr 357, Wasserstandsänderungen 9. 35. 36. 352. 485; 1, 568. 740; 3, 14. 17, süsses Wasser 2, 360; Zuflüsse 349. 352.
Tschiroâ, Kânembu-Stamm 2, 324. 344.
Tschiróma, Thronfolger in Bagirmi 2, 610.
Tschukkotma, Königstochter (-Schwester) in Bagirmi 2, 611.
Tu = Tibesti 1, 377.
Tuârik, Aeusseres 1, 63. 97. 431; Ausdauer 426; in Bornû 2, 440; Charakter 188; Familie 450; in Fezzân 184. 185, Gewerbthätigkeit 95; in Kawâr 536.
Tuârik Haggâr, Gebirgsstock 1, 383. 391.
Tubu (Tedâ und Dâza), Ableitung des Wortes und abweichende Formen 1, 422; Aeusseres 63; Hautfarbe 430; Schädelbildung 430; Kinder 2, 141; Kleidung 1, 201; Scheu vor Familiennamen 2, 103; Tod 178; ethnographische Stellung 184. 187. 188. 190. 209; Charakteristik der Gruppen 210; äussere Aehnlichkeit mit Tuârik 192; ältere Anschauungen über die Stellung der Stämme 186; frühere Sitze 1, 391, heutige Verbreitung 391. 421; 2, 211, Anzahl 211; Sprache, Stellung zum nordafrikanischen Sprachengebiet 199, Beziehung zum Kanûri 194. 195. 201, Formbildung 202, Lautzusammensetzung 201, Zweitheilung 196; in Bornû 1, 712; 2, 419. 433; in Kânem, Stämme 343, Anzahl 343, Einfluss auf das Kânem-Reich 339; in Wadâî 3, 212.
Tubu Reschâde, Name 1, 379. 423; Gebiet 315.
Tubûri-See in Adamâwa 2, 662.
Tudschûngo, Malânga-Häuptling, Vorrechte 3, 192.
Tümmo-Gebirge 1, 231. 233. 362. 384. 538; Gestein 232; Meereshöhe 538.
Tummok, Heidenstamm in Bagirmi 2, 679. 681; Dorf 640; Befestigung 641; Hütten 649; Tauschmittel 650; Gebiet 682.
Tundscher, Araberstamm 2, 342; 3, 448; Abstammung 358. 449; in Kânem 2, 252. 256. 328, Anzahl 345, Aeusseres 257; in Dâr-För 3, 350. 449, Einwanderung 358, Herrschaft 358. 360; in Wadâî 211, Herrschaft 270, Sturz 205. 272.
Tungur, tiefster Punkt in Bödélé 2, 124. 214.
Tûnis (el-Chadrâ), Geschichtliches 1, 4; Kleidung 14.
Tûnis, Tundscher-Ort in Kânem 2, 329.
Turâ, Tedâ-Stamm in Bornû 2, 420.
Turkédi, Umschlagetuch 1, 607. 649.
Tuweïrât, Pagen des Königs in Wadâî 3, 56. 59. 232.
Typhus 1, 144. 146; 2, 466.

Uebergänge der Küstenstämme in die Stämme des Sahârâ-Südrandes **1**, 186.
Uëlle = Bahăr Kûta **3**, 103. 181.
Ukil (Plural: Ukĕlâ), Dorfbürgermeister in Dâr-Fôr **3**, 420.
Ulemâ, Koranlehrer **1**, 26.
Umm el-Melâhi, s. Amelâje.
Umwandlungsstufen der arabischen Stämme im Sûdân **2**, 436.
Urfilla, Araberstamm in Tripolis **1**, 49. 52; in Qatrûn 372.
Uzîr, Beamter in Dâr-Fôr **3**, 429. 480; Ernennungsfeierlichkeiten 480.

Valpreda, Giuseppe, Nachtigal's Diener **1**, 8. 36. 106. 242. 366; Uebertritt zum Islâm 631; **3**, 9.
Versteinertes Holz in Tibesti **1**, 306.
Viverra civetta **1**, 635. 636.
Vogel, Eduard **3**, 106. 176; Nachrichten über die letzten Lebenstage 171.
Vulkanische Gebilde in Tibesti **1**, 388.

Wadâï, Altersvereine **3**, 245; Ansiedler in Kordofân 510; Bevölkerung **2**, 5; **3**, 188, Charakter 263, Culturstufe 264, Zahl 177, Zusammensetzung 188, Araberstämme 44. 206, fremde Stämme 223, vollberechtigte Stämme 225, Sklavenstämme 214, Bagirmi-Leute **2**, 727; **3**, 83; Beschneidung der Knaben und Mädchen 92. 93. 255; Beziehungen zu Bornû **2**, 5; Blendung der Prinzen 610; **3**, 227; allgemeine Bodengestaltung 178; Brautwerbung 252; Ceremoniell 55. 59. 233. 310; Dorf 244; Eherecht 244. 249; Erbrecht 256; Eunuchen 231; Feldarbeit 249; Feste 250. 251; Flüsse 178; Frauen, Aeusseres 91, Haartracht 80. 260, Kleidung 109. 258, Mundpflege 261, Schmuck 89. 90. 259, Thätigkeit 244; Geburt 254; Getränke 81. 263; Gemeindeorganisation 244. 246, Pflichten 248; Geschichte 270; Grenzen 176. 177, Grenzberge 311, Wache in Bir-Tuïl 191, Wildniss im Osten 311; Wohnhäuser 242, Thonhäuser 242, Strohhütten 242, öffentliche Hütten 244, Herbergen 117; Hausgeräthe 243; Hausthiere 187; Heirath 107. 252; Herrscherfamilie 271; Hofbeamte 229. 231. 232; Höflichkeitsbezeigungen 129. 253; Investiturgeschenke 100; Jugend 255, Kleidung 255; Steuer auf Kaufleute 266; König als Kaufmann 267; Kleidung 256, bei Festen 108; König 221. 225, Thronbesteigung 226, Thronfolge 224, Insignien 164. 226, Opfer für den verstorbenen 227, bei einer Niederlage 241, Tod 279; Harem 227.
230. 232, legitime Frauen 221, Einkünfte 237, tägliches Leben 228, Nahrung 225, Trinkwasser 225, Audienz 229, Palast 230, Furcht der Unterthanen 254; Krankheiten und Heilmittel 71. 79. 86. 98; Kriege mit Bagirmi 280, mit Bornû 291, mit Dâr-Fôr 274. 275. 276. 287. 367. 393, mit Tâma 281; Kriegsmacht 164. 240, Bewaffnung 240; Körbe 107; häusliches Leben 162; Mädchen 247; Männerkleidung 258, Schmuck 257; Merissa-Genuss 79; Münzen 265; Musikanten 70. 82. 239; Musikinstrumente 109; Nahrung **1**, 655. 656; **3**, 261. 262; Namen 271; Pferde 73; politische Eintheilung 233; Prinzen 95. 97. 109. 232; Rechtspflege 239; Reisende vor Nachtigal 176; religiöse Bildung 248; Säcke 108; Schafe 79; Sättel 84; Schlachtordnung 241; Schmiede 189, Sultan der Schmiede 234. 235; Sprache 188; **2**, 689; Staatsgefängnisse 50;Steuern 115.163;Tanz 90. 251; Tauschmittel 67. 265; Tod 256; Tragholz 244; Unterricht 248; Verbindung mit Dâr-Fôr 89, mit der Nordküste **1**, 131. 379; **2**, 152; **3**, 61; Verkehr mit Aeltern 253; Verunstaltungen 258; Verwaltungsbeamte 233; Waffen 108. 258.
Wadân (arab.), s. Ovis tragelaphus.
Wâdî Abû Sanat in Dâr-Fôr **3**, 317. 349.
— Asunga in Dâr-Fôr **3**, 178. 312. 319. 349.
— Azûm, Hauptfluss des Marra-Gebirges **3**, 319. 349.
— Bâre in Dâr-Fôr **3**, 319. 324. 349.
— Bargû in Dâr-Fôr **3**, 324. 326. 327; Salzgewinnung 326.
— Bulbul in Süd-Dâr-Fôr **3**, 349.
— el-Kû'a in Dâr-Fôr **3**, 329. 337. 349.
— esch-Schijâti in Fezzân **1**, 116.
— Gendi in Süd-Dâr-Fôr **3**, 349.
— Ibra in Süd-Dâr-Fôr **3**, 349.
— Kâdscha in Dâr-Fôr **3**, 178. 317. 319.
— Kulkul, Grenzfluss in Dâr-Fôr **3**, 313.
— Kya in Dâr-Fôr **3**, 178. 319.
— Ladschal in Fezzân **1**, 71. 116.
— Lobbodé in Wadâï **3**, 190. 193. 195. 304.
— Marba in Wadâï **3**, 191.
— Merdûm in Tripolis **1**, 44.
— Mondschobok in Wadâï **3**, 195. 303.
— Omm Zêfa, Zufluss des Wâdi Kâdscha **3**, 317.
— Sôfedschin in Fezzân **1**, 48. 49.
— Tineât in Dâr-Fôr **3**, 319.
Wandâla, Dâza-Stamm **3**, 214, Aeusseres **2**, 236; Frauen 284; Gebiet 39. 320; Anzahl 343.

Wandāla, Stamm in Süd-Bornû, s. Mandăra.
Wanderdünen in Egeī 2, 68.
Wanja, Heidenstamm im Süden von Dâr-Fôr 3, 462.
Wanja, Baele-Stamm in Wanjanga 2, 154. 193; 3, 451; Anzahl 2, 212; Stammnarben 178.
Wanjanga, Gebiet im Nordosten von Borkû 2, 152. 153; Bevölkerung, s. Wanja.
Wâra, alte Hauptstadt in Wadâî 3, 77; alte Moschee 78; alter Begräbnissplatz der Könige 78; Gründung 272.
Warrington, Frederick, in Tripolis 1, 24, 36.
Wasserbedarf einer Karavane 1, 236.
Wasserbedeckung, frühere, im Norden des Tsâde 2, 77.
Wasserbock, s. Kobus.
Wassïli, nordische Araber im Sûdân 1, 581; 2, 435.
Wattenpanzer in Bornû 1, 583; in Wadâî 3, 241. 258; in Dâr-Fôr 434.
Wau, östlichste Fezzân-Oase 1, 118. 405.
Webstuhl in Bornû 1, 644; in Wadâî 3, 130.
Wildschwein 3, 185; Jagd 2, 542.
Wilhelm I., deutscher Kaiser, Geschenke an den König von Bornû 1, 7. 34. 594.
Windhunde der Tubu 1, 250. 292.
Winterkleidung 1, 22.
Wôda, Berglandschaft in Dâr-Fôr 3, 271.
Worda, Dâza-Stamm in Kânem 2, 38. 316. 343; Hütten 38; Hausthiere 38.
Wôrê, Wüstenwind in Borkû 2, 132.
Wûdi, frühere Residenz der Bornû-Könige 1, 570.
Wun, Borkû-Oase 2, 85. 126. 129; Weg nach Arâda 158.
Wurfeisen der Tubu 1, 452. 453; in Bornû 681; im nördlichen Tsâde-Gebiet 2, 340; bei den Budduma 368; in Bagirmi 589. 605; bei den Musgo 531; in Logon 531; Tauschmittel bei den Tummok 650; bei den Banda 3, 183.
Wüstenfuchs, s. Fenek.

Yâme, Begründer der Wadâî-Dynastie 3, 271.

Zabălat, Araberstamm in Wadâî 3, 209.
Zalrhûta, Freudenausdruck der Frauen 1, 101.
Zambe, Provinzbeamter in Dâr-Fôr 3, 419.
Zanâtît, Araberstamm in Wadâî 3, 209.
Zarnach, Hamr-Bezirk 3, 500.
Zau Ganna, Oase am Südrand der Sahărâ 1, 547.
— Kurra, Oase am Südrand der Sahărâ 1, 547.
Zâwia, religiöses Institut 1, 192. 487.
Zebĕdâ, Araberstamm in Wadâî 3, 210.
Zeugen, Tafelberge in der Wüste 1, 53. 115. 231.
Ziâdija, Araberstamm in Dâr-Fôr 3, 452.
Zibêr, Lebenslauf 3, 410; Ausbreitung seiner Macht 411. 413; Kämpfe in Dâr-Fôr 317. 322. 414. 417.
Ziegen in Fezzân 1, 121; der Tubu 214. 417; in Somraï 2, 584; in Wadâî 3, 187.
Zimâm, Nasenring der Frauen in Dâr-Fôr 3, 399.
Zinder, Gebiet in West-Bornû 2, 382. 431.
Zoghâwa (Zaghâ), Volk im Norden von Wadâî und Dâr-Fôr 1, 186; 2, 180. 181. 191. 192; ethnographische Stellung 161. 162. 193; altes Reich 1, 378; 2, 185. 186; Sprache 205; 3, 212; Stärke 2, 212; 3, 212; in Wadâî 212, Abtheilungen 212. 451, Verachtung 212; in Dâr-Fôr 350. 420. 451.
Zoologisches: Wilde Thiere in Fezzân 1, 58. 119. 514. 553. 555; in Tibesti 263. 280. 418; in Kânem und Borkû 2, 119. 138. 230; in Bornû 1, 572; 2, 34. 384—386. 484. 499; im und am Tsâde 35. 288. 368. 488; in Bagirmi 504. 506. 528. 544. 678; in Wadâî 3, 185; in Kûti und Runga 138. 182; in Ost-Dâr-Fôr 492.
Zuâr-Kai in Tibesti, Verbindung mit Bôdĕlé 1, 398; mit Borkû 399.
Zwergschafe aus Musgo 1, 635; 2, 484.

# BOTANISCHES REGISTER
## ZUM I.—III. THEIL.

### Von Professor P. Ascherson.

Aber (ted.), s. Citrullus Colocynthis.
Abunduro (arab.), s. Acacia sp.
Abû Nequja (arab.), s. Gardenia.
Abungati, s. Acacia sp.
Abû Sabe (arab.), s. Vilfa.
Acacia albida *Del.* (Haráza [arab.], Edderi [ted.]?, Heré [dâz.], Karáge [kan.], Didi [bagr.]) **1**, 414. 559. 561; **2**, 59. 109. 137. 384. 522. 528. 541. 579. 582. 677; **3**, 184. 305. 312—314. 324. 491; Schwur bei ihrem Laube **2**, 685; Räucherung mit dem Holze als Heilmittel 148.
— Farnesiana *Willd.*, Essenz (Zeīt-el-Fitna [arab.]) **1**, 697.
— mellifera *Benth.* (Kittir [arab.], Tóaī [dâz.], Kulul [kan.]) **2**, 254; **3**, 44. 185. 490. 494. 496. 506. 508.
— nilotica *Del.* (Qarad, Sanat, Sonut [arab.], Gobor [ted.], Gôor [dâz.], Kingar [kan.]) **1**, 214. 395. 397. 398. 414. 526; **2**, 137. 318. 384. 487; **3**, 15. 184. 494; Gerbematerial **1**, 215. 457; **3**, 466; Heilmittel **1**, 148. 150. 154. 215. 435; **2**, 149; **3**, 466; Beziehung zum Guineawurm **2**, 473.
— nubica *Benth.* (Autlaut [arab.]) **3**, 490; Holz zu Zahnbürsten 330.
— Seyal *Del.* (Sajâl, Talha [arab.], Téfi [ted. und dâz.], Téhi [dâz.], Kindin [kan.]) **1**, 46. 48. 61. 72. 76. 119. 241. 252. 258. 280. 395. 397. 399. 414. 436. 453. 508. 511. 513. 526. 551. 554; **2**, 40. 59. 79. 137. 153. 165. 215. 318. 384. 483. 486. 487; **3**, 184. 466; Räucherung **2**, 148; Bast 179.

Acacia spirocarpa *Hochst.* (Silek, sonst Semur [arab.]) **3**, 510.
— stenocarpa *Hochst.* (Talha [arab.], Karamga [kan.]) **2**, 384. 487; **3**, 27. 148. 184. 305. 325. 466.
— Verek *G. P. K.* (Hascháb [arab.], Heré [ted.]?, Edderi [dâz.], s. A. albida) **2**, 137; **3**, 44. 137. 185. 466. 493. 496. 510.
— verugera *Schweinf.?* (Kúk [arab.]) **3**, 30.
— sp. (Abû Nduro [arab.], Dóso [kan.]) **3**, 136. 146. 185.
— sp. (Abû Ngâti [arab.]), wasseranzeigend, im westlichen Wadāī **3**, 30.
— sp. (Arred [arab.]) **3**, 305. 493. 496.
— sp. (Kadálábu [kan.]) in Süd-Bornû **2**, 495.
— sp. (Kulkul [arab.], Sasâ [kan.], Jagâ [dâz.]) **2**, 254; **3**, 44; Bast 245.
— sp. (Omm el-Barka [arab.], Kâbi, Kâfi [kan.]) **1**, 559.
Ackerbau in Bornû **2**, 389; auf dem Firki-Boden 490.
Adansonia digitata *L.* (Affenbrotbaum, Kúka [kan.], Hamrâ, Tibeldija [arab.]) **2**, 384. 385; **3**, 465. 494. 500. 509; Blätter **1**, 657; Frucht 657. 663; Stämme als Wasserbehälter **3**, 500. 509.
Adar (arab.), Gras mit essbarem Samen, Flechtmaterial **3**, 31. 184. 261.
Aerva javanica *Juss.* (Kadschim Bultúbé [kan.]), Polsterpflanze **1**, 560.
Affenbrotbaum, s. Adansonia.
Akazien, s. Acacia; Verwendung des Laubes als Futter **3**, 466; s. auch Guruë.

'Akrésch (arab.), s. Vilfa.
Alhagi manniferum *Desv.* oder Maurorum *DC.* (Aqûl [arab.], Lakùr [ted.], Elleboë [dâz.]) 1, 66. 119. 205. 206. 208. 252. 413. 493. 494. 532. 533. 554; **2**, 109; Südgrenze 1, 559; Wurzel essbar 129.
Alin (kan.), Alini (bagr.), s. Indigofera.
Allium Cepa *L.* (Zwiebel, Basal [arab.]) 1, 58. 90. 95. 128. 674. 694; **2**, 484. 486. 490. 519; **3**, 43. 116. 154. 340. 494. 504; als Heilmittel (auch Samen) 1, 146. 149. 153.
— sativum *L.* (Knoblauch, Tûm [arab.]) 1, 128; **3**, 43. 154; Heilmittel 1, 146. 148. 149.
Alo (ted. und dâz.), s. Balanites.
Amabat (Wadâï), s. Zea.
Ambadsch (arab.), s. Herminiera.
Ambassoa, Baum in Wadâî, Blätter schwarzfärbend **3**, 185.
Amudeke (Wad., Dadem [kan.]), Baum mit säuerlichen, eierpflaumenähnlichen Früchten **3**, 133. 466.
Amygdalus communis *L.* (Mandelbaum, Schedschrat-el-Lûz [arab.]) 1, 58. 90. 128.
— Persica *L.* (Pfirsichbaum, Schedschrat-el-Chûch [arab.]) 1, 58. 95. 128.
Anastatica hierochuntica *L.* (Rose von Jericho, Komescht en-Nebi [arab.]) als Heilmittel 1, 152.
Anderâb (arab.), Baum in den Thälern Kânems (Cordia sp.?) **2**, 318.
Andropogon laniger *Desf.* (Kâdschïdschi [kan.]), Gras mit wohlriechender Wurzel, Halme zum Stopfen der Sättel 1, 560; Samen essbar 656; **2**, 528; s. auch Sukko.
'Aneb (arab.), s. Vitis.
Annerê (ted.), s. Penicillaria.
Apfelbaum s. Pirus Malus.
Apium graveolens *L.* (Sellerie, Kerefs [arab.] 1, 128.
Aprikosenbaum, s. Prunus Armeniaca.
Aqûl, s. Alhagi.
Arachis hypogaea *L.* (Erdnuss, Koltschi [kan.], Bûli Babëra [bagr.]) 1, 567. 657. 663. 674; **2**, 390. 532. 583. 666. 677; **3**, 148. 184; Oel davon 1, 700.
Arâk (arab.), s. Salvadora.
Argum Môro (kan.), s. Penicillaria.
Aristida plumosa *L.* (und A. obtusa *Del.*) (Nissi [arab.], Mâli [ted.], Mâli Dihëni [dâz.]), Wüstengras 1, 119. 207. 413. 511. 512. 515. 540. 549. 554. 559; **2**, 40. 59. 118. 168. 215. 230; gutes Futter für Hausthiere 1, 399. 511.
— pungens *Desf.* (Sebat [arab.], Méjoku [ted.]), Wüstengras 1, 119. 208. 224. 395.
399. 413. 549. 554. 559; **2**, 168; Samen essbar 1, 129.
Arkala (arab.), Winde mit essbarem Samen im westlichen Wadâî **3**, 31.
Arken, Arkenno (ted.), s. Maerua.
Arred (arab.), s. Acacia sp.
Artemisia herba alba *Asso* (Schïäh [arab.], Odösir [ted.]) 1, 119. 413; als Heilmittel 154; Essenz (Zeït-esch-Schïäh [arab.]) 456. 679. 697. 699.
Asa foetida (Hantit [arab.]) als Heilmittel 1, 149. 152. 154; **2**, 473.
Askanit (arab.), s. Cenchrus und Pennisetum.
Askemmta, Gras mit essbarem Samen (ob verschieden von Askanit?) **3**, 184. 261.
Atela (arab.), s. Linum.
Atractylis, s. Disteln.
Atriplex Halimus *L.* (Qataf [arab.]) 1, 70.
Aubergine, s. Solanum Melongena.
'Aud-el-Aukmâri, Riechholz (Aloëholz?) 1, 679.
Aulâd el-Handal (arab.), s. Citrullus Colocynthis.
Ausch, Gras in Tâma, Pferdefutter, zur Bekleidung der Hütten **3**, 243.
Autlaut (arab.), s. Acacia nubica *Benth.*

Babanûs (arab.), s. Dalbergia.
Balanites aegyptiaca *Del.* (Seifenbaum, Hedschlidsch [arab.], Alo [ted. und dâz.], Bito [kan.]) 1, 558. 571. 572; **2**, 30. 59. 60. 137. 150. 168. 231. 318. 383. 501. 541. 579; **3**, 27. 34. 44. 49. 53. 122. 128. 184. 303. 305. 323. 329. 480. 481. 490. 510; Nordgrenze 1, 401. 414. 558; Verwendung der Blätter 657; **3**, 262. 466, der Frucht (Tamr el-'abid [arab.], Bito [kan.], zubereitet Nâge [kan.]) 1, 558. 657. 662; **2**, 511. 558; **3**, 466, der Wurzel 466; Räucherung **2**, 148; Amtsantritt durch Abschneiden eines Zweiges in Dâr-För **3**, 480.
Bambûs (kan.), s. Cucumis.
Bambusa sp. (Gamsa [Wad.]) **3**, 133. 185.
Bâmia (arab.), s. Hibiscus esculentus.
Banane, s. Musa sapientium.
Bangûs (bagr.), s. Carica Papaya.
Basal (arab.), s. Allium Cepa.
Batatas edulis *Chois.* (süsse Batate, Dankâli [haussa]) 1, 664. 677.
Batteïch (arab.), s. Cucumis Melo.
Bäume, Sträucher und Kräuter, wildwachsende 1, 42. 43. 46—49. 61. 62. 65—67. 69. 70. 72. 73. 76. 77; in Tripolitanien und Fezzân 119. 205—208. 215. 217. 223. 224. 228. 234. 237. 241. 249. 252. 258. 259. 261. 263. 274. 278. 280. 352. 395—401. 403; in Tibesti 413. 414;

493. 494. 506. 508. 509. 511—515. 526. 532. 533. 535. 538. 540. 547. 549. 551. 552. 554—560. 564. 571. 572. 577. 582. 586. 656. 657. 662. 663; **2**, 30. 33. 40. 59. 60. 62. 73. 75. 78. 79. 82. 88. 109. 118. 119; in Borkû 137. 138. 153. 154. 168. 230—232. 247. 248. 254. 264. 269. 270. 286; in Kânem 318. 322. 367; in Bornû 383 — 386. 483. 486. 487. 495. 500. 501. 504—506. 509—511. 513; in Logon 528. 541. 543. 552. 572. 573. 579 — 582. 617. 640. 646. 666; in Süd-Bagirmi 677; 685. 730; **3**, 15. 27. 30 — 34. 37. 44. 45. 48. 49. 53. 116. 117. 120. 128. 131. 133. 139. 146—148. 163; in Wadâï 182—185; 303. 305. 311. 312. 314. 323 - 325. 327. 329. 330. 334. 337. 400; in Dâr-Fôr 466. 467. 490. 491. 493. 495. 496. 500. 506—510.
Baumfrüchte in Bornû **1**, 662; des tropischen Afrika **2**, 558.
Baumwolle, s. Gossypium.
Baumwollenbaum, s. Eriodendron.
Bedindschân (arab.), s. Solanum Melongena.
Bedindschân el-Fîl (arab.), s. Kigelia.
Benzoë (Dschâwî [arab.]) **1**, 456. 679. 697. 699.
Berdiqalis (arab.), s. Portulaca.
Bertèmmele, Gras mit essbarem Samen in Wadâï **3**, 184. 261.
Beta vulgaris *L*. (Rothe Rübe, Silq [arab.]) **1**, 128.
Bîna (kan.), s. Zizyphus sp.
Birgim (kan.), s. Diospyros.
Bîto (kan.), s. Balanites.
Blâbische (arab.), s. Portulaca.
Bohnen (Gálo [ted.], Ngâlo [kan.], Mondscho [bagr.]), s. Dolichos, Faba, Vigna; in Tibesti **1**, 414; in Bornû 663. 674; **2**, 390. 484. 486; in Ennedi 168; in Kânem 322; im Tsâde 368; in Logon 532. 745; in Bagirmi 666. 677; Stroh als Fasermaterial **1**, 678; **3**, 245.
Bolongo (kan.), s. Kigelia.
Borassus flabelliformis *L*. oder Aethiopum *Mart.*(Delèb-Palme [arab.], Kemíludu [kan.], Kaue [bagr.]) **1**, 663; **2**, 168. 386. 510. 511. 513. 528. 541. 549. 558. 579. 582. 646. 677; **3**, 183. 185. 467; Nordgrenze **2**, 385; **3**, 312; Benutzung von Frucht und Keimling **2**, 513; **3**, 312; Salzgewinnung aus der Asche der Blätter **2**, 619.
Börongo (kan.), s. Loranthus.
Boscia senegalensis *Lam*. (Machèt, Muchèt, Kursân [arab.]) **3**, 53. 132. 314. 327. 466. 490. 491. 494. 510; Samen essbar 53. 132.

Boswellia sp. (Lubân [arab.]) **3**, 33. 185. 311. 507.
Botum (arab.), s. Pistacia atlantica.
Bôwo (bagr.), s. Cucurbita.
Brassica oleracea *L*. (Kohlrübe, Koromb [arab.]) **1**, 127.
— Rapa *L*. (Weisse Rübe, Lift [arab.] **1**, 127; Samen als Heilmittel **1**, 153.
Bûli Bahéra (bagirm.), s. Arachis.
— Ngongorli (bagirm.), s. Voandzeia.
Bûrma (kan.), essbare Wurzel (wilde Batate?) **2**, 677; s. auch Colocasia.
Bû Rukba (arab.), s. Panicum turgidum.
Butter, vegetabilische **2**, 619.
Butterbaum, s. Butyrospermum.
Butyrospermum Parkii *Kotschy* (Butterbaum, Tôso [kan.], Ngorò Kolong [bagr.]) **1**, 663; **2**, 386. 528. 558. 580. 677; **3**, 183. 467; Frucht **1**, 580.

Cacteen (schwerlich zu dieser amerikanischen Familie gehörig; Euphorbia?) **3**, 131.
Calligonum comosum *L'Hér*. (Rischu [arab.]), Wüstenstrauch **1**, 207. 208. 223. 413. 494. 506.
Calotropis procera *R. Br.* (Oschar [arab.], Sâno [ted. und dâz.], Tâso [ted.], Kajo [kan.]) **1**, 261. 263. 278. 280. 352. 383. 396. 398. 414. 582. 586; **2**, 30. 88. 168. 318. 483. 486. 553; **3**, 37. 185. 337. 491. 496; Nordgrenze **1**, 396. 535; Verwendung des Holzes 614; **3**, 466, des Bastes **1**, 678, zu Pfeilgift **2**, 260; als Heilmittel **1**, 149. 153.
Campher **1**, 697; **2**, 298. 527.
Capparis Sodada *R. Br.* (Tundub [arab.], Tumtum [kan.], Kussômo [ted.]) **1**, 280. 397. 398. 400. 403. 413. 555. 559; **2**, 60. 79. 168. 215. 318; **3**, 34. 49. 185. 323. 329. 491; Nordgrenze **1**, 397. 555; als Heilmittel **1**, 277; **2**, 149.
Capsicum annuum *L*. (Spanischer Pfeffer, Fulcifila [arab.]) **1**, 128.
— conicum *G. F. W. Meyer* var. orientale *Dun*. (Rother oder Sûdân-Pfeffer, Schetta [arab.], Nschetta, Njetta [kan.]) **1**, 95. 128. 147. 148. 494. 543. 658. 666. 674; **2**, 150. 484; **3**, 43. 163.
Carica Papaya *L*. (Melonenbaum, Gunda Massèri [kan.], Bangûs [bagr.]) **2**, 386. 558. 677; Frucht **1**, 663.
Cassia obovata *Coll*. (und C. acutifolia *Del*.) (Senna, Haschischa [arab.], Tuggomôdi [ted. und dâz.], Kamanger [kan.]) **1**, 96. 119. 352. 413. 459; **2**, 109. 483; **3**, 466; Verwendung **1**, 133. 158; **2**, 150. 486.

Cenchrus echinatus *L.* (Askanit [arab.], Nògu [dáz.], Ngibbi [kan.]), Gras mit stacheligen Früchten (s. auch Pennisetum) **1**, 560; **2**, 40. 59. 119. 168. 230. 232. 560; **3**, 495; Samen essbar **1**, 656.
Ceratonia Siliqua *L.* (Johannisbrotbaum, Charrûb [arab.]), Samen als Gewicht **1**, 94.
Charrûb (arab.), s. Ceratonia.
Chobbeïza (arab.), s. Malva.
Choeromyces Leonis *Tul.* (Trüffel, Terfàs [arab.]) **1**, 76. 129.
Chudrâ (arab.), s. Kálu.
Citronenbaum, s. Citrus Limonum.
Citrullus Colocynthis *Schrad.* (Coloquinthe, Handal [arab.], Aber [ted.]) **1**, 61. 62. 119. 413; **2**, 150. 160. 179; **3**, 465; als Heilmittel **1**, 151. 158. 435; **2**, 150. 462. 468; Kerne (Aulâd-el-Handal [arab.], Taberka [ted.]) als Nahrungsmittel **1**, 95. 107. 128. 249; **2**, 138; **3**, 465; Gewinnung von Theer **2**, 179.
— vulgaris *Schrad.* (Wassermelone, Pasteke, Dullà [arab.], Olù [ted.], Fâlî, Pâli [kan.], Pàle [bagr.]) **1**, 127. 338. 414. 525. 543. 567. 664. 674; **2**, 168. 390. 666; **3**, 163. 184. 465.
Citrus Aurantium *L.* (Orangenbaum, Schedschrat-el-Bortuqân [arab.]) **1**, 36. 128.
— Limonum *Risso* (Citronenbaum, Schedschrat-el-Lim [arab.]) **1**, 90. 128; **2**, 13; **3**, 329. 465.
Colocasia antiquorum *Schott.* (Qulqâs [arab.], Bùrma [kan.]), essbare Knolle **1**, 664.
Coloquinthe, s. Citrullus Colocynthis.
Combretum Hartmannianum *Schweinf.*, s. Sababa.
Corchorus olitorius *L.* (Melûchia [arab.], Kobbelu [ted.], Ngamzêno [kan.]) **1**, 58. 69. 90. 95. 103. 127. 156. 214. 414. 657; als Heilmittel 154.
Cordia **3**, 314. 327; an beiden Stellen ist jedoch Boscia senegalensis gemeint; s. auch Anderâb.
Coriandrum sativum *L.* (Kuzbar [arab.]); Samen (Tâbel [arab.]) **1**, 128.
Cornulaca monacantha *Del.* (Hâd [arab.], Dschûri, Dzûri [ted.]), Wüstenpflanze, geschätztes Kamelfutter **1**, 65. 119. 207. 208. 223. 228. 234. 237. 252. 395. 399; Südgrenze 559; **2**, 62.
Cucumis Melo *L.* (Melone, Batteïch [arab.], Bambûs [kan.], Kurtschi-mot-budda [bagr.]) **1**, 90. 127. 214. 664. 674. 694; **2**, 390. 666.
— sativus *L.* (und andere cultivirte Formen) (Gurke, Faqqûs [arab.], Kokkûs [ted.], Ngurli, Bambûs [kan.], Kudugûli [bagr.]) **1**, 90. 127. 214. 414. 664. 694; **2**, 666.

Cucumis sp. (wilde Gurke, Ngurli [kan.]) **2**, 677; **3**, 163. 184. 263.
Cucurbita Pepo *L.* (und andere cultivirte Formen) (Kürbis, Kabûïa [arab.], Ságâdu [kan.], Bòwo [bagr.]) **1**, 127. 214. 543. 618. 664. 674. 694; **2**, 168. 368. 532. 666. 677. 731. 735. 745; **3**, 465; Fähre davon **2**, 753.
Culturpflanzen in Beni-Ulîd **1**, 46; Sòqna 58; Murzuq 90. 91; Fezzân 123—129; Qatrûn 214; Tibesti 414; Kawâr 494. 523. 525. 543; Bornû 653. 657. 663. 664. 687. 694; **2**, 13. 389. 427. 484. 486. 490; Borkû 85. 138; Ennedî 168; Kânem 233. 236. 322; im Tsâde 368; in Logon 532. 745; Bagirmi 558. 583. 666. 677; Wadâï **3**, 143. 154. 163. 182—184. 196. 304; Dâr-Fòr 340. 464. 467.
Cuminum Cyminum *L.* (Kreuzkümmel, Kammûn [arab.]) **1**, 128. 146.
Curcuma (Kurkum [arab.]), Heilmittel **1**, 149.
Cynomorium coccineum *L.* (Tartût [arab.]', Schmarotzerpflanze in der Wüste, als Nahungs- und Arzneimittel verwendet **1**, 48; **2**, 73 (Südgrenze).
Cyperus esculentus *L.* (Habb-el-'Azîz [arab.], Nûfu [kan.]), essbare Knolle **1**, 664. 674.
— Papyrus *L.* (Papyrus)?, (Pòlê der Budduma) **2**, 367.

Dactyloctenium aegyptium *Willd.* (Fàgàm [kan.]), Gras mit essbarem Samen **1**, 560. 656; **2**, 528. 560.
Dadem (kan.), s. Amudeke.
Dàl (arab.), s. Zizyphus sp.
Dalbergia Melanoxylon *G. P. R.* (Ebenholzbaum, Babanûs, Ebenûs [arab.]) **3**, 44; (Westgrenze). 133. 467. 508.
Dàlia (arab.), s. Vitis.
Damûs (arab.), Pflanze mit essbarem Stengel in Kânem **2**, 232.
Damûsch (arab.), s. Nitraria.
Danga (arab.), Alge, als Nahrung **1**, 122.
Dankâli (haussa), s. Batatas.
Dattelpalme, s. Phoenix.
Daucus Carota *L.* (Gelbe Rübe, Sfenâri, Dschezr [arab.]) **1**, 90. 95. 103. 127.
Dauïa (bagr.), s. Dioscorea.
Debîno (kan.), s. Phoenix.
Dègèr (ted.), s. Eragrostis.
Deléb-Palme (arab.), s. Borassus.
Delû (bagr.), s. Treculia.
Demba (kan.), s. Lagenaria.
Deverra? (Wüstenfenchel) in Tibesti **1**, 352.
Didi (bagr.), s. Acacia albida.
Digdegi, Digdigi (kan.), s. Momordica Balsamina.
Diggîzâba (kan.), Schlingpflanze **2**, 487.

Diggi (dâz.), Strauch, der Calotropis nahestehend 2, 165.
Dioscorea sp. (Yams, ob Missëne oder Dauïa [bagr.]?), essbare Knolle 1, 664; 2, 635. 677.
Diospyros mespiliformis *Hochst.* (Dschochân [arab.]), Birgim [kan.]), Baum mit essbarer Frucht 1, 663; 2, 541. 558; 3, 120. 467; Benutzung des Holzes 1, 680; 2, 522.
Dîs (arab.), s. Imperata cylindrica.
Disteln (Atractylis oder Echinopus sp.?) 1, 43.
Dochân (arab.), s. Nicotiana.
Dolichos Lablab *L.* (Bohne, Lûbiâ [arab.], Ngâlo [kan.]) 1, 657.
— Lubia *Forsk.* (Bohne, Lûbiâ [arab.], Ngâlo [kan.]) 1, 127. 657; 3, 184. 196. 261. 262.
Domrân (arab.), s. Traganum.
Dôso (kan.), s. Acacia sp.
— (ted.), s. Tamarix.
Drêze (arab.), s. Neurada.
Dschachdschach (arab.?), Baum in Ost-Wadâi und Dâr-Fôr (Stereospermum sp.?) 3, 305. 466.
Dschâdschi (kan.), Schlingpflanze 2, 487.
Dschâra (kan.), Schlingpflanze 2, 487.
Dschâwî (arab.), s. Benzoë.
Dschedâri (arab.), s. Rhus dioica.
Dschêdscha (kan.), s. Ficus sp.
Dschezr (arab.), s. Daucus.
Dschildschilân (arab.), s. Pisum sativum.
Dschochân (arab.), s. Diospyros.
Dschummêza (arab.), s. Ficus Sycomorus.
Dschûri (ted.), s. Cornulaca.
Duchn (arab.), s. Penicillaria.
Dufr (arab.), s. Sandelholz.
Dullâ (arab.), s. Citrullus vulgaris.
Dûm-Palme (arab.), s. Hyphaene.
Dungosô (dâz.), s. Tamarix.
Dûro (bagr.), s. Habila.
Durra (arab.), s. Sorghum vulgare.
Durraba (arab.?), Kraut zu Saucen 3, 314. 316; s. auch Kâlu.
Durrot, Baum in Wadâi (Holz zum Räuchern) 3, 146.
Dzûri (ted.), s. Cornulaca.

Ebenholzbaum, s. Dalbergia.
Ebenûs (arab.), s. Dalbergia.
Echinopus, s. Disteln.
Edderî (ted. und dâz.), s. Acacia albida und A. Verek.
Elaeïs guineensis *Jacq.* (Oelpalme) 2, 386; 3, 183. 467.
Eleusine flagellifera *Nees*, Gras mit essbarem Samen 1, 656.
— sp. (Telebûn [arab.]), desgl. 2, 560.
Elfenbein, vegetabilisches, s. Hyphaene.
Elleboë (dâz.), s. Alhagi.

Eragrostis cynosuroïdes *Roem. et Schult.* (Leptochloa bipinnata *Hochst.*), Kamelfuttergras 1, 208; s. auch Halfa.
— sp. (Krëb [arab.], Dĕgĕr [ted.], Kaschâ [kan.], Tschâna [bagr.]), Grasarten mit essbarem Samen 1, 413. 560. 656; 2, 19. 60. 138. 168. 179. 560. 666. 677; 3, 48. 184. 261.
Erbse, s. Pisum sativum.
Erdêbe (arab.), s. Tamarindus.
Erdnüsse, s. Arachis und Voandzeia, auch Cyperus esculentus.
Erdweizen, s. Lecanora.
Eriodendron anfractuosum *DC.* (Baumwollenbaum, Rimi [kan.], Tumû [bagr.]) 2, 386. 528. 580. 640. 677. 730; 3, 182. 434. 467; als Baumfestung 2, 628; Verwendung des Samenschopfes 580; 3, 434.
Esparto-Gras (wol Macrochloa tenacissima *Kunth*, nicht Lygeum Spartum) 1, 43.
Etel (arab.), s. Tamarix.
Euphorbia Candelabrum *Kotschy?* (Garûrû [kan.]) 2, 260 (Pfeilgift). 552; 3, 327. 467.

Faba vulgaris *Mnch.* (Saubohne, Fûl [arab.]) 1, 58. 90. 95. 103. 127.
Fâgăm (kan.), s. Dactyloctenium.
Fâjo, essbare Pflanze in Süd-Dâr-Fôr 3, 400.
Fâli (kan.), s. Citrullus vulgaris.
Faqqûs (arab.), s. Cucumis sativus.
Färberröthe, s. Rubia.
Farbwurzel (wilde, in Bagirmi) 2, 678.
Feige, Indische, s. Opuntia.
Feigenartige Bäume, s. Ficus-Arten.
Feigenbaum, s. Ficus Carica.
Fenchel, s. Foeniculum.
Fenchel, Wüsten-, s. Deverra.
Ficus-Arten 2, 500. 504. 579. 582; 3, 324.
— Carica *L.* (Feigenbaum, Schedschrat-el-Karmûs, Schedschrat-et-Tin [arab.]) 1, 46. 69. 90. 95. 128. 214; Blätter als Heilmittel 152.
— sp. (Dschêdscha [kan.]) 1, 663; 3, 466.
— sp. (Lita [kan.]) 2, 504.
— sp. (Termo [kan.]) 1, 663.
— Sycomorus *L.?* (Dschummêza [arab.], Ngâbore [kan.]) 1, 663; 2, 182. 264. 384. 500. 579; 3, 139. 311. 466; Bast, Kleidung der Männer in Banda 183.
Fidschel (arab.), s. Raphanus.
Firgâmi (kan.), s. Oryza punctata.
Flaschenkürbis, s. Lagenaria.
Foeniculum officinale *All.* (Fenchel) 1, 96; 3, 116. 154; als Heilmittel 1, 148. 149. 154.
Fossa (arab.), s. Trifolium.
Fsenâri (richtiger Sfenâri [arab.]), s. Daucus.
Fûa (arab.), s. Rubia.

Fûl (arab.), s. Faba.
Fulcifila (arab.), s. Capsicum annuum.

Gadägir (kan.), essbare Wurzel in Süd-Bagirmi 2, 677.
Gâlo (ted.), s. Bohnen.
Gamsa (Wad.), s. Bambusa.
Gâna, Nutzholz in Wadäi 3, 242.
Gardenia sp. (Abû Neqûja [arab.], Kâza [kan.]) 2, 541. 572; 3, 128.
Gartenbau in Fezzân 1, 57. 90; in Bornû 610. 663; 2, 13; in Wadāī 3, 163.
Garūrū (kan.), s. Euphorbia Candelabrum.
Gemüse in Fezzân 1, 127; in Bornû 657. 694.
Gendiska (kan.), Schlingpflanze 2, 487.
Genista sp. (March [arab.]) 1, 119.
Gerste, s. Hordeum.
Getreide in Fezzân 1, 90. 127; in Tibesti 414; in Bornû 653. 687; in Bagirmi 2, 666. 677; in Wadāī 3, 184; in Dâr-Fôr 464; Aufbewahrung in Gruben 2, 233.
Gewürznelken (Qâromful [arab.]) 1, 100. 149. 456. 697. 699; 2, 603; 3, 307. 316. 336.
Ghardeq, s. Nitraria.
Giftbäume, s. Calotropis, Euphorbia Candelabrum, Semm el-Fâr.
Giftstrauch vom Komodŭgu Joobė 1, 577.
Ginchir, Baum in Dâr-Fôr 3, 467.
Gobor (ted.), Gôor (dâz.), s. Acacia nilotica.
Gossypium herbaceum L. (und andere Arten) (Baumwolle, Kalkutton [kan.], Njère [bagr.]) 1, 129. 414. 572. 683; 2, 30. 33. 168. 236. 322. 368. 390. 427. 484. 532. 666. 677; 3, 28. 116. 154. 184. 196. 237. 244. 249. 304. 314. 464; Bearbeitung 146; Samen (Tamâli [kan.]) 1, 567.
Granatapfelbaum, s. Punica.
Grassamen als Getreideersatz 1, 560. 655; 2, 147. 560; 3, 184. 262.
Gŭmĕschi (ted.), s. Panicum turgidum.
Gummiliefernde Bäume 3, 466, s. Acacia Verek.
Gunda Massĕri (kan.), s. Carica.
Gurke, s. Cucumis sativus.
— wilde, s. Cucumis sp.
Gûro-Nuss (haussa und kan.), s. Sterculia acuminata.
Guruë (dâz.), Akazien-Secret in Borkû als Heilmittel 2, 148.

Habb-el-'Aziz (arab.), s. Cyperus esculentus.
Habb-er-Reschâd (arab.), s. Lepidium.
Habb-es-Sŏdâ (arab.), s. Nigella.
Habila (arab.), (Katagger [kan.], Dûro [bagr.]), Leguminosenbaum, von den Heidenstämmen Süd-Bagirmis verehrt, Holz zum Räuchern, Harz liefernd 2, 543. 677. 685;
3, 116. 466. 510; Laub dient den Banda-Frauen zur Kleidung 183; (ob = Kabil [arab.]?).
Hâd (arab.), s. Cornulaca.
Halfa-Gras (arab.), s. Lygeum, Macrochloa; ob Imperata? 1, 521; Eragrostis cynosuroides? 3, 507.
Hamrâ (arab.), s. Adansonia.
Handal (arab.), s. Citrullus Colocynthis.
Hantît (arab.), s. Asa foetida.
Haplophyllum tuberculatum A. Juss. (Schedschrat-er-Riäh [arab.]) als Heilmittel 1, 152.
Haráza (arab.), s. Acacia albida.
Harmel (arab.), s. Peganum.
Haschâb (arab.), s. Acacia Verek.
Haschischa (arab.), s. Cassia.
Hedschlidsch (arab.), s. Balanites.
Heilige Bäume der Heidenstämme Süd-Bagirmis 2, 685; in Wadāī 3, 198. 201.
Herë (ted. und dâz.), s. Acacia albida, Verek.
Herminiera Elaphroxylon G. P. R. (Ambadsch [arab.]?, Phôgu [kan.]) 2, 367; Verwendung des Holzes 1, 615. 680. 683; 2, 370; Fähren davon 1, 688; 2, 754; 3, 28. 121. 125; s. auch Melissa.
Hibiscus cannabinus L. (Karâsu (kan., ted.]), Gespinnstpflanze 1, 414.
— esculentus L. (Bâmia, Qenâwia, misbräuchlich Melûchia [arab.], Kobbelu [kan.]), Gemüse 1, 90. 95. 103. 127. 414. 520. 523. 543. 657. 674; 2, 532. 745.
Hilba (arab.), s. Trigonella.
Hinnâ (arab.), s. Lawsonia inermis.
Hommëd (arab.), s. Sclerocarya Birrea.
Hordeum vulgare L. (Gerste, Scha'ir [arab.]) 1, 41. 42. 43. 58. 68. 127. 151. 152. 153. 155. 493. 499. 505. 523. 654. 657. 687; 2, 390.
Hornklee, s. Trigonella.
Horrêq (arab.), s. Raphanus.
Huntŭlu (ted.), s. Sorghum vulgare.
Hyphaene thebaica Mart. (Dûm-Palme [arab.], Sôbu [ted.], Kirzim [kan.], Kolongo [bagr.]) 1. 259. 261. 281. 395. 399. 414. 513. 551. 554. 564. 572; 2, 33. 75. 78. 79. 113. 168. 236. 266. 269. 270. 318. 383. 384. 483. 528. 579. 582. 677; 3, 26. 34. 37. 45. 49. 185. 465; Nordgrenze 1, 259. 261. 513; Frucht als Nahrungsmittel 129. 267. 281. 426. 514. 657. 663. 674; 2, 249. 558; Kern als „vegetabilisches Elfenbein" 1, 514; Gestrüpp (Ngille [kan.]) als Faser- und Flechtmaterial 1, 218. 457. 521. 672. 675. 678. 683. 696; 2, 179; 3, 113. 149. 329. 465.

Imperata cylindrica P. B. (Dis [arab.]) 1, 208. 223. 224. 413. 494; s. auch Halfa.

Indigofera argentea *L.* (Nil [arab.]) **1**, 129.
— sp. (Indigopflanze des Sûdân, Nila, Alin [kan.], Alini [bagr.]) **1**, 567. 683; **2**, 368. 390. 427. 486. 532; **3**, 28. 184. 465.
Ingisseri (kan.), s. Macrua.
Ingwer als Heilmittel **1**, 147. 156.
Irr, flachsähnliche Pflanze in Bagirmi **2**, 617.

Jagâ (dâz.), s. Acacia sp.
Jasmin-Essenz **1**, 697.
Johannisbrotbaum, s. Ceratonia.

Kâbi (kan.), s. Acacia sp.
Kabîl (arab.), s. Habila.
Kabûîa (arab.), s. Cucurbita.
Kadâlâbu (kan.), s. Acacia sp.
Kâdschîdschi (kan.), s. Andropogon.
Kadschim, Kadschim killi (kan.), Gras oder Stroh als Pferdefutter **1**, 696.
Kadschim Bultûbê (kan.), s. Aerva.
Kaffee, Verbreitung des Genusses in Bornû **1**, 666; im Ost-Sûdân **3**, 308.
Kâfi (kan.), s. Acacia sp.
Kâgem (kan.), s. Treculia.
Kâgem Tsillim (kan.), Baum mit bananenähnlichen Früchten **2**, 543.
Kaïa, Baum in Ost-Wadâî **3**, 305.
Kajê (kan.), s. Tribulus.
Kajo (kan.), s. Calotropis.
Kakuó (bagr.), s. Sorghum saccharatum.
Kalembu (kan.), s. Leptadenia.
Kalkutton (kan.), s. Gossypium.
Kâlu (kan.), (Chudrâ [arab.]), Grünzeug zu Saucen **2**, 490. 519; Kaul **3**, 314 vermuthlich dasselbe; ob auch Durraba?
Kâlul (kan.), Leguminosenbaum **2**, 487.
Kamanger (kan.), s. Cassia.
Kammûn (arab.), s. Cuminum.
Kapěto (kan.), s. Lagenaria.
Karâge (kan.), s. Acacia albida.
Karamga (kan.), s. Acacia stenocarpa.
Karâsu (kan.), s. Hibiscus cannabinus, Manihot.
Karru (bagr.), s. Sesamum.
Kaschâ (kan.), s. Eragrostis sp.
Katagger (kan.), s. Habila.
Kauda, s. Sterculia acuminata.
Kaue (bagr.), s. Borassus.
Kaul, s. Kâlu.
Kâza (kan.), s. Gardenia.
Kelîl (arab.), s. Rosmarinus.
Kemaua (kan.), s. Sclerocarya.
Kemîludu (kan.), s. Borassus.
Kerefs (arab.), s. Apium.
Kettân (arab.), s. Linum.
Kigelia pinnata *DC.* (Bedindschân el-Fil, Omm Schatûra [arab.], Bolongo [kan.]),

Waldbaum **2**, 385. 501. 509; Nordgrenze 269.
Kimba (Kumba), s. Xylopia.
Kindlin (kan.), s. Acacia Seyal.
Kingar (kan.), s. Acacia nilotica.
Kirzim (kan.), s. Hyphaene.
Kittir (arab.), s. Acacia mellifera.
Kizzěn (ted. und dâz.), s. Leptadenia.
Klee, s. Medicago, Melilotus, Trifolium.
Knoblauch, s. Allium sativum.
Kobbelu (kan., ted.), s. Corchorus und Hibiscus esculentus.
Kobro (kan.), Grasart **1**, 560.
Kohlrübe, s. Brassica oleracea.
Kokkûs (ted.), s. Cucumis.
Kola-Nuss, s. Sterculia acuminata.
Kolongo (bagr.), s. Hyphaene.
Komescht-en-Nebi (arab.), s. Anastatica.
Koromb (arab.), s. Brassica oleracea.
Krâ-el-Arneb (arab.), s. Neurada.
Kräuter, wildwachsende, s. Bäume.
Kresse, s. Lepidium.
Kudugŭli (bagr.), s. Cucumis.
Kûk (arab.), s. Acacia verugera.
Kûka (kan.), s. Adansonia.
Kulkul (arab.), s. Acacia sp.
Kulul (kan.), s. Acacia mellifera.
Kumba-Pfeffer, s. Xylopia.
Kümmel, Kreuz-, s. Cuminum.
—, Schwarz-, s. Nigella.
Kummo (kan.), s. Lagenaria.
Kürbis, s. Cucurbita, Lagenaria.
Kurkum (arab.), s. Curcuma.
Kurna (kan.), s. Zizyphus sp.
Kurna Bultubê (kan.), s. Zizyphus sp.
Kurro (kan.), heiliger Baum der Heidenstämme Bagirmis **2**, 685.
Kursân (arab.), s. Boscia.
Kurtschi-mot-budda (bagr.), s. Cucumis Melo.
Kussolo (kan.), s. Zizyphus sp.
Kussŏmo (ted.), s. Capparis Sodada.
Kuzbar (arab.), s. Coriandrum.

Lagenaria vulgaris *Ser.* (Flaschenkürbis, Qar'a [arab.], Wuî [ted.], Kummo, Demba, Kapěto [kan.]) **1**, 129. 414; **2**, 624. 625; **3**, 184. 243. 465; Varietäten und ihre Verwendung in Bornû **1**, 618. 674. 696.
Lakôr (ted.), s. Alhagi.
Laqbi (arab.), Dattelpalmwein **1**, 74. 95. 454. 505; **2**, 101. 147.
Lawsonia inermis *L.* (Hinnâ [arab.]) **1**, 96. 129. 153. 435. 456. 679.
Lecanora esculenta *Spr.* oder desertorum *Kremp.* (Erdweizen, Qamah-el-Wôta [arab.]), essbare Flechte **1**, 49.
Lein, s. Linum.

Lepidium sativum *L.* (Kresse), Samen (Habber-Reschâd [arab.]) als Heilmittel **1**, 153.
Leptadenia pyrotechnica *R. Br.* (March, Retemm [arab.], Kizzēn [ted. und dâz.], Kalembu [kan.]) **1**, 413. 559; **2**, 59. 168. 231. 269. 553; **3**, 466.
Leptochloa bipinnata *Höchst.*, s. Eragrostis cynosuroides.
Lif (arab.), Dattelpalmfasern **1**, 124. 457. 678.
Lift (arab.), s. Brassica Rapa.
Linum usitatissimum *L.* (Lein, Kettân [arab.]), in Fezzán nur der Samen (Zera'-el-Kettân oder Atĕla) wegen gebaut **1**, 96. 129. 151. 494.
Lita (kan.), Ficus-Art **2**, 504.
Logum, Busch in Ost-Dár-Fòr **3**, 506.
Loranthus globifer *A. Rich.*, Schmarotzerpflanze **1**, 559.
— sp. (Bŏrongo [kan.]), desgleichen; Blätter zu Saucen **2**, 541.
Lubán (arab.), s. Boswellia, Weihrauch.
Lûbiá (arab.), s. Dolichos.
Lycopersicum esculentum *Mill.* (Tomate) **1**, 58. 90. 128. 214. 652. 657. 674. 694; **2**, 484; **3**, 163.
Lygeum Spartum *L.* (?) (Halfa [arab.]) **1**, 43. 119.

Mabrûka (arab.), s. Sarsaparilla.
Machét (arab.), s. Boscia.
Macrochloa tenacissima *Kunth*, s. Esparto.
Maerua rigida *R. Br.* (Serrah [arab.], Arken, Arkenno [ted.], Ingisseri [kan.]), Wüsten- und Steppenbaum **1**, 261. 263. 280. 396 —398. 414. 559; **2**, 59. 168. 236. 318; **3**, 37; Nordgrenze **1**, 396.
Mahâleb (arab.), s. Prunus Mahaleb.
Mahreb (arab.), s. Sukko.
Mais, s. Zea.
Mâli (ted.), Mâli Dihĕni (dâz.), s. Aristida plumosa.
Malva parviflora (Chobbeïza [arab.]) **1**, 96. 128.
Mandelbaum, s. Amygdalus communis.
Manihot utilissima *Pohl* (Maniok, Karâsu [kan.]) **1**, 657.
March (arab.), s. Genista, Leptadenia.
Marraschi (kan.), s. Sesamum.
Marto (bagr.), s. Parkia.
Mâsa (bagr.), s. Tamarindus.
Massakña (kan.), s. Sorghum cernuum.
Massâra (bagr.), Massarmi (kan.), s. Zea.
Maulbeerbaum, s. Morus.
Medicago sativa *L.* (Luzerne, Qadab, Safsafa [arab.]) **1**, 58. 68 (mit „Klee" wol diese gemeint) 90. 129. 149. 214. 525. 543.

Méjoku (ted.), s. Aristida pungens.
Melilotus sp.? (Safsafa [arab.]) **1**, 129.
Melissa (Budd.), Schwimmholz im Tsâde **2**, 367. 370.
Melonen, s. Cucumis Melo.
Melonenbaum, s. Carica.
Melûchia (arab.), s. Corchorus olitorius.
Missĕne (bagr.), s. Dioscorea.
Momordica Balsamina *L.* (Digdĭgi, Digdegi [kan.], ob auch Ndukko [kan.])?, Schlingpflanze mit essbarer Frucht **1**, 559. 657; **2**, 487; **3**, 507.
Mondscho (bagr.), s. Bohnen.
Morus alba *L.* (Maulbeerbaum) **1**, 36.
Muchét (arab.), s. Boscia.
Murr, Murrâja (arab.), s. Treculia.
Musa sapientium *L.* (Banane) **3**, 183. 466.
Mûsa (arab.), s. Nitraria.
Myrrhe als Heilmittel **1**, 152. 153.

Nabaq (arab.), s. Zizyphus Spina Christi.
Nabaq el-Fîl (arab.), s. Zizyphus sp.
Nachla (arab.), s. Phoenix.
Nâge (kan.), s. Balanites.
Nahrungspflanzen (wildwachsende) in Fezzân **1**, 128; in Tibesti 414; der Aulâd Bochdêr **3**, 31; in Wadâî 261. 262; s. auch Grassamen als Getreideersatz.
Nal (arab.), Gras in West-Wadâî, zu Geflechten (Siggedi) und Schreibfedern benutzt **3**, 32.
Ndukko (kan.), s. Momordica Balsamina.
Negerhirse, s. Penicillaria.
Neurada sp.? (Drĕze oder Krâ-el-Arneb [arab.], Schi Turgona [kan.]), Klettpflanze **1**, 560.
Ngâbĕli, Ngâberi (kan.), s. Sorghum vulgare.
Ngâbore (kan.), s. Ficus Sycomorus.
Ngâfoli (kan.), s. Sorghum vulgare.
Ngâlibi (kan.), Baum mit süssen, dunkeln Früchten **2**, 511.
Ngâlo (kan.), s. Bohnen.
Nganizĕno (kan.), s. Corchorus.
Ngangăla (kan.), s. Voandzeia.
Ngerdĕ (bagr.), s. Oryza punctata.
Ngibbi (kan.), s. Cenchrus und Pennisetum.
Ngille (kan.), s. Hyphaene.
Ngorò-Kolong (bagr.), s. Butyrospermum.
Ngurli (kan.), s. Cucumis.
Nicotiana rustica *L.* Hierher gehört grösstentheils der in diesem Werke erwähnte Taback (Dochân [arab.], Tuba, Tafa [kan.]) **1**, 96. 129. 148. 493. 670; **2**, 85. 138. 322. 486. 532; **3**, 106. 184. 467 (nur an der letzten Stelle wird auch *N.* Tabacum *L.* erwähnt).
Nigella sativa *L.* (Schwarzkümmel, Habb-es-Sôdâ [arab.]) **1**, 152.
Nil, Nila (arab., kan.), s. Indigo, Indigofera.

Nissî (arab.), s. Aristida plumosa.
Nitraria tridentata *Desf.* (Ghardeq [arab.]), Dornstrauch 1, 77. 129; Früchte (Damûsch, Mûsa [arab.]) essbar 77.
Njêre (bagr.), s. Gossypium.
Njetta (kan.), s. Capsicum conicum.
Njo (bagr.), s. Penicillaria.
Nogû (dâz.), s. Cenchrus, Pennisetum.
Nschetta (kan.), s. Capsicum conicum.
Nûfu (kan.), s. Cyperus esculentus.

Odŏsir (ted.), s. Artemisia.
Ojû (ted. und dâz.), s. Salvadora.
Olea europaea *L.* (Oelbaum, Schedschrat-ez-Zeïtûn [arab.]) 1, 36. 44—46. 95. 128; 2, 14; Holz 1, 285. 679. 697.
Oelpalme, s. Elaeïs guineensis.
Olû (ted.), s. Citrullus vulgaris.
Omm el-Barka (arab.), s. Acacia sp.
— Schatûra (arab.), s. Kigelia.
Ontul (ted.), s. Vilfa.
Opuntia Ficus indica *Haw.* (Indische Feige) 1, 90.
Orangenbaum, s. Citrus Aurantium.
Oryza punctata *Kotschy* (Wilder Reis, Schinkâfa [haussa], Firgămi [kan.], Ngerdê [bagr.]) 1, 576. 601. 605. 652. 655. 666. 687; 2, 385. 519. 528. 666; 3, 48. 184. 261. 269. 464.
— sativa *L.* (Reis) 1, 490. 523 (?).
'Oschar (arab.), s. Calotropis procera.
'Oschĕba (arab.), s. Sarsaparilla.

Pâle (bagr.), Pâli (kan.), s. Citrullus vulgaris.
Panicum turgidum *Forsk.* (Bû Rukba [arab.], Gümĕschi [ted.]), Wüstengras, als Kamelfutter nicht geschätzt 1, 119. 261. 267. 395. 399. 413. 511. 512. 540. 554. 559; 2, 40. 119. 230; Samen essbar 1, 656.
Papyrus, s. Cyperus Papyrus.
Parkia biglobosa *Benth.* (Runno [kan.], Marto [bagr.]), Waldbaum 1, 663; 2, 386. 528. 581. 653. 677; 3, 183; Verwendung der Frucht 2, 581. 619. 653. 677.
Pasteke, s. Citrullus vulgaris.
Peganum Harmala *L.* (Harmel [arab.]),Wüstenpflanze 1, 119.
Penicillaria spicata *Willd.* (Negerhirse, Duchn, Qasab, Qsab [arab.], Annerê [ted.], Argum Môro [kan.], Njo [bagr.]) 1, 58. 68. 91. 107. 127. 157. 214. 414. 460. 520. 523. 543. 557. 567. 572. 579. 605. 652. 653. 656. 657. 665. 687; 2, 85. 138. 147. 149. 168. 233. 236. 249. 263. 389. 484. 486. 490. 666. 667. 745; 3, 28. 115. 152. 184. 193. 194. 196. 243. 261—263. 269. 306. 316. 464; Fähren davon 126.

Pennisetum dichotomum *Del.* (Askanît [arab.], Ngibbi [kan.]), Wüstengras mit stechenden Aehrchen 1, 560; s. auch Cenchrus.
Petroselinum sativum *Hoffm.*(Petersilie)1, 96.
Pfeffer, Kimba-, s. Xylopia.
—, Rother, s. Capsicum conicum.
—, Schwarzer, 1, 95.
—, Spanischer, s. Capsicum annuum.
—, Sûdân-, s. Capsicum conicum.
Pfeilgifte der Dânoâ 2, 260.
Pfirsichbaum, s. Amygdalus Persica.
Pflaumenbaum, s. Prunus domestica.
Phoenix dactylifera *L.* (Dattelpalme, Nachla [arab.], Tinni [ted.], Debino [kan.]) 1, 9. 40. 50. 55. 59. 66—68. 70—73. 80. 90. 92. 105. 204. 205. 208. 209. 215. 222 —224. 227. 263. 269. 314. 328. 329. 343. 370. 372. 395. 403. 405. 409. 414. 457— 459. 492—494. 503. 511. 513. 514. 518. 520. 521. 523. 524. 527. 534. 547. 551. 564; 2, 33. 89. 99. 104. 110. 137. 147.168. 236. 246—250. 264. 266. 270. 322—324. 327. 384. 637. 677; 3, 190. 326. 465; Gestrüppe (Wischqa [arab.]) 1, 59. 125. 204. 527; Bedeutung, Cultur und Verwendung 123. 124; als Bauholz 57; arabische Namen der Theile in Fezzân 124; Dattelsorten in Fezzân 126, in Borkû 2, 137; Folgen des Dattelgenusses 156; Getränk aus Datteln in Wadâî 3, 81; s. auch Laqbi, Lif.
Phôgu (kan.), s. Herminiera.
Pirus Cydonia *L.* (Quittenbaum, Schedschrates-Sêferdschel [arab.]) 1, 95. 128.
— Malus *L.* (Apfelbaum, Schedschrat-et-Tuffâh [arab.]) 1, 58. 90. 95. 128.
Pistacia atlantica *Desf.* (Botum [arab.]), Baum der Vorwüste Nordafrikas 1, 43. 119.
Pisum sativum *L.* (Erbse, Dschildschilân [arab.]) 1, 127; 3, 196.
Pôlê (Budd.), s. Cyperus Papyrus.
Portulaca oleracea *L.* und sativa *Haw.* (Portulak, Berdiqalis, Blâbische, Ridschel [arab.]) 1, 127. 155. 214.
Prunus Armeniaca *L.* (Aprikosenbaum, Schedschrat-el-Mischmasch[arab.])1, 58.95. 128.
— domestica *L.* (Pflaumenbaum) 1, 46.
— Mahaleb *L.* (Mahâleb [arab.]), Früchte als Parfum und Heilmittel 1, 100. 149. 456. 697. 699; 3, 336.
Punica Granatum *L.* (Granatapfelbaum, Schedschrat-er-Rommân [arab.]) 1, 58. 90. 95. 128. 214; 2, 13; Schalen als Heilmittel 1, 152. 154.

Qadab (arab.), s. Medicago.
Qafla (arab.), Baum im östlichen Sûdân 3, 493. 496. 506. 507.

Qamah (arab.), s. Triticum.
Qamah-el-Wôta (arab.), s. Lecanora.
Qar'a (arab.), s. Lagenaria.
Qarad (arab.), s. Acacia nilotica.
Qăromful (arab.), s. Gewürznelken.
Qasab (arab.), s. Penicillaria.
Qataf (arab.), s. Atriplex.
Qenáwia (arab.), s. Hibiscus esculentus.
Qirfa (arab.), s. Zimmt.
Qsab (arab.), s. Penicillaria.
Quittenbaum, s. Pirus Cydonia.
Qulqâs (arab.), s. Colocasia.

Radieschen, s. Raphanus sativus.
Raphanus sativus *L.* (Rettig, Radieschen, Horrêk [richtiger Horrêq], Fidschel [arab.]) 1, 58. 90. 95. 128; in Dâr-Fôr 3, 329. 332. 340.
Râwend (arab.), s. Rhabarber.
Reis, s. Oryza sativa.
—, wilder, s. Oryza punctata.
Retama Raetam *Webb.* (Retemm [arab.]), Wüstenstrauch Nordafrikas 1, 119. 559.
Retemm, s. Leptadenia, Retama.
Rettig, s. Raphanus sativus.
Rhabarber (Râwend [arab.]) 1, 157.
Rhus dioica *Brouss.* (Dschedâri [arab.]), Wüstenstrauch Nordafrikas 1, 47. 48. 119.
Ricinus communis *L.*, Samen als Heilmittel 1, 149.
Ridschel (arab.), s. Portulaca.
Rimi (kan.), s. Eriodendron.
Rischu (arab.), s. Calligonum.
Rosenblätter als Parfum und Heilmittel 1, 149. 150; Rosenessenz 679. 697. 699.
Rose von Jericho, s. Anastatica.
Rosinen (Zebib [arab.]) 1, 128.
Rosmarinus officinalis *L.* (Kelil [arab.]) 1, 42; als Heilmittel 154.
Rübe, Gelbe, s. Daucus.
—, Rothe, s. Beta.
—, Weisse, s. Brassica Rapa.
Rubia tinctorum *L.* (Färberröthe, Fûa [arab.]) 1, 96. 152.
Runno (kan.), s. Parkia.
Rutrut, Baum mit papierartiger Rinde in Wadâî 3, 133. 146. 185.

Sa'ada (arab.), Busch in Ost-Dâr-Fôr 3, 506.
Sa'ater (arab.), s. Thymus.
Sabâdu (kan.), s. Sorghum saccharatum.
Sabaha (Sahaba? [arab.]) (ob Combretum Hartmannianum *Schweinf.*?), Baum im östlichen Sûdân 3, 117. 120. 312. 466.
Safran als Heilmittel 1, 150. 153.
Safsafa (arab.), s. Medicago, Melilotus.
Săgădu (kan.), s. Cucurbita.
Sahaba (arab.), s. Sabaha.

Sajâl (arab.), s. Acacia Seyal.
Salvadora persica *Garc.* (Siwâk, Arâk [arab.], Ojû [ted. und dâz.], Schau [Wad.]), Strauch des südlichen Sahârâ- und nördlichen Sûdân-Gebietes 1, 274. 278. 280. 398. 414. 509. 547. 554. 558. 559. 571. 572; 2, 64. 75. 119. 137. 165. 168. 236; 3, 33. 185. 305. 318. 383 495; Holz als Zahnbürste 3, 261; Salzgewinnung aus der Asche 1, 570. 658; Frucht essbar 281. 426. 555; 2, 88. 138. 147; Nordgrenze 1, 274. 509.
Sanat (arab.), s. Acacia nilotica.
Sandelholz (Zandal, richtiger Sandal [arab.]) 1, 95. 679. 697; Stückchen davon (Dufr [arab.]) 3, 307. 316; Essenz 1, 697. 699.
Sâno (ted. und dâz.), s. Calotropis.
Sarsaparilla ('Oschěba, Mabrûka [arab.]) 1, 151; 2, 468.
Sassa (kan.), Leguminosenbaum (ob verschieden von Sasâ [kan.] = Acacia sp. 2, 254?) 2, 487.
Saubohne, s. Faba.
Scha'ir (arab.), s. Gerste.
Schau (Wad.), s. Salvadora.
Schedschrat-el-Bortuqân (arab.), s. Citrus Aurantium.
— el-Chûch (arab.), s. Amygdalus Persica.
— el-Karmûs (arab.), s. Ficus Carica.
— el-Lîm (arab.), s. Citrus Limonum.
— el-Lûz (arab.), s. Amygdalus communis.
— el-Mischmasch (arab.), s. Prunus Armeniaca.
— er-Riâh (arab.), s. Haplophyllum.
— er-Rommân (arab.), s. Punica Granatum.
— es-Sêferdschel (arab.), s. Pirus Cydonia.
— et-Tîn (arab.), s. Ficus Carica.
— et-Tuffâh (arab.), s. Pirus Malus.
— ez-Zeîtûn (arab.), s. Olea.
Schetta (arab.), s. Capsicum conicum.
Schiäh (arab.), s. Artemisia.
Schinkâfa (haussa), s. Oryza punctata.
Schi Turgona (kan.), s. Neurada.
Schlingpflanzen in Südost-Bornû 2, 487.
Schmarotzerpflanzen, s. Loranthus.
Sclerocarya Birrea *Hochst.* (Spondias Birrea *A. Rich.*, Hommêd [arab.], Kemaua [kan.]), Baum mit säuerlichen, eierpflaumenähnlichen Früchten 1, 663; 3, 128. 466. 496. 506. 507; Verwendung des Holzes 1, 680.
Sebat (arab.), s. Aristida pungens.
Sěgěr (ted.), s. Suaeda.
Seifenbaum, s. Balanites.
Semm-el-Fâr (arab.), Giftbaum in Wadâî 3, 147.
Semsem (arab.), s. Sesamum.
Semur (arab.), s. Acacia spirocarpa.
Sennâ (arab.), s. Cassia.

Serrah (arab.), s. Maerua rigida.
Sesamum indicum *L.* (Sesam, Semsem, Simsim [arab.], Marraschi [kan.], Karru [bagr.]) 1, 657. 663. 664. 674; 2, 390. 532. 583. 619. 666. 677; 3, 148. 184. 261. 262. 465.
Sfenâri (arab.), s. Daucus.
Sidr (arab.), s. Zizyphus Lotus.
Silek (arab.), s. Acacia spirocarpa.
Silq (arab.), s. Beta.
Simbil (arab.), s. Valeriana celtica.
Simsim (arab.), s. Sesamum.
— (kan.), Leguminosen-Baum 2, 543.
Siwâk (arab.), s. Salvadora.
Sobak, Baum mit honigduftenden Blüten in Ost-Dâr-Fòr 3, 506.
Sòbu (ted.), s. Hyphaene.
Solanum Melongena *L.* (Aubergine, Bedindschân [arab.]) 1, 128. 214.
Sonut (arab.), s. Acacia nilotica.
Sorghum cernuum *Willd.* (Massakŭa [kan.]) 1, 654; 2, 390. 490. 492.
— saccharatum *Pers.* (Sabădu [kan.], Kakuò [bagr.]) 1, 654; 2, 389. 583. 666. 731. 735; 3, 464.
— vulgare *Pers.* (Durra [arab.], Huntŭlu [ted.], Ngábeli, Ngâberi, Ngâfoli [kan.], Wa (bagr.]) 1, 58. 68. 91. 107. 214. 414. 523. 536. 652. 656. 657. 665. 687; 2, 85. 138. 168. 368. 389. 427. 486. 490. 532. 583. 624. 666. 677. 731. 735. 745; 3, 28. 139. 141. 182—184. 261—263. 464; Formen in Bornû 1, 653; Fähren davon 3, 126; Salzgewinnung aus der Asche des Rohres 2, 619.
Spondias Birrea, s. Sclerocarya.
Steppe, Uebergang zum Gebiet der regelmässigen Sommerregen 1, 558.
Sterculia acuminata *P. B.* (Gùro- [haussa und kan.] oder Kola-Nuss, trocken Kauda) 1, 86. 576. 666. 674; Verbreitung des Genusses im Ost-Sûdân 3, 308.
Stereospermum sp., s. Dschachdschach.
Sträucher, wildwachsende, s. Bäume.
Suaeda sp. (Suéda [arab.], Sĕgĕr [ted.]), Wüstenstrauch 1, 413; 2, 64. 119.
Suéda (arab.), s. Suaeda.
Sukko (kan.), (Mahreb [arab.]), Gras, zu Siggedi-Flechtwerk benutzt (ob Andropogon sp.?) 1, 560. 568. 569. 572. 672. 696; 2, 528; 3, 243.
Sykomore, s. Ficus Sycomorus.

Taba (kan.), s. Nicotiana.
Taback, s. Nicotiana.
Tâbel (arab.), s. Coriandrum.
Tâber (kan.), Baum mit dattelähnlichen, öligen Früchten 2, 677.
Taberka (ted.), s. Citrullus Colocynthis.
Tafa (kan.), s. Nicotiana.
Talha (arab.), s. Acacia Seyal und A. stenocarpa.
Tamâli (kan.), s. Gossypium.
Tamarindus indica *L.* (Tamarinde, Erdèbe [arab.], Temsûko [kan.], Mâsa [bagr.]) 2, 168. 248. 264. 384. 462. 483. 500. 528. 579. 677; 3, 30. 136. 153. 185. 312. 324. 466; Nordgrenze 1, 572; Frucht 657. 663. 700; 3, 266; als Heilmittel 1, 146. 157; Blätter zu Saucen 3, 263.
Tamariske, s. Tamarix.
Tamarix articulata *Vahl* (und andere Arten) (Tamariske, Etel [arab.], Dòso [ted.], Dungosò [dâz.]) 1, 46. 66. 67. 70. 73. 76. 77. 119. 205. 208. 217. 413. 547; 2, 149; angeblich schädliche Ausdünstung 1, 208.
Tamr-el-'Abid (arab.), s. Balanites.
Târik (ted.), Dornbaum in Tibesti 1, 263.
Tartût (arab.), s. Cynomorium.
Tâso (ted.), s. Calotropis.
Tebi (arab.?), Gras zum Polstern der Kamelsättel 3, 31.
Têfi (ted. und dâz.) s. Acacia Seyal.
Têhi (dâz.), s. Acacia Seyal.
Tĕlam Kâdïbê (kan.), Schlingpflanze 2, 487.
Telĕbûn (arab.), s. Eleusine sp.
Temsûko (kan.), s. Tamarindus.
Terfâs (arab.), s. Choeromyces.
Thymus hirtus *Willd.?* (Sa'ater [arab.]) 1, 42. 119.
Tibeldija (arab.), s. Adansonia.
Tinni (ted.), s. Phoenix.
Tòaï (dâz.), s. Acacia mellifera.
Tomate, s. Lycopersicum.
Traganum nudatum *Del.* (Domrán [arab.]), Wüstenpflanze, als Kamelfutter geschätzt 1, 67. 69. 72. 119. 205. 206. 494. 500.
Treculia (Murr, Murrâja [arab.], Kâgem [kan.], Delû [bagr.]), Waldbaum 2, 385. 504. 522. 528. 579. 677; 3, 44; Frucht 2, 505; als Heilmittel 505; 3, 44; Benutzung des Holzes 1, 680; 2, 370. 522.
Tribulus sp. (Kajê [kan.]), Klettpflanze 1, 560.
Trifolium sp.? (Fossa [arab.]) 1, 129.
Trigonella Foenum graecum *L.* (Hornklee, Hilba [arab.]) als Heilmittel 1, 148. 152 —154.
Triticum vulgare *Vill.* (Weizen, Qamah [arab.]) 1, 41. 58. 68. 90. 107. 127. 148. 150. 460. 493. 523. 579. 580. 605. 652. 654. 655. 657. 687; 2, 85. 147. 390; 3, 162. 261. 269. 340. 464.
Trüffeln, s. Choeromyces.
Tschâna (bagr.), s. Eragrostis.

Tschedógo (dâz.), s. Zizyphus Spina Christi.
Tuggomódi (ted. und dâz.), s. Cassia.
Tûm (arab.), s. Allium sativum.
Tumtum (kan.), s. Capparis Sodada.
Tumû (bagr.), s. Eriodendron.
Tundub (arab.), s. Capparis Sodada.

Valeriana celtica *L.* (Simbil [arab.]), aromatische Wurzel 1, 697. 699.
Vigna sinensis *Endl.* (Bohne) 1, 657.
Vilfa spicata *P. B.* ('Akrêsch, Abû Sâbe [arab.], Ontul [ted.]), Wüsten- und Steppengras mit stechenden Blättern 1, 413. 554. 559. 560. 656; 2, 40. 75. 119. 138. 153. 230; Samen als Nahrung 226. 230; 3, 261.
Vitis vinifera *L.* (Weinstock, 'Aneb, Dâlia [arab.]) 1, 69. 95. 128. 214; s. auch Rosinen.
Voandzeia subterranea *Du Pet. Th.* (Erdnuss; Ngangâla [kan.], Bûli Ngongorli [bagr.], 1, 657. 663. 664. 666. 674; 2, 390. 583) 3, 184.

Wa (bagr.), s. Sorghum.
Wassermelone, s. Citrullus vulgaris.
Weihrauch (Lubân [arab.]) 3, 238. 266; als Heilmittel 1, 154.
Weinstock, s. Vitis.
Weizen, s. Triticum.
Wischqa (arab.), s. Phoenix.
Wui (ted.), s. Lagenaria.
Wüste, Uebergang in Steppe 1, 556.

Xylopia aethiopica *A. Rich.* (Kimba- oder Kumba-Pfeffer) 1, 218. 658. 666; 3, 28. 35. 36. 183. 316. 494. 504.

Yams, s. Dioscorea.

Zandal (arab.), s. Sandelholz.
Zea Mays *L.* (Mais, Massarmi [kan.], Massăra [bagr.], Amabat [Wad.]) 1, 127. 655; 2, 168. 368. 389. 427. 532. 583. 666. 677. 731. 735; 3, 28. 139. 143. 152. 182. 184. 464.
Zebib (arab.), s. Rosinen.
Zeit-el-Fitna, s. Acacia Farnesiana.
— esch-Schiäh, s. Artemisia.
Zera'-el-Kettân (arab.), s. Linum.
Zimmt (Qirfa [arab.]) 1, 100. 456. 699.
Zizyphus-Arten 2, 509; Früchte trocken 558.
Zizyphus Lotus *Lam.* (Sidr [arab.]), Dornstrauch Nordafrikas 1, 42. 47. 119; Beeren essbar 129.
— Spina Christi *Willd.* (Nabaq [arab.], Tschedôgo [dâz.]), Dornbaum mit essbaren Früchten 1, 129. 559; 2, 165. 260; 3, 30. 303. 305. 323. 329. 466; historischer Baum „Numán Fedda" in Dâr-Fôr 362; Theer aus den Kernen 2, 179.
— sp. (Kurna [kan.]), Dornbaum des nördlichen Sûdân 1, 559. 560. 572; 2, 33. 168. 236. 247. 260. 264. 270. 318. 322. 510; 3, 27. 30. 34. 120. 128. 152. 185. 466; Frucht essbar, trocken 1, 662. 674; 3, 28.
— sp. (Nabaq [arab.], Kussölo [kan.]) 2, 510. 572. 579; Frucht essbar 1, 674.
— sp. (Dâl, Nabaq el-Fil [arab.], Kurna Bultubê, Bina [kan.]), Baum mit krallenförmigen Dornen 1, 572; 2, 165. 510; 3, 30. 128. 133. 146. 184. 466; Frucht bitter 30 (essbar 466?).
Zwiebel, s. Allium Cepa.